中国社会科学院创新工程学术出版资助项目

国家社科基金重大特别委托项目
西南边疆历史与现状综合研究项目·档案文献系列

中国社会科学院创新工程学术出版资助项目

国家社科基金重大特别委托项目
西南边疆历史与现状综合研究项目·档案文献系列

清前期云南督抚边疆事务奏疏汇编

（卷 三）

邹建达　唐丽娟◎主编

社会科学文献出版社
SOCIAL SCIENCES ACADEMIC PRESS (CHINA)

本卷目录

840　云贵总督张允随《奏报滇黔两省学臣并无所指弊窦折》

乾隆十四年十月初九日

云贵总督臣张允随谨奏：为钦奉上谕事。

乾隆十四年八月十三日，兵部加封递到办理军机处封寄，内开："大学士伯张廷玉、大学士公傅恒、大学士来保字寄各省督抚，乾隆十四年六月十二日，奉上谕：'前因召见尚书王安国，伊面陈：'目下正届科试，各省学臣尚有未除积弊，或于省会书院博督抚之欢，或于所属义学徇州县之请，或市恩于朝臣、故旧，或徇纵子弟家人乘机作弊。'等语。朕已明谕各督抚留心稽察，如学臣实有弊端，即宜纠劾，毋得徇隐。着再行传谕该督抚等，务当实力稽查。王安国虽所举未当，而既有此奏，事属有因。督抚身任地方，见闻亲切，学政举动，断不能掩饰。凡有前项诸弊及关系学政声名之处，何以未经据实参奏，此非谓朝臣而徇学政乎？嗣后不得仍前徇情避怨，仅以浮泛通套之词勉强塞责，亦不得因有此旨或过苛求，惟当持正秉公，勿存瞻顾，以肃清弊窦。钦此。'遵旨寄信前来。"等因到臣。承准此。窃惟科试为抡材大典，学臣职重衡文，理宜一秉至公，凭文录送，方不失为国作人之意。若稍偏私，即干严例。督抚见闻亲切，自应据实科参，断不肯隐忍姑容，自蹈瞻徇之咎。

伏查云南十数年来，历任学政，如吴延熙、吴应枚、孙人龙、杨廷栋、沈慰祖及现任学政何其濬，皆爱惜廉隅，操行谨饬，臣与前后督抚诸臣留心稽察，实无前项情弊。即贵州省与臣共事学政，如邹一桂、观保、叶酉三人，亦俱洁清自守，并无瑕疵可指。且滇、黔地属边隅，本籍缙绅为朝臣者甚少，既无可市之恩，而省会书院原为教育人才而设，其中本多能文之士。督抚循例月课，止凭文艺一日之短长以定甲乙位置，初无成心，前后互有轩轾，学政更无所容其迎合。若义学馆师，必取学问优长者以充其选，倘文艺荒疏，州县官自当另易其人，岂有代为乞请之理？以上诸弊，实皆滇、黔二省所无。

至于子弟家人乘机作弊，而学臣或失于觉察，或明知故纵，此实学臣之害。然最难防者，士子之口。学臣考试纵极公明，而不售者尚多怨谤，倘稍有偏私，被抑者岂能缄默？滇、黔应试士子无多，学臣有无弊窦，舆论可凭，耳目难掩。臣不敢因目前所未有，信为他日所必无。嗣后当与两省抚臣实力稽查，如有前项诸弊及关系学政声名之处，即行据实参奏，以仰副圣主乐育群材、肃清学政之至意。为此缮折奏覆，伏祈睿鉴。臣谨奏。

无朱批。

（《张允随奏稿·卷十》）

841 云贵总督张允随《奏请滇省各州县秋季应存留、坐放养廉、公事等银应遵旨按例而行，未便另为更张折》

乾隆十四年十二月二十八日

云贵总督臣张允随谨奏：为奏覆事。

乾隆十四年十二月，大学士忠勇公傅恒面交云南布政使官尔劝奏请将各州县秋季应存留、坐放养廉、公事等银，照春、夏二季之例一体借给，统俟征收后解缴一折，奉朱批："汝为司莞库之人，不可为此好名市惠之见，一切按例行之，是属何意耶？钦此。"等因，交付到臣。

伏查滇省州县各官征收地丁银两，有应解交司库者，亦有应存留、坐放俸工者。乾隆四年，经臣题定，照黔省事例，九月开征，以抒民力。因未开征以前，地方官经费无出，请将春、夏二季应需俸工等项银两，于司库铜息银内动支垫给，俟征收地丁之后解司还款。其秋、冬二季应需银两，即于开征银内给发，节年于奏销册内造报在案。今布政使官尔劝以开征虽系九月，而纳总在十月，每届秋季，各官多以度支不敷，赴司请领，未敢擅放，奏请将秋季应支养廉等项一体借给各官，免致周章等语。但查滇省养廉、俸工等银，多者每季二三百两，少者一二百两，春、夏二季，既经于司库铜息银内借支垫放，其秋季七、八两月所需坐放银两为数无几，一交九月，即届开征，便可接济。且滇省盐斤历系地方官行销，即有紧要公事，可于盐价银内通融拨给，俟征后如数归款解缴。此案题定之后，办理将及十年，官民已属相安，自应遵旨按例而行，未便另为更张。所有官尔劝奏请将秋季应交之项一体借给之处，应毋庸议。臣谨缮折奏覆，伏祈皇上睿鉴。谨奏。

无朱批。

（《张允随奏稿·卷十》）

842 云贵总督张允随《遵旨奏覆办理滇铜情形折》

乾隆十四年十二月二十九日

云贵总督臣张允随谨奏：为遵旨奏覆事。

窃臣于乾隆十四年九月初六日，承准大学士忠勇公傅恒字寄，内开："乾隆十四年七月二十日，奉上谕：据张奏称'现在该省办铜各厂，较之乾隆十年、十一、十二等年，多获铜二百余万斤。'等语。滇省所产铜斤，上供京局鼓铸，下资各省采买，出产旺盛，固属有益。但天地生财，只有此数，今增至二百万斤，未免过多，若辗转加增，或因开采太过，易致涸竭。不若留其有余，使得常盈不匮，宽裕接济，庶为可久。将此传谕知之。钦此。"遵旨寄信到臣。臣跪读圣谕，仰见我皇上智周万物、酌盈剂虚之至意。

窃查滇省铜厂，从前每岁办获铜不过一二十万斤至数十万斤而止。自雍正四年，于云南粮道任内，踹获大龙一厂，办获铜五十万斤，经前督臣鄂尔泰奏明，奉世宗宪皇帝朱批奖谕。复经臣查获汤丹山厂每年可办获铜二三百万斤，嗣于藩司、巡抚任内，饬令管厂之员踹出大水、碌碌等厂，每年办获铜八九百万斤至千余万斤不等。乾隆四年，奉旨将八省额办洋铜四百四十万斤改归滇省办解，又令将广西局停铸铜一百九十万斤一并解京，年共运解京铜六百三十万斤，迄今十一年，共解过京局铜六千余万斤。

查洋铜每百斤价银一十四两五钱，水脚银三两，共银一十七两五钱。滇铜每百斤定价银九两二钱，连水陆运脚，比洋铜每百斤节省银三两有奇。自改办滇铜至今，约计节省银一百九十余万两。又节年办获铜息银一百八十余万两，又各省购买滇铜鼓铸及滇省四局鼓铸，铸出钱搭放兵饷，易银归款，所获息钱合计亦不下百余万。统计自乾隆四年至今，办运滇铜，较之办运洋铜，节省国帑不下五百万两。历考前代，中国产铜之盛，无有过于今日者。此皆我皇上至德深仁，同符高厚，故地不爱宝，产此不竭之藏也。今蒙训旨，令臣宽裕办理，以期可久。臣伏思铜务经久之道，不虑开采之过多，而在备贮之常足。盖铜产于山，若系草皮浮矿，固不能强之使旺。至于山形高大、地脉深厚之处，矿沙本自充盈，开采可期经久。今滇省新开之大雪山箐厂及汤丹等各厂，现在旺盛，厂民采获铜斤，咸冀获利资生。臣愚以为，莫若多发工本，广为收买，俾京局铜斤常盈无匮。

查办运滇铜，原题每年请拨铜本一百万两，以供收买之用，嗣经部议，减去十五万两。臣仰恳皇上敕部，仍照原议，拨发铜本银一百万两，则每年可多办铜一百余万斤，如此源源备贮，岁岁加多，京局铸铜可以永远无匮，并可拨给各省鼓铸之用，在国家永泉府之益，而小民常沾利赖于无穷矣。臣为裕铸利民起见，是否有当，伏祈皇上训示施行。谨奏。

无朱批。

（《张允随奏稿·卷十》）

843　云贵总督张允随《奏报奉旨补授大学士谢恩折》
乾隆十五年正月初四日

云贵总督臣张允随谨奏：为恭谢天恩事。

乾隆十五年正月初三日，内阁奉上谕："张廷玉大学士员缺，朕曾降旨，俟伊南还日开列。今张廷玉既不知朕恩，缺不应久待。总督张系皇考时简擢封疆，久经委任，资格已深，向来亦有由总督入阁者，着即补授大学士。钦此。"臣闻命自天，感悚无地。

伏念臣器非闳远，识本迂疏，徒以先世从龙，家传忠孝，受三朝之豢养，极千载之遭逢，由典郡而寄封疆，升迁不出于一省，计拥麾以临蛮服，叨窃几及乎廿年，中间渥被殊恩，屡邀异数，生成之德，浩荡难名。而臣矢报徒殷，寸长莫效，每欲勤襄政绩，无如臣力之孱微，即或粗识边情，皆出圣谟之指示。此次彤廷述职，仰蒙眷顾殊伦，宠宴频仍，恩施稠迭，在臣抚躬自揣，已惊分外之荣，乃荷我皇上以揆席不可久虚，微臣积有资格，特宣麻纸，俾厕纶扉，似兹简擢之非常，实为梦想所不及。臣起家外吏，本属粗材，但令统制一隅，犹且竭蹶万状，况内阁为枢机重地，政本攸关，岂臣庸钝之资所宜玷越？窃幸天颜日侍，得伸葵藿私忧，圣训亲承，益策驽骀末效。惟有精白一心，匪躬自励，思赞时雍之治，免贻覆𫗧之讥，以仰报高厚隆恩于万一耳。臣谨诣宫门叩首，恭谢天恩。所有感激微忱，理合缮折具奏，伏祈皇上睿鉴。谨奏。

无朱批。

（《张允随奏稿·卷十》）

844　大学士张允随《奏陈滇黔两省应行加意防维、随时调剂及其措置未竟事宜折》

乾隆十五年正月二十四日

大学士臣张允随谨奏：

窃臣前在云贵总督任内，一切地方事务，仰赖圣谟指示，得以遵循办理。今蒙皇上天恩，简任纶扉，新任督臣硕色、云南抚臣岳濬、贵州抚臣爱必达，皆系久任封疆、老成历练之大臣，于边计夷情自能动协机宜，绥怀悉当。第臣在外年久，所有两省中应行加意防维、随时调剂及措置未竟者，谨举数条，为我皇上陈之。

一、云南之开化、广南二府边界，均与交阯毗连，千里之内犬牙相错，在在可通。从前该国无事之时，内地民人每于秋收后，相率出交贸易。至乾隆四年，该国高平、交𡸫等处构兵，有都竜厂民惊窜入内，经臣调集官兵扬威防堵，贼党旋即遁去。嗣因查得贼中多有内地夷民潜出附和者，当即着落广南府土同知侬振裔分遣土目前往交阯，设法招回滇省沙、浓五百余名、粤省五百余名，分别发回收管。自是贼势渐衰，不敢近界滋事，经臣先后奏明，将兵练撤回，以省糜费在案。唯是开化马白税口，为商民出入通衢，数年以来，臣饬令管税之员严加查察，而潜出外境者仍未尽绝。近岁交夷与诸寇各保境土，边隅宁静。诚恐地方文武狃于目前无事，禁防渐疏，日久夷匪众多，保无蚁聚滋衅，仰请皇上密敕督、抚二臣，转饬开化、广南文武，责令土同知侬振裔，将所属沙、浓土夷严加约束，毋许潜出外域，如有违禁偷越者，即将该管头目治罪。如此，虽不能全行禁绝，庶几出外者少，边境可期宁谧矣。

一、云南永昌徼外茂隆银厂，于乾隆十一年正月，据迤西道朱凤英禀，据卡瓦酋长蚌筑呈请抽纳贡，以表微忱。臣以远夷向化，实由圣德覃敷，不敢阻抑，奏请照孟连境内募乃厂之例减半收纳，以彰圣主宽大之恩。经议政王大臣等覆准，奉旨：依议。钦遵在案。当查内地各厂，俱委印佐文员管理。茂隆远在外域，不便委员前往，而厂课诸务又非内地人不能办理。据夷目人等公举厂民吴尚贤堪充课长，由司详委，责成经管。自乾隆十一年起，至十三年冬季，共解过课银一万二千八百余两，俱由永昌府解转司库，报部充饷。臣查吴尚贤原系云南石屏州无籍细民，因赴茂隆打厂，由伊开获旺矿，故厂众俱听其约束。从前多有恃强凌弱之事，自输纳课项以后，渐思保守身家，并乘解课之便，将厂地所获资财运回原籍，陆续置买田产，又于川运例内捐纳通判，察其举动，不过为夸耀乡党、长享厚资起见。但查该课长获利已丰，兼之沿边各项贸易为所垄断，赀财日富，慕膻而集者较前倍众，仇怨亦多，若令久居外域，恐其渐滋事端。正在设法招回间，据迤西道朱凤英据吴尚贤具禀，请另金课长，以便交替回籍等情，当即行据布政使宫尔劝等议详，以该课长在外日久，不便禁其宁家，而该厂课项攸关，又不便无人接管，应令自举可以管厂之人更替厂务，准令回籍等情。臣与抚臣图尔炳阿公同商酌，如详批准。嗣因臣赴京陛见，交与抚臣办理。今抚臣调任安徽，此案尚未完结。仰请皇上密敕督、抚二臣查案妥办，庶厂地经管有人，课项得免缺误，而内地民人亦不致久羁外域，滋生事端矣。

一、贵州各府人民，汉少苗多，其染华风者名曰熟苗，颇为恭顺。唯古州、清江、都江、丹江、台拱、八寨、朗洞等处，归化未久，苗性尤多犷悍，在未经改流以前，各服其头人管辖，头人大者管数十寨，小者亦一二十寨不等，头人凡有指使，群苗唯命是听，可以一呼而集，且无官弁稽查，又无塘汛盘诘，是以一经蠢动，往往猝不及防。自乾隆元年，经大兵进剿，所有倡乱头人俱已擒斩殆尽，苗人虽欲妄为，而倡首无人，又蒙皇上睿算指示，于各苗疆安设屯堡，以资稽察，即有顽梗之人潜相勾结，亦易于发觉，已非前此可比。虽每寨仍设头人一名，不过如内地之乡约、保正，听地方官役使，并无权势。就目前情形而论，苗疆可保乂安。但恐不肖兵役倚势欺凌，以及汉奸流棍借开岩、挖窖等邪说煽惑哄诱，致生他虞。仰请皇上敕下督、抚、提诸臣，严饬地方文武员弁，约束兵役，毋许擅入苗寨，借端扰累，并严禁汉奸流棍煽惑诈骗及一切开岩、挖窖等弊，违者从重治罪，该管员弁纵容失察，分别参处。如此，则苗民得安耕凿之常，永无不靖之患矣。

一、贵州气候雨多晴少，各属仓米，地方官即加谨收贮，而终年阴湿，晒晾无期，霉烂之患，势所必然，与其日后补苴，莫若改贮谷石，犹可耐久。查贵州额征米共十五万三千九百余石，除拨支兵粮外，余皆折征银两，并无多存米石。惟各属原存仓米及常平项下各案之米，新经题定，额存一百万石，其中间有谷折，而米居十分之八，递年平粜，因粮食价贱，出易无多，以致廒底气头日深一日，虫蛀霉蒸，渐成亏耗。虽经臣与抚臣爱必达彻底清厘，着落赔补，地方官皆知小心经管，然黔省天时地气，贮米实非所宜，必须斟酌变通，方可经久。仰请皇上敕下贵州抚臣，嗣后平粜米石，秋成买补，照一米二谷之数，俱令买谷还仓，则数年之后，米皆易而为谷，虽不无添建仓廒之费，而久贮可以无虞，实于国计民生有裨益矣。

无朱批。

（《张允随奏稿·卷十》）

845　大学士张允随《奏报于滇黔两省文武属员确举所知折》
乾隆十五年正月二十四日

大学士臣张允随谨奏：

窃臣仰荷圣恩，擢登政府，自惟谫陋，愧无一得之愚堪资拜献，因念我皇上勤求吏治，整饬戎行，皆以得人为首务，臣前任滇黔，于两省文武属员时加体察，理应确举所知，恭呈睿鉴，以仰副圣主旁求俊乂之至意。

云南省：

云南府知府徐铎，才猷明敏，操守端廉，由翰林院编修提督山东学政任满，补授今职，在任八年，表率有方，吏民怀畏，尤长于听断，委办各府刑名，俱能平允，曾经卓荐。

开化府知府觉罗彰古礼，居心诚正，操守廉清，初任顺宁府，政事安详，抚宇尽职。调任开化，留意边防，与镇将和衷共济，兵辑民安，循声丕著。

督标中军副将牛射方，才猷干练，晓畅军机，历任黔省游、都、副、参，弹压苗疆，功勤懋著，调补今职，表率全省标营，实心整饬，堪膺阃寄。

广南营参将赵国盛，才具明晰，办事勇往，久任边营，夷情甚为熟习。

贵州省：

粮道朱续晫，为人刚正，操守清廉，政事精详，识见通达，洵监司中才猷卓越之员，已于乾隆十四年大计案内卓异，因现在委署布政司印务，尚未送部引见。

镇远府知府李奇龄，明敏干练，办事精勤，经收商税，妥协公平，商民悦服。

黔西协副将杨朝栋，治兵严整，上年调赴金川征剿，沉静有谋，临敌奋勇，著有军功，擢升今职。

大定协副将米世泰，人材雄伟，弓马可观，办事老成，绥辑尽心，苗疆安静。

无朱批。

（《张允随奏稿·卷十》）

846　大学士张允随《奏报办理金沙江工程误准司详，酌存核减，蒙恩从宽留任谢恩折》
乾隆十五年二月三十日

大学士臣张允随谨奏：为恭谢天恩事。

窃臣在云南总督兼管巡抚任内，因办理金沙江工程，误准司详，酌存核减，部议照徇庇例降调，奉旨："金沙江承办工程扣存核减分数，显系通同作弊，应照部议，分别革职、降调。但念该督等初经办理，于工务原未熟谙，情尚可原。所有原议张坦熊、宫尔劝革职，图尔炳阿降二级调用，张销去纪录八次，仍降一级调用之处，并案内议处各员，俱着从宽留任，阿兰泰亦免去顶带。其分赔项下，张应赔十分之六，阿兰泰既系承办司员，宫尔劝在道员任内，协同藩司办理，定议亦经主稿，俱不应脱然事外。着于张应赔六分内各赔一分，张仍赔四分。钦此。"臣跪读恩纶，感激无地。

伏念臣材质疏庸，知识浅陋，遭逢殊遇，久领边疆，任重力微，愆咎丛积。至于金江工务，办理原未熟谙，兹经部议降调，实为应得处分。乃蒙圣主洪慈，从宽留任，已出非常异数，更荷殊恩，于臣应赔六分之内，令承办定议之司、道各赔一分，似此高厚隆施，臣虽肝脑涂地，亦未足仰报天恩于万一也。所有感激微忱，理合恭折奏谢，伏祈睿鉴。臣谨奏。

无朱批。

（《张允随奏稿·卷十》）

847　大学士张允随《奏报奉旨加太子太保谢恩折》
乾隆十五年三月初七日

大学士臣张允随谨奏：为恭谢天恩事。

乾隆十五年三月初三日，奉上谕："大学士张久任封疆，简擢政府，勤慎素著；河道总督高斌，宣力河务，年近七旬，俱着加太子太保。户部尚书蒋溥，侍值禁廷，办理部务，恪勤供职；直隶总督方观承、两江总督黄廷桂，节制宣劳，才猷练达，俱着加太子少保，以示优奖。钦此。"伏念臣薄植凡材，备膺宸眷，久任封疆，旋跻政府，仰蒙宠遇之优隆，方愧涓埃之未报，兹复承恩旨，晋阶太子太保，闻命之下，弥切悚惶。所有臣感激愚忱，谨缮折恭谢天恩。为此谨奏。

无朱批。

（《张允随奏稿·卷十》）

848 大学士张允随《奏报届京察之期，遵例自陈，恳赐罢斥折》
乾隆十五年三月初七日

大学士臣张允随谨奏：为遵例自陈，恳赐罢斥，以肃察典事。

准吏部咨："乾隆十五年京察之期已届，在京三品以上满、汉官员，自三月初一日至初十日，令其将三年内事迹、过愆据实自陈。"等因，准此。

窃臣年五十八岁，系镶黄旗汉军监生，受三朝知遇，历官府、道、两司，洊膺督、抚之任，复荷圣主格外隆恩，由封疆擢登政府。乾隆十二年四月，臣在云贵总督任内，具疏自陈，奉旨："卿简任总督，正资料理，着照旧供职。该部院知道。钦此。"所有从前事绩、过愆，历经声明陈奏外，乾隆十二年十一月，因承追未完一案，销去寻常纪录一次，仍罚俸三个月。本年八月，因失察差役私开封箱一案，销去寻常纪录二次；九月，因失察家人私充驰驿，销去加二级；十一月，因铜斤委解不慎一案，销去加一级军功、纪录二次。十五年正月初三日，奉旨："张系皇考时简擢封疆，久经委任，资格已深，向来亦有由总督入阁者，着即补授大学士。钦此。"本月二十五日，奉旨："张着授为东阁大学士兼礼部尚书。钦此。"二月二十九日，因兼管云南巡抚任内金沙江工程扣存银两，据详批准，部议照徇庇例降调，奉旨："张销去纪录八次，仍降一级之处，从宽留任。钦此。"三月初三日，奉旨："大学士久任封疆，简擢政府，勤慎素著，着加太子太保，以示优奖。钦此。"

伏念臣器识拘迂，行能谫陋，数十年禄仕，罔报涓埃，四千里封圻，谬膺委任。惟圣主绥万民之福，边隅幸赖以粗安，岂微臣有一得之愚，抚驭能操其长策，省己而愆尤丛积，难蕲尺诏之屡宽，程功而鳏旷滋多，绝鲜寸劳之足叙。乃蒙我皇上深仁煦育，大德矜全，非惟宠以旌旄，抑且擢之台鼎，龙光渥被，分既溢而犹加，锡命新颁，陛已崇而益进，似此天恩高厚，宁辞顶踵之捐糜，矧兹政地从容，未致筋骸之疲惫，敢昧靖共大义，辄循引退虚文。惟是辅臣为寮采所观瞻，内阁掌丝纶之出纳，必公才杰出，斯人望允孚。臣上无补于谟猷，下有惭于表率，既同窃位，实恐妨贤，虽一息偷安，不忍稍萌于幽独，而三年考绩，奚容滥厕于朝堂？伏恳圣慈俯鉴愚忧，罢兹要职，量以散秩录用，俾臣勉策微劳，则臣分少安，而天工无旷。臣无任悚息待命之至。谨题。

无朱批。

（《张允随奏稿·卷十》）

849　大学士张允随《遵旨议奏广西府复开鼓铸事宜折》
乾隆十五年六月二十六日

大学士臣张允随谨奏：为遵旨议奏事。

乾隆十五年六月初九日，云南巡抚调任安徽巡抚图尔炳阿奏"为广西府复开鼓铸，以利民生事"一折，奉朱批："该部议奏，大学士张亦入议。钦此。"臣与户部悉心商酌，应如该抚所请，设炉十五座，以平钱价。除会折具奏外，臣更有请者：从前广西开炉鼓铸所需栗炭，原与附近山场烧备，继因日久，多渐向远山烧运，承办维艰。曾经设法调剂，将山煤烧过，名曰煤炭，用代炭斤，各炉称便。因旋即停铸，未及题明咨部。今既议复开炉，若不预筹及，将来炭斤恐不接济。查该府所属之鲁洒山口、清水沟等处俱产山煤，距府城不过三四十里，应檄令地方官查明，挖烧运局，以济炭斤之不足，似亦鼓铸经久之一助。其用过煤价，据实报销。

再该府地方系往两广通衢，恐有不法奸民运贩私销，以图射利。铸钱原为本地平价而设，若禁令不严，则钱文仍难充裕。应饬地方官严行稽查，不许私贩出境，潜行销毁，庶钱价日平，兵民得沾开铸之实惠矣。

缘奉朱批事理，是否可采，伏祈皇上睿鉴，或敕下该督抚，就目今现在情形，酌量详议妥办。为此谨奏请旨。

无朱批。

（《张允随奏稿·卷十》）

850　大学士张允随《题报病休垂危折》
乾隆十六年三月十四日

大学士臣张允随谨奏：为圣恩未报，臣病垂危，伏枕哀鸣，仰祈睿鉴事。

窃臣一介庸愚，由镶黄旗汉军监生筮仕郡佐，旋升知府，蒙世宗宪皇帝鸿恩，拔擢监司、藩臬，洊历巡抚，荷我皇上特达之知，畀署贵州总督，复授云南总督兼理巡抚事务，晋阶宫保，节制滇黔。屡沐隆恩，迭邀旷典，竭犬马之力，虑愧多疏，晋纶扉之荣，宠逾常格，纶言荐沛，优奖至隆。谓臣久任封疆，勤慎素著，重颁巽命，再锡宫衔，仰叩天地包容，得展葵倾之愿，兼荷钧陶训诲，顿开茅塞之心。今春玉辂南巡，未克躬随豹尾，青旗布德，时深引领鸾舆。正思歌颂生平，欣睹嘉祥盛典，乃臣五十有九，入直一载有余，福薄灾生，旧疾陡发，气虚痰喘，手足浮肿，医药罔效。今于三月十四日，痰气转剧，奄奄一息，从此长辞盛世。受恩深重，依恋弥穷，永衔君父之生成，捐糜难报，未罄蝼蚁之忱恨，覆庇宏施。惟嘱臣子户部额外主事张启宗恪勤职守，众子张朝宗、岱宗、景宗、三宝，孙世骏、世禄，俱各年幼，勉力读书，冀报国恩于万一。臣伏枕哀鸣，昏迷涕泣，伏祈皇上睿鉴。谨题。

无朱批。

（《张允随奏稿·卷十》）

851 云南巡抚爱必达《奏报乾隆十六年头起加运京铜官自泸开运日期折》

乾隆十六年七月二十六日

云南巡抚臣爱必达谨奏：为钦奉上谕事。

案于乾隆十四年六月十八日，承准廷寄内开，奉上谕："嗣后运铜事宜，务须加意慎重，其沿途经过各省督抚，朕已传谕，令其将委员守风、守冻及有无事故之处奏闻。至铜铅船只于云贵本省起运，何日出境，亦着该督抚随时折奏。钦此。"钦遵，转行遵照在案。

今据粮储道徐铎详据委驻四川永泸店转运京铜大关同知廖方莲报称："乾隆十六年头起加运京铜易门县知县黄有德、临安府经历沈良遇，于乾隆十六年闰五月初三日抵泸州，初九日开秤起，至六月二十日止，兑交过铜九十四万五千七百二十斤，内除陆路折耗铜四千七百二十八斤九两六钱，实该正耗余铜九十四万九百九十一斤六两四钱，俱经照数发足，该委员等即于六月二十日自泸扫帮起程前进。"等情，转详到臣。除咨明户、工二部暨沿途经过各省督抚，转饬地方文武员弁拨护催趱，不许片刻停留，仍稽查有无盗卖情弊外，所有头起加运京铜官自泸开运日期，理合会同云贵总督臣硕色恭折奏报，伏乞皇上睿鉴。谨奏。

朱批：览。

（《宫中档乾隆朝奏折》第一辑，第 271 页）

852　云南巡抚爱必达《奏明铜务分运报销缘由折》

乾隆十六年七月二十六日

云南巡抚臣爱必达谨奏：为奏明铜务分运报销缘由，仰祈圣鉴事。

窃照滇省岁办铜斤解京供铸，凡于委员解部回滇之日，理应将用过运脚银两随时报销，庶或准或减，有现在承运之员可问，帑项不致虚悬无着。今查滇省自乾隆四年至十四年已交部止，共经办运十有一年，内仅报销五年，而五年之中，又止乾隆四年一年部覆准销，余均尚未覆准。至未报销者，更有六年之多，或因运员捞铜未回，无凭汇报；或因前运销减未定，观望延挨，现在俱属悬宕。总缘滇省相沿陋例，必俟该年承运各官回滇齐全，始行汇总报销之故。伏思年分日积日久，运员日积日多，其间升迁事故、人亡产绝者在所不免。即查出浮溢核减，往返咨追，徒延岁月。是按年题报，历久愈难清厘。诚不若按运请销，随时可以完结。查黔铅每年上下四运，办员回黔之后，即分运咨销，如有部驳，不难刻日登答，或有核减，亦易就近追完，逐运清楚，从无拖延。滇铜事同一体，且运脚自四川永宁、泸州以下共此一途，用过数目自应相仿。臣现在咨取黔铅运脚递年准销成案，同滇省乾隆四年准销部覆，将从前各运循照黔省之例饬行司道按运逐加较核，分别应销应追，陆续覆核题咨，嗣后永为章程，以免年久帑悬。

至滇铜应用夫船，从前原与黔铅一例，俱系运员自行雇募。自乾隆五年四运为始，由布政司发给印簿，令沿途地方官会同雇用，钤盖印信，以为请销之据。如地方官果能不分畛域，加意节省，自必有减无增。乃臣查会雇以后，较之自雇，转至日渐加多，显系地方官视运员为秦越，痛痒不关，承运官视印簿为左券，糜滥罔惜，以致流弊若此。若不着落会雇之地方官与承运官各半分赔，无以示儆，臣亦经并饬司道确查核办。

所有臣循照黔例分运报销并着落分赔缘由，理合恭折奏闻，伏乞皇上睿鉴。谨奏。

朱批： 知道了。

（《宫中档乾隆朝奏折》第一辑，第 272~273 页）

853　云南巡抚爱必达《奏报奉旨申饬，恭谢天恩折》

乾隆十六年七月二十六日

云南巡抚臣爱必达谨奏：为敬聆圣训，恭谢天恩事。

窃臣奏请将剑川州知州张泓调补黑盐井提举一折，于乾隆十六年六月二十八日承准延寄，内开："乾隆十六年闰五月二十二日，奉上谕：剑川州值地震，被灾较重，亟需查办抚绥之时，正当委以抚恤，乃奏请调用，离其本任，可乎？着传旨严行申饬。所有员缺，仍令照例拣选合例人员调补。钦此。遵旨寄信前来。"等因到臣。臣跪读之下，不胜惶悚。

伏念盐务虽在得人，而赈灾尤关紧要。臣昧于缓急轻重之衡，辄以张泓请调提举，恭绎谕旨之谆详，实切臣心之愧赧。嗣后惟有诸事仰体圣心，详加斟酌，悉心筹办，不敢稍有疏略，以仰报圣慈高厚于万一耳。除提举一缺另选合例之太和县知县李堂循例具疏题补外，所有感激下忱，理合恭折叩谢天恩，伏乞皇上睿鉴。谨奏。

朱批： 览。

（《宫中档乾隆朝奏折》第一辑，第 273 页）

854　云南巡抚爱必达《奏报滇省雨水充足、禾稻丰茂折》
乾隆十六年七月二十六日

云南巡抚臣爱必达谨奏：为奏明雨水禾稻情形，仰慰圣怀事。

窃惟滇省山多田少，各属气候寒暖不齐，收获亦迟早不等。今岁自入夏以来，雨泽均极得宜，田水充盈，高阜之地亦俱栽插普遍。现在早稻陆续登场出粜，迟稻亦已结实，渐次成熟。山种杂粮内，春荞业经刈获，余俱畅茂秀实。闾阎欢庆，共卜有秋。米粮价值并无昂贵，四境均极宁谧。所有滇省雨水充足、禾稻丰茂各情形，理合恭折奏闻，仰慰慈怀，伏乞皇上睿鉴，谨奏。

朱批： 欣慰览之。

（《宫中档乾隆朝奏折》第一辑，第 274 页）

855　云贵总督硕色《奏报办理兵丁谢登科等纠众
不法一案错谬，奉旨申饬，恭谢天恩折》
乾隆十六年七月二十九日

云贵总督臣硕色谨奏：为奏覆事。

乾隆十六年七月初一日，接到廷寄，内开："乾隆十六年闰五月二十三日，奉上谕：硕色奏古寨汛兵丁谢登科等纠众不法一折，办理亦谬。此案因小事起衅，其情甚轻，初非纠约成谋、关系地方者可比。但在营兵不当抗官吵嚷，非从严无以整肃营伍。首犯既拟立决，即当一面奏闻，一面正法，何用更待题覆？至把总胡国正，坐以抚驭无方致军人反叛律，发边卫充军。此得谓之反叛乎？其游击李翠，更无可参处。且兵丁正法，必参一营员，亦与禁遏兵骄之道相左。俟题到日，将原本发还，硕色着传旨申饬。钦此。"遵旨寄信到臣。臣跪读圣训，惶悚无地。

伏查谢登科以营兵而抗官吵嚷，既拟斩决，诚应一面奏闻，一面正法。臣一时愚昧，因谢登科聚众抗官，止有兵丁十九名，系比照山陕棍徒聚众四五十人之例拟斩，是以循照常例具题，实属办理舛谬。今钦奉圣明训示，臣遵即差员前往昭通，密饬地方文武各官将谢登科于七月初五日处斩正法讫。兹接内阁将原本发回，臣随另缮疏本，将谢登科一面奏闻，一面正法缘由照例于疏内声明。

其原拟把总胡国正罪名舛错之处，前因律无正条，比照坐以抚驭无方致军人反叛律，发边卫充军，情罪原属不符。臣复加详查，名例开载律例无可引用，比照加减，请旨遵行等语。胡国正若率同众兵抗官，例应斩决。今讯无倡率情事，亦未与本管将领抗衡。但先既庇兵酿衅，后复不能约束，混称代为赴镇鸣冤，以致各兵肆然无忌，相率出城，未便轻纵。胡国正应于斩罪上减一等，杖一百，流三千里，候旨遵行。臣将胡国正比照改流，现在另疏具题，听候部议。至游击李翠，若因兵丁正法，必参一营员，诚如圣谕，与禁遏兵骄之道相左。兹蒙圣恩，将参本发回，臣已行令游击李翠，仍复回原任，并谆饬益加奋勉，以图报效外，所有谢登科先行正法及胡国正改拟罪名另行具题缘由，臣谨缮折奏覆。至臣于此等事件种种办理失当，上廑宸衷，臣实愧悚难安。嗣后惟有凛遵训饬，诸事益加详慎小心，以期稍赎前愆。合并陈明，伏乞皇上睿鉴。谨奏。

朱批：不妥之处亦多矣！但办理递抄一事，尚觉尽心，较之准泰为有间，然不可即以此自恃。诸事勉之。

（《宫中档乾隆朝奏折》第一辑，第 308～309 页）

856　云贵总督硕色《奏报子穆丹荷蒙钦点翰林院庶吉士，恭谢天恩折》

乾隆十六年七月二十九日

云贵总督臣硕色谨奏：为恭谢天恩事。

窃臣子穆丹今岁辛未科会试叨中第十二名进士，臣经恭折奏谢天恩在案。今接阅邸抄，臣子穆丹荷蒙钦点翰林院庶吉士，臣随恭设香案，望阙叩头谢恩讫。

伏念臣本愚庸，身受皇上教养生成，高厚隆恩，涓埃未报。今臣子穆丹复频邀异数，洊列清华，从此得效驰驱，造就有自，圣恩浩荡，至渥极优。臣何人，斯乃一门父子尽沐皇上鋈养成全，一至于此。闻命之下，举家衔感难名。臣惟有益矢血诚，并勖臣子穆丹勉自奋励，竭尽犬马，共图报效，以冀仰答皇恩于万一耳。所有感激微忱，臣谨恭折奏谢天恩，伏祈皇上睿鉴。谨奏。

朱批： 览。

（《宫中档乾隆朝奏折》第一辑，第312页）

857 云贵总督硕色、云南巡抚爱必达《奏报办理宫尔劝一案甚属舛谬，蒙恩训诲，恭谢天恩折》

乾隆十六年七月二十九日

云贵总督臣硕色、云南巡抚臣爱必达谨奏：为恭谢圣恩训诲事。

乾隆十六年六月十八日，准刑部咨开："乾隆十六年闰五月二十三日，内阁奉上谕：硕色等奏到办理宫尔劝一案，甚属舛谬。前此传谕令其严行查办者，因该督等奏宫尔劝先于出署之日暗行寄顿。夫藩臬大员而怀狡诈鬼域伎俩，则其侵欺属实矣，是以有即加刑讯亦不足惜之谕，并非谓无论实与不实，必当夹讯也。宫尔劝如果在厂多收铜斤，婪赃肥已，则有厂内岁入可以彻底清查，而其囊箧亦必甚丰。如不过沿习陋规及家人私收加秤，则所渔利甚微，与郭振仪案等耳。今据供只收归公养廉，路耗铜斤俱已报解充公，而其任所、原籍赀产仅止此数，已大概可知，何用加之夹讯乎？且奏内称严加刑讯，又称刑讯再三，茹刑不承，徒办成刺酷之形。意谓奉旨刑讯，无论虚实，不敢不加之三木。究之外省办事，只应虚名，虽满纸张皇，焉知非以套夹塞责，转使无知之辈谓将布政使用刑严讯，乃因查追家产，滋传闻窃议之端。硕色等如此办理，甚属不知轻重，着严行申饬。此案宫尔劝究属有无入己，着再秉公详晰，分别另行定拟具奏，该部知道。钦此。"移咨到臣。臣等跪读圣训，仰见我皇上用法执中，宽严务期平允至意。

除宫尔劝正案复又查明并无入己，遵旨秉公详晰，分别定拟，另折具奏外，臣等从前会审宫尔劝之时误谓伊家人杜七尚且婪赃累累，宫尔劝供未侵肥，难以遽信，是以加之夹讯。然任所、原籍查出赀产仅止此数，诚如圣谕，已大概可知。臣等识见愚昧，仍拘泥办理，实属不知轻重。今钦荷训谕，臣等跪聆之下，实愧悚难安。嗣后惟有事事虚衷，益加详慎，以期仰副我皇上大公至正之圣怀。

所有臣等感激天恩训诲缘由，谨会同恭折奏谢，伏祈皇上睿鉴。谨奏。

朱批： 览。

（《宫中档乾隆朝奏折》第一辑，第312~313页）

858　云贵总督硕色、云南巡抚爱必达《奏报遵旨查明宫尔劝一案，再行会奏折》

乾隆十六年七月二十九日

云贵总督臣硕色、云南巡抚臣爱必达谨奏：为遵旨查明会奏事。

乾隆十六年六月十八日，准刑部咨："乾隆十六年闰五月二十三日，内阁奉上谕：硕色等奏到办理宫尔劝一案，甚属舛谬。前此传谕令其严行查办者，因该督等奏宫尔劝先于出署之日暗行寄顿。夫藩臬大员而怀狡诈鬼蜮伎俩，则其侵欺属实矣，是以有即加刑讯亦不足惜之谕，并非谓无论实与不实，必当夹讯也。宫尔劝如果在厂多收铜斤，婪赃肥己，则有厂内岁入可以彻底清查，而其囊箧亦必甚丰。如不过沿习陋规及家人私收加秤，则所渔利甚微，与郭振仪案等耳。今据供只收归公养廉，路耗铜斤俱已报解充公，而其任所、原籍赀产仅止此数，已大概可知，何用加之夹讯乎？且奏内称严加刑讯，又称刑讯再三，茹刑不承，徒办成刺酷之形。意谓奉旨刑讯，无论虚实，不敢不加之三木。究之外省办事，只应虚名，虽满纸张皇，焉知非以套夹塞责，转使无知之辈谓将布政使用刑严讯，乃因查追家产，滋传闻窃议之端。硕色等如此办理，甚属不知轻重，着严行申饬。此案宫尔劝究属有无入己，着再秉公详晰，分别另行定拟具奏。该部知道。钦此。"钦遵。臣等当即行司彻底清查厂内岁入确数，并查明宫尔劝实在有无入己，秉公详晰，分别定拟。去后，今据云南布政使彭家屏、按察使张坦熊会详呈称，移会粮道，将宫尔劝任内岁收铜斤底簿逐一备细清查，悉与原审供报之数相符，并无另有多收余铜之处。

窃查秤头余铜系照正铜加收，岁入簿内，原未登记。而计算乾隆元年至五年汤丹厂共收买厂铜三千一十二万七千二百九十五斤，按照每码多收秤头铜三斤计算，应有余铜二十五万八千二百三十四斤，宫尔劝报出铜九万八千二百二十一斤，实少报铜一十六万零十三斤。虽据宫尔劝坚供乾隆元年接管铜厂，因其时章程未定，铜仓未建，京铜未运，或铜斤四散堆积，不无偷盗亏缺，实未敢自己侵蚀等语，与自首不实不尽者有间，但将应报秤头铜斤漫不稽查，任由散堆窃失，律以仓库积聚财物主守安置不如法致有损失坐赃论罪，着落均赔还官，诚不为枉。其乾隆五年以后，任由杜七私收秤头铜至二十三万三千余斤之多，盗卖侵帑，实属故纵。查杜七已照侵盗钱粮一千两以上，拟斩监候。宫尔劝除损失仓库财物轻罪不议外，合依知侵欺盗用官钱粮故纵，与犯人同罪，至死减一等律，拟杖一百，流三千里等情，会详前来。臣等复查得宫尔劝前于粮储道任内纵容家人杜七在厂舞弊营私一案，前经臣等审明，杜七于乾隆五年七月到厂，自乾隆六年正月起，辄每码多收秤头铜三斤作为收买厂铜，侵帑入己；又买囤油米，昂价渔利，通共婪得银一万八千余两不讳。严审宫尔劝，坚供并无通同分肥，杜七亦矢供伊主并不知情。

但杜七私收秤头铜至二十四万余斤之多，仅止报出铜七千三百余斤，宫尔劝何以并不查究，显系知情故纵。将杜七依例拟斩监候，宫尔劝拟流。再查乾隆元年至五年共收买厂民余铜三千一十二万七千二百九十五斤零，按照每码多收秤头三斤计算，该有余铜二十五万八千二百三十四斤，宫尔劝仅报出充公铜九万八千二百二十余斤，尚少报铜一十六万一十余斤，计该铜价银九千六百零。将宫尔劝照自首不尽侵盗钱粮一千两以上，斩候减一等例，拟流。并声明宫尔劝由知县洊历道员，总理铜务，任由家人舞弊婪赃，又复自报余铜不尽，未便减等，仍依侵盗钱粮一千两以上，拟斩监候等情，一面缮疏会题，一面具奏在案。兹钦奉圣谕："宫尔劝如果在厂多收铜斤，婪赃肥己，则有厂内岁入可以彻底清查。究竟有无入己，着再秉公详晰，分别另行定拟具奏。钦此。"钦遵。臣等复将宫尔劝前在粮道任内岁收铜斤底册逐一备细查核，悉与原审供报之数相符，并无另有多收余铜之处。第查秤头余铜，系照正铜加收，岁入簿内，原未登记。而计算乾隆元年至五年汤丹厂共收买厂铜三千一十二万余斤，按照每码多收秤头铜三斤计算，应有余铜二十五万八千余斤，仅据宫尔劝报出充公铜九万八千余斤，实少报铜一十六万零十三斤。虽据宫尔劝坚供乾隆元年接管铜厂，因其时章程未定，铜仓未建，京铜未运，或铜斤四散堆积，不无偷盗亏缺，实未敢自己侵蚀等语，与自首不实不尽者稍觉有间。但宫尔劝身任总理铜务，乃将乾隆五年以前应报秤头铜斤漫不稽查，任由散堆窃失，亦应坐以仓库积聚财物主守安置不如法致有损失坐赃论罪，着落均赔还官之律，拟徒，追赔。又乾隆五年以后，宫尔劝任由杜七私收秤头铜至二十三万三千余斤之多，显有通同分肥入己，臣等复加查讯，不但宫尔劝坚供并无分肥，即杜七仍供伊主实不知情，但宫尔劝虽无入己，实属故纵，二罪并发，应从重论。

查杜七已照侵盗钱粮一千两以上，拟斩监候。宫尔劝除损失仓库财物轻罪不议外，合依知侵欺盗用官钱粮故纵，与犯人同罪，至死减一等律，拟杖一百，流三千里，业于弥补已故永善县知县杨茂亏空案内拟斩，应于彼案从重归结，其损失少报铜斤，仍照律追赔还官。再查宫尔劝任所、原籍查出财产什物，连查获杜七现银二千四百两，共估银三万一千五百九十七两六钱零，内除杜七名下应追入官婪赃银一万八千二百九十七两五钱，已有搜获现银二千四百两外，尚无着银一万五千八百九十七两五钱，先已移咨杜七山西原籍查产，如无家产可追，即应于宫尔劝名下追赔。并宫尔劝自己应追少报窃失余铜十六万余斤，计价银九千六百余两，均应于任所、原籍财产估报银内扣抵。合并陈明，余悉前招，统听部议。臣等谨遵旨查明，秉公详晰，分别另行定拟，会折恭奏，伏祈皇上睿鉴施行。谨奏。

朱批：家人认赃一句，可了之事，而汝等总不能指出，何以服宫尔劝耶？

（《宫中档乾隆朝奏折》第一辑，第314～317页）

859 云贵总督硕色《奏请将委用同知、借补云州知州葛庆曾调补腾越州知州折》

乾隆十六年九月初四日

云贵总督臣硕色谨奏：为要缺需员，仰恳圣恩调补，以裨地方事。

窃照腾越州知州王尚湄丁忧遗缺，经臣以安宁州知州韩极题请调补。讵该员于未奉部覆之先，又值闻讣丁忧，除另疏题报外，所遗员缺，例应在外拣选调补。兹行据云南布政使彭家屏等详称："通省知州内虽有俸满三年之员，非现任夷疆，即人地不宜。惟查有委用同知、借补云州知州葛庆曾，才具练达，办事明敏，任内并无参罚事件，堪以调补腾越州知州。第该员系乾隆十五年五月内奉文实授，历俸未满三年，与例不符。"详请循例具奏前来。

臣等伏查定例，员缺果系紧要，非干练之员不能胜任，而年例不符，实有不得不为变通者，准将其人其地实在相需之处，或应调补，或应升署，详晰声明，专折奏闻等因，遵行在案。今查腾越州界连缅蟒，环绕苗夷，为滇省极边要缺，非老成干练之员，实难胜任。臣等于通省合例知州人员内逐加遴选，或本系夷疆要地，或人地不甚相宜，求其合例而又能胜此任者，实难其选。查云州知州葛庆曾，老成干练，熟谙夷情，虽实授未满三年，地方吏治颇能整饬，实系明敏干练之员。云州简缺，未足尽其所长，以之调补腾越州知州，实属人地相宜。合无仰恳皇上天恩，俯念要缺一时不得合例之员，准将云州知州葛庆曾调补腾越州知州，升转时仍照同知原衔升转，庶边疆收得人之效，于地方有益。如蒙俞允，葛庆曾系对缺调补，无庸送部引见，合并陈明。

臣等因要缺需人，谨将其人其地实在相需之处，循例会同抚臣爱必达恭折具奏，伏祈皇上睿鉴训示。谨奏。

朱批：该部议奏。

（《宫中档乾隆朝奏折》第一辑，第 562～563 页）

860 云贵总督硕色、云南巡抚爱必达《会奏遵旨详议茂隆银厂情形折》

乾隆十六年九月初四日

云贵总督臣硕色、云南巡抚臣爱必达谨奏：为遵旨详议会奏事。

乾隆十六年七月十七日，接到廷寄，内开："查茂隆课厂远在边外番夷之境，司其事者必得信实可任之人，乃不致滋事。吴尚贤本系无借细民，在夷境日久，平时与夷境交通，往还习熟，招摇引诱，势所不免，断不可复令再为课长。吴尚贤义子吴世荣年少无知，唐启虞等素受吴尚贤指使，仍不免通同遥制。查各省矿厂皆董于官，今茂隆厂虽在葫芦酋长地方，然该酋长现在称臣纳贡，与内地无异，厂徒又皆系内省民人，自应仿照各省矿厂之例，敕令该督抚等于府佐、州佐内拣择诚实干练者一二员前往总理弹压，课长之名竟行裁撤。其在厂帮办之人，若一时尽易生手，恐于厂务有碍。或仍令唐启虞等帮助，或另行派委，应听临时斟酌妥办。该督等所请吴世荣、唐启虞等更替之处，应毋庸议。将来缅使回滇之日，另行派委员弁护送出境，其吴尚贤即令居住省城，如果安分守法则已，设或暗布流言，煽惑番夷，或授意伙伴、矿徒有违约束及多方掣肘各情形，即将吴尚贤拘禁，奏闻请旨办理。再所称茂隆厂众出入隘口，密饬各该处文武加谨稽查，从此止许入而不许出。应如该督等所请，饬令实力查察，嗣后不得复令内地民人潜入夷境，犯者照律严行惩治，其该管各官分别处分。"等因。奉朱批："依议速行。钦此。"

又于乾隆十六年七月二十二日，接到廷寄，内阁大学士公、臣傅恒等谨奏："臣等前经议覆茂隆课长吴尚贤一案，令将厂务悉董于官，拣择府佐诚实干练者前往总理弹压。今遵旨会同总督尹继善再行妥议，据尹继善议称'设官管理固可以绝其私弊，但茂隆厂务地居边外，民夷聚处，易滋事端。若既为设官，必以法制相维。倘夷性不习，不能悉遵约束，自不可概行宽纵。如绳之太急，则又近于滋扰，岂能永令宁辑？不如仍选课长，令董其事，可以不时查察，遥为羁縻。但不得复用吴尚贤羽翼，使得潜行故智，自可不致滋事。即将来夷人不无私竞，不过穴中鼠斗，总在边疆之外，亦可以置之不问。如此则经理之道更为妥适。'等语。查臣等前议设官董治厂务，原以杜串合夷民营私舛法之弊，是以令照各省矿厂之例派官管理。今总督尹继善又以设官则法在必行，法行或不能尽便于夷境，不如仍属之课长，不一一绳以官法，更易于办理，自有所见。应请敕令该督硕色、该抚爱必达，令其详察该地方情形，再行妥议具奏，候旨遵行。"等因。乾隆十六年七月初七日，奉旨："依议。钦此。"遵旨寄信各前来。

臣等伏查开采矿厂，照例抽课，原应董之于官，庶足以资约束而杜弊端。惟是外域与内地不同，办理又当稍为区别。臣等接到初次廷寄，正拟覆奏间，今钦荷圣鉴，复据督臣尹继善所议，敕令臣等详察该地情形，再行妥议具奏，仰见我皇上绥柔边徼不厌详慎至意。

臣等遵覆，详察情形，茂隆厂远在边外，四面皆系蛮夷，自古不通声教。葫芦酋长现虽称臣纳贡，每年以厂课输为贡款，然该处土地夷众仍系该酋长自行管辖，其在厂徒众虽多内地民人，亦有本处夷类。开厂以来，素未受制于官，若委员前往，恐夷众未能悉遵约束，自不可概行宽纵，又不便绳之太急。且茂隆厂山场周围六百余里，该地蛮夷四面环居，相距内地一十五站，中隔南卡一江，既无官兵驻扎，又未安塘设汛，止委一二文员，似觉难以总理弹压。不如仍选课长，责成董理，臣等不时查察，遥为羁縻。至课长一项，有稽查厂众、抽收课银之责，必须诚实干练、开有碖硐、为厂众素所信服之人始克充当。查茂隆厂从前督臣张允随所委课长虽止吴尚贤一人，其实该厂尚另有课长三人，一名杨公亮，系云南顺宁府人；一名唐启虞，系湖广衡州府人；一名王朝臣，系云南楚雄府人，俱系在厂多年，熟谙厂务，各有开采碖硐，厂民相信，始各另为课长。此三人原系各自开碖，并非吴尚贤手下羽翼。今吴尚贤已议裁撤，其义子吴世荣亦应撤回原籍，不许复往厂地。所有茂隆厂应选之课长，若一时另易生手，恐于厂务有碍，廷议早已见及。

臣等再三筹酌，应请仍于唐启虞、杨公亮、王朝臣三人内，饬令公举诚实干练者一人董理厂务，每年课银责令报解，毋许串合夷民舔法营私，并饬令永昌府密为查察，倘有营私滋弊及渐行吴尚贤故智，立即禀报撤回，重则严加究处，轻则递解原籍安插，所遗厂务仍另选接管，似为妥便。

缘奉敕议事理，臣等谨遵旨会议奏覆，伏祈皇上睿鉴训示。谨奏。

朱批：知道了。

（《宫中档乾隆朝奏折》第一辑，第 563～566 页）

861　云贵总督硕色、云南巡抚爱必达《奏请以广西府知府武深布调补云南府知府，遗缺遵旨以谢升补授折》

乾隆十六年九月初四日

云贵总督臣硕色、云南巡抚臣爱必达谨奏：为首郡要缺遵旨拣选调补，以裨吏治事。

乾隆十六年八月初六日，准吏部咨开："乾隆十六年六月初十日，将现出云南府知府缺单进呈，奉旨：云南府知府员缺甚属紧要，着该督抚于通省知府内拣选一员调补，所遗员缺着谢升补授。钦此。"移咨到臣。

臣等伏查云南府系省会首郡，管辖一十一州县，幅员辽阔，政务殷繁，知府有表率之寄，必得廉干明敏之员方能胜任。臣等遵旨于通省知府内逐加遴选，虽有五六合例人员，非现任剧郡、夷疆，即人地不甚相宜。查有广西府知府武深布，才猷练达，表率有方，办事精细，有志向上，为通省知府中最优之员。广西一府仅辖二州，地僻事简，不足以展其所长，若以之调补云南府知府，实属人地相宜。惟该员历俸未满三年，与调补之例不符。

臣等查定例，员缺果系紧要，非干练之员不能胜任，而年例不符，实有不得不为变通者，将其人其地实在相需，或应调补，或应升署，详晰声明，专折奏闻请旨，遵行在案。今云南府知府员缺甚属紧要，臣等谨遵旨拣选，将其人其地实在相需之处循例会折，奏恳圣恩俯准将武深布调补云南府知府，俾剧郡收得人之效，而臣等亦获臂指之助矣。如蒙俞允，其所遗广西府员缺，即将谢升补授。

再武深布系对品调补，毋庸送部引见，合并陈明。

缘系奉旨事理，臣等谨会折奏请，伏祈皇上睿鉴训示。谨奏。

朱批： 着照所请行，该部知道。

（《宫中档乾隆朝奏折》第一辑，第566~567页）

862　云南巡抚爱必达《敬陈运费就近贮给之末议，以重铜务折》
乾隆十六年九月初七日

云南巡抚臣爱必达谨奏：为敬陈运费就近贮给之末议，以重铜务事。

窃照滇省每年办铜解供京铸，头、二、三、四正协运官每运解铜一百一十一万斤，自永宁水次由泸州、重庆、汉口、仪征至通州，均系自运，每运领水脚及养廉、杂费等银一万七百二十二两六钱，全系滇省给发；头、二加运官每运解铜九十四万五千七百二十斤，例令运至汉口，即于湖南、湖北二省派拨站船接运，水脚等银支至汉口而止，每运仅领银三千四百六十一两三钱零。此滇省节年照例办理之章程也。

臣抵任以来，凡铜运事宜留心体察，加意筹办。伏查滇省运铜，经由水路最险之处，莫过于川江，以长途水脚全令携带，偶遇风涛不测，常至与铜斤一并沉溺，虽多方设法，终难捞获，如乾隆五年头协运官江陵、古沧龙，三协运官陈述虞、吕春，乾隆十三年三运官赵圣佐、石皓，乾隆十五年二运官蔡理经、刘祉等，悉在川江将水脚银两沉失，若开请豁之端，恐弊窦丛生，难免假捏，而着落追赔，已在事后，势且仍于他处借帑应用，运务迟误，帑项久悬。臣再四思维，前项水脚银两本系沿途陆续支用，尽可沿途陆续发给。况运员中奉公守法者固多，而不肖之员乘机夹带川货、暗地营私者亦所间有，虽查察法已周详，不若去其余资，更足杜觊觎之念。除加运水脚例止支至汉口，及四正协运由川至汉船价并养廉杂费仍给运员自带外，其四正协运自汉口至仪征，每运水脚银二千六百八两五钱，四运共银一万四百三十四两，及自仪征至通州，每运水脚银四千五十一两五钱，四运共银一万六千二百六两，必待行抵汉口、仪征，始需支用。而协拨铜本省分多在江浙两淮，去滇甚远，而去楚为近，去江南为尤近，多费脚价解滇，复令运官重费脚价携带，徒多往返周折之繁。似应就近拨存，随时支用，以省脚费，以免疏虞，以杜弊窦。

臣愚请照部饭车脚解交坐粮厅之例，令拨解省分每年于协拨铜本银内以一万四百三十四两拨解湖北武昌司库，以一万六千二百六两拨解江南仪征县库，按运委员持验到彼支领，会同地方官雇募应用，其有起剥雇夫之处，饬令运官于所领银内撙节办理，回滇据实报销，不敷找给，有余解缴，实于铜运、帑项均有裨益。如蒙圣恩俞允，查辛未年协拨银两已全数解滇，请自壬申年为始，按数分拨贮给，永远遵行。

臣为慎重铜运起见，缮折恭奏，是否有当，伏乞皇上睿鉴训示。谨奏。

朱批：该部议奏。

（《宫中档乾隆朝奏折》第一辑，第603～604页）

863　云南巡抚爱必达《奏报本年三运京铜官自泸开运日期折》
乾隆十六年九月初七日

云南巡抚臣爱必达谨奏：为钦奉上谕事。

案于乾隆十四年六月十八日，承准廷寄内开，奉上谕："嗣后运铜事宜，务须加意慎重。其沿途经过各省督抚，朕已传谕，令其将委员守风守冻及有无事故之处奏闻。至铜铅船只于云贵本省起运，何日出境，亦着该督抚随时折奏。钦此。"钦遵，转行遵照在案。

今据粮储道徐铎详据委驻四川永泸店转运京铜大关同知廖方莲报称："乾隆十六年三运京铜，宾川州知州刘有余、昆明县县丞李缉于乾隆十六年六月二十日抵泸州，七月初三日开秤起，至八月十七日止，兑交过铜一百一十一万斤，内除陆路折耗铜五千五百五十斤，实该正耗余铜一百一十一万四千四百五十斤，俱经照数发足，该委员等即于八月十七日自泸扫帮前进。"等情，转详到臣。除咨明户工二部暨沿途经过各省督抚转饬地方文武员弁拨护催趱，不许片刻停留，仍稽查有无盗卖情弊外，所有三运京铜官自泸开运日期，理合会同云贵总督臣硕色恭折奏报，伏乞皇上睿鉴。谨奏。

朱批：览。

（《宫中档乾隆朝奏折》第一辑，第605页）

864　云南巡抚爱必达《陈请追减灶之节省，以重帑项折》
乾隆十六年九月初七日

云南巡抚臣爱必达谨奏：为请追减灶之节省，以重帑项事。

窃查滇省安丰一井例系官办，原额每年应煎盐二百一万九千六百斤。乾隆七年开煎之初，本设三十六灶试煎一年，井务已有头绪。即于八年正月为始，据兼管井务姚安府知府施坦详减六灶，年额无亏。嗣于十年四月起，因增煎余盐四十四万八千五百一十六

— 859 —

斤，不敷煎办，始行复设三灶。至乾隆十五年二月，原任抚臣图尔炳阿始以开煎年久，人工熟练，只须存留三十三灶，足办正余年额，请裁并三灶，将每岁节省锅口、人夫、工食、灯油银五百九十八两七钱二厘，自乾隆十五年正月初一日为始，具报归公，题准部覆在案。是题明裁并三灶系乾隆十五年为始，而其实六灶、三灶久已裁减，并非始于十五年也。在前节省银两，俱系详明，留于井地充公，率皆借端开销，全无实济。虽盐斤定价原合三十六灶薪本核计，则六灶、三灶之经费已于盐价之内售出还项，但丝毫均属公帑，未便任其糜费。先据前任驿盐道张惟寅查详，经臣批饬按数查追。去后，今据驿盐道刘谦会同布政司彭家屏查明，每灶每岁额定锅口银七十八两九钱六分七厘四毫四丝，人夫工食银一百八两，灯油银一十二两六钱。自乾隆八年正月起，至十年三月底止，六灶节省连闰共该银二千七百九十三两九钱四分四厘零，内前管井务之姚安府知府施坦名下应追银二千一百九十五两二钱四分一厘零，前署白井提举康勷名下应追银五百九十八两七钱二厘零；又自乾隆十年四月起，至十四年年底止，三灶节省连闰共该银二千九百四十三两六钱一分九厘零，内除署提举葛庆曾经手银四百二十九两六钱九厘零，已于前任驿盐道张惟寅任内收回，拨入积余项下造报归公外，其余银二千五百一十四两五钱四分九厘零，应于原任白井提举何恺名下着追。以上通共节省银五千七百三十七两五钱六分三厘零，除已缴外，尚应追银五千三百八两四钱九分四厘零，并声明原任姚安府知府施坦系镶红旗汉军周祖荣佐领下人，于乾隆十五年四月内告休，已经回旗；署提举康勷系广西桂林府临桂县人，于蒙化府同知任内丁忧回籍；原任提举何恺，系广东广州府香山县人，已经丁忧，现在滇省等情，具详到臣。

臣查滇省盐务因循积习已非一日，臣抵滇后，会同督臣硕色，矢公矢慎，彻底清厘，不敢稍有疏略。今查出各该员任内既已减有六灶、三灶，乃不即据实详题，辄借词井地充公，在外擅行支销，殊非崇实办公之道，正不得以井地闲款业据报明有案，任其糜用。理合会同云贵总督臣硕色恭折具奏，请旨于各该员旗籍、任所按数着追归公，以重帑项。是否有当，伏乞皇上睿鉴，训示遵行。谨奏。

朱批：另有旨谕免追。

（《宫中档乾隆朝奏折》第一辑，第605~607页）

865 云南巡抚爱必达《奏报秋收丰稔情形折》
乾隆十六年九月初七日

云南巡抚臣爱必达谨奏：为奏闻秋收丰稔情形，仰祈圣鉴事。

窃惟滇省本年夏秋雨水调匀，高下沾足。自八月至今，又复天气晴朗，晒晾得宜。

现在附近省城各处早稻登场出粜，晚稻收获十之六七，山种杂粮亦均刈割，二麦布种过半，家给人足，共庆丰年。据各属禀报相同，并据曲靖府南宁县报称，境内多产一茎二穗、三穗瑞谷，闾阎欢跃，传为盛事。而从前地震较重之剑川州，禾稻更穗大粒肥，收成倍于往年。米粮价值处处平减，四境敉宁，民苗安堵。滇省山多土瘠，得此丰收，实属数年所仅见。臣职司边徼，忭舞难名，业经出示，广为劝谕，令各自知撙节，永享盈宁之福，以仰副我圣主勤思远服、念切民依之至意。所有秋收丰稔情形，理合恭折奏闻，上慰慈怀，伏乞皇上睿鉴。谨奏。

朱批：欣慰览之。

（《宫中档乾隆朝奏折》第一辑，第 607~608 页）

866　云贵总督硕色《明白回奏两广总督任上未查出奉旨批交事缘由折》
乾隆十六年九月二十六日

云贵总督臣硕色谨奏：为遵旨明白回奏事。

乾隆十六年九月二十四日，准吏部咨开："乾隆十六年八月初三日，奉上谕：据两广总督陈大受、巡抚苏昌折奏粤东司府两监毋庸移建一案，乃乾隆七年原任臬司潘思榘条奏，经朕批交该省督抚酌量奏闻之事，何以至今始行覆奏？足见粤东诸务废弛已极，皆由从前历任督抚不能董率属员实力整顿，玩忽因循所致。所有乾隆七年以后曾任广东各该督抚，俱着自行明白回奏。钦此。"移咨到臣。臣跪读圣谕，惶悚愧报，无地自容。

伏念臣于乾隆十三年十月内荷蒙恩旨补授两广总督，乾隆十五年正月内复奉旨调补云贵总督，在粤一载有零，虽诸事竭蹶办理，并不敢一刻偷安。无如才质庸愚，查察未到，以致乾隆七年奉旨批交酌量奏闻之事，臣于接任之后，竟不能查出办理奏覆，疏忽之咎，实所难逭。惟有仰恳圣主敕部，将臣严加议处，以示惩戒。臣谨遵旨明白回奏，伏乞皇上睿鉴。谨奏。

朱批：有旨谕部。

（《宫中档乾隆朝奏折》第一辑，第 776 页）

867　云贵总督硕色《奏报滇省大概丰稔情形折》
乾隆十六年九月二十六日

云贵总督臣硕色谨奏：为奏闻事。

窃照滇省僻处边隅，山多田少，全赖收获丰盈，以资民食。今岁入夏以来雨水沾足，凡属高低田亩悉皆栽插齐全，苗禾畅茂。八月以后，时当收获，又逢天气晴和，稻谷饱满。臣与抚臣爱必达亲自出郊查看，垂黄遍野，颖栗盈畴。并据通省府厅州县陆续报称，早稻杂粮已经刈割，晚禾现在结实，将次登场，约有八九十分不等，收成实年来所未有者。又据曲靖府属之南宁县禀报禾献双岐，竟有一茎三穗之瑞，民情甚为欢悦等情。其地震之剑川州等处，早稻晚禾亦据报倍胜往年。从此疮痍可以渐起，更为边氓庆幸。除秋收细数容俟报齐另行核明具奏外，所有云南通省大概秋成丰稔情形，臣谨先行缮折奏闻，伏祈皇上睿鉴。

至贵州省，据报夏秋雨旸时若，田禾亦极茂盛，渐次收割，可庆有秋，合并陈明。谨奏。

朱批：欣慰览之。

（《宫中档乾隆朝奏折》第一辑，第777页）

868　云贵总督硕色《奏为营马倒额不足，酌量请增折》
乾隆十六年九月二十六日

云贵总督臣硕色谨奏：为营马倒额不足，酌量请增，仰恳圣恩以免偏枯事。

窃照滇省营马，定例骑过三年限满者，每年准报倒十分之三。现在通省二十七标营内，抚标及临元、曲寻、开化、楚姚、永顺、鹤丽、永北、普洱八镇，广罗、腾越、维西三协，云南城守等九营，每年俱照三分之数报倒；其昭通镇及剑川、顺云、大理城守等三营，虽报倒不足三分，然所缺无多；惟督标实在操马七百零六匹，每年止报倒一百一十六匹，仅合一分六厘有零。又提标实在操马六百五十二匹，每年止报倒一百一十四匹，仅合一分七厘有零，以致递年所领朋银不敷买补倒马。臣于上年抵任之后，即据本标将领以力难赔补，吁请增额，以免偏累等情。臣因相沿已久，未便更张，随一面严饬买补足额。但查历年倒马竟有至二百余匹者，较之年例报倒一百一十六匹之数几浮于半，实属拮据难支。臣正在筹画间，今准提臣冶大雄咨开："营中骑操马匹例应三分报倒，固不得溢额多报，亦不应过少偏枯。查云南通省各标镇协营报马数目，以十分之三扣算，其不足无几。惟督提两标尚不及十分之二，因从前添改营制，节次裁减，彼此拨归，以致开报多寡参差不一。但马匹三分报倒，定例昭然，督提两标马多，亦应报多。今督提两标倒额仅止一分六七厘，每年所领朋银不敷买补倒马，营中赔垫，苦累万状，实属偏枯。可否将通省二十七标营倒马数目一律扯平，均照二分五厘计算，俾督提两标不致偏累。"等因前来。

　　臣查督提两标为通省策应援剿之师，遇有调遣，均应派拨。营中马匹最关紧要，今每年止领一分六七厘之朋银，而所倒马匹恒不止三分之数，若责令买补齐全，则弁兵实难支持，若将通省各标营倒马数目一律扯平为二分五厘，以补督提两标不足之数，在此两标固得稍为增益，但临元等镇营大半皆近边瘴疠之区，马匹亦难喂养，一旦减额五厘，将来买补不敷，势必借口赔累，或那移摊派，或缺额误操，弊窦丛生，皆所不免，似非立法经久之道。臣之愚见，莫若止将督提两标倒额增足二分五厘之数，不必将别营扯平。

　　查督标操马七百零六匹，按二分五厘计算，每年应报倒一百七十七匹，除原报一百一十六匹外，今酌增六十一匹；提标操马六百五十二匹，按二分五厘计算，每年应报倒一百六十三匹，除原报一百一十四匹外，今酌增四十九匹。以上两标共应添马一百一十匹，每匹照原定部价二十一两八钱，内除归入公件银一两八钱，扣存皮脏银五钱外，每匹实领银一十九两五钱，每年共需增给马价银二千一百四十五两。查滇省朋银每年约有二万八千余两，除原支马价银二万三千一百五十余两外，尚有余剩银四千八百余两。朋银一项原系官兵俸饷内朋扣存司，以为买马之用。可否仰恳皇上天恩，俯准即在前项余剩四千八百余两朋银内，每年酌动二千一百四十五两，添给督提两标，俾得倒额稍增，官兵获免偏枯，而临元等镇营亦不致有骤行减额掣肘之难。如蒙圣恩俞允，请以乾隆壬申年为始，遵照办理。

　　臣因目击督提两标报倒偏枯，扯平又事属难行，臣谨会同抚臣爱必达恭折具奏，伏祈皇上睿鉴训示。谨奏。

　　朱批：该部议奏。

（《宫中档乾隆朝奏折》第一辑，第777～779页）

869　云贵总督硕色、云南巡抚爱必达《奏报查明阮玉汉等实系是夷非民及两省俱无推卸情弊折》
乾隆十六年九月二十六日

云贵总督臣硕色、云南巡抚臣爱必达谨奏：为遵旨查明会奏事。

乾隆十六年八月二十六日，接到廷寄，内开"乾隆十六年八月初三日，奉上谕：据陈大受、定长奏称，云南广南府移解夷人阮玉汉等四名，经督臣硕色批令，押回交趾安插。旋据归顺州查讯，黄父案、几刁系属云南土富州人，其阮玉汉、几嫩虽供系交夷，但迹涉可疑，应解回滇省查讯等语，所奏殊未明晰。该夷等由广南移解到粤，如实系土富州民，则滇省地方官难辞推诿之咎。但外夷土目与内地民人本属易于识辨，既经一一查讯，而折内何以尚称迹涉疑似，语持两端，可见该督抚等但据属员禀详，并不留心确查，以致辗转移解，互相诿卸。外省相沿陋习，往往如此。着传谕陈大受、硕色、爱必达、定长等，各行详查明确，将是夷是民及两省究属何人推诿之处据实具奏，不得稍存回护之见。钦此。"遵旨寄信前来。

臣等遵查此案先于本年四月内，据广南府知府方廷英禀称："卑府因巡查边隘，行至普梅篾那附近，交边之路傍箐口有交趾所属董奔土目阮玉汉带领随人几嫩，夷民黄付安、几刁伏道禀称，玉汉世为董奔土目，紧连天朝边界，因被族兄翁正，即阮浚派带领牡丹贼匪五六百人来至董奔攻打，玉汉力不能敌，挈带眷口、仆役、百姓逃至天朝交界之篾江箐，即在箐中躲藏，恳求救命等语。卑府再三安慰，谕令各回安业。据称村寨地方俱被翁正占据，若回至董奔，即遭杀害，若在箐中，亦即饿死，呼号哀吁，情殊堪悯。卑府辗转筹思，若听其仍居箐内，殊与边防未便；若驱其远出，则伊等又无处可归。可否选差兵役，由粤西押发交趾所辖之高平、木马等处土目查投安插。"等情，请示前来。

臣等当查，交趾素称恭顺，阮玉汉既系属国难夷，自应抚绥，以昭圣朝柔远至意。但阮玉汉果否系董奔土目，被阮浚派攻逃，抑或别有情故，违背本国，潜行窜越，殊难遽信。似应行文交趾，查明虚实，发交安插。惟该国自内讧以来，其境内之牡丹、宝乐等处地方，久为夷匪占踞，中隔不通，难以行文往返，而阮玉汉逃躲之篾江箐，虽系夷地，贴近广南边外，未便听其久居。查粤西之镇安府，关外即系交趾之高平地方，广南与镇安连界，应即就近押交高平土目查明收领。臣等随批司转饬广南府，会同营员，选差兵役，将阮玉汉等押至镇安内地隘口，一面移会镇安文武，并行文高平土目，令其遣人前来隘口领回安插。去后，嗣准广西抚臣定长咨称，已行据两司议令归顺州将阮玉汉等接递由太平府龙州之平而、水口出关，交与夷官转解高平、木马收领等因，知会臣等在案。乃粤西之归顺州知州韩德修，因见阮玉汉等俱已剃头，又因黄付安、几刁不通交趾语音，讯系祖籍土富州人，遂以迹涉可疑，复于闰五月内解回滇省。臣等据报，当即行司严饬查讯。随据广南府知府方廷英禀称："阮玉汉等当投救之初，卑府见其俱已剃发，当即讯据供称，因逃匿篾江箐内，野菜树根俱皆食尽，欲赴内地投救，故遵天朝定制，先在箐内将发剃去。其黄付安、几刁二名，亦讯据供称祖籍原系土富州沙人，已往居交趾之董奔四五代。卑府当将黄付安、几刁押发土富州查认村寨亲属安插。嗣据该州两次申覆，遍查并无黄付安、几刁原住村寨，亦无亲族可认。复讯据黄付安、几刁供称，坟墓田庐俱在董奔，久为交趾夷民。是以卑府请与阮玉汉、几嫩一并发交高平土目查收安插。只因从前解粤文内未将各夷口供叙入，以致粤员盘诘生疑，将人解回。今卑府复加研讯，阮玉汉坚供实系董奔土目，被阮浚派仇杀投救，并无违背本国、潜逃内地勾结为匪情事。其黄付安、几刁亦讯因从前广郡贩食交盐，土富州人常与交趾往来贸易，是以伊祖代出交，即住居董奔，已历数代。董奔一寨所住之人多系广富、镇安一带土民沙夷，流寓落业，故止说土话，不通交语，并无别情，仍请由粤发给，交官查明安插。"等情。

臣等正拟咨明粤西并具折奏闻间，适钦奉谕旨，臣等复行司确查是夷是民，及两省究属何人推诿。今据云南布政使彭家屏等禀称："查明阮玉汉实系交趾夷目，被仇匪攻杀，欲赴内地投救，是以遵例剃头，其黄付安、几刁祖籍虽系土富州人，业已住居董奔四五代，因董奔距交趾甚远，其聚居之人皆流寓之沙夷土民，是以不通交语，土富州地方并无村寨亲族可凭，实非内地民人。今董奔已被阮浚派攻夺，其夷境牡丹、宝乐等处地方亦久为夷匪占踞，滇南与交趾中隔不通，所有阮玉汉等不便羁留内地，仍应押赴粤西之龙州平而、水口出关，交夷官收领安插。至阮玉汉等实系是夷非民，广南府知府方廷英前请由粤押解，交官查收，并无推诿情弊。其粤西之归顺州知州韩德修亦因阮玉汉未留头发，黄付安、几刁不通交语，是以解回复查，亦属慎重边疆，并非故为推诿。"等情前来。臣等复查无异，除现在移咨粤省督抚二臣，一面饬将阮玉汉等解赴广西太平府龙州平而、水口出关，并先行令夷官订期前来关口接领，取具夷官收领外，所有查明阮玉汉等实系是夷非民及两省俱无推卸情弊，臣等谨遵旨据实具奏，并不敢稍存回护之见，伏祈皇上睿鉴。

再阮玉汉等存在交趾篾江箐口之家口，原未投入内地，今应仍听其回国之后自行接取；又粤省奏报之黄父案即系黄付案，合并陈明。谨奏。

朱批：另有旨谕。

（《宫中档乾隆朝奏折》第一辑，第 779～782 页）

870　云贵总督硕色《奏报遵旨拣选茂隆银厂课长折》
乾隆十六年十一月初九日

云贵总督臣硕色、云南巡抚臣爱必达谨奏：为遵旨拣选课长会折奏覆事。

乾隆十六年十一月初九日，接到廷寄，内开："乾隆十六年十月初三日，奉上谕：硕色等所奏茂隆厂务，于该处熟谙开采之杨公亮、唐启虞、王朝臣三人内公举一人董理，倘有营私滋弊，渐行吴尚贤故智，立即撤回究处等语。茂隆厂远在边外，既未便委员办理，杨公亮等久经办课，且非吴尚贤党羽，自可委令接管，但不立以更换限期，则盘踞日久，势必又成一吴尚贤矣。此次应于杨公亮等三人内拣选一人管理厂务，以三年为期，期满即行撤回内地，其余以次充当承管，每逢更换之时，于内地另行拣选殷实干练之人出厂协同办课，令其渐次熟练，按期接管。如此则地方官易于稽查，该商等不得久踞夷疆营私渔利，边陲可无滋事之虞。硕色等所奏办理之处尚未周到，其吴尚贤应作何办理，该督抚折内何以竟未奏及，着一并传谕询问。钦此。"遵旨寄信到臣。臣等跪读训谕，至圣至明，除吴尚贤种种不法情节臣等现已查明，另折参奏究拟外，所有臣等前奏堪委管理厂务之杨公亮、唐启虞、王朝臣三名，臣等因未见其人孰为较优，先经传调来省查验，以备选择。内除王朝臣已经病废，今调到杨公亮、唐启虞二人。臣等看得杨公亮熟练厂务，为人稳妥，唐启虞亦诚实小心。臣等遵旨拣选，应将杨公亮佥充课长，董理厂务，唐启虞饬令协同办课，以三年为期更换。臣等仍不时查察，如三年之内各皆勤慎妥协，俟期满将杨公亮撤回，即可以唐启虞顶充课长，于内地另行拣选殷实干练之人出厂协同办课，令其渐次熟练，按期接管。如或乖张滋事，渔利营私，即随时撤回究治。

再该厂远居徼外，近日一切情形未能深悉，臣等终不放心，现已遴委干员偕往茂隆厂所宣布皇仁，并将吴尚贤妄为不法、更换课长情由出示，晓谕夷酋，安辑厂众，察视一切情形，即令委员将吴尚贤义子吴世荣撤回，其厂所一切眷属、财物一并着令查明，运回内地，交地方官点验，不得仍留在厂。所有选定课长办理缘由，臣等谨缮折奏闻。

再臣等前次具奏时，因吴尚贤尚未回滇，应俟到滇之日，遵照廷议办理，是以未将作何办理之处奏及，实属愚昧疏漏。今荷蒙圣恩训诲，着传谕询问，臣等感愧无地，谨一并陈明奏覆，伏祈皇上睿鉴。谨奏。

朱批：知道了。

（《宫中档乾隆朝奏折》第一辑，第 881～882 页）

871 云贵总督硕色、云南巡抚爱必达《奏报查明茂隆课长 吴尚贤不法情节及参奏办理缘由折》
乾隆十六年十一月十一日

云贵总督臣硕色、云南巡抚臣爱必达谨奏：为奏闻事。

窃照茂隆厂课长吴尚贤，前接廷议，内开："将来缅使回滇之日，另行委员护送出境。其吴尚贤即令居住省城，如果安分守法则已，设或暗布流言，煽惑番夷各情形，即将吴尚贤拘禁奏闻，请旨办理。"等因，钦遵在案。

臣等伏查，从前缅使过滇，吴尚贤伴送至省，臣等见其人不过庸愚细民，且据禀称，缅使生长外域，饮食嗜好与内地迥异，情愿随往照料。臣等因缅使初入内地，尚贤与缅使相处日久，熟悉夷情，令其随行照料，以顺夷情，是以奏明令其伴送赴都。但恐尚贤无知小人，沿途或有越分滋事之处，复密谕委伴贡使之顺宁府知事孟士锦留心察看，详悉禀报。兹该员伴同缅使回滇，臣等查询吴尚贤沿途举止动静，据禀尚贤由滇一路赴都，望恩幸泽，意气洋洋，及回滇之时，因圣恩优待使臣，赐予隆厚，伊望泽未遂，时怀怅快，见于辞色等语。迨缅使起程之时，臣等将吴尚贤留住省城，另委员弁伴送缅使，由云州出口。讵尚贤复唆使缅目投递呈词，请令尚贤同行，经臣等谕以另委员弁伴送详加晓谕方止。是吴尚贤居功要挟，煽惑夷使，种种居心妄诈，已甚不安分守法。

再臣等先期留心访察，闻尚贤在厂曾将皇恩赏给葫芦酋长之课银侵肥入己，并有僭越妄为诸事。臣等因该厂穷居外域，风闻难以遽信，随飞调该厂另开磠硐之杨公亮、唐启虞、王朝臣、黄耀祖查讯。去后，除王朝臣已经病废，今调到杨公亮、唐启虞、黄耀祖三人，密饬司道细加查讯。据杨公亮等供称，历年赏给葫芦酋长之课银，尚贤每年仅给酋长蚌筑、蚌坎银各二百两，余皆假借散给书巡等人工食名目，入己肥囊等语。又讯明吴尚贤在厂，自恃捐纳通判职衔，出入胆敢鼓吹放炮，乘坐四轿，摆列坐枪、旗锣、黄伞，并设有厂练护卫，制造枪炮、长刀军器等项，乖张僭越，不一而足。

又案查乾隆十四年，有原任迤西道朱凤英，谕令吴尚贤查拿邹启周致伤身死一事，臣硕色曾于上年十月十九日奏闻在案。今据府县审讯，邹启周之伙伴张亮采等供称，因邹启周在木邦境内欲开挖猛牙、邦迫两厂，尚贤虑及此旺彼衰，捏以邹启周抢劫外域等词，诳禀朱凤英，谕令逐拿，嗣经议和复开，以水淹移采西洒。未及得矿，吴尚贤益忌，于十四年十二月十九日，仍以朱凤英谕饬擒拿为名，遣孙二，即孙兰登，带练数百，前至西洒，将邹启周、张亮采拿获，厂民星散，复被吴尚贤途遇擒拿王选等一十四人，解至茂隆厂。邹启周路毙，被割首级，王受全亦拘禁毙命。又查有元江府民彭锡禄控告吴尚贤图财，将伊兄彭锡爵谋害一案，经前任督抚二臣批司查报，复经臣等专檄严催，因被证多在厂地，未经提到究讯虚实。今行司提到知证黄耀祖，讯据供称，吴尚贤霸占彭锡爵磠硐，曾将锡爵绑缚拷打，并差孙兰登将彭锡爵解出厂地，不知致死何处等语。

以上二案，事关人命，亦应查究。

臣等查吴尚贤以一无借之徒，仰赖圣朝德威远播，在葫芦夷酋地方开得旺矿，获有厚赀，已属厚幸，乃不思安分守法，辄敢倚恃远居外域，内地官员查察难周，竟将皇恩赏给酋长课银胆肆侵蚀，计五年约共侵渔银二万九千余两，且种种僭越妄为、凶暴不法，实罪不容诛。再查侵亏人员，例应查对家产，今吴尚贤以圣朝绥柔荒服、恩赏酋长之课银侵渔入己，尤属欺罔不法，其情较之侵盗钱粮者更重，似应先将该犯家产查明封贮。

除将吴尚贤严加羁禁，一面委员将吴尚贤家产逐一查明封贮，一面另折参奏外，所有查明吴尚贤不法情节及参奏办理缘由，臣等谨缮折奏闻，伏祈皇上睿鉴。谨奏。

朱批：知道了。

（《宫中档乾隆朝奏折》第一辑，第 870~873 页）

872　云贵总督硕色《恭报滇省瑞雪折》
乾隆十六年十一月十一日

云贵总督臣硕色谨奏：为恭报瑞雪，仰慰圣怀事。

窃照滇省豆麦春花，秋收之后俱已播种齐全，正赖雨雪滋长。今云南省城地方于本年十一月初四日天降瑞雪，自卯至酉，积雪一尺五六寸，且浓阴密布，雪势甚广。臣差遣弁员分往四郊查看，据报四山阴寒之处雪深二三尺不等，次日方始以渐融消入土，春花倍觉青葱。并据近省之云南府属晋宁、安宁、嵩明、罗次、呈贡五州县，曲靖府属之寻甸、马龙二州，临安府属之通海县，澄江府属之河阳、江川二县，广西府属之师宗州各报，俱于十一月初三四等日得雪五六寸以至一二尺不等，二麦、南豆俱各长发等情。其离省窎远之处尚未报到。臣查滇省地气和暖，间有冬雪，俱随落随消，不能积厚。今得此大雪，积至尺余，一二日方始融消，点点入土，滋培麦豆，大与春花有益，民间甚为欢忭。

缘冬雪有关春花，臣谨恭折奏闻，仰慰圣怀，伏祈皇上睿鉴。谨奏。

朱批：欣慰览之。

（《宫中档乾隆朝奏折》第一辑，第873页）

873　云贵总督硕色、云南巡抚爱必达
《奏报讯明杜时昌捐官一案原委折》
乾隆十六年十一月十一日

云贵总督臣硕色、云南巡抚臣爱必达谨奏：为查明奏覆事。

乾隆十六年九月二十六日，接到廷寄："杜七之子杜时昌捐官一案，原奏内开，讯据杜时昌供称：'我祖杜栖凤，原籍山西，移居顺天，先抱养子杜冕，后又生子杜曜，即我生父，于十七八岁上云南贸易，我系云南生长。雍正七年，伯父杜冕贩广货至滇，因无子嗣，将我过继为子，雍正十一年，将我带回京师抚养。乾隆五年，继父往福建彰化县贸易，留我在京居住。九年冬月内，继父于洋船上寄银二千两，着我捐官。我用银一千二百余两，报捐布政司理问，又借汾州人党姓、李姓银二千一百两，一并加捐同知，随写字与福建继父、云南生父二处要银。福建带来银六百两，即还李姓，云南并无分文带来。上年八月内，云南石屏州人吴尚贤之弟吴三来京，代伊兄加捐，因捐例停止，我即向借银二千六百两，又还过党姓、李姓本利一千六百两，所余之银清还零星账目。'"等语。

查杜冕系杜七之父乞养之子，既曾前诣滇省，又将杜时昌过继抚养，今现在福建彰化县贸易，屡次寄银与杜时昌，以为捐官及用度之需。而杜七在滇赃至巨万，转无分文寄与，其中显有寄托营运情节，应交与福建巡抚，飞饬地方官，即传杜冕到案，查讯明确，如果有寄托营运之处，即将杜冕现在贸易赀本查封。臣等一面行文云南督抚，严讯杜七有无银两交与伊兄杜冕代为生息，务得实情，毋令稍有隐遁，移咨闽省照数追解等

因。乾隆十六年九月初七日，奉旨"知道了。钦此。"抄寄到臣。臣等随即行司严提杜七究追。去后，今据云南布政使彭家屏、署云南按察使迆西道沈嘉征详称，讯据杜七供称，伊父杜栖凤止生伊一人，并无抱养杜冕之说。伊本名即系杜冕，后因充当长随，改名杜曜，先跟一韩姓知府至福建，后又随至云南，即在滇娶妻落业。伊亦止生一子，名唤杜兰，即杜时昌，并无过继与杜冕之事。嗣因跟随宫尔劝在粮道任内经管汤丹铜厂，私收秤头铜斤及囤卖油米，婪得赃银，遂将所婪赃银陆续给付伊子杜兰赴京捐职。先于乾隆八年给银一千五百两，着令赴京，因捐官之事不便与伊主知觉，诡言杜兰逃走掩饰。继于乾隆九年又寄给银二千两。乾隆十二年，该犯跟随宫尔劝进京，又面付伊子杜兰银八百两；乾隆十三年，又寄给银三百两；十五年，又寄给四百两。前后共寄给银五千两，令其捐官是实。其子在京拿问，恐怕说出长随之子，不便捐官，故混供另有抱养之伯父杜冕，过继与伯父杜冕为嗣。其实杜冕即系杜七，并无另有杜冕在闽交银营运之事等语。严诘再三，矢口不易。且访得从前杜七曾在省城五华山寺内舍铜铸器，调验给与寺僧之舍约，确系杜冕名字，则杜时昌在京所供继与抱养伯父杜冕之语，似系欲避冒良捐官之罪，捏辞支饰。"等情，详报前来。

臣等复加亲提杜七，严讯无异。惟查杜七前在汤丹厂共婪得赃银一万八千余两，除搜获现银二千四百两及供出寄给伊子捐官五千两外，尚有一万余两无着。今虽据坚供，并无抱养之兄杜冕，亦无交银营运之事。但伊子杜时昌在京供指杜冕在福建彰化县贸易凿凿，业经廷寄，行令福建抚臣查传杜冕究讯，其杜冕实在有无其人，杜七有无银两交与杜冕营运，应俟闽省查明，方足以定虚实。且杜时昌既在天津居住年久，又冒籍大兴捐职，其在京混供捐官之银并非伊父杜七所给，则其狡诈可知。此等诡谲之徒，或尚有财产在天津、大兴等处隐匿寄顿，亦未可定。臣等谨将讯明杜七给银伊子捐官缘由，录具供单，缮折具奏，请旨敕部，将杜时昌严讯。大兴、天津等处有无另置财产隐匿寄顿，并确讯实在有无杜冕其人，抑系狡供支饰，并将闽省查覆情节一并行文，知照到滇，在京在外互相严查追究，庶不致有隐漏之弊。

再杜时昌在京供借吴尚贤之弟吴三银二千六百两，今吴三已经回滇，讯据供认相符，查系私债，应听吴三自行清理。合并陈明，伏祈皇上睿鉴。谨奏。

朱批： 知道了。

（《宫中档乾隆朝奏折》第一辑，第 874~876 页）

874　云贵总督硕色《奏报本年滇省秋成分数折》
乾隆十六年十一月十一日

云贵总督臣硕色谨奏：为奏报秋成分数事。

窃照滇黔两省今岁夏秋雨旸时若，秋成大概丰稔，经臣于九月二十六日缮折奏闻在案。今早晚禾稻及荞豆、杂粮俱已刈获齐全，行据云南布政使彭家屏将收成分数开报前来。

臣查滇省经管田地钱粮之八十二府厅州县内，镇沅等二十二府厅州县低下、高阜之处稻谷俱收成十分，荞、豆、杂粮亦各收成十分；广西等二十五府州县低下之处稻谷收成十分，高阜之处稻谷收成九分，荞、豆、杂粮俱有九分；南安等三州县一厅，低下之处稻谷收成十分，高阜之处稻谷收成八分，荞、豆、杂粮各九分、八分不等；宁洱一县，低下之处稻谷收成九分，高阜之处稻谷收成十分，荞、豆、杂粮俱各收成九分；昆阳等五州县，低下之处稻谷收成九分，高阜之处稻谷收成八分，荞、豆、杂粮收成八分、七分不等；元江等十四府厅州县，低下之处稻谷收成九分，高阜之处稻谷收成七分，荞、豆、杂粮俱各收成八分；中甸州判地方，低下之处稻谷收成九分，高阜之处稻谷收成七分，荞、青稞俱各收成八分；顺宁等六府厅县，低下高阜之处稻谷俱收成八分，荞、豆、杂粮各有七分；罗平等三州县，低下之处稻谷收成八分，高阜之处稻谷收成七分，荞、豆、杂粮收成七分、六分不等；嶍峨一县，低下之处稻谷收成八分，高阜之处稻谷收成六分，荞、豆、杂粮俱各收成七分。合计滇省稻谷收成共有九分，荞、豆、杂粮收成共有八分。除俟会同抚臣爱必达再加确核细数照例会题外，所有云南通省秋成大概分数，臣谨缮折奏闻，伏祈皇上睿鉴。

至贵州一省，早晚稻谷、荞、豆合计通省共有九分收成，应听护贵州抚臣、布政使温福照例题报。合并陈明。谨奏。

朱批：欣慰览之。

（《宫中档乾隆朝奏折》第一辑，第 876～877 页）

875 云贵总督硕色《奏报严禁夷民约众赶夏缘由折》
乾隆十六年十一月十一日

云贵总督臣硕色谨奏：为奏闻事。

窃照本年十月二十四日，据贵州大定协副将米世泰呈称："据大定府属悦服里头人王庆元等呈报，有本里土目以腻安永兴病故，择期十月二十七日安葬，先于九月内约会滇省之东川、乌蒙、镇雄及黔省之威宁四夷府土目前来安葬。闻其来场者大则或带兵三千，小则带兵千余，枪刀、器械无人不备。土目姻亲甚多，所来目兵不至八九万，亦有五六万之多，兼之土目安思孝与安思仁素有仇隙，来场定必相杀；又现有安永甸控安永志霸业，亦必来场相斗，呈请速差官兵禁止。"等因，转报到臣。

臣查从前土目凡遇丧葬，辄邀约姻亲、夷目齐集会葬，各带多人，携带随身器械，名曰赶戛，原系夷俗陋习，亦有婚丧往来之事，所带目兵不过数十人。今据报土目安永兴病故，纠约会葬者将有数万之多。臣察其情词张大，且有土目彼此仇控霸业之语，殊属不经。但事关夷情，自应慎重。随飞檄滇黔文武严加查禁，更恐各文武办理未善，一面檄委贵西道朱琰驰赴大定府善为弹压，确查提讯。去后，今据贵西道朱琰及大定府知府王允浩禀称："提讯土目安永志等，俱极口称冤，并无纠约做戛之事。及讯之呈首王庆元，据供，是时往贵州省城上粮，并未在家呈报。随复访获捏名呈首之人，即系故目安永兴之弟安永甸，讯据供称，伊兄安永兴病故，无嗣，伊系次房，应将其子承继，乃另继三房安永志之子为后，又为之娶媳，择于二十七日祭奠安葬。该犯心怀不甘，欲图禁阻，夺管地方。随商之大定府已革兵房书办龙世瑾，允俟得管地方重谢，先给银四两，龙世瑾即代为捏造报呈，雇倩曾朝用顶冒头人王庆元名字，赴大定协投递，希图发兵禁止。讯之龙世瑾，亦直认不讳。"各等情前来。

臣查汉奸擅入苗地，哄诱滋事，久有严禁。龙世瑾一犯胆敢为安永甸谋夺土目地方，捏造谎词，呈请动发官兵，臣虽未为所惑，而流言传播，惊骇愚民，大属不法。似此刁恶汉奸，若仅照寻常律例问拟，未足以示惩创而靖苗疆。臣已饬司道，将该犯从重究拟，以肃法纪外，伏思夷俗约众安葬，各带器械，虽系相沿陋习，但苗疆夷地，不可不防微杜渐。臣现在通饬滇黔两省该管地方文武，晓谕各土司夷目，严禁赶戛恶习。嗣后纵或婚丧事故，姻娅往来，止许随带数人，多则至十余人，均不许擅携片铁寸械，仍先期报明该管地方官，给以印票，将所带人夫马匹等项数目注明票内，听各隘口塘汛验票放行。如有多带从人及带有枪刀弓弩器械者，不许前往，仍将土官夷目分别查参究治。倘该管文武漫无觉察，任由擅行出境，一经查出，即行参处。

所有臣严禁约众赶戛缘由，恭折奏闻，伏祈皇上睿鉴。谨奏。

朱批：知道了。

（《宫中档乾隆朝奏折》第一辑，第877~879页）

876　云贵总督硕色、云南巡抚爱必达《奏请将吴尚贤革去通判，严审定拟折》

乾隆十六年十一月十一日

云贵总督臣硕色、云南巡抚臣爱必达谨奏：为参奏事。

窃照茂隆厂课长吴尚贤，本系无借细民，前往徼外葫芦酋长茂隆山银厂开获旺矿，经前督臣张允随佥委吴尚贤充当课长。讵吴尚贤数年以来获利丰厚，捐纳通判职衔，小器易盈，渐肆狂妄。臣等留心访察，该犯有种种不法之事，大干功令。

一、查茂隆厂系葫芦酋长蚌筑等于乾隆十年愿将课款输诚纳贡，荷蒙圣恩俯念远夷效顺，敕将所收课银以一半解纳，一半赏给酋长，转饬钦遵在案。讵吴尚贤将历年应赏酋长一半课银每年仅给酋长蚌筑、蚌坎银各二百两，其余银两，或假名散给书巡工食，或分赏地方火头，侵肥入己。查茂隆厂自乾隆十一年起，截至十五年止，共解过课银三万一千四百余两，奉旨赏给酋长一半，亦应该银三万一千四百余两。今吴尚贤于五年之内仅给过酋长蚌筑、蚌坎共只银二千两，其余银二万九千有零侵扣入己，甚属欺罔。现有另开槽磰硐之杨公亮等可证。

一、查吴尚贤在厂，因远居徼外，内地文武查察难周，辄恃有通判职衔，凡在厂出入，胆敢鼓吹放炮，乘坐四轿，摆列坐枪、旗锣、黄伞，并设有厂练护卫，制造枪炮、长刀、军器等项，乖张僭越，不一而足。有杨公亮、唐启虞等可证。

一、案查乾隆十四年，有原任迤西道朱凤英谕令吴尚贤查拿邹启周致伤身死一事，今据永昌府县审讯邹启周之伙伴张亮采等，供称因邹启周在木邦境内欲开挖猛牙、邦迫两厂，尚贤虑及此旺彼衰，捏以邹启周抢劫外域等词诳禀，朱凤英谕令逐拿，嗣经议和复开，以水淹移采西洒，未及得矿。吴尚贤益忌，于十四年十二月十九日，仍以朱凤英谕饬擒拿为名，遣孙二即孙兰登带练数百前至西洒，将邹启周、张亮采拿获，厂民星散，复被吴尚贤途遇，擒拿王选等一十四人，解至茂隆厂。邹启周路毙，被割首级，王受全亦拘禁毙命。现有张亮采等审证。

一、查有元江府民彭锡禄控告吴尚贤图财，将伊兄彭锡爵谋害一案，经前任督抚二臣批司查报，复经臣等专檄严催，因被证多在厂地，未经提到究讯虚实。今行司提到知证黄耀祖，讯据供称，吴尚贤霸占彭锡爵磰硐，曾将彭锡爵绑缚拷打，并差孙兰登将彭锡爵解出厂地，不知致死何处等语。是吴尚贤图财杀命，法所难容。现有黄耀祖为证。

以上各款，或侵吞恩赏课银，或僭越妄为，或图财害命，种种恶迹，大干法纪。除将吴尚贤羁禁，一面行司提拿孙兰登等审究外，查吴尚贤系乾隆十四年在四川遵川运事例捐纳通判，官名吴枝，相应缮折参奏，请旨将吴枝即吴尚贤革去通判职衔，以便与案内有名人犯一并严审究拟，以肃法纪，伏祈皇上睿鉴施行。谨奏。

朱批：知道了。该部知道。

（《宫中档乾隆朝奏折》第一辑，第 879～880 页）

877　云南巡抚爱必达《奏请严寄籍之禁，以杜诡冒，以重帑项折》
乾隆十六年十二月初七日

云南巡抚臣爱必达谨奏：为请严寄籍之禁，以杜诡冒，以重帑项事。

窃惟设官分职，各有攸司。正印则仓库钱粮责任綦重，佐杂则办差解饷关系匪轻，全在籍贯确切，庶遇侵蚀那移事发，及离任后遇有核减之项，咨行原籍查办，不至帑项久悬。况滇省办运京铜，每年正、加六运，应用府佐、州、县六员，佐杂六员，长途既恐疏虞，报销不无浮冒；设有应行追缴之项，遇本官事故，势必行查原籍，较他省更宜慎重。乃外省寄籍之弊间或一有，而京城及近京各州县，五方杂处，往往不拘何省人民，辄行寄籍得官，其实眷属、产业毫无所有。即如滇省乾隆六年三加运官扬武坝病故巡检贺澄名下，有应追核减养廉银两，查履历，系顺天宛平籍贯，曾经咨移直隶着追，嗣准咨覆，并无贺澄下落。行据新平县查出贺澄有妾李氏存滇，讯据供称："贺澄祖籍浙江，寄籍宛平，初任湖广沔阳州巡检，就即落业沔阳，故后，伊胞弟贺璜同伊子贺履春已搬柩回沔安葬。"等语。现在咨楚查属着追。

又乾隆七年，二运官宝宁县丁忧知县古肇新名下，有应追核减养廉银两，查系顺天宛平籍贯，亦经移咨顺天查追，虽尚未准覆，但该员于署文山县任内代运闽省采买滇铜，发给脚价核减着追案内，先曾咨准顺天移覆，遍行查访，并无古肇新之名，令将该员履历查覆寻追，现在覆咨各在案。且尚有陶淳、商肇铎、王铨叶、范佶四员名下均有核减银两，同系籍隶顺天，咨查，未准覆到。是皆因京城为各省民人云集之区，就近报籍取结甚便，而各该地方官又漫无查察，以致乡贯虚寄顺天，眷属潜居他处，习为固然。使徒于事后辗转咨查，经年累月，帑项终归悬宕，莫若慎重于得官之始，使其无可隐遁，则贤员必益自加谨，而不肖者亦群知守分，即有亏冒，不难刻期咨追。

臣愚，应请皇上敕下顺天府尹、直隶督臣，严饬各该州县，嗣后无论正印、佐杂，凡遇应选出结时，务须加意确查，如果实系土著，始准结送；倘无房产、眷属在彼，即令改正的实籍贯，令赴本籍出结报部，不得仍前混行出结。至将来新授滇员内有籍隶顺天者，抵任时，臣衙门即备文咨查取结，俟顺天府尹、直隶督臣饬取确结咨覆，行司注册，分别任用差委，庶诡冒之弊可除；遇有应追之案，原籍不致以并无其人诿卸，官方、帑项两有裨益矣。

臣为先事预筹起见，恭折陈奏，是否有当，伏乞皇上睿鉴训示。谨奏。

朱批：该部议奏。

（《宫中档乾隆朝奏折》第二辑，第145～146页）

878　云南巡抚爱必达《奏报乾隆十二年至乾隆十六年滇省减除、续收过僧道数目折》

乾隆十六年十二月初七日

云南巡抚臣爱必达谨奏：为钦奉上谕事。

案照乾隆六年正月初九日，准礼部咨，奉上谕："僧道亦穷民之一，朕不忍概从沙汰，故复行颁给度牒，使有所核查。着各该督抚留意，善为经理，并着于岁终将所减实数具折奏闻。钦此。"嗣于乾隆十年七月二十九日，兵部递到大学士寄信，内开奉上谕："朕前降旨，二氏之教由来已久，原难尽行沙汰。乃数年以来，各省所报册籍，止有沙汰之数，而未有续收之数，是有裁而无收也。可寄信与各督抚，令其善于体会，转饬所属从宽办理。钦此。"钦遵，俱经转行通饬遵照在案。

臣查滇省僧道尼僧，自乾隆三年颁发牒照三千七百五十张，颁给之后，历年减除，至乾隆十五年十二月底，共减除过一千三百七十五名，内续收顶牒僧道一百二十名，实止减除一千二百五十五名，尚存僧道尼僧二千四百九十五名；又续收候顶师牒僧道，除已顶外，实在二百三十四名，经臣恭折奏报，并饬地方官实力稽查，体会办理。兹据布政使、革职留任彭家屏转据各府州县申称：乾隆十六年，开除僧道尼僧八十九名，内续收顶牒僧道七名，实止开除八十二名，尚存僧道尼僧二千四百一十三名；又新收候顶师牒道士二名，合计乾隆十二、十三、十四、十五并十六年，实在共续收候顶师牒僧道二百三十六名，除已顶牒及开除外，实在候顶师牒僧道二百三十二名。查明分晰造册，同缴到牒照，申送前来。除将清册牒照送部外，谨缮黄册恭呈御览。臣谨奏。

朱批：览。

（《宫中档乾隆朝奏折》第二辑，第146～147页）

879　云南巡抚爱必达《奏报滇省瑞雪普遍情形折》
乾隆十六年十二月初七

云南巡抚臣爱必达谨奏：为奏闻瑞雪普遍情形，仰慰圣怀事。

窃照滇南省城，本年十一月初四、十二等日连次瑞雪缘由，经臣恭折奏报在案。今查据曲靖、大理、鹤庆、昭通四府及所属报称，十月内即已得雪，复于十一月初三四五及十二三四等日，大雪缤纷。又据云南、澄江、临安、广南、广西、元江、开化、永昌、永北、楚雄、姚安、武定、东川、蒙化各府及白井提举禀报，所属境内，十一月初二三四五、十二三四等日连得瑞雪，俱积深尺许至二三尺不等，民夷正乐盈宁，又得来岁丰登预兆，且于瘴乡素来少雪之区亦均普遍，莫不欢欣鼓舞。麦苗、南豆现在沾润滋长，一望青葱。米粮价值照常平减，边境在在宁谧。所有瑞雪普遍情形，理合恭折奏闻，上慰慈怀，伏乞皇上睿鉴。谨奏。

朱批：知道了。

（《宫中档乾隆朝奏折》第二辑，第147～148页）

880　云南巡抚爱必达《奏报滇省乾隆十六年分户口、仓谷数目折》

乾隆十六年十二月初七日

云南巡抚臣爱必达谨奏：为钦奉上谕事。

案照乾隆六年正月十三日，准户部咨，乾隆五年十一月初二日，内阁抄出，奉上谕："每岁仲冬，该督抚将各府州县户口减增、仓谷存用一一详细具折奏闻。钦此。"又于乾隆十三年五月二十五日，准户部咨，民数册内，嗣后应令一体分晰男妇字样造报等因。奉旨："依议。"钦遵，转行司道确查详核，慎重办理在案。

所有乾隆十六年分云南通省户口、仓谷数目，据布政使、革职留任彭家屏，粮储道徐铎会详，据云南等府转据昆明、嵩明等州县详报："除番界、苗疆向不入编审者无庸查造，又各厂商贩贸易人等去来无定，亦无凭查造外，通省土著人民，原额三十六万七千三百六十三户，共男妇大小人民一百九十六万七千八百三十七丁口，内大丁五十九万八千七百六十一丁，小丁三十九万三千七百丁；大口五十九万九百五十九口，小口三十八万四千四百一十七口。今乾隆十六年分新增一千二百六十九户，共增男妇二万七千五百三十九丁口，内大丁六千五百七十五丁，小丁八千八十五丁，大口六千一百五十一口，小口六千七百二十八口。开除男妇二万一千三百四十五丁口，内大丁六千二百四丁，小丁五千一百七十四丁，大口五千七百七口，小口四千二百六十口，实在土著人民三十六万八千六百三十二户，共计男妇大小人民一百九十七万四千三十一丁口，内大丁五十九万九千一百三十二丁，小丁三十九万六千六百一十一丁，大口五十九万一千四百三口，小口三十八万六千八百八十五口。此乾隆十六年分云南通省民人男妇实数也。

通省旧管仓存米、谷、麦、荞、稗、豆、青稞一百一十四万六千二百一十五石四斗四升零，内除参革寻甸州知州袁灏亏空谷五千一百一十六石四斗八升零外，存仓米、谷、麦、荞、稗、豆、青稞一百一十四万一千九十八石九斗五升零。今乾隆十六年分新收米、谷、麦、荞、青稞五万八千四百五十六石三勺零，除本年新巢动用米、谷、荞九万九千七百三十七石七斗九升零，实在存仓米、谷、麦、荞、稗、豆、青稞一百九万九千八百一十七石一斗五升零，内米九千九百五十二石一斗八升零，谷一百五万一千三百七十三石七斗一升零，大麦二千五百三十六石九斗四合零，小麦一千二百六十一石五斗九升零，荞三万三千一百七十一石八斗二升零，稗一百七十四石六斗八升零，豆一十六石五斗，青稞一千三百二十九石七斗五升零。此乾隆十六年分云南通省积贮实数也。"造具清册，详报前来。

除送部外，臣谨缮黄册，恭呈御览。谨奏。

朱批： 册留览。

（《宫中档乾隆朝奏折》第二辑，第 148～149 页）

881 云贵总督硕色《奏报恭缴朱批奏折折》

乾隆十六年十二月十二日

云贵总督臣硕色谨奏：为恭缴朱批奏折事。

窃臣节次请安奏事，奉到俞旨，臣俱逐一钦遵外，所有原奉朱批奏折共四十二件，理合恭缴。为此谨奏。

朱批：览。

（《宫中档乾隆朝奏折》第二辑，第 194 页）

882 云贵总督硕色《奏报滇黔瑞雪普遍情形折》

乾隆十六年十二月十二日

云贵总督臣硕色谨奏：为瑞雪普遍，恭折奏报事。

窃照云南省城及附省之云南、曲靖、临安、澄江、广西等府属州县，本年十一月初三四等日得有瑞雪，经臣于十一月十一日缮折奏闻在案。嗣于十一月十二日，云南省城复得雪，竟日融化，入土约有尺余；并陆续据云南、曲靖、临安、澄江、广西、楚雄、姚安、武定、昭通、开化、广南、元江、东川、鹤庆、大理、永北、永昌、蒙化等府所属州县各报，于十一月十二三四等日得雪，积深三四五六寸以至一尺、二三尺不等，春花滋长，民夷欢腾等情。

臣查冬雪有关春花，滇南地处炎方，今在在俱得雪深厚，春收有望，实为边氓庆幸。臣谨恭折具奏，仰慰圣怀。

再贵州一省，据贵阳、安顺、南笼、大定、平越、都匀、镇远、思南、思州、铜仁、黎平十一府所属州县亦各报，于十月二十二三及十一月初三四、十二三等日得雪一二寸以至七八寸不等。合并陈明，伏祈皇上睿鉴。谨奏。

朱批：欣慰览之。

（《宫中档乾隆朝奏折》第二辑，第 194～195 页）

883 云南巡抚爱必达《敬陈边省参审之末议，以杜稽延折》

乾隆十六年十二月十八日

云南巡抚臣爱必达谨奏：为敬陈边省参审之末议，以杜稽延事。

窃照文武官员凡有玩法婪赃及种种不职等事，题请参究者，定例：以准到部覆之日起，扣限四个月完结，或其中有于参后复经查出款迹，具疏续参，即于准到续参部覆起限。此历来办理参案之成规也。

滇省僻在天末，距京最远，自具题至准到部覆已经数月，一自续参，又须等候续参部覆，辄至延案，经年悬宕未结，不特候质人犯拖累日久，且令不肖之员得以辗转迁延，不克早为定拟，亦非儆官方而肃功令本意。臣再四思维，虽事涉官员例应于奉旨后始行审讯，但既于初参奉有谕旨，则该员已系革职听审之人，与在任被参者不同，且滇省远在边隅，迥非内地可比，若概于定限之外另行扣限，实属久延。不若稍为变通，分别筹办，俾得早行审结，以速期限。应请嗣后滇省凡续经查出参员，劣迹有重于原参本案者，仍照例具疏题参，候部覆至日审拟。其续查劣迹与原参情罪较轻或相等者，查出后一面咨明部科，毋庸续参，一面即照原参限期一并审讯，按拟具题，庶于边省参案之中寓分别重轻之法，劣员之罪案早明，而凡待质之人亦免久累矣。

臣为边省路远，因地筹酌起见，谨恭折具奏，是否有当，伏乞皇上训示。谨奏。

朱批：该部议奏。

（《宫中档乾隆朝奏折》第二辑，第 249 页）

884 云南巡抚爱必达《奏报滇省豆麦长发情形折》
乾隆十六年十二月十八日

云南巡抚臣爱必达谨奏：为奏闻麦豆长发情形，仰慰圣怀事。

窃惟滇省本年秋成丰稔及瑞雪普遍缘由，经臣节次恭折奏报在案。今臣复查，续据丽江府禀报，十一月十二三等日得有瑞雪，积厚尺许，民苗称庆；且通省各属得雪之后，土膏滋润，二麦、南豆日见长盛，来岁春花丰收可卜。闾阎乐业，四境敉宁，米粮价值亦均照旧平减。所有麦豆长发情形，理合恭折奏闻，上慰慈怀，伏乞皇上睿鉴。谨奏。

朱批：欣慰览之。

（《宫中档乾隆朝奏折》第二辑，第 250 页）

885 云南巡抚爱必达《奏请将原任白井提举何凯补授黑井提举折》
乾隆十六年十二月十八日

云南巡抚臣爱必达谨奏：为要缺亟需干员，请旨补用，以收实效事。

窃照云南黑井提举一缺，先经将太和县知县李堂题请升补，嗣准部咨：知县非应升提举之员，与例不符，议令另选合例之员具题补用等因。随行据云南布政使、革职留任彭家屏等详称："滇省盐课，黑井实居其半，所辖灶户复甚刁悍，系繁、疲、难三兼要缺，必须谙练井务、熟悉风土之员督率调剂，庶免堕误。所属应升、应调之通判、知州、州同内，或年例未合，或人地不宜，一时实难其选。惟查有原任白盐井提举何恺，系广东香山县人，由监生历任云南昆阳州知州，于乾隆十年调补提举，乾隆十四年丁母忧离任，缘交代后患病，尚未回籍，今已服满病痊，现在请咨赴部候补。该员年力精壮，办事勤干，在滇十有余载，任白井提举四年，盐务最为谙练，且系应补提举之员，以之补用，实为人地相宜，复与定例符合。"详请具奏前来。

臣伏查黑井系滇省第一大井，额重课繁，灶户又甚刁悍，提举一缺，非才识敏练、熟悉情形之员未能资其整饬调剂，经理得当。臣将应升应调之员内复加遴选，实无年例适合、人地相宜之员。惟查原任白井提举何恺，年壮才练，且于井务素所熟悉，复经臣亲调验看，见其为人识见精明，议论晓畅。又提举一官，惟有滇省三缺。该员系应补提举之人，若以之补用黑井提举，与例相符，更得驾轻就熟。合无仰恳圣恩，俯准将原任白井提举何恺补授黑井提举，则大井要缺得人，于盐务实有裨益。查何恺系丁忧起复之员，如蒙俞允，给咨送部引见。臣为要缺需人起见，理合会同云贵督臣硕色恭折具奏，伏乞皇上训示。

再查何恺前任参罚事件，除已完及抵销外，有昆阳州任内晋宁州渔民张得美之妻土氏等在该州海内溺水身死，失去钱米等物，缉凶不力，降俸未完一案，合并陈明。谨奏。

朱批：该部议奏。

（《宫中档乾隆朝奏折》第二辑，第 250~251 页）

886　云南巡抚爱必达《奏报滇省豆麦秀实、秧苗播种情形折》
乾隆十七年三月初五日

云南巡抚臣爱必达谨奏：为奏闻豆麦秀实、秧苗播种情形，仰慰圣怀事。

窃惟滇省上年冬间及本年正月瑞雪应时，四野沾足，二月内又复连得雨泽，土膏滋润，现在大麦均已结实黄茂，渐可刈获；小麦发荣畅遂，含苞出穗者十之二三，荞、豆亦俱旺盛，将次收割，春花丰稔可期。田亩积水足资浸灌，翻犁者已有十之七八，播种秧苗早者出水一二三分不等，迟者亦渐萌芽透达。闾阎欢忭乐业，共庆升平。米粮价值照常平减，边疆在在宁谧。理合恭折奏闻，上慰慈怀，伏乞皇上睿鉴。谨奏。

朱批：欣慰览之。

（《宫中档乾隆朝奏折》第二辑，第 385～386 页）

887　云南巡抚爱必达《奏报办理滇省万寿恩科乡试各缘由折》
乾隆十七年三月初五日

云南巡抚臣爱必达谨奏：为科场事竣，恭折奏闻事。

窃惟本年特开万寿恩科乡试，臣遵于二月初六日入闱监临，业将入闱日期具折奏报在案。臣仰体圣主遴拔真才、肃清诸弊至意，先于科场前出示，谆切诚谕，至再至三；入闱后复加紧防闲，严行搜检，而于应贴各生尤必矢公矢慎，以期无滥无屈。诸生俱恪遵法纪，查无怀挟。点名入场后，各归本号舍，静心构思，亦并无搀杂混乱及传递、代倩情弊。查阅试卷，统计三场，违式者共四十五卷，照例贴出。其合式卷二千八百四十九本，饬令悉心誊对，送入内帘校阅。滇省额中五十四名，副榜十名。今科官卷不足十名，归于民卷考试，已于三月初三日揭晓，中式如额。臣即于是日出闱讫。所有题名录，循例另疏恭进。

再查钦差典试臣钮汝骐、臣温敏，一入滇境，臣即留心稽察，关防严密，入闱阅卷详慎公当，揭晓后复加体访，士论帖服，毫无异议，合并陈明。除出闱日期臣另疏题报外，理合将在闱办理各缘由恭折奏闻，伏乞皇上睿鉴。谨奏。

朱批：知道了。

（《宫中档乾隆朝奏折》第二辑，第 386～387 页）

888　云南巡抚爱必达《敬陈留滇升用之末议，以广边疆久任之实效折》
乾隆十七年三月初五日

云南巡抚臣爱必达谨奏：为敬陈留滇升用之末议，以广边疆久任之实效事。

窃惟郡守、牧令，与民最亲。定例：历俸三年以上方准题调，历俸五年以上方准题升，俾令吏习民安，得以从容展布，所以杜竞进之门而收治理之益者，意至美，法至良也。盖地方之情形各殊，势必历久而始能熟悉，则得一谙练之员，尽心教养，或才猷茂著，治行卓越，或恬愉无华，抚循有道，均于民间实有裨益。但思部选各缺，循三年、五年之例题请升调，仍在本省，驾轻就熟，办理自可裕如。而外题升补兼行之缺，俸满即升，听部推用，在本省已失一谙练之贤员，而在他省仍仅增一生手，转觉用违其才，殊为可惜。况滇省地处天末，夷多汉少，在在岩疆，不特要缺之府、厅、提举、州、县有抚循绥戢之责，端赖得人，即要缺之佐杂等官亦各有分驻，刑钱事务，非干员不能胜任，尤与内地不同，更应亟为筹及。

查现在外题升调之府、厅、提举、州、县共三十四缺，佐杂共四十四缺，或系烟瘴，或新辟夷疆，或地处极边，或三项四项相兼，所辖苗夷言语悬殊，性情迥异，迨至俸满候升，已于苗情熟谙，若仍以本省要缺循次升用，虽各该员内未必无希冀升迁内地之人，而苟其志在猷为，亦必思边境腹地同属报效，断不肯舍熟习之区而就生疏之任。除知府一官，滇省仅止守巡道四员，均系请旨之缺，无缺可升，仍听部推升外，臣愚请，嗣后滇省要缺，俸满之同知、通判、提举、知州、知县及佐杂各官内，遇有才守兼优、政绩卓著、熟悉夷情、民心爱戴、不可多得之员，容臣会同督臣，于保题疏内声明留滇，以相当之缺升补；其例应引见者，题升后仍送部引见，恭候钦定。则升迁仍在本省展布，无殊久任，不惟臣等得收臂指之效，于边方吏治民生更有裨益矣。

臣为岩疆得人起见，恭折陈奏，是否有当，伏乞皇上训示。谨奏。

朱批：该部议奏。

（《宫中档乾隆朝奏折》第二辑，第 387~388 页）

889　云贵总督硕色《奏报遵旨查明运员黄有德等在湖北东湖县沉溺铜斤已经全获及归州沉铜已捞获十分之九缘由折》

乾隆十七年三月二十四日

云贵总督臣硕色谨奏：为遵旨查奏事。

乾隆十七年二月二十八日，接到廷寄，内开："乾隆十七年正月二十一日，奉上谕：漕运总督瑚宝奏报铜船入汛出汛日期一折，内称：云南委员黄有德、沈良遇领解乾隆十六年正耗铜九十四万余斤，行至归州叱滩雷门洞、宜昌府黄颡洞等处，损船二只，共沉铜十五万一千余斤等语。向来各省委解铜铅中途沉溺者，有实系遇险遭风者，亦有不肖劣员沿途盗卖捏报者。此次黄有德等沉溺铜斤至十五万余之多，其中似不无情弊。着传谕硕色，令其严行确查，毋任该委员等任意侵盗，以饱私囊。至沿途各督抚，虽系隔省，但船只既在境内，即与有查察之责，前经该部定议，通饬在案。嗣后务宜实力稽察，以杜积弊，不得但据委员禀报之词入奏，视为奉行故事而已。着于各督抚奏事之便，一并传谕知之。钦此。"遵旨寄信到臣。

臣随密行确查，去后，今据云南粮储道徐铎详称："滇省乾隆十六年头运、加运京铜，前委易门县知县黄有德、临安府经历沈良遇领运，据报于乾隆十六年六月二十日在永宁起程，业经详咨沿途各省督抚催趱护送，并稽查盗卖在案。嗣于九月二十八日，奉准湖北巡抚咨开：据归州详报，运员黄有德等铜船于乾隆十六年七月二十五日行至归州叱滩雷门洞下，适遇暴风，将第十一号铜船击坏，沉失铜五万二千五百斤；又于十月初六日，奉准湖北巡抚咨开，据东湖县详报，黄有德等铜船于七月二十九日行至东湖县黄颡洞大滩，因暴风骤发，将第九号铜船冲击，沉失铜九万八千八百斤，二共沉失铜一十五万一千三百斤各等因。随经详咨楚省，严查是否确实，并转饬地方官协同运员上紧打捞。去后，旋于乾隆十六年十一月二十八日，又奉准湖北巡抚咨，据东湖县详报：运员黄有德等在东湖县黄颡洞沉失之铜九万八千八百斤，已于八月下旬水势稍退之后，会同营员及协运官沈良遇雇募工役打捞，至九月二十二日止，先后共捞获铜九万八千八百斤，已全数捞获，俟乾隆十六年二加运官到汉，交令带运赴京等因，业经详委乾隆十六年二加运官冷廷丰等到汉之日承领带解。至黄有德等在归州叱滩雷门洞沉失铜五万二千五百斤，亦续据协运官沈良遇禀报捞获将及十分之九，现在竭力打捞，务期全获。但洞密江深，滩险水溜，尚需时日等情各在案。查该运二次沉失铜斤，虽共有一十五万一千余斤，而东湖县所失之铜九万八千八百斤业已全数捞获，其归州沉失之铜五万二千五百斤亦捞获十分之九，未获之铜已属无多。且原报沉失，俱经楚省地方官详报湖北巡抚，移咨滇省。今捞获铜斤，又据该地方官称系会同文武员弁打捞，则黄有德等似无捏报情弊。"等情，详覆前来。

臣查不肖运员盗卖铜斤，捏报沉失，诚事所必有。荷蒙圣明洞鉴，敕臣严行确查。臣敢不据实严加查察？但此次运员黄有德等两次沉失铜斤，俱经湖北抚臣恒文咨明抚臣爱必达，转咨臣衙门有案。其东湖县沉失之京铜九万八千八百斤，已于未奉谕旨之先全数捞获，归州沉失之铜五万二千五百斤亦据报捞获十分之九。但其实在捞获若干，未获若干，未据报明确数，及此外有无盗卖情弊，臣现在移咨湖北抚臣确查回覆，并饬归州地方官将未获之铜协同沈良遇上紧设法打捞，务期全获，并再密咨沿途督抚加谨稽查，催趱前进，毋致盗卖滋弊外，所有运员黄有德等在湖北东湖县沉溺铜斤已经全获及归州沉铜已捞获十分之九缘由，臣谨会同抚臣爱必达恭折具奏，伏祈皇上睿鉴。谨奏。

朱批：以后总当留心查察，非谓止此一次也。

（《宫中档乾隆朝奏折》第二辑，第 500～502 页）

890　云贵总督硕色《奏报起程赴黔查阅营伍折》
乾隆十七年三月二十四日

云贵总督臣硕色谨奏：为起程赴黔查阅营伍，恭折奏闻事。

窃照滇黔两省营伍，前准兵部咨开，奉旨："着该省总督查阅。钦此。"臣因正在查办吴尚贤家产一案，当将俟查有头绪，即先赴黔省查阅缘由，于正月二十七日缮折奏明在案。今吴尚贤原籍、邻境家产及厂所、财物俱已查明，现在另折具奏。臣拟于本年三月二十七日，轻骑减从，自滇起程，由贵州之普安、安笼、安顺等处而抵贵阳省城，以次前往都匀、八寨、古州、清江、镇远、黔西、大定、威宁一带，遍历各标镇协营，详加查验。其滇省所属之昭通、曲寻、寻沾等镇营，查与黔省相连，即于由黔回滇之便，顺道先行查阅。除俟查阅完毕，将官兵技艺优劣、军装是否完整分别另行具奏外，所有臣起程赴黔查阅缘由，谨缮折奏闻，伏祈皇上睿鉴。谨奏。

朱批：知道了。

（《宫中档乾隆朝奏折》第二辑，第 502 页）

891 云贵总督硕色《奏请准令患病之永顺镇总兵官刘问政解任调理折》
乾隆十七年三月二十四日

云贵总督臣硕色谨奏：为镇臣患病，请旨解任调理事。

窃照云南永顺一镇，外邻缅甸，内控苗蛮，责任最重。闻得该镇总兵官刘问政于上年十二月间染患中风之症，臣因边疆紧要，留心查询。今接提臣冶大雄札开："据该镇中军游击卜贵禀称：刘问政去腊病势甚重，随即延医调理，虽获渐愈，但起居、语言觉有健忘之失，动履未能舒适，恐难即时全好。"等情前来。

臣查刘问政年未衰老，今染患风疾，或可渐次调痊。但永顺一镇地居边徼，未便病员卧理。臣已檄委腾越协副将李荣祖前往护理镇篆外，至刘问政，老成练达，在任两载，一切边疆营伍事宜俱办理妥协，尚属有用之才。相应仰恳圣恩，准令刘问政解任，回籍调理，俟病愈之日，该省督抚给咨送部引见。其所遗永顺镇员缺甚属紧要，并恳皇上俯赐，特简贤能补授，庶边疆可早收得人之效。臣谨缮折具奏，伏祈皇上睿鉴。谨奏。

朱批：有旨谕部。

（《宫中档乾隆朝奏折》第二辑，第 503 页）

892 云贵总督硕色《奏请以昆明县知县陈秋元升署腾越州知州，
遗缺以楚雄县知县弓椿调补折》
乾隆十七年三月二十四日

云贵总督臣硕色谨奏：为边地要缺需员，请旨升补，以裨吏治事。

　　窃照云南腾越州知州葛庆曾患病身故，业经另疏题报在案，所遗员缺，例应在外拣选调补。兹据云南布政使彭家屏等详称："通省知州内，虽有历俸三年以上之员，非现任夷疆，即人地不宜。查有昆明县知县陈秋元，才守兼优，老成练达，已于乾隆十六年计典案内附疏荐举，若以之升署腾越州知州，实于边方有益。惟该员由平彝调补昆明，系乾隆十四年八月内实授，历俸未满五年，应请循例具奏升署。再所遗昆明县员缺，亦系四项俱全，例应本省拣选调补。查有楚雄县知县弓椿，年富力强，才猷敏练，请以调补昆明县知县，亦属人地相宜。第该员历俸未满三年，并恳附折奏请调补。"等情前来。

　　臣伏查定例："员缺果系紧要，非干练之员不能胜任，而年例不符，实有不得不为变通者，准将其人其地实在相需，或应调补，或应升署，详晰声明，专折奏闻。其升署人员仍照久于其任之例接算前后俸次，扣足五年之限，题请实授。"等因，遵行在案。

　　今查腾越州界连缅蟒，环绕番夷，为滇西极边要缺，非老成干练之员实难胜任。臣于通省知州内逐加遴选，或本系夷疆，不便迁调；或才具中平，不胜边地要缺之任，实无可调之员。惟昆明县知县陈秋元，才守兼优，人品端谨，历任平彝、昆明，循声素著，且在滇日久，熟谙边地情形，以之升署腾越州知州，实才称其地，边方可获得人之效。惟该员历俸未满五年，与题升之例不符，相应循例专折奏恳皇上天恩，俯念要缺一时不得合例可调之员，准将昆明县知县陈秋元升署腾越州知州，仍照例接算前后俸次，俟扣足五年之限，另请实授。如蒙俞允，其所遗昆明县员缺系附省首邑，四项相兼，亦应拣选调补。查楚雄县知县弓椿，为人明白，办事实心，上年委办剑川震灾事务，不辞劳瘁，调剂得宜，民情至今爱戴。该员虽历俸未满三年，而繁剧首县，其地实需其人。合无仰恳圣恩，即以弓椿调补昆明县知县，俾边疆剧邑人地均得相宜，庶与吏治有裨。

　　至陈秋元，系由知县请升署知州，应俟部覆至日，送部引见。弓椿系对品调补，毋庸引见。又陈秋元任内因公罚俸已经完解，此外别无参罚，其弓椿任内并无参罚事件，合并陈明。

　　臣因要缺需人，谨将其地其人实在相需之处，遵例会同抚臣爱必达恭折具奏，伏祈皇上睿鉴训示。谨奏。

　　朱批：着照所请行，该部知道。

（《宫中档乾隆朝奏折》第二辑，第 503～505 页）

893　云贵总督硕色、云南巡抚爱必达《奏报酌筹吴尚贤家产变价折》

乾隆十七年三月二十四日

云贵总督臣硕色、云南巡抚臣爱必达谨奏：为筹办入官产价，会折奏闻事。

窃照吴尚贤家产前后查明缘由，现在另折具奏。其查出田房产业，臣等先经饬令地方官召变。去后，今据云南府知府武深布、临安府知府邓士灿、楚雄府知府陈克复等详称："吴尚贤所置田产，坐落石屏州、嶍峨县等处。各该处民俗，买卖田亩向系按租计价，每租一石，原止价银十两。独吴尚贤开厂获利之后，急图得产，遂不惜重价，四路谋买，每租一石，出价十五六两不等，致有贫乏之辈将卖出田产百计赎回，重价转卖与吴尚贤者。今前项田产奉饬变卖，无如价浮于租，乏人承买。且原查、续查田产共计契价银五万一千九百五十两零，弹丸小邑，一时亦骤难变解。"等情，由司详情酌示前来。

臣等查吴尚贤家产变价银两，系应解交内务府之项，未便久悬。若照时价减售，则有亏原额；若照原价召变，则又难强人承买。且偏僻小邑，一时难售，更恐久而田地荒芜，多有未便。臣等会同筹酌，变通办理。查司库公件项下现有粤盐余息银五万四千七百四十八两零，系属闲款，应于此内暂借银五万一千九百五十两零五分，作为吴尚贤田产价值，照数先解内务府查收，以完公帑。其一切田产，一面出示召变，一面仍令原佃耕种，将租谷交官。如有力之户愿照契价承买者，即随时给予印照，管业将价银解司，陆续归还借项。其无人承买，必须酌减价值方能变卖者，责令地方官履亩确勘，实应减价几何，详明立案，准其按照时值减售。其不足价银，即以所收租谷变价抵补，俟陆续变完，还清司库借项之日，通计卖价租息，如有盈余，仍一并解交内务府查收。如此一为转移，入官之银既得早解完公，而产价亦不致亏折久悬矣。臣等谨将变通筹办情由先行会折奏闻。

再查此案起获现银、银器及追获借项，共现有倾销纹银一万三千三百三十九两八钱四分，连前项田价，共有六万五千二百八十九两零，应分作两次起解。其余衣物变价及借项银两，俟变追到日，再行续解。合并陈明，伏祈皇上睿鉴。谨奏。

朱批：知道了。

（《宫中档乾隆朝奏折》第二辑，第 505～506 页）

894　云贵总督硕色、云南巡抚爱必达
《再行奏报查办吴尚贤家产折》
乾隆十七年三月二十四日

云贵总督臣硕色、云南巡抚臣爱必达谨奏：为再行会折奏闻事。

窃照吴尚贤家产一案，前于省寓、原籍搜获现银、银器、衣、谷等物并田房产业、借项、寄交谢光宗及大名府知府朱瑛金银等物，约计共有九万余两。先于正月二十一日，将搜查大概数目会折奏闻，并另折请旨将广东肇庆府城守营守备谢光宗革职，押解来滇

质究。其朱瑛处寄存金银，并请敕交直隶督臣着追封贮在案。

臣等复一面行司再加严讯吴尚贤，此外有无赀财产业寄顿，并密饬各属一体严查。去后，嗣据云南府知府武深布、临安府知府邓士灿、楚雄府知府陈克复等讯据吴尚贤供称："开挖茂隆银厂，于乾隆十一年始得堂矿，历年除报解课银之外，实止得过银约二十万两，又节年侵蚀恩赏葫芦酋长一半课银二万八千九百余两。缘厂例：所得之银系与砂丁四六剖分，除分给砂丁四分，并买供油米、历年买备绸缎等物送给酋长及在厂一切花用，约共用去银十万三四千两外，每年陆续寄回原籍置买产业，借给与人并托谢光宗代置田产，及上年在京交给谢光宗金银并寄存朱瑛处金银约共有银九万余两，前已供明。此外惟乾隆十五年在厂交给吴茗银二万两、金子一百两，托吴茗同恽万成、王秉中等赴川捐官，适捐例停止，伊等复至京师，亦无捐例。除盘费花用外，王秉中借用银三千六百两，恽万成借用银二千一百两，缪绳祖借去银五百六十两，又将银一千三百两兑金一百两，同带去之金子一百两，共作银二千六百两，借与杜七之子杜时昌，又借与新选金山县房连元银二百两、石屏州人赛琢庵银一百两，又交在京提塘芮国勋代捐封典银三百两，止存银七千二百两。上年在京交还，犯人当将银七千两交与谢光宗，即系前供在京交给之项，余银二百两，自己在京盘费用去，此外实无丝毫隐匿寄顿。"等语。

臣等正在亲提严究间，吴尚贤旋即在监患病，于乾隆十七年二月十二日病故。旋据委员署都司陈亮、禄劝州吏目党弘烈等将吴尚贤之子吴世荣自厂撤回，据报："在厂起获厂饼银六千九十两，金子四两五钱，金镯一对，重二两五钱，并衣物等项，连人一并解省；又存厂油米、礁硐等项估值银九千三百八十五两，交给新充课长杨公亮等变价续解。"等情。当将吴世荣饬发云南等府严讯，据供："乾隆十六年在厂开挖硐矿，共得过银二万余两，除买供油米并分给砂丁之外，实得银九千余两，内起获现银六千九十两，又给予本宗侄子马成功银三百两，交与吴岳收存银二千二百两，此外丝毫并无隐匿。"并另据石屏州、嶍峨县续查出田产七宗，共载契价银二千五百二十一两二钱五分；借项四宗，共银六百八十二两；又追获马颖、陈昺原借吴世荣厂饼银七百五十两。以上续查出田产、借项并厂所现银、油米变价等项约共银三万一千余两，连原搜赀财、产业、借欠、寄交等项九万余两，通共计有银一十二万五千余两。除分别原搜、续查、已获、未获金银数目，另开清单恭呈御览，一面将应变田产、衣物及应追借项分饬地方官召变勒追，并移咨直隶督臣查唤恽万成等讯追外，所有吴尚贤原籍、邻境及厂所财产先后查明缘由，谨再会折奏明。

再原搜金器、首饰并在厂续获金子、金镯，共重二十四两八钱八分，同玉磬、玉数珠等物，俟附便解交内务府。合并陈明，伏祈皇上睿鉴。谨奏。

计恭进清单一折。

朱批：览。

（《宫中档乾隆朝奏折》第二辑，第 506～508 页）

895　云贵总督硕色《奏报滇省地方情形折》

乾隆十七年三月二十四日

云贵总督臣硕色谨奏：为奏闻事。

窃照滇省豆麦春花，去岁冬间通省得有瑞雪滋培，业经奏闻在案。今年二三两月，又常得雨泽沾濡，目下南豆成熟，大麦小麦亦渐次秀穗，春花可望有收。其稻谷秧苗，业经乘时布种，早布者业已出水寸余。现在粮价平减，民情欢悦。黔省雨水春花情形亦大概相同。臣谨恭折奏闻，仰慰圣怀，伏祈皇上睿鉴。谨奏。

朱批：*欣慰览之。*

（《宫中档乾隆朝奏折》第二辑，第 509 页）

896　云南巡抚爱必达《奏请滇省督抚等衙门循例
按年于公件项下动给修理折》

乾隆十七年四月初三日

云南巡抚臣爱必达谨奏：为循例奏明，仰祈睿鉴事。

窃照滇省督、抚、学政、藩、臬、粮、盐及迤西道各衙署，因地处边隅，山高风烈，房屋俱用瓯瓦灰泥胶砌，一处渗漏拆修，通体皆须粘盖；且梁柱椽枋均用杂木，易于朽蛀，亦须不时更换，工多费繁，先系派自里民，总名公件。经前任抚臣杨名时暨督臣鄂尔泰前后清查核实，按衙署之大小定修费之多寡：督、抚二衙门每年各修理银八百两，藩司六百两，臬司四百两，粮、盐二道各二百四十两，迤西道及学政衙门各二百两，按年听其自行支销，有余、不敷亦无缴找，相沿已久。乾隆十三年奉定章程，未准户部议入。今乾隆十三年未定章程以前，历任督、抚、学政、司、道支过修署银两，于乾隆五年至十一年报销公件案内准部行令造报，工部核销归结。其乾隆十三年已定章程，以后督、抚、学政、司、道支过乾隆十三、十四、十五等年修署银两，接准部咨，如果实在必需，应遵例奏明动用各在案。

伏念此项督、抚、学政、司、道修署银两，实因滇省屋宇情形与他省迥异，历任各官俱借此随时修理，委系实在必须。况查迤东道衙署，因向无额设，循照迤西道之例，年给修署银二百两，业经部议准给，列入章程。则各该衙署事同一例，自应一体准其支给。今乾隆十三年以前，官经数任，事历多年，本属自行支销，原无册案存据，无凭造册报部。而十三年以后，又属按年必需，亟应奏明循办。合无仰恳皇上天恩，俯准将此修署银两，在乾隆十三年未定章程以前者，免其造册敕部准销；已定章程以后者，按年仍准于公件项下动给，庶栖止办公之所永资宁固，均沐圣德于靡涯矣。

所有修署必需缘由，理合循例会同督臣硕色恭折具奏，伏乞皇上睿鉴。谨奏。

朱批：着照所请行，该部知道。

（《宫中档乾隆朝奏折》第二辑，第 587～588 页）

897　云南巡抚爱必达《奏报酌筹增炉鼓铸之余息，以充边疆备贮之公帑折》
乾隆十七年四月初三日

云南巡抚臣爱必达谨奏：为筹获增炉鼓铸之余息，以充边疆备贮之公帑事。

窃照滇省僻在极边，苗猓杂处，西、南、北三面均与外域毗连，仰邀圣主德化罩敷，天威远播，固已抒诚纳款，物阜民安。而持盈保泰之谟，端赖有备无患之计。

伏查滇省岁需官兵俸饷银九十万二百余两，除本省地丁、商税、盐课等项支给外，每年尚须于腹地省分拨协兵饷银二三十万不等，是滇省岁入现在不敷所出。而酌留封贮银两，存司库者仅四十八万五千三百四十二两零，存各府库者仅一万八千两，统计不过五十万三千三百四十余两。设有紧要之需，邻省如广西、贵州、四川，同属边远之区，均资他省接济，无可拨协，即有贮备，亦未便轻议动拨。若临时请于别省拨协，势必缓不济事。而豫期拨贮，又属此盈彼绌，亦非通盘筹计之善策。

臣职任边徼，再四思维，查滇省各厂出产铜斤，历年颇称旺盛，而乾隆十六年共收铜至一千八十余万，加以积年旧存铜斤一千八百余万，除十六年开除外，仍有一千八九百万之多，京省供铸尽可有余。而铅锡亦皆产自本省，不必外购。现在汤丹、大水、碌碌等厂地换钱经纪，巧于嗜利，常时钱价稍平，而一届开课之期，则钱价顿贵，厂民待用，不得不恣其剥削，虽其中新旧不一，要皆急公办课之人，似此隐忍受亏，急应设法调剂。臣愚请于附近各该厂之东川府，除旧设炉二十座专搭兵饷外，添设炉五十座，每年共需工本银十万六千八百两零，共铸出本息钱二十二万四千四百三十四串二百六十文，除去物料、匠役、工食及加添炉户工食并炉户食米、官役养廉、工食暨局内杂项开销等费钱四万三千九百二十串零，实有本息钱一十八万五百一十四串，即以之搭放铜本及买铅工本、脚价等项之用，每银一两，照兵饷之例给钱一串二百文，则厂民感激天恩，自必倍常踊跃。而除还工本外，每年五十炉，共可获息银四万三千余两，以充备贮之项。就开设十年而计，可得息银四十三万余千，连原有之数，几及百万，足称有备无患。万一铜厂渐衰，数年之后再议停止，亦可于原贮外增益二三十万，实于边地大有裨益。

至需用工本银十万六千八百两零，请即于积存铜息银内暂为借动，约计二年半即可全数归还。此后以息作本，源源转输，总以二年半归起十万为准，每年另疏题销，以免牵混。如蒙圣恩俞允，所有一切初设事宜及应需铜铅锡斤等项，容臣具本题报。

臣为先事豫筹起见，谨会同云贵督臣硕色恭折陈奏，是否有当，伏乞皇上睿鉴训示。谨奏。

朱批：军机大臣会同该部速议具奏。

（《宫中档乾隆朝奏折》第二辑，第 588~589 页）

898 云南巡抚爱必达《奏请直省工程核减条缕宜分，以示遵守，以昭画一折》

乾隆十七年四月初三日

云南巡抚臣爱必达谨奏：为工程攸关帑项，核减条缕宜分，以示遵守，以昭画一事。

窃惟直省应修应建大小工程，先于乾隆五年工部通颁《做法》一书，续于乾隆七年部臣以各省报销册籍仍不能按照《做法》书内造报，恐其中用工、用料款项不一，条目繁多，未谙者不无遗漏舛错，以致驳查再三，仍不能核算完结，复颁《简明册式》；又于乾隆十六年二月，湖北布政使严瑞龙条奏，特奉谕旨敕部详议，经部议覆："各处工程题估时，悉心酌核，如系紧工，则令其一面兴修，于题销时查核。若系缓工，造册违例者，即于估册内指驳，俟估册核定，方准兴工。工完报销之时，如悉与原估相符，按例准销，毋庸驳减。或工程改易，有增估、续估之处，令其先行报部，于销册内详细声明，另行查核。"等因各在案。是工程估计报销章程已属周备。

但查缓工兴修于核定之后按照办理，自不致有糜费浮冒之虞，而一切紧工并缓工改易及有增估、续估之处，仍系兴修在前，题销在后，其中估计断难保其悉无舛冒。伏查内部核销工程，有应减者，必系逐条细核，以撒合总，入疏题覆。如果以撒数舛错处分晰行知，则前事即后事之师，以彼例此，一目了然，自能易于遵守。乃近查滇省例，前承办工程，奉部核减文内有开物料减银若干、匠夫减银若干者，有开所用物料、匠夫照现行《做法》有多用之处，应减去若干者，语涉混沦，其中何条与例浮多，何条与例无浮，仍难理会。将来凡遇紧工及缓工，设有改易并增估、续估之处，终不免以浮估驳减，在有意冒开者，勒追已在事后；而工程未谙者，赔缴势恐濡迟，殊非慎重帑项之意。

臣愚，应请嗣后直省督抚凡遇报销工程，造具正副二册送部，除正册留备部案外，其副册内，部臣将应减各撒数逐款注明，钤印饬发，存于各该省备案，俾有遵循，则初或未能触类旁通，久之自能以彼例此，不特紧工及缓工有改易、续增者不致仍虞浮冒，即缓工估报亦可省内部驳查之繁，于帑项、工程均有裨益。

臣为慎重钱粮起见，恭折陈奏，是否有当，伏乞皇上睿鉴训示。谨奏。

朱批：军机大臣会同该部议奏。

(《宫中档乾隆朝奏折》第二辑，第 589~591 页)

899　云南巡抚爱必达《奏报雨水春花情形折》
乾隆十七年四月初三日

云南巡抚臣爱必达谨奏：为奏闻雨水春花情形，仰慰圣怀事。

窃惟滇省入春以来雨泽调匀，土膏滋润，豆麦畅发倍常。气候最早之镇沅一府、威远一厅，业经刈获，据报有九分八分收成。省城及其余各府属，南豆悉已成熟，大小二麦亦均在扬花结实，十分茂盛。田水在在充盈，秧苗到处布种，出水二三四寸不等。因上年秋成甚为丰稔，现在豆麦又属有收，是以米粮价值照常平减，民情欢庆，四境靖宁。所有雨水春花各情形，理合恭折奏闻，上慰慈怀，伏乞皇上睿鉴。谨奏。

朱批：欣慰览之。

(《宫中档乾隆朝奏折》第二辑，第 591 页)

900　云南巡抚爱必达《奏报乾隆十七年滇省头运京铜在泸开帮日期折》
乾隆十七年四月初三日

云南巡抚臣爱必达谨奏：为钦奉上谕事。

案于乾隆十四年六月十八日，承准廷寄，内开："奉上谕：嗣后运铜事宜，务须加意慎重。其沿途经过各省督抚，朕已传谕，令其将委员守风守冻及有无事故之处奏闻。至铜铅船只于云贵本省起运，何日出境，亦着该督抚随时折奏。钦此。"钦遵，转行遵照在案。

今据粮储道徐铎详据委驻四川永泸店转运京铜大关同知廖方莲报称："乾隆十七年头运京铜，委用理问杨嘉纬、通海县典史王文照于乾隆十六年十二月二十九日抵泸，乾隆十七年正月二十二日开秤起，至三月初三日止，兑交过铜一百一十一万斤，内除陆路折耗铜五千五百五十斤，实该正耗余铜一百一十万四千四百五十斤，俱经照数发足，该委员等即于三月初三日自泸扫帮前进。"等情，转详到臣。除咨明户、工二部暨沿途经过各省督抚转饬地方文武员弁拨护催趱，不许片刻停留，仍稽查有无盗卖情弊外，所有头运京铜官自泸开运日期，理合会同云贵督臣硕色恭折奏报，伏乞皇上睿鉴。谨奏。

朱批：知道了。

（《宫中档乾隆朝奏折》第二辑，第591~592页）

901　云南巡抚爱必达《奏报春花刈获、秋禾栽插情形折》
乾隆十七年四月十九日

云南巡抚臣爱必达谨奏：为奏闻春花刈获，秋禾栽插情形，仰慰圣怀事。

窃惟滇省春夏以来雨旸时若，现在省城附近南豆、早麦业经登场，晚麦亦收有十之七八，甚属丰稔。各属气候较早具报收成分数者已到二十余处，亦自七八分至九分以上不等。至高低田水，有盈无缺，所播秧苗俱各壮茂，赶紧插莳，已及十之三四。杂粮全经播种，出土五六七寸不等。闾阎乐业，鼓舞欢欣。米粮价值照常平减，四境均极宁谧。所有春花刈获、秋禾栽莳情形，理合恭折奏闻，上慰慈怀，伏乞皇上睿鉴。谨奏。

朱批：欣慰览之。

（《宫中档乾隆朝奏折》第二辑，第700页）

902　云南巡抚爱必达《筹请将部饭分拨径解折》
乾隆十七年四月十九日

云南巡抚臣爱必达谨奏：为部饭有关公用，筹请分拨径解事。

窃照滇省办运京铜，每百斤解部饭银一两一钱三分，以为办理钱法官吏养廉饭食，并给捐铸匠役工钱、物料等项一切公事之用。计每年正加六运，办运户部正铜三百八十万二千六百六十六斤零，应解饭银四万二千九百七十两一钱三分三厘零；工部正铜一百九十万一千三百三十三斤零，应解饭银二万一千四百八十五两六分六厘零，二共该部饭银六万四千四百五十五两二钱，向系分作六运，交给委员带解。嗣经原任云南抚臣图尔炳阿奏请，自乾隆十五年为始，于请拨铜本时，将应解部饭银数扣明咨部，行知拨解省分，先令该省照数解赴通州坐粮厅收贮，俟各该运解官到通时，从坐粮厅衙门领出分解，部议覆准在案。

兹于本年四月初二日，接准户、工二部咨开：滇省每年额解铜斤系分作正、加六运，其应交饭银亦按六运之数，每于两个月月终时解交一运，即以乾隆十七年为始，饬令转运官赴坐粮厅领解交局，并行令于每年接到部拨铜本咨文时，即按照运数具批汇送坐粮厅，以便按运提取等因。

臣伏思此项部饭银两，系在铜本之内，同属正帑，在京局亟需陆续接济，自未便直俟铜斤到京始行解银到局。但思通州抵京仅止数十里之地，解存坐粮厅库分运，按月提取，尚多往返之烦。孰若令拨饷省分分别户工二部应解银数，径解部库兑收，按二月月终支给，更为便捷。除本年铜本已准部拨，仍照部行办理外，应请敕下部臣，于滇省请拨乾隆癸酉年铜本时，即将应解部饭银数行令拨解省分照数径解户、工二部收贮，就近按月支给，既省辗转分解之耽延，而公用亦得以应时接济，似属两得。臣言是否有当，伏乞皇上睿鉴训示。谨奏。

朱批：该部议奏。

（《宫中档乾隆朝奏折》第二辑，第 700~701 页）

903　云南巡抚爱必达《奏报滇省壬申万寿恩科武闱乡试办竣缘由折》

乾隆十七年四月十九日

云南巡抚臣爱必达谨奏：为办理武闱事竣，恭折奏闻事。

窃照本年四月举行壬申万寿恩科武闱乡试，臣职司主考，仰体我圣主孝治光昭、选拔真才至意，矢慎矢公，惟严惟密。因思武生中顶冒、怀挟、传倩等弊每甚于文生，恐启幸进之渐，臣先期剀切训诫，至再至三，届期谨同提臣冶大雄率司道等官，将学臣王宬所录武生员并各标营所送通晓文理兵丁公同开考。缘滇省四月间晴少雨多，与正科十月天气不同，即于初四日起试，以骑射头场计，应试者共七百五十三名，悉心校阅，遴得合式者七百四十二名。二场考试步箭、技勇，合式投卷者六百七十三名，分别双单好字号，于十三日率同考各官入闱。十四日三场，饬令两司同提调、监试严加搜检，扃试策论，诸生安分守法，并无顶冒、怀挟、传倩情弊，且号次亦罔敢少紊，静心作文，甚为宁贴。收卷后，共贴出违式者十卷，实得卷六百六十三本。臣随与同考官详慎去取，如额取中四十二名，已于十九日揭晓。臣即于是日出闱讫。所有题名录，循例缮疏恭进，并出闱日期另行题报外，理合将武闱办竣缘由恭折奏闻，伏乞皇上睿鉴。谨奏。

朱批：览。

（《宫中档乾隆朝奏折》第二辑，第 701~702 页）

904　云南巡抚爱必达《敬陈收买余盐事宜折》
乾隆十七年四月十九日

云南巡抚臣爱必达谨奏：为敬陈收买余盐之末议，以恤灶艰，以杜私贩事。

窃照滇省盐务章程，经臣会同督臣硕色彻底清厘条列，题明在案。惟查各井卤水系天地自然之利，虽额征已有定数，而盈缩究属靡常。倘卤水有余，因限于定额，不为设法收买，则灶户生觊觎之心，私煎射利，奸民逞贩鬻之技，充斥营私，附近井地州县势必有碍行销正额。但若仅照正盐之价，不为分别，量加薪本，在灶户既无余润可沾，窃恐仍有透漏，未肯踊跃交官。至于此项盐斤本在额数之外，更必筹酌代销之地，庶盐无壅滞，帑免虚悬。

臣查有白井提举所辖之观、界二井，约计本年可收买余盐二十万斤。该井正盐每百斤定给薪本银一两，今应酌增银三钱；又安丰约计本年可收买余盐三十万斤，该井系官为承办，并非灶户领煎，应照代煎云龙井盐事例，每百斤给薪本银一两一钱，毋庸议增；琅井约计本年可收买余盐六万斤，该井正盐每百斤定给薪本银一两七钱，今应酌增银三钱。统请于各该井收存课款项下借动，给发各该提举承领收买。

至行销之地，查有建水、和曲、禄劝、阿迷、大姚、易门、富民、河西各州县可以各照定价代销，除薪本、脚价、店费、包裹等银外，共可获余息银三千五百六十四两九钱，并请归于积余项下报部充公，庶穷灶咸沐皇仁，而私贩不禁自绝，于盐政章程益加周密，国计民生均属有裨。如蒙圣恩允准，臣于奏销时入册，送部查核。

再查井卤此盈彼缩，难以豫必，未便着为常额。嗣后因时酌办，总视卤水之旺衰定余盐之多寡，按年亦统于奏销时报部。是否有当，伏乞皇上训示。谨奏。

朱批：知道了。

（《宫中档乾隆朝奏折》第二辑，第 702～703 页）

905　云贵总督硕色、云南巡抚爱必达《遵旨查明提臣冶大雄参奏伊子冶继钧一案明白回奏折》
乾隆十七年四月二十四日

云贵总督臣硕色、云南巡抚臣爱必达谨奏：为遵旨明白回奏事。

窃臣硕色钦奉谕旨查阅云贵营伍，于本年三月二十七日自滇起程，先赴贵州，沿途查阅官兵。行至贵州镇宁州地方，接到廷寄一件，内开："乾隆十七年三月二十日，奉上谕：冶大雄参奏伊子冶继钧向云南客民白姓借银五百两，无从措还，又向回民马颖等辗转借贷，有无别故，现密札按察使沈嘉征查明等语。冶继钧已革去蓝翎侍卫，交该督抚审明具奏。看来此事必有别故，冶大雄见事不可掩，故先行参奏，以为取巧之术。硕色、爱必达自必有所闻见，何以不行奏闻？着明白回奏。前交该督查明张凌霞参奏冶大雄折内各款，该督显有回护冶大雄之意，经朕批示，此案务当秉公据实查办。该督抚等试思此时尚有人能偏向回护，自行己私者乎？有稍涉偏徇，能逃朕鉴者乎？果属秉公，原于该督抚毫无干涉，一有偏徇，是将自罹其咎矣，又安能庇人耶？思之，慎之。钦此。"遵旨寄信到臣。臣等跪读之下，惶悚无地。

伏查臣等查办吴尚贤财产时，曾再三饬谕司道，转饬府州县，将借当隐寄各项逐一严查，彻底跟究，务必斧凿相寻，毋令丝毫欺饰。即闻有提督冶大雄之子借吴世荣银两一事，当即饬令确查。旋准提督冶大雄咨称，伊子冶继钧向回民马颖辗转借贷，业经参奏，请旨将冶继钧发回，交督抚饬审惩处等语。臣等复又檄行布、按二司秉公确查，并面谕其不得稍有瞻徇。去后，据该司等审得冶继钧向马颖借银，马颖商之吴重侯，白维新转向吴世荣借银五百两属实，随据马颖按数呈缴贮库。是冶大雄实因臣等跟查严密，自知事不可掩，先行具折参奏，且一面咨会臣等，以为取巧之计。圣明烛照，鉴及隐微。乃臣等拘墟之见，以为应追吴世荣借项，马颖业已缴清，而冶继钧私借之处，冶大雄又经参奏，静候谕旨，钦遵查办，不复将从前查出继后准咨缘由恭折奏闻，甚属愚昧。

伏念臣等受恩深重，事无大小，无不据实查办，断不敢稍有偏向行私，上负圣恩。一俟冶继钧解到之日，臣等当即秉公查审，据实覆奏外，缘系钦奉上谕事理，臣等恭折明白回奏。

再臣硕色现在古州、镇远一带查阅营伍，往返会稿，以致稍迟。合并陈明，伏祈皇上睿鉴。谨奏。

朱批：知道了。

（《宫中档乾隆朝奏折》第二辑，第785～786页）

906 云南巡抚爱必达《奏报滇省已收、未收乾隆十六年分盐课、盈余数目折》

乾隆十七年五月二十日

云南巡抚臣爱必达谨奏：为钦奉上谕事。

案照乾隆十七年二月二十八日，承准廷寄，内开：奉旨："嗣后各省每年完欠钱粮，俱着随奏销时分晰查明，核实折奏。钦此。"钦遵在案。

臣伏查滇省地丁之外，尚有盐课一项，亦系按年奏销，同属国帑，自应循照地丁之例一体具折奏闻。兹据布政使彭家屏会同驿盐道刘谦详称："乾隆十六年分盐课，连闰应征银二十八万二千五百五十七两九钱五分四厘零，内除云龙州被劫知州鲍之正堕煎额盐缺课银三百四两五钱九分四厘零另行着追外，实征银二十八万二千二百五十三两三钱五分九厘零；又催完原参未完乾隆十五年分黑、白二井盐课银四万一千七百五十六两七钱一分三厘零；又催完乾隆十六年薪本、役食动支乾隆十四、十五两年盐课银六万两，以上共银三十八万四千一十两七分二厘零，内有黑井雨水泛涨堕煎盐斤该课银二千三百五十七两六钱一分五厘，勒限趱煎，运销归款外，实征完银三十八万一千六百五十二两四钱五分七厘零；又各井各属未完乾隆七年起至十五年盈余银九万一千八百六十一两一钱二分四厘零，内已完银四万三千六十五两七钱六分二厘零，未完银四万八千七百九十五两三钱六分二厘零；又应征乾隆十六年盐务盈余银一十三万一千九百七十三两五钱七分九厘零，内除永平县被劫署知县江世春亏空、云龙州被劫知州鲍之正堕煎共缺盈余银九百三十四两九钱九分三厘零，另行着追外，实应征盈余银一十三万一千一百三十八两五钱八分五厘零，内除支给养廉、役食、公费、脚价等银七万三千四百七十二两六钱四分九厘零，尚该银五万七千五百六十五两九钱三分五厘零，内已完银二万九千一百七十五两一钱七分一厘零，未完银二万八千三百九十两七钱六分四厘零，已分别于奏销册内开造登明。"等情，详报到臣。臣查核无异，除具疏题报外，理合循照地丁之例恭折奏闻，伏乞皇上睿鉴。谨奏。

朱批：览。

（《宫中档乾隆朝奏折》第三辑，第 127~128 页）

907 云南巡抚爱必达《奏报循例代缴朱批奏折折》
乾隆十七年五月二十日

云南巡抚臣爱必达谨奏：为循例代缴朱批奏折事。

伏查例载：缘事之员凡有从前未缴朱批奏折，令本身及家属呈明本省督抚代缴等因，遵行在案。

兹据宫去矜呈投，伊父宫尔劝于云南布政使任内奉到朱批奏折五件，庄正呈投伊主张坦熊于云南按察使任内奉到朱批奏折十三件，理合敬谨分别加封，恭折代缴，伏乞皇上睿鉴。谨奏。

朱批：览。

（《宫中档乾隆朝奏折》第三辑，第 129 页）

908　云贵总督硕色、云南巡抚爱必达《奏报镇沅府知府
缺出，现无合例之人，请旨拣补折》

乾隆十七年五月二十日

云贵总督臣硕色、云南巡抚臣爱必达谨奏：为请旨拣补知府，以重地方事。

窃照镇沅府知府原夷戴，接准部文，签升广东高廉道离任，所遗员缺系新辟夷疆，最关紧要，所辖僰夷性情蠢顽，抚循不易，例应在外拣选。

臣等与布、按二司于通省现任候补知府及应升人员内详加考核，或现居要缺，或历俸年浅，或人地不甚相宜，一时难得合例人员，臣等未敢冒昧保题。查定例开载：如该省一时无合例之人，遵照请旨拣发等因。所有滇省现出镇沅府知府一缺，仰恳圣恩俯赐，拣补一员，令其即行赴任，庶员缺不致久悬，于地方实有裨益。理合会折恭奏，伏乞皇上睿鉴。谨奏。

朱批：有旨谕部。

（《宫中档乾隆朝奏折》第三辑，第129～130页）

909　云贵总督硕色、云南巡抚爱必达《奏请以武定府
知府蒋衡调补广南府知府折》

乾隆十七年五月二十日

云贵总督臣硕色、云南巡抚臣爱必达谨奏：为要缺需员，恭恳圣恩调补，以裨吏治事。

窃照广南府知府方廷英病故，业经恭疏具题在案。所遗员缺，外连交趾，内接粤西，管辖悉系沙狢，水土又有瘴疠，而稽查奸匪，保固边防，甚关紧要，例应本省调补，非才猷干练、熟悉风土之员不克胜任。臣等与布、按二司于通省年例相符之知府内详加遴选，或员缺本系紧要，或人地不甚相宜，均未便题请调补。惟查有武定府知府蒋衡，系江南吴县人，由监生历任湖南衡州府通判，升授今职，年富力强，才具干练，且于彝情亦甚熟悉，堪以调补广南府要缺。查该员虽系乾隆十五年六月到任，尚未历俸三年，与请调之例未符，但定例：如员缺果系紧要而年例不符者，准将其人其地实在相须之处专折奏闻等因，通行在案。查广南府知府实系紧要员缺，必得干练之员始克胜任。今以蒋衡调补，委属人地相须。仰恳圣恩俯准调补，庶要缺得人，于地方实有裨益。如蒙俞允，蒋衡系对品调补，毋庸送部引见。其调补所遗武定府知府员缺，系属简缺，应归部选。

再查蒋衡任内仅有前任知府朱源淳运铅承查迟延罚俸一年一案，此外并无参罚案件。合并声明。臣等为地方紧要起见，理合会折奏恳天恩，伏乞皇上训示。谨奏。

朱批：着照所请行，该部知道。

（《宫中档乾隆朝奏折》第三辑，第130～131页）

910　云贵总督硕色《奏报遵旨查阅营伍，分别优劣，恭折奏报折》
乾隆十七年五月二十四日

云贵总督臣硕色谨奏：为遵旨查阅营伍，分别优劣，恭折奏报事。

窃臣钦奉谕旨查阅营伍，缘滇、黔两省地方辽阔，必须分省查看。臣拟先往贵州查看各标、镇、协、营，其滇省所属之昭通、曲寻、寻沾等镇营，查与黔省相连，即于由黔回滇之便顺道先行查阅等因，具折奏明在案。

臣随于三月二十七日自滇起程，由贵州之普安、安笼、安顺等处而抵贵阳省城，以次前往都匀、八寨、古州、朗洞、清江、镇远、黔西、大定、威宁一带，遍历各标、镇、协、营，详加查阅，复由威宁顺道查看滇省所属之昭通、曲寻、寻沾等镇、营完竣。查各标、镇、协、营将弁内，步箭、马箭优娴者不过数人，其余皆属中平。查验兵丁步箭，中马箭平。抚标、提标兵丁弓力，五力、六力、七八力不等，亦间有九力、十力者；其各镇协营兵丁弓力，或四五力、六七力不等，亦间有八力、九力者。但四力之弓甚属太软，臣已严饬各营上紧操演，务将兵丁弓力加至五力，倘敢怠玩，定行参处。再兵丁进步、连环、鸟枪俱系七人施放，尚能联络。其藤牌、挑刀、技艺以及走阵、进退、缓急尚能合式，军装、器械并墩台、瞭楼亦皆齐整。

臣统核各标、镇、协、营之优劣，内贵州抚标、提标、古州镇为优，贵州镇远镇、威宁镇、云南昭通镇次之，贵州安笼镇、云南曲寻镇又次之。其分防之协营，都匀、清江、朗洞、新添等协营兵丁弓箭、鸟枪为优，其余协营大概俱属中平。其最不及者，内有寻沾营兵丁，步箭、马箭俱甚生疏，鸟枪施放迟钝，不能接连，阵法紊乱，俱不合式。其该管营之参将姜英平日怠惰从事，并不督率加意操演。又普安营兵丁步箭、马箭亦甚生疏，鸟枪亦施放迟钝，走阵亦混乱不齐。其该管都司李文澜平日之怠惰偷安，并不训练，以致兵丁技艺生疏，且李文澜马箭、步箭俱甚不堪，何以能训练营兵？似此废弛营伍之参将、都司，难以姑容。臣现在另疏题参，请将姜英、李文澜革职，以肃军纪。至寻沾营，系云南曲寻镇总兵官莽阿纳所辖，其普安营系贵州安笼镇总兵官崔杰所辖，该总兵官莽阿纳、崔杰既不能稽查于前，又不揭报于后，咎亦难辞，相应一并附参，听候部议。除照例另疏具题外，所有臣查阅过抚、提二标并六镇及协营各营伍，分别优劣，恭折奏闻。

再滇省营伍原拟于自黔省看毕，回滇之后，臣即前往各标镇协营逐加查验。今臣于五月二十二日已经到滇，但前因提督冶大雄参奏伊子冶继钧借贷一案，钦奉谕旨，着交臣等审明具奏，而冶继钧尚未解到，一经解到，当即查审，据实覆奏。又本年九月正届军政，边营将备现在摘调考验，以定举劾。应俟军政办竣，即行起程前往查阅营伍。

合并陈明，伏祈皇上睿鉴。谨奏。

朱批：览奏俱悉。

（《宫中档乾隆朝奏折》第三辑，第 164～165 页）

911　云南巡抚爱必达《奏报滇省征收乾隆十六年分公件、耗羡等银数折》

乾隆十七年五月二十八日

云南巡抚臣爱必达谨奏：为呈明事。

窃照乾隆十三年五月初五日，准户部咨开："各省动用耗羡银两，令将一年收支、动存各数并从前民欠征完、借支归款，同现存各项银两，查明有无亏空那移之处，于本年岁底为始，缮折奏闻，仍备造四柱清册送部查核汇奏等因。奉旨：'依议。钦此。'"钦遵。又于乾隆十四年四月十八日，准户部咨开："议覆广西抚臣舒辂奏称，耗羡收支、动存各数，岁底不能汇齐，请照正项钱粮之例，于次年五月内核奏。经部酌议，请将各省奏报耗羡银两均于次年随地丁钱粮一同核奏等因。奉旨：'依议。钦此。'"钦遵在案。今行据布政使彭家屏将乾隆十六年分公件、耗羡等项分晰造册，详报前来。

臣查滇省公件、耗羡等项，乾隆十六年分旧管乾隆十五年报销汇奏实在项下存库银一十七万六千二百六十四两二钱四分零，各属未完乾隆十五年分公件、耗羡、溢额银五千九百八两二钱五分八厘零，未完节年公件、耗羡、溢额、牙帖等银五千四十五两七钱六分七厘零；实征乾隆十六年分公件、耗羡，除鹤庆等四府州县地震被灾民人缓征外，实征公件、耗羡、溢额商税、牙帖、马价等项，连闰共银一十一万二千一百二十八两二钱六分八厘零；新收乾隆十六年分公件、耗羡、溢额商税、马价、铜息及节年公件、耗羡、裁减养廉、杂费，奏销饭食、心红纸张、粤盐余息并未支养廉、核减等项，共银三十三万三千八百九十一两四钱一分六厘零。管收共银五十一万一百五十五两六钱五分六厘零，开除共银二十五万三千二百七十九两七钱五分二厘零，实在存库银二十五万六千八百七十五两九钱四厘零；乾隆十六年借支养廉未缴银二十二两七钱三分五厘零，未完节年公件、耗羡、溢额等银八百九十九两一钱六分二厘零。臣逐一确查，并无亏空那移情弊。除将清册送部，查核汇奏外，谨缮黄册恭呈御览。臣谨奏。

朱批：该部知道。

（《宫中档乾隆朝奏折》第三辑，第223~224页）

912　云南巡抚爱必达《奏报滇省禾苗栽插长盛情形折》
乾隆十七年五月二十八日

云南巡抚臣爱必达谨奏：为奏闻禾苗栽插长盛情形，仰慰圣怀事。

窃惟滇省本年自春徂夏雨泽沾濡，翻犁插莳较往年为早。自四月下旬至今，更复叠沛甘霖，田水充足，山地亦极滋润。现在省城附近，高原下隰栽种齐全，先种者禾苗高一尺六七寸不等，后种者各高一尺有余，菁葱畅茂，其一切杂粮均已长发。查据各属禀报相同，民苗欢欣乐业。米粮价值照常平减，四境俱各宁谧。所有禾苗栽插长盛情形，理合恭折奏闻，上慰慈怀，伏乞皇上睿鉴。谨奏。

朱批：欣慰览之。

（《宫中档乾隆朝奏折》第三辑，第224~225页）

913　云南巡抚爱必达《奏报滇省乾隆十六年分额征民、
　　屯地丁钱粮通完无欠缘由折》
乾隆十七年五月二十八日

云南巡抚臣爱必达谨奏：为钦奉上谕事。

案照乾隆十七年二月二十八日，承准廷寄，内开："奉上谕：嗣后各省每年完欠钱粮，俱着随奏销时分晰查明，核实折奏。不必仍循岁底奏闻之例，可于各该督抚奏事之便传谕知之。钦此。"臣即钦遵，行令司道将乾隆十六年分各属完欠确数查明，分晰详报。去后，兹据布政使彭家屏、粮储道徐铎会详称："滇省各府厅州县乾隆十六年分额征并自首开垦民、屯地丁折色及米折等项，共银二十一万九千五百一十两八钱一分九厘零，内除浪穹、鹤庆、剑川、丽江四府州县乾隆十六年地震被灾民人应征条编、摊丁银一千二十九两九钱三分一厘零，钦奉上谕缓作二年带征；又除条银改米共银一万八千六百二十八两三钱七分九厘零，征贮各府厅州县仓外实征银一十九万九千八百五十二两五钱九厘零，内征存各府厅州县坐放官役、俸工等项地丁银五万二千一百三十五两八钱九分六厘零，征解布政司库地丁、折色等银一十四万七千七百一十六两六钱一分三厘零；又额征并自首开垦民、屯麦、米、谷、荞、豆、青稞、杂粮六款及条编改米共粮二十五万二百一十五石八斗九升一合九勺零，内除浪穹、鹤庆、剑川、丽江四府州县乾隆十六年地震被灾民人应征税秋麦米一千八百二十石八斗八升四合零，钦奉上谕缓作二年带征；又阿迷等州县折抵条编麦、米、谷、荞二万三千七十石四斗八升九合零，又除禄丰等府州县永折米折麦、米、谷三万七千七百三十五石七斗二升五合零，征银解存司道库外，实征麦、米、谷、荞、豆、青稞、杂粮并条银改米共一十八万七千五百八十八石七斗九升三合零，俱已照数征收通完。"详报到臣，并汇册呈请奏销前来。

业经臣核明，另疏题销，将清册送部，并分晰另缮清折恭呈御览外，所有乾隆十六年分额征民、屯地丁钱粮通完无欠缘由，理合缮折恭奏，伏乞皇上睿鉴。谨奏。

朱批：览。

（《宫中档乾隆朝奏折》第三辑，第225~226页）

914 云南巡抚爱必达《奏报黑井要缺必需干员，再叩天恩补用，以裨边疆盐政折》

乾隆十七年五月二十八日

云南巡抚臣爱必达谨奏：为要缺必需干员，再叩天恩补用，以裨边疆盐政事。

窃照滇省黑盐井额重课繁，灶户刁悍，提举一缺最关紧要。先经臣将太和县知县、今奉特旨升授山东沂州府知府李堂题请升补，接准部覆，以知县非应升提举之员，行令另选题补。嗣复经臣与督臣硕色再三筹酌遴选，循例奏请将原任白井提举何恺补授，又准部议，内开："何恺系丁忧提举，例应回籍，俟服满之日，取具本籍咨文，赴部铨选之员，与定例不符。"等因各在案。

臣随与督臣硕色详加拣选，通省实无堪以调补之员，而应升之通判、州同内，或现在悬缺，或到任未久，或苗疆紧要，或人地不甚相宜，若遵例奏请拣发，又恐甫经来滇之人，才识虽优，而于边疆风土人情、盐务一切利弊未能周悉，转于要缺无益。除业经循例给咨该员何恺回籍领咨赴部外，合无仰恳皇上天恩逾格，俯念提举一官惟有滇省三缺，难得驾轻就熟之员借咨整饬，准将何恺补授黑盐井提举，俟到部引见后，敕着星驰赴滇供职，庶边徼大井盐务经理得人，臣等深受指臂之益矣。

臣为其人其地实在相须起见，理合会同云贵总督臣硕色恭折奏请，伏乞皇上睿鉴训示。谨奏。

朱批：另有旨谕。

（《宫中档乾隆朝奏折》第三辑，第226~227页）

915　云南巡抚爱必达《奏报滇省乾隆十六年分开垦田地数目折》

乾隆十七年五月二十八日

云南巡抚臣爱必达谨奏：为钦奉上谕事。

案照乾隆五年七月内，奉上谕："凡边省、内地零星地土可以开垦者，嗣后悉听该地民夷垦种，免其升科，并严禁豪强首告争夺。其在何等以上仍令照例升科，何等以下永免升科之处，各省督抚悉心定议具奏。钦此。"经前督臣张允随题覆："山头地角、坡侧旱坝，尚无砂石夹杂，可以垦种，在三亩以上之田，照旱田十年起科之例，以下则升科；至水滨河尾，如与成熟旧田相连，不甚低洼，人力可以挑培成田，稍成片段，在二亩以上者，亦按照水田六年起科之例，照下则升科。"部议覆准，遵行在案。

臣抵滇后，因查滇省山多田少，舟楫罕通，民间既鲜盖藏，邻省又难接济，兼之各处矿厂商贾辐辏，食指增多，而可垦之土尚有弃置不耕者，非地力欠腴，实人功不尽之所致。随谆切檄行司道，通饬各属明白劝谕。去后，兹据云南布政使彭家屏、粮储道徐铎会详称："乾隆十六年分昆明、晋宁、易门、嵩明、宣威、马龙、弥勒、宁州、蒙自、文山、宾川、永北、腾越、和曲、禄劝、会泽、恩安等府州县，共开田地一万三千九百八十七亩二分六厘零；又未丈荒田五段，分别十年、六年升科，俟升科之年勘明，如有成效，另行分晰顷亩、粮银、科则详题。"等情到臣。

除清册循例咨部查核外，所有滇省乾隆十六年分开垦田地数目，理合恭折奏闻，伏乞皇上睿鉴。谨奏。

朱批：知道了。

（《宫中档乾隆朝奏折》第三辑，第227～228页）

916　云贵总督硕色、云南巡抚爱必达《奏报遵旨查讯云南提督冶大雄参奏伊子蓝翎侍卫冶继钧一案，恭折汇奏折》

乾隆十七年九月十三日

云贵总督臣硕色、云南巡抚臣爱必达谨奏：为遵旨查讯具奏事。

乾隆十七年四月初十日，准兵部咨开："乾隆十七年三月二十二日，内阁抄出，二十日奉上谕：据云南提督冶大雄参奏伊子蓝翎侍卫冶继钧前在滇省向回民马颖等辗转借贷，是否确实，无凭诘问，请将伊子发回，交该督抚饬审等语。看来情节似不仅止于此，显有含糊取巧之意。冶继钧着革职发往滇省，交与该督抚秉公查讯具奏。如有别项情节，即将冶大雄一并严参治罪。若系伊子实止借贷生事，冶大雄不过失察之咎，亦照例议处。该部知道。钦此。"
移咨到臣。臣等当经行司钦遵，嗣于本年六月二十五日，准刑部将冶继钧递解到滇，随即发
交布、按二司研讯。去后，兹据布政使彭家屏、按察使沈嘉征审拟，详解前来。

　　臣等复加亲鞫，据冶继钧供称："乾隆十四年搬取家眷，缺少盘费，八月中到了云南，因
素与回民马颖熟识，向他商量借银子。马颖转托吴重侯、白维星向吴世荣借银五百两，借票
上是载借到吴、白二姓银两，一分行利是实，并无勒借别情。"等语。再四研究，坚供不移。
讯之马颖，据供："乾隆十四年八月内冶继钧向小的借银，小的没有银子，转向表侄吴重侯商
量，吴重侯又托白维星转向吴世荣说合，借给银五百两是实。至乾隆十六年十二月内，因吴
尚贤、吴世荣父子犯事，小的随到大理去面见冶提督，向他说冶继钧借过吴世荣银五百两，
如今吴世荣父子犯了事，应该作速清还。冶提督说小的的话是，到二十四日，发银五百两，
差领旗随小的上省。小的屡次差人叫唤白维星带借票来省收银，不见到来，随于吴尚贤案内
呈缴在官了。原因情面难却，替他经手，并无勒借夤缘情弊。"又讯据吴世荣供："与冶继钧
素不认识，系白维星向小的说冶提督之子冶继钧要借五百两银子，小的应允借给是实。"等
语。质之白维星等，供亦无异。究讯至再，委无别情。

　　臣等伏查，提臣冶大雄身任封疆，平素既不能约束其子，任其私借吴世荣银两，久不清
还，及上年吴尚贤父子犯事之后，马颖已将冶继钧借用吴世荣银两情由面向告知。乃冶大雄
于参奏伊子折内并不据实陈奏，犹复支吾饰混，诚如圣谕为糊取巧，殊属溺职，应请旨将冶
大雄交部严加议处。冶继钧除负债违约轻罪不议外，查律载：监临官子侄于所部内借贷财物，
计赃，准不枉法论，减本官罪二等等语。提督冶大雄虽系武职，而统理军务，实为通省大员。
今冶继钧向吴世荣借贷，实与所部内无异。冶继钧借银五百两，应准不枉法赃论，折半科罪，
罪止杖一百，流三千里，照律减二等，应杖九十，徒二年半，折责发配。马颖、吴重侯、白
维星等均讯无夤缘等项情弊，应毋庸议。冶大雄代冶继钧所还本银五百两，已据马颖于吴尚
贤案内缴官在案。所有借票，吴世荣供明遗失，毋庸追缴。除另录供单恭呈御览外，臣等谨
遵旨秉公查讯，逐一议拟，据实缮折会奏，伏祈皇上睿鉴，敕部议覆施行。谨奏。

　　计恭进供单一件。

　　朱批：已有旨了。

（《宫中档乾隆朝奏折》第三辑，第 323 页）

917　云贵总督硕色、云南巡抚爱必达《奏报将吴尚贤田产价银及金银器解交内务府折》

乾隆十七年七月初四日

云贵总督臣硕色、云南巡抚臣爱必达谨奏：为会折奏闻事。

窃照吴尚贤案内查出田产，共计契价银五万一千九百五十两零。因吴尚贤从前系重价谋买之产，一时骤难变售，经臣等酌将司库公件项下所存粤盐余息银五万四千七百四十八两零内，暂借银五万一千九百五十两零五分作为吴尚贤田产价值，先解内务府查收。其一切田产，一面出示召变，一面仍令原佃耕种交租，如有必须减价方能变卖之田地，其不足价银，即以租谷变抵，俟陆续变完，还清司库借项之日，如有盈余，仍一并解交内务府查收。并声明此案起获现银、银器及追获借项共倾销纹银一万三千三百三十九两八钱四分，连前项田价，共银六万五千二百八十九两零，先行起解，其余衣物变价及借项银两，俟变追到日再行续解等因，于乾隆十七年三月二十四日缮折恭奏。本年五月二十六日，钦奉朱批："知道了。钦此。"

又臣等另折恭奏吴尚贤原籍、邻境及厂所财产先后查明一折内，声明原搜金器、首饰并在厂续获金子、金镯，共重二十四两八钱八分，同玉磬、玉数珠等物，俟附便解交内务府。亦于本年五月二十六日，奉到朱批："览。钦此。"钦遵。

臣等今将司库存贮粤盐余息银内借动银五万一千九百五十两零五分，作为吴尚贤田产价值，连起获现银、银器及追获借项倾销纹银一万三千三百三十九两八钱四分，共银六万五千二百八十九两零，并金器首饰共重二十四两八钱八分，同玉磬、玉数珠等物，除备文解交内务府查收外，所有起解金银数目、玉器件数，臣等谨再开具清单恭折奏闻，伏祈皇上睿鉴。其余借项、衣物，现在分别追变，俟有成数，另行奏闻起解，田产亦陆续饬变还款。合并陈明。谨奏。

计恭进清单一折。

朱批：览。

（《宫中档乾隆朝奏折》第三辑，第 301 ~ 302 页）

918　云南巡抚爱必达《奏报办理滇铜改由水运缘由折》
乾隆十七年七月初四日

云南巡抚臣爱必达谨奏：为奏明办理改就水运缘由，仰祈睿鉴事。

窃照滇省办运京铜，有由东川陆运至盐井渡一路，内惟豆沙关至盐井渡，计程一站，经历黎尖山、二等坡，路多陷泥，深至数尺，均系用横木架搁镶砌，虽每年逐加修理，而蹂躏冲卸，时有朽坏，一遇天雨，人马往往失足，辄至伤毙，脚户视为畏途。经前任督臣张允随饬委勘明，议以豆沙关至龙拱沱滩开修水路一站，由龙拱沱盘滩三里许，至猪圈门滩上船，顷刻即抵盐井渡，可免险阻之虞，且较陆路节省。动项开修，共用过匠工、物料银三千二百九十六两四钱六分，业于奏闻事案内汇册报部，在案日久，并未开运。

臣抵滇后查案，饬行司道委员确勘。据称：河道复有壅塞，纤路间有倒坏，必须复加修整；且猪圈门系属险滩，水涨即难泊舟，应将马头改移犁头湾，庶为平稳等语。臣因思开修水道本为有裨铜运起见，若不及时补修酌改，并赶紧造船设店，拨役雇夫开运，不特三千余金之前功尽弃，且脚户仍然畏阻，帑项终无节省，随复行令加意速办。去后，兹据粮储道徐铎会同布政使彭家屏详称："补修河道、纤路、改移马头，用过工料银八百三十二两七钱九分；龙拱沱滩建盖铜房五间，用过工料银六十两；打造站船七只，用过工料篷索银一百六十八两。通共用过银一千六十两七钱九分，业俱告竣，于乾隆十七年三月二十一日开运。计该处年额运铜一百五十七万四千九百斤。从前陆运一站，共需脚银二千三十四两七钱七分零，今改易站船水运，仅需水手、盘夫、书役各项银一千五百六十四两四钱七分，每年可节省银四百七十两三钱。"等情到臣。

臣复详加察核，除用过银一千六十两七钱九分，查照前次初开之例，于大关同知承运盐井渡船外节省银内动用外，嗣后每年水运一站，节省银四百七十两三钱，应令一并归入盐井渡额外节省项下，分晰造册报部。其船只，照黄草坪、锅圈岩站船之例，于船户所得水脚银内分作三年扣还。船为水手管业，不给添修、拆修之费。至岁修河路，统于盐井渡额定岁修银三百两内通融撙节筹办，无庸另议。似于铜运可无贻误，而帑项亦免虚縻，均有裨益。

所有改由水道办理缘由及开运日期，理合恭折奏闻，伏乞皇上睿鉴。谨奏。

朱批：知道了。

（《宫中档乾隆朝奏折》第三辑，第 497～498 页）

919　云贵总督硕色、云南巡抚爱必达
《奏报巧家汛被水及办理赈恤折》
乾隆十七年七月二十八日

云贵总督臣硕色、云南巡抚臣爱必达谨奏：为奏闻事。

窃照滇省本年雨水均调，栽插应候，田禾畅发，杂粮滋长各情形，曾经臣等历次奏报在案。兹查气候较早之数郡收获已毕，均称丰稔。其余或已结实，或在扬花，亦各借雨旸时若，大有可期。惟东川府属巧家汛地方，据报本年五月二十九日夜风雨大作，山水陡涨，冲倒房屋一十八间，沙淤石压民田一顷九十六亩零，官田五顷八十二亩零，淹毙男妇大小一十九名口，应赈二十户，计大小八十二名口。臣等随会同飞饬知府夏昌速行赈恤，并委迤东道海全亲往，分别查办，银米兼赈，俾无遗滥。现今房屋已在修复，人民俱经得所。淹毙人口，除漂流入江无获外，余俱赈银领埋。所有沙淤石压田亩，饬

令按给工本银两，督率上紧开挖。其实难修复者，另垦抵补，俟来岁春耕，再行借给牛、种、口粮，以资接济。除赈恤银两统于闲款内动给外，所有巧家汛一隅被水及办理缘由，理合会折恭奏，伏乞皇上睿鉴。谨奏。

朱批： 览奏俱悉。

（《宫中档乾隆朝奏折》第三辑，第 500～501 页）

920　云贵总督硕色、云南巡抚爱必达《奏报滇省各府厅州县民人自首成熟民、屯田地数目，并请于乾隆十七年入额征收折》

乾隆十七年七月二十八日

云贵总督臣硕色、云南巡抚臣爱必达谨奏：为钦奉上谕事。

乾隆十六年闰五月初九日，承准廷寄，内开："乾隆十六年二月初八日，奉上谕：蒋溥因湖南龙阳一县未报升科之地至三万余亩，计直省似此者谅亦不少，请饬各督抚将未报升之地概准业户自首，以一年为限等语，亦属清厘粮赋应行之事。俟各省督抚奏事之便，将蒋溥原折抄寄，令其查办。钦此。"遵旨寄信前来等因，并抄寄原折到滇。臣等随敬谨钦遵，转行司道迅饬各属晓谕首报。去后，兹据布政使彭家屏会同粮储道徐铎详称："据各府厅州县造报，民人自首成熟民、屯田地共四千一百三十七亩三分八厘一毫零，成熟夷田四十二段，并声明沾益州具报原额夷地垦熟成田一百一亩四分既改升田粮，应将原纳地亩银六钱七厘另于奏销案内开除。"等情前来。

臣等查前项田地均系民人自首开垦成熟，应即于乾隆十七年入额征收，永令执业，毋许豪强争夺，并免入官治罪。仍行令地方官将应征粮条科则数目于奏销案内分别汇册，详请咨题。除据报田地细数分晰另折恭呈御览外，理合会折奏闻。

再照此案各属俱按一年限内具报，并未逾违。合并陈明，伏乞皇上睿鉴。谨奏。

朱批： 知道了。

（《宫中档乾隆朝奏折》第三辑，第 501～502 页）

921　云贵总督硕色、云南巡抚爱必达《奏请以试用知府张惟寅补授临安府知府折》

乾隆十七年八月初一日

云贵总督臣硕色、云南巡抚臣爱必达谨奏：为请旨事。

　　窃照云南临安府知府邓士灿以老病乞休，经臣等委员验明是实。除照例另疏题请休致外，其所遗员缺系繁、疲、难三项相兼，例应听部请旨简用。惟查有乾隆十六年奉旨发往云南以知府用之张惟寅，现在滇省候补。查定例：奉旨命往以道府补用人员，遇有缺出，无论应题、应调、应选，督抚酌量人地相宜，悉准题请补授。今臣等查得张惟寅才具优长，办事奋勉，前于云南盐道任内在滇两载，熟悉风土情形。临郡地接交边，管辖八州县、十土司，经理必须得人。若以张惟寅补授临安府知府，实属人地相宜。但系内部请旨之缺，臣等未敢缮疏具题，谨奏恳皇上天恩，俯准以张惟寅补授临安府知府，则该员驾轻就熟，实于地方有益。为此会折恭奏，伏祈皇上睿鉴训示。谨奏。

　　朱批：着照所请行，该部知道。

（《宫中档乾隆朝奏折》第三辑，第514页）

922　云贵总督硕色、云南巡抚爱必达《奏报匪犯周梦桂一案，查无私藏军械、结盟情事及滇省各犯全获解黔质审缘由折》

乾隆十七年八月初一日

　　云贵总督臣硕色、云南巡抚臣爱必达谨奏：为谨再会折奏闻事。

　　窃照前准贵州抚臣开泰咨会："毕节县盘获匪犯周梦桂，供有云南东川府会泽县巧家营居住之袁文胜、刘士龙埋藏古剑十一口，有马老大知情。"等因。当经臣等行据东川府知府夏昌等禀称，拿获袁文胜、刘士龙、马老大，搜掘并无古剑。臣等业已饬令将袁文胜等于六月二十四日解黔质审，以定虚实。旋又准贵州抚臣开泰咨称："复讯周梦桂，又供有陈士通在袁文胜家，说收有盔甲二十多副，片刀二十七八把，谢富才说收有斩马刀八把，并袁文胜与陈士通、杨老大，又名李开花、朱应龙、杨继文、刘士龙、马老大、李二龙、杨天祚、陈老二吃血酒结盟，谢富才为盟证，内杨继文系四川人，另咨川省查拿。"等情，将袁文胜等年貌咨会查拿前来。臣等随即飞行东川府县，会同营员，按照年貌逐拿务获，追起盔甲、刀械，复又檄委迤东道海全前往东川，督率文武，逐一严拿追起，并令再加访查袁文胜实在有无刨剑藏匿之事，取结呈送，一面臣等于七月初七日先行奏闻在案。

　　今据东川府知府夏昌、东川营参将朱亮、会泽县知县执谦等详称：除袁文胜、刘士龙、马老大三犯先于六月二十四日解黔外，所有陈士通、杨老大、李二龙、杨天祚、陈老二、谢富才、朱应龙七犯，俱先后逐一拿获，密赴各犯家内备细搜查，惟陈士通家搜获旧腰刀二把、断镰枪一杆，其余各家查有锄头、镰刀各数件不等，并无盔甲、大片刀、斩马刀等项。讯据陈士通等七犯，坚供并无结盟影响，亦无收藏盔甲、军械之事。其陈士通家搜获之旧腰刀、断镰枪，验系损坏锈缺，并非锋利军器。严讯陈士通，供因米粮坝逼近凉山，收割之时，恐有野夷盗窃，故制备防家，并无为匪别情。其杨老大亦坚供，并不又唤李开花，俱情愿解往贵州质对等情。并据迤东道海全详称，督同东川文武亲赴各犯家内复加刨掘搜查，实无古剑、盔甲、片刀、斩马刀等项，委非饰混。取具东川营参将朱亮、东川府知府夏昌、会泽县知县执谦等各切实印结，该道加具印结，详报前来。

臣等伏查，袁文胜、陈士通等如果私藏军器，歃血结盟，则事属不轨，情罪重大，自应严加究拟。如系周梦桂混指妄扳，亦应照律反坐，以儆刁诬。今此案已遴委大员率同文武叠次刨掘搜查，毫无古剑、盔甲、刀械影响，该道府等俱各出具切实印结，似无遁情。惟周梦桂现在黔省，若非三面质对，不足以定虚实而成信谳。除饬将陈士通等七犯多派兵役解黔质审，臣等一面咨明贵州抚臣开泰严加究讯，如拜盟藏械是实，则将袁文胜、陈士通等从重究拟，并知会臣等将出结之文武各官严行参处，如系虚诬，则将周梦桂照律反坐外，所有行据道府查无私藏军械、结盟情事及滇省各犯全获解黔质审缘由，谨再会同恭折奏闻，伏祈皇上睿鉴。谨奏。

朱批： 知道了。

（《宫中档乾隆朝奏折》第三辑，第514～516页）

923　云贵总督硕色《奏报暂委督标中军副将巴哈那前往署理普洱镇总兵折》

乾隆十七年八月初一日

云贵总督臣硕色谨奏：为奏闻事。

乾隆十七年七月二十七日，据云南普洱镇总兵官吕九如申称："本年七月十七日，有家人到普，报称职父吕浩于乾隆十七年三月初六日在籍病故，本职例应丁忧。"等情前来。除照例具疏题报外，臣查普洱一镇系新辟夷疆，地处极边，外连挝、缅生番，内而控制各猛土司，员缺甚为紧要，且地多烟瘴，即暂署亦须得人。查臣标中军副将巴哈那，前经委署普洱镇篆，诸事办理妥协，熟悉风土。臣一面暂委巴哈那前往署理，谨再缮折奏闻，仰恳圣恩特简贤员，俾令速即赴任，庶边疆可早收得人之效。伏祈皇上睿鉴，谨奏。

朱批： 有旨谕部。

（《宫中档乾隆朝奏折》第三辑，第516～517页）

924　云南巡抚爱必达《奏报前请将原任白盐井提举何恺补授黑盐井提举，未将其丁忧服阕月日声明，奉旨申饬，恭谢天恩折》

乾隆十七年八月初十日

云南巡抚臣爱必达谨奏：为恭谢圣训事。

窃照云南黑盐井提举员缺，经臣奏请将原任白盐井提举何恺补授。于乾隆十七年八月初八日，承准廷寄，内开："乾隆十七年七月初四日，奉上谕：云南巡抚爱必达请将何恺补授黑盐井提举一折，并未将该员丁忧服阕月日声明，且称现在令该员回籍领咨赴部。何恺既经丁忧，自应离任回籍，何以至今始令其回籍，领咨赴部？所奏殊未明晰。着传旨申饬。钦此。遵旨寄信前来。"等因到臣。跪读之下，惶悚靡宁。

伏查何恺系于乾隆十四年二月初五日闻讣丁母忧离任，因患病，在滇调治，未能回籍，扣至乾隆十六年五月初五日服满，例应起复。臣于本年十二月内奏请补授黑盐井提举，部议以何恺系丁忧提举，例应回籍，服满取具本籍咨文赴部铨选之员，与定例不符，行文到臣。臣以其人其地实在相须，是以遵照部议，给咨该员何恺回籍领咨，仍行恭折恳恩补授，以收驾轻就熟之益。臣于折内理应将前项情节明晰详叙，乃以愚昧，未经声明，咎实难辞。仰蒙我皇上天恩，训谕周详，惭愧愈深，感戴弥切。除敬谨叙明，另行缮折叩恳圣恩外，所有感激下悃，恭折奏谢恩训，伏乞皇上睿鉴。谨奏。

朱批：览。

（《宫中档乾隆朝奏折》第三辑，第569～570页）

925　云南巡抚爱必达《再奏请以丁忧服阕之原任白盐井提举何恺补授黑井提举折》

乾隆十七年八月初十日

云南巡抚臣爱必达谨奏：为要缺亟需干员，恭叩天恩补用，以裨边疆盐政事。

窃照滇省黑盐井额重课繁，灶户刁悍，提举一缺最关紧要。先经臣将太和县知县李堂题请升补，接准部覆，以知县非应升提举之员，行令另选题补。嗣复经臣与督臣硕色再三筹酌遴选，循例奏请将原任白井提举何恺补授。又准部议，内开："何恺系丁忧提举，例应回籍，俟服满之日，取具本籍咨文赴部铨选之员，与定例不符。"等因各在案。臣随与督臣硕色详加拣选，通省实无堪以调补之员。而应升之通判、州同内，或现在悬缺，或到任未久，或苗疆紧要，或人地不甚相宜，若遵例奏请拣发，又恐甫经来滇之人才识虽优，而于边疆风土人情未能周悉，转于要缺无益。

伏查该员何恺，由广东监生历任云南昆阳州知州，调补白盐井提举，于乾隆十四年二月初五日闻讣丁母忧离任，因患病在滇调治，未能回籍，扣至乾隆十六年五月初五日，不计闰，二十七个月服阕，例应起复，病亦全愈。该员年壮才练，熟悉井务，且提举一官惟有滇省三缺，而该员本系应补提举之员。除业经遵照部议给咨该员何恺回籍领咨赴部外，合无仰恳皇上天恩，俯准将何恺补授黑盐井提举。俟到部引见后，敕着星驰赴滇供职，庶边徼大井盐务经理得人，臣等深受指臂之益矣。

臣为其人其地实在相须起见，理合会同云贵总督臣硕色恭折奏请，伏乞皇上训示。谨奏。

朱批： 该部议奏。

（《宫中档乾隆朝奏折》第三辑，第 570~571 页）

926 云南巡抚爱必达《敬陈滇属官评折》
乾隆十七年八月初十日

云南巡抚臣爱必达谨奏：为敬陈滇属官评，仰祈圣鉴事。

窃照属员贤否，关吏治之振弛，系民生之休戚。滇省僻在天末，在在夷疆，宁辑绥怀，尤须得人而理。臣仰荷天恩，抚循兹土，敢不上体圣心，首以察吏为重，多方整饬？凡大小各官政绩，平日逐加留心考核，并于因公接见时观其言论，察其心地，以验才情之优绌，内念之诚伪，均略得其梗概。除州县随事教导，量材任使，时加查察，据实纠举，及知府、丞倅、提举中，或悬缺未补，或未经到任，或系告病，或系丁忧，或久出差，均不开列外，所有现任司道六员、知府十六员、丞倅九员、提举二员，其人材政声，谨就臣闻见所及，逐一列考，另缮清折恭呈御览，伏乞皇上睿鉴。谨奏。

朱批： 折留览。

（《宫中档乾隆朝奏折》第三辑，第 571 页）

927 云南巡抚爱必达《奏请将云南府司狱一缺裁汰，
改设竹园村巡检一员折》
乾隆十七年八月初十日

云南巡抚臣爱必达谨奏：为要地亟需专员，通融筹请改设事。

窃照广西府弥勒州属竹园村地方最关紧要，必得专员驻扎，就近查察。经臣会同督臣硕色奏请增设巡检一员，即以裁汰之布政使库副使俸银工食令其支领，并于该州民壮内抽拨四名，改为弓兵，归巡检衙门供役。准部议覆，以"各省有应需人员管理，止准于通省内随时改调。今库副使员缺业于乾隆十六年八月内裁汰，不便于竹园村地方另请新设巡检，致滋糜费。"等因，行文到臣。

伏查竹园村住居汉夷千有余户，为两粤入滇往来大道，商贾辐辏，且各省采买铜斤必由该村雇脚转运，距州郡窵远，实难兼顾。而村南六十里之朋普寨烟火数百，奸徒、匪类往来窜伏其间，居民串窝攫利，近村朋比行私更所时有。似此紧要之区，若非专员驻扎，断难使商民攸利而铜运有益。臣复与督臣硕色详加熟筹，于通省各缺内逐一斟酌缓急，查云南府有司狱一缺，该府经历尽可兼管，无庸专员。似应仰恳天恩，俯念地方最关紧要，将云南府司狱一缺裁汰，改设竹园村巡检一员，驻扎该村，兼管朋普一带地方，稽查弹压。除命、盗、拐、逃重案仍分别归州审结外，凡系匪窃、赌博、打降、私宰、私贩等事，即令就近查拿审理，详州归结，以免鞭长莫及之虞。即以司狱俸工、养廉归巡检衙门支领，仍于该州民壮二十名内抽拨四名，改为巡检衙门弓兵，以供差遣。如蒙俞允，并请敕部颁给竹园村巡检印一颗，以昭信守。

再查现署云南府司狱王赓旦，年力强壮，办事勤干，且于滇省地方情形颇称熟悉。巡检与司狱品级相当。合无并恳圣恩，即将王赓旦改署竹园村巡检，俾初设之缺得驾轻就熟之员，于地方实有裨益。嗣后缺出，统归本省拣选、调补、升用。

除建设衙署容俟命下之日另行筹办，并行令派定管辖地方造册送部外，臣为地方最要起见，理合会同云贵总督臣硕色恭折再陈，伏乞皇上睿鉴训示。谨奏。

朱批：该部议奏。

（《宫中档乾隆朝奏折》第三辑，第 572～573 页）

928　云贵总督硕色、云南巡抚爱必达《奏报剑川湖尾被水情形及办理缘由折》
乾隆十七年八月初十日

云贵总督臣硕色、云南巡抚臣爱必达谨奏：为奏明剑川湖滨被水情形，仰祈圣鉴事。

窃照滇省本年雨水均调，栽插普遍，高原下隰俱可冀望丰收。惟查剑川州属滨湖之邑头等十五村庄，因乾隆十七年七月十二至十六等日连日大雨，湖中山水汇归，尾闾宣泄不及，一时暴涨，湖边田地尽被淹没，房屋墙垣亦多坍塌，秋收失望，栖止无地。内邑头等十二村地基稍高，其房屋浸入水中者自数户至十余户不等；新仁等三村地基渐低，房屋浸入水中者有百十余户。此外州属各村庄田禾畅茂，丰稔可期。

据布政使彭家屏会同粮储道徐铎详称："该处乾隆十六年五月地震，仰沐皇恩，不拘常例，房屋按间给银，灾民计口授食，得以安居复业。今岁秋禾又被水淹，房屋复有坍塌，虽属些小偏灾，而小民难免拮据。请查明贫难户口，先行抚恤一月，每大口日给米五合，谷则加倍，小口减半。其坍塌房墙，照例每瓦房一间给银一两五钱，草房一间给银一两，墙一堵给银二钱，俾资修葺。米石于常平仓动支，银两于司库铜息项下动给，事竣造册报销。"等情前来。臣等当即饬令迅速妥办，一面委员驰往，会同勘明实在被水田地顷亩、成灾分数，应否加赈，另议详题。并行迤西道梁翥鸿就近督率，毋令一夫失所，并即设法疏浚，务使水消地涸，得以按时种植在案。

所有剑川湖尾被水情形及办理缘由，除会疏题报外，理合恭折奏闻，伏乞皇上睿鉴。谨奏。

朱批：*知道了。*

（《宫中档乾隆朝奏折》第三辑，第 573～574 页）

929 云南巡抚爱必达《奏报乾隆十七年头、加运京铜自泸州开运日期折》

乾隆十七年九月十三日

云南巡抚臣爱必达谨奏：为钦奉上谕事。

案于乾隆十四年六月十八日，承准廷寄，内开："奉上谕：嗣后运铜事宜，务须加意慎重。其沿途经过各省督抚，朕已传谕，令其将委员守风、守冻及有无事故之处奏闻。至铜铅船只于云贵本省起程，何日出境，亦着该督抚随时折奏。钦此。"钦遵，转行遵照在案。

今据粮储道徐铎详据委驻四川泸州店转运京铜大关同知廖方莲报称："乾隆十七年头、加运京铜官澄江府通判胡阶、嶍峨县典史杨家相于乾隆十七年七月十五日抵泸州，二十二日开秤起至八月二十二日止，兑交过铜九十四万五千七百二十斤，内除陆路折耗铜四千七百二十八斤九两六钱，实该正耗余铜九十四万九百九十一斤六两四钱；又兑交带解两郊坛宇工程处铜二十二万八百九十斤，俱经照数发足。该委员等即于八月二十二日自泸扫帮前进。"等情，转详到臣。臣除咨明户、工二部暨沿途经过各省督抚转饬地方文武员弁拨护催趱，不许片刻停留，仍稽查有无盗卖情弊外，所有头、加运京铜官自泸开运日期，理合会同云贵督臣硕色恭折奏报，伏乞皇上睿鉴。谨奏。

朱批： 览。

(《宫中档乾隆朝奏折》第三辑，第831~832页)

930 云南巡抚爱必达《奏报办理邓川、浪穹二邑水利及现在再行通查缘由折》

乾隆十七年九月十三日

云南巡抚臣爱必达谨奏：为奏闻办理水利缘由，仰祈圣鉴事。

窃照滇省跬步皆山，土多田少，而低下有水之处又往往因宣泄未畅，一遇涨发，淹浸堪虞，全在疏浚有方，始收水利之益。

臣与督臣硕色通饬各属悉心勘议，查有邓川州弥苴一河，为浪穹县属宁湖三营、凤羽诸水汇归之所，下游河身本属浅窄，两岸悉系沙堤，河高于田，最关险要。且入河水口之浪邑巡检司一带，两山夹峯，沙石奔注，或阻水逆流，倒灌浪邑，或挟沙直下，填塞邓界，奔溃漫溢，势所不免。是以历年春初水减时，于浪穹上流筑坝设闸，将水拦蓄，使宁湖涸出，邓川、浪穹照所辖分任开挖，俾令深通畅流。但筑坝设闸均在浪穹界内，建折启闭亦惟浪穹主持，而两邑应挖河沙，浪穹长仅数里，邓川长四十余里，工程大小迥别。若浪穹筑坝过迟，邓川赶办不及，即放闸过骤，邓川亦有力难施。此筑坝设闸欲弭水患，而水患究难全弭也。

臣等查据邓川州知州萧克峙禀，批行司道查议。兹据粮储道徐铎会同布政使彭家屏议详，臣等随经批饬，嗣后该二州县每于岁前未封印之时关移定议，务在正月十五以后即行兴工筑坝，闸口照旧辰闭酉开，酌量雨泽多寡、河水深浅情形，定以雨多水深之年辰闭酉开者七日，昼夜通开者三日；雨少水浅之年，辰闭酉开者七日，昼夜通开者二日。其坝闸先听浪穹委员专司启闭，谕令里民照界挑挖河道，工竣移交邓川委员经管，督率邓民工上紧疏浚，必于四月十五以后一律宽深完竣。即偶遇春雨过多，浪邑湖水添涨，应须宣泄，亦必关会明白办理，不得歧视。勒石河干，永远遵守，俾在官不必有动帑之烦，而小民实可收水利之益。仍再通查滇属有无似此应加筹办之处，一体详请速办在案。

所有办理邓、浪二邑水利及现在再行通查缘由，理合会同督臣硕色恭折奏闻，伏乞皇上睿鉴。谨奏。

朱批： 知道了。

(《宫中档乾隆朝奏折》第三辑，第832~833页)

931 云贵总督硕色、云南巡抚爱必达《奏报滇省制兵月粮长存米石及拨充建仓缘由折》

乾隆十七年九月十三日

云贵总督臣硕色、云南巡抚臣爱必达谨奏：为请旨事。

窃照滇省支放各标、镇、协、营兵丁月米，每年奏销册内系照应支之全数开造，而会计册籍各按已支之实数开除。臣等将二册互相核对，查得乾隆十六年冬季各属仓存米石，会计册载米数较奏销册内长米三千二百石二斗零，因即饬行司道移营确查。嗣据粮储道徐铎会同布政使彭家屏详称："制兵月粮俱系实支实放，惟委署人员应领养赡月米一项，各营奏销案内虽经分晰起止日期、应支数目造册请销，而各该员等或因未谙事例，或因改委远署，或因升补别营，或因署事未久，米数无多，均不及候文支领，各州县亦无从放给，以致历年既久，积少成多，移据各标、镇、协、营查覆，实不知始自何年。现在应支各员俱已升迁事故，无凭饬领，应请变价以充公用。"等情前来。

臣等伏查，各该署员应支未领养粮，诚属无凭饬领，而以长存之项为经久之图，则惟云南府、昆明县二仓添仓易谷一事为目前最急之务。查滇南省会滨临昆池，地气潮湿，贮仓米石虽多方晒晾，而陈陈相因，难免红朽，该府县往往赔累，视为畏途。必须尽易谷石，始堪耐久。臣等与司道公同筹酌，应各添建仓厫四十间，以资存贮。所有前项未支养粮三千二百石二斗零牵算，每石一两之价粜卖，约可获银三千二百两零，应于会计册内开除，即饬变价，将粜获价银拨充云南府、昆明县两处添建仓厫之需，令于出陈易新之际陆续换易谷石，加谨收贮，于仓储实有裨益。

所有长存米石及拨充建仓各缘由，理合会折恭奏请旨，伏乞皇上训示。谨奏。

朱批：知道了。

（《宫中档乾隆朝奏折》第三辑，第833～834页）

932 云贵总督硕色、云南巡抚爱必达《奏报查明滇省各属仓谷并本年秋成各情形及现在酌量办理缘由折》

乾隆十七年九月十三日

云贵总督臣硕色、云南巡抚臣爱必达谨奏：为遵旨酌议事。

乾隆十七年八月二十六日，承准廷寄，内开："乾隆十七年七月初九日，奉上谕：

年来米价在在昂贵，深廑睿咨。上年大学士高斌曾奏动帑委官采买，数盈万千，克期取足，市价鲜不骤昂，有妨本地民食，请永行停止。经军机大臣等议，令该督抚量其缓急，通融筹办。近复有以停止采买为言者。夫采买以裕仓储，本为民食计耳。乃因采买而市价益昂，是未得向后接济之益而先受当前贵食之苦。市侩共知采买在所必需，甫届西成，预为抬价之地。小民嗜利，习为当然，地方官亦以奉行为职，务在取盈，年复一年，有增无减。筹米价者率以停采买为言，非无所见。虽未可明立禁令永行停止，而以今岁情形而论，各省仓储尚多有备，即或有需，亦可于附近拨给。所有存贮实数，得十分之三四即可，不必亟资买补，其动帑委员采买之处似可概行停止。官买少则市粜多，米价庶可望其渐平，于民食有济。着传谕询问各该督抚，令将本地收成情形据实查明，详悉妥酌具奏。如应行停止，即一面奏闻，一面出示晓谕商民，俾知共悉。钦此。遵旨寄信前来。"等因到滇。臣等跪读之下，仰见我皇上廑念民依、勤求保赤之至意。随敬谨钦遵，将滇省仓贮盈虚、采买缓急及秋收丰歉各情形逐一会同详确查酌。

伏查滇省跬步皆山，不通舟楫，各属所产米谷只供本属之用，不特邻省不能贩运，即邻邑亦每艰于挽输，与川湖江浙等省情形迥别。是以常平积贮，例应存七粜三，而出借者多，出粜者少，各属粜数多不过二三千石，少仅千石，或数百石，年粜年补，只须于本境采买，遵行已久。迩年以来秋成丰稔，并有借粜不及粜三之数者，买补更易为力，向无委员邻省采买之事。查滇省各仓放至乾隆十六年冬季奏销，除存额贮谷七十万石有零外，尚余溢额及捐监谷十有余万，实属有盈无缺。本年六七月青黄不接之时，因米价平减，统计通省额谷仅止粜过八千余石。欣逢雨水均调，年谷顺成，秋收各就本境买补，为数无多，可以无庸停止。设将来遇有丰歉靡定、缓急有需之处，臣等自当仰体圣意，酌盈剂虚，通盘筹画，统于附近州县拨给，不致亟于买补，有妨民食。

所有臣等查明滇省各属仓谷并本年秋成各情形，及现在酌量办理缘由，行据布政使彭家屏、粮储道徐铎禀报相同。理合会折恭奏，伏乞皇上睿鉴。谨奏。

朱批： 知道了。

（《宫中档乾隆朝奏折》第三辑，第 835～836 页）

933　云贵总督硕色《奏报营伍行围一事滇、黔两省
各就情形酌办缘由折》

乾隆十七年九月十六日

云贵总督臣硕色谨奏：为奏明事。

乾隆十六年十二月十九日，准兵部咨开："乾隆十六年十月十一日，奉上谕：四川提督岳钟琪奏称，向来直省督、抚、提、镇均有行围之例，拟于冬三月内农事已毕之时，查照往例，于成都附郭不近田园之地，带领官兵前往围猎，往返数日，亲加训练等语。直省营伍操演武艺，不过拘泥成法，于安营住宿之道、驰骋奔走之劳无从肄习，于行阵未有实济。惟行围可使将弁士卒练习勤劳，岳钟琪所奏甚为有益。着通行各省陆路提镇，仍照旧例，每岁冬季轮派标兵，亲身督率，实力举行，务使娴熟严整，以裨实用。但既令出围，若仍复按期操演，兵丁未免过累。着行围之时酌量停止操演日期，以示体恤。并严加约束，不得蹂践田园，占宿庐舍，致滋骚扰，并不可日久复致废格。该部即遵谕行，折并发。钦此。"移咨到臣。随即移行滇黔两省各提镇一体钦遵，实力奉行。

嗣准贵州提臣丁世杰札开，黔省僻处边徼，一提四镇，驻扎之处悉皆苗猓杂居，兼之跬步皆山，坡岭崎岖，并无旷野平畴可为兵马操纵驰骋之所；且苗性愚蠢，恐起惊疑，黔省实难合围大举。惟有各就本标马厂，或于较场，每岁于冬月，提、镇各带官兵，一如行阵之法，申明纪律，亲加教演，或二三次，或三四次，俾阖营将士更番操练，庶苗人不致惊疑，而行围亦得服习等情，札商前来。适臣奉命查阅营伍，于本年四五月间遍历黔省各标镇察视情形，委系在在皆崇山峻岭，间有平坡，无不开垦成田，而且苗寨林立，夷性蠢愚，实与内地情形不同，似宜变通办理。应如该提臣所议，各于马场、较场照行围之法分合训练，实力举行。

至滇省形势，虽大概与黔省相同，但行围一事，实为练习士卒良法。若稍有旷隙不近夷寨之区，自当仰体圣主修明武备至意，相度办理。复移行滇省各提镇，查询有无可以开设围场之地。去后，今准据署云南提督楚姚镇总兵王无党及临元等九镇陆续覆到："内临元、开化、昭通、楚姚、鹤丽、永顺六镇覆称，近城附郭俱无平原旷野，惟离城数十里或一百余里尚有山阜平川可以行围。其提标并曲寻、永北、普洱三镇各俱覆称林深箐密，四面环夷，并无旷隙之处可以开设围场，议请各就马厂、较场训练、演习。"等情。

臣查地势各有不同，亦当因地制宜，均应如各该提镇所议办理。惟在该管镇将实力举行，可使兵丁练习勤劳，于行伍自有实济。除移行两省各提镇于冬三月内农功已毕之时按期率领官兵照行围之法亲加训练，务使将弁、士卒习知分合进退之方、安营住宿之道，俾令娴熟齐整，以收实用，并严加约束，不得滋扰民夷外，所有滇、黔两省各就情形酌办缘由，臣谨会同云南抚臣爱必达、贵州抚臣开泰、署云南提督楚姚镇总兵官王无党、贵州提臣丁世杰合词恭折奏闻，伏祈皇上睿鉴。谨奏。

朱批：知道了。

（《宫中档乾隆朝奏折》第三辑，第 851～852 页）

934 云贵总督硕色《奏请以督标后营游击李志健升署寻沾营参将折》

乾隆十七年九月十六日

云贵总督臣硕色谨奏：为请旨事。

窃照云南寻沾营参将姜英废弛营伍，经臣题参，奉旨："着革职。钦此。"其所遗员缺，接准部咨，令臣拣选题补。

臣查寻沾一营驻扎宣威州，系新辟夷疆，苗猓环处，员缺甚为紧要，且自姜英废弛之后，必需贤员整顿，方能望有起色。臣于通省游击内逐加遴选，或籍隶本省，或年例未符，间有一二合例者，人缺均不相宜。查有臣标后营游击李志健，才具明敏，办事干练，营伍事宜尽心整饬，在滇年久，熟谙夷情，历经三次委署臣标副将，训练有方，宽严合宜，实系奋勉出色之员，若以之拣补寻沾营参将，可冀振作有济。惟李志健系署守备衔，上年臣将该员题补广南营参将，因衔小，格于部议。在部臣论衔较升，原系循例办理。但臣身任封疆，今目击寻沾营伍当废弛之余，亟需整顿，若拘于常例，迁就遴选，则恐成积重难返之势，不得不稍为变通，以期即收实效。查越衔四等者例准升补，李志健越衔五等，仅差一级。而现任游击本系应升参将之员，今其地必需其人，合无仰恳皇上天恩，俯准将李志健升署寻沾营参将，容宽一年之限，如果兵丁技艺精进，营伍改观，另行题请实授，仍将李志健随本给咨送部引见，恭候钦定。倘蒙俞允，不惟要缺得人，而通省营员亦知交相奋勉。

臣因整顿营伍起见，未敢冒昧题请，谨缮折恭奏，伏祈皇上睿鉴训示。谨奏。

朱批：该部议奏。

（《宫中档乾隆朝奏折》第三辑，第 853 页）

935 云贵总督硕色《奏报起程查阅滇省营伍日期折》

乾隆十七年九月十六日

云贵总督臣硕色谨奏：为起程查阅营伍，恭折奏闻事。

窃照滇、黔两省营伍，前钦奉谕旨，着臣查阅，当经臣酌拟分省查看，于乾隆十七年三月二十七日先赴黔省逐一查阅，并顺道查看滇省所属之昭通、曲寻二镇营完竣，随将营伍之优劣恭折奏闻，并声明滇省营伍俟九月军政办竣，即起程前往查阅。除滇省军政因署提督王无党到任未久，另疏展限，其黔省军政业经分别举劾，于本年九月十六日具题在案。

今臣随先看省城督、抚二标及城守营官兵，即于乾隆十七年九月二十二日，轻骑减从，自滇起程，由楚姚、永北、鹤丽、剑川、大理、永顺一带转至元江、普洱、临元、开化，遍历各标镇营，考验官兵弓马技艺，简阅军装甲械等项。统俟查阅事竣，分别优劣，另行具奏外，谨将臣起程查阅滇省营伍日期恭折奏闻，伏祈皇上睿鉴。谨奏。

朱批：既经查阅，须当实力，不可徒事查阅之名而已。

（《宫中档乾隆朝奏折》第三辑，第854页）

936　云贵总督硕色、云南巡抚爱必达《奏请轮流赴京叩谒孝贤皇后山陵折》

乾隆十七年九月十九日

云贵总督臣硕色、云南巡抚臣爱必达谨奏：为会折恭恳圣恩事。

窃惟乾隆十三年三月内，孝贤皇后升遐，臣等未获叩谒梓宫。今接阅邸抄，本年十月十三日，恭值孝贤皇后梓宫起送之期，臣等又未获随在廷诸臣匍匐恭送、效力奔走，惶悚靡宁。且臣等身系满洲，受恩深重，遇此大事，不能尽旧仆之分，寸衷实一刻难安。惟有仰恳圣恩，俯准臣等轮流赴京叩谒孝贤皇后山陵，庶几稍尽臣子之义，并得仰瞻天颜，恭聆训诲，下亦可少伸犬马依恋之忱。

至地方事务，今岁滇黔两省俱时和年丰，民夷乐业，边境靖宁。臣等酌拟臣硕色先即趋赴阙廷，所有总督印务，交臣爱必达兼管，俟臣硕色回任之日，臣爱必达即起程赴京，其巡抚印务，交臣硕色管理，均不致于贻误，合并陈明。为此会折恭奏，仰恳皇上天恩，俯准施行。臣等无任虔诚待命之至，谨奏。

朱批：此奏实可不必。

（《宫中档乾隆朝奏折》第三辑，第872~873页）

937　云南巡抚爱必达《敬陈流通钱文之末议，以便商民折》

乾隆十七年十月初三日

云南巡抚臣爱必达谨奏：为敬陈流通钱文之末议，以便商民事。

窃照滇省地处边疆，备贮公帑无几。而厂地钱价昂贵，炉民隐忍受亏，经臣会同督臣硕色于筹获增炉鼓铸之余息以充边疆备贮之公用事案内，奏请于东川府局添设炉五十座，将铸出钱文搭放铸本及买铅工本、价脚等项之用，即以所获息银留为备贮之项。钦奉谕旨：交军机大臣会同户部议准，行知在案。现在一切炉房、器具，飞饬作速办理，赶紧开铸，以期裕帑便民。

惟思钱文一项，少则易致高昂，多则又防壅滞。以五十炉铸出之钱，岁有二十二万串有奇，源源不绝，则厂地奸民势恐重银轻钱，借为刁掯厂民之地。况汤丹、大水、碌碌等厂及铅斤出产之区，炉户、砂丁大半皆江西、湖广客民。而贩卖油米、驮运什物，则多系四川、贵州之人。若铸给钱文，止令于滇省行用，不许携带出境，则东川府局本有搭放兵饷钱文，复益以添铸之二十二万余串聚于厂地，惟虑日积日滞，转于厂民无裨。臣愚，窃谓禁止商贩运钱出境，例为兵民寻常行使钱文而设。厂民非土著兵民可比，既蒙圣主宽裕搭放之恩，自应筹酌流通无滞之法。但甫经鼓铸之始，尚在陆续铸给，未便骤行开禁。而钱文充裕之际，似应限以定数，庶几盈绌无虞。臣愚请将东川府局添铸搭放炉户钱文，定期于开铸三月以后酌量变通，许炉户、砂丁携回江西、湖广本籍，养赡妻孥，其贸易人等亦许以货易钱，运偿资本，统以一人六十串止，毋任有逾此数，致启奸贩射利冒滥之渐。并于钱文出厂时，厂员有印者，由厂员给发印照，载明钱数放行。厂员无印者，就近预取会泽县印照，厂员临时填数，给令收执，前途经过关津塘汛，验实即放，不得留难阻滞。仍令管厂各员随时酌盈剂虚，相机办理。如搬运过多，钱价增长，即谕知商民在厂兑换，不得恃有出境之例，滥给印照。至于零星携带在三十串以内者，不必概令领照，致滋烦扰。庶官局源源铸给，厂民源源行使，既不致有壅积之虞，亦不致有高昂之虑，于国计民生似两有裨益。

臣为先事预筹起见，恭折陈奏，是否有当，伏乞皇上睿鉴训示。谨奏。

朱批：该部议奏。

（《宫中档乾隆朝奏折》第四辑，第66～67页）

938　云南巡抚爱必达《奏报秋收丰稔情形折》
乾隆十七年十月初三日

云南巡抚臣爱必达谨奏：为奏闻秋收丰稔情形，仰慰圣怀事。

窃照滇省上年冬间瑞雪频仍，今岁春夏雨水沾足，民间栽插普遍，耘耨及时，山粮田禾均极倍常畅茂。加以入秋以来天气晴朗，晒晾得宜，下隰高原刈割完竣。据各属陆续报到者六十三处，金称年谷顺成，仓箱充溢。臣细核分数，均系八九十分不等，统计约在九分以上。现在南豆、二麦又各长有五六寸，青葱遍野。米粮价值较前更为平减，边境各在在粚宁。臣职司边徼，忭舞难名。惟有劝谕民苗各知撙节，永享家室盈宁之福，以仰副我皇上廑怀远服、念切民依之至意耳。除俟收成分数报齐另折奏报外，理合先将丰收情形恭折奏闻，上慰慈怀，伏乞皇上睿鉴。谨奏。

朱批：欣慰览之。

（《宫中档乾隆朝奏折》第四辑，第68页）

939　云南巡抚爱必达《奏报预筹中甸兵粮折》
乾隆十七年十月初三日

云南巡抚臣爱必达谨奏：为奏明事。

窃照滇省鹤庆府剑川州属中甸地方，归滇添设流官以后，行据土守备丁圭、七里等造报年纳青稞，除支放土备、千把、喇嘛口粮外，实解存中甸仓京斗青稞一千三百五十六石七斗零；口年征差发银两，除支放土弁、喇嘛养廉、衣单等项外，实存起解司库银五百三十二两二钱四分零，题明按额征收，历年入册奏销在案。只缘新辟夷疆，从前惟将额贮额解青稞银两流官收存，其余一切支销仍听土守备经管；所有喇嘛口粮、衣单等用俱属实发，其土弁口粮、养廉，凡遇黜革事故，土守备亦相沿仍给各该妻子领回，俟顶补之员到任，始行住支。迨乾隆七年，收放统归流官，按照定例截旷，扣至乾隆十六年底，止共存截旷口粮青稞京斗一千七百九十九石零，养廉银五百三十两，现贮该州口仓库，尚未按年报销。经臣行据布政使彭家屏、粮储道徐铎查明，详覆到臣。

伏思前项截旷青稞银两既已扣存在官，未经入册奏销，自应酌充公用。查水旱有备，缓急有资，莫善于积贮。而中甸为新辟之区，尤宜预筹。今该地额贮谷折米仅止六百五十石，为数甚属无几。应请即以前项截旷青稞归入常平项下，为夷疆有备无患之计，以期永利民生。其截存养廉银两，饬解司库拨充公用，嗣后如有事故，不支之项，据实扣缴，分晰起止月日，注明实支、不支数目，按年入册报销，庶边民共沐皇仁，而征放胥归实际矣。臣谨恭折具奏，是否有当，伏乞皇上睿鉴。谨奏。

朱批：知道了。

（《宫中档乾隆朝奏折》第四辑，第68～69页）

940　云贵总督硕色《奏报滇省乾隆十七年秋成分数折》
乾隆十七年十月二十八日

云贵总督臣硕色谨奏：为奏报收成分数事。

窃照滇、黔两省今岁夏秋雨水均调，田禾茂盛，经臣节次奏闻在案。今早晚禾稻及荞、豆、杂粮俱已刈获登场，行据布政使彭家屏将收成分数开报前来。

臣查滇省□□□□钱粮之八十二府、厅、州、县内，姚州、昆明、太和、恩乐等四州县低下高阜之处稻谷俱收成十分，荞、豆、杂粮亦各收成十分；镇沅等十二府、厅、州、县低下之处稻谷收成十分，荞、豆、杂粮收成九分，高阜之处稻谷收成九分，荞、豆、杂粮收成八分；元江等十府州县低下之处稻谷收成十分，荞、豆、杂粮收成九分，高阜之处稻谷、荞、豆、杂粮俱收成八分；丽江等四府、厅、县高低田亩稻谷俱收成九分，荞、豆、青稞、杂粮收成十分、九分不等；永北等十府厅、州、县高低田亩稻谷俱收成九分，荞、豆、杂粮收成九分、八分不等；永昌等一十五府厅、州、县低下之处稻谷、荞、豆、杂粮俱收成九分，高阜之处稻谷、荞、豆、杂粮俱收成八分；顺宁等十三府、厅、州、县低下之处稻谷收成九分，荞、豆、杂粮收成八分，高阜之处稻谷、荞、豆、杂粮俱收成七分；会泽县除巧家汛属米粮坝地方被水冲压田亩外，其余低下之处稻谷收成九分，高阜之处稻谷收成七分，荞、豆、杂粮高低俱各收成八分；思茅等九厅州县高低田亩稻谷俱收成八分，荞、豆、杂粮收成八分、七分不等；通海县低下之处稻谷收成八分，高阜之处稻谷收成七分，荞、豆、杂粮高低俱各收成八分；鲁甸、碍嘉二厅低下之处稻谷收成八分，高阜之处稻谷收成六分，荞、豆、杂粮高阜之处收成七分；剑川州除滨湖田地被水成灾外，其余低下之处稻谷、荞、豆、杂粮俱收成六分，高阜之处稻谷、荞、豆、杂粮俱收成八分。合计滇省稻谷收成共有九分，荞、豆、杂粮收成共有八分。除俟会同抚臣爱必达再加确核细数，照例会题外，所有云南通省秋成大概分数，臣谨缮折奏闻，伏祈皇上睿鉴。

再贵州一省早晚禾稻、荞、豆，合计通省共有八分以上，收成应听贵州抚臣开泰照例题报。合并陈明。谨奏。

朱批：欣慰览之。

（《宫中档乾隆朝奏折》第四辑，第 192～193 页）

941　云南巡抚爱必达《奏报乾隆十七年分三运京铜自泸开帮日期折》

乾隆十七年十一月初八日

云南巡抚臣爱必达谨奏：为钦奉上谕事。

案于乾隆十四年六月十八日，承准廷寄，内开："奉上谕：嗣后运铜事宜，务须加意慎重。其沿途经过各省督抚，朕已传谕，令其将委员守风、守冻及有无事故之处奏闻。至铜铅船只于云贵本省起运，何日出境，亦着该督抚随时折奏。钦此。"钦遵，转行遵照在案。

今据粮储道徐铎详据委驻四川泸店转运京铜大关同知廖方莲报称："乾隆十七年三运京铜官候补同知巩元衡、南安州吏目王启鹤，于乾隆十七年八月二十五日抵泸州，九月初三日开秤起至十月十七日止，兑交过铜一百一十一万斤，内除陆路折耗铜五千五百五十斤，实该正耗余铜一百一十万四千四百五十斤；又兑交带解乾隆十二、十三两年分运官柳际夏等挂欠铜共一万五千九百八十八斤十三两六钱七分三厘，俱经照数发足，该委员等即于十月十七日自泸扫帮前进。"等情，转详到臣。除咨明户、工二部暨沿途经过各省督抚转饬地方文武员弁拨护催趱，不许片刻停留，仍稽查有无盗卖情弊外，所有三运京铜官自泸开运日期，理合会同云贵督臣硕色恭折奏报，伏乞皇上睿鉴。谨奏。

朱批：览。

（《宫中档乾隆朝奏折》第四辑，第262页）

942　云南巡抚爱必达《奏请将铜务咨追各款就近解拨，以归画一折》
乾隆十七年十一月初八日

云南巡抚臣爱必达谨奏：为铜务咨追各款请就近解拨，以归画一事。

窃照定例：咨追各项银两俱就近解交各省藩库，候拨充饷，遵照办理在案。惟滇省办运京铜，咨追核减水脚、养廉等项，因历准部覆，行令分别追缴，造入下年运铜奏销新收项下报部。是以节年各案均系咨追解滇还款。至各员应追挂欠铜斤、价脚银两，缘系应行买补铜斤，带解交部之项，亦皆咨追解滇。

臣伏查各省程途远近不一，必令将追获银两解赴滇省，徒多往返周折之繁。且定例，各项咨追银两俱就近解交各省藩库，而办运京铜案内独令解滇还款，办理亦属互异。况近准部咨，陕西省追获原任罗次县知县张应钧核减养廉银五百二十七两零，直隶追获升任楚雄知县赵屏晋核减养廉银三百八十八两，各请存留本省候拨，悉经照议准行。则凡运铜案内咨追一切核减银两，自应一例办理。而各员应追挂欠铜斤、价脚等银，亦当循照，以归画一。

臣愚请嗣后滇省办运京铜案内应追核减水脚、养廉等项银两，除现任滇省之员仍追还原款外，其有升迁他省及事故回籍者，均咨移各省督抚，照定例就近追解各省藩库拨饷。仍将追获银数咨滇，入册报销。其各员应追挂欠铜斤、价脚银两，亦悉照水脚等银之例，就近追存各省藩库充饷。所有应补铜斤，于滇省办铜工本项下动支，即行买补，委员带解，以清铜款，庶免往返解运之繁，而于咨追定例亦相符合矣。

臣谨恭折陈奏，是否有当，伏乞皇上睿鉴训示。谨奏。

朱批： 照所请行。

943 云贵总督硕色《奏报查阅过滇省标镇协营各营伍，分别优劣情形折》

乾隆十七年十二月初四日

云贵总督臣硕色谨奏：为遵旨查阅营伍，分别优劣，恭折奏闻事。

窃照滇、黔两省营伍，前钦奉谕旨，着臣查阅。当经臣于乾隆十七年三月二十七日先赴黔省逐一查阅，并顺道查看滇省所属之昭通、曲寻二镇营完竣，随将营伍之优劣恭折奏闻，并声明滇省营伍俟九月军政办竣，即起程前往查阅。嗣于九月十六日军政事竣，臣即先将省城督、抚二标及城守营官兵阅毕，即于乾隆十七年九月二十二日，轻骑减从，自省起程，由楚姚、永北、鹤丽、剑川、大理、永顺一带转至新嶍、元江、普洱、临元、开化、广罗等镇协营，逐一详加查阅完竣。

查各标、镇、协、营将弁内，步箭、马箭优娴者不过数人，其余皆属中平。查验兵丁，步箭中，马箭平；督标、抚标、提标兵丁弓力五力、六力、七八力不等，亦间有九力、十力者；其各镇、协、营兵丁弓力或四五力、六七力不等，亦间有八力、九力、十力者。但四力之弓甚属太软，臣已严饬各营上紧操演，务将兵丁弓力加至五力，倘敢怠玩，定行参处。再兵丁进步、连环、鸟枪俱系七人施放，尚能联络。其藤牌、挑刀、技艺以及走阵、进退缓急尚能合式，军装、器械并墩台、瞭楼亦皆整齐。臣统核各标、镇、协、营之优劣，内云南督标、抚标、开化镇为优，提标、鹤丽镇、永顺镇次之，永北镇、楚姚镇、普洱镇又次之。其分防之协营，腾越、剑川、新嶍等协营弓箭、鸟枪为优，其余协营大概俱属中平。其最不及者，内有临元一镇，兵丁步箭、马箭俱甚生疏，鸟枪施放迟钝，不能接连，阵法紊乱，俱不合式，皆由该镇之总兵官平日怠惰从事，并不督率加意操演所致。

查现任总兵官李如柏，甫经到任，未及两月，虽例得免议，臣谆谆面嘱李如柏加意督率操演，务期技艺精进，营伍改观。臣仍不时察查，倘再因循泛视，即行参奏。其前任总兵官、今已调云南之永顺镇刘应莲在临数载，难辞废弛之咎。臣未便因其已离临元，稍为姑息。除另折参奏外，所有臣查阅过滇省标镇协营各营伍，分别优劣，恭折奏闻。今臣于十二月初二日已经到滇，合并陈明，伏祈皇上睿鉴。谨奏。

朱批： 览奏俱悉，余另有旨。

944　云贵总督硕色《奏闻滇省两迤地方风土情形折》
乾隆十七年十二月初四日

云贵总督臣硕色谨奏：为奏闻事。

窃臣奉命巡阅营伍，遍历两迤，除营伍优劣已另折具奏外，所有滇省各属皆夷猡杂居之区，臣一路留心察视，内改流未久及新辟苗疆地方夷多汉少，其余汉夷参半，大率汉民俱住城市，夷猡住居山乡。其种类不一，有白人、僰夷、白猡、黑猡、沙人、狆人等类，而猡猡一种最多。现在云南、临安、澄江等府属之夷人，久沐圣化，渐同编氓。余虽椎髻短衣，习俗如故，而耕凿自安，颇知凛畏官长。臣经历所至，其夷寨头人皆率同男妇执香迎送。臣晓以朝廷德威，加以犒赏，各皆欢欣鼓舞，感戴皇恩，极其恭顺。

至各属民夷田地虽平原甚少，而依山傍麓，悉皆垦辟成田。今岁百谷顺成，粮价平减，现又布种豆麦，春花俱各长发四五寸，绿野盈畴，舆情甚为欢乐。其开化沿边一带亦俱民夷乐业，边境靖宁。所有臣经过地方风土情形，臣谨恭折奏闻，伏祈皇上睿鉴。谨奏。

朱批：欣慰览之。

（《宫中档乾隆朝奏折》第四辑，第512页）

945　云贵总督硕色《奏参废弛营伍之原任临元镇总兵官、今已调永顺镇之刘应莲折》
乾隆十七年十二月初四日

云贵总督臣硕色谨奏：为参奏事。

窃照总兵一官，有统领营伍之责，督率操演之任，自应平日督率操演，加意整顿，营伍方能精进。讵有云南临元一镇，兵丁步箭、马箭俱甚生疏，鸟枪施放迟钝，不能接连；阵法紊乱，俱不合式，较之云南各标镇协营，最属不及。皆由该镇总兵官平日怠惰从事，并不督率加意操演所致。查现任总兵官李如柏甫经到任，未及两月，例得免议。其前任之总兵官，今已调云南永顺镇之刘应莲，在临数载，难辞废弛之咎。臣未便因其已离临元，稍为姑息。相应参奏，请旨将刘应莲交部察议，以肃军纪，伏祈皇上睿鉴施行。谨奏。

朱批：该部严察议奏。

（《宫中档乾隆朝奏折》第四辑，第512~513页）

946　云南巡抚爱必达《奏报乾隆十七年分云南通省户口、仓谷数目折》

乾隆十七年十二月十一日

云南巡抚臣爱必达谨奏：为钦奉上谕事。

案照乾隆六年正月十三日，准户部咨："乾隆五年十一月初二日，内阁抄出，奉上谕：每岁仲冬，该督抚将各府州县户口减增、仓谷存用一一详细具折奏闻。钦此。"又于乾隆十三年五月二十五日，准户部咨：民数册内，嗣后应令一体分晰男妇字样造报等因。奉旨"依议。"钦遵，转行司道确查详核，慎重办理在案。

所有乾隆十七年分云南通省户口、仓谷数目，据布政使彭家屏、粮储道徐铎会详，据云南等府转据昆明、嵩明等州县详报："除番界、苗疆向不入编审者无庸查造，又各厂商贩、贸易人等去来无定，亦无凭查造外，通省土著人民，原额三十六万八千六百三十二户，共计男妇大小人民一百九十七万四千三十一丁口，内大丁五十九万九千一百三十二丁，小丁三十九万六千六百一十一丁，大口五十九万一千四百三口，小口三十八万六千八百八十五口。今乾隆十七年分新增一千一百八十一户，共增男妇二万六千五百八十丁口，内大丁六千二百六十三丁，小丁八千一百四丁，大口五千六百七十三口，小口六千五百四十口。开除男妇一万九千九百八十丁口，内大丁五千七百九十四丁，小丁四千九百丁，大口五千一百八十六口，小口四千一百口，实在土著人民三十六万九千八百一十三户，共计男妇大小人民一百九十八万六百三十一丁口，内大丁五十九万九千六百一丁，小丁三十九万九千八百一十五丁，大口五十九万一千八百九十口，小口三十八万九千三百二十五口。此乾隆十七年分云南通省民人男妇实数也。

通省旧管仓存米、谷、麦、荞、稗、豆、青稞一百九万九千八百一十七石一斗五升零，内除参革永平县知县江世春亏空谷七百七十四石外，存仓米、谷、麦、荞、稗、豆、青稞一百九万九千四十三石一斗五升零。今乾隆十七年分新收米、谷、麦、荞、稗、青稞四万七千六十五石七斗九升零，除本年平粜动用米、谷、荞一万三千三百三十六石五斗三升零，实在存仓米、谷、麦、荞、稗、豆、青稞共一百一十三万二千七百七十二石四斗一升零，内米一万四百二十二石二斗九升零，谷一百八万一千五百四十八石九升零，大麦二千七百九十石五斗九升零，小麦一千三百八十六石六斗五升零，荞三万五千四十七石二斗二升零，稗一百七十五石八升零，豆一十六石五斗，青稞一千三百八十五石九斗五升零。此乾隆十七年分云南通省积贮实数也。"造具清册，详报前来。

除送部外，臣谨缮黄册，恭呈御览。谨奏。

朱批：册留览。

（《宫中档乾隆朝奏折》第四辑，第571～573页）

947 云南巡抚爱必达《奏报动项以驮铜之马运回川盐行销昭、东二府折》

乾隆十七年十二月十一日

云南巡抚臣爱必达谨奏：为奏闻事。

窃照滇省昭通、东川二府偏处迤东边境，距迤西各盐井均属窎远，而与川省壤地毗连。原经题明岁销川盐二百四十余万斤，以足民食，内镇雄州约销盐一百万斤，余俱分运昭、东二府属销售，向系商为办运。近查镇雄州属之罗星渡，乃京铜紧要水次，驮铜马匹全借川盐为回头货物，而各商运盐断续靡定，往往赶马空回，脚户难免退缩。且黔省毕节县税额，因从前镇雄州改土归流之后开修通川道路，商贩偷走漏税，额课有亏，曾议于镇雄设立税所，该州县会同监收。嗣前抚臣张允随于查革落地税银案内题准裁革，部臣历年驳查，应即急筹敷额，先经臣将镇雄州应销盐一百万斤，请自乾隆十八年为始，令承运京铜官按年购办，用驮铜之马运回行销，照实用价脚之数发卖，即于此项盐斤内摊收税银一千五百二十两一钱一分零，遇闰加收银一百二十六两六钱七分零，以补毕节税羡之不敷，归入滇省商牲税内一体奏销，并声明动用何款、作何办理之处，筹定另折奏闻缘由，恭折陈奏。部议覆准，当即咨移川省查明井分、成本，并行司道确查妥议。

兹据驿盐道刘谦会同布政使彭家屏详："滇省鲁甸通判袁金城，系现委转运罗星渡一路京铜之员，应令会同镇雄州知州，各选亲信妥当人役前往经理，陆续将盐斤均匀兑交，运铜回马，领运至州，按抽税银，设立仓店，照实用价脚税银之数销卖。其办盐银两，俟川省咨覆到日，应于司库收存铜息项下酌量借动，源源运售。"等情到臣。

伏查铜运回头，有关京铸，且黔省毕节县税额，臣原奏请以乾隆十八年为始抽收盐税补足，均难迟缓。今据司道议详，委令鲁甸通判会同镇雄州知州就近办理，并于铜息项下酌借银两运售，似属允协。应俟川省将井分、成本查明，咨覆到日，迅即饬令动项，委员赶办，以济铜运，以敷税款，仍备细另疏题报。

所有委员动项各缘由，理合恭折奏闻，伏乞皇上睿鉴。谨奏。

朱批：该部速议具奏。

（《宫中档乾隆朝奏折》第四辑，第 573～574 页）

948　云南巡抚爱必达《奏报僧道数目折》

乾隆十七年十二月十一日

　　云南巡抚臣爱必达谨奏：为钦奉上谕事。

　　案照乾隆六年正月初九日，准礼部咨，奉上谕："僧道亦穷民之一，朕不忍概从沙汰，故复行颁给度牒，使有所核查。着各该督抚留意善为经理，并着于岁终将所减实数具折奏闻。钦此。"嗣于乾隆十年七月二十九日，兵部递到大学士寄信，内开："奉上谕：朕前降旨，二氏之教由来已久，原难尽行沙汰。乃数年以来，各省所报册籍止有沙汰之数，而未有续收之数，是有裁而无收也。可寄信与各督抚，令其善于体会，转饬所属从宽办理。钦此。"钦遵，俱经转行通饬遵照在案。

　　臣查滇省僧道、尼僧，自乾隆三年颁发牒照三千七百五十张，颁给之后，历年减除。至乾隆十六年十二月底，共减除过一千四百六十四名，内续收顶牒僧道一百二十七名，实止减除一千三百三十七名，尚存僧道、尼僧二千四百一十三名；又续收候顶师牒僧道二百三十二名，经臣恭折奏报，并饬地方官实力稽查，体会办理。兹据布政使彭家屏转据各府州县申报，乾隆十七年开除僧道、尼僧七十九名，内续收顶牒僧四名，实止开除七十五名，尚存僧道、尼僧二千三百三十八名；又新收候顶师牒僧道十一名，合计乾隆十二、十三、十四、十五、十六并十七年实在共续收候顶师牒僧道二百四十三名，除已顶牒及开除外，实在候顶师牒僧道二百三十八名，查明分晰造册，同缴到牒照申送前来。

　　除将清册、牒照送部外，谨缮黄册，恭呈御览。臣谨奏。

　　朱批：览。

（《宫中档乾隆朝奏折》第四辑，第574～575页）

949　云贵总督硕色、云南巡抚爱必达
《奏请拣发运铜人员，以资差委折》

乾隆十七年十二月十八日

　　云贵总督臣硕色、云南巡抚臣爱必达谨奏：为仰恳圣恩拣发运铜人员，以资差委事。

　　窃照滇省办运京铜，每年正、加六运，共需正运、协运官一十二员。从前多于现任丞倅、州县、佐杂内遴选委运，每致边缺久悬，业经臣等于乾隆十七年正月间，将滇省

僻处边隅，夷多汉少，自京铜改归滇运以来，丞倅、州县、佐杂等官委运，岁需多员，悬缺俱系迁就摄署，岩疆重地，旷误堪虞，奏请拣发同知、通判、州县佐杂等二十员来滇酌量委运，俟运务报竣，查无贻误，以相当之缺分别题咨补用等因在案。今查拣发来滇之员内，除吏目李煌在途病故外，其余通判杨溁等三员，知县陈天宠等七员，杂职陈安国等九员，臣等业已陆续委领癸酉年铜运，计已派与候派共十二人，现在仅有七员，不敷甲戌年派委之用。

查委运京铜，例应于头年六月内即委令先赴永泸领铜，其甲戌年陆运人员应即于癸酉年六月内酌委。而滇省距京遥远，拣发之员非经年不能到滇，若不预期奏请，恐致临时周章。合无仰恳皇上天恩，敕部于候补、候选人员内拣发同知、通判、州县十员，杂职十员，共二十员，速令来滇，以供甲戌、乙亥等年派运，庶免京铜有误。臣等谨会折具奏，伏祈皇上睿鉴训示。谨奏。

朱批：着照所请速行。

（《宫中档乾隆朝奏折》第四辑，第 623~624 页）

950　云贵总督硕色、云南巡抚爱必达《奏报澄江府属江川县地方地震及查办情形折》

乾隆十七年十二月十八日

云贵总督臣硕色、云南巡抚臣爱必达谨奏：为奏闻事。

窃照乾隆十七年十二月初九日，据澄江府属之江川县禀报："十二月初六日午、未二时，县城及附近乡村地忽震动，民间庐舍、墙垣间有损坏；并离县城七八里之秦家山地方，因湖水震荡，将贴近湖边居住之民人十二户房屋、人口倾泻入湖，并淹没渔船三只。"等情到臣。

臣等恐被灾或重，即当亲往查办。随即牌委澄江府知府义宁、新兴州知州龙廷栋，携带公项银两先往江川查勘被灾轻重及损伤人口、房屋、田地确数，并此外邻近各属有无被震，飞驰详报，一面将被灾之户加意抚绥。去后，今据澄江府知府义宁、新兴州知州龙廷栋禀称："遵即星驰前往江川，查勘得城内仅止摇倒土房三间、土墙十余堵，其余通县乡村亦止陈朽墙垣间有损裂无多，居民现在修补，一切房屋、人口俱并无损伤。惟秦家山抚仙湖边居民，内十二户，因其地原系沙淤浮土，贫民就地种植菜蔬，即搭盖土房居住。地震之时，湖水鼓荡上涌，其地根底浮松，致将房地、人口一并倾泻入湖，计淹没男妇大小五名口，瓦房一间，草房三间，土房二十八间并菜地约有十亩。其被灾十二户内，俱有现存男妇、子女，询因是日带领赴县赶街，或至高阜田地之内工活，是以获免陷溺；又湖内有渔船三只，亦因湖水搏激，俱遭覆溺，淹毙男妇、子女九名口；又海门桥边覆溺行船一支，淹毙民人周国鼎一名；旧城地方民人王辅臣家倒塌墙垣，压死幼孩一口。所有淹没、压毙人口，各户俱有亲属现存，当即按户赈恤，每大口赈银一两五钱，小口赈银五钱，令其捞尸掩埋。其淹没倒塌之房屋，每瓦房一间给银五钱，草房、土房每间各给银三钱，令其速为搭盖房屋，修复栖止。被灾各户俱各感戴皇恩，并无失所。现在地已宁静，民情安贴。其邻近之宁州、通海、河西、嶍峨等州县地方，是日仅止微觉地动，一次即止，并未伤损房屋、人口。"等情前来。

臣等伏查，滇省山高土厚，地气舒泄不及，常有地震之事。今澄江府属之江川县地方，因地震激动湖水，致将滨湖民房倾泻入湖，并覆溺船只、淹没人口，共计损伤男妇大小一十六名口，瓦、草、土房三十五间，墙垣十余堵。虽系一隅偏灾，臣等仰体我皇上轸念边氓至意，业已委员前往加意抚恤，现俱得所宁贴。其倾泻入湖之菜地十余亩，亦现饬地方官另查可垦田地，按粮补给外，所有江川地震查办缘由及现在宁贴情形，臣等谨会折奏闻，伏祈皇上睿鉴。谨奏。

朱批：知道了。

（《宫中档乾隆朝奏折》第四辑，第 624～625 页）

951　云贵总督硕色、云南巡抚爱必达
《奏请滇省商民进藏贸易，酌量变通办理折》
乾隆十八年三月十六日

云贵总督臣硕色、云南巡抚臣爱必达谨奏：为滇省商民进藏贸易，酌量变通办理，仰祈睿鉴事。

乾隆十六年八月初六日，准兵部递到办理军机事务处咨开："议覆驻藏都统班第等具奏'稽察贸易商民'一折，议令嗣后四川、云南、陕西、甘肃等省商民人等，有愿往藏内贸易者，只可出打箭炉，给与印票前往。到打箭炉时，令彼处官员详细察对，换给印票，往藏贸易等因。奉旨：'依议。'"钦遵，移咨到臣，臣等当即檄行钦遵办理。去后，兹据布政使彭家屏详称："滇省二十三府内，云南等二十一府俱离藏窎远，现无进藏贸易之人。惟鹤庆、丽江二府与四川之巴、里二塘及西藏各寨相连，该地夷汉商民多有贩卖茶、烟、布匹、杂货，常在四川巴、里二塘所辖之檫栋、安安、天柱各寨及西藏所属之檫瓦岗、左工波、鸟曲棕、工布、渣峪、扎玉滚、南墩、汉人寺、江卡、扎呀、黄连山等处，或与藏来之番商，或与川属之夷客易换毛褐、氆氇、黄连等物，远者二三十站，近则不过三四站。其赴藏路径，以鹤庆府所属之中甸为咽喉要

道，一自西北出翁书关，一自正西走维西之奔子栏，渡浪沧江，俱由四川之巴、里二塘而往。此二路系官塘大道，有防汛弁兵盘诘。此外中甸尚有米苴、桥头、浪都、东哇龙四处小路，维西尚有必弄、工村、大小阿董、甲工村、都拉村、吉咱卡六处小路，皆可通行。又维西境内之康普寨以至梅李树，止共计五百余里，接连四川巴塘管辖之大村、沙盐各井及藏属之扎达盐井，相隔不过数十里及一二百里，附近居民每日赴井买盐售卖，或对换油米等物，以资生计。今奉文概令由打箭炉出口，必迂绕四五十站，于民情未便。现据各该府详据夷民以生计无资，公具保结，纷纷吁呈，议请嗣后鹤、丽二府属商贩赴藏贸易者，由本省布政司刊照，发交中甸、维西地方官查明，转给其往四川之巴、里二塘贸易。及康普等寨民夷就近前往大村、扎达各盐井者，给予印信、腰牌照验。"等情前来。

臣等伏查，西藏系极边之地，岂容商贾任意行走，致滋事端？自应悉遵廷议办理。惟滇省之鹤庆、丽江二府，与四川之巴、里二塘及藏内所辖之檫瓦岗等处壤地通连，且鹤庆之中甸、维西本属藏地，雍正五年始以通判、州判移驻，该地民人往来贸易已久，似有难于禁绝之势。今若令概由打箭炉出口，以数日半月可至之程，而忽令迂绕四五十站，不惟民情未便，且恐狡猾之徒阳奉阴违，或潜行偷越，转干功令。与其惩处于事后，不若筹办于事先。

臣等愚见，嗣后滇省商贩，除离藏本远之云南等二十一府有情愿赴藏贸易者，仍遵照定例，令各该地方官发给印票，赴炉换照前进外，其与川、藏附近之丽江、鹤庆二府商贩前往藏地贸易者，请照川省打箭炉之例，由布政司刊发印照，编定号数、钤印，给发中甸州判、维西通判二衙门收存，凡有具呈请照者，文武各官会同查明，注填商贩姓名、年貌、住址、货物及所住地方，钤盖文武关防印信，即由中甸、维西大路出口，行知守口塘汛验照放行，仍一面按月造册通报臣等，咨明驻藏都统并四川督臣，转行台员查察。其余偏僻小径，俱另设塘汛，拨兵防守，即有印照，亦不许往来。

至中甸、维西所属各寨民夷，止往四川巴、里二塘所辖之檫栋、安安等处贸易者，与进藏有间；又维西境内康普各寨夷民前往川属之大村盐井、藏属之扎达盐井易买盐米等物者，彼此相隔仅一二站，往返不过数日，且取利甚微，若一概给照，似觉不胜其烦。但既分疆界，若不立法稽查，诚恐辗转入藏，亦有未便。应令中甸、维西文武各员会查明确，给以印信、腰牌，亦载明年貌、籍贯并所往地方，以为查验之据。倘有越境混往别地城庄、方隅处所任意居住者，应听巴、里二塘台粮各员暨驻藏都统一体查拿，解回治罪。其腰牌每年一换，缴旧颁新，以杜影射混冒之弊。倘地方官不加查察，将并非实在贸易商民混给印照、腰牌者，一经彼地拿获，即将滥给牌照之文武各员严行参处。如此稍为变通，似于客商进藏之禁仍复遵行，而附近夷民亦不致失其恒业，似为两便。

再鹤、丽二属有红、黄二教，喇嘛皆系该地么些、巴苴、刺毛、猡猓等夷，披剃为僧，常有进藏学经之事。黄教喇嘛原属西藏达赖喇嘛所管，似仍应听其照旧往来，毋庸查禁。惟不许借雇募挑脚之名，携带夷民进藏。合并陈明。

缘滇省毗连藏地，与陕甘情形不同，不得不为变通办理。臣等谨将筹酌缘由会折恭奏，伏祈皇上睿鉴训示。谨奏。

朱批：军机大臣速议具奏。

（《宫中档乾隆朝奏折》第四辑，第 820~822 页）

952　云贵总督硕色《奏报曲寻镇总兵官莽阿纳丁忧，
遗缺委员暂署并请旨简员补放折》
乾隆十八年三月十六日

云贵总督臣硕色谨奏：为奏闻事。

乾隆十八年三月十一日，据云南曲寻镇总兵官莽阿纳申称："本年三月初七日，接到在旗伊兄福寿等寄字，有继母瓜尔佳氏于乾隆十七年十一月二十六日在关东奉天府旗籍病故，本职例应丁忧。"等情前来。除照例具疏题报，并查有广罗协副将解深，才具明晰，当即檄委前往署理外，臣查曲寻一镇，所辖营汛辽阔，其该管之武定、寻沾二营及宣威等汛，均系苗疆地方，甚为紧要。臣谨仰恳圣恩特简贤员，俾令速即赴任，庶边镇可早收得人之效。伏祈皇上睿鉴。谨奏。

朱批：有旨谕部。

（《宫中档乾隆朝奏折》第四辑，第 822~823 页）

953　云贵总督硕色《奏报雨水、田禾情形折》
乾隆十八年三月十六日

云贵总督臣硕色谨奏：为奏闻事。

窃照滇省入春以来豆麦青葱茂发，经臣于本年正月二十一日恭折奏闻在案。迨谷雨前后，正东作方兴、春花秀实之候，于二月、三月连得时雨沾濡。今查云南各府州县境内所植之大麦、南豆俱陆续收获，小麦亦渐次秀实，其水田所布秧苗已出土二三四寸不等。据各属地方官禀报，佥称今岁豆麦、春花可望有收。除俟登场完毕，查明收成分数另报外，所有滇省春花有望及秧苗长发情形，臣谨再行恭折奏闻，仰慰圣怀，伏祈皇上睿鉴。谨奏。

朱批：欣慰览之。

（《宫中档乾隆朝奏折》第四辑，第823页）

954　云南巡抚爱必达《奏报乾隆十七年分二加运京铜自泸开帮日期折》

乾隆十八年三月二十日

云南巡抚臣爱必达谨奏：为钦奉上谕事。

乾隆十四年六月十八日，承准廷寄，内开："奉上谕：嗣后运铜事宜，务须加意慎重。其沿途经过各省督抚，朕已传谕，令其将委员守风、守冻及有无事故之处奏闻。至铜铅船只于云贵本省起运，何日出境，亦着该督抚随时折奏。钦此。"钦遵，转行遵照在案。

今据粮储道徐铎详据委驻四川泸店转运京铜大关同知廖方莲报称："乾隆十七年二加运京铜官南宁县知县谢迪、试用吏目林培，于乾隆十八年正月二十二日抵泸州，二十四日开秤起至二月三十日止，兑交过铜九十四万五千七百二十斤，内除陆路折耗铜四千七百二十八斤九两六钱，实该正耗余铜九十四万九百九十一斤六两四钱；又兑交带解乾隆十年分运官田弘甸等挂欠铜一千一百七十九斤，俱经照数发足，该委员等即于二月三十日自泸扫帮前进。"等情，转详到臣。除咨明户、工二部暨沿途经过各省督抚转饬地方文武官弁拨护催趱，不许片刻停留，仍稽查有无盗卖情弊外，所有二加运京铜官自泸开运日期，理合会同云贵督臣硕色恭折奏报，伏乞皇上睿鉴。谨奏。

朱批：览。

（《宫中档乾隆朝奏折》第四辑，第849～850页）

955　云南巡抚爱必达《奏报办理开辟新路及以马代牛运铜著有成效折》

乾隆十八年三月二十日

云南巡抚臣爱必达谨奏：为奏闻事。

　　窃照滇省由东川运赴昭通京铜，年额三百一十六万五千七百二十斤，向系雇用黔属威宁州马匹，道远脚艰，经臣查明，请改于鲁租一带捷径造桥修路，用车牛运，并按年可节省银五千六百余两，恭折陈奏，部议覆准，飞行速办。去后，今查东川府知府夏昌自乾隆十七年试运起，至年底止，额运铜斤，业据昭通府知府漆启铣结报，均经照数收清，并查勘各站道路宽平，桥梁坚固，每站槽铡及安设家人、书记、夫役、兽医等亦皆足数齐全。惟事属初创，其中有不得不酌量变通者。新路七站内，除东川府城至乐业二站，白石冲至昭通府城一站，土路平坦，水草相宜，仍照原奏，每站安牛八十条、车八十辆递运外，其自乐业至白石冲四站，初勘系属浮土，及经开修，顽石夹杂，车行不无阻滞，且水草与牛只不甚相宜，易致倒毙。再新辟路径民居鲜少，站房无可租赁。除昭通府城一处可以租房堆贮外，其余七处均须自行建盖。

　　先据夏昌禀，饬令司道遴委候补知府张惟寅确勘妥议。嗣据覆称："东川牛马价值相同，制备鞍屉、驼架等项，与造车费亦相等，且牛车一辆载铜二百五十二斤，循去环来，需期两日。马运每驼一百三十斤，每日往回一次，驼运铜数亦无缺少，并仍可照原奏银数节省。所有乐业等四站，请改为马运，每站设马八十匹，以期经久无误。至站房，原议每站每日给租银一钱，今请将无房可赁之七处，每处建站房三十二间，所需工料银两，即于每年应用租银内分年扣还归款，之后只需酌给岁修，原定租银更可节省。"等语，由司道覆核，具详到臣。

　　臣随查道路既间有阻滞，水草复不尽相宜，且买马价值及制备鞍屉、驼架等费均与原奏牛价并造车之数相符，铜无贻误，节省照常，正当乘试运之始亟为变通。至自建七处房屋，于租价内分年扣清还款，嗣后只须岁修，无庸给租，更属节省，当经批准赶办完竣。今试运一年，业有成效，似可永远遵守办理。除催令东川府将乾隆十七年分京铜站运报册并修建道路、桥梁、站房册结分案据实登造，咨部核销外，理合会同云贵督臣硕色恭折奏闻，伏乞皇上睿鉴。谨奏。

　　朱批：知道了。

（《宫中档乾隆朝奏折》第四辑，第 850~851 页）

956　云南巡抚爱必达《奏报雨水、禾苗情形折》
乾隆十八年三月二十日

云南巡抚臣爱必达谨奏：为奏闻雨水、豆麦、禾苗情形，仰慰圣怀事。

　　窃照滇省二、三两月叠沛甘霖，田水渐增，土膏滋润。省城附近各处现在大麦、南豆均已陆续登场，小麦亦渐次扬花结实，秧苗播种早者出土三四寸，迟者亦出土二三寸不等。据各属禀报约略相同，春收可期丰稔。米粮价值平减，民苗乐业。所有滇省雨水、豆麦、禾苗情形，理合恭折奏闻，上慰慈怀，伏乞皇上睿鉴。谨奏。

朱批：欣慰览之。

（《宫中档乾隆朝奏折》第四辑，第852页）

957　云贵总督硕色《奏报处理维西怒夷越境放债准折人口情形折》
乾隆十八年四月二十日

云贵总督臣硕色谨奏：为奏闻事。

窃照云南鹤庆府属之维西一隅，与丽江府属之怒江两岸，向系土番之地，为西藏达赖喇嘛窃据，嗣于康熙五十九年西藏军兴之后始归滇管辖。迨雍正五年，将鹤庆府通判移驻维西，共设土千把八员，颁给委牌，令其分管阿墩子、奔子栏。其喇康叶各寨所有从前夷俗陋规杂派，饬行裁革；其各寨夷民原种田地俱科征贡赋、条粮银一千九十三两二钱零，税秋杂粮折征米一百五十石五斗零；续据怒夷愿贡土产黄蜡、麂皮、麻布等物，折征银一十二两四钱二分，历年造册报部在案。其维西境内亦有怒江，即与丽江府所属之怒江接连。彼时当将维境怒江两岸怒子、傈僳夷民一百一十一村寨，分隶维西康普土千总禾娘管束；又丽江府属之怒江两岸怒子、傈僳五十八村寨，向隶丽江土府木氏管理，嗣于雍正元年改土归流，皆系散居高山密林，刀耕火种，食尽迁栖岩穴，原未报纳粮赋，因怒江距府窎远，即着令浪沧江烟川保长和为贵就近管束。此鹤庆、丽江二属怒夷改土归流，分隶土弁、保长管束之原委也。

今据云南布政使彭家屏等详据署维西通判丽江府知府樊好仁详称："康普女土千总禾娘之媳禾志明首报，所管怒江东西两岸怒子、傈僳计一百一十一村寨，计七百三十九户，皆系刀耕火种，迁移靡定，改归之时，原未报增条粮。自雍正九年以来，该女土千总禾娘、禾志明仍同头人王芬等循照夷俗旧例，年收怒江各寨怒子、夷民山租、陋规、人口、黄连、黄蜡、麻布、皮张、猪羊等物，其怒夷节年各负沙盐、布货，约会丽境怒傈夷民前赴外域野夷狔犸地方放债，折收黄连，其无黄连偿还者，即折算人口、子女带回康普，或抵给土弁头人作为额规，或辗转售卖，以偿资本。今现存狔夷男妇五十八名口，禾志明与头人王芬等情愿出资送回。并据丽江府烟川保长和为贵首报，该保长历年合同催头和可清等，循照土府旧规，减半私收怒江夷民山租、人口、黄连、黄蜡、生漆等物，分作养赡。其所管傈僳、怒子，节年约同维西、康普管下怒子，携带盐布等货，至外域小狔犸各山寨放账，易换黄连，亦准折人口带回，或送给保长、催头作为额交山租，或互相递卖还账，现存狔夷男妇七十二名口，亦情愿出资送还。经署维西通判、丽江府知府樊好仁传唤，准折狱夷等到案，质讯相符，将头人王芬等、保长和为贵、催头和可清等各拟枷责。"由司议详前来。

臣查怒江两岸地方既经归流管辖，其土弁、头人、保长等自应奉公守法，化海边夷。乃土弁禾娘、禾志明，头人王芬，保长和为贵，催头和可清等，竟敢因循旧习，私派陋规，又任管下怒夷私越边境狱狚地方放债取利，准折人口，甚属不法。本应从重究拟，以示惩创。惟是土弁、头人、保长、催头皆系夷民，其怒子、傈僳尤属蠢悍，番夷不知律法，以致循习妄为，历年已久。今既知罪自首，似应稍从宽典，予以自新，严禁将来，以肃边境。应如该司等所议，除女土千总禾娘已故，禾志明系自行出首，且年逾七十，应免置议外，头人王芬、王芝、禾品、王永锡，保长和为贵，催头和可清、和志宏等，各枷号一个月，满日责四十板，革役，另金诚实之人承充。其放债折准之怒子、傈僳，姑免深求，康普土千总名缺永远裁革。所有维西怒江两岸一百一十一村寨，丽江府两岸五十八村寨，各俱设有头人，均责令维西通判及丽江府约束拊循，时加稽察，无许怒夷再行越境放债，准折人口。倘再违犯，即照红苗越境抢夺例治罪，该管地方官照失察例，一并参处。仍将私越关津及红苗越境抢夺、重利放债、准折人口等例摘录简明告示，翻译夷字，遍行晓谕，俾知凛畏遵守。其康普怒子准折带回狱夷男妇五十八名口，丽江怒子准折狱夷男妇七十二名口，应令维西通判及丽江府慎选妥役、头人、通事，于本年夏暑雪消之后伴送回籍，一切衣食路费，均于禾志明、王芬、和为贵等名下追出，按名实给，伴送起程回籍，交与狱地头人，给各亲属承领团聚，取具木刻，通报立案。除一面批令查照办理外，缘狱夷附近西藏，今伴送遣回，事关外域夷情，臣谨恭折奏闻，伏祈皇上睿鉴。谨奏。

朱批：知道了。

（《宫中档乾隆朝奏折》第五辑，第144～146页）

958　云贵总督硕色《奏报呈贡县地震被灾及抚绥办理宁贴折》
乾隆十八年四月二十日

云贵总督臣硕色谨奏：为奏闻事。

窃照本年三月二十九日戌刻，云南省城地觉微震。四月初一日丑刻，又觉微震，即止，城内城外衙署、民房、人口俱毫无损伤。

臣伏查滇省山高土厚，地气疏泄不及，常有震动，轻重不一。臣恐近省各属或有较重之处，随即飞檄行查。去后，嗣据云南府呈贡县知县明全禀报，该县地方于三月二十九日夜地震起，四月初一、初二日又复连震，城内衙署、监仓、民房、人口俱属平安，惟县城以南五六里外近海之江尾、归化等村庄房有倒塌，人口亦有损伤等情。臣随委令云南粮储道徐铎、云南府知府武深布携带司库铜息银两，率领佐杂等官前往分头查勘。臣亦于四月初三日亲往该县被灾各村庄察视情形，督同抚绥办理。当经委员及地方官等逐村按户挨查，统计各乡村共倒塌瓦房七百九十七间，草房七百二十五间；压毙男妇二十九名口，幼小子女二十七名口；压伤未毙大小男妇子女七十三名口。查各乡村内，有归化一村被灾较重，其余乡村尚轻，但赈济均宜迅速。臣随在灾伤较重之归化村监赈，并令道府正印、佐杂等官分头在各乡村散赈。瓦房一间照例赈银五钱，草房一间三钱；压毙男妇，大口照例赈银一两五钱，小口五钱；压伤未毙之大小男妇子女，每名口照例赈银五钱，按户按口逐一赈毕，并无遗滥，通共赈济过银七百零九两五钱。灾民感戴皇恩，莫不沦肌浃髓。现在地已宁静，民情俱安堵如故。

再查乾隆十六年剑川州地震案内，被灾之户，每大口又另赈谷一石，小口赈谷五斗。臣查呈贡县连年秋成有获，现在豆麦仍复丰稔，无庸复赈谷石。惟贫民当被灾之余，买食不无拮据，似应将被灾各户，无论大小名口，每口借给常平仓谷五斗，以资接济。其所借谷石，缓至来年秋成，照数还仓，则口食有资，民力亦舒矣。

所有呈贡县地震被灾及抚绥办理宁贴缘由，臣谨缮折奏闻，伏祈皇上睿鉴。

再查邻近云南府属之昆明、晋宁、富民、宜良并澄江府属之河阳，临安府属之建水、宁州、通海、河西、嶍峨各州县，及省北曲靖府属之南宁县，据报俱于三月二十九日亦觉微震，并未伤损房屋、人口。合并陈明。谨奏。

朱批：览奏俱悉。

（《宫中档乾隆朝奏折》第五辑，第147～148页）

959　云贵总督硕色《据情代奏，仰恳圣恩貤封折》
乾隆十八年四月二十八日

云贵总督臣硕色谨奏：为据情代奏，仰恳圣恩貤封事。

据云南提标中军参将区龙，署云南寻沾营参将李志健，贵州长寨营参将张文标，贵州安笼镇中军游击陈大捷，贵州镇远镇中军游击胡楷，贵州都匀协左营游击吴良正，贵州长坝营游击张拔等详称："乾隆十六年十一月二十五日，恭遇恩诏，职等例得请封二代。惟职等曾祖父母未邀锡典。查吏部文开：三品以上官员，有愿貤封者，请旨定夺。今职等俱系三品职衔，文武事同一例。恭遇覃恩旷典，念切本源，情愿将本身妻室封典貤封曾祖父母，恳请代奏。"等情前来。

臣伏思我皇上孝治光昭，覃恩既已广被仁宏，锡类貤赠，复许陈情，异数殊恩，亘古希遇。兹据参将区龙等呈请以本身妻室封典貤赠曾祖父母，与请旨之例相符，理合据情代奏，可否准其貤封，出自圣恩。

再查区龙系于大理城守营游击任内，李志健系于臣标后营游击任内恭遇恩诏，均应仍照游击原衔封赠。合并陈明，伏祈皇上睿鉴。谨奏。

朱批：览。

（《宫中档乾隆朝奏折》第五辑，第 216 页）

960　云贵总督硕色《奏请准留熟谙之升员，以裨鹾政折》
乾隆十八年四月二十八日

云贵总督臣硕色谨奏：为仰恳圣恩准留熟谙之升员，以裨鹾政事。

乾隆十八年四月十一日，准吏部咨开："现任云南白盐井提举高锦签升奉天府治中缺，奉旨：陈治远等依拟用。钦此。行令给咨送部引见。"等因到臣，当即转行遵照。去后，今据布政使彭家屏等详请将高锦仍留原任前来。

臣查滇省白盐一井，每年额煎盐千万有零，配发两迤行销，课款最多，且该井夷猓杂处，灶户奸良不一，司井者苟不得其人，即难免堕误透漏等弊。故向例定为题缺，非明白熟谙之员断难胜任。今查现任知州中并无熟悉鹾政、堪以拣调之人。高锦自雍正六年到滇，历任和曲、师宗、沾益等州，俱能奋勉供职。自乾隆十五年调补白盐井提举以来，实心整顿，课饷、额盐均无堕误。井灶方有起色，今若任其升往奉天治中，在该员固得稍进官阶，而滇省少一熟谙之井员，殊与盐政有关。

伏查乾隆十六年七月内，原任江苏巡抚王师奏请将升任元和县知县王名标暂留原任，钦奉上谕："朕思守令久于其任，可以励官方而收实效。既准予升衔，已合古增秩进阶之义。嗣后知县签升外省，督抚奏留本任者，俟留任五年后，遇有相当之知州缺出题补。如首郡知府升任道员，该督抚题留者视此，着为例。王名标即照此例行。钦此。"钦遵在案。

臣查提举与守令虽职掌不同，而理财、治民责任则一。合无仰恳皇上天恩，俯准将高锦以升衔仍留白盐井提举之任，五年后遇有本省相当之缺，再行题补，庶现在得收久任之效，而于盐务实有裨益。倘蒙俞允，其奉天治中一缺，应听部另行掣补。臣因员缺紧要，熟手难得，谨恭折奏恳，伏祈皇上睿鉴训示。谨奏。

朱批：所奏非是，有旨谕部。

（《宫中档乾隆朝奏折》第五辑，第 217 页）

961 云贵总督硕色《奏报乾隆十八年分头运京铜自泸开帮日期折》

乾隆十八年四月二十八日

云贵总督臣硕色谨奏：为钦奉上谕事。

案于乾隆十四年六月十八日，承准廷寄，内开："奉上谕：嗣后运铜事宜，务须加意慎重。其沿途经过各省督抚，朕已传谕，令其将委员守风、守冻及有无事故之处奏闻。至铜铅船只于云贵本省起运，何日出境，亦着该督抚随时折奏。钦此。"钦遵，转行遵照在案。

今据粮储道徐铎详据委驻四川泸店转运京铜原任大关同知廖方莲报称："乾隆十八年头运京铜官候补通判杨溁、丽江府知事缪之琳，于乾隆十八年正月十一日抵泸，三月初一日开秤起至四月初一日止，兑交过铜一百一十一万斤，内除陆路折耗铜五千五百五十斤，实该正耗铜一百一十万四千四百五十斤，俱经照数发足，该委员等即于四月初一日自泸扫帮前进。"等情，转详到臣。除咨明户、工二部暨沿途经过各省督抚转饬地方文武员弁拨护催趱，不许片刻停留，仍稽查有无盗卖情弊外，所有头运京铜自泸开运日期，理合恭折奏闻，伏祈皇上睿鉴。谨奏。

朱批：知道了。

（《宫中档乾隆朝奏折》第五辑，第 218 页）

962 云贵总督兼管云南巡抚印务硕色《奏报乾隆十八年分二运京铜自泸开帮日期折》

乾隆十八年五月二十九日

云贵总督兼管云南巡抚印务臣硕色谨奏：为钦奉上谕事。

案于乾隆十四年六月十八日，承准廷寄，内开："奉上谕：嗣后运铜事宜，务须加意慎重。其沿途经过各省督抚，朕已传谕，令其将委员守风、守冻及有无事故之处奏闻。至铜铅船只于云贵本省起运，何日出境，亦着该督抚随时折奏。钦此。"钦遵，转行遵照在案。

今据粮储道徐铎详据委驻四川泸店转运京铜署大关同知蔡理经报称："乾隆十八年二运京铜官委用知县高纶、委用从九品沈明，于乾隆十八年二月十三日抵泸州，四月初二日开秤起至五月初七日止，兑交过铜一百一十一万斤，内除陆路折耗铜五千五百五十斤，实该正耗铜一百一十万四千四百五十斤；又兑交带解乾隆十三年头运官王聿德、缪之琳等挂欠铜四千二百二十三斤一两四钱，俱经照数发足，该委员等即于五月初七日自泸扫帮前进。"等情，转详到臣。除咨明户、工二部暨沿途经过各省督抚转饬地方文武员弁拨护催趱，不许片刻停留，仍稽查有无盗卖情弊外，所有二运京铜自泸开运日期，理合恭折奏闻，伏祈皇上睿鉴。

再此案例应督抚会奏，今抚篆系臣暂行兼管，毋庸会衔。合并陈明。谨奏。

朱批：览。

（《宫中档乾隆朝奏折》第五辑，第525～526页）

963 云贵总督硕色《奏报乾隆十八年分通省豆麦收成分数折》
乾隆十八年四月二十八日

云贵总督臣硕色谨奏：为奏报豆麦收成分数事。

窃照滇省今岁入春以来豆麦畅茂，经臣奏闻在案。今查各属所种大麦、小麦、蚕豆，均已陆续登场，行据布政使彭家屏将各属豆麦收成分数开报前来。

臣查滇省统辖二十三府、一十六厅、六十四州县内，除云南等一十四府各有同城州县，分防五嶆等处之七厅无经管田地钱粮，所有夏收分数，由各该管府州县开报；又景东府、腾越州二处不产豆麦外，其余无同城州县之八府经管田地钱粮之九厅及六十三州县之中，查永北府低下高阜田亩，豆麦俱收成十分；赵州、昆明、太和三州县，低下田亩豆麦收成十分，高阜之处收成九分八分；邓川州低下高阜田亩豆麦俱收成九分；镇沅、沾益、弥勒、嵩明、呈贡、定远等六府州县，低下田亩豆麦收成九分，高阜之处收成八分；鹤庆、蒙化、丽江、昆阳、石屏、路南、云龙、易门、富民、河阳、平彝、广通等十二府州县，低下田亩豆麦收成九分八分，高阜之处收成八分七分；晋宁、建水、宾川、云州、南安、陆凉、河西、蒙自、云南、江川、恩乐等十一州县，低下田亩豆麦收成九分，高阜之处收成七分；威远、丘北、寻甸、姚州、禄劝、罗次、大姚、浪穹、通海、文山等十厅州县，低下、高阜田亩豆麦俱收成八分；阿迷、南宁、宁洱三州县，低下田亩豆麦收成九分八分，高阜之处收成七分六分；缅宁、碍嘉、和曲、新兴、安宁、罗平等六厅州，低下田亩豆麦收成八分，高阜之处收成七分；镇雄、永善二州县不产蚕豆，其麦收，低下田亩收成八分，高阜之处收成七分；广西、顺宁、剑川、镇南、元谋、宝宁等六府州县，低下田亩豆麦收成八分，高阜之处收成七分六分；大关、中甸、宁州、宜良、禄丰、保山、嶍峨、永平、楚雄等九厅州县，低下田亩豆麦收成八分，高阜之处收成六分；新平县低下田亩豆麦收成七分，高阜之处收成六分；元江、维西、宣威、会泽四府厅州县不产蚕豆，其麦收，低下田亩收成八分七分，高阜之处收成七分六分；鲁甸、马龙、师宗、恩安四厅州县不产蚕豆，其麦收，低下田亩收成七分，高阜之处收成六分；思茅同知一处不产二麦，其蚕豆，低下田亩收成七分，高阜之处收成六分。合计通省豆麦收成共有八分。

除照例于臣暂行兼管抚篆任内恭疏题报外，所有云南通省豆麦收成分数，臣谨缮折奏闻，伏祈皇上睿鉴。谨奏。

朱批：览。

（《宫中档乾隆朝奏折》第五辑，第 526～527 页）

964 云贵总督兼管云南巡抚印务硕色《奏报滇省乾隆十七年分额征民、屯地丁钱粮等项全完无欠缘由折》

乾隆十八年五月二十九日

云贵总督兼管云南巡抚印务臣硕色谨奏：为钦奉上谕事。

案照乾隆十七年二月二十六日，承准廷寄，内开："奉上谕：嗣后各省每年完欠钱粮，俱着随奏销时分晰查明，核实折奏。不必仍循岁底奏闻之例，可于各该督抚奏事之便，传谕知之。钦此。"臣即钦遵，行令司道将乾隆十七年分各属完欠确数查明，分晰详报。去后，兹据布政使彭家屏、粮储道徐铎会详称："滇省各府厅州县乾隆十七年分额征民、屯条丁、米折六款等项，共银二十万八百七十五两零；又带征鹤庆、丽江、剑川、浪穹四府州县乾隆十六年分地震缓征条丁银三百五十七两零，二共银二十万一千二百三十二两零，内征存各府厅州县坐放官役、俸工等项银五万二千四百七十六两零，征解布政司库银一十四万八千七百五十六两零；又额征民、屯税一十一万二千七百一十六石零，内征收折色米四万三千一百九十四石零，各折不等，该折征银四万二千七百八十八两零，实征本色米一十六万九千五百二十二石零；又带征鹤庆、丽江、剑川、浪穹四府州县乾隆十六年地震缓征税秋折米并条银改米七百六石零，二共米一十七万二百二十八石零，俱已照数征收全完。"详报到臣，并汇册呈请奏销前来。臣复查明核实，除另疏题销并将清册送部外，所有乾隆十七年分额征民、屯地丁钱粮等项全完无欠缘由，臣谨分晰，另缮清单恭呈御览，伏祈皇上睿鉴。谨奏。

计恭进清单一折。

朱批：览。

（《宫中档乾隆朝奏折》第五辑，第 528 页）

965 云贵总督兼管云南巡抚印务硕色《奏呈滇省乾隆十七年分征收过公件、耗羡等银两折》

乾隆十八年五月二十九日

云贵总督兼管云南巡抚印务臣硕色谨奏：为呈明事。

窃照乾隆十三年五月初五日，准户部咨开："各省动用耗羡银两，令将一年收支动存各数并从前民欠征完、借支归款，同现存各项银两查明有无亏空那移之处，于本年岁底为始，缮折奏闻，仍备造四柱清册送部查核汇奏等因。奉旨：依议。钦此。"钦遵。又于乾隆十四年四月十八日，准户部咨开："议覆广西抚臣舒辂奏称，耗羡收支、动存各数，岁底不能汇齐，请照正项钱粮之例，于次年五月内核奏。经部酌议，请将各省奏报耗羡银两，均于次年随地丁钱粮一同核奏等因。奉旨：依议。钦此。"钦遵在案。今行据布政使彭家屏将乾隆十七年分公件、耗羡等项分晰造册，详报前来。

臣查滇省公件、耗羡等项，乾隆十七年分旧管乾隆十六年报销汇奏案内实在项下存库银二十五万六千八百七十五两零，未完乾隆十六年养廉银二十二两零，未完节年公件、耗羡、溢额等银八百九十九两零，内除赵州参劾知州樊广德亏空乾隆十一、十二两年公件、溢额等银三百六十七两零，另于彼案着追完结外，实未完公件、耗羡银五百三十一两零，实征乾隆十七年分公件、耗羡，除鹤庆、剑川二府州被水豁免、缓征外，实征公件、耗羡、溢额、商税、牙帖、马价等项共银一十一万三千一百七两零，新收乾隆十七年分公件、耗羡、溢额、商税、马价、铜息，节年带征地震缓征公件、耗羡，缴还借放、养廉公事、粤盐余息、归公铜价、奏销饭食、心红纸张，并裁减养廉、杂费、核减等项，共银三十万四千四百三十一两零。管收共银五十六万一千三百六两零，开除共银二十九万四千一百八十一两零，实在存库银二十六万七千一百二十五两零，未完借解吴尚贤田产变价动支司库节年收存粤盐余息银四万四千二百四十二两，正法知州樊广德亏空乾隆十一、十二两年公件、养廉、溢额、商税、牙帖、花课、工食银三百六十七两零。臣逐一确查，并无亏空那移情弊。除将清册送部查核汇奏外，谨缮黄册恭呈御览。臣谨奏。计恭进黄册一本。

朱批：该部知道。

（《宫中档乾隆朝奏折》第五辑，第529～530页）

966　云贵总督兼管云南巡抚印务硕色《奏报滇省乾隆十七年分征收、动支盐课银两数目折》

乾隆十八年五月二十九日

云贵总督兼管云南巡抚印务臣硕色谨奏：为钦奉上谕事。

案照乾隆十七年二月二十八日，承准廷寄，内开："奉旨：嗣后各省每年完欠钱粮，俱着随奏销时分晰查明，核实折奏。钦此。"钦遵在案。

臣伏查滇省地丁之外，尚有盐课一项，亦系按年奏销，同属国帑，上年已循照地丁之例一体具折奏闻。兹据布政使彭家屏会同驿盐道刘谦详称："乾隆十七年分应征盐课银二十六万一千六百四十三两零，又应催原参乾隆十六年分各井属未完参欠薪食银三万一千九百二十九两零，内除未完银二千五百五十三两零，应俟按限催收，另于次年奏销入册造报外，实催完银二万九千三百七十五两零，又催完乾隆十七年薪本、役食动支乾隆十五、十六两年分盐课银六万两，以上共催完银三十五万一千二十八两零；又各井各属未完乾隆八年起至乾隆十六年盈余银七万七千一百八十六两零；又云龙、永平二州县亏缺十六年分盈余银九百三十四两零，二共银七万八千一百二十一两零，内除云龙州参劾病故知州张璿亏缺乾隆八、九、十三年盈余银五千四十一两，着落从前失察之各上司按股分赔，应于分赔案内催追完结；又堕误乾隆九、十两年盈余银六千八百二十四两零，已经详请具题豁免，二共分赔豁免银一万一千八百六十六两零外，实存节年盈余银六万六千二百五十四两零，内已完银二万八千七百四十八两零，未完银三万七千五百六两零；又应征乾隆十七年盈余银一十二万二千九百六十一两零，内除支给养廉、公费、役食、脚价等银七万四百五十四两零，尚该银五万二千五百六两零，内已完银二万六千三百九两零，未完银二万六千一百九十七两零。已分别于奏销册内开造登明。"等情，详报到臣。

臣查核无异，除具疏题报外，理合循照地丁之例，恭折奏闻，伏祈皇上睿鉴。谨奏。

朱批：览。

（《宫中档乾隆朝奏折》第五辑，第530～531页）

967　云贵总督硕色《奏报滇省甘霖大沛，已栽秋禾悉俱青葱长发折》
乾隆十八年六月二十四日

云贵总督臣硕色谨奏：为奏闻事。

窃照滇省各属前于五月芒种前后俱各得有雨泽，随其土性所宜，或种禾稻，或种杂粮，陆续栽插。惟云南、楚雄、姚安、大理等府，低下田亩均于五月初旬插莳完竣，其一种山岗高田，名曰雷鸣，尚未栽插者十之二三分，或四五分不等。迨五月下旬，连晴不雨，农民望泽甚殷。臣随于六月初间，率同属员，在省城设坛祈祷。随于六月初八九及十七八、二十等日，省城连得时雨约计五六寸不等，并据大理、楚雄、姚安陆续报称，于六月初七八及十六、十七八等日，甘霖大沛，已栽秋禾悉俱青葱长发，未栽高田亦俱纷纷补种，农民庆幸。此后若再沛甘霖两三次，则秋禾可期有收。所有雨水栽插情形，臣谨恭折奏闻，伏祈皇上睿鉴。谨奏。

朱批：欣慰览之。

（《宫中档乾隆朝奏折》第五辑，第621页）

968 云南巡抚爱必达《奏谢天恩并报回任日期折》
乾隆十八年七月二十日

云南巡抚臣爱必达谨奏：为恭谢天恩并报微臣回任日期事。

窃臣仰蒙皇上天恩，俯允陛见，得以叩觐天颜，稍抒蚁忱；又得略尽子职，以展乌私，更蒙圣恩训诲周详，屡赏克食。念地方紧要，着臣回任。臣遵于五月二十六日出京，兹于七月十九日，已抵滇省。

伏念臣猥以菲薄，仰赖滋培备邀，复育鸿慈，屡忝封圻重寄，感矜全之逾格，捐顶踵以难酬。臣惟有淬励精神，殚竭心力，恪遵圣训，绥辑边陲，以冀稍副生成于万一。所有微臣感激下忱及回任日期，理合缮折恭奏，伏祈皇上睿鉴。谨奏。

朱批：览。

（《宫中档乾隆朝奏折》第五辑，第862页）

969 云贵总督硕色《奏报滇省雨水、田禾情形折》
乾隆十八年七月二十一日

云贵总督臣硕色谨奏：为奏闻事。

窃照滇省各属前于本年六月初八九及十七八、二十等日连得时雨，低田秋禾青葱长发，雷鸣高田亦俱纷纷插种情形，经臣于六月二十四日缮折奏闻在案。续于六月二十八九两日，省城甘霖叠沛，七月以来又间日得有雨泽，不疾不徐，大于禾苗有益。现在早稻已吐穗扬花，晚稻亦渐次含苞，其高田所种一切荞豆杂粮，均各长发茂盛。并据通省各府州县报称，六月下旬及七月上旬频得霖雨，早晚禾稻秀穗畅茂情形，大概与省城相同，秋成有望，民情俱各安乐。缘农事时厪宸衷，臣谨再恭折奏闻，伏祈皇上睿鉴。谨奏。

朱批：知道了。

（《宫中档乾隆朝奏折》第五辑，第873页）

970 云南巡抚爱必达《奏报癸酉科乡试入闱日期折》
乾隆十八年八月初六日

云南巡抚臣爱必达谨奏：为恭报微臣入闱日期事。

窃照本年癸酉科乡试，臣例应入闱监临。凡一切应行事宜，仰体我皇上遴选真才、厘剔积弊至意，与司道等先期筹酌，谨密防闲，并查察主考、同考各官，戒饬应试士子，务使弊绝风清，不敢稍遗余力。现在钦差典试臣杨方立、臣沈栻于八月初二日抵滇，同考各官亦依期到省。查典试臣杨方立、臣沈栻自入滇境及入省馆，关防严密，甚属安静，各同考官亦咸知敬谨守法。臣于八月初六日循例偕同入闱，惟有肃清内外，严慎办理，不令稍有丝毫弊端。如有违犯，立即执法究治，以上副我皇上吁俊旁求之巨典。其闱中头、二、三场有无弊窦之处，容臣于科场事竣，据实另奏。合并陈明。所有微臣入闱日期，除缮疏题报外，理合恭折奏闻，伏乞皇上睿鉴。谨奏。

朱批：览。

（《宫中档乾隆朝奏折》第六辑，第89~90页）

971　云南巡抚爱必达《奏请以沾益州知州郭存壮调补白井提举折》

乾隆十八年八月初六日

云南巡抚臣爱必达谨奏：为请旨事。

窃照白井提举员缺，例应在外拣补。查该提举专管鹾务，有办课缉私之责。白井夷猓杂处，灶户奸良不一，若非细心干练之员，难免堕误透漏。臣详加拣选，提举中现无可调之员。其对品之知州，虽有一二俸次稍深，俱属循分供职，难膺拣调。惟有现任沾益州知州郭存庄，才具干练，办事勤慎，前于永平县任内，系盐课繁多之地，督销督缉事宜，该员素所熟悉，以之调补白井提举，实属人地相宜。第查郭存庄系乾隆十三年卓异，由永平县题升沾益州，于乾隆十五年十二月初三日到任，扣至本年十二月初三日，始满三年，现在尚少四个月，与准调之例未符。伏查定例：员缺果系紧要而年例未符，实有不得不为变通者，准令将其人其地实在相需之处详悉声明，具奏请旨等因，遵照在案。今白井提举一缺实属紧要，郭存庄在滇年久，明白妥练，任内并无参罚案件，但历俸尚少四个月，与例稍有未符。谨缮折恭恳皇上天恩，俯将沾益州知州郭存庄调补白井提举，庶综理得人，于鹾务大有裨益。

臣谨会同云贵督臣硕色恭折具奏，伏乞皇上训示。谨奏。

朱批：该部速议具奏。

（《宫中档乾隆朝奏折》第六辑，第90~91页）

972　云南巡抚爱必达《奏请已故土司眷属奉钦选家口应仍照旧安插江西，未便准令回籍折》

乾隆十八年八月初六日

云南巡抚臣爱必达谨奏：为请旨事。

窃臣准刑部咨："据江西巡抚咨称，已故土属奉钦选之妻温氏、妾扫氏，系同夫到江安插。嗣奉钦选私逃回滇，被杀身死。今据奉钦选之妻妾温氏等呈请回籍，相应咨部示覆等因前来。查奉钦选之妻妾温、扫二氏应否准其回籍之处，应令该抚钦遵谕旨办理可也。"等因到臣。

伏查乾隆十年四月十七日，内阁奉上谕："各省土司获罪，减等迁徙内地者，本人身故之后，有准其家口回籍之例。朕思此等土司，桀骜性成，干犯法纪，国家念其冥顽无知，从宽迁徙内地，以保全之。本身虽故，其家口习染旧俗，未必能尽革面革心。倘回籍之后野性难驯，故态复发，仍复罹于法网，非始终保全之意也。嗣后各省迁徙土司身故之后，家口应否回籍处，着行文原籍督抚酌量夷情，奏闻请旨定夺，永着为例。钦此。"钦遵在案。兹准部咨，随行据按察使沈嘉征查明，详报前来。

臣查猛缅土司奉廷征，前因凶顽残忍，派扰行贿，种种不法，参革审拟，将该土司家口一并迁徙江西安插。其猛缅地方业经改土归流，已非该土司故土。奉廷征先经病故，伊子奉钦选私逃回滇，被杀身死，其野性难驯已有明验。所遗妻妾温、扫二氏，若听放回籍，诚恐无知夷猓从中播弄，又滋事端，转非所以保全之道。应仍照旧安插江西，庶为妥协。

所有已故土属奉钦选家口未便准令回籍缘由，理合恭折奏闻请旨，伏乞皇上睿鉴训示。谨奏。

朱批：知道了。

（《宫中档乾隆朝奏折》第六辑，第 91~92 页）

973　云南巡抚爱必达《奏报乾隆十八年分头加运京铜自泸开运日期折》

乾隆十八年八月初六日

云南巡抚臣爱必达谨奏：为钦奉上谕事。

乾隆十四年六月十八日，承准廷寄，内开："奉上谕：嗣后运铜事宜，务须加意慎重。其沿途经过各省督抚，朕已传谕，令其将委员守风、守冻及有无事故之处奏闻。至铜铅船只于云贵本省起运，何日出境，亦着该督抚随时折奏。钦此。"钦遵，转行遵照在案。

今据粮储道徐铎详据委驻四川泸店转运京铜大关同知蔡理经报称："乾隆十八年头加运京铜官候补知县萧思濬、委用从九品邓锡禧，于乾隆十八年四月二十六日抵泸州，五月十一日开秤起至六月二十五日止，兑交过铜九十四万五千七百二十斤，内除陆路折耗铜四千七百二十八斤九两六钱，实该正耗余铜九十四万九百九十一斤六两四钱；又带解乾隆十二年二加运官欧阳概、唐光宇等挂欠铜八千七百六十六斤九两三钱，俱经照数发足，该委员等即于六月二十五日自泸扫帮前进。"等情，转详到臣。除咨明户、工二部及沿途经过各省督抚转饬地方文武员弁拨护催趱，不许片刻停留，仍稽查有无盗卖情弊外，所有头加运京铜自泸开运日期，理合会同云贵督臣硕色恭折奏报，伏祈皇上睿鉴。谨奏。

朱批：览。

（《宫中档乾隆朝奏折》第六辑，第 92～93 页）

974 云贵总督硕色、云南巡抚爱必达《奏报遵旨查办滇省亏空案件情形折》

乾隆十八年八月初六日

云贵总督臣硕色、云南巡抚臣爱必达谨奏：为遵旨奏覆事。

乾隆十八年八月初四日，承准廷寄，内开："乾隆十八年六月十七日，奉上谕：陈弘谋覆奏查办属员亏空一折，内称若因上司分赔，而本员反以产尽邀免，或查报不速，而有产者亦得冒免，尤欠公平。现在阖省凡有亏空之案，俱一面拜疏，一面密咨原籍，先将家产查封，以待审明赔补等语。前因各省督抚于属员侵欺亏空之案，题参之后并不即为查办，致贪狡者得以多方寄顿，徒贻上司分赔之累，而本人转置身事外，甚非国家惩贪之意。是以降旨，传谕各该督抚，令其上紧办理。该督抚奉到前旨，自应将未完各案如何立法清厘即行奏闻，何以尚未奏到？着传谕询问令将现在各案如何办理之处速行具奏。钦此。"遵旨寄信前来。

臣等窃查，滇省亏空之案，均系一面题参，即一面密咨原籍查封家产，以备追捕。现在未完八案，或原籍田房尚可抵补，业经咨催查变，或家产全无着落，失察各上司分赔，理合将现在查办缘由逐一分晰，另缮清折恭呈御览。为此恭折会奏，伏乞皇上睿鉴训示。谨奏。

朱批：览。

（《宫中档乾隆朝奏折》第六辑，第 97～98 页）

975　云贵总督硕色《奏请以楚雄府同知蔡理经调补大关同知，所遗员缺以奉旨拣发滇省以同知委用之上官勋署理折》

乾隆十八年八月二十八日

云贵总督臣硕色谨奏：为请旨事。

窃照云南昭通府大关同知廖方莲贪劣不职，经臣题参，奉旨革职究审，所遗员缺，例应在外拣选调补。查大关系新辟夷疆，界连黔蜀，苗猓杂居，且转运京铜并委往四川泸州收发铜斤，事繁任重，必须熟练夷情、晓谙铜务之员方能胜任。臣于通省同知中慎加拣选，查有楚雄府同知蔡理经，才情干练，办事勤敏，前由南安州知州卓异，升授楚雄府同知，在滇年久，熟悉夷情，业经委署大关同知，办理裕如。查该员任内并无参罚未清事件。又定例：同知、通判升调，无庸照州县定以历俸年限。今请以蔡理经调补大关同知，实属人地相宜。如蒙俞允，所遗楚雄府同知员缺，查有乾隆十四年奉旨拣发滇省以同知委用之上官勋，先经委署曲靖府同知，又委运京铜，事竣回滇，现在委署楚雄府同知。该员年力青壮，办事勤慎。应请即以上官勋署理楚雄府同知，俟一年期满，如果称职，另请实授。

再蔡理经系对品调补，上官勋系发滇委用之员，均毋庸送部引见。合并陈明。臣谨会同抚臣爱必达合词恭折具奏，伏祈皇上睿鉴训示。谨奏。

朱批：该部议奏。

（《宫中档乾隆朝奏折》第六辑，第 289～290 页）

976　云贵总督硕色《奏报开化府文山县缺，滇省现无合例堪以调补之员，请敕部拣选折》

乾隆十八年八月二十八日

云贵总督臣硕色谨奏：为要缺调补乏人，请旨敕部拣补事。

窃照云南开化府文山县知县郝璞，因讳盗不报，经臣题参，请旨革职究审在案。所遗员缺，系界连交阯，边疆要地，例应在外调补。臣于通省知县中逐加拣选，或到任未久，年例不符，或本系要缺，未便再请更调，即有一二俸次稍深者，又才具拘谨，不宜边地之任。查定例：应题应调缺出，如一时无合例之人，即声明情由，请旨拣发等因。今开化府文山县缺，滇省既无合例相宜堪以调补之员，而要地未便久悬，理合循例请旨敕部，于候补知县内拣选一员，补授文山县知县，庶边疆要缺早收得人之效，实于地方有益。臣谨会同抚臣爱必达恭折具奏，伏祈皇上睿鉴施行。谨奏。

朱批：有旨谕部。

（《宫中档乾隆朝奏折》第六辑，第291页）

977　云南巡抚爱必达《奏报滇省癸酉科武闱乡试事竣折》

乾隆十八年十月十八日

云南巡抚臣爱必达谨奏：为武闱事竣，恭折奏闻事。

窃照本年十月举行癸酉科武闱乡试，谨遵例于十月初七日起会同监临、云贵总督臣硕色率同司道等官，将通省武生及各标营兵之愿就试者，先阅骑射，次阅步射，并试以三事技勇，得合式者四百四十八人，点入三场，考试论策，严饬提调、监视等官督率执事员役逐细搜检，谨密关防。臣与阅卷各官矢慎矢公，悉心校阅，择其文理明顺而外场弓马、技勇兼优者，取中武举马象贤等四十二名如额，已于本月十八日揭晓讫。除揭晓日期缮疏题报，并将题名录随本恭进外，合将武闱事竣缘由恭折奏闻，伏乞皇上睿鉴。谨奏。

朱批：览。

（《宫中档乾隆朝奏折》第六辑，第451页）

978　云南巡抚爱必达《奏请酌改滇省永北、顺宁、鹤庆三府知事拣调之缺酌归部选，以符体制折》

乾隆十八年十月十八日

云南巡抚臣爱必达谨奏：为请改知事拣调之缺酌归部选，以符体制事。

窃照滇省佐杂各官员缺，或应听候部选，或应在外拣补，皆系按照地方情形，分别简要，以定章程。惟各府知事例准拣补，各缺尚有轻重失宜、体制未协者。臣查滇省共设府知事七员，均归在外拣选调补。内如昭通府向设之大关知事，镇沅府向设之威远知事，此二缺者俱系新辟夷疆，自应慎选妥练之员，以供臂指。又如续设元江府之分驻因远知事及丽江府知事二缺，一则地属烟瘴，一则界接蒙番，均须拣选熟习风土、谙晓边情之人，方于地方有益。至永北、顺宁、鹤庆三府，俱系二项相兼，添设知事，原备差遣之用，以视昭通、镇沅、元江、丽江四府知事，险易不同，统归在外拣选调补，似觉漫无区别。且永北、顺宁、鹤庆三府知府、经历悉由部选，而知事一官独令拣补，亦觉轻重失宜。

再查滇省知事俱系本省拣选调补之缺，此外别无对品可调之员。至于佐杂微员，定例曾经荐举卓异俸满者方准升用，每遇知事缺出，一时无合例应升之杂职，即需咨部奏请简补，亦滋烦渎。合无仰请皇上俯敕部臣，将滇省知事七缺，除昭通、镇沅、元江、丽江四府知事仍循旧例本省拣调外，其永北、顺宁、鹤庆三府知事员缺，俱归内部铨选，庶简要具有分别，体制不致参差，而将来遇有苗疆、烟瘴极边知事缺出，又可于部选知事及合例应升杂职内通为衡择，升调兼行，似于拣选之途亦觉稍宽矣。臣管蠡之见，是否有当，伏乞皇上睿鉴训示施行。谨奏。

朱批：该部议奏。

（《宫中档乾隆朝奏折》第六辑，第 452 页）

979　云贵总督硕色、云南巡抚爱必达《奏报云南学政王宬居官情形折》

乾隆十八年十月十八日

云贵总督臣硕色、云南巡抚臣爱必达谨奏：为奏闻事。

窃照学政有造就人才、整饬士习之责。屡蒙我皇上谆谆诰诫，三令五申，恐有考试不公、徇情纳贿之事，责成督抚不时确查指参，如有徇隐，即将督抚严加议处等因，钦遵在案。兹查云南学臣王宬，于乾隆十六年正月内到任以来，臣等留心体察，该学政课士克勤，持躬端谨，关防严肃，考校公明，约束胥役家人，并无招摇不法之处。现在岁科两试已周，士论帖服，声名颇好。臣等职司稽察，理合会折据实奏闻，伏乞皇上睿鉴。谨奏。

朱批：知道了。

（《宫中档乾隆朝奏折》第六辑，第 453 页）

980　云贵总督硕色、云南巡抚爱必达《奏报云南普洱府知府岳安丁忧遗缺，滇省现无合例可调之员，请旨拣补折》

乾隆十八年十月二十八日

云贵总督臣硕色、云南巡抚臣爱必达谨奏：为要缺调补乏人，请旨拣补，以重地方事。

窃照云南普洱府知府岳安在任丁忧，业经会疏题报在案。所遗员缺系新辟夷疆，例应在外拣选调补。臣等于通省现任知府中逐一详加考核，或现居要缺，未便再请更调；其中简各缺人员内，非到任未久，即人地不甚相宜，现在实无可调之员。查定例：应题应调缺出，如一时无合例之人，即声明情由，请旨拣发等因。所有滇省现出普洱府知府一缺，仰恳圣恩，俯赐拣补一员，令其即行赴任，庶员缺不致久悬，于地方实有裨益。臣等谨会折恭奏，伏祈皇上睿鉴。谨奏。

朱批：有旨谕部。

（《宫中档乾隆朝奏折》第六辑，第586页）

981　云贵总督硕色《奏请俯准陛见折》
乾隆十八年十月二十八日

云贵总督臣硕色谨奏：为恭恳圣恩俯准陛见事。

窃臣前于乾隆十三年在河南巡抚任内，恭逢皇上东巡，臣趋赴兖州跪迎圣驾，得以仰观天颜，亲承训诲，迄今已越六载，犬马依恋之忱既倍深瞻切。且臣以庸愚陋质，荷蒙圣恩，畀以边疆重寄，而滇黔两省在在苗猓杂居，更兼界连外域，一切拊循整顿之方以及地方情形事宜，均须面陈请训，庶得有所遵循。今岁仰邀皇上福庇，两省秋成俱获丰稔，现在地方宁谧，事务稍暇，正可匍赴阙廷。所有总督印务，移交抚臣爱必达署理。为此恭折具奏，伏恳皇上天恩，准臣来京陛见，俾得瞻仰天颜，跪聆训示，不惟地方受福，而犬马恋主之诚亦得稍展寸心。臣实虔切待命之至。谨奏。

朱批：准卿来京。

（《宫中档乾隆朝奏折》第六辑，第587~588页）

982　云贵总督硕色《奏报乾隆十八年分滇省各属秋成分数折》
乾隆十八年十月二十八日

云贵总督臣硕色谨奏：为奏报秋成分数事。

窃照滇省各属秋禾大概丰稔情形，经臣于九月二十四日先行缮折奏闻在案。今早晚禾、稻、荞、豆、杂粮俱已陆续收获，行据云南布政使彭家屏将收成分数开报前来。

　　臣查滇省经管田地钱粮之八十二府厅州县内，宣威、剑川、太和三州县，低下、高阜之处稻谷收成俱有十分，荞、豆、杂粮俱各收成八分；沾益、马龙、昆明三州县，低下之处稻谷收成十分，荞、豆、杂粮收成九分，高阜之处稻谷收成九分，荞、豆、杂粮收成八分；嵩明、腾越、镇雄、宁洱、恩乐五州县，低下之处稻谷收成十分，高阜之处稻谷收成八分，荞、豆、杂粮俱收成九分；缅宁、陆凉二厅州，低下之处稻谷收成十分，高阜之处稻谷收成八分，荞、豆、杂粮收成俱有八分；邓川州低下高阜之处稻谷俱各收成九分，荞、豆、杂粮亦俱收成九分；呈贡、宜良、永平三县，低下之处稻谷、荞、豆、杂粮俱收成九分，高阜之处稻谷、荞、豆、杂粮俱收成八分；丽江、威远、维西、中甸四府厅，低下之处稻谷收成九分，高阜之处稻谷收成八分，荞、豆、杂粮、青稞俱各收成九分；镇沅、思茅、云州、路南、平彝、楚雄、宝宁、保山八府厅州县，低下之处稻谷收成九分，高阜之处稻谷收成八分，荞、豆、杂粮俱收成八分；罗平州低下之处稻谷收成九分，高阜之处稻谷收成八分，荞、豆、杂粮俱收成七分；永北、鹤庆、弥勒、易门、定远、广通六府州县，低下之处稻谷、荞、豆、杂粮俱各收成九分，高阜之处稻谷收成七分，荞、豆、杂粮收成八分；顺宁、景东、大关、晋宁、昆阳、建水、石屏、赵州、禄劝、新兴、和曲、师宗、河阳、江川、文山、蒙自、元谋、云南、浪穹、丘北二十府厅州县，低下之处稻谷收成九分，高阜之处稻谷收成七分，荞、豆、杂粮俱收成八分；广西、宾川、寻甸、宁州、云龙、嶍峨六府州县，低下之处稻谷收成九分，高阜之处稻谷收成七分，荞、豆、杂粮俱收成七分；元江、南宁二府县，低下之处稻谷收成九分，荞、豆、杂粮收成七分，高阜之处稻谷收成七分，荞、豆、杂粮收成六分；罗次县，低下之处稻谷收成九分，荞、豆、杂粮收成八分，高阜之处稻谷收成六分，荞、豆、杂粮收成七分；河西县，低下之处稻谷、荞、豆、杂粮俱各收成九分，高阜之处稻谷收成六分，荞、豆、杂粮收成七分；蒙化、镇南、富民、会泽四府州县，低下之处稻谷收成八分，高阜之处稻谷收成七分，荞、豆、杂粮俱收成八分；安宁、姚州、永善、碍嘉四厅州县，低下之处稻谷收成八分，高阜之处稻谷收成七分，荞、豆、杂粮俱收成七分；阿迷、南安二州，低下之处稻谷、荞、豆、杂粮俱各收成八分，高阜之处稻谷收成六分，荞、豆、杂粮收成七分；鲁甸、禄丰、恩安、通海四厅县，低下之处稻谷收成八分，高阜之处稻谷收成六分，荞、豆、杂粮俱收成七分；大姚、新平二县，低下之处稻谷收成八分，高阜之处稻谷收成六分，荞、豆、杂粮俱收成六分。总计滇省各府厅州县稻谷、杂粮共有八分收成。容俟再加确核细数，照例会题外，所有云南通省秋成大概分数，臣谨缮折奏闻，伏祈皇上睿鉴。

　　至贵州一省，早晚禾稻、杂粮，合计通省共有八分以上收成。合并陈明。谨奏。

　　朱批：知道了。

（《宫中档乾隆朝奏折》第六辑，第588~590页）

983　云南巡抚爱必达《奏报遵旨购买金子，现获一千两先行移交内务府查收应用折》

乾隆十八年十一月初四日

云南巡抚臣爱必达谨奏：为奏闻事。

窃臣钦奉谕旨购买金子一事，臣回滇后，遵即采办。缘近年出产甚少，商贾素所收积，又因图获重价，每多持赴江浙等处易换。今收买数月，仅购得八成金子二百两，七五成金子二百两，七成金子六百两，共动给价银七千三百两。除陆续收买，俟获时另行起解外，今将现获金子一千两先行移解内务府查收应用，理合奏闻。

再照滇省盐务项下现有积余银两，查属闲款，所有购买金子价银，系于此内动用。合并陈明，伏乞皇上睿鉴。谨奏。

朱批：览。

（《宫中档乾隆朝奏折》第六辑，第 654 页）

984　云南巡抚爱必达《奏请准鹤庆等府州县仓谷一体照例籴借，秋成换谷还仓折》

乾隆十八年十一月初四日

云南巡抚臣爱必达谨奏：为请旨事。

窃照滇省常平仓存米、谷、麦、荞、青稞、杂粮等项，查与奏册开造存款不符，先经臣缮折奏请更正，据实造报。经户部议准，将册报相符之晋宁等州县、州同照旧办理，以谷抵米。以麦、荞、杂粮、青稞抵米谷、稗豆之安宁等府厅州县州判，均照乾隆三年题定，各就所产实贮之数，于乾隆十七年常平奏销册内据实造报。

至云南等十一府厅州县，十六年分常平款项奏册开造米谷兼存，并非有谷无米。且赵州、宾川以及安宁等州县俱系米、谷、杂粮兼存，并不奏请悉行换谷，何独该府厅州县必需籴借换谷？其中恐有借籴借为名，希图掩覆亏那情弊，应令彻底清查，声明报部再议等因。奉朱批："依议速行。钦此。"嗣经兼管抚臣硕色查明，云南等十一府厅州县常平所存麦、荞毋庸更易，是以只请以米易谷。赵州、宾川俱系存谷，并无米石，各仓存米不如存谷之耐久，仍请将云南等府厅州县并前议未及之鹤庆、阿迷、南安、沾益、宣威、镇雄、永善等府州县原存各项米石，一体易谷还仓，以昭画一。各属仓存各款，檄行各府查明，俱系实贮，并无借籴借为名，希图掩覆亏那情弊等因咨部。兹准户部咨覆："云南等府厅州县籴借换谷，原系该抚奏请更正，自应仍行奏明，以凭核覆。至鹤庆等府州县一体照例粜借，秋成换谷还仓之处，应令确查各属情形，妥议具奏，到日再议。"等因到臣。随行司道确查妥议，去后，今据粮储道徐铎会同布政使彭家屏议详前来。

臣查云南府昆明县仓存米石，前因地气潮湿，难免红朽，奏请陆续易换谷石，加谨收贮，已蒙俞允在案。滇省地居南徼，湿热熏蒸，各府气候大概相同。今就各属情形确加查议，存米实不如存谷之堪以经久。所有昆阳、曲靖等九府厅州县及鹤庆、阿迷等七府州县仓存各案米石，应请一体于每年青黄不接之时，照依存七易三之例，详明粜借，秋成照一米二谷催买谷石还仓，据实造报，庶内外册款画一，而于储备亦有裨益。臣谨会同云贵总督臣硕色恭折具奏，伏乞皇上睿鉴，训示施行。谨奏。

朱批： 知道了。

（《宫中档乾隆朝奏折》第六辑，第 654～655 页）

985　云贵总督硕色《奏报滇省瑞雪折》
乾隆十八年十二月十九日

云贵总督臣硕色谨奏：为奏报瑞雪事。

窃照滇省各属田亩，自秋成之后陆续播种，豆、麦、杂粮俱各长发青葱。今省城地方于本年十二月十六日戌刻天降瑞雪，至十七日黎明止。臣随差弁前往四郊查看，平田积雪五六寸，山地积雪七八寸，二麦、南豆、杂粮得此冬雪滋培，大为有益。远处尚未报到，其附近省会之晋宁州、呈贡县亦报称同日得雪二寸许；并据嵩明、路南、师宗、马龙等州各报，先于十二月初十日、十一等日得雪三四寸及五六寸不等。春收有象，民情俱极欢忭。臣谨恭折奏闻，伏祈皇上睿鉴。谨奏。

朱批： 欣悦览之。

（《宫中档乾隆朝奏折》第七辑，第 205 页）

986　云贵总督硕色、云南巡抚爱必达《奏报元江府知府缺出，滇省无合例可调之员，请旨拣补折》
乾隆十八年十二月十九日

云贵总督臣硕色、云南巡抚臣爱必达谨奏：为要缺调补乏人，请旨拣补事。

窃照云南元江府知府张钧，今准部咨，钦奉谕旨补授四川建昌道。其所遗元江府缺，地居边境，外控交、挝，例应在外拣选调补。臣等于通省知府中逐一详加考核，内本任现居要地者未便再行更调，其余中、简各府，或现在员缺，或到任未久，或人地不克相宜，一时实乏可调之员。查定例：应题、应调缺出，如一时无合例之人，即声明情由，请旨拣发等因。所有滇省现出元江府知府一缺，相应循例奏恳圣恩，俯赐拣补一员，令其即行赴任，庶要缺不致久悬，地方得资料理。臣等谨会折恭奏，伏祈皇上睿鉴。谨奏。

朱批：有旨谕部。

（《宫中档乾隆朝奏折》第七辑，第 205～206 页）

987　云贵总督硕色《奏请以贵州上江协左营游击车果补授云南城守营参将折》

乾隆十八年十二月十九日

云贵总督臣硕色谨奏：为请旨事。

窃照云南城守营参将谢斌病衰乞休，业经臣缮疏具奏。所遗员缺，应听部推。但臣查有应补参将之原任贵州上江协左营游击车果，前因黔省抚标参将郭琳升任山西，经部臣将车果掣补贵州抚标参将。继因抚臣定长奏请，将郭琳仍留原任，车果无任可到。接准部咨，行令将车果照例遇有相当缺出，即行具题补授等因在案。

臣查黔省参将仅止七缺，现俱有人，无缺可补。而云南城守一营驻扎省会，五方杂处，且分辖嵩明、昆明、禄丰等十一州县，汛地辽阔，夷猓环居，巡防统率必须得人。臣查车果老成练达，晓畅营伍，熟谙夷情，实与此缺相宜，且该员原系应补参将、遇缺即应题补之员。滇黔总属一体。合无仰恳皇上天恩，俯准将车果补授云南城守营参将，则省会将领得人，臣亦获收臂指之助，实与营伍、地方有益。臣谨恭折具奏，伏祈皇上睿鉴训示。谨奏。

朱批：着照所请行，该部知道。

（《宫中档乾隆朝奏折》第七辑，第 206 页）

988　云南巡抚爱必达《奏报乾隆十八年分滇省开除、续收僧道、尼僧数目折》

乾隆十八年十二月二十日

云南巡抚臣爱必达谨奏：为钦奉上谕事。

案照乾隆六年正月初九日，准礼部咨："奉上谕：僧道亦穷民之一，朕不忍概从沙汰，故复行颁给度牒，使有所核查。着各该督抚留意善为经理，并着于岁终将所减实数具折奏闻。钦此。"嗣于乾隆十年七月二十九日，兵部递到大学士寄信："内阁奉上谕：朕前降旨，二氏之教由来已久，原难尽行沙汰。乃数年以来，各省所报册籍止有沙汰之数，而未有续收之数，是有裁而无收也。可寄信与各省督抚，令其善于体会，转饬所属从宽办理。钦此。"钦遵，俱经转行通饬遵照在案。

臣查滇省僧道、尼僧，自乾隆三年颁发牒照三千七百五十张，颁给之后，历年减除，至乾隆十七年十二月底，共减除过一千五百四十三名，内续收顶牒僧道一百三十一名，实止减除一千四百一十二名，尚存僧道尼僧二千三百三十八名；又续收候顶师牒僧道二百三十八名，经臣恭折奏报，并饬地方官实力稽查，体会办理。兹据布政使彭家屏转据各府州县申报："乾隆十八年开除僧道、尼僧六十名，内续收顶牒僧道二十名，实止开除四十名，尚存僧道尼僧二千二百九十八名；又新收已顶师牒僧九名，合计乾隆十二、十三、十四、十五、十六、十七并十八年实在共续收候顶师牒僧道二百三十八名，除已顶牒及开除外，实在候顶师牒僧道二百二十七名，查明分晰造册，同缴到牒照申送前来。"除将清册牒照送部外，谨缮黄册恭呈御览。臣谨奏。

朱批：览。

（《宫中档乾隆朝奏折》第七辑，第208～209页）

989　云南巡抚爱必达《奏报滇省得雪情形折》
乾隆十八年十二月二十日

云南巡抚臣爱必达谨奏：为奏闻得雪情形事。

窃查滇省自禾稼登场之后，晴雨得宜，一切杂粮均经及时布种，现俱长发。兹于本年十二月十六日夜，省城地方瑞雪缤纷，自宵达旦，平地积雪约有五六寸，山地积雪约有七八寸。距省附近之晋宁、呈贡及嵩明、路南、师宗、马龙六州县，亦据先后禀报，均已得雪二三寸至五六寸不等，于春花甚为有益。合将省城及附近州县已得瑞雪缘由恭折奏闻，仰慰圣怀，伏乞皇上睿鉴。谨奏。

朱批：欣悦览之。

（《宫中档乾隆朝奏折》第七辑，第209页）

990 云南巡抚爱必达《奏报乾隆十八年 分四运京铜自泸开运日期折》

乾隆十八年十二月二十日

云南巡抚臣爱必达谨奏：为钦奉上谕事。

乾隆十四年六月十八日，承准廷寄，内开："奉上谕：嗣后运铜事宜，务须加意慎重。其沿途经过各省督抚，朕已传谕，令其将委员守风、守冻及有无事故之处奏闻。至铜铅船只于云贵本省起运，何日出境，亦着该督抚随时折奏。钦此。"钦遵，转行遵照在案。

今据粮储道徐铎详据委驻泸店转运京铜大关同知蔡理经报称："乾隆十八年四运京铜官候补知县戴家驹、吏目色焯，于乾隆十八年九月初三日抵泸，九月十一日开秤起至十月二十六日止，兑交过铜一百一十一万斤，除陆路折耗铜五千五百五十斤外，实该正耗余铜一百一十万四千四百五十斤，俱经照数发足，该委员等已于十月二十八日自泸扫帮前进。"等情，转详到臣。除咨明户、工二部及沿途经过各省督抚，转饬地方文武员弁拨护催趱，不许片刻停留，仍稽查有无盗卖情弊外，所有乾隆十八年四运京铜自泸开运日期，理合会同云贵督臣硕色恭折奏报，伏乞皇上睿鉴。谨奏。

朱批：览。

（《宫中档乾隆朝奏折》第七辑，第 210 页）

991 云南巡抚爱必达《奏报乾隆十八年 分云南通省户口、仓谷数目折》

乾隆十八年十二月二十日

云南巡抚臣爱必达谨奏：为钦奉上谕事。

案照乾隆六年正月十三日，准户部咨：乾隆五年十一月初二日，内阁抄出："奉上谕：每岁仲冬，该督抚将各府州县户口减增、仓谷存用，一一详细具折奏闻。钦此。"又于乾隆十三年五月二十五日，准户部咨：民数册内，嗣后应令一体分晰男妇字样造报等因。奉旨：依议。钦遵，转行司道确查详核，慎重办理在案。

所有乾隆十八年分云南通省户口、仓谷数目，据布政使彭家屏、粮储道徐铎会详，据云南等府转据昆明、嵩明等州县详报："除番界、苗疆向不入编审者无庸查造，又各厂商贩货易人等去来无定，亦无凭查造外，通省土著人民，原额三十六万九千八百一十三户，共计男妇大小人民一百九十八万六百三十一丁口，内大丁五十九万九千六百一丁，小丁三十九万九千八百一十五丁，大口五十九万一千八百九十口，小口三十八万九千三百二十五口。今乾隆十八年分新增一千四百七十一户，共增男妇一万五千五百二十五丁口，内大丁三千五百三十九丁，小丁四千九百一十七丁，大口三千八百一十一口，小口三千九百八十八口。开除男妇八千七百二十九丁口，内大丁三千四十八丁，小丁一千七百六十六丁，大口二千三百四十口，小口一千五百七十五口，实在土著人民三十七万一千二百八十四户，共计男妇大小人民一百九十八万七千四百二十七丁口，内大丁六十万九十二丁，小丁四十万二千九百六十六丁，大口五十九万二千六百三十一口，小口三十九万一千七百三十八口。此乾隆十八年分云南通省民人男妇实数也。

通省旧管仓存米、谷、麦、荞、稗、豆、青稞一百一十三万二千七百七十二石四斗一升零，折共谷、荞、青稞一百一十四万三千八百五十七石六斗五升零。今乾隆十八年分新收谷、麦、荞、青稞四万七千八百四十石八斗一升零，除本年平粜动用谷、荞九千一百六十二石四斗八升，实在存仓谷、麦、荞、稗、青稞一百一十八万二千五百三十五石九斗八升零，内谷一百一十一万六千一百石五斗四合零，大麦三千六十九石六斗五升零，小麦一千五百一十三石二斗六升零，稗四石四斗，青稞五千二百二十三石一斗一升零。此乾隆十八年分云南通省积贮实数也。"造具清册，详报前来。

除送部外，臣谨缮黄册恭呈御览。谨奏。

朱批：册留览。

（《宫中档乾隆朝奏折》第七辑，第 210～212 页）

992　云南巡抚爱必达《奏报汤元龙情愿捐监代子赎罪，具折请旨折》

乾隆十八年十二月二十日

云南巡抚臣爱必达谨奏：为请旨事。

案准刑部咨：乾隆元年，钦奉上谕："有愿赎罪者，准督抚具折请旨，一面咨户、刑二部。其军流罪犯、贡监生捐运粮银一千二百两，准其免罪。"等因，遵照在案。

兹据云南按察使沈嘉征详称："查得嵩明州已革武生汤训，因充沟长，派修公建石桥，有汤文政之子汤以智，以石桥系由汤以义挖掘冲倒，不应公派，责令汤以义修砌。以义不从，汤训赴州具呈，遂列汤以智作证，被汤文政嗔殴，汤训还殴致毙。时有王尚仁赴劝，亦被汤训误伤身死。虽伤二命，从一科断，照斗殴杀律，拟绞，秋审缓决四次。于乾隆十八年五月内奉旨免死，减军。缘该犯在监患病，正在饬拨医治务痊，照追埋葬银两，详咨发遣间，据汤训之父汤元龙具呈：元龙年逾七十，虽有三子，汤训居长，余皆幼稚。汤训现在患病，不忍骨肉远离，情愿变产，遵例捐银一千二百两，代子赎罪。"

等情，由州府递请，详奏前来。

臣查该犯汤训虽伤二命，从一科断，究系殴杀，既沐皇恩免死减军，尚非常赦不原之内，似与赎罪之例相符。除叙案咨报户、刑二部，并饬将具呈之汤元龙取具的保外，臣谨会同云贵督臣硕色具折请旨，伏乞皇上睿鉴，敕部议覆施行。谨奏。

朱批：该部议奏。

（《宫中档乾隆朝奏折》第七辑，第 212～213 页）

993　云贵总督硕色、云南巡抚爱必达《奏报已升贵州贵西道 伊尔哈布习狃因循、心存姑息折》
乾隆十八年十二月十九日

云贵总督臣硕色、云南巡抚臣爱必达谨奏：为据实奏闻事。

窃臣等看得曲靖府知府伊尔哈布，貌似强干，才实中平。臣等不时策励，黾勉办理，于地方公事尚无贻误。惟习狃因循，心存姑息，屡经训饬，不能振作。如该府所属南宁县典史张鹤年，借委盘查社仓谷石，婪索各社长银钱。伊尔哈布近在同城，漫无查察，迨经告发，赃证确凿，并不据实详揭，禀请免参记过，经臣硕色于兼管巡抚任内将张鹤年咨革饬审，并将伊尔哈布不即查揭及前署南宁县事、寻甸州知州李乔滥委失察缘由声明咨部。嗣委员确审，业据张鹤年定拟，咨部核议，并将伊尔哈布、李乔等有心徇庇情由一并附参在案。咨准部咨，伊尔哈布已奉旨升补贵州贵西道。

伏查巡道职任监司，有整纲饬纪、察吏安民之责。贵西道一缺，统辖上游各郡，地方辽阔，苗猓杂居，必须精明干济之员方足以资整理。伊尔哈布于所属同城赃污显著之典史竟致毫无觉察，曲意姑容，已忝方面，岂能更胜监司之任？臣等不敢因其已经升任，稍为宽假，理合据实奏闻。再照伊尔哈布精力尚健，或以旗员用，或以同知、通判用，似属尚堪驱策。可否送部引见，恭请钦定，伏候圣裁。为此缮折会奏，仰乞皇上训示。谨奏。

朱批：有旨谕部。

（《宫中档乾隆朝奏折》第七辑，第 213～214 页）

994　云南巡抚爱必达《奏请定功加兵丁顶带之例，以重体制折》
乾隆十九年正月二十一日

云南巡抚臣爱必达谨奏：为请定功加兵丁顶带之例，以重体制事。

窃照武职官员，向系按依所兼之衔与以顶带。近经兵部于遵旨议奏事案内奏准，悉照现在官职定品支俸，将原颁兼衔、加衔一切札付掣销，另行按缺颁给。其千、把、兵丁得有军功，亦只开明功加等次，给与札付；并行令各省督、抚、提镇以及所属员弁，顶带均照现在官职品级服用，不得以从前功加及所加之虚衔仍前滥用各在案。是现任武职，就崇卑之名分，别章服之等威，体制已归画一。惟功加兵丁一项，既无现任品级可循，顶带尚属照常服用。伏思此等兵丁从前得有军功，议叙给札，若不令其服用顶带，无以鼓励戎行。但现在身受本管员弁之约束，而顶带转或在本管员弁之上，实不足以重体统而肃观瞻。况归伍食粮，皆系考列二三等之人，将来即拨补得缺，必由千、把总历阶而升。千、把系六七品官，亦止应用六七品顶带。今以未仕之兵丁辄滥用大衔之章服，揆之现任武职之章程，未免越次逾分。理合恭折陈奏，应否视兵丁功加职衔之大小，分别许用千、把品级顶带，其札付仍照原议给与，俟得缺后照例较俸推升之处，伏乞皇上睿鉴，敕部定议施行。谨奏。

朱批：该部议奏。

（《宫中档乾隆朝奏折》第七辑，第 447～448 页）

995　云南巡抚爱必达《奏报滇省瑞雪频沾、春花长盛情形折》
乾隆十九年正月二十一日

云南巡抚臣爱必达谨奏：为奏闻瑞雪频沾、春花长盛情形，仰慰圣怀事。

窃照滇省上年十二月十六日夜，会城及附近州县得有瑞雪缘由，经臣专折奏明在案。嗣据各属禀报相同。复于本年正月初三、初四、初六、初八、初九等日，连次瑞雪缤纷，雨泽亦不时濡润，高下沾足，豆麦滋生。现在南豆扬花结实，大麦亦已含苞，小麦出土六七寸，俱各青葱茂盛，可冀丰收。惟遇闰之岁，节气稍迟。禾稻田亩及杂粮地土，虽经渐次翻犁布种，尚属有待。米粮价值平减，四境均极宁谧。理合恭折奏闻，上慰慈怀，伏乞皇上睿鉴。谨奏。

朱批：欣慰览之。

（《宫中档乾隆朝奏折》第七辑，第 448 页）

996　云贵总督硕色《奏报滇省瑞雪情形折》
乾隆十九年正月二十一日

云贵总督臣硕色谨奏：为奏闻事。

窃照云南省城并附近之晋宁、呈贡等州县，先于上年十二月十六、十七日得有瑞雪，经臣缮折奏闻在案。嗣据云南、曲靖、澄江、广西、元江、昭通、大理、鹤庆、永北、楚雄、姚安等府俱陆续报称，去年十二月十六、十七等日，得雪三四寸以至尺余不等。迨本年正月初三、初四、初六等日，省城又连次得雪，俱积厚数寸；并据云南、曲靖、临安、广南、东川、武定、楚雄等府所属各报，于初三、初六先后得雪甚溥。乡农父老佥称，滇南地气温和，似此连得瑞雪，实所罕睹。现在南豆扬花结实，大麦含苞，小麦茂盛，民情欢忭殊常。臣谨再行恭折奏闻，伏祈皇上睿鉴。谨奏。

朱批：欣慰览之。

（《宫中档乾隆朝奏折》第七辑，第450页）

997　云贵总督硕色《奏报待盘道钳一案审明后即赴京陛见折》

乾隆十九年正月二十一日

云贵总督臣硕色谨奏：为奏明事。

窃臣于上年十一月内具折恭请陛见，今于乾隆十九年正月十八日，钦奉朱批，荷蒙恩允，臣得以仰觐天颜，稍伸依恋，欣忭雀跃，即欲就道。缘适有盘道钳一案，现在会同抚臣爱必达提审办理，一俟审明，臣即趋赴阙廷。另疏题报外，所有钦奉朱批欢戴微忱及现在查办事件缘由，臣谨先行恭折奏明，伏祈皇上睿鉴。谨奏。

朱批：览。

（《宫中档乾隆朝奏折》第七辑，第450~451页）

998　云南巡抚爱必达《遵旨查报福建按察使来谦鸣前在昭通府任内应分赔金江案内应追银两已全完折》

乾隆十九年二月十九日

云南巡抚臣爱必达谨奏：为奏明请旨事。

乾隆十八年八月十二日，准吏部咨开："奉上谕：福建按察使来谦鸣来京陛见，奏称伊前任广东转运使任内，因广东布政使及运使衙门向有值月盐商陋规五千两，曾面禀督臣策楞，欲行裁去。督臣谕以运使有承办战船，须此项津贴，何必遽行裁革。彼时虽未具详明裁，实未收受等语。朕以运使衙门虽经伊裁去，而尚有布政使陋规，此不可以不问。及询策楞，始知此项陋规，前任督臣久行裁禁，来谦鸣并未向伊禀裁等语。因令军机大臣传来谦鸣面质，乃伊言语支吾，至有并未奏及此事之语。伊未奏及，朕何由而知？殊不意挟诈面欺，世间竟有如此鬼蜮！其意以为在朕前独对，朕亦未必复加详察，或者默识其廉，奖擢皆未可定。殊不知朕岂易欺者哉？居心如此，实为奸邪之尤。来谦鸣着革职。伊前在云南知府任内尚有未完之项，着各省差员递行押往云南，着追完日，该督抚具奏请旨。钦此。"当经云贵督臣硕色会同臣钦遵转行。嗣于乾隆十八年九月二十二日，准黔省委员将来谦鸣押解到滇。

据司道查详："来谦鸣前在昭通府任内应分赔金江案内，并承运京铜案内，共银四千八百三十二两零；又续准工部咨，核减报销金江下游工程案内，应分赔银九百六十五两零，均经饬令勒限，严追完解。去后，兹据司道等会详，来谦鸣名下应追各款银两内，经浙省原籍查封财产，通共估计折实库平纹银三千五百六十八两零；又来谦鸣前在福建任内曾解过承运京铜案内银二百三十一两零，俱应听浙、闽二省查办，报部酌拨。尚应追银一千九百九十七两零，已据全数兑缴司库，分别归款。"等情前来。

所有来谦鸣名下应追银两全完缘由，除分晰咨明内部查核暨咨闽、浙二省抚臣查照外，理合恭折奏闻请旨。谨奏。

朱批：览。

（《宫中档乾隆朝奏折》第七辑，第 609～610 页）

999　云南巡抚爱必达《奏报乾隆十八年分二加运京铜自泸开运日期折》

乾隆十九年二月十九日

云南巡抚臣爱必达谨奏：为钦奉上谕事。

乾隆十四年六月十八日，承准廷寄，内开："奉上谕：嗣后运铜事宜，务须加意慎重。其沿途经过各省督抚，朕已传谕，令其将委员守风、守冻及有无事故之处奏闻。至铜铅船只于云贵本省起运，何日出境，亦着该督抚随时折奏。钦此。"钦遵，转行遵照在案。

今据粮储道徐铎详据委驻泸店转运京铜署大关同知蔡理经报称："乾隆十八年二加运京铜官候补知县卢纯嘏、委用从九品温而采，于乾隆十八年十一月二十一日抵泸，二十九日开秤起至十九年正月十五日止，兑交过铜九十四万五千七百二十斤，内除陆路折耗铜四千七百二十八斤九两六钱外，实该正耗余铜九十四万九百九十一斤六两四钱，俱经照数发足，该委员等即于正月十五日自泸扫帮前进。"等情，转详到臣。除咨明户、工二部暨沿途经过各省督抚，转饬地方文武员弁拨护催趱，不许片刻停留，仍稽查有无盗卖情弊外，所有乾隆十八年二加运京铜官自泸开运日期，理合恭折奏报，伏乞皇上睿鉴。谨奏。

朱批：览。

（《宫中档乾隆朝奏折》第七辑，第610～611页）

1000 云南巡抚爱必达《奏报遵旨拣选镇沅府知府史鲁璠调补普洱府知府，遗缺以王曰仁补授折》
乾隆十九年二月十九日

云南巡抚臣爱必达谨奏：为钦奉上谕事。

乾隆十九年二月初四日，接准部咨："奉上谕：云南普洱府知府员缺紧要，着该督抚于通省知府内拣选一员调补，所遗之缺，着王曰仁补授。钦此。"臣钦遵谕旨，随于通省现任知府内详加拣选。查有镇沅府知府史鲁璠，系浙江贡生，由石屏州知州奉特旨补授今职。该员才具优长，办事敏练，且与普洱疆域毗连，该郡夷情素所熟悉。虽本任亦系夷疆要缺，尚在内地，与普洱界连外域者不同，以之调补普洱府知府，人地相宜。但到任未满三年，与题调之例未符。理合恭折奏请，仰恳皇上天恩，准将史鲁璠调补普洱府知府。如蒙俞允，所遗镇沅府知府一缺，即遵旨以王曰仁补授，不特夷疆均有裨益，臣亦得收臂指之效矣。

再查史鲁璠任内并无参罚案件，系现任知府对品调补，王曰仁系奉特旨以知府补授之员，俱无庸送部引见。合并陈明，伏乞皇上训示。谨奏。

朱批：该部知道。

（《宫中档乾隆朝奏折》第七辑，第611～612页）

1001 云南巡抚爱必达《奏报接署督印日期折》
乾隆十九年二月十九日

云南巡抚臣爱必达谨奏：为奏明接署督印日期，仰祈圣鉴事。

窃照云贵总督臣硕色奏请陛见，荷蒙俞允，于本年二月十五日由滇起程赴京，即于是日循例将总督印务交臣接署。一切应行事宜，臣自当矢慎矢勤，敬谨办理，以仰副我皇上廑念边疆至意。所有接署督印日期，除缮疏题报外，理合恭折奏闻，伏乞皇上睿鉴。谨奏。

朱批：览。

（《宫中档乾隆朝奏折》第七辑，第612页）

1002　云南巡抚爱必达《奏报永昌府缺调补乏人，请旨拣补折》
乾隆十九年四月初六日

云南巡抚臣爱必达谨奏：为要缺调补乏人，请旨拣补事。

窃照云南永昌府知府陈克复病故，经臣具疏题报在案。所遗员缺，地处极边，兼辖土司，例应在外拣选调补。臣于通省知府中逐一详加考核，内本任现居要地者未便再行更调，其余中简各府，或现在员缺，或到任未久，或人地不克相宜，一时实乏可调之员。查定例：应题应调缺出，如一时无合例之人，即声明情由，请旨拣发等因。所有滇省现出永昌府知府一缺，相应循例奏恳圣恩俯赐，拣补一员，令其即行赴任，庶要缺不致久悬，地方得资料理。臣谨缮折恭奏，伏乞皇上睿鉴。谨奏。

朱批：有旨谕部。

（《宫中档乾隆朝奏折》第七辑，第901页）

1003　云南巡抚爱必达《奏报滇省豆麦、禾苗情形折》
乾隆十九年四月初六日

云南巡抚臣爱必达谨奏：为奏闻豆麦、禾苗情形，仰慰圣怀事。

窃惟滇省冬末春初瑞雪沾足，嗣复时得雨泽，土膏滋润。现在省城附近，南豆陆续结实，将来收成约有八分以上；大麦已获者十之四五，余亦渐次黄熟，统计收成可得八分；小麦长茂，正在出穗扬花；水田秧针出水五六寸，旱谷秧针出土二三寸；近水之田，四月中旬以后可以插莳；高阜田亩，闰四月内可栽。闾阎欢欣鼓舞，共勤东作。各属虽迟早不齐，据报大略相等。米粮价值平减，四境均极宁谧。所有滇省豆麦禾苗各情形，理合恭折奏闻，上慰慈怀，伏乞皇上睿鉴。谨奏。

朱批：欣慰览之。

（《宫中档乾隆朝奏折》第七辑，第902页）

1004 云南巡抚爱必达《奏报宁洱耕牛被疫并借给牛本缘由折》
乾隆十九年四月初六日

云南巡抚臣爱必达谨奏：为奏明事。

窃惟滇省普洱府属宁洱县地方，僻处极边，在在高阜，耕犁全资牛力。自本年二月以来，天气炎热过早，县属牛疫炽发，已倒毙过耕牛三百七十余条。现在疫气未消，日逐倒毙，经该县知县刘标详报，并请动项借给牛本前来。

臣查东作正殷，民生攸系，刻不容缓，随飞饬司道查议。旋据署布政使沈嘉征等会详，请照乾隆六年景东府牛疫奏明动项酌借牛本之例，于司库铜息项下动发银三千两，委令委用通判李龙骠赍解前往，协同署普洱府知府刘建吉、宁洱县知县刘标，查明该县地方共倒毙牛只若干，除有力之家毋庸借给外，其实在无力农民，照依田亩多寡，每牛一条，借给牛本银八两，单借合借，酌量分别办理，务令乘时买备，以资东作。事竣造册报核，不敷请发，余剩解还，定限本年秋成照数催收清款等情到臣。臣当批如详动发，并饬李龙骠星飞前往，协同实心经理，务使农民均沾实惠。不得假手胥役、头人，虚捏扣克及催收多索，扰累闾阎。业经动项飞赍，酌借在案。

所有宁洱耕牛被疫并借给牛本缘由，理合恭折奏明，伏乞皇上睿鉴。谨奏。

朱批：览。

（《宫中档乾隆朝奏折》第七辑，第902~903页）

1005 云南巡抚爱必达《奏报因病回籍之原任御史
张汉考试请托，现在提审缘由折》
乾隆十九年四月初六日

云南巡抚臣爱必达谨奏：为奏闻事。

窃照岁科两试重开，抡才大典，臣恪遵圣训，于学臣按临各郡时，谆切饬谕提调等官严密防范稽查，务令弊绝风清，以仰副我皇上遴拔真才至意。乃于乾隆十九年四月初四日，据临安府知府张惟寅禀称："学政于三月二十九日到临，有石屏州人、因病回籍之原任御史张汉，令伊子、监生张中雕至云龙桥迎谒，投书一函，书中有嘱托提拔子孙亲戚之语，并附有生童姓名清单，业奉学政将张中雕饬交管押。"等情到臣。

臣查张汉身列科甲，曾任台谏，辄敢目无功令，玩法营私一至于此。批阅之下，不胜发指。当即檄行布、按二司，将张汉及伊子孙、亲戚等有名各犯逐一飞提至省，执法严审在案。嗣于初五日，接准学臣葛峻起移送揭帖并私书名单前来。臣伏查考试请托，案情重大，自应迅速审拟，庶足以肃法纪而儆营求。学臣疏内请俟部覆到日饬审之处，未免稽延。因仍饬司提解至省，一俟提到，臣即亲加严审，务得确切供情，从重定拟，分别题奏、请旨。除张汉私书名单另行抄录，恭呈御览外，所有臣现在提审缘由，理合先行奏闻，伏乞皇上睿鉴。谨奏。

朱批：*甚是，知道了。*

（《宫中档乾隆朝奏折》第七辑，第904～905页）

1006　云南巡抚爱必达《奏报豆麦、禾苗情形折》
乾隆十九年闰四月初一日

云南巡抚臣爱必达谨奏：为奏闻豆麦、禾苗情形，仰慰圣怀事。

窃惟滇省春令雨旸时若，豆麦旺盛，禾苗生发缘由，经臣具折奏报在案。入夏以来，更复连沛甘霖，南豆、大麦悉已登场，小麦扬花结实，夏收约在八分以上。田水充盈，秧苗畅达。现在气候较早之处均经种插，余亦渐次栽莳。闾阎欢欣鼓舞，东作维勤。米粮价值俱各平减，四境亦极宁谧。所有滇省豆麦禾苗情形，理合恭折奏闻，上慰慈怀，伏乞皇上睿鉴，谨奏。

朱批：*欣慰览之。*

（《宫中档乾隆朝奏折》第八辑，第166～167页）

1007　云南巡抚爱必达《奏报查明宁洱倒毙牛数及借给银两确数折》
乾隆十九年闰四月初一日

云南巡抚臣爱必达谨奏：为奏明宁洱借给牛本确数，仰祈圣鉴事。

窃照滇省普洱府属宁洱县地方，本年二月以来天气炎热过早，牛疫炽发，倒毙甚多。东作正殷，刻不容缓。经臣据该县知县刘标详情动项，随饬司道议详，照例于司库铜息项下动发银三千两，委令委用通判李龙骠星飞赍解前往，协同府县实心经理，查明无力农民，每牛一条，借给本银八两，乘时买备，以资东作，定限本年秋成，照数催收清款。当即恭折奏明在案。

今据该委用通判李龙骠办竣回省，禀称：四月初八日抵宁洱县，会同府县唤集叭目头人，查明先后倒毙共牛四百五十二条。除有力者已经自行买补外，无力之家未经买补者计三百二十二条，自十一日起，令各头人率领缺牛花户亲身赴县，会同面取领状，按照田亩多寡，分别借给，共借给过牛本银二千五百七十六两，均各感戴皇仁，欢声载道，星赴产牛处所，赶紧购买。现在牛疫亦已宁息，余银四百二十两，仍缴藩库等语。除饬令查造花名银数清册报核，并俟秋成催收清款外，所有查明疫毙牛数及借给银两数目，理合恭折奏闻，伏乞皇上睿鉴。谨奏。

朱批：知道了。

（《宫中档乾隆朝奏折》第八辑，第 167～168 页）

1008　云南巡抚爱必达《奏明猺匪盘道钳等正法日期折》
乾隆十九年闰四月初一日

云南巡抚臣爱必达谨奏：为奏明猺匪正法日期事。

窃照猺匪盘道钳勾结内地已正法匪犯何圣烈等招人不法一案，先因盘道钳窜匿外域未获，经督臣会臣严饬设法查拿。嗣据诱获盘道钳、邓盛玉及二犯家口，饬提至省，亲加研鞫，供认不讳。随经督臣硕色将盘道钳依律拟以凌迟处死，邓盛玉拟斩立决，仍俱枭示。盘道钳之子囊先，据供系属抱养，次女底暖平日并未同居；邓盛玉之子邓冷，亦称并非亲生。发交安南国王查讯确实，照律办理。盘道钳之妻万氏，邓盛玉未字之女艾矮，并发该国安置为奴，在交有无别项财产，亦令该国就近查办；兵三郎、黄国珍等量加酌赏等因，会臣缮折奏闻。于乾隆十九年四月十六日，接准部覆，奉旨："盘道钳着即凌迟处死，邓盛玉着即处斩，仍俱枭示，余依议。钦此。"钦遵。臣即于本日饬令营县，将盘道钳、邓盛玉绑赴市曹，率同在省司道文武等官亲临监视，正法枭示，并咨会安南国王黎维祎钦遵查办，饬令开化镇府将各犯家口解交安南土目黄文祺转解宜京，并将兵三郎、黄国珍等分别从优给赏讫。所有盘道钳、邓盛玉正法日期，除另疏题报外，理合恭折奏闻，伏乞皇上睿鉴。谨奏。

朱批：览。

（《宫中档乾隆朝奏折》第八辑，第 168～169 页）

1009　云南巡抚爱必达《奏报乾隆十九年分头运京铜自泸开运日期折》
乾隆十九年闰四月初一日

云南巡抚臣爱必达谨奏：为钦奉上谕事。

乾隆十四年六月十八日，承准廷寄，内开："奉上谕：嗣后运铜事宜，务须加意慎重。其沿途经过各省督抚，朕已传谕，令其将委员守风、守冻及有无事故之处奏闻。至铜铅船只于云贵本省起运，何日出境，亦着该督抚随时折奏。钦此。"钦遵，转行遵照在案。

今据粮储道徐铎详据委驻泸店转运京铜署大关同知蔡理经报称："乾隆十九年头运京铜官、委用知县吴际盛，候补吏目李业勋，于乾隆十九年正月二十八日抵泸，二月初七日开秤起至三月二十一日止，兑交过铜一百一十一万斤，除陆路折耗铜五千五百五十斤外，实该正耗余铜一百一十万四千四百五十斤，俱经照数发足，该委员即于三月二十一日自泸扫帮前进。"等情，转详到臣。除咨明户、工二部及沿途经过各省督抚转饬地方文武员弁拨护催趱，不许片刻停留，仍稽查有无盗卖情弊外，所有乾隆十九年头运京铜自泸开运日期，理合恭折奏报，伏乞皇上睿鉴。谨奏。

朱批：览。

（《宫中档乾隆朝奏折》第八辑，第 169~170 页）

1010 云南巡抚爱必达《奏报乾隆十八年分滇省已征盐课银数目折》
乾隆十九年闰四月二十二日

云南巡抚臣爱必达谨奏：为钦奉上谕事。

案照乾隆十七年二月二十八日，承准廷寄，内开："奉旨：嗣后各省每年完欠钱粮，俱着随奏销时分晰查明，据实复覆。钦此。"钦遵在案。

臣伏查滇省地丁之外，尚有盐课一项，亦系按年奏销，同属国帑，自应循照地丁之例，一体具折奏闻。兹据署布政使印务按察使沈嘉征会同驿盐道刘谦详称："乾隆十八年分应征盐课银二十六万一千六百四十三两六钱三分二厘零，又催完奏销乾隆十六年盐课案内原参各井各属未完薪食银二千五百五十三两七钱三分八厘零，又催完奏销乾隆十七年原参白井属未完借垫薪食银八千三百九十七两七钱一厘零，又催完白井属未完续借本款薪食银九千四百五十两八钱一分七厘零，又催完乾隆十八年薪本役食，动支乾隆十六、十七两年盐课银六万两。以上共催完银三十四万二千四十五两八钱九分九毫零。又各井各属未完乾隆八年起至乾隆十七年盈余银六万三千七百三两六钱五分三厘零，内已完银一万九千九百三十六两五钱五分一厘零，未完银四万三千七百六十七两一钱二厘零；又安宁、安丰二井移煎、增煎案内办获余银，未补复隆井节年缺额盐课银四万四千一百三两三钱七厘零，内已完银一万七千一百九两八钱四分一厘零，未完银二万六千九百九十三两四钱六分六厘零；又应征乾隆十八年分盈余银一十三万三千七百八十五十四两六钱五分五厘零，内除支给养廉、公费、役食、廪饩、脚价并移解，共银六万五千二百八十九两七钱二分六厘零，尚该银六万八千五百六十四两九钱二分九厘零，内已完银三万一百一十七两一钱一分八厘零，未完银三万八千四百四十七两八钱一分一厘零，已分别于奏销册内开造登明。"等情，详报到臣。臣查核无异，除具疏题报外，理合循照地丁之例，恭折奏闻，伏乞皇上睿鉴。谨奏。

朱批：览。

（《宫中档乾隆朝奏折》第八辑，第331~332页）

1011　云南巡抚爱必达《奏报滇省栽插情形折》
乾隆十九年闰四月二十二日

云南巡抚臣爱必达谨奏：为奏闻栽插情形，仰慰圣鉴事。

窃惟滇省入夏以来叠沛甘霖，高下沾足，南豆、二麦收成丰稔，水田秧苗，气候寒暖不齐，栽莳亦迟早不一。现在田水充盈，共勤东作。已经种插者十分中之七八，出水四五六寸不等，俱各青葱畅达，约计五月中旬即可插莳齐全。米粮价值照常平减，四境亦极宁谧。所有滇省禾苗栽插情形，理合恭折奏闻，上慰慈怀，伏乞皇上睿鉴。谨奏。

朱批：欣慰览之。

（《宫中档乾隆朝奏折》第八辑，第332~333页）

1012　云南巡抚爱必达《奏请以临安府知府张惟寅调补云南府知府，遗缺请旨拣员补放折》
乾隆十九年闰四月二十二日

云南巡抚臣爱必达谨奏：为首郡亟需干员，仰恳天恩俯准调补事。

窃照云南府知府武深布在任病故，经臣恭疏题报在案。所遗员缺系四项相兼，例应请旨简用。但查云南一府地当孔道，事务纷纭，兼有一切发审事件，为通省第一剧郡，最关紧要，必得精明强干、熟练风土之员始克胜任。初到滇省之员，恐于地方情形未能熟悉，一时难收臂指之益。

臣随与司道等于通省知府内详加考核，查有临安府知府张惟寅，年四十四岁，由直隶进士历任云南驿盐道，降补知府，经督臣硕色会臣奏请补授。该员品端守洁，识练才优，于滇中风土民情素所深谙，现在治理临安，各属均极妥协，而委办一切要件，俱能实心实力，不避劳怨，洵属滇省郡守中第一贤员。以之调补云南府知府，必能表率诸郡，整饬地方吏治民生，克有实裨。虽临安府知府亦系请旨简用之缺，而云南为会城首郡，政务殷繁，更为紧要。合无仰恳皇上天恩，俯准将张惟寅调补云南府知府，其所遗临安府知府员缺，请旨简用一员，星驰赴任。一转移间，两郡均可得人，而臣亦并收臂指之助矣。如蒙俞允，张惟寅系对品调补，无庸送部引见。合并陈明。

臣为首郡紧要起见，恭折奏恳天恩，伏乞皇上训示。谨奏。

朱批：有旨谕部。

（《宫中档乾隆朝奏折》第八辑，第333～334页）

1013　云南巡抚爱必达《奏报乾隆十九年分二运京铜自泸开运日期折》
乾隆十九年闰四月二十二日

云南巡抚臣爱必达谨奏：为钦奉上谕事。

乾隆十四年六月十八日，承准廷寄，内开："奉上谕：嗣后运铜事宜，务须加意慎重。其沿途经过各省督抚，朕已传谕，令其将委员守风、守冻及有无事故之处奏闻。至铜铅船只于云贵本省起运，何日出境，亦着该督抚随时折奏。钦此。"钦遵，转行遵照在案。

今据粮储道徐铎详据委驻泸店转运京铜署大关同知蔡理经报称："乾隆十九年二运京铜官候补通判张鋘、候补吏目陈安国，于乾隆十九年二月二十七日抵泸，三月二十二日开秤起至四月十八日止，兑交过铜一百一十一万斤，除陆路折耗铜五千五百五十斤外，实该正耗余铜一百一十万四千四百五十斤；又带解乾隆五年三协运官陈述虞挂欠铜八百六十九斤零，俱经照数发足，该委员即于四月十八日自泸扫帮前进。"等情，转详到臣。除咨明户、工二部暨沿途经过各省督抚转饬地方文武员弁拨护催趱，不许片刻停留，仍稽查有无盗卖情弊外，所有乾隆十九年二运京铜官自泸开运日期，理合恭折奏报，伏乞皇上睿鉴。谨奏。

朱批：览。

（《宫中档乾隆朝奏折》第八辑，第334～335页）

1014　云南巡抚爱必达《奏报告病回籍原任御史
张汉投书请托一案，审明定拟折》
乾隆十九年闰四月二十二日

云南巡抚臣爱必达谨奏：为奏闻事。

　　窃照告病回籍原任御史张汉令伊子张中雕迎接学臣葛峻起，投书请托一案，先经臣据临安府知府张惟寅禀报，檄行布、按二司飞提案内有名人犯到省。嗣准学臣葛峻起移送揭帖并私书名单前来，臣随恭折奏闻在案。兹据按察使沈嘉征等提集各犯，审明招解到臣。臣复亲加严讯，穷诘再三，讯得张汉告病回籍，在离家二十五里之张本寨祖祠养病，留伊中雕管理家务，其余子弟及孙俱在外处馆。本年三月内，中雕知学臣葛峻起按试临安府，妄思系父同袍，必顾情面，起意致书嘱托，欲将伊堂叔及弟侄考列优等，私作书稿，向父张汉禀商。张汉初犹不允，中雕求请再四，张汉始行允从。中雕回家，遂将书札照稿誊清，被伊在家读书之妹夫何凤、外甥段如蕙看见，即央中雕写入书内，嘱托中雕，以至亲情面难却，将何凤、段如蕙二名同伊叔张鹏图、弟张中函、张中屏、侄张轩祚、张轩绪各名瞒父，另开名单夹入书内。中雕又写伊父名帖，于三月二十九日候学臣葛峻起行至临安府建水州地方，向前迎接，并投前书，供认不讳。臣恐张中雕代父认过，借词狡饰，且何凤、段如蕙均属外姻，或有受财贿嘱情弊，将张中雕严行刑讯，据称书内只写子弟，本无亲戚字样，原书可查，并非代父认过，实因至亲情分难却，一时私行添入，委无受贿别情，矢口不移。即刑讯何凤、段如蕙，亦各供如一。

　　查张汉私书请托，虽均系子孙与弟，且并无诓骗图财情事，但鲁任御使，罔顾法纪，辄听信伊子中雕妄致私书，营私玩法，若仅依乡宦私书讨情及为子孙弟侄营谋例拟以革职，未足蔽辜。应比照诓骗举监生员财物，指称买求中式，不分首从，枷号三个月，发烟瘴地面充军，例减一等，杖一百，徒三年。张中雕起意作书，又复瞒父书写名单，添入何凤、段如蕙名字，未便照一家共犯，罪坐尊长，稍从宽纵。应照张汉一体问拟，杖一百，徒三年。张汉年逾七十，照律收赎。何凤、段如蕙虽无许财买嘱情事，但因见张中雕致书，即将己名央求添入，亦属不合。应各照不应重律，杖八十，折责三十板。张中函、张中屏、张轩祚、张轩绪、张鹏图俱系父兄主持，研讯并不知情，应毋庸议。

　　除一俟奉准张汉革职部咨，即缮疏具题请旨外，理合先将审过张汉等情节另缮简明供折，恭呈御览，具折奏闻，伏乞皇上睿鉴。谨奏。

　　朱批：知道了。

（《宫中档乾隆朝奏折》第八辑，第335～336页）

1015　云贵总督硕色《奏谢陛辞之日天语谆谆、训诲周详折》
乾隆十九年五月初八日

云贵总督臣硕色谨奏：为恭谢天恩事。

窃臣荷蒙圣恩允准陛见，臣于乾隆十九年二月十五日自滇起程，本年四月初九日抵圆明园恭请圣安，即蒙连日召见，天恩叠沛，有加无已。臣又亲见我皇上日理万几，乾纲独断，尽善尽美，无刻不以天下苍生为念，此臣自有生以来从未见之盛治也。（**夹批**：此语不当，汝非外朝人也。）陛辞之日，天语谆谆，训诲周详。臣跪聆之下，感激无地。惟有矢公矢慎，竭尽血诚，以期仰报高厚于万一耳！所有臣感激下忱，谨缮折恭谢天恩，伏祈圣鉴。谨奏。

朱批：览。

（《宫中档乾隆朝奏折》第八辑，第 460~461 页）

1016 云贵总督硕色《奏报前任提督丁士杰侵克草豆等项银两折》
乾隆十九年五月初八日

云贵总督臣硕色谨奏：为奏闻事。

窃臣于上年冬间，闻得黔省各标镇协营遇有马匹倒毙，并不即行买补，希图扣克草干，且有将公费、生息等项银两私借、私用、侵蚀情弊，随行司委员分头严查。去后，乃布政司尚未查明详覆，臣即于乾隆十九年二月十五日起程赴京陛见。于本年四月十五日陛辞回滇，途中闻得新任提督宋爱查出提标四营缺马至六七十匹之多，提标中军参将李现祥不即发价买补，希图多扣草干情弊，经经会同署督爱必达、抚臣定长将李现祥题参在案等因。臣于本年闰四月二十一日抵黔省境内，密加访查。提标四营遇有倒毙马匹，不即买补，克扣草豆银两，不止六七十匹，亦非一二年之事，其来已久。如提标四营从前倒毙马匹，俱系四营各自领价买补。至乾隆十一年，讵前任提督丁士杰不令四营领价买马，竟将马价银两统交中军参将衙门收存，称为"朋银"名色，将倒马压至两月后或三四月、四五月不等，所扣草干及皮脏变价各项银两，俱归入朋内，亦总谓之"朋银"，甚至不派弁目买马，听兵自行购买，如所报价值稍昂，尚复短发银一二两二三两不等，此项短发银两仍存朋内。自乾隆十一年起至十八年止，固有提督丁士杰私自取用者，亦有各中军假公捏开者，亦有实系营中因公那用者，约计有八九千两之数。

臣于闰四月二十八日抵贵州安顺府，接见提督宋爱，询及此事，据称果有此事，且有底册可稽，现在确查等语。臣思丁士杰身为提督大员，不能洁己率属，竟敢侵克草豆等项银两，大干功令。历任中军等官扶同舞弊营私，不法已极。臣已面嘱提督宋爱刻速查明咨覆，容俟咨覆到日，臣即严参，请旨审拟究追外，合先奏闻，伏祈圣鉴。谨奏。

朱批：已有旨了。

（《宫中档乾隆朝奏折》第八辑，第 461~462 页）

1017　云南巡抚爱必达《奏报乾隆十八年分滇省收支、动存、管收公件、耗羡等项银两数目折》

乾隆十九年五月二十六日

云南巡抚臣爱必达谨奏：为呈明事。

窃照乾隆十三年五月初五日，准户部咨开："各省动用耗羡银两，令将一年收支、动存各数，并从前民欠征完、借支归款，同现存各项银两，查明有无亏空那移之处，于本年岁底为始，缮折奏闻，仍备造四柱清册送部查核汇奏等因。奉旨：依议。钦此。"钦遵。又于乾隆十四年四月十八日，准户部咨开："议覆广西抚臣舒辂奏称，耗羡收支、动存各数，岁底不能汇齐，请照正项钱粮之例，于次年五月内核奏。经部酌议，请将各省奏报耗羡银两，均于次年随地丁钱粮一同核奏等因。奉旨：依议。钦此。"钦遵在案。今行据署布政使印务、按察使沈嘉征将乾隆十八年分公件、耗羡等项分晰造册，详报前来。

臣查滇省公件、耗羡等项，乾隆十八年分旧管乾隆十七年报销汇奏实在存库银二十六万七千一百二十五两五钱七分四厘七毫零，未完借解吴尚贤田产变价动支司库节年收存粤盐余息银四万四千二百一十八两三钱，俟变价银两完解归款；又原任赵州参劾正法知州樊广德亏空乾隆十一、十二两年分公件、溢额、商税、牙帖等银三百六十七两五钱七分，业于持参亏空仓库等事案内着追完结；一额征乾隆十八年分公件、耗羡，除鹤庆、剑川二府州被水案内沙石埋压，永不能垦复，并宝宁县拨归粤西征收外，实征公件、耗羡、溢额、商税、牙帖、马价等项，共银一十一万三千一百八十二两五钱零；新收乾隆十八年分公件、耗羡、溢额、马价、铜息、缓征、缴还、借放并粤盐余息节年归公铜价，奏销饭食、心红、裁减养廉、杂费、衙署等项，共银三十万一千七百七十六两八钱四分零。管收共银五十六万八千九百二两四钱一分零，开除乾隆十八年分司道、提镇、笔帖式、府厅州县等官养廉，存留应办地方公事，酌定各款公事，节年并十八年酌留应支办公、无定公事、养廉等项，通共银二十四万八千二百六十九两二钱零，实存库银三十二万六百三十三两二钱零。未完借解吴尚贤田产变价动支司库节年收存粤盐余息未还银三万四千三百四十三两八钱，现在催变，俟变解完日，于下年册内收造归款。

所有乾隆十八年分收支、动存、管收，除在各款银两数目，除将清册送部查核汇奏外，谨缮黄册，恭呈御览。谨奏。

朱批：览。

1018　云南巡抚爱必达《奏报滇省乾隆十八年分额征民、屯地丁钱粮通完无欠折》

乾隆十九年五月二十六日

云南巡抚臣爱必达谨奏：为钦奉上谕事。

案照乾隆十七年二月二十八日，承准廷寄，内开："奉上谕：嗣后各省每年完欠钱粮，俱着随奏销时分晰查明，据实折奏，不必仍循岁底奏闻之例。可于各该督抚奏事之便，传谕知之。钦此。"臣即钦遵，行令司道将乾隆十八年分各属完欠确数查明，分晰详报。去后，兹据署布政使印务按察使沈嘉征、粮储道徐铎会详称："滇省各府厅州县乾隆十八年分额征民、屯条丁、米折六款等银二十万九百七十两零，又带征鹤庆等四府州县乾隆十六年地震并十七年被水缓征条丁银四百三十两零，二共银二十万一千四百一两零，内征存各府厅州县坐放官役、俸工等项银五万二千九百三十两零，征解布政司库银一十四万八千四百七十两零；又额征民、屯税秋六款，麦、米、谷、荞、杂粮并条编改米折，共米二十一万二千八百二十九石零，内征收折色米三万五千三百六十六石零，各折不等，该折征银三万四千九百六十两零，实征本色米一十七万七千四百六十二石四斗零，又带征鹤庆等四府州县乾隆十六、十七两年地震、被水缓征税秋、折米及条银改米，共八百一十六石零，二共米一十七万八千二百七十九石零，俱已照数征收通完。"详报到臣，并汇册呈请奏销前来。业经臣核明，另疏题销，将清册送部，并分晰另缮清折，恭呈御览外，所有乾隆十八年分额征民、屯地丁、钱粮通完无欠缘由，理合缮折恭奏，伏乞皇上睿鉴。谨奏。

朱批：览。

（《宫中档乾隆朝奏折》第八辑，第 604~605 页）

1019　云贵总督硕色《再行奏报前任提督丁士杰侵克草豆等项银两事并随市参奏折》

乾隆十九年五月二十六日

云贵总督臣硕色谨奏：为再行奏闻事。

窃照营马倒毙，即应一面通报，一面停支草干，俟马匹买补之后，方可起支。此定例也。讵有贵州提标营马倒毙不即通报，亦不买补，希图侵扣草干。

臣于乾隆十九年四月十五日陛辞回滇，于闰四月二十一日抵黔省境内，密加访查得提标四营从前倒毙马匹，俱系四营各自领价买补。至乾隆十一年，经原任提督丁士杰不令四营领价买马，竟将马价银两统交中军参将衙门收存，称为"朋银"名色，将倒马压至两月后或三四月、四五月不等，所扣草干及皮脏变价各项银两，俱归入朋内，亦总谓之"朋银"，甚至不派弁目买马，听兵自行购买，如所报价值稍昂，尚复短发银一二两、二三两不等，此项短发银两，仍存朋内。自乾隆十一年起至十八年止，有提督丁士杰私自取用者，有各中军假公捏开者，亦有实系营中因公那用者，约计有八九千两之数。臣于闰四月二十八日抵贵州安顺府，接见提督宋爱，询及此事，据称果有此事，且有底册可稽，现在确查等语。臣已面嘱提督宋爱刻速查明咨覆，容俟咨覆到日，臣即严参，请旨审拟究追等因，于本年五月初八日恭折奏闻在案。

今准提督宋爱咨称："查得从前提标四营倒毙马匹，俱系各营自行领价买补，至乾隆十一年，提督丁士杰不令四营领价买马，概将马价银两统交中军参将衙门收存，称为'朋银'名色，将倒马压至两月后或三四月、五六月不等，所扣草干及皮脏变价各项银两，俱归入朋内，甚至不派弁兵买马，听兵自行购买，如所报价值稍昂，尚复短发银一二两、二三两不等，营中买马碎小价银更多节省。除现今实存银一千二百六十八两七钱零，又中军参将李现祥那用制造军装银一千两已经另案题参外，自乾隆十一年起至十八年止，有提督丁士杰私自取用者，有各中军假公捏开者，亦有实系营中因公那用者，共计八千四百七十四两零，并将原任提督丁士杰、历任正署中军等官职名开揭咨参。"前来，准此。

臣思丁士杰身为提督大员，不能正己率属，竟敢侵扣草干等项银两，大干功令。历任正署中军牛射芳等扶同舞弊营私，不法已极。查丁士杰现补广西左江镇总兵，历任正署中军参将亢宗伟、李洪俱经病故，李现祥已经题参外，牛射芳现任贵州威宁镇总兵，冯汇现任福建建宁镇总兵，王三元现任湖南宝庆协副将，张文标现任贵州长寨营参将。相应严参，请旨将丁士杰、牛射芳、冯汇、王三元、张文标一并革职，并请敕部，行令两广、福建、湖广各督臣将丁士杰、冯汇、王三元等委员押解黔省，以便审拟究追，以肃军纪。除委员摘取牛射芳、张文标关防，即行署理，勒令该员等离任候审，仍照例缮疏，会同抚臣定长、提臣宋爱题参外，臣谨恭折奏闻，伏祈皇上睿鉴。谨奏。

朱批：已有旨了。

（《宫中档乾隆朝奏折》第八辑，第 605～607 页）

1020 云贵总督硕色《奏报遵旨详查丁士杰侵克草豆等项银两，据实覆奏折》

乾隆十九年五月二十六日

云贵总督臣硕色谨奏：为遵旨详悉查明，据实覆奏事。

乾隆十九年五月二十五日，接到廷寄一件，内开："乾隆十九年五月初二日，奉上谕：爱必达以贵州提标中军李现祥等侵那生息利银一案，将失察之前任提督丁士杰具折参奏，已降旨交部察议矣。但丁士杰之在贵州提督任内，其居官行事究竟若何？其于此案有无通同捏饰之处，抑或仅止失于查察之咎？爱必达此番参奏，是否实因李现祥之事起见，抑或因上年定长曾奏其致书嘱托，遂不免有附和定长之意？可传谕硕色，令其不可瞻徇，亦不可苛求，秉公详悉查明，据实覆奏。钦此。"遵旨寄信到臣。

臣查丁士杰前在贵州提督任内，尚能熟悉营务，勤于操演。其居官行事，臣未得深知。臣于本年四月十五日陛辞回滇途中，闻得新任提督宋爱查出提标四营缺马六七十匹之多，其提标中军参将李现祥不即发价买补，希图多扣草干情弊，业经会同署督臣爱必达、抚臣定长将李现祥题参在案等因。臣彼时即甚疑心，嗣于闰四月二十一日抵黔省境内，密加访查，提标四营遇有倒毙马匹不即买补，扣克草豆银两不止六七十匹，亦非一二年之事，竟系丁士杰将马价银两统交中军参将衙门收存，匿倒不报，侵克草干等项银两，上下任意取用，约计有八九千两之数。其丁士杰居官行事不法已极，臣已查明确实，现在另折奏闻，一面照例会疏题参。

所有提标中军李现祥等侵那生息利银一案，查李现祥经办乾隆十六七年生息当项，有侵隐余利银六百二十四两零，又取用十八年利银五十两，已吐出银三百五十六两零，尚侵隐银三百一十八两零。但承造报部底册，系提督之责，丁士杰并不照月报及当铺实数开造，乃听李现祥另呈样册照造，显有通同捏饰之处。

至爱必达此番参奏李现祥，并非自行访出之事，原系新任提督宋爱查出侵那生息，咨揭会参。事关侵隐帑项，爱必达接准宋爱咨揭，不得不照例会参，似无附和定长之意。

缘系钦奉谕旨事理，臣谨秉公详细查明，据实覆奏，伏祈圣鉴。谨奏。

朱批：知道了。

（《宫中档乾隆朝奏折》第八辑，第 607～608 页）

1021　云贵总督硕色《恭报乾隆十九年分滇省豆麦收成分数折》
乾隆十九年五月二十六日

云贵总督臣硕色谨奏：为奏报豆麦收成分数事。

窃照滇省今岁入春以来雨水调匀，豆麦畅茂。兹查各属所种大麦、小麦、蚕豆均已陆续登场，行据署云南布政使按察使沈嘉征将各属豆麦收成分数开报前来。

臣查滇省统辖二十三府、一十六厅、六十四州县内，除云南等一十四府各有同城州县，分防五嶍等处之七厅无经管田地钱粮，所有夏收分数由各该管府州县开报；又景东府、腾越州二处不产豆麦外，其余无同城州县之八府、经管田地钱粮之九厅及六十三州县之中，查镇沅府、丽江府及沾益、邓川、南安、太和四州县，低下、高阜田亩豆麦俱收成九分；鹤庆府及昆阳、嵩明、石屏、罗次、河西、河阳、定远七州县，低下田亩豆麦收成九分，高阜之处收成八分；广西府、永北府及大关、晋宁、建水、新兴、赵州、宾川、云龙、云州、弥勒、丘北、昆明、呈贡、南宁、富民、蒙自、通海、恩乐、新平、文山、浪穹、永平、广通、元谋二十三厅州县，低下田亩豆麦收成九分，高阜之处收成七分；威远、陆凉、寻甸、易门、江川、大姚六厅州县，低下、高阜田亩豆麦俱收成八分；禄劝、宁洱二州县，低下田亩豆麦收成九分八分，高阜之处收成八分七分；蒙化府及缅宁、安宁、剑川、罗平、和曲、宜良、平彝、碍嘉八厅州县，低下田亩豆麦收成八分，高阜之处收成七分；维西、马龙、宣威、师宗、镇雄、永善六厅州县不产蚕豆，其麦收，低下田亩收成九分，高阜之处收成九分七分；会泽县不产蚕豆，其麦收，低下田亩收成八分，高阜之处收成七分；顺宁府及路南、宁州、镇南、阿迷、姚州、嶍峨、云南、保山、楚雄九州县，低下田亩豆麦收成八分，高阜之处收成六分；思茅同知一处不产二麦，其蚕豆，低下田亩收成八分，高阜之处收成六分；中甸、禄丰、宝宁三厅县，低下田亩豆麦收成七分，高阜之处收成六分；元江府及鲁甸、恩安二厅县不产蚕豆，其麦收，低下田亩收成七分，高阜之处收成七分六分。合计通省豆麦收成共计八分有余。

除照例会题外，所有云南通省豆麦收成分数，臣谨缮折奏闻，伏祈皇上睿鉴。谨奏。

朱批：览奏俱悉。

（《宫中档乾隆朝奏折》第八辑，第 609~610 页）

1022 云贵总督硕色、云南巡抚爱必达 《奏报沙匪占据猛梭及办理驱逐缘由折》

乾隆十九年六月十三日

云贵总督臣硕色、云南巡抚臣爱必达谨奏：为奏闻事。

窃照滇省临安府沿边一带，与安南国所属之三猛接壤，内有掌管猛梭土司刀美玉、刀正民父子，原系受职安南，纳贡天朝籽粒银五十两，年年交纳，由来已久。前于乾隆五年冬间，被沙匪黎忠君率领沙人千数，将猛梭土围木栅打破，刀正民父子不能抵敌，不知下落，伊妻率同难民窜入境内等情，经前任总督庆复派委游击、守备、千把带领兵丁六百余名，土弁目练一千二百八十余名，均各支给盐菜、口粮、银米，于乾隆六年正月十七日，分队带领兵丁前赴猛喇，进兵驱逐，于二月初二日前后围攻，各贼俱已分头逃窜，其猛梭仍着刀美玉、刀正民父子管理在案。

今于乾隆十九年四月初十日，据临元镇总兵官李如柏、临安府知府张惟寅禀据纳楼司禀据土千总李必胜报称："探听得猛梭掌寨刀正民，于本年春间被沙匪将猛梭一寨攻破，刀正民拼命逃出，不知下落。除一面饬谕土千总李必胜星飞前往确查外，合先禀报。"等情。臣硕色已于二月十五日起程赴京，臣爱必达查阅所禀沙匪究系何处余党，共有若干，因何事起衅，横行攻打猛梭，均未分晰声明。臣爱必达随即批示该镇府派委营弁，率同土千总李必胜前往猛梭，晓谕各沙匪速行退出，一面寻觅刀正民下落，星飞禀报。嗣于五月初六日，臣硕色到滇，询知此事，复又飞催确查速禀。去后，兹于本年六月十一日，据临安镇府禀据营弁刘寅、土千总李必胜禀称：猛梭刀正民原住之土城已被沙匪占住，至于匪徒，约有六七百人。又接首匪具禀，内称："伊系交趾国临洮府提领忠侯阮忠镇、宁北屯沙目翁查、余府九等，缘因己未年七月刀美玉父子串同猛罗贼党，统领军兵，屡年以来烧杀宁北屯洮河一带地方，大小三十余寨人鬼含冤，忍隐何诉？于大清乾隆十八年十二月初八日投奔黑江黎王前伸冤，荷蒙准究；又因猛梭每年应纳国课银一百六十两，自己未年以来，刀正民并不交纳，是以奉差领兵拿问。今至猛梭，乃刀正民业已带领家小黑夜逃走了。"等语。又遍处寻觅刀正民，始经遇获。据伊供称："小的猛梭照晋州，系宜京安南国王分封，传流世袭，小的现有印信，从没有抗粮，亦没有抢杀沙人之事。这班匪党都是假的，并非安南国王差来的。"等语。

臣等细阅禀内情节，若刀正民果有抗纳交趾钱粮、抢杀沙人情事，自己未年至今，已历十五年之久，该夷方官民人等何至绝无报闻？即安南国王亦并未咨会到滇，明系黎忠君之余党，谎称安南国王来拿刀正民，在猛横行，甚属不法，自应急为驱逐出猛。但时当夏令，边外正瘴疠盛行，内地兵练难以前往。臣等业已行令临安镇府调拨附近猛梭熟悉水土之猛喇、猛赖等处土练，共计八百名，饬令各该处土弁、土目管领前往，协同猛梭掌寨刀正民，相机驱逐出猛，以安边境。并即派委游击马秉祥酌带千把兵丁前往扼要堵御，以壮声威。一面行令内地沿边弁目兵练加谨防范，不许沙匪一人进口，一面咨会安南国王黎维祎立即发兵，将此案沙匪尽行剿除，以靖边疆外，所有沙匪占踞猛梭及臣等办理驱逐缘由，恭折奏闻。

再此次调拨各猛土练，臣等酌量支给口粮，以示鼓励。合并声明，伏祈皇上睿鉴。谨奏。

朱批：知道了。

（《宫中档乾隆朝奏折》第八辑，第 779～781 页）

1023　云南巡抚爱必达《奏报乾隆十九年分头加运京铜自泸开运日期折》

乾隆十九年六月二十一日

云南巡抚臣爱必达谨奏：为钦奉上谕事。

乾隆十四年六月十八日，承准廷寄，内开："奉上谕：嗣后运铜事宜，务须加意慎重。其沿途经过各省督抚，朕已传谕，令其将委员守风、守冻及有无事故之处奏闻。至铜铅船只于云贵本省起运，何日出境，亦着该督抚随时折奏。钦此。"钦遵，转行遵照在案。

今据粮储道徐铎详据委驻泸店转运京铜署大关同知蔡理经报称："乾隆十九年头加运京铜官、候补通判季细，委用吏目曹大泓，于乾隆十九年四月三十日抵泸，闰四月初六日开秤起至五月二十一日止，兑交过铜九十四万五千七百二十斤，除陆路折耗铜四千七百二十八斤九两六钱外，实该正耗余铜九十四万九百九十一斤六两四钱；又兑交带运两郊坛宇工程处实铜一十六万五千六百六十七斤八两，俱经照数发足，该委员即于五月二十一日自泸扫帮前进。"等情，转详到臣。除咨明户、工二部及沿途经过各省督抚转饬地方文武员弁拨护催趱，不许片刻停留，仍稽查有无盗卖情弊外，所有乾隆十九年头加运京铜官自泸开运日期，理合恭折奏报，伏乞皇上睿鉴。谨奏。

朱批：览。

（《宫中档乾隆朝奏折》第八辑，第870~871页）

1024　云南巡抚爱必达《奏报禾稻畅茂情形折》
乾隆十九年六月二十一日

云南巡抚臣爱必达谨奏：为奏闻禾稻畅茂情形，仰慰圣怀事。

窃惟滇省入夏以来雨水沾足，高低田亩栽插普遍。近复连得甘霖，禾稻畅发，一望青葱。早种者业已陆续含苞出穗，山土杂粮亦俱滋生茂盛，大有可期。闾阎欣庆，米粮价值照常平减。所有禾稻畅发情形，理合恭折奏闻，上慰慈怀，伏乞皇上睿鉴。谨奏。

朱批：欣慰览之。

（《宫中档乾隆朝奏折》第八辑，第872页）

1025　云贵总督硕色、云南巡抚爱必达
《奏报遵旨办理汤丹等厂加价缘由折》
乾隆十九年六月二十一日

云贵总督臣硕色、云南巡抚臣爱必达谨奏：为奏明办理厂务缘由，仰祈睿鉴事。

乾隆十九年六月十六日，新任布政使纳世通到滇，面传谕旨："汤丹等厂加价一事，令臣等通融办理。钦此。"仰见我皇上俯恤炉民既周且渥之至意。

伏查滇省各铜厂，惟汤丹、大丰、大水、碌碌等厂办铜最多，为京外鼓铸及本省课息所关。近因开采日久，硐深矿薄，油米炭薪价值过昂，炉民工本不敷，采办艰难，经臣等会同筹酌，恭疏奏报在案。六月十八日，承准廷寄，内开：奉旨："户部议驳爱必达等题请增给汤丹等厂铜价一折，自属按例。但该处铜务开采日久，硐深矿薄，食物昂贵，该督抚等题请增价，亦系目击情形，随宜筹办。着加恩照请增之数给与一半，余厂不得援以为例。钦此。"钦遵，当即转行司道遵照办理在案。该厂炉户等仰沐浩荡天恩，莫不踊跃欢腾，同声感戴。现在厂民鼓舞聚集，加紧攻采煎炼。从此产铜日旺，京外鼓铸有资，于厂务、课息均有裨益。

至其余各厂，与汤丹等厂情形原不相同，工本均可敷用，俱应照常给价，无庸加增。

所有臣等办理缘由，理合会折奏闻，伏乞皇上睿鉴。谨奏。

朱批：知道了。

（《宫中档乾隆朝奏折》第八辑，第 872～873 页）

1026　云贵总督硕色、云南巡抚爱必达《奏报汉土官兵起程会集剿除沙匪日期并酌议支给折色折》

乾隆十九年七月十六日

云贵总督臣硕色、云南巡抚臣爱必达谨奏：为再行恭折奏闻事。

窃照掌管猛梭土司刀正民被沙匪将猛梭一寨攻破，刀正民拼命逃出，前据临元镇总兵官李如柏、临安府知府张惟寅禀报，随即批示，委弁确查。嗣据临安镇府禀称：委弁等已抵猛梭查看，刀正民原住寨内土城已被沙匪占住。至于沙匪，约有六七百人。又据首匪阮忠镇、余府九等禀称："情因刀正民抢杀沙人，又自己未年以来抗粮不纳，伊等奉差领兵来拿。"等语。

臣等伏思，三猛原系安南国所属，其刀正民虽受安南官爵，但岁纳天朝粮银，驻扎猛梭，切近内地，如果有抗纳交趾钱粮、抢杀沙人情事，自己未年至今，已历十五年之久，该夷方官、民人等何至绝无报闻？即安南国王亦并未咨会到滇，明系黎忠君之余党谎称安南国王来拿刀正民，在猛横行，甚属不法，自应急为驱逐出猛。但时当夏令，边外正瘴疠盛行，内地兵练难以前往。臣等业已行令临安镇府，调拨附近猛梭、熟习水土之猛喇、猛赖等处土练，共计八百名，饬令各该处土弁、土目管领前往，协同猛梭掌寨刀正民，相机驱逐出猛；并即派委游击马秉祥酌带千、把、兵丁前往扼要堵御，以壮声威，一面行令内地沿边弁目、兵练加谨防范，不许沙匪一人进口，一面咨会安南国王黎维祎立即发兵，将此案沙匪尽行剿除，以靖边疆，并将办理驱逐缘由，臣等于六月十三日恭折奏闻在案。兹据临安镇府禀称："遵即飞行各土司，酌量彼地情形，派拨土练，多寡数目，定期于七月二十日起程，齐集猛喇，听候遣用。"去后，今据纳楼、纳更土司普天民等禀称："土司等世受国恩，沦肌浃髓，图报无由。值此沙匪侵扰，边夷人人共愤，顷奉檄调，正土司等报效之时，急欲踊跃前往。仰借天威，灭此朝食，断不敢稍有延缓，致干罪谴。但纳楼至猛梭一带，处处皆蛮烟瘴雨，七八月间瘴疠倍盛，向来男妇夷种避居高阜，以免侵染，此时势难荷戈前进。仰恳恩准，宽俟霜降后两三日即便起程。"等情。

臣等复查该土司至猛梭地方，均属瘴乡，至秋转盛，凡经过其地，不拘汉夷，触闻气息，病毙相寻，该土司所禀委属实情。臣等业已批示，准其霜降后起程，统于九月二十日会集猛喇前进，并令游击马秉祥带领千、把四员，外委千、把八员，兵丁二百名，前往扼要堵御，以壮声威。仍就近指示各猛土弁、土目等管领各土练，协同掌寨刀正民，相机驱逐沙匪出猛，以安边境。

再查乾隆五年冬间，沙匪将猛梭攻破，占住土城，经前任总督庆复调拨将备、千、把十员，兵丁六百余名，土弁、土练一千二百八十余名，照依出师，支给官兵、土练行装、赏号、盐菜等项一切银两，似觉过优。此次调派汉土官兵驱逐沙匪，止可支给口粮。查前次支给官兵、土练口粮，由府城雇夫运至猛梭，运脚米价，每一京石合计银三两四钱七分零，且三猛夷地，夫役稀少，雇觅维艰，莫若支给折色。查猛地现在米价，每京石合银二两八九钱至三两一二钱不等。臣等酌议折中，每石定以三两之价支给，较之本色有减无浮，且又简便。其折色银两，即请在于盐余银两项下动支，事竣造册送部核销。

所有汉土官兵起程会集日期并酌议支给折色缘由，臣等恭折再行奏闻，伏祈圣鉴。谨奏。

朱批：知道了。

（《宫中档乾隆朝奏折》第九辑，第179～181页）

1027　云贵总督硕色《奏报滇省早晚禾稻情形折》
乾隆十九年七月十六日

云贵总督臣硕色谨奏：为奏闻早晚禾稻情形，仰慰圣怀事。

窃照滇省五六两月叠沛甘霖，高低田禾俱已插种齐全，七月以来，又间日得有雨泽，大于禾苗有益。现在早稻吐穗扬花，晚稻亦渐次含苞，其高地所种一切杂粮，均各长发茂盛。并据通省各府州县报称，六月下旬及七月上旬频得霖雨，早晚禾稻秀穗畅茂，情形大概与省城相同。秋成有望，民情俱各安乐。缘农事时廑宸衷，臣谨恭折奏闻，仰慰圣怀，伏祈皇上睿鉴。谨奏。

朱批：欣慰览之。

（《宫中档乾隆朝奏折》第九辑，第181~182页）

1028　云南巡抚爱必达《奏报筹酌镇雄盐税折》
乾隆十九年七月十七日

云南巡抚臣爱必达谨奏：为筹酌镇雄盐税，以便官民事。

窃照滇属镇雄一州，与黔属之毕节县、威宁州壤地毗连，本无额税，因镇雄改土归流，开修通川道路，商贩偷走漏税，毕节税羡有缺，议拨代征，于镇雄设立税所，两省官员会同监收，尚未定额。适前抚臣张允随奉有查革落地税银之谕旨，题准裁革，户部历年驳查。经臣具折奏请，自乾隆十八年起，镇雄州每岁官办川盐一百万斤，令驼铜之马运回行销，以为脚户回头货物，即于此项盐斤内，年收税银一千五百二十两一钱一分零，遇闰加收银一百二十六两六钱七分零，弥补毕节税羡之不敷。部议覆准，遵行在案。

嗣准贵州抚臣定长咨："威宁地广民稠，需盐实繁。而接壤之大定、水城等处，均由威宁分发销售。今镇雄盐归官办，禁阻商盐，以致价值昂贵，税课不敷，议令官商并行，立法查察。"臣随行据驿盐道刘谦等会议通详，臣复悉心酌核。查镇雄地方历系行销川省边引盐斤，听商贩自行运售。今既官为办销，弥补毕节税羡，并为铜马回头货物，若听威宁盐贩经由过往，查察难周，必致贩盐充斥，官盐堕销，帑本、税课均有关碍。若概令禁阻，则威宁川贩盐斤虽向由永宁、毕节一路运销，而自开修罗星渡以来，即俱由罗星渡转运，享便捷之利已久，一旦阻止，令其绕道赴威，又恐于威宁民食额税致多掣肘，官商实有不能并行之势。与其官盐筹补，此盈彼绌，镇威交处其难，不若悉令归商，减则摊收，官民两得其便。应请将镇雄官盐停止，仍听商贩行销，于镇雄总汇扼要之处酌设税口抽收。计镇雄岁办官盐一百万斤，题定每百斤抽税银一钱五分二厘零。今加以运威川盐，每年约共盐二百余万，为数倍多。应量为酌减，每驼一百六十斤，抽税银一钱八分，除支销书巡、工食等项外，所收税银有盈无缺，仍归入滇省商税项下造报，俟试抽一年，另行题请定额。其牲杂等税，遵照原题，永远裁革，并无庸多设税口，以致糜费滋扰。在盐贩道便税轻，既所乐从，而盐来铜往源源济运，于毕节税羡可补，威宁民食有资，镇雄商民无累，滇黔两省均有裨益矣。

臣因威宁税课，民食攸关，不敢以奏定之案固执歧视，谨会同督臣硕色通盘熟筹，恭折陈奏，是否有当，伏乞皇上睿鉴训示。谨奏。

朱批：该部议奏。

（《宫中档乾隆朝奏折》第九辑，第189~190页）

1029　云南巡抚爱必达《奏请定滇省铅厂抽课通商之例折》
乾隆十九年七月十七日

云南巡抚臣爱必达谨奏：为请定铅厂抽课通商之例，以裨炉民，以杜私贩事。

窃照滇省各铜厂采办铜斤，俱系官发工本，除抽课外，所获余铜，官为尽数收买，以供京外鼓铸，例禁商贩偷漏。其卑块、普马、者海等白铅厂，向系厂民自备工本采办，各局鼓铸钱文，止照额用之数收买运供，其余概不置议，与办铜事例不同。近年各厂产铅旺盛，除供买配铸之外，又奏准于卑块厂每年收买余铅二十五万斤，留备鼓铸，实属有备无患。若照办铜之例，官为尽数收买，所需工本银两一时难以归款。若令仅照官买供铸、备铸之数，按年采办，不特势有不能，更恐无以资其生计，转滋营私偷漏之弊。

臣请嗣后各厂采办铅斤，先尽官买额数，其余所出之铅，按例一体抽课，无论邻省本省，准令厂民自行通商，由布政司编发印票存厂，临时填给，不许票外夹带。如无官给印票，私卖私运，一经拿获，铅斤入官，照律治罪。庶炉民生计有资，而私铅之弊可杜矣。理合恭折陈奏，是否有当，伏乞皇上睿鉴训示。谨奏。

朱批：该部议奏。

（《宫中档乾隆朝奏折》第九辑，第190~191页）

1030　云贵总督硕色《奏报贵州提标四营溢额倒马不及时买补等情折》
乾隆十九年八月二十八日

云贵总督臣硕色谨奏：为奏闻事。

窃照提督为武职大员，节制各镇，统辖全省官兵，自应实心任事，督率整理，教训官兵，诸事遵例，方可无忝厥职。讵有贵州提督宋爱者，查该提督前任古州镇总兵时，无非循分供职，然尚知谨守。自乾隆十九年二月内升授提督，到任以来，一味沽名邀誉，全无实心。臣于本年四月十五日陛辞回滇，途中即有所闻。于闰四月二十八日，路经安顺，接见提督宋爱，臣随谆谆面诫，冀其实心任事，督率整理，俾将备有所遵循，边方永获宁谧。嗣于本年七月内，接到提督宋爱札称："本年春夏两季，四营共报倒马一百二十九匹，若此月倒马即欲月内补足，更有万难之势。惟严饬不许违例过两月，庶可从容办理耳。合将饬办缘由缮函奉闻。"等语。

臣查定例，内开："云南、贵州营马，一年以内倒毙者，赔桩银十两；二年以内倒毙者，赔桩银九两；未过三年倒毙者，赔桩银八两，并将马兵改为步兵，其马兵加饷银五钱以及干草银两，全行住支。"乾隆十六年七月，仰蒙皇上轸念滇省兵力拮据，喂养马匹与他省情形不同，特颁谕旨："将滇省各营溢额倒马免其赔桩。钦此。"钦遵在案。其黔省营马，于乾隆十七年五月，又蒙皇上一体加恩格外，除十分倒三定额赔外，其溢额倒马，仍照从前通融办理，免其赔桩，遵照亦在案。

查滇省营马有倒毙者，数日后即行买补，或至十余日买补者，总不出一月买补，给兵领骑，盖所以重操演而实营伍也。其倒马改步，兵丁之加饷及马匹草干，俱系于马匹倒毙之日截支，于领骑之日起支。至皮脏银两，每倒马一匹，扣银五钱，照例造册奏销，遵循已久。臣阅提督宋爱来札，该标四营，本年春夏两季共报倒马一百二十九匹，限其两月从容办理，竟不以营马为重，且例应截支之加饷、草干等项银两作何扣收，并未言及。臣随札询，去后，兹准提督宋爱覆称："提标四营实马四百四十九匹，照例每年准报三分倒毙，一年共只准报倒一百三十五匹。其买补价银，准在司库请领回营；兵丁加饷、草干，即在报倒之日住支，报领之日起支，骑过三年，免其赔桩，只扣皮脏银五钱，每年造册奏销在案。此系定额准请马价，按例造报者也。其前札所开本年春夏两季倒马一百二十九匹，系在定额之外，不准开报奏销，向系众兵自行捐补，并不停止加饷、草干。至前任提督哈元生始，着令官办。迨乾隆九年，前任提督丁士杰咨商前任总督张广泗，概停草干九十日，后又改停草干六十日。此系溢额，不准请领马价，营中自行办理，毋庸造报者也。若不听其通融酌办，营中必致竭蹶，是以一切本提督仍循旧办。"等语。

臣思滇黔乃岩疆重地，营马最关紧要。该提标四营实马四百四十九匹，本年春夏两季，除准报三分倒毙之马业已倒毙有六十六匹，其溢额倒毙马匹又至一百二十九匹，合计四营操马之数倒毙将及一半矣。明系兵丁不加意喂养，营员不严行稽查所致。提督宋爱自应严行申饬，急为筹画，买足以重操演，讵提督宋爱毫无急切之形，始而札称限其两月从容买补，是宋爱只图营员之感颂，不顾马政之废弛。继而覆称，若不听其通融酌办，营中必致竭蹶，是以一切本提督仍循旧办等语。察其所言，竟欲仿效丁士杰等倒马不即买补，希图侵扣草干之恶习。殊不思该提督为通省之表率，一经传闻，则各镇协营群相效尤，倒马不即买补，将来营伍必致废弛。再者，提督身为大员，率属固宜严肃，而驭下亦应体恤。本年七月内，适镇远镇总兵官吴三杰患病身故，如文武官员内，或有与吴三杰在平日素结交相好者，备办奠仪银两前往致祭，亦系人情之常，均无不可。而为上司者，不应违例摊派。今提督宋爱竟公然开单，自总兵以至千、把，共摊派一千余两，作为奠仪，送交吴三杰家属。但此端一开，上行下效，递相摊派，其千、把微弁岂能堪此派累？提督宋爱自本年二月内到任以来，即系如此作为，全无实心，且又肆行无忌。岩疆重地，所关匪细。臣谨据实恭折奏闻，伏祈圣鉴。谨奏。

朱批：有旨谕部。

（《宫中档乾隆朝奏折》第九辑，第448～450页）

1031 云贵总督硕色《奏报滇省秋禾情形折》
乾隆十九年八月二十八日

云贵总督臣硕色谨奏：为奏闻秋禾情形，仰慰圣怀事。

窃照滇省五六两月叠沛甘霖，高低田禾俱已插种齐全，经臣缮折奏闻在案。自七月及八月以来，雨旸应时。今据各属禀报，早稻俱已成熟，晚稻亦渐次结实，一切荞、豆、杂粮均各丰稔。现在粮价平减，民夷欣忭。所有滇省秋成大概情形，谨先恭折奏闻，仰慰圣怀，伏祈皇上睿鉴。谨奏。

朱批：欣慰览之。

（《宫中档乾隆朝奏折》第九辑，第451页）

1032 云南巡抚爱必达《奏报滇省钱裕价平情形折》
乾隆十九年九月初三日

云南巡抚臣爱必达谨奏：为奏闻滇省钱裕价平情形，仰祈睿鉴事。

乾隆十九年六月初六日，承准廷寄，内开："乾隆十九年闰四月初三日，奉上谕：范时绶奏请查禁掺用私钱一折，可谓不治其本而治其末，所见非是。钱法之弊，以有余者囤积居奇，犯法之徒复私销私铸，希图渔利。钱价之昂，率由于此。若地方官实力严行查办，则钱价自渐平贱。前者朕降旨查禁囤积，顺天、直隶地方，经方观承遵旨查办之后，钱价已大减于前，即其明验。总之官钱充裕，民间自无须更用私钱，不然则私钱之禁愈严，钱价之增必且日甚，于调剂本意未见其有当也。顷各省钱价尚未尽平，恐其办理之方或尚有未得宜者，可于各省督抚奏事之便，将范时绶原折抄寄，令其阅看，并将此传谕知之。钦此。"遵旨寄信前来等因到臣，随经钦遵转行在案。

伏查滇省出产铜铅，价本平贱。现在省城、临安、东川、广西、大理五局鼓铸，搭放兵饷，厂价辗转流通，极为充裕。通查各属，每库平纹银一两，可易钱一千一百七八十文至一千二百文不等，并无囤积居奇之徒，亦无私销剪边之弊，民间行用称便。间有一二嗜利玩法之徒，因铜铅便易，潜行私铸，经臣严饬查拿，按法惩治，近亦群知敛迹，实与他省情形不同。所有滇省钱裕价平缘由，理合恭折奏闻，伏乞皇上睿鉴。谨奏。

朱批：知道了。

（《宫中档乾隆朝奏折》第九辑，第488～489页）

1033　云南巡抚爱必达《奏报乾隆十九年三运京铜自泸开运日期折》
乾隆十九年九月初三日

云南巡抚臣爱必达谨奏：为钦奉上谕事。

乾隆十四年六月十八日，承准廷寄，内开："奉上谕：嗣后运铜事宜，务须加意慎重。其沿途经过各省督抚，朕已传谕，令其将委员守风、守冻及有无事故之处奏闻。至铜铅船只于云贵本省起运，何日出境，亦着该督抚随时折奏。钦此。"钦遵，转行遵照在案。

今据粮储道徐铎详据委驻泸店转运京铜署大关同知蔡理经报称："乾隆十九年三运京铜官、候补知县罗人文，从九品潘一德，于乾隆十九年闰四月二十三日抵泸，六月初三日开秤起至七月十七日止，兑交过铜一百一十一万斤，除陆路折耗铜五千五百五十斤外，实该正耗余铜一百一十万四千四百五十斤，俱经照数发足，该委员即于七月十七日自泸扫帮前进。"等情，转详到臣。除咨明户、工二部及沿途经过各省督抚，转饬各该同知、通判并地方文武员弁一体督察防护，按站催趱，不许片刻停留，仍稽查有无盗卖情弊外，所有乾隆十九年三运京铜官自泸开运日期，理合恭折奏报，伏乞皇上睿鉴。谨奏。

朱批：览。

（《宫中档乾隆朝奏折》第九辑，第489～490页）

1034　云贵总督硕色、云南巡抚爱必达《奏请将杜时昌所欠吴尚贤银两概行豁免折》
乾隆十九年九月二十一日

云贵总督臣硕色、云南巡抚臣爱必达谨奏：为会折请旨事。

窃照吴尚贤所有一切产业、借欠、寄交财物等项，先经臣等备细搜查，毫无遗漏，共计合银一十二万五千三百八十九两零，金器、首饰、金子合共四百二十四两八钱八分。臣等初次追变起解银六万五千二百八十九两零，并金器、首饰共重二十四两八钱八分，于乾隆十七年七月内解交内务府查收讫。二次追变起解银三万五十四两九钱零，金子一百五十两，金镯一对，计重库平七两五钱六分，俱于乾隆十七年九月内解交内务府查收讫。又吴尚贤寄大名府知府朱瑛处京平银一万两，京平金子二百五十两，前经直隶督臣方观承兑实库平银九千五百一十三两，库平金子一百八十八两七钱，业已委员解交内务府查收讫。查前项金器、首饰、金子，共系库平三百七十一两一钱四分，不敷原奏之数，已于另折声明。

今催据各属追获借欠以及变价等项银一万二千零九两三钱，又盈余、租谷银七百五十九两七钱零，二共银一万二千七百六十九两零。除备文解交内务府查收，另折奏闻外，所有臣等原搜、续查吴尚贤一切产业、借欠、寄交财物等项原数之外，续又追获谢光宗应赔税契并人参原价，共银五百五十一两，盈余、租谷银七百五十九两零，除去不计外，合计两次解交内务府收明银九万四千七百九十三两零；又经直隶督臣方观承委员解交内务府收明京平银一万两，现在解交银一万二千九两零。以上已交、现交内务府银共系一十一万六千八百二两零，尚有借欠项下未完银八千五百八十六两三钱零，内有恽万成借欠未还银一千九百一十两。查恽万成系江苏武进县人，屡次咨催江省勒追，尚未完报。臣等现在再行咨催江苏抚臣庄有恭，务期作速追完，就近解交内务府外，又杜七之子杜时昌在京借用吴尚贤银二千六百两，前准直隶督臣方观承咨称，杜时昌冒滥名器，革职拟徒，现在监禁，所借吴尚贤银两，无力清还；又石屏州人王秉忠借欠吴尚贤银三千八百六十两，臣等严饬该州勒追变产，只追获银四百八十三两六钱七分，尚未完银三千三百七十六两三钱三分，委系家产全无，力不能完；又土人罕世屏借欠银一千两，行据永昌府转据耿马土司罕国楷于罕世屏之子罕国栋名下查变家产什物，仅追解银三百两，尚未完银七百两，实属赤贫，无力完项，据各该地方官取具印甘各结，由司详请豁免前来。

臣等复加查察，杜时昌已经获罪监禁，王秉忠、罕国栋原系无业民夷，今若照数追还借欠，实不能完，可否准其豁免，（**夹批**：准免。）出自皇上天恩。臣等会折恭奏，伏祈训示。谨奏。

朱批：知道了。

（《宫中档乾隆朝奏折》第九辑，第507~508页）

1035　云贵总督硕色、云南巡抚爱必达
《奏报吴尚贤名下变抵续交内务府银数折》
乾隆十九年九月二十一日

云贵总督臣硕色、云南巡抚臣爱必达谨奏：为会折奏闻事。

窃照吴尚贤家产一案，原搜、续查一切赀财、田房、产业、借欠、寄交等项并厂所

财物，通共计合银一十二万五千三百八十九两零，金器、首饰、金子合共四百二十四两八钱八分，内除田产契价五万一千九百五十两零，因系吴尚贤从前重价谋买之产，一时骤难变售，经臣等酌将司库公件项下所存粤盐余息银内暂借银五万一千九百五十两零，作为吴尚贤田产价值，先解内务府查收，其一切田产，一面出示召变，一面仍令原佃耕种交租，如有必须减价方能变卖之田地，其不足价银，即以租谷变抵，俟陆续变完还清司库之日，如有盈余，仍一并解交内务府查收等因，恭折奏明。

臣等随于粤盐余息银内借动银五万一千九百五十两零，作为吴尚贤田产价值，连起获现银、银器及追获借项、倾销纹银一万三千三百三十九两八钱四分，共银六万五千二百八十九两，并金器、首饰共重二十四两八钱八分，同玉磬、玉数珠等物，于乾隆十七年七月内备文解交内务府，一面恭折奏闻。钦奉朱批："览。钦此。"其余应追、应变各项银六万两零并金子四百两，内吴尚贤寄交大名府知府朱瑛处京平银一万两，京平金子二百五十两，碧霞犀数珠一盘，前准直隶督臣方观承咨覆，兑实库平银九千五百一十三两，库平金子一百八十八两七钱，计尚短少京平金子五十两。臣等讯据吴尚贤之子吴世雄供，在大名府署将金子四十二两易银费用，又以金子八两打镯一对现存，其用去金子四十二两，业经臣等奏准豁免。其朱瑛处所存金银、数珠等物，已经直隶督臣方观承委员解交内务府查收讫。又吴尚贤在京交给谢光宗银七千两，金子一百五十两，碧霞犀数珠一盘，人参一斤，前经提到谢光宗审讯，供认相符。据将银七千两并人参原价银二百七十两，又代置田产项内应赔税契等银二百八十一两，共银七千五百五十一两，俱照数缴出。又据各该地方官报解谷豆、器皿、使女衣物等项变价，并茂隆厂碴硐、油米变价及追获借欠等银，通计共银三万五十四两九钱零，连谢光宗呈缴之金子一百五十两、碧霞犀数珠一盘，吴世雄名下起贮金镯，计重库平七两五钱六分，俱于乾隆十八年九月内备文解交内务府，一面恭折奏闻。钦奉朱批："览。钦此。"钦遵各在案。此外尚有应追之借欠、应变之物件等项，臣等严饬将应变者作速召变，应追者勒限追解。去后，兹据各属追获借欠以及变价等项银一万二千零九两三钱，又田产项下收过租谷，除抵补不足之原价外，尚盈余租谷银七百五十九两七钱零，二共银一万二千七百六十九两四分零。除备文解交内务府查收外，所有解交银两数目，臣等谨缮折奏闻，伏祈皇上睿鉴。谨奏。

朱批：览。

（《宫中档乾隆朝奏折》第九辑，第608~610页）

1036　云南巡抚爱必达《奏请留搭运铜斤节省银两，以资厂地公用折》
乾隆十九年九月二十八日

云南巡抚臣爱必达谨奏：为请留搭运节省银两，以资厂地公用事。

窃照滇省汤丹、大水、碌碌等厂，初开之时，每年办铜不过一百余万至二百万斤不等。嗣因矿产日旺，办铜日多，原设经费不敷用度，人役不敷差遣，官房、器具、桥梁、道路均需修整，并无正款开销，是以从前经粮道议详，各脚户见厂众拮据，情愿每百斤搭运五斤，不领脚价，即以节省运脚银两添补一切费用，令厂官年底造册呈核，余剩收入闲款充公，不敷仍于闲款找给。自乾隆元年起至八年止，除动用外，尚有余剩。自九年以后，因该厂修葺官房、桥道，支用不敷，于闲款银内拨补过银五千三百七十余两，业经造入闲款因公动用项下报销，钦奉恩旨准销在案。续经臣据司道详将乾隆元年起至十六年底止，并乾隆十七年分汤丹等厂搭运节省脚银及动支数目按年分晰造册，并请核定章程，咨部定议。接准户部咨开："查管厂官役应给养廉、工食等项银两，业于铜厂报销案内支给，未便复于节省银内加增。应咨将各厂每年收存银两，确核各厂情形，若非必需留存以充公用，即行酌量裁减，以杜冒滥，分别妥议具奏，到日再议。"等因。臣复转行司道确查，兹据布政使觉罗纳世通会同粮储道徐铎详称："近年京外鼓铸俱取给于汤丹、大、碌等厂，以该厂之节省即补苴该厂之不足，诚属以公济公。若将费用减省，势必办公贻误。查汤丹等厂搭运，节省多寡不一，酌中核计，年约可得银一千三四百两。各该厂采办铜斤，事务纷繁，人烟聚集，食物昂贵。管厂各官驻扎厂地，每年经管银铜数十百万，责成甚巨，额定养廉断不敷用。如奉调赴省以及窝远各硐硐往来稽查调剂，马脚盘费在所必需。又东川店委员自东雇马赴厂驼铜，亦需酌给养廉，以资办公。至各该厂每岁办铜至八九百万斤，地方辽阔，稽查硐硐矿砂，催煎铜斤，巡缉私漏，并查新开子厂，差遣日繁，不得不添设人役，加增工食。又该厂二八月祭山祭龙，犒赏客课人役，并开天坡，搭建木桥，需役看守，及编篓夷民，节赏塘兵，护送工本，酌给工食、赏号等银，均属必需。通共计银一千三百三十两三钱，万难裁减，详请核奏。"等情。

臣复就厂地情形逐加确核，查人役减少，无以收臂指之效；用度缺乏，无以给养赡之资，非特掣肘堪虞，且恐转生弊窦。现今各厂办铜数倍于前，经费断难循照原额，所有前项添给银两，毫无冒滥。仰恳皇上天恩，俯准将汤丹、大水、碌碌等厂所收搭运节省银两，照旧存留，以为厂地各项公事之用。臣仍饬该厂官，每于年底据实造具管收。除在四柱清册报销，如有余剩，存贮该厂，以为修理官房、桥梁之用。倘或不敷，止许通融，撙节办理，不得另请拨补，庶以公济公，办理不致竭蹙，而厂弊得以肃清矣。除另缮清折恭呈御览外，理合具折陈奏，伏乞皇上睿鉴训示。谨奏。

朱批：该部议奏。

（《宫中档乾隆朝奏折》第九辑，第 664~665 页）

1037　云南巡抚爱必达《奏请更定佐杂报满之例折》
乾隆十九年九月二十八日

云南巡抚臣爱必达谨奏：为请更佐杂报满之例，以一体制事。

窃照定例：各省佐杂要缺，督抚拣选，咨部调补，吏部查明，与例相符，按月汇题，俟命下之日，行文知照，准其补授。至三年、五年俸满，果能称职，督抚保题升用，现在遵奉办理。

臣伏查杂职本属微员，升用亦有等次，其中如州同、州判、府经历、县丞各官，既经俸满，例得升授府佐、正印，自应于报满日具题，以昭慎重。其余杂职等官，报满后仍不过按杂职官阶量为叙用，若必具疏题报，是以微末之迁，转徒滋章疏之纷繁，似与体制未协。应请嗣后各省佐杂要缺人员报满，如遇州同、州判、府经历、县丞，及州同、州判等衔借补小缺，准照原衔升转之员，仍循例具题外，其余杂职，例不升用府佐、正印者，概行咨报吏部，照得缺之例，按月汇题。庶官常阶级攸分，条例轻重有别，于体制永昭画一矣。理合恭折陈奏，是否有当，伏乞皇上睿鉴训示。谨奏。

朱批：该部议奏。

（《宫中档乾隆朝奏折》第九辑，第 666 页）

1038　云南巡抚爱必达《奏报滇省秋收丰稔情形折》
乾隆十九年九月二十八日

云南巡抚臣爱必达谨奏：为奏闻秋收丰稔情形，仰慰圣怀事。

窃惟滇省本年夏间雨水沾足，高下田亩栽插普遍。秋令晴明日多，晒晾得宜，颗粒饱满。现据各属报到收成十分者，昆明、建水等州县一十七处；九分者，丽江、宣威等府州县三十二处；八分者，马龙、新兴等州县一十二处；山种杂粮亦均在在丰收，人民乐业，闾阎共庆。其未经报到各处，约略相似。统计本年通省收成在九分以上，米粮价值日就平减。滇省连年丰稔，比户盈宁。今岁更获有秋，豫大丰亨，太平有象。臣职任封圻，欣庆实甚，理合将秋收情形恭折奏闻，上慰慈怀，伏乞皇上睿鉴。谨奏。

朱批：欣悦览之。

（《宫中档乾隆朝奏折》第九辑，第 666～667 页）

1039　云贵总督硕色、云南巡抚爱必达《奏报官兵、土练分路进剿，沙匪闻风逃遁及现在筹酌防范缘由折》

乾隆十九年十月初六日

云贵总督臣硕色、云南巡抚臣爱必达谨奏：为会折奏闻事。

窃查掌管猛梭土司刀正民，前被沙匪阮忠镇、余府九等将猛梭一寨攻破，刀正民拼命逃出，沙匪占住寨城，在猛横行。臣等随即行令临安镇府，调拨附近猛梭之猛喇、猛赖等处土练八百名，饬令各该处土弁、土目管领，前往驱逐沙匪出猛，定于霜降后起程，统于九月二十日会集猛喇前进；并派委游击马秉祥带领千、把四员，外委千、把八员，兵丁二百名，前往扼要堵御，仍就近指示各猛土弁等管领各土练，相机驱逐沙匪出猛，以安边境各缘由，臣等于乾隆十九年七月十六日恭折奏闻在案。兹据游击马秉祥禀称："遵即率领千把、外委、兵丁，于本年九月初九日自临安起程，于九月二十日抵猛喇，与各土官弁会集，将所调土练八百名俱经点验足数，于二十一日分为两路而进，二十四日抵扼要之地牛厂驻扎，距猛梭只二十里。随于二十五日，遣令千把陈谟、石永泰等，并纳楼土官普天民、猛喇掌寨刀易罕等，查其虚实。去后，旋据石永泰等带领沙匪二名回营，询其沙匪人数多寡，据供大约尚有三四十人，其余俱搬移于猛梭属之慢毛地方。又询其为首之阮忠镇、余府九二名可否现在城内，据供阮忠镇、余府九俱在慢毛地方，城内只系手下之人等语。又据千总陈谟、土官普天民差练兵二名飞报，猛梭城内并无沙匪一人之语。游击马秉祥即飞驰至猛梭城内查看，果无一人，随即遣人分头各处，踡查埋伏虚实，并无踪迹。查阮忠镇即当年矣扬之余党黎忠君，今改名阮忠镇；余府九亦系矣扬之余党，今已逃遁慢毛。但慢毛仍属猛梭之地，随遣拨猛梭土练前往慢毛查探，俟查回，应作何分遣驱逐另报。"等情。

臣等复查，黎忠君等即系乾隆五年冬间率领沙人打破猛梭之首犯，今又胆敢占住猛城，一闻汉土官兵两路前进驱逐，遂即逃遁慢毛。但慢毛亦属猛梭内境，断不可容其潜匿。臣等业已飞饬游击马秉祥，相机调度，指示各猛土弁等率领各土练，将沙匪作速尽行驱逐出境，仍将猛梭地方交明土司刀正民掌管，并将该地形势备细查明，究应作何防范之处详报。容俟马秉祥查明详覆到日，臣等即当斟酌，妥协指示防范外，所有沙匪闻风逃遁，臣等现在筹酌防范缘由，恭折奏闻，伏祈圣鉴。谨奏。

朱批：所办不妥，另有旨谕。

（《宫中档乾隆朝奏折》第九辑，第 725～726 页）

1040　云贵总督硕色《奏请将临安府建水州仓米易谷贮仓折》

乾隆十九年十月初七日

云贵总督臣硕色谨奏：为请旨事。

窃照临安府城，系临元镇驻扎之所，额设制兵二千一百五十名。嗣于游击改设都司案内裁兵五名，现额兵二千一百四十五名，岁需粮米七千七百二十二石，系于临安、建水二府州仓分季支放。前据临元镇总兵官李如柏禀称："临城四面高山，天时炎热，米易生虫，兵丁月粮未免虫蛀春折，似不如征谷贮仓，支放兵粮。"臣随批司道查议。去后，兹据布政使纳世通、粮储道徐铎详称："滇省兵粮，例系征米支放，若折谷征收，小民负运维艰，必多受累。可否照依云南府、昆明县二仓米石陆续易谷贮仓之例支放兵粮。"等情前来。

臣查临安府、建水州存仓之米，必须备足三年兵粮，迨至支放，已历四年之久，陈陈相因，兼之临城四面高山，天时炎热，米易生虫，殊多折耗。若尽行易谷，始堪耐久。似应仿照云南府、昆明县二仓易谷之例，于每年青黄不接之时，陆续详明巣借，秋成易谷贮仓，俟易齐之日，仍照常平仓谷之例，挨次出陈易新，可以经久收贮，将每年新收谷石支放兵粮，实于仓储、兵食均有裨益。至府州两仓以米易谷，业经查明，仓廒足敷存贮，毋庸添建。合并陈明。臣谨会同抚臣爱必达恭折具奏，伏祈皇上睿鉴训示。谨奏。

朱批：如所议行。

(《宫中档乾隆朝奏折》第九辑，第 727 页)

1041 云贵总督硕色、云南巡抚爱必达《奏报缅甸国内乱缘由折》
乾隆十九年十月初七日

云贵总督臣硕色、云南巡抚臣爱必达谨奏：为会折奏闻事。

窃照缅甸外国地处西南，距滇省极边之永昌府内口约计四千余里，向来内地商民常往缅国所辖之木邦一带贸易。臣等于上年冬间，闻得往来商民皆以外夷地方有仇杀之事，随即密谕永昌府知府探访。去后，嗣据该府禀称："遵即密委孟卯土司衎玥，探访得缅甸国王被伊所辖之得冷子将阿瓦大城攻破，缅甸国王逃避无踪。其起衅之由，尚未得知，现在密加探访。"等语。

臣硕色于今年四月内在京瞻仰天颜时，将缅甸国王蟒达喇被伊属下人得冷子逐去无踪之事面经奏闻。迨臣回到滇省之后，复与臣爱必达加意密访，兹访查得起衅之由，系因缅国大和尚撒喇惛，同大头目捧夺藐、捧夺纪、波林四人办事不公，以致所辖之得冷子怨恨，于上年三月内，率众将缅国大城攻破，随将大和尚撒喇惛杀死，其大头目三人逃走，不知去向。惟有缅国所辖之鬼家不服，仇杀数次，互相胜负，尚未定局。该国王蟒达喇现在避迹海边，其蟒达喇二子同在该国所属之猛洒地方守护御赐物件，均未回国。

臣等仍不时密加访查外，事关边地夷情，臣等谨会折奏闻，伏祈圣鉴。谨奏。

朱批：览。

（《宫中档乾隆朝奏折》第九辑，第728页）

1042　云贵总督硕色《奏报督标中军副将苏玉丁忧，员缺请以贵州平远协副将调补折》

乾隆十九年十一月初三日

云贵总督臣硕色谨奏：为中军副将员缺紧要，仰恳圣恩调补，以收实效事。

据臣标中军副将苏玉详称："接得家信，苏玉生母觉罗氏于乾隆十九年八月初五日在旗籍病故，例应丁忧，呈请题报。"等情到臣。除照例题报外，所遗员缺，系应调补题补。

臣查中军副将为两省营伍领袖，有董率应援之责，必须明敏干练之员方能胜任。臣于滇、黔副参内逐加遴选，非现任苗疆，即才不胜任。惟有贵州平远协副将陈勋，由云南新嶍营参将，经臣保列一等，于乾隆十九年闰四月十九日，奉旨补授贵州平远协副将。该员在滇年久，营务熟悉，训兵有方，实系明敏干练之员；又前经委署臣标中军副将，办理一切营务均甚妥协，以之调补臣标中军副将，实属人缺相宜。合无奏恳皇上天恩，俯念臣标中军副将员缺紧要，准将陈勋调补臣标中军副将，其所遗平远协副将，系部推之缺，仍听部推补，一为转移，则标员得人，而臣可获收臂指之助，与营伍均有裨益。

臣谨缮折恭奏，伏祈皇上睿鉴训示。谨奏。

朱批：该部议奏。

（《宫中档乾隆朝奏折》第九辑，第905页）

1043　云贵总督硕色《奏报乾隆十九年分滇省秋收分数折》

乾隆十九年十一月初三日

云贵总督臣硕色谨奏：为奏报秋成分数事。

窃照滇省各属秋禾大概丰稔情形，经臣于八月二十八日先行缮折奏闻在案。今早晚禾稻、荞豆、杂粮俱已陆续收获，行据云南布政使纳世通将收成分数开报前来。

　　臣查滇省经管田地、钱粮之八十二府、厅、州、县内，建水、邓川、昆明、宜良、河西、恩乐等六州县，低下、高阜之处稻谷收成俱有十分，荞豆、杂粮收成亦俱有十分；太和一县，低下、高阜之处稻谷俱收成十分，荞豆、杂粮俱收成七分；嵩明、呈贡、文山、定远四州县，低下之处稻谷收成十分，高阜之处稻谷收成九分，荞豆、杂粮俱收成九分；永北府及南安、罗次二州县，低下、高阜之处稻谷收成俱各有十分，荞豆、杂粮俱有八分；镇沅府及思茅、镇雄二厅州，低下之处稻谷收成十分，高阜之处稻谷收成九分，荞豆、杂粮收成俱有九分；安宁、昆阳、宁州、思安四州县，低下之处稻谷收成十分，荞豆、杂粮收成七分，高阜之处稻谷收成九分，荞豆、杂粮收成八分；丽江府及维西、宣威、宁洱、广通、丘北五厅州县，低下之处稻谷收成十分，荞豆、杂粮收成八分，高阜之处稻谷收成九分，荞豆、杂粮收成八分；景东府及缅宁、赵州、富民、云南、永善五厅州县，低下之处稻谷收成十分，荞豆、杂粮收成八分，高阜之处稻谷收成九分，荞豆、杂粮收成八分；广西府、鹤庆府、蒙化府及威远、大关、弥勒、镇南、云州、和曲、易门、平彝、嶍峨、碍嘉十厅州县，低下之处稻谷、荞豆、杂粮俱收成九分，高阜之处稻谷收成九分，荞豆、杂粮收成八分；路南、宾川、禄劝、宝宁、中甸五厅州县，低下之处稻谷收成九分，荞豆、杂粮收成八分，高阜之处稻谷收成九分，荞豆、杂粮收成七分；楚雄一县，低下之处稻谷收成九分，荞豆、杂粮收成六分，高阜之处稻谷收成八分，荞豆、杂粮收成六分；顺宁府及晋宁、沾益、陆凉三州，低下之处稻谷收成九分，荞豆、杂粮收成九分，高阜之处稻谷收成八分，荞豆、杂粮收成八分；元江府及鲁甸、阿迷、腾越、禄丰、新平、元谋六厅州县，低下之处稻谷收成九分，荞豆、杂粮收成七分，高阜之处稻谷收成九分，荞豆、杂粮收成八分；蒙自一县，低下之处稻谷收成八分，荞豆、杂粮收成九分，高阜之处稻谷收成九分，荞豆、杂粮收成十分；石屏、保山、永平三州县，低下之处稻谷收成八分，荞豆、杂粮收成八分，高阜之处稻谷收成九分，荞豆、杂粮收成八分；马龙、寻甸、师宗、新兴、云龙、南宁六州县，低下之处稻谷收成八分，荞豆、杂粮收成八分，高阜之处稻谷收成九分，荞豆、杂粮收成七分；姚州、通海、江川、大姚、会泽五州县，低下之处稻谷收成八分，荞豆、杂粮收成七分，高阜之处稻谷收成八分，荞豆、杂粮收成八分；罗平、河阳二州县，低下之处稻谷收成八分，荞豆、杂粮收成六分，高阜之处稻谷收成七分，荞豆、杂粮收成六分；浪穹一县，低下之处稻谷收成七分，荞豆、杂粮收成八分，高阜之处稻谷收成九分，荞豆、杂粮收成八分；剑川一州，低下之处稻谷收成七分，荞豆、杂粮收成七分，高阜之处稻谷收成八分，荞豆、杂粮收成八分。总计滇省各府厅州县稻谷收成共计九分，荞豆、杂粮收成共计八分。容俟再加确核细数，照例会题外，所有云南通省秋成大概分数，臣谨缮折奏闻，伏祈皇上睿鉴。谨奏。

　　朱批：欣慰览之。

1044 云南巡抚爱必达《奏报酌定配铸黑铅章程折》

乾隆十九年十一月初四日

云南巡抚臣爱必达谨奏：为酌定配铸黑铅章程，仰祈圣鉴事。

窃照滇省黑铅矿砂微薄，出产无多，向系厂民自备工本开挖，煎炼销售，本少利微，忽开忽闭。乾隆五年，滇省各局改铸青钱，配用黑铅，俱于各属出产黑铅地方零星购买，既难指定厂所，程站复远近不齐。省、临、东、大四局俱开报，每百斤价脚银二两二钱，历据布政司造册详题，节准部咨，以此项黑铅系照何例给价，因何开采矿厂并不遵照抽课，行令议定章程题报。经臣饬司，转行据管厂各员总以矿砂衰旺不常，炉户获息有限，一经抽课，势必益加拮据，恐误铸务为词。复经臣节次严饬熟筹妥办，去后，今据布政使觉罗纳世通议详：查滇省铅厂事例，每百斤抽正课十斤，变价充饷；又抽余课十斤，内以五斤变价充公，五斤为官役养廉、工食之需。今省局撙炉二十五座，年需配铸黑铅三万二千一百二十九斤零。

查有禄劝州甸尾厂黑铅可以运供，每百斤价银一两五钱，自厂至局，计程六站，每站每百斤给运脚银一钱，价、脚共银二两一钱，较鼓铸案内四路零买报销原数每百斤节省银一钱；又广西局撙炉一十五座，年需配铸黑铅一万九千二百七十七斤零，应用罗平州卑块厂黑铅，每百斤价银一两四钱八分，自厂至局，计程六站，车马递运，每百斤给运脚银五钱，价、脚共银一两九钱八分，与鼓铸报销原案相符；又东川新旧两局撙炉七十座，年需配铸黑铅八万九千九百六十三斤零，应用会泽县阿那多厂黑铅，每百斤价银一两六钱八分四厘，自厂至局，计程四站，每站每百斤给运脚银一钱二分九厘，价、脚共银二两二钱，与鼓铸报销原案相符。以上三厂黑铅，请自乾隆十九年为始，每百斤抽正课十斤，余课五斤，变价充饷充公。所有官役养廉、工食支销之余铅五斤，应免抽收，以恤炉户，其官役廉食亦毋庸另议支给。饬令管厂各员按年据实分晰造册，由司确核，汇册详请题销。

又临安局撙炉八座，年需配铸黑铅一万二百八十一斤零。查有建水州摸黑银厂黑铅可以运供，每百斤价银一两四钱八分，自厂至局，计程一站，每百斤给银九分九毫，价、脚共银一两五钱七分九毫，较鼓铸案内四路零买报销原数，每百斤节省银六钱二分九厘一毫。又大理局撙炉十五座，年需配铸黑铅一万九千二百七十七斤零，应用顺宁府兴隆银厂黑铅，每百斤价银一两五分六厘，自厂至局，计程十一站，每站每百斤给运脚银一钱四厘，价、脚共银二两二钱，与鼓铸原案相符。以上二厂黑铅，俱系银厂底母煎放，该二厂业经抽收银课，其底母煎出黑铅，应免重复议抽。

所有各局配用各厂黑铅酌定章程缘由，理合恭折奏闻，伏乞皇上睿鉴，敕部议覆施行。谨奏。

朱批：该部详议具奏。

（《宫中档乾隆朝奏折》第十辑，第 1～2 页）

1045　云南巡抚爱必达《奏报滇省盐务情形折》
乾隆十九年十一月初四日

云南巡抚臣爱必达谨奏：为奏闻滇省盐务情形，仰祈睿鉴事。

窃照从前滇省各井煎办额盐及各属承销盐斤，多有堕煎堕销积弊。迩年以来，臣与督臣硕色悉心调剂，实力查催，酌定办理章程，请严处分例款，凡有堕煎堕销之员，于奏销时逐一查参，不少宽假，各井各属皆争自振刷，努力急公，将从前堕积盐斤上紧赶办。现在各井俱系按月照额煎足，配发各属运销，且本年黑、白、安丰三井正额之外俱尚有余盐，实属有盈无缺。至行盐各属，扣至本年四月二十日，尚有堕销未完、旧欠盈余积余银七万七千二百四十七两，今截至十月底止，各属均已全完。惟蒙化、太和、宾川、鹤庆、永北、邓川、浪穹七府州县，一时疏销不及，统计完解过银五万七千三十二两零，仅未完银二万二百一十四两零，其本年应销额盐，亦均按月照额销售，并无堕误，并有销售溢额之处。

臣伏思盐务上关国课，理应煎办维勤，行销足额，岂容相沿积习，懈玩因循？现在严督各井各属加紧趱办，不使稍有怠弛，以期盐充课裕。并飞催蒙化等处刻日销完，解报归款，冀至来岁五月奏销前彻底清楚。所有滇省盐务情形，理合恭折奏闻，伏乞皇上睿鉴。谨奏。

朱批：览奏俱悉。

（《宫中档乾隆朝奏折》第十辑，第 2～3 页）

1046　云南巡抚爱必达《奏报乾隆十九年四运京铜自泸开运日期折》
乾隆十九年十二月十一日

云南巡抚臣爱必达谨奏：为钦奉上谕事。

乾隆十四年六月十八日，承准廷寄，内开："奉上谕：嗣后运铜事宜，务须加意慎重。其沿途经过各省督抚，朕已传谕，令其将委员守风、守冻及有无事故之处奏闻。至铜铅船只于云贵本省起运，何日出境，亦着该督抚随时折奏。钦此。"钦遵，转行遵照在案。

今据粮储道徐铎详据委驻泸店转运京铜署大关同知蔡理经报称："乾隆十九年四运京铜官委用知县方天葆，委用吏目许缵余，于乾隆十九年九月初八日抵泸，九月十八日开秤起至十月二十七日止，兑交过铜一百一十一万斤，除陆路折耗铜五千五百五十斤外，实该正耗余铜一百一十万四千四百五十斤，俱经照数发足，该委员即于十月二十七日自泸扫帮前进。"等情，转详到臣。除咨明户、工二部及沿途经过各省督抚，转饬各该同知、通判并地方文武员弁一体督查防护，按站催趱，不许片刻停留，仍稽查有无盗卖情弊外，所有乾隆十九年四运京铜官自泸开运日期，理合恭折奏报，伏乞皇上睿鉴。谨奏。

朱批：览。

（《宫中档乾隆朝奏折》第十辑，第284～285页）

1047　云南巡抚爱必达《奏报乾隆十九年分滇省民数、谷数折》
乾隆十九年十二月十一日

云南巡抚臣爱必达谨奏：为钦奉上谕事。

案照乾隆六年正月十三日，准户部咨，乾隆五年十一月初二日，内阁抄出，奉上谕："每岁仲冬，该督抚将各府州县户口减增、仓谷存用一一详细具折奏闻。钦此。"又于乾隆十三年五月二十五日，准户部咨："民数册内，嗣后应令一体分晰男妇字样造报。"等因。奉旨：依议。钦遵，转行司道确查详核，慎重办理在案。

所有乾隆十九年分云南通省户口、仓谷数目，据布政使觉罗纳世通、粮储道徐铎会详，据云南等府转据昆明、嵩明等州县详报："除番界、苗疆向不入编审者无庸查造，又各厂商贩、贸易人等去来无定，亦无凭查造外，通省土著人民，原额三十七万一千二百八十四户，共计男妇大小人民一百九十八万七千四百二十七丁口，内大丁六十万九十二丁，小丁四十万二千九百六十六丁，大口五十九万二千六百三十一口，小口三十九万一千七百三十八口。今乾隆十九年分新增一千六百三十八户，共增男妇一万六千三百二十六丁口，内大丁三千九百四十八丁，小丁四千九百三十二丁，大口三千二百七十八口，小口四千一百六十八口。开除男妇九千五百五十五丁口，内大丁三千二百二十八丁，小丁二千五十六丁，大口二千四百一十一口，小口一千八百六十口，实在土著人民三十七万二千九百二十二户，共计男妇大小人民一百九十九万四千一百九十八丁口，内大丁六十万八百一十二丁，小丁四十万五千八百四十二丁，大口五十九万三千四百九十八口，小口三十九万四千四十六口。此乾隆十九年分云南通省民人男妇实数也。

通省旧管仓存谷、麦、荞、稗、青稞一百一十八万二千五百三十五石九斗八升零，今乾隆十九年分新收谷、麦、荞、青稞五万三千五百二十四石一斗八升零，除本年平粜动用谷、荞、青稞一万一千四百石五斗九升，实在存仓谷、麦、荞、稗、青稞一百二十二万四千六百五十九石五斗七升零，内谷一百一十五万四千一百二十二石五斗九升零，大麦三千三百七十六石六斗二升零，小麦一千六百六十四石五斗九升零，荞五万九千七百八十六石五斗五升零，稗四石四斗，青稞五千七百四石八斗一升零。此乾隆十九年分云南通省积贮实数也。

造具清册，详报前来。除送部外，臣谨缮黄册，恭呈御览。谨奏。

朱批：册留览。

（《宫中档乾隆朝奏折》第十辑，第285~286页）

1048　云南巡抚爱必达《奏报滇省豆麦得雪滋长折》
乾隆十九年十二月十一日

云南巡抚臣爱必达谨奏：为奏闻豆麦得雪滋长情形，仰慰圣怀事。

窃惟滇省二麦、南豆，秋收后及时布种，日渐生发。先据曲靖、武定、昭通、东川等府具报，十月初八九等日各得雪分寸不等。旋于十月十七八两日，省城瑞雪缤纷，积有五寸，云南府各属及曲靖、楚雄、东川、澄江、大理、丽江、武定、鹤庆、永北、昭通等府据报相同。十一月初八日，丽江府属复得瑞雪。现在土膏滋润，二麦倍加青葱，南豆亦皆茂盛。闾阎欢欣乐业，米粮价值平减。所有豆麦得雪滋长缘由，理合恭折奏闻，上慰慈怀，伏乞皇上睿鉴。谨奏。

朱批：欣慰览之。

（《宫中档乾隆朝奏折》第十辑，第287页）

1049　云贵总督硕色《奏报滇省豆麦得雪滋长折》
乾隆十九年十二月十七日

云贵总督臣硕色谨奏：为奏闻豆麦得雪滋长情形，仰慰圣怀事。

窃照滇省二麦、南豆，俱于秋收后及时布种，日渐生发。先据曲靖、武定、昭通、东川等府具报，十月初八九等日，得雪二三寸、四五寸不等。旋于十月十七八两日，省城瑞雪缤纷，约计有五寸许，云南府各属及曲靖、楚雄、东川、澄江、大理、丽江、武定、鹤庆、永北、昭通等府各报得雪分寸不等。十一月初八日，丽江府属复得瑞雪。现在土膏滋润，二麦倍加青葱，南豆亦皆茂盛，乡农欢欣乐业。所有豆麦得雪滋长缘由，臣谨缮折奏闻，仰慰圣怀，伏祈皇上睿鉴。谨奏。

朱批：欣悦览之。

（《宫中档乾隆朝奏折》第十辑，第355页）

1050　云贵总督硕色、云南巡抚爱必达《奏报防范沙匪事宜办理已竣，撤回官兵、土练，各令归伍归农折》

乾隆十九年十二月十七日

云贵总督臣硕色、云南巡抚臣爱必达谨奏：为会折奏闻事。

窃照掌管猛梭土司刀正民，前被沙匪黎忠君、余府九等将猛梭一寨攻破，刀正民拼命逃出，沙匪占住寨城，在猛横行。臣等前经调拨土练八百名，并派委游击马秉祥带领千把、兵丁前往扼要堵御，相机驱逐沙匪出猛，以安边境。于乾隆十九年九月初九日，游击马秉祥率领千把、外委、兵丁与各土官弁，将所调土练八百名分为两路前进，九月二十五日甫抵猛梭。其沙匪黎忠君等业已闻风，逃遁慢毛，嗣又逃遁猛勒，尚系猛梭内境，断不可容其潜匿。随遣拨弁兵土练分路驱逐沙匪，黎忠君等俱已逃往甘塘。但甘塘乃属交趾地方，未便越界驱逐，暂驻猛勒防堵。

臣等伏思，沙匪黎忠君虽已逃往交趾，若一撤官兵、土练，恐其去而复返，所有善后防范事宜，不可不亟为筹画。屡经飞行游击马秉祥，将逃散夷民尽行招回安插，勿致失所，仍刻速将刀正民唤至猛梭，并令与各猛掌寨公同商议应作何防范，作何堵御，俾沙匪黎忠君等不敢再来猛梭践踏之处详报，臣等再为斟酌指示办理各缘由，节次奏闻在案。

兹据游击马秉祥详称："现在猛梭陆续招回复业男妇大小，计有二千一百余名口，俱已安插妥协，不致失所。其土司刀正民，屡经传唤未到。据刀正民之弟刀安民、刀抚民禀称：伊兄刀正民向有疯狂病症，每一发作，不论高低黑夜、山箐悬崖，混行乱跑。前已回至猛笼，身染疥疮，忽又疯病复发，夜间不知何时去的，到天亮不见，随即分头各处找寻无踪。"等语。游击马秉祥当即传唤猛梭头目并刀正民妻子讯问，据供："刀正民于乾隆十七年二月内得染疯狂病症，医医不效，每一发作，不论高低黑夜、山箐悬崖，混行乱跑，必至苏醒之后方回等语。复又暗将夷民传齐密讯，俱各众口一词。并据头目等公呈，刀正民疯病复发，去无方向，寨内无人掌管。刀正民之长子刀国祥，现年二十一岁，殊属老成，夷众悦服，恳请将猛梭地方即令刀国祥掌管，众头目等同心辅助，协力办理。"等情。似应俯顺夷情，将猛梭地方交明刀国祥掌管。并据各猛掌寨公同议称，猛梭、猛喇、猛赖地界接连，唇齿相依，相离不过一百数十余里，设有紧急，可以飞驰即至。应饬各掌寨互相保固，不拘何猛，一遇有警，星飞传报，各即遣练疾驰救护。

再慢毛、猛勒各离猛梭只一站，乃猛梭之边地出入之门户，实属扼要，每处应设大头目一名在彼，令刀国祥多拨夷民在二处居住，设有贼人犯境，立即飞报猛城，少则拨练自行防范，多则一面飞报猛喇、猛赖拨练救援，自能内外保固。

又于本年十一月初四、初十、十六等日，据余府九屡差头目至游击马秉祥行营投禀，内称："小的余府九原系猛轰、猛配头目，于乾隆十九年正月二十八日，被阮忠镇，即黎忠君迫胁攻夺猛梭，事出无奈，只得附从，且小的虽属夷人，深知敬畏天朝，感激皇恩，久欲投诚，无门叩入。今幸天兵降临，小的等不敢冒犯。查黎忠君同小的攻打猛梭之时，随带男妇子女共计七百余人，攻获猛梭之后，闻大兵前进，陆续逃散往甘塘、八宝、洪水等处，复归旧业者六百余人，今现在后生仅只四十余人。而黎忠君年有七十二岁，业已退回交阯安北府慢路寨，伊纵不法，小的素知情性，情愿担承治服。且天朝既发官兵，不行剿杀，高厚之恩，实同天地。小的食王水土，不能仰报皇恩，午夜思维，改弦易辙，悔过自新，愿做良民。为此禀诉。"等情。随于十一月二十一日，据余府九将炮一位、鸟枪五杆带至猛梭，亲身呈缴，叩头领罪。游击马秉祥观其形状，实属至诚，并非虚意。又据三猛土司并各寨头目等禀称："余府九投顺属实，彼此说明，众皆心悦诚服，歃血盟誓，公写合同，互相保固，出结立案。再猛轰、猛配原系余府九掌管之地，今若仍令余府九掌管，可为猛梭之外藩，更觉严密。"各等情，详报前来。

臣等伏思，沙匪黎忠君等闻风虽已逃散，若一撤官兵土练，恐其去而复返，不可不悉心筹画防范。今将三猛扼要各处俱已布置妥协，即或沙匪黎忠君再来攻夺，谅各猛自能同力驱逐，可保无虞。所有官兵土练不便久驻夷地，即应撤回。臣等业已行令将官兵土练撤回，各令归伍归农。至余府九一犯，伙同黎忠君攻夺猛梭，本应究治，但系被首犯黎忠君迫胁随行，无奈附和，今既身至猛梭兵营献缴炮枪，叩头领罪，痛改前非，愿为良民，情尚可原，似应从宽免治其罪。又据各猛土司公同禀称，猛轰、猛配原系余府九之旧巢，恳求将猛轰、猛配仍令余府九掌管，自必出力报效，可为猛梭之外藩等语。查猛轰、猛配系安南国地方，且余府九、三猛俱系安南属下之人。臣等随经批示，令三猛掌寨转呈安南国王，听彼国示令掌管。其黎忠君一犯，前于乾隆五年冬间啸聚沙匪，攻打猛梭，今又胆敢来猛横行，甚属不法，既已逃回交阯安北，未便越境查拿。臣等现在咨会安南国王黎维祎，速将黎忠君严行查拿，务期必获，从重治罪外，所有防范沙匪事宜办理已竣，撤回官兵、土练，各令归伍归农缘由，臣等恭折奏闻，伏祈皇上睿鉴。

谨奏。

朱批：此事马秉祥所办一切不可信，朕亦无可批示。尔等遵前旨详查真情，奏到再降旨谕。

（《宫中档乾隆朝奏折》第十辑，第358~360页）

1051 云贵总督硕色《奏报遵旨办理黔省武职捐助病故人员并参劾宋爱缘由折》
乾隆十九年十二月二十九日

云贵总督臣硕色谨奏：为遵旨据实覆奏事。

乾隆十九年十二月二十八日，接到廷寄一件，内开："乾隆十九年十二月初五日，奉上谕：前硕色参劾宋爱折内，有因总兵吴三杰病故，该提于各营敛分致奠一条。朕以吴三杰业经病故，旅榇无力旋归，同事捐资协助，尚系人情所有，与现任上官敛派属员、干犯禁令者不同，列入参款，不无过当，是以未加深究。今据定长奏称，黔地边远，凡武职事故，通省各营均摊资助，自康熙年间即有成例，俱有藩司动借公项，扣饷归款，历来有案可稽。近年副将以下等官事故，督臣俱经批准捐助等语。是此事在该省行之已非一日，又不自宋爱始矣。着传谕询问硕色，从前各员似此病故者，该督有无批准捐助，何以独将此事参劾缘由，据实覆奏。钦此。"遵旨寄信到臣。

臣查黔省武职捐助病故人员一项，并非部定成例，原系本省武职等公议举行之事。如参将病故，旅榇无力旋归者，每站捐助银一两八钱，游击每站捐助一两五钱，都司每站捐助一两二钱，守备每站捐助一两，千总每站捐助六钱，把总每站捐助五钱，合计原籍程途，按站捐助，近者约助银三四十两、五六十两不等，最远者亦不过一百七八十两。此系公议举行，互相捐助。前据布政司详请，臣俱如详批准，捐助在案。其提镇身为通省武职大员，似不应勒派属员至一千余两之多也。

伏思臣荷蒙圣恩，忝任总督，凡系云贵两省地方营务事件，无一不知会两省抚、提诸臣，和衷商办。讵提督宋爱意欲资助病故总兵官吴三杰家属，而应作何举行，并不咨商，公然开单摊派银一千余两，送交吴三杰家属。似此违例任性，诚恐将来一味自专，不行咨会，且又邀誉沽名，废弛马政。臣不敢稍为徇隐，上负圣主简用重恩，是以恭折入告。今奉谕旨降询，臣谨据实覆奏，伏祈皇上睿鉴。谨奏。

朱批：此事实可不究也。

（《宫中档乾隆朝奏折》第十辑，第422~423页）

1052　云贵总督硕色、云南巡抚爱必达《奏报前后办理剿逐沙匪及沙匪逃遁、投诚缘由并恳恩将游击马秉祥免参折》

乾隆二十年正月初十日

云贵总督臣硕色、云南巡抚臣爱必达谨奏：为遵旨奏覆事。

乾隆二十年正月初九日，接到廷寄，内开："乾隆十九年十二月十一日，奉上谕：硕色等奏驱逐沙匪尽出猛境一折，此事该督等从前调兵办理已属失宜，而游击马秉祥又不迅速带兵往追，已传谕将不行严参之该督抚等严行申饬。今据奏，沙匪由慢毛、猛勒一带遁入交趾地方，可知马秉祥若于奉派之日即能奋往追擒，何俟半月之后所至并无踪迹，始称遁逃出境，徒以空言缘饰？看来沙匪并非逃遁，总由该弁怯懦延缓，已值伊等抢掠肆足，从容出境耳！则从前派拨土练、兵丁究竟何益？着传谕该督抚等，此次兵行一应粮饷用度，不准开销，俱令该督抚及怯懦之马秉祥赔补。仍令其查明马秉祥平日办理营伍如何，若系平常之员，即据实严参，以示惩儆。钦此。"遵旨寄信到臣。臣等跪读圣训，至圣至明，实惶悚无地。

除此次兵行粮饷，臣等遵旨赔补外，伏查猛梭与猛喇、猛赖三土司，名曰三猛，原系安南国所属地方，因三猛帖近滇省之临安府边境，该土司等输诚效顺，岁纳天朝粮银，向为内地羁縻之掌寨，亦为省南边徼之藩篱。是以乾隆五年，有沙匪将猛梭攻占，前任督臣庆复调拨官兵、土练一千八百余名前往驱除，方始解散。上年复有沙匪阮忠镇、余府九等攻破猛梭，该土司刀正民与所属夷民俱被攻逃散。臣等接阅文武禀报，当思沙夷攻杀，原属常有之事，但猛梭既纳粮内附，刀正民等亦素极恭谨，不便不为应援。且安南国自内讧以来，在在皆沙匪窃据，今胆敢将内附之猛梭攻踞，若不示以兵威，严加驱逐，恐致渐肆妄纵。惟三猛皆属瘴乡，官兵难以前往。臣等随酌派附近猛梭熟习水土之猛喇、猛赖等处土练八百名，饬令各该土弁管领前往，相机驱逐，并派委临元镇标游击马秉祥酌带千把、兵丁二百名前往扼要之区堵御，以壮声威。嗣据马秉祥禀报，带领兵练于上年九月二十四日抵扼要之牛厂地方，其沙匪已于官兵未到之先闻风逃往慢毛、猛勒，又由猛勒而逃往甘塘。其甘塘远在交趾，未便越界驱逐，即令千把等暂驻猛勒防堵。时因猛梭户口逃亡，该游击马秉祥即在猛梭招回男妇二千一百余名口，安插妥协等情，俱经臣等节次奏闻在案。

盖沙匪皆乌合之徒，向来东攻西窜，聚散无常。惟土练性习相近，熟悉情形，而官兵又不谙交趾路径，不便深入穷追，致生疑畏。故臣等愚昧之见，只令土练前往驱逐，其游击马秉祥惟令带领官兵二百名驻扎扼要之地，以壮声威，原未令其深入驱剿。此实臣等识见疏愚，以致上廑宸衷，咎所难逭。但沙匪一闻汉土官兵前进，即凛畏国法，先期逃遁，委属实情。彼时臣等诚恐官兵骤撤，匪徒去而复返，滋生事端，仍令马秉祥等在彼防范。是以沙匪余府九续于上年十一月内献缴枪炮，亲赴军营投诚，方始将汉土兵练撤回，又经臣等于上年十二月内恭折奏闻，尚未接奉朱批。此实沙匪敬畏天威，故先逃而后投诚也。

臣等荷蒙圣恩，任寄封疆，且办理边情重务，敢不加意详慎？若领兵将弁少有怯懦玩误，臣等断不敢稍事姑容，自干重愆。所有臣等前后办理及沙匪逃遁、投诚缘由，谨再恭折奏覆。

至游击马秉祥，平日办理营务甚属勤慎谙练，从前屡经出师东川、普思及贵州苗疆，著有功绩，身受标伤；又出师金川，屡夺贼碉，手被枪伤。可否仰邀天恩，免其参处，出自圣慈，臣等未敢擅便，谨一并据实会奏，伏祈皇上睿鉴训示。谨奏。

朱批：另有旨谕。

（《宫中档乾隆朝奏折》第十辑，第 486~488 页）

1053 云贵总督硕色、云南巡抚爱必达《奏报茂隆矿厂三年期满，另行选定课长更换办理折》

乾隆二十年正月初十日

云贵总督臣硕色、云南巡抚臣爱必达谨奏：为课长三年期满，应行更换，会折奏闻事。

案照茂隆矿厂远在边外番夷之境，前因课长吴尚贤在厂滋事不法，业经臣等将吴尚贤参奏，严拿治罪。其课长一项，有稽查厂众、抽收课银之责，必须诚实干练，开有碉碉，为厂众素所信服之人始克充当。臣等先经遵旨拣选得一名杨公亮，熟练厂务，为人稳妥；又一名唐启虞，亦诚实小心。应将杨公亮金充课长，董理厂务，唐启虞饬令协同办课，以三年为期更换，如三年之内各皆勤慎妥协，俟期满将杨公亮撤回，即可以唐启虞顶充课长，于内地另行拣选殷实干练之人出厂协同办理，令其渐次熟练，按期接管。如或乖张滋事，渔利营私，即随时撤回究治等因，于乾隆十六年十一月内具奏。乾隆十七年正月二十日，奉到朱批："知道了。钦此。"钦遵在案。

自乾隆十七年正月起，至乾隆十九年十二月底，即满三年应行更换之期。查杨公亮、唐启虞办理厂务，各皆勤慎妥协。臣等于上年冬间，随经行司，饬调课长杨公亮、唐启虞到省，确询厂地情形，并遵照原奏，将杨公亮撤回，以唐启虞顶充课长，于内地另行拣选殷实干练之人出厂协同办理。去后，嗣据布政使纳世通、按察使沈嘉征禀称："饬调该课长杨公亮、唐启虞已经到省，面询厂地情形，据称自金充课长以来，应抽课项俱系据实报解，厂地宁谧，夷酋安贴。复据杨公亮禀称，年逾六旬，精力日衰，不能再承重任。又据唐启虞禀称：染患血症，医治不愈，难以效力，各请退役归农，并公保在厂办课之骆文锦、胡正川，熟练厂务，堪以顶充课长，弹压厂众，且于内地遍行拣选，不得妥人，可否即委骆文锦、胡正川顶充课长。"等情，请示前来。

臣等伏查，课长杨公亮已满三年，例应撤回，即以唐启虞顶充课长，仍于内地另选殷实干练之人出厂协同办课，按期接管。今杨公亮已届应行撤回之期，自应准其退役归农。其唐启虞既染患血症，医治不愈，恳请退役，似不便强令顶充，亦应准其退役。但该厂远在外域，抽办课项，弹压厂众，责任颇重。据布政使纳世通等于内地遍行拣选，不得妥人。臣等随饬司，将杨公亮等公保之骆文锦、胡正川调至省城，亲加查验。今臣等看得骆文锦系云南楚雄府楚雄县人，熟练厂务，为人小心，堪以顶充课长，董理厂务。其胡正川系云南府昆明县人，亦明白谨慎。饬令协同办课，仍以三年为期更换。臣等不时查察，如三年之内各皆勤慎妥协，俟期满将骆文锦撤回，即可以胡正川顶充课长，另行拣选殷实干练之人协同办课，令其渐次熟练，按期接管。如或乖张滋事，渔利营私，即随时撤回究治。

所有臣等选定课长，更换办理缘由，恭折奏闻，伏祈皇上睿鉴。谨奏。

朱批：知道了。

(《宫中档乾隆朝奏折》第十辑，第489~491页)

1054　云贵总督硕色、云南巡抚爱必达《奏报滇省易门等处地震及办理抚绥情形折》

乾隆二十年正月十一日

云贵总督臣硕色、云南巡抚臣爱必达谨奏：为奏闻事。

窃惟滇省山高土厚，地气疏泄不及，常至震动为患。乾隆十九年十二月十六日丑刻，省城地觉微震，继复连震数次即止，城内城外衙署、营房、人口俱毫无损伤。臣等恐近省城各属或有较重之处，随即飞檄行查。去后，嗣据云南府易门县详报，该县地方于十九年十二月十六日丑、寅等时地连大震，城垣、仓库、衙署、坛宇、塘房、民房多有倒塌，人口亦多损伤，至辰、巳等时未息等情。

臣等随委令云南粮储道徐铎、云南府张惟寅，携带司库铜息银两，率领在省印官、佐杂星夜前往，分头查勘。臣等亦即亲往该县，会同察视情形，督率抚绥办理。统计在城及被震四十六村，共倒塌瓦房二千八百四十一间，草房一千二百六十五间；压毙男妇一百七十一名口，幼小子女一百名口；压伤大小男妇、子女八十三名口。臣等随在被灾较重之三会等村亲身监赈，并令道府正印、佐杂等官分头赴各乡村散赈。

瓦房一间照例赈银五钱，草房一间三钱；压毙男妇，大口照例赈银一两五钱，小口五钱；压伤之大小男妇子女，每名口照例赈银五钱，按户按口，逐一赈毕，并无遗滥。通共赈济过银二千一百四十八两，灾民感戴皇恩，沦肌浃髓。现在地已宁静，民无失所。

至易门，连岁有秋，上年收成又复丰稔，无庸照乾隆十六年剑川地震之例，大口一石，小口五斗，复议概行赈谷。惟其中贫民，当被灾之余，买食不无拮据。亦经饬将被灾各户，无论大小名口，每口借给常平仓谷五斗，以资接济；有力之家不愿借者听。其所借谷石，缓至二十一年秋成，照数还仓，俾口食有所资借，民力益舒。

再查临安府属之石屏州，地震较易门为轻，土城、塘房、民房间有倒坏，人口亦有伤损。统计倒塌瓦房五十七间，草房五百三十二间；压毙男妇四十九名口，幼小子女二十五名口；压伤男妇子女二十二名口。当经臣等飞委迤东道施延翰率同临安府知府张为璁酌带银两，亲往确勘，查照易门事例，一体赈恤。共赈济过银二百八十五两一钱，亦令酌量借给仓谷，以资接济，灾民均沾实惠，亦无遗滥。其云南、临安、澄江、楚雄、大理、姚安、景东各府属，据报俱于乾隆十九年十二月十六、二十八九等日，亦觉微震，并未成灾。除被震倒塌城垣、衙署、仓库、坛宇、塘房，容臣等查明另行题请修复外，所有易门等处地震及抚绥办理宁贴各缘由，理合会折奏闻，伏乞皇上睿鉴。谨奏。

朱批：有旨谕部。

（《宫中档乾隆朝奏折》第十辑，第497～498页）

1055　云贵总督硕色、云南巡抚爱必达《奏请以昆明县知县弓椿升补景东府掌印同知，其遗缺以平彝县知县鄂鲁礼调补折》
乾隆二十年正月十一日

云贵总督臣硕色、云南巡抚臣爱必达谨奏：为要缺亟需干员，恭恳圣恩升调，以收得人实效事。

窃照云南景东府掌印同知程近仁，业于大计案内，以有疾题参。所遗员缺，系繁、疲、难三项相兼，事务纷纭，民俗刁悍，且并无附郭州县，例应本省拣选调补、题补，非熟悉风土、精明勤干之员不克胜任。臣等于所属各员内公同拣选，现任滇省同知，非到任未久，即现任夷疆，并无合例堪以调补之员。惟查有昆明县知县弓椿，年三十七岁，系直隶进士，由楚雄县知县调补今职。乾隆十八年保举知府案内，经臣硕色保送引见，荷蒙圣鉴。十九年大计案内，复经臣等卓异荐举。该员操守洁清，才识敏练，努力向上，强干有为，以之升补景东府掌印同知，实属人地相宜。虽调任未满五年，于例稍有未符。但其人其地实在相须，例得专折陈请，仰恳皇上天恩，俯准以弓椿升补景东府掌印同知，该员自必益加奋勉鼓励，于地方大有裨益。

所遗昆明县知县员缺，系附省首邑，冲、繁、疲、难四项相兼，俗悍政繁，且时有发审事件，最关紧要，亦应本省拣选调补。查有平彝县知县鄂鲁礼，年四十三岁，系镶白旗满洲举人，发滇委用，题署平彝县知县，于乾隆十九年三月内奉旨实授。该员才情肆应，干练有为，已于乾隆十九年大计案内附荐，虽历俸未满三年，而调补省城首邑，必能游刃有余，克收臂指之益。如弓椿荷蒙圣恩允准升补，所遗昆明县知县员缺，请即以鄂鲁礼调补。至平彝县员缺，系调补，所遗例应于试用人员内拣补。滇省试用未补人员尚多，容臣等于鄂鲁礼恩准调补之后再行拣选请补。

再查弓椿前于楚雄县任内奏销未完银两，部议照离任官例罚俸一年，已经完解销案。鄂鲁礼任内并无参罚事件。至弓椿，系由知县升补同知，例应给咨引见，但该员于乾隆十八年保举知府引见，未满三年，鄂鲁礼系对品调补，似均毋庸送部引见。合并陈明。臣等为要缺需才起见，谨会折奏请，伏乞皇上训示。谨奏。

朱批：该部议奏。

（《宫中档乾隆朝奏折》第十辑，第 499~500 页）

1056　云贵总督硕色《奏报滇黔得有雨雪情形折》
乾隆二十年二月二十一日

云贵总督臣硕色谨奏：为奏闻事。

窃照滇省上年得有冬雪，豆麦长发，经臣恭折奏闻在案。腊底新正，天气晴和，春分前后正需雨泽。兹于本年二月初三四五等日，省城先雨后雪，连朝叠降，高下均沾，并据近省之云南府属及曲靖、武定、澄江、楚雄、临安、广西、开化、姚安、蒙化、大理、东川、永北等府禀报，各得雨雪沾足，春花旺发等情。查现在大麦出穗者十之五六，含苞者十之四五，小麦出穗者十之三四，余亦渐次含苞，南豆悉俱结实，陆续登场。其稻谷秧苗，近水低下之区，早种者已出土二三寸，高阜之处播种稍迟，亦将次出土。民苗俱各欢欣乐业。所有滇省豆麦、秧苗得雨，穗实出土情形，臣谨恭折奏闻，仰慰圣怀。

再黔省各属亦俱雨雪均调，豆麦长茂，合并陈明，伏祈皇上睿鉴。谨奏。

朱批：欣慰览之。

（《宫中档乾隆朝奏折》第十辑，第 765~766 页）

1057　云贵总督硕色《奏请滇黔武职预保、卓异等项送部引见人员仍准其支食本任俸薪折》

乾隆二十年二月二十一日

云贵总督臣硕色谨奏：为请旨事。

窃照武职支食俸薪，旧有一定章程，凡现任员弁遇有出师及预保、卓异、题升等项引见人员，所有任内俸薪，仍系原官支食。其署事之候补员弁，另于建旷项下，照衔分别酌给俸薪。盖出师者效力疆场，引见者原系暂离本任，且有往来车马之需，故均加体恤，俾令公私不致掣肘，恩至渥也。又凡本省升调本省之员，已离本任未到新任，其原缺俸薪亦向系原官支食，至到任之日始支新任，住支旧任。其署事之员，亦于建旷项下支食在案。迨上年删除空衔案内，部议：武职既不兼衔，应按缺支俸。

滇省因委署人员又向系照衔酌给俸薪，咨部请示，嗣准部覆，内开："引见及本省升调官员缺内之俸，应比照升衔调缺人员之例，于卸事之日照例住支。"等因。除移行遵照外，臣伏查，引见人员，其中有现任、离任之分，似应区别办理，如题升引见之员，将来奉旨准赴新任，其旧任俸薪应照升衔调缺之例，即于奉旨之日住支。至预保、卓异等项送部引见人员，俱系回任候升，不过暂离本任，原系现任之员，例得支食俸薪。且滇黔距京万里，往来车马之费不赀，更有家口留营，若一概住支俸薪，则不惟长途拮据，而家口亦无养赡。且查文职现任官员赴部引见者，俱仍食本任俸银，文武事同一例。所有滇黔武职预保、卓异等项送部引见人员，可否仍照旧例，准其支食本任俸薪，俾长途资斧有赖，则大小员弁更感沐圣恩于无既矣。

臣因目击引见人员有拮据下情，用敢不揣冒昧，据实陈奏，伏祈皇上睿鉴训示。谨奏。

朱批：该部议奏。

（《宫中档乾隆朝奏折》第十辑，第767～768页）

1058　云南巡抚爱必达《奏报乾隆十九年二加运京铜自泸开运日期折》

乾隆二十年二月二十一日

云南巡抚臣爱必达谨奏：为钦奉上谕事。

乾隆十四年六月十八日，承准廷寄，内开："奉上谕：嗣后运铜事宜，务须加意慎重。其沿途经过各省督抚，朕已传谕，令其将委员守风、守冻及有无事故之处奏闻。至铜铅船只于云贵本省起运，何日出境，亦着该督抚随时折奏。钦此。"钦遵，转行遵照在案。

今据粮储道徐铎详据委驻泸店转运京铜署大关同知蔡理经报称："乾隆十九年二加运京铜官、委用通判周世荣，委用从九品刘鲲，于乾隆十九年十一月十二日抵泸，十一月二十七日开秤起至乾隆二十年正月初九日止，兑交过铜九十四万五千七百二十斤，除陆路折耗铜四千七百二十八斤九两六钱外，实该正耗余铜九十四万九百九十一斤六两四钱，俱经照数发足，该委员即于正月初九日自泸扫帮前进。"等情，转详到臣。除咨明户、工二部及沿途经过各省督抚，转饬各该同知、通判并地方文武员弁一体督查防护，按站催趱，不许片刻停留，仍稽查有无盗卖情弊外，所有乾隆十九年二加运京铜自泸开运日期，理合恭折奏报，伏乞皇上睿鉴。谨奏。

朱批：览。

（《宫中档乾隆朝奏折》第十辑，第 778～779 页）

1059　云南巡抚爱必达《奏报滇省豆麦禾苗情形折》

乾隆二十年二月二十二日

云南巡抚臣爱必达谨奏：为奏闻豆麦禾苗情形，仰慰圣怀事。

窃惟滇省上年冬令连次瑞雪，豆麦滋长缘由，经臣恭折奏报在案。自十二月至本年正月，天气晴明，正需雨泽。二月初三四五等日，省城雨雪并沛，高下沾足，近省云南府属及曲靖、武定、澄江、楚雄、临安、广西、开化、姚安、蒙化、大理、东川、永北等府据报相同。豆麦旺发，浸灌有资。现在大麦出穗者十之五六，小麦出穗者十之三四，余亦渐次含苞，南豆俱经结实，陆续登场。田间秧苗，低下之处已出土二三寸不等，高阜播种较迟，将次出土，与农功深有借赖。民苗乐业，四境枚宁。所有豆、麦、禾苗情形，理合恭折奏闻，上慰慈怀，伏乞皇上睿鉴。谨奏。

朱批：欣慰览之。

（《宫中档乾隆朝奏折》第十辑，第 779 页）

1060　云贵总督硕色、云南巡抚爱必达《遵旨议奏滇省驿站情形及裁汰改设各缘由折》

乾隆二十年二月二十二日

云贵总督臣硕色、云南巡抚臣爱必达谨奏：为遵旨议奏事。

乾隆十九年十二月二十八日，准兵部咨开："大学士公傅恒等议奏：驿丞管理驿务，其弊不止江南一省为然。直省驿站钱粮，应令均归州县经管。驿地止于应差喂马，似可不必更设专员。现在直省各驿，除在州县城治及附近处所俱系州县经管外，凡驿站离县稍远地方，或量移佐杂驻守照管。其买马、办料及一应驿务事宜，仍责成该州县自行经理，并不时查察。但直省各驿与州县相隔，道里远近，应否需用佐杂驻守照管，及各该处佐杂现在有无分驻地方，可否移驻驿站，并或该州县地方辽阔，佐杂各有专司，仍应酌留驿丞在驿照料之处，应请交与直省该督抚，各按地方情形妥议，具奏到日，再行酌议。"等因。乾隆十九年十一月初六日，奉旨："依议。钦此。"钦遵，移咨前来。

臣等伏查，滇省共设大小一十五驿，除马龙、南宁、三岔、多罗、沾益五驿向系马龙、沾益、平彝、宣威等各州县管理，均无庸置议外，其倘塘、可渡二驿，向系可渡巡检兼管，应将买马、办料及一切驿务事宜改归宣威州经理，该巡检仍驻守照管，亦无庸另议更张。至滇阳、板桥、杨林、白水，向设驿丞四员；易隆兼管古城，炎方兼管松林，又各设驿丞一员。若将该六员悉行裁汰，则其中有距州县稍远之处，势难兼顾。若但以应差、喂马等事议留驿丞，既于地方无裨，更须增给养廉，转致糜费。臣等就各驿情形通盘筹酌，查滇阳近在省会，杨林亦附近嵩明州城，尽可兼管，应将滇阳驿裁归昆明县、杨林驿裁归嵩明州经管，以专责成。其板桥驿亦系昆明县属，距会城四十里，查察难周，现有昆明县县丞一员，事务尚简，并非分驻，应即令移驻驿所，兼管驿务。惟寻甸州属之易隆驿，距州六十里，又该驿兼管之古城驿，距州九十里，南宁县属之白水驿，距县五十里，沾益州属之炎方驿，距州一百里，又该驿兼管之松林驿，距州三十里，各该州县俱鞭长莫及，且易隆、白水、炎方三驿地方系入滇孔道，烟户繁多，五方杂处，最易藏奸，弹压稽查甚关紧要，各该州县并无佐杂微员可以移驻，自应就通省内酌量改设，于地方驿务均有裨益。查临安府司狱，有经历可以兼管。石屏州宝秀司巡检、赵州白崖巡检，均在腹地，并非苗疆夷寨，该州县尽可兼顾。应将白崖巡检裁汰，改为南宁县白水巡检，驻扎白水驿所；宝秀司巡检裁汰，改为寻甸州易古巡检；临安府司狱裁汰，改为沾益州炎松巡检，各驻驿所，凡系匪窃、赌博、打降、私贩、私宰等事，即令就近查拿审理，详各州县归结，并兼管驿务，其买马、办料均归各该州县经理。所有改移之巡检等缺俸廉、役食，系属对品，照旧支食，衙署亦无庸添建。惟司狱改设巡检，应添设弓兵四名，以供差遣。应即于沾益州民壮三十名内抽拨四名，改为弓兵，归巡检衙门供役。其所裁驿丞廪给银两，照例住支。至改移之巡检，应管村寨疆界，及应铸给印信，俟部覆到日，另行具题。

再查现任赵州白崖巡检邵英可、临安府司狱赖鸿逵，衔缺相当，应请即将该二员改补任事。其宝秀巡检现在悬缺，应俟部选有人，即将所选之员改为寻甸州易古巡检，嗣后遇有缺出，均归部选，庶斟酌损益，各得其宜。至裁汰之滇阳驿驿丞宋道南等，例应送部候补。但滇省地处极边，例得奏请拣发人员，且宋道南已经捐升县丞，并于乾隆十九年大计荐举卓异。该员明白干练，在滇年久，熟悉风土人情；板桥驿驿丞张廷栻、杨林驿驿丞朱英、易隆驿驿丞周天锡、白水驿驿丞钱兆庆、炎方驿驿丞盛树荣，亦各才堪差遣。应请一并留滇，将宋道南遇有县丞等缺，酌量补用。其张廷栻等，查驿丞与典史同系未入流，品级相当，即以典史等缺酌量借补，既免请发之繁，亦收臂指之效矣。统俟部覆到日，饬令分别交卸移驻。

臣等与布政使觉罗纳世通、驿盐道刘谦确商，意见相同，复据议详前来。

所有滇省驿站情形及裁汰改设各缘由，理合会折奏覆，是否有当，伏乞皇上睿鉴，敕部议覆施行。谨奏。

朱批：该部议奏。

（《宫中档乾隆朝奏折》第十辑，第779~781页）

1061　云贵总督硕色、云南巡抚爱必达《奏报各铜厂开获子厂情形折》
乾隆二十年二月二十二日

云贵总督臣硕色、云南巡抚臣爱必达谨奏：为奏闻开获铜厂情形，仰祈睿鉴事。

窃照滇省每年办解京局并本省、各省鼓铸，共需铜一千二百余万斤。向惟东川府属之汤丹、大水、碌碌三厂产铜最为旺盛，武定府属之多那厂次之，其余各属铜厂，办铜均属无多。近年汤丹等大厂硐深矿薄，采办维艰，多那亦产矿日少，必得先事预筹，庶几有备无患。经臣等屡饬司道，转行各属广为试采，开作子厂，以资接济。去后，兹据粮储道徐铎会同布政使觉罗纳世通详称："查有多那厂附近之老保山，产矿颇旺，成分甚高，当委管理多那厂之武定府知府郑廷建查勘开煎，每月俱办铜四万余斤至五万斤不等，现得进山大矿，源源不竭，每年可办铜六十万斤。又据委管汤丹厂官周祚锦查报，汤丹之聚宝山新开长兴硐挖获矿砂，每日计出六十余桶，可煎铜六百余斤；九龙箐之开库硐获有旺矿，每日计出一百余桶，可煎铜一千余斤，总计长兴、开库二处，年可办铜五十余万斤。又据委管大碌厂官段宏深查报，碌碌厂之竹箐老硐侧另开新硐，所出矿砂成分颇佳，逐日督率攻煎，大有成效，每日实可办铜若干，俟定有确数，另行禀报。"等情，转详前来。

臣等伏查，滇省需铜甚多，全在厂矿旺盛，始克运供京外鼓铸，办理裕如。今多那附近之老保山并汤丹、碌碌等厂附近之长兴、开库、竹箐三处俱开获旺矿，试煎有效，均应作为各该厂子厂，一体责成管理。除飞饬转行武定府及汤丹、大碌厂官加意调剂，实力稽查，务期矿产日旺，办铜日增，于铸务大有裨益，毋致懈弛外，所有开获各子厂情形，理合会折奏闻，伏乞皇上睿鉴。谨奏。

朱批：好，知道了。

（《宫中档乾隆朝奏折》第十辑，第 782 页）

1062　云贵总督硕色、云南巡抚爱必达《奏报被劾藩司宫尔劝财产无项可归，请旨解交内务府，以结尘案折》

乾隆二十年三月二十日

云贵总督臣硕色、云南巡抚臣爱必达谨奏：为劾司财产无项可归，请旨解交内务府，以结尘案事。

窃照宫尔劝前于云南粮道任内纵容家人杜七在厂舞弊营私，奉旨搜查财产。臣等随于宫尔劝寓所搜获现银四千七百四十一两，并所置山东原籍田房契券，共计价银二万一千二百余两，又于杜七名下搜获现银二千四百两，当经臣等将田房契券咨送山东抚臣查变。所有搜获宫尔劝、杜七现银共七千一百四十一两。因宫尔劝名下有应追少报余铜银九千六百两七钱零，又杜七应追秤头铜价及囤卖油米渔利银一万八千二百九十七两五钱，亦应于宫尔劝名下追赔；又宫尔劝尚有永善县杨茂亏空等案分赔银两，经臣等于乾隆十六年闰五月初六日，奏明将搜获现银七千一百四十一两暂存司库，俟东省将田房产业变价咨覆到日，臣等核计抵补，如有余剩，另行请旨，钦奉朱批在案。

续查宫尔劝应赔核减、亏空各案银两，先经臣等节次咨催东省查追变抵。去后，咨准山东署抚臣郭一裕咨称："被劾布政司宫尔劝应追各项汤丹厂少报乾隆五年以前秤头铜斤，并应追杜七私收铜斤及油米余剩，分赔金江下游工程扣贮、预留、核减，并寻甸、楚雄等州县修理钦差公馆，云龙州病故知州张璿亏空铜厂，广通县崔象南亏空银米，赵州知州樊广德亏空盐款、公件、各项闲款等项，共银三万一千四百三十七两八钱零。除搜获现银、追获周桷铜价存剩共银五千八百二十二两六钱零抵还外，又扣除杜七之子杜时昌衣物变价银四十八两一钱，实只应追银二万五千五百余两。宫尔劝原籍查出房地财产，仅估值银二万一千五百余两，尚有不敷抵补银四千两零。再乾隆十六、十七两年收过杂粮、租息银一千八百六十二两零，应抵宫尔劝不敷亏项，又将宫尔劝入官地亩等项变解银五千三百二十三两八钱零，连前次年限报参案内完过银八百四十九两七钱零，二共完银六千一百七十三两五钱四分零，抵补宫尔劝各案亏空、核减等项，咨明内部在案。"等因，移咨到臣。

臣等伏查，宫尔劝名下续查应赔核减、亏空各案银两，俱已扣抵报部，只应追少报余铜银九千六百两七钱三分；又杜七应追银一万八千二百九十七两五钱，除搜获银二千四百两外，实应追银一万五千八百九十七两五钱，二共实应追银二万五千四百九十八两。其原籍查出房地财产，原估银二万一千五百六十余两，除变获银六千一百七十三两零，内有抄存杂粮变银一百八十一两零不在原估产价之内，均抵完宫尔劝分赔、亏空、核减各项外，计尚有未变房地产业银一万五千五百七十四两零。又东省存有追获周橚应还宫尔劝代赔铜价余剩银一千八十一两六钱二分，连滇省搜获宫尔劝现银四千七百四十一两，合共现银五千八百二十二两六钱二分，其不敷银四千一百零，已经东省将十六、十七两年租息变银一千八百六十二两零抵补；又十八、十九两年租息，亦可变银一千八百余两，尚有未变杂粮、麦子六百七十余石，小制钱九百五十余串，约可变银八百余两。通盘统计，东省现存及未变共银二万一千二百余两，连滇省现存原搜宫尔劝现银四千七百四十一两，杜七银二千四百两，共计二万八千三百四十余两，核计宫尔劝名下应追余铜及杜七银二万七千八百九十八两零，足敷抵补有余。

臣等复查，宫尔劝名下应赔亏空各案银六千一百七十余两，系应归款之项，俱已扣完清楚，业经山东抚臣报部在案。其应完少报余铜及杜七婪得秤头铜斤、囤卖油米渔利银两，系无款可归之项。滇省现存原搜宫尔劝、杜七现银共七千一百四十一两，未便久贮藩库，应行解交内务府。其东省现存及田房产业应变价银二万一千二百余两，若令解交滇省，既无项可归，且山左、滇南相距遥远，徒糜解费，应令山东抚臣速将田房、产业、租息等项全数变价，就近解交内务府查收，以结尘案。臣等谨将宫尔劝应追、应赔银两，核计任所、原籍财产足敷抵完清楚及无项可归酌办缘由，会奏请旨，伏祈皇上睿鉴训示。谨奏。

朱批：所奏殊不明晰，另有旨谕。

（《宫中档乾隆朝奏折》第十一辑，第41～43页）

1063　云贵总督硕色《奏报滇省续得雨泽、麦苗秀穗及东作方兴情形折》
乾隆二十年三月二十日

云贵总督臣硕色谨奏：为续得甘霖，乘时东作，恭折奏闻事。

窃照滇省前于本年二月初三四五等日连得雨雪，二麦渐次吐穗，南豆悉俱结实，秧苗亦出水长发，经臣于二月二十一日缮折奏闻在案。今省城地方又于三月初三、初五等日雨泽频降，麦苗更得滋培，现在大麦穗已出齐，小麦亦吐穗过半。其播种早稻之处，正待雨泽翻犁，得此时雨，农民俱各欢忻，纷纷东作。并据近省之曲靖、临安、澄江、楚雄、元江等府所属州县禀报相同。除俟二麦登场，查明收成确数另报外，所有续得雨泽、麦苗秀穗及东作方兴情形，合再恭折奏闻，仰慰圣怀，伏祈皇上睿鉴。谨奏。

朱批：欣慰览之。

（《宫中档乾隆朝奏折》第十一辑，第 44 页）

1064　云南巡抚爱必达《奏报敬筹教职甄别报满之例折》
乾隆二十年三月二十一日

云南巡抚臣爱必达谨奏：为敬筹教职甄别报满之例，以收实效事。

窃惟学校为陶育人才重地，察核须严；保题为优擢教职荣阶，考验宜实。查定例：教职六年俸满，令督抚、学政严加甄别，如果才能出众、应行荐举者，即行具题；寻常供职之员，分别去留，具题请旨。又乾隆十七年二月内，大学士等奏准，除俸满保题仍照六年旧例外，其题留供职之员，三年澄汰，将实在年力就衰者即行汰退，咨部汇题。又乾隆十八年九月，钦奉上谕："嗣后教职，除有劣迹者随时参劾外，至六年俸满、堪膺民社者保题；其年尚强壮，精力未衰，可以留任者，出具考语，送部引见。若准留任，俟六年再满，仍如是甄别。如年老人员，咨部休致。训导甄别之例与教职同。着为令。钦此。"各等因，尊奉在案。

查三年澄汰之期虽似较六年为近，但自遵旨查办后，龙钟衰老之辈廓然一清。未满六年者，到任不久，未必骤至衰颓，而已满六年者引见准留，应俟届期甄别，如果有劣迹及患病懈弛等事故，应即随时参劾，另易贤员，庶几无误职守。必俟三年澄汰，为期转远。应请皇上敕下各省督抚、学臣，嗣后钦遵谕旨，统于六年俸满，分别保题去留，题咨办理。倘六年之中，或有疾病，或有懈弛，照劣迹人员例，无论历俸久近，飞即参劾离任，毋得稍事宽容。其三年澄汰之例停止。再查定例：俸满保题教职，必遵一定年限，倘有逾限至半年以上者，一概不准保题升用。至前任历俸甚浅，后任尚需数年者，仍接算六年满日，分别报部。如前任历俸已深，在五年以上者，虽接算年限已满，亦应俟到任一年后，核其文品果优，方准接算保题。

又乾隆十九年三月内，吏部覆准山东抚臣杨应琚陈奏：嗣后六年俸满教职人员，统于岁底，俟学臣试竣回省之日，公同考验，分别题咨各等语。查教职保题，全在考验得实，始克膺民社之寄，而宏风励之权。若各该督抚、学臣拘半年内保题之例，在七八月以后俸满者，题报尚在限内，其在六月以前者，势必有逾定期办理，转属掣肘。应请嗣后教职六年俸满，统于年底学臣试竣回省之日，该督抚会同学臣秉公考验，实系才能出众，始准保题升用，其余分别去留，题咨办理。所有逾限半年以上不准保题之例删除，则考验得实，黜陟至公，而登进之途永杜侥幸矣。

以上二条，臣为整饬学校起见，恭折陈奏，是否有当，伏乞皇上睿鉴训示。谨奏。

朱批：该部议奏。

（《宫中档乾隆朝奏折》第十一辑，第48~50页）

1065　云南巡抚爱必达《奏报乾隆二十年头运京铜自泸开运日期折》

乾隆二十年三月二十一日

云南巡抚臣爱必达谨奏：为钦奉上谕事。

乾隆十四年六月十八日，承准廷寄，内开："奉上谕：嗣后运铜事宜，务须加意慎重。其沿途经过各省督抚，朕已传谕，令其将委员守风、守冻及有无事故之处奏闻。至铜铅船只于云贵本省起运，何日出境，亦着该督抚随时折奏。钦此。"钦遵，转行遵照在案。

今据粮储道徐铎详据委驻泸店转运京铜署大关同知蔡理经报称："乾隆二十年头运京铜官、候补知县杨文光，候补吏目杜赞，于乾隆十九年十二月初六日抵泸，二十年正月十一日开秤起至二月十一日止，兑交过铜一百一十一万斤，除陆路折耗铜五千五百五十斤外，实该正耗余铜一百一十万四千四百五十斤；又兑交带解乾隆十六年四运官王廷言，带解十四年二运官邹越捞获铜内挂欠工部实铜一百三十九斤十二两，俱经照数发足，该委员即于二月十一日自泸扫帮前进。"等情，转详到臣。除咨明户、工二部及沿途经过各省督抚，转饬各该同知、通判并地方文武员弁一体督查防护，按站催趱，不许片刻停留，仍稽查有无盗卖情弊外，所有乾隆二十年头运京铜官自泸开运日期，理合恭折奏报，伏乞皇上睿鉴。谨奏。

朱批：览。

（《宫中档乾隆朝奏折》第十一辑，第50~51页）

1066　云贵总督硕色、云南巡抚爱必达《奏请积存钱文援例以银五钱五对半搭放兵饷，以归成本折》

乾隆二十年四月初十日

云贵总督臣硕色、云南巡抚臣爱必达谨奏：为积存钱文援例酌请加搭兵饷，以归成本事。

窃照云南省城及临安等府开炉鼓铸所铸之钱，向系银七钱三搭放兵饷，照前督臣尹继善奏定市价，每钱一千二百文作银一两给发。嗣于乾隆十五年八月内，查得省、临二局钱文，除搭放三成兵饷外，每年尚有余剩，截至乾隆十四年年底止，共积存钱二十三万三千八百余串，经臣硕色奏请加添二成钱文，改为银五钱五搭放兵饷，易出饷银，以归成本，经部覆准在案。今查前项积存钱文，自乾隆十六年起，至十九年年底止，加添二成搭放，省局业已放完，临局约至本年春夏亦可放清。除临局现止撘炉八座，每年铸出钱文只敷临局年放之款，毋庸置议外，查省局现撘炉二十五座，自乾隆十五年起，至乾隆十九年止，额铸正带、外耗本息钱文，除搭放钱三兵饷及驿站钱粮等项外，现又积存钱八万二千三百六十串五百二十五文。据布政使纳世通详请，仍照前例加添二成搭放兵饷前来。

臣等伏查，鼓铸钱文原期流通利用，且滇省每铸钱一千文，约费成本银五钱五六分。今既积存钱八万二千三百余串，若不随时疏通，则积压成本约计四万五六千两，不能转输接济铸，而嗣后每年俱有积存，更未便愈积愈多，致妨民用。应请将省局现存钱八万二千三百余串，于本年冬季为始，将省局应放督标、抚标、城守八营及广罗、武定、奇兵等协营兵饷，均加搭二成钱文，以银五钱五对半搭放，其加搭之钱，统照旧例每钱一千二百文作银一两支给，俟前项积存钱文对搭放完之日，或仍照原例以银七钱三搭放，或其时积存钱文数多，又应加添搭放，统俟届期察视情形，另行筹酌办理。如此，庶现在成本得以早归，钱文亦得流通，而于帑项、兵民均有裨益。倘蒙俞允，所有每年加搭钱文、易出饷银各数目，按年造册，送部查核。臣等谨缮折恭奏，伏祈皇上睿鉴训示。谨奏。

朱批：如所议行。

（《宫中档乾隆朝奏折》第十一辑，第159～160页）

1067 云贵总督硕色、云南巡抚爱必达《奏报普洱府知府缺出，滇省无合例调补之员，请旨拣补折》

乾隆二十年四月初十日

云贵总督臣硕色、云南巡抚臣爱必达谨奏：为要缺调补乏人，请旨拣补，以重地方事。

窃照云南普洱府知府史鲁璠，有亲父史义遵在籍病故，业经浙江抚臣周人骥题报咨滇。今该员在任闻讣，例应丁忧。除将闻讣日期照例咨部外，其所遗员缺，系新辟夷疆，例应在外拣选调补。臣等于通省现任知府中逐一详加考核，或现居要缺，未便再请更调。其中、简各缺人员内，非到任未久，即人地不甚相宜，现在实无可调之员。查定例：应题应调缺出，如一时无合例之人，即声明情由，请旨拣发等因。所有滇省现出普洱府知府一缺，仰恳圣恩，俯赐拣补一员，令其即行赴任，庶员缺不致久悬，于地方实有裨益。臣等谨会折恭奏，伏祈皇上睿鉴。谨奏。

朱批：有旨谕部。

（《宫中档乾隆朝奏折》第十一辑，第 160 页）

1068　云南巡抚爱必达《奏报酌陈均平改征米银之例，以苏民累折》

乾隆二十年四月十二日

云南巡抚臣爱必达谨奏：为酌陈均平改征之例，以苏民累事。

窃照滇省跬步皆山，米粮艰于挽运。各标、镇、协、营岁需兵米，不能与各府、厅、州、县额粮适相符合，是以从前题定章程，或米改条银，以免久贮，或条银改米，以给兵糈，彼此改征，通融协济，均非应纳本款。前此米价平减，征银征米，不甚悬殊。近年生齿日繁，粮价渐长，银米势不相敌，在米改条银之处固所乐从，而条银改米之区未免偏累，殊失均平。查米改条银，本属米款，自应随米价为低昂；条银改米，本属银款，亦应视米价为赢缩。滇省米改条银，则有阿迷、宁州、通海、蒙自、路南、云龙、永平、云州、镇南、大姚、蒙化、元谋等十二府、州、县；条银改米，则有南宁、寻甸、广西、罗平、新平、宝宁、文山、土富州、鹤庆、永北、永昌、保山、缅宁、东川、会泽、大关、镇雄、南安、碍嘉等十八府厅、州、县、州判，自不得不仍照案改征。但若不将银米量加增减，则苦乐实属不均。

查小民输纳银米，俱在秋成之后，应以秋成后市价为准。今就乾隆十七、十八、十九三年冬间各府、厅、州、县所报市卖中红米价折中定数，如米改条银之云州、永平、镇南、大姚、蒙化五府、州、县及条银改米之罗平、新平、文山、土富州、永北、永昌、保山、缅宁、南安、碍嘉等十府、厅、州、县、州判市卖米价，以三年牵算，俱在一两以内，改征银米，均无盈绌，毋庸增减外，其米改条银之云龙、元谋二州县牵算，每石价银一两一钱二分零，应请每石增银一钱，共征银一两一钱；又阿迷、宁州、通海、蒙自、路南五州县牵算，每石价银一两一钱五分至一两三钱二分零，应请每石增银二钱，共征银一两二钱。以上七州县，共应增银一千六百三十两二钱五厘零。

至条银改米之南宁、寻甸、宝宁、镇雄等四州县牵算，每石价银一两一钱五分至一两二钱不等，应请每银一两减米一斗，征米九斗；又广西、鹤庆二府牵算，每石价银一两三钱及一两三钱四分，应请每银一两减米二斗，征米八斗；又会泽、大关二处，向系米贵之区，会泽市卖米价，每年均需一两七八钱，大关均需银二两一二钱，且大关原题每银一两四钱，征米一石，亦与各属不同，应请照额银，各减三斗，征米七斗。以上八府、厅、州县，共应减米一千六百石六斗七升三合零，以所增银数，照每米一石作银一两之例抵算，应抵除银一千六百两六钱七分二厘零，一并征解司库充饷。一转移间，赋无缺少，民无偏累，酌盈剂虚，均平画一，于小民实有裨益。理合恭折陈奏，是否有当，伏乞皇上睿鉴训示。谨奏。

朱批：该部议奏。

（《宫中档乾隆朝奏折》第十一辑，第 172～173 页）

1069　云南巡抚爱必达《奏报遵旨办齐云产石朝珠折》
乾隆二十年五月二十二日

云南巡抚臣爱必达谨奏：为奏闻事。

乾隆二十年四月十八日，承准廷寄，内开："大学士公傅恒奉上谕：现今需用备赏朝珠，着寄信爱必达，赶办云产石朝珠二百盘，内金黄辫五十盘，蓝辫一百五十盘，务于七月间解送到京，以备赏用。钦此。"遵旨寄信前来。臣随钦遵赶办，已将云产石朝珠二百盘办齐，敬谨恭进。所有各种石色细数，另缮夹片恭呈御览，伏乞皇上睿鉴。谨奏。

朱批：览。

（《宫中档乾隆朝奏折》第十一辑，第 471 页）

1070　云贵总督硕色、云南巡抚爱必达《奏报缉获逃奴折》
乾隆二十年五月二十五日

云贵总督臣硕色、云南巡抚臣爱必达谨奏：为缉获逃奴，会折奏闻事。

乾隆十九年十二月三十日，接到廷寄，内开："乾隆十九年十一月二十八日，奉上谕：据值年旗查奏，赏给功臣为奴、现在脱逃人犯一十五名，着将各犯年貌、籍贯、脱逃月日及犯事案由，抄寄各该督抚，勒限所属严行查缉，获日解京。数月后有无拿获之处，具折奏闻。钦此。"遵旨寄信到臣。

臣等当将逃犯蓝特黄等一十五名口年貌、籍贯、逃脱月日及犯事案由开单，督率所属文武，悬立赏格，慎选兵役，勒限严加访拿间，据元江府知府陈齐襄禀称："雍正十年，元江叛逆案内，有逆贼李世华之子李让缘坐，于乾隆二年曾经解部，赏给功臣为奴。今访闻，早已逃回，住居临安府嶍峨县地方伊母舅白珩家内。该犯逃回之后，娶有妻室，面上已长有胡须。现在专差干役，密会嶍峨县查拿报解。"等情。

臣等随行司飞饬文武各官，将李让拿解到省。臣等会同亲加审讯，据李让即李襄供，因伊父李世华于雍正十年从贼叛逆，乾隆二年闰九月内，将伊解部，赏给副都统托保为奴，后托保病故，不能养育，令其自为谋生，该犯即于乾隆十年在京备食。迨乾隆十二年，因衣食不给，又想念其母，即由河南、湖广一路逃回，于十三年九月内到原籍嶍峨县地方，访知其母白氏寄居伊母舅白珩家内，遂亦相依白珩种田度日。嗣于十七年娶妻施氏，生有一子。逃回之后，并无为匪情事等供。查其所供伊主姓名及乾隆十年在京脱逃年分，俱与单开无异。所有现获之李让即系廷寄单开之李襄，确无疑义。其母白氏，查系例应缘坐为奴之家口，从前因逃躲无获，未经解部，今已提拿到案，应行补解。所有该犯续娶之妻室，亦应一并解旗，交归伊主。除录供缮咨将该犯等委员解部，并饬取从前遗漏白氏失于解部及李襄逃回后失于查拿之历任文武各官应参职名，另行照例参处。其未获之蓝特黄等有名各犯，一面仍督率各属加谨查拿，务获另报，并将容留逃犯之白珩行司照例究拟发落外，所有缉获逃奴李襄即李孝，原名李让，查讯明确，并同伊母、妻解京缘由，臣等谨会折奏闻，伏祈皇上睿鉴。谨奏。

朱批：知道了。

（《宫中档乾隆朝奏折》第十一辑，第 503～504 页）

1071　云贵总督硕色《奏报乾隆二十年分滇省豆麦收成分数折》
乾隆二十年五月二十五日

云贵总督臣硕色谨奏：为奏报豆麦收成分数事。

窃照滇省所种豆麦畅茂情形，前经臣奏闻在案。今查各属大麦、小麦、蚕豆俱已陆续登场，行据云南布政使纳世通将各属豆麦收成分数开报前来。

臣查滇省统辖二十三府、一十六厅、六十四州县内，除云南等一十四府各有同城州县、分防五嶵等处之七厅无经管田地钱粮，所有夏收分数由各该管府州县开报；又景东府、腾越州二处不产豆麦外，其余无同城州县之八府、经管田地钱粮之九厅及六十三州县之中，查鹤庆府及嵩明、弥勒、邓川、剑川、呈贡、文山、太和、浪穹等八州县，低下田亩豆麦收成十分，高阜之处收成九分；马龙、师宗、镇雄三州不产蚕豆，其二麦，低下田亩收成十分，高阜之处收成八分；永北府及沾益、建水、宁州、宾川、南安、禄劝、中甸、碍嘉、宜良、蒙自、河阳、云南、元谋等十三厅州县，低下、高阜田亩豆麦俱收成九分；赵州、昆明、富民、江川、宁洱等五州县，低下田亩豆麦收成九分，高阜之处收成八分；维西、宣威二厅州不产蚕豆，其二麦，低下田亩收成九分，高阜之处收成七分；丽江府及威远、新兴、云龙、和曲、姚州、南宁、大姚等七厅州县，低下、高阜田亩豆麦俱收成八分；广西府、蒙化府及缅宁、安宁、晋宁、昆阳、陆凉、罗平、石屏、路南、镇南、云州、易门、罗次、平彝、通海、河西、保山、永平、定远等十八厅州县，低下田亩豆麦收成八分，高阜之处收成七分；元江府及会泽县不产蚕豆，其二麦，低下田亩收成八分，高阜之处收成七分；镇沅府及大关、寻甸、阿迷、禄丰、嶍峨、恩乐、新平、宝宁、广通等九厅州县，低下、高阜田亩豆麦俱收成七分；顺宁府及丘北、楚雄二厅县，低下田亩豆麦收成七分，高阜之处收成六分；思茅同知地方不产二麦，其蚕豆，低下田亩收成七分，高阜之处收成六分；鲁甸、恩安、永善三厅县不产蚕豆，其二麦，低下、高阜田亩俱收成六分。合计通省豆麦收成共计八分。除照例会题外，所有云南通省豆麦收成分数，臣谨缮折奏闻，伏祈皇上睿鉴。谨奏。

朱批：览。

（《宫中档乾隆朝奏折》第十一辑，第 506～507 页）

1072　云贵总督硕色、云南巡抚爱必达《奏报遵旨保举堪胜知府之员折》
乾隆二十年五月二十五日

云贵总督臣硕色、云南巡抚臣爱必达谨奏：为遵旨保举事。

乾隆二十年五月初二日，准吏部咨开："乾隆二十年三月十三日，内阁奉上谕：知府为一郡表率，从前曾令各督抚遴选属员，自通判以下，有堪胜知府之任者，俱准其出具考语，据实保奏，陆续送部引见。现在各省请旨补放之缺甚多，已令在京部院衙门按例保举。其各督抚亦仍照前例，于同知以下、知县以上，堪胜知府之任者，具折奏闻，送部引见。钦此。"移咨到臣。臣等跪读圣谕，仰见我皇上慎重郡守，不拘资格，务期得人至意。

臣等伏查，滇省并无直隶州知州，通省同知内亦无堪膺保荐之人。今遵于通省通判、知州、知县内逐加拣选，查有鹤庆府维西通判段弘深，操守廉谨，才具干练，努力办公，不辞劳瘁，经臣等于乾隆十九年大计案内卓异在案；又安宁州知州李仙洲，才猷干练，品度恢宏，办事实心，安详妥协；署腾越州知州陈秋元，才情练达，人品端方，办事安详，循声素著，亦经臣等于上年计典案内附荐在案；又昆阳州知州方桂，操守清慎，才具明敏，兴修水利，实心爱民。以上四员，均系有猷有为之员，堪胜知府表率之任。除一面催令该员等星速来省，给咨送部引见外，臣等谨遵旨据实秉公保举，恭折奏闻，伏祈皇上睿鉴。谨奏。

朱批：该部知道。

（《宫中档乾隆朝奏折》第十一辑，第 507～508 页）

1073 云南巡抚爱必达《奏报乾隆二十年二运京铜自泸开运日期折》

乾隆二十年五月二十六日

云南巡抚臣爱必达谨奏：为钦奉上谕事。

乾隆十四年六月十八日，承准廷寄，内开："奉上谕：嗣后运铜事宜，务须加意慎重。其沿途经过各省督抚，朕已传谕，令其将委员守风、守冻及有无事故之处奏闻。至铜铅船只于云贵本省起运，何日出境，亦着该督抚随时折奏。钦此。"钦遵，转行遵照在案。

今据粮储道徐铎详据委驻泸店转运京铜署大关同知蔡理经报称："乾隆二十年二运京铜官、候补知县盛世佐，试用吏目薛实函，于乾隆二十年二月二十八日抵泸，三月初三日开秤起至四月初六日止，兑交过铜一百一十一万斤，除陆路折耗铜五千五百五十斤外，实该正耗余铜一百一十万四千四百五十斤，又兑交带解乾隆十三年头运官王聿德挂欠铜三千三斤一两七钱，俱经照数发足，该委员即于四月初六日自泸扫帮前进。"等情，转详到臣。除咨明户、工二部及沿途经过各省督抚，转饬各该同知、通判并地方文武员弁一体督察防护，按站催趱，不许片刻停留，仍稽查有无盗卖情弊外，所有乾隆二十年二运京铜官自泸开运日期，理合恭折奏报，伏乞皇上睿鉴。谨奏。

朱批：览。

（《宫中档乾隆朝奏折》第十一辑，第 516 页）

1074 云南巡抚爱必达《奏报乾隆十九年分滇省额征民、屯地丁钱粮通完无欠缘由折》

乾隆二十年五月二十六日

云南巡抚臣爱必达谨奏：为钦奉上谕事。

案照乾隆十七年二月二十八日，承准廷寄，内开："奉上谕：嗣后各省每年完欠钱粮，俱着随奏销时分晰查明，据实折奏。不必仍循岁底奏闻之例，可于各该督抚奏事之便，传谕知之。钦此。"臣即钦遵，行令司道，将乾隆十九年分各属完欠确数查明，分晰详报。去后，兹据署布政使觉罗纳世通、粮储道徐铎会详称："滇省各府厅州县乾隆十九年分额征民、屯条丁、米折六款等银二十万一千二百三两零，又带征鹤庆、剑川二府州乾隆十六年地震并十七年被水缓征条丁银七十二两五钱零，二共银二十万一千二百七十六两零，内征存各府厅州县坐放官役、俸工等项银五万二千三百二十八两零，征解布政司库银一十四万八千九百四十七两零；又额征民、屯税秋六款麦、米、谷、荞、杂粮并条编改米折共米二十一万八千五百四石零，内征收折色米一十一万五千九百二十二石零，各折不等，该折征银八万七千一百三十三两零，实征本色米一十万二千五百八十一石零；又带征鹤庆、剑川二府州乾隆十六、十七两年地震、被水缓征税秋、折米及条编改米共一百一十石六斗零，二共米一十万二千六百九十二石零，俱已照数征收通完。"详报到臣，并汇册呈请奏销前来。业经臣核明，另疏题销，将清册送部，并分晰另缮黄册，恭呈御览外，所有乾隆十九年分额征民、屯地丁钱粮通完无欠缘由，理合缮折恭奏，伏乞皇上睿鉴。谨奏。

朱批：览。

（《宫中档乾隆朝奏折》第十一辑，第 517 页）

1075　云南巡抚爱必达《奏报滇省雨水栽插情形折》
乾隆二十年五月二十六日

云南巡抚臣爱必达谨奏：为奏闻雨水栽插情形，仰慰圣怀事。

窃惟滇省附近省城各处，本年自小满以后连获时雨，高低田亩均已沾足。今届夏至，栽插全竣，一望青葱，杂粮亦均滋生长盛。各属距省不甚遥远者，据报约略相同，且有气候较早之处，禾苗长发，业已含苞，大有可期。民情欢庆，米粮价值照常，四境亦极宁谧。所有滇省雨水、栽插各情形，理合恭折奏闻，上慰慈怀，伏乞皇上睿鉴。谨奏。

朱批：欣慰览之。

（《宫中档乾隆朝奏折》第十一辑，第 518 页）

1076　云南巡抚爱必达《奏报乾隆十九年分滇省公件、耗羡等项收支、动存、管收、除在各款银两数目折》
乾隆二十年五月二十六日

云南巡抚臣爱必达谨奏：为呈明事。

窃照乾隆十三年五月初五日，准户部咨开："各省动用耗羡银两，令将一年收支、动存各数并从前民欠征完、借支归款，同现存各项银两，查明有无亏空那移之处，于本年岁底为始，缮折奏闻。仍备造四柱清册，送部查核汇奏等因。奉旨：依议。钦此。"钦遵。又于乾隆十四年四月十八日，准户部咨开："议覆广西抚臣舒辂奏称，耗羡收支、动存各数，岁底不能汇齐，请照正项钱粮之例，于次年五月内核奏。经部酌议，请将各省奏报耗羡银两，均于次年随地丁钱粮一同核奏等因。奉旨：依议，钦此。"钦遵在案。今行据布政使觉罗纳世通将乾隆十九年分公件、耗羡等项分晰造册，详报前来。

臣查滇省公件、耗羡等项，乾隆十九年分，旧管乾隆十八年报销、汇奏，实在存库银三十二万六百三十三两二钱零，未完借解吴尚贤田产变价、动支司库节年收存粤盐余息银三万四千三百四十三两八钱一；额征乾隆十九年分公件、耗羡、溢额、马价等项，共银一十一万三千二百三十三两二钱五分八厘零；新收乾隆十九年分公件、耗羡、溢额、马价、铜息，缓征办茶，缴还借放吴尚贤田房变价并粤盐余息，节年归公铜价、奏销、饭食、心红、裁减养廉、杂费、核减等项，共银三十三万四千六百五十一两四钱六分零，管收共银六十五万五千二百八十四两六钱七分零。开除乾隆十九年分司道、提镇、笔帖式、府、厅、州、县等官养廉，存留应办地方公事，酌定各款公事，节年并十九年酌留应支办公、无定公事、养廉等项，通共银二十四万六千七百一十一两八钱三分零，实存库银四十万八千五百七十二两八钱四分零。所有乾隆十九年分收支、动存、管收、除在各款银两数目，除将清册送部查核汇奏外，谨缮黄册恭呈御览。谨奏。

朱批：览。

（《宫中档乾隆朝奏折》第十一辑，第518~519页）

1077　云贵总督硕色、云南巡抚爱必达《奏报遵旨议奏仓库典吏体制折》
乾隆二十年五月二十六日

云贵总督臣硕色、云南巡抚臣爱必达谨奏：为遵旨议奏事。

乾隆二十年五月初四日，据布政使觉罗纳世通抄送该司奏折一件，内开："钱粮上关国计，下系民生，故立仓库以储之，设官吏以守之，体制綦严，不容阙略。但典吏受本官之钤束，徒有监守之虚名，库藏或残废而不修，竟贮官银于私橐，以致出纳自由，莫可禁制，亏空之弊多由于此。似宜酌加整饬，以重帑项。查州县仓库以知府、直隶州为专辖官，府州仓库以道员为专辖官，如有侵那亏空，例应参处、分赔，其典吏亦应治罪。盖因其稽查不严，禀阻不力，故制为法律，以专责成。惟是仓库出纳操于本官之手，上司虽稽查维勤，势难朝查暮考，其可以朝暮查考者，惟在典吏。而该吏以本地民人充本衙门书役，荣辱祸福一视本官喜怒，断不敢抗衡阻止。此该管官所以得任意侵那也。应请嗣后府州县仓库典吏，俱令专辖上司遴选身家殷实之人佥充派拨，赍带循环印簿及印封、锁钥等项，前往住宿监守。除该管官于仓库照例封锁外，令该吏亦加封锁，凡有启闭收放，公同查验，出入登记印簿，按月呈送上司察核。该吏五年役满，所管仓库并无亏缺，免其考试，从优给与职衔，归班选用，以示鼓励。如有扶同侵那等弊，除按例究治外，仍加枷号一个月，以示惩儆。至各府州县库藏，如有残破不修者，应令一体修整，封贮钱粮，不许因陋就简，将官项收存私衙。如此，则上司有耳目之寄，属员有监制之人，自不能任意侵那矣。再查典吏例无工食，分往各属监守仓库，所需薪水之费，应令有仓库之员于养廉内酌量捐给。其修整库藏为费亦属无多，均毋庸请动公项。"等情，于乾隆二十年五月初四日，奉到朱批谕旨："亦告之督抚，听其议奏。钦此。"钦遵，面交到臣等。

臣等查雍正五年定例：凡州县到任，拣选殷实老成书吏二人，充钱粮总吏。该管知府查实准充，通详报部，五年内果能新旧俱无拖欠，咨部以九品杂职即用。如承顺欺瞒，致有亏空，分别侵那，减本官一等，严加治罪。倘禀阻不从，许即赴上司衙门据实首明，免罪。嗣于乾隆元年，经前任云南抚臣张允随以仓库之盈亏，视夫州县之贤否。如系贤员，即不设总吏，亦不至于侵那；如非贤员，即设有总吏，仍不免于亏空。总吏同一书役，该管本官如不合意，仍可寻事责革，而柔懦者鲜不畏惧本官，岂敢挺身拦阻？至于黠悍之徒，又恃有首明之条，多方挟制。本官恐其出首被参，未免隐忍纵容。查阅题参各案内，多总吏夤缘。即滇省参案，亦有干连之处。虽定例治罪甚严，而本官于限内全完，总吏亦得邀免，更复肆无忌惮。再各项典吏实经出力，写办五年，尚且候选无期，而总吏除监守仓库之外，并无别事责成，咨部即用，亦属过优。况此五年之中，或遇本官原系谨饬之员，或因上司盘查之严，不致亏空，而总吏即得选用，实为冒滥，奏请停止，仍责成该管上司盘查。部议覆准，删除在案。

今据该司奏请，嗣后府州县仓库典吏，俱令专辖上司遴选身家殷实之人佥充派拨，赍带循环印簿及印封、锁钥等项前往住宿监守。除该管官于仓库照例封锁外，令该吏亦加封锁，凡有启闭收放，公同查验，出入登记印簿，按月呈送上司察核。该吏五年役满，所管库仓并无亏缺，免其考试，从优给与职衔，归班选用，以示鼓励。如有扶同侵那等弊，除按例究治外，仍加枷号一个月，以示惩儆，令有仓库之员于养廉内酌量捐给薪水等语。臣等公同酌议，以额设管钥之吏，重稽察监守之责，固为慎重钱粮起见。但以典吏稽查本官，与从前删除总吏之案情事略同。况重以上司佥拨，奸狡者更必挟制多方，仅以枷号示惩，黠悍者仍然肆无忌惮，锁封印簿，转为奇货可居，日用米薪，不免恣情需索，而于稽查防范之方恐仍无实济。查该管道府、直隶州与各府州县地近情亲，如果实力盘查，加意稽查，何能任意侵那，致成亏空？正毋庸寄耳目于吏胥，欲除弊而适以滋弊也。应将该司所请仓库典吏由专辖上司佥拨住守之处毋庸议。

至据该司奏称各府州县库藏，如有残破不修者，应令一体修整，封贮钱粮，不许因陋就简，将官项收存私衙，修费无多，毋庸请动公项等语。查库藏原为收贮官帑之所，若一贮私衙，出纳自由，实恐易滋侵那之弊。似应俯如该司所请，凡直省各府州县库藏，如有残破者，俱令一体捐赏修整完固，仍不时勤加粘补，务将钱粮点明封贮，谨密防范。倘仍有因陋就简，官项收存私衙者，一经该管上司察出，即行揭报参处，杜渐防微，于帑项似有裨益。

臣等谨遵旨会议奏覆，是否有当，伏乞皇上睿鉴训示。谨奏。

朱批：知道了。

（《宫中档乾隆朝奏折》第十一辑，第 519～522 页）

1078　云贵总督硕色《奏报曲寻镇总兵官项朝选行事昏聩颠倒，实不胜总镇之任折》

乾隆二十年六月二十七日

云贵总督臣硕色谨奏：为奏闻事。

窃照总兵大员为一镇统帅，必须精神振刷，纪律严明，于一切营伍事宜实力办理，方足以资整顿。

臣查云南曲寻镇总兵官项朝选，自乾隆十八年八月内到任，初犹循分供职，近查该镇年衰志堕，贪逸恶劳，每逢考验兵丁，俱在镇署箭道内就近草率一看，并不认真较阅，勤加操练，喜怒自由，赏罚不当，且为人浮而不实。该镇本由行伍出身，乃自附文墨，博邀虚声，而于职分应尽之事转视为泛常。似此行事昏愦颠倒，实不胜总镇之任。查曲靖为川黔入滇门户，地方紧要，臣既有见闻，不敢因其别无劣迹而稍事姑容。臣谨据实奏闻，伏祈皇上睿鉴。谨奏。

朱批：有旨谕部。

（《宫中档乾隆朝奏折》第十一辑，第 867 页）

1079　云贵总督硕色、云南巡抚爱必达《奏报查明提标庄租造报舛错，遵旨更改办理缘由折》

乾隆二十年六月二十七日

云贵总督臣硕色、云南巡抚臣爱必达谨奏：为提标官庄租息造报舛错，遵旨查明更正事。

　　窃查云南提标大会三庄官租，系康熙二十年间前任提督臣桑格诺穆图捐备价银置买，每年所收租谷，向系历任提督收取自用。嗣于雍正五年，经前任提臣郝玉麟奏请，将每年租谷春米存贮，俟青黄不接之时，借给兵丁，秋收买补还仓。经部覆准行，令嗣后每年于奏销地丁钱粮时造册汇题等因。自雍正七年起，岁收租谷，除应纳条粮及运脚等项费用外，每年余存谷五百四十一石零，存仓接济，逐年附入地丁案内造册，由抚臣衙门题报在案。继因前督臣庆复，于乾隆三年，奏请将各标营生息余银买米接济兵丁。当查提标原有官庄租谷接济，毋庸另动生息，遂将存谷数目，以乾隆五年为始，每年又附入生息册内造报，声明系官庄租息，由督臣衙门报部。此一项而重复两造之由也。迨乾隆八年，奉文："营仓米石停止买备，即以价银存贮备济。"彼时提标借给兵丁之米，共扣回价银四千七百七十七两零，不复买米备贮。是从此接济兵丁一项，仅有存银而无米谷，此后只应将岁收租谷所易之银增入接济银款项下，统归生息案内画一造报，将另案奏销官庄租册内乾隆八年以前存米数目开除方是。乃营员不谙款项，自九年以后，生息册内止造接济银四千七百七十七两零，其奏销官庄租册，仍将八年以前应删米数相沿旧册，误行造入，并将续收租谷递年加增造报。计至乾隆十八年，共造报存谷一万三千四百四十九石零。其实谷俱按年易银存营，并无实谷存贮，且易存银内，又有前任提臣潘绍周垫买漾濞庄田，未经报部。种种牵混不清，臣等察知，行查并准提臣吕翰查明错误情由，札请更正前来。

　　臣等恐其中或有隐混，随檄调提标中军区龙，携带历年档案来省，饬令藩司、粮道会同彻底清查，一面臣爱必达于奏销乾隆十九年地丁钱粮案内声明提标官庄租谷款项不清，俟查明另报在案。今据云南布政使纳世通、粮储道徐铎详称："查明提标大会三庄租谷，每年额征谷七百六十一石零，除完纳钱粮及应需杂用外，每年实存谷五百四十一石零。自雍正七年至乾隆八年，原俱春米存仓，因是年奉文以银备济，即将扣收兵丁米价银四千七百七十七两零存为接济之用。自乾隆九年以至十八年，岁收租谷及垦增租谷一百五十一石零，亦俱按年变银。查租斗一斗直京斗一斗五升六合，历年照京斗变价，计有浮溢，又节年接济米石项下照时扣还，零星积余银一千五百八十一两。统计雍正七年至乾隆十八年，共该存银九千七百四十七两零，内前任提臣潘绍周因该标孤寡兵丁赏恤不敷，先于乾隆十年动借银三千五百八十八两零，置买蒙化府漾濞上庄田一处，又于十一年借动银三千一百四十九两零，添买漾濞下庄田一处，岁收租谷，以资赏恤之需。该二庄自乾隆十年至十八年，所收租谷，除动用外，尚有余存银二千一百一十八两零。合计大会三庄与漾濞二庄租息，共该存银一万一千八百六十五两零，内现存生息案内报部接济兵丁银四千七百七十七两零，又垫买漾濞两庄田价银六千七百三十七两零，又另存该标银三百五十两零。按款核计，并无侵隐亏缺情弊。只因武职不谙会计，以致相沿，办理舛错。

查乾隆十九年三月内，钦奉上谕："据钟音奏称，延绥镇标历任游击袁士林等浮开公费一案，武职人员会计文移或有未谙，历年既久，款项繁多，以致重复舛混。现在各案既经查明，实无侵蚀情弊，即可据实更正，免其参处。至各省营伍中或有似此者，亦未可定。并着该督抚逐一查明更正。钦此。"钦遵在案，详请遵旨更正前来。

臣等复查该标官庄租谷，历年既易银而未存谷，又有垫买漾濞庄田等项，并不据实报部，乃虚报谷数，甚属舛混不合。但查虚报之谷一万三千四百余石，按历年奏销报部价银计算，止该银五千一百余两。今现存银五千一百二十七两零，又有置买漾濞庄田价银六千七百三十余两，合计共积存银一万一千八百六十五两零，有盈无绌，似无隐混情弊。只缘从前经管营员不谙误造，以致因讹承讹，相沿舛错。查与钦奉谕旨，准其更正之例相符。应请自乾隆十九年为始，将现存银五千一百二十七两零存为接济兵丁之项，嗣后每年所收租谷，将租斗核计京斗若干，明白登注，照例易银，交营备贮，统归生息案内造具管收清册报部。其历年官庄册内虚报存谷一万三千四百四十九石零，据实开除，毋庸附入地丁案内重复奏销，以清款项。所有历任造册舛错之营员，应否邀恩免其参处，出自圣慈。

至漾濞庄田二处，查乾隆十五年四月内，前提臣冶大雄曾以该二庄田地硗瘠，租息微薄，且远在蒙化，弁兵收租有误操防，奏请售银还款。因原价昂贵，尚无售买之人。今应催令仍照原奏陆续变价，一并存为接济兵丁之用。

所有查明提标庄租造报舛错，遵旨更改办理缘由，臣等恭折会奏，伏祈皇上睿鉴训示。谨奏。

朱批：该部议奏。

（《宫中档乾隆朝奏折》第十一辑，第868~870页）

1080　云贵总督硕色《奏报滇省雨旸时若、粮价平减折》
乾隆二十年六月二十七日

云贵总督臣硕色谨奏：为奏闻事。

窃照滇省入夏以来雨旸时若，民间高低田禾俱于夏至节内栽插完竣。今据通省各府州县禀报，五六两月雨泽频施，凡向不种稻之极高山田，亦俱乘时广种，遍野盈畴，发荣滋长。现在早禾已吐穗扬花，约十之三四，晚禾亦极青葱畅茂。从此晴雨均调，收获可期。粮价平减，民情欢悦。缘农事上廑宸衷，臣谨恭折奏闻，伏祈皇上睿鉴。谨奏。

朱批：欣慰览之。

（《宫中档乾隆朝奏折》第十一辑，第871页）

1081 云南巡抚爱必达《奏报乾隆十九年分滇省盐课收支、动存银数折》
乾隆二十年六月二十九日

云南巡抚臣爱必达谨奏：为钦奉上谕事。

案照乾隆十七年二月二十八日，承准廷寄，内开："奉旨：嗣后各省每年完欠钱粮，俱着随奏销时分晰查明，核实折奏。钦此。"钦遵在案。

臣伏查滇省地丁之外，尚有盐课一项，亦系按年奏销，同属国帑，自应循照地丁之例一体具折奏闻。兹据布政使觉罗纳世通会同驿盐道刘谦详称："乾隆十九年分连闰，应征盐课二十八万二千五百五十七两九钱零，又催完奏销乾隆十八年盐课案内原参白井属未完乾隆十八年借垫借发薪食银六千八百二十九两零，又催完原参黑、白二井属未完乾隆十八年续借本款薪食银三千八百七十八两一钱零，又催完乾隆十九年薪本、役食，动支乾隆十六、十七、十八三年盐课银六万两以上，共催完银三十五万三千二百六十五两零。各井各属未完乾隆八年起至十八年盈余银八万二千二百一十四两零，内已经拨补过各井减价缺课薪银六万五千三百七十六两零，尚未拨补移解银一万六千八百三十八两零；又安宁、安丰二井移煎增煎案内办获余银，未补复井节年缺额盐课银二万六千九百九十三两零，已经催收拨补通完；又应征乾隆十九年连闰盈余银一十四万三千九百三十四两零，内除支销养廉、公费、役食、廪饩、脚价并移解共银八万一千七百二十二两零，尚该银六万二千二百一十二两零，业经催收全完。拨补过各井减价缺课薪银三万六千六百六十七两零，仍应拨补移解银二万五千五百四十五两零，已分别于奏销册内开造登明。"等情，详报到臣。臣查核无异，除具疏题报外，理合循照地丁之例，恭折奏闻，伏乞皇上睿鉴。谨奏。

朱批：览。

（《宫中档乾隆朝奏折》第十一辑，第900~901页）

1082 云贵总督硕色、云南巡抚爱必达《奏报遵旨盘查过藩库银两并无青潮、不足等情弊折》
乾隆二十年六月二十九日

云贵总督臣硕色、云南巡抚臣爱必达谨奏：为钦奉上谕事。

乾隆二十年五月二十九日，准户部咨开，内阁奉上谕："藩司为钱粮总汇，库贮银两向成弊薮，历经厘剔，仍未肃清。即如川省拨解陕甘军需银两，乃系经征正项，而鄂昌与黄廷桂书称解到军需，青潮不足者十分之三，以拨兵饷虽属不可，若以采买军需各物及运脚等项尚属无碍，已谕司照数兑收，通融搭用等语。协饷拨从邻省，青潮不足，应责该省抚藩赔补足额，何可委婉通融？在鄂昌，第借以市恩，而不知徇私舞弊已无所辞咎。且青潮银色，既云不可支给兵饷，又以为采买、运脚，岂不重累商民？殊不知朕之恐累吾民之念尤切也！且藩库之项解自州县，州县之款征自闾阎，征收兑解稍有不足，岂肯丝毫迁就，以自贻厥累？青潮之色何自而来，此必有巧为舞弊者。况潮色不已，必至短平，弊窦日兹，何所底止？即此而观外省库项，殊不可信。向来伊等畏解部而利于协拨邻省，正恃有彼此通融之说。而经生迂论，至谓库项当存留各省，不当多入太府。此非不通世务，乃典守者流言惑听，便于蠹蚀营私耳。甘省此案已交刘统勋确查办理，其各省藩库银两，亦当彻底清查。着各该督抚秉公盘验，如平色亏缺，即着按数赔补，仍将有无情弊具折奏闻。嗣后再有青潮、不足等弊，一经发觉，惟督抚是问。钦此。"移咨到臣等。

伏查滇省藩库银两，均系备放兵饷、铜铅工本、运脚、鼓铸及地方一切公务之用，自应足色足平，秉公兑收，以供支放。臣等钦遵谕旨，即饬布政使觉罗纳世通，将库贮银两分别款项，造册呈送。随会同亲诣司库，按款逐一盘验，现存正杂各款银四百三十三万三千一百四十二两零，俱系足色足平，并无青潮，亦无短少。盘验毕日，仍令加谨收贮，并饬嗣后各属解到正杂银两，务须秉公验兑，毋许亏短。至各省协解兵饷、铜本银两，如有青潮不足，立即据实详报，以凭会同查验，奏请着落赔补。臣等仍不时留心查察，务期积弊肃清，以仰副皇上轸恤兵民至意。

理合将盘验过藩库银两并无情弊缘由会折奏闻，并将现存正杂各款银两数目另缮清折恭呈御览，伏乞皇上睿鉴。谨奏。

朱批：览。

（《宫中档乾隆朝奏折》第十一辑，第901～902页）

1083　云南巡抚爱必达《奏报遵旨署理云贵总督印务，恭谢天恩折》
乾隆二十年七月二十八日

云南巡抚臣爱必达谨奏：为恭谢天恩事。

乾隆二十年七月二十六日，接准部咨："钦奉上谕：云南总督印务，着爱必达署理。钦此。"钦遵，移咨到臣。臣随恭设香案，望阙叩头谢恩讫。

窃臣以满洲世仆，一介驽骀，仰蒙我皇上格外洪慈，生成教育，叠膺简擢，屡寄封圻。虽事事仰沐矜全训诲，而材庸任重，恒以不克负荷为忧。兹复蒙天恩，着臣署理总督印务，闻命之下，感悚交并。

伏查滇黔幅员辽阔，苗猓杂居。总督节制两省，统辖文武，以臣谫劣，既恐措施鲜当，更虞智虑多疏。矧念一门受恩之深弥切，五夜扪心之惧。惟有仰体我皇上整肃官方、抚绥边徼至意，倍加奋勉，誓殚血诚，察吏安民，振纲饬纪，务期疆圉宁谧，夷汉恬嬉，以冀稍酬高厚于万一。除接印署事日期另疏题报外，所有微臣感激下忱，理合恭折奏谢，仰乞皇上睿鉴。谨奏。

朱批：但恐汝器局小不胜此任耳！勉之。

（《宫中档乾隆朝奏折》第十二辑，第 231 页）

1084　云南巡抚爱必达《奏报敬筹铜运雇船之法，以重帑项，以专责成折》

乾隆二十年七月二十八日

云南巡抚臣爱必达谨奏：为敬筹铜运雇船之法，以重帑项，以专责成事。

窃查滇省办运京铜，沿途需用水脚夫价银两，前于乾隆四年题准，照依黔省运铅事例，按时价支给，据实报销。嗣于乾隆五年，接准部咨，议将运京铜斤，每运给与布政司印簿一本，令该解员将沿途所需水脚银两数目，公同地方官登填印簿，于银数上钤盖印信，该运官回滇之日，将原簿送部查核等因，节年遵循办理在案。讵设立印簿，会雇之后，各运沿途支销水脚银两，较之从前自雇逐渐加多，以致历年报销均干部驳。经臣于乾隆十六年奏明，照依黔省运铅准销成案及滇省乾隆四年运铜准销之案，逐一比较，如有浮多，着落会雇之地方官与承运官各半分赔等因。奉朱批"知道了。钦此。"钦遵，移行遵照亦在案。

自经酌定章程，所有从前部驳节年各案及未经报销之案，俱已照例较核，分案题销，浮多银两，着落分赔，尘案渐次清理。惟查近年各运京铜印簿登填水脚银两，虽不似从前之任意浮开，而较之黔省运铅及滇省乾隆四年运铜准销之数，尚属稍多。黔铅滇铜，共此一途，多寡不同情形，复经臣咨询川黔二省督抚。去后，嗣准黔省咨覆："黔省运铅委员于汉口、仪征二处需用船只，或有另雇，或用川省原船加修转运，所需水脚俱系按程议价，照例分为三节给发，如船多价平，则换雇短船；如船少价贵，则仍雇长船。虽听随时办理，运脚自有一定，历无增减。"又准川省咨覆："黔铅船只水脚银两，向由黔省委员募给发，直运赴京，船户日用米粮，即在川省购备，价值减少，一切费用稍为节省。滇铜船只，因系短雇，水脚银两系于沿途给发，节次换载，人工食物费用较多。且黔铅系熔成条块，无需绳篓；滇铜块件零星，必需篓装绳扎，办理不同，水脚难于画一。请照黔省运铅事例，令运员随机办理，停用印簿，实属简易。其到境稽查偷盗及催趱各事宜，仍责成地方官遵照往例办理。"各等因到臣。随饬司道悉心妥议，兹据粮储道徐铎，会同布政使觉罗纳世通议详前来。

臣复查黔省办运京铅，沿途需用船只、水脚，虽于报销册内，将重庆、汉口、仪征分为三节支销，而其实长雇、短雇，历听运员相机酌办，帑项得有节省，运铅不致羁延。滇省运铜拘于成例，逐节雇换，以致船户、牙行居奇昂价。且汉口、仪征食物、人工不如川省之贱，因而雇船水脚亦较川省加贵，历年虽比较核减，着落分赔，然咨追往返，动需年月，帑项必致久悬。与其核减追赔于事后，不若筹酌节省于临时。臣愚以为，嗣后滇省办运京铜，应照黔省运铅之例，沿途需用船只，长雇、短雇，专责运员随时相机办理，毋庸会同地方官逐节换船。事竣回滇，统照核定准销成例，据实造销，毋许稍有浮溢，以免核减咨追之繁。其铜船到境，稽查催趱事宜，仍责成各地方官遵照往例办理。至沿途或遇水浅水大，起剥雇纤，若不经由地方官查察，恐有捏冒浮开。应咨明沿途督抚并饬运员，如遇应行起剥雇纤处所，即移知地方官查明确实，出具印结，由该省督抚核实，咨部咨滇，入册报销。如有浮捏，即将运员及出结之地方官一并参处。

再查滇省节年各运铜斤，俱比较黔铅、滇铜准销成例，造报核销，已有一定之数，原未按照印簿登填数目计算。是印簿本不足凭，似可毋庸复设，亦毋庸另造比册送部，庶责成专而案牍亦不致滋繁矣。

臣为铜运攸关帑项起见，恭折陈奏，伏乞皇上睿鉴训示施行。谨奏。

朱批：该部议奏。

（《宫中档乾隆朝奏折》第十二辑，第 232～234 页）

1085　云贵总督硕色《奏报调署湖广总督起程日期折》
乾隆二十年七月二十八日

云贵总督臣硕色谨奏：为奏报起程日期事。

窃臣荷蒙圣恩，调署湖广总督，于七月二十六日接准部咨。臣现在将一切经手紧要事件，面交署督臣爱必达接收清楚，即于本年八月初二日自滇起程，前赴湖广新任。除照例另疏题报外，所有臣现在交代及起程日期，谨先缮折奏闻，伏祈皇上睿鉴。谨奏。

朱批：览。

（《宫中档乾隆朝奏折》第十二辑，第 234 页）

1086　云贵总督硕色、云南巡抚爱必达《奏报剑川滨湖乡村被水情形及查办情形折》

乾隆二十年七月二十八日

云贵总督臣硕色、云南巡抚臣爱必达谨奏：为奏明剑川滨湖乡村被水情形，仰祈睿鉴事。

窃照滇省各属本年小满以后雨水沾足，栽插齐全，四野青葱，丰收可望。惟查剑川州属滨湖之木朱、江登等一十九村，因六月内雨水连绵，十七日至二十六七等日又昼夜大雨，各处山水汇集，湖尾疏泄不及，一时泛涨，以致湖边田地被水淹浸，房屋墙垣亦有坍塌，实系已成偏灾。此外州属各村庄田禾茂盛，均无伤损。先据该州罗以书禀报，臣等已飞委迤西道陈树，着督同该府州亲往查勘，加意抚绥。兹据布政使觉罗纳世通会同粮储道徐铎详请题报前来。

臣等查该州滨湖田地被水淹浸，虽属一隅偏灾，但各乡村于乾隆十七年秋禾被水成灾，仰沐皇恩赈恤，幸无失所，今又复被水淹，民力未免拮据。请照前例，查明贫难户口，先行抚恤，一月每大口日给米五合，谷则加倍，小口减半；其坍塌房墙，亦照例，每瓦房一间，给银一两五钱，草房一间，给银一两，墙一堵，给银二钱，俾及时修葺，以资栖止。米石于常平仓动支，银两于司库铜息项下动给，事竣造册报销。除飞饬司道委员驰往，会同确勘，迅速妥办，查明实在被水田地顷亩、成灾分数，作何加赈，另议详题。并行迤西道陈树，着鹤庆府知府董承煜就近督率查办，一面将湖尾设法疏浚，务期积水迅消，按时种植，无致一夫失所外，所有剑川滨湖乡村被水情形及现在查办缘由，理合会折恭奏，仰乞皇上睿鉴。谨奏。

朱批：知道了。

（《宫中档乾隆朝奏折》第十二辑，第234～235页）

1087　云贵总督硕色《奏报调署湖广总督谢恩折》

乾隆二十年七月二十八日

云贵总督臣硕色谨奏：为恭谢天恩事。

乾隆二十年七月二十六日，准吏部咨开："乾隆二十年六月十一日，内阁奉上谕：湖广总督印务，着硕色前往署理。云南总督印务，着爱必达署理。云南巡抚印务，着郭一裕署理。钦此。"移咨到臣。臣随即恭设香案，望阙叩头谢恩讫。

伏念臣一介庸愚，知识浅陋，荷蒙皇上天恩，屡畀封疆重寄，虽勉竭驽驷，将勤补拙，而绠短汲深，毫无报称。扪心自问，时切悚惶。今复仰荷恩纶，调署湖广总督。窃思全楚滨江带湖，地方辽阔，庶务殷繁，责任非细。臣何人，斯膺此重任？天恩愈厚，图报愈难。惟有竭尽心力，永矢血诚，正己率属，绥辑兵民，以期仰答圣慈于万一耳。所有感激微忱，臣谨具折恭谢天恩，伏祈皇上睿鉴。谨奏。

朱批：览。

（《宫中档乾隆朝奏折》第十二辑，第235~236页）

1088　署云贵总督爱必达《奏报移交巡抚印务日期折》
乾隆二十年八月二十四日

署云贵总督臣爱必达谨奏：为奏明移交巡抚印务日期事。

窃臣荷蒙圣恩，署理云南总督，所遗巡抚印务，着郭一裕署理，业准吏部移咨遵照在案。兹署抚臣郭一裕于本年八月二十四日抵滇，臣即于是日，将云南巡抚印务移交署理讫。所有移交抚印日期，理合奏闻。

再署抚臣郭一裕初至滇省，所有地方一切事宜，臣惟有会筹妥办，互相砥砺，务期民夷乐业，四境靖宁，以仰副我皇上委任封圻之至意。为此具折恭奏，伏乞皇上睿鉴。谨奏。

朱批：览。

（《宫中档乾隆朝奏折》第十二辑，第390页）

1089　署云贵总督爱必达《奏报开化镇总兵官吕九如病故，
委员暂署，并恳恩速行拣员补放折》
乾隆二十年八月二十四日

署云贵总督臣爱必达谨奏：为奏闻事。

乾隆二十年八月二十二日，据云南开化镇标中军游击王家彦禀称："开化镇总兵官吕九如染患脾虚痰喘病症，医治不愈，于本年八月十七日在署病故。"等情，具报到臣。除将该镇印务遴委广南营参将方琰暂行护理，并另疏题报外，所有总兵官吕九如病故缘由，理合恭折奏闻。

再查开化一镇，控制交夷，地方紧要。仰恳皇上特简贤员，并乞谕令速赴新任，以重边疆。臣谨奏。

朱批：览。

（《宫中档乾隆朝奏折》第十二辑，第390页）

1090 署云贵总督爱必达《奏报钱粮及工程报销已未完各案情形折》
乾隆二十年八月二十四日

署云贵总督臣爱必达谨奏：为钦奉上谕事。

案准部咨，钦奉上谕："外省动用钱粮及工程报销，应驳应准俱有定例，务令克期速结，仍着于每岁底将未完各案汇折奏闻。钦此。"钦遵，移咨到臣。臣凛遵谕旨，会同前任督臣硕色，严饬司道等官查明未完各案，速行办结。去后，嗣据司道将节年未完各案分晰册报前来，当经咨移户、工二部查核，一面严饬赶办在案。

兹查动用钱粮项下，原册开报未完计三十案，今已办结二十七案，尚未完三案。工程报销项下，原册开报未完计四十案，今已办结三十八案，尚未完二案。除仍勒限飞催办结外，合将未完各案汇缮清折，恭呈御览。

再查续准内部行查及现在承办事件，臣惟有加意督催，上紧办结，不敢稍任懈弛，致滋丛脞，合并陈明。谨缮折恭奏，伏乞皇上睿鉴。谨奏。

朱批：该部知道。

（《宫中档乾隆朝奏折》第十二辑，第391页）

1091 署云贵总督爱必达《奏报乾隆二十年头加运京铜自泸开运日期折》
乾隆二十年八月二十四日

署云贵总督臣爱必达谨奏：为钦奉上谕事。

乾隆十四年六月十八日，承准廷寄，内开："奉上谕：嗣后运铜事宜，务须加意慎重。其沿途经过各省督抚，朕已传谕，令其将委员守风、守冻及有无事故之处奏闻。至铜铅船只于云贵本省起运，何日出境，亦着该督抚随时折奏。钦此。"钦遵，转行遵照在案。

今据粮储道徐铎详据委驻泸店转运京铜大关同知蔡理经报称："乾隆二十年头加运京铜官候补知县何煜，试用从九品樊天澥，于乾隆二十年五月初一日抵泸，五月十三日日开秤起至六月二十四日扫帮止，兑交过铜九十四万五千七百二十斤，除陆路折耗铜四千七百二十八斤九两六钱外，实该正耗余铜九十四万九百九十一斤六两四钱，俱经照数发足，该委员即于六月二十四日自泸扫帮前进。"等情，转详到臣。除咨明户、工二部及沿途经过各省督抚，转饬各该同知、通判并地方文武员弁督查防护，按程催趱，不许片刻停留，仍稽查有无盗卖情弊外，所有乾隆二十年头加运京铜官自泸开运日期，理合恭折奏报，伏乞皇上睿鉴。谨奏。

　　朱批：览。

（《宫中档乾隆朝奏折》第十二辑，第391～392页）

1092　署理云南巡抚降三级留任郭一裕《奏报调署滇抚接印任事日期折》
乾隆二十年八月二十五日

　　署理云南巡抚、降三级留任臣郭一裕谨奏：为恭谢天恩，并报微臣到滇接印事日期，仰祈睿鉴事。

　　窃臣出身寒微，仕途孤立。仰蒙圣主格外洪恩，不次超擢，由牧令而洊历封疆，署理东抚一年，毫无寸补，复蒙恩命调署云南，感悚愈深，奋励愈切。遵于六月二十九日自山东济南省城起身，经由河南、湖北、湖南、贵州陆路，于八月二十四日行抵云南省城，接印任事。

　　伏念滇省为边疆要地，以臣庸材，蒙皇上逾格委任，固不敢不勉尽血诚，亦不忍不勉图报效。惟有实心实力，无隐无欺，务期镇静以驭边防，详慎以办庶政，表率属吏，抚恤民苗，地方诸事，与督臣等和衷共济，仰报高厚隆恩于万一耳。除应行事宜容臣次第办理，陆续具奏外，所有臣感激愚忱并接印任事日期，理合恭折具奏，伏祈皇上睿鉴。谨奏。

　　朱批：览。

（《宫中档乾隆朝奏折》第十二辑，第400～401页）

1093　署云南巡抚降三级留任郭一裕《奏报乾隆二十年三运京铜自泸开运日期折》
乾隆二十年九月十一日

　　署云南巡抚降三级留任臣郭一裕谨奏：为钦奉上谕事。

　　乾隆十四年六月十八日，承准廷寄，内开："奉上谕：嗣后运铜事宜，务须加意慎重。其沿途经过各省督抚，朕已传谕，令其将委员守风、守冻及有无事故之处奏闻。至铜铅船只于云贵本省起运，何日出境，亦着该督抚随时折奏。钦此。"钦遵，转行遵照在案。

今据粮储道徐铎详据委驻泸店转运京铜大关同知蔡理经报称："乾隆二十年三运京铜官候补知州张紫极，试用从九品沈懋发，于乾隆二十年七月初一日抵泸，七月初十日开秤起至八月二十二日止，兑交过铜一百一十一万斤，除陆路折耗铜五千五百五十斤外，实该正耗余铜一百一十万四千四百五十斤；又兑交带解乾隆八年四协运官袁漕、戴勤挂欠铜一百三十四斤六两六钱八分，俱经照数发足，该委员即于八月二十二日自泸扫帮前进。"等情，转详到臣。除咨明户、工二部及沿途经过各省督抚，转饬各该同知、通判并地方文武员弁一体督查防护，按站催趱，不许片刻停留，仍稽查有无盗卖情弊外，所有乾隆二十年三运京铜官自泸开运日期，理合恭折奏报，伏乞皇上睿鉴。谨奏。

朱批：览。

（《宫中档乾隆朝奏折》第十二辑，第463～464页）

1094　署云南巡抚降三级留任郭一裕《奏报通省秋成丰稔情形折》
乾隆二十年九月十一日

署云南巡抚降三级留任臣郭一裕谨奏：为恭报通省秋成丰稔情形，仰祈督鉴事。

窃照时届季秋，正禾稼告成之候。兹据各属陆续禀报，早稻已经刈获，收成均在八九分以上；晚稻渐次黄熟，结实甚属饱满，现在已有新米入市，粮价平减等情。

臣查滇省地方本年夏秋以来，雨水调匀，高下沾足，不独稻谷丰稔，即荞、豆等项杂粮亦俱广收。九月内频得时雨，土膏滋润。农民获稻之后，播种春麦，欢呼庆幸，共乐丰年。容俟各处申报齐全之日，另将收成分数汇奏具题外，所有通省丰稔情形，合先缮折奏报，仰慰圣怀，伏祈皇上睿鉴。谨奏。

朱批：欣悦览之。

（《宫中档乾隆朝奏折》第十二辑，第464页）

1095　署云贵总督爱必达、署云南巡抚郭一裕
《奏报剑川州被水赈恤事宜折》
乾隆二十年九月十一日

署云贵总督臣爱必达、署云南巡抚臣郭一裕谨奏：为恭报剑川州被水赈恤事宜，仰

祈睿鉴事。

窃照滇省鹤庆府属之剑川州地方，本年六月内雨水过多，宣泄不及，致有一十九村近湖田地被淹，经臣爱必达节次檄饬道府督同地方官查勘抚恤在案。臣郭一裕莅任后，催据布政使觉罗纳世通详称："共勘实被灾田三十二顷余亩，灾民一千四百二十余户，除抚恤过一月口粮谷五百八十余石，给过坍房修费八十余两外，现在查明分数，分别极贫、次贫，再行加赈，尚应需谷四百八十余石，其钱粮照例蠲、缓。"等情。

臣等查该州本年豆麦有收，境内不被水之处，稻谷、杂粮俱属丰稔，米价平减。被水地亩已经消涸，播种春麦，民情安帖。虽系一隅偏灾，臣等严饬道府地方各员实力办理，务使穷黎均沾实惠，仰副圣主轸念边氓，不令一夫失所之至意。除另疏具题外，理合恭折奏闻，伏祈皇上睿鉴。谨奏。

朱批：知道了。

（《宫中档乾隆朝奏折》第十二辑，第 469 页）

1096　署云贵总督爱必达《奏报遵旨拿解曲寻镇总兵项朝选解赴刑部情形折》

乾隆二十年九月十一日

署云贵总督臣爱必达谨奏：为奏闻事。

乾隆二十年九月初八日，准刑部咨开："乾隆二十年八月十三日，内阁奉上谕：云贵总督硕色参奏总兵项朝选一折。项朝选曾任总兵，获罪废弃，经朕加恩复用，理宜感激奋勉，实心图报。乃复贪逸恶劳，浮夸不职，此与寻常废弛者不同，仅与褫罢不足蔽辜。项朝选着革职，拿交刑部治罪，以为负恩辜职者戒。折并发。钦此。"移咨到臣。

臣随飞饬臣标中军副将陈勋星驰前赴曲靖，一面派委员弁随往押解。曲寻镇总兵官印务，即委副将陈勋护理。去后，兹据副将陈勋禀报，已将革职总兵项朝选于九月初九日锁拿，饬交委员，督同兵役，由曲靖府管押起程，解赴刑部讫。所有遵旨拿解项朝选缘由，理合恭折奏闻，伏乞皇上睿鉴。谨奏。

朱批：览。

（《宫中档乾隆朝奏折》第十二辑，第 469～470 页）

1097　署云贵总督爱必达《奏请酌留铜息银拨充兵饷折》
乾隆二十年九月十一日

署云贵总督臣爱必达谨奏：为奏明事。

窃照滇省各标、镇、协、营，年需官兵俸饷银九十余万两，除本省额征地丁、税课等银拨存备放外，约不敷银三十余万两，历由内部于邻省酌拨，解滇协济在案。兹查滇省司库收存节年铜息银两，截至乾隆二十年八月底，止实存银一百四万九千九十六两零。此项银两原系留充本省公事之用，现在公事无多，每年收获铜息银两，除动用外，俱有余存。所有司库现存铜息银内，应请酌留银三十四万九千九十六两，以备公用，其余银七十万两，即以拨充乾隆丙子、丁丑两年兵饷。嗣后司库收存铜息银两，积有成数，即奏明酌拨充饷，庶库项皆归实用，亦可免邻省协解之烦矣。理合恭折奏明，伏乞皇上睿鉴训示。谨奏。

朱批：该部议奏。

（《宫中档乾隆朝奏折》第十二辑，第 470 ~ 471 页）

1098　署云贵总督爱必达、署云南巡抚郭一裕
《奏请循例拣发杂职人员以供派委协运京铜之用折》
乾隆二十年九月十一日

署云贵总督臣爱必达、署云南巡抚臣郭一裕谨奏：为循例奏请拣发佐杂人员，以供差委事。

窃照滇省办解京铜，每年正加六运，每运需正协运官二员，共需一十二员，历于现任丞倅、州县、杂职等官内委用，每致员缺久悬。经臣爱必达奏请另发运铜人员，以资差委，业蒙俞旨遵行在案。

兹查乾隆十七、十八两年，先后拣发丞倅、州县、杂职内，除缘事回籍外，余俱陆续委运铜斤赴部，均未回滇。现在应用正运，尚有试用丞倅、州县人员可委，而应用协运之杂职，现在乏员。据云南布政使觉罗纳世通、粮储道徐铎会详前来。理合奏恳圣恩，俯赐敕部拣发候补、候选县丞以下等官十五员，饬令依限来滇，以供派委协运京铜之用。臣等谨会折恭奏，伏乞皇上训示。谨奏。

朱批：有旨谕部。

（《宫中档乾隆朝奏折》第十二辑，第 471 页）

1099　署云南巡抚降三级留任郭一裕《奏陈滇省地方情形折》

乾隆二十年十月初三日

署云南巡抚、降三级留任臣郭一裕谨奏：为备陈滇省地方情形，仰祈睿鉴事。

窃臣钦蒙恩命署理云南巡抚，力微任重，夙夜兢惕。抵任两月，凡关吏治民生诸务，留心咨访，谨就愚昧见闻所及，敬为圣主陈之。

按滇省二十三府属，山多田少，水田种稻不过十之二三，其余高阜之处，各随土性所宜，播种旱稻、甜苦荞、麦、黍、粟、高粱、南豆等项，春夏之间，宜于雨水充足。年来仰叨皇上福庇，时和岁稔，本年收成亦丰。而汉夷生齿日繁，一岁所收仅供一岁之食，是以盖藏未为充裕。至天时气候，四时皆春，发泄太过，地气亦因以渐薄。汉人多食稻米，夷人喜食杂粮，岁人亦足敷用。此田土民食之大概也。

为政首在得人，安民必先察吏。滇省地邻外域，人杂猓夷，固须抚驭得宜，尤贵安静无扰。臣接见属吏，聆其言论，叩其设施，大约才能者好为夸张，有喜事之见。庸懦者茫无主张，有畏事之弊，求其通达政体，心思周流，于地方设施务归于安静者甚难多得。臣愚以为察吏之道，司道大员而外，知府一官责任綦重。盖州县人多品杂，势不能尽得全才。知府方面大员，有转移教导之权，且与地方最为亲切，果能正己以率属，实心以爱民，属员知所率从，庶政自能就理。臣莅任未久，各府内尚有未经接见者，即接见之人，其办事居心尚未深悉，容臣细心体察，另行分别奏闻。所有司道暨首府各员，系在同城，体察较易，加具考语，另单恭呈御览。此吏治之大概也。

滇省居民，夷多汉少。所谓汉人者，多系江西、湖南、川陕等省流寓之人，相传数代，便成土著。而挟赀往来贸易者，名为客民。其余蛮猓种类甚繁，数十年以来，沐浴圣化，极为恭顺，或耕或牧，熙熙皞皞，颇有太古风气。因其性愚而直，汉人中之狡黠者每每从而欺之，伊等俯首帖服，不敢与较。虽前任巡抚、督臣俱经力为整饬，而此风尚未尽革。此急当整饬者。臣每训饬属吏，如地方访有前项情弊，必为尽法痛处，则夷人更畏威而怀德矣。至于衙役、乡保，更当留心，严禁滋扰。通省一提九镇，臣访闻尚能约束兵丁，并无骚扰夷人之处。此民情之大概也。

各属士习尚称醇谨。惟有一种文武劣生，粗读诗书，专工变诈，视夷猓为愚懦可欺，遇事生风，每于村寨之中逞其讹诈之计。臣检阅新旧案卷，经前任督抚严加处治者，不一而足。此等败类，大有关于风俗人心。惟在知府督率牧令各官时时稽察，有犯必惩，庶稂莠既除，地方自靖。此士习之大概也。

至于铜厂、盐井，乃滇省钱粮最大最要之政务，上关国计，下系民生，随时、随事尚应调剂。容臣体访切实，另行恭折奏闻。

臣材识短浅，膺此边方重任，凡有见闻，惟有镇静详慎，实心实力，与督臣商酌办理，务求妥协，以期不负圣主委任之至意。所有通省地方情形，理合恭折具奏，伏祈皇上睿鉴。谨奏。

朱批：览奏俱悉。所见可谓得要领矣，当实力妥为之。

（《宫中档乾隆朝奏折》第十二辑，第590~591页）

1100　署云贵总督爱必达、署云南巡抚郭一裕《奏报黑盐井提举缺出，恳恩以建水州知州郭韫调补折》

乾隆二十年十月初三日

署云贵总督臣爱必达、署云南巡抚臣郭一裕谨奏：为要缺需人，仰恳圣恩调补，以裨盐政事。

窃照黑盐井提举邱肇熊告请终养，业经臣等另疏具题。所遗员缺，系疲、繁、难三项相兼，例应在外拣选调补。兹据布政使觉罗纳世通、按察使兼署驿盐道沈嘉征详称："通省提举内现无可调之员。其对品之知州，虽有一二俸次稍深，或本系要缺，或人地不宜，均难调补。惟查有建水州知州郭韫，山西监生，军功议叙主簿，加捐知州，选授今职。该员才识明敏，办事详慎，委署该井事务已经数月，料理妥协，以之调补黑盐井提举，堪以胜任。"等情前来。

臣等查黑盐井提举一缺，课重额繁，全在经理得人，始无堕误透漏之弊。建水州知州郭韫，才具通达，办事精详，先经臣爱必达委署该井事务，实能留心整顿。虽历俸未满三年，但查定例，如员缺紧要，准将其人其地实在相需之处专折奏闻。仰恳圣恩，俯允以郭韫调补黑盐井提举，庶于醝务大有裨益。

再查该员系对品调补，毋庸送部引见，仍俟俸满，另请实授。理合会同恭折具奏，伏乞皇上睿鉴施行。谨奏。

朱批：该部议奏。

（《宫中档乾隆朝奏折》第十二辑，第593页）

1101　署云贵总督爱必达《奏报核减滇黔两省营驿马价折》

乾隆二十年十月初九日

署云贵总督臣爱必达谨奏：为奏明事。

窃照滇黔两省营驿马价，前经酌减咨部，接准部覆："云南省除东川一营仍照川例八两报销外，其余营驿马价，酌减银三两八钱。贵州省营驿马价，酌减银二两二钱二分四厘，统以每匹一十八两报销。奉旨：依议。钦此。"移咨到臣。除转行钦遵，查照办理外，查滇黔两省游击裁改都司，余出亲丁马价银两，前准部咨，行令解缴司库报拨，业经造入季册，报部拨饷在案。今各营马价既经酌定，所有各官亲丁存匣马价，较现在定价多余之处，自应每匹存银一十五两。滇省东川一营，系照川例，每匹存银八两，并无多余，均仍照旧存贮外，其余提镇、将备、千把等官，共亲丁马一千二百九十八匹，每匹原存价银二十两，共存银二万五千九百六十两，查照核定一十八两之数，扣存每匹应减除银二两，共该减银二千五百九十六两，应令解缴司库，拨充兵饷，以昭画一。理合恭折奏明，伏乞皇上睿鉴。谨奏。

朱批：览。

（《宫中档乾隆朝奏折》第十二辑，第 642～643 页）

1102　署云贵总督爱必达《奏请拣发应补游击人员来滇委用折》
乾隆二十年十月初九日

署云贵总督臣爱必达谨奏：为奏请拣发应补游击人员，以资委用事。

窃照游击一官，有表率弁兵、整理营伍之责，必需才技超群，方足以寄偏裨之任。滇省在在夷疆，员缺均关紧要。向例：游击缺出，准于都司、守备内通行拣补。自乾隆十八年删除武职空衔，而后游击缺出，应于都司内拣选题升。滇省题补游击计二十三缺，都司只十七缺，而现任都司内，均各历俸尚浅，并无合例应升之员。仰恳圣恩俯准，敕部于二三等侍卫及八旗应用游击人员内拣发六员来滇，以资委用。俟有应题游击缺出，容臣酌量题补，庶边缺不致久悬，于营伍实有裨益。谨恭折具奏，伏乞皇上训示。谨奏。

朱批：有旨谕部。

（《宫中档乾隆朝奏折》第十二辑，第 643 页）

1103　署云贵总督爱必达《恭报滇黔两省秋成分数折》
乾隆二十年十一月初五日

署云贵总督臣爱必达谨奏：为恭报滇黔两省秋成分数，仰祈睿鉴事。

窃照滇黔两省本年夏秋晴雨得宜，禾苗茂盛，先经臣将西成丰稔大概情形恭折奏报在案。兹据云南布政使觉罗纳世通、贵州布政使吴士端各将收成确数汇册详报前来。除复加查核，会同云南、贵州抚臣分案具题外，臣查滇省禾稻，高低牵算，实有八分以上收成；黔省禾稻，早晚牵算，实有九分以上收成。所有两省秋收确数，理合专折奏闻。再查禾稼登场之后，正届布种豆麦之时，十月内各属俱报得雨，十一月初一二三等日，近省地方叠沛甘霖，土膏滋润，于明岁春花甚为有益。现在民夷乐业，粮价渐平。合并附奏，仰慰圣怀，伏乞皇上睿鉴。谨奏。

朱批：欣慰览之。

（《宫中档乾隆朝奏折》第十二辑，第812页）

1104 署云贵总督爱必达、署云南巡抚郭一裕 《奏报酌改滇铜运道缘由折》

乾隆二十年十一月初五日

署云贵总督臣爱必达、署云南巡抚臣郭一裕谨奏：为奏闻事。

窃照滇省东川府承运昭通一路京铜三百一十六万五千七百二十斤，前因雇马驼运，道远脚艰，经臣爱必达会同前任督臣硕色奏请，于东、昭、鲁、租一带开修捷径，安设牛站递运，酌定经费，岁可节省银五千六百余两。经部议准，钦奉俞旨，转行遵照办理。嗣因原设七站之内，乐业至白石冲四站顽石夹杂，车行不无阻滞，水草亦与牛只未宜，据前任东川府知府夏昌禀报，批行司道，檄委候补知府张惟寅勘议，请将四站改为马运，查明牛马价值相同，制备鞍屉、驼架等项，与打造车辆费亦相等，并请自建站房，所费工料银两即于年用租价内扣还，此后只需酌给岁修，原定租银更可节省。复经臣爱必达会同硕色恭折具奏，奉朱批"知道了。钦此。"钦遵，转行查照各在案。

前据东川府知府义宁详报：东川办运京铜，自修路设站以来，铜运实为利便，帑项亦多节省。惟查硝厂河至江边九十里，泉源甚少，觅水颇艰，前于适中之地觅得一泉，开塘积水，堪资取汲，即建设大水塘站，接递转运。自乾隆二十年春后，水泉微细，不敷取用，人马俱有不便。其车行站内，亦间有傍岭滨溪冲刷难修之处。近因铜运，往来熟习，于原路附近另得坦途，水草俱便，当即查勘开修。自五月起，即将铜斤改由新路试运，更为迅速等情，批饬司道，檄委昭通府知府漆启铣会同义宁确勘。兹据详称："现修运道较原路更为平坦，水草均各便宜。自东川府由连升塘、三家村、下寨、法纳、江底、舒鹅、末擦拉等处至昭通府城，计程二百八十九里，仍分七站，牛马兼运，道路、桥梁俱经义宁捐修宽整，安站之处距原设站房甚近，移建需费无多，义宁自行捐赏办理，毋庸另请动项。本年应运额铜，截至九月底止，已发运昭通二百六十七万五千余斤，计十一月初旬即可运竣，经费无增，节省照常。一转移间，实于铜运有裨。"由司道议详前来。

臣等查滇省办运铜斤，攸关京局鼓铸，自应因时制宜，相机筹办，期无迟误。今该府义宁因原设大水塘站泉源微细，不敷取用，傍岭滨溪之处，间有冲刷，就近另修坦道，移建站房，水草既各便宜，铜运更为迅速。所议分设七站，牛马兼运，经费节省，银两并无增减，俱与原定章程相符。除批饬加意办理，依限趱运，照例按年造册报销外，所有酌改运道缘由，理合会折奏闻，伏乞皇上睿鉴。谨奏。

朱批：知道了。

（宫中档乾隆朝奏折》第十二辑，第 813~814 页）

1105　署云南巡抚降三级留任郭一裕《奏报通省秋成分数折》
乾隆二十年十一月初八日

署云南巡抚降三级留任臣郭一裕谨奏：为恭报通省秋收分数，仰祈睿鉴事。

窃照滇省秋收丰稔情形，经臣于九月内恭折奏报在案。十月十四、十五等日，又得有雨泽，早种豆麦实为有益。旋即晴霁，稻谷、荞、豆等项陆续登场。兹据布政使觉罗纳世通汇齐通省秋收分数，详报前来。总计在八分以上，除恭疏题报外，谨另缮清单，附折恭呈御览。

至高下田地，豆麦、杂粮播种俱已齐全。十一月初一、初二、初三、初四等日，连得透雨，据云南、曲靖、临安、澄江、广西、开化、大理、永昌、楚雄、姚安、鹤庆、武定、东川、蒙化、景东各府所属具报，沾足者已五十一处，其余尚未报到。连日阴云密布，通省必为普遍，膏雨应时，明岁春花丰收可望。现在各属米价平减，地方宁谧，理合一并缮折恭奏，仰慰圣怀。

再臣前次奉到朱批奏折十四件，谨另行实封，附同恭缴，伏祈皇上睿鉴。谨奏。

朱批：欣慰览之。

（《宫中档乾隆朝奏折》第十二辑，第 833 页）

1106　署云贵总督爱必达《奏报循例代缴朱批奏折折》
乾隆二十年十二月十五日

署云贵总督臣爱必达谨奏：为循例代缴事。

乾隆二十年十二月初六日，据护云南开化镇总兵官印务参将方琰禀称："窃照原任开化镇总兵官吕九如，于本年五月初十日专差左营千总安全赍进奏折二封。兹于十一月二十五日恭捧朱批：'原折回开'，理合禀请代缴。"等情到臣。相应循例代缴，伏祈皇上睿鉴。谨奏。

朱批：览。

（《宫中档乾隆朝奏折》第十三辑，第274页）

1107 署云贵总督爱必达《奏报滇黔两省雨水沾足及得雪情形折》
乾隆二十年十二月十五日

署云贵总督臣爱必达谨奏：为恭报滇黔两省冬序雨雪情形，仰祈睿鉴事。

窃照滇黔两省秋成丰稔情形并云南近省地方十一月初旬甘霖叠沛缘由，先经臣于十一月内奏报在案。嗣据滇属之曲靖、元江、广南、永昌、永北、顺宁、镇沅等府具报，十一月内各得透雨。并据曲靖、广西、大理、鹤庆、昭通等府具报，十一月内先后得雪。又据黔属贵阳等十三府暨所辖各厅州县陆续禀报，十一月上中两旬雨泽均已周遍，内贵阳、安顺、大定、平越、镇远、思南、黎平、都匀八府属地方，各于十一月初六、初八、初十等日，连得雨泽，入土极为深透，豆麦滋长，来岁春花可冀丰收。两省民夷俱各欢欣乐业。所有滇黔两省雨水沾足及得雪情形，理合恭折奏闻，仰慰圣怀，伏祈皇上睿鉴。谨奏。

朱批：欣慰览之。

（《宫中档乾隆朝奏折》第十三辑，第274~275页）

1108 署云贵总督爱必达《奏请以云南府知府
张惟寅升补云南粮储道缺折》
乾隆二十年十二月十五日

署云贵总督臣爱必达谨奏：为道缺攸关紧要，经理亟需干员，仰恳圣恩俯准升补事。

窃照云南粮储道徐铎染患痰症，呈请解任调理，经臣等恭疏题报在案。所遗员缺，系冲、繁、疲三项相兼，例应请旨简用。但查该道职司通省粮储、水利，政务本属纷繁，兼之总理铜厂事宜，每岁督办京外鼓铸铜斤数至千有余万，责任更为重大。近年各厂渐次衰微，虽汤丹、大水、碌碌等厂向日出铜尚多，而目今窝路深远，油米昂贵，采办亦艰，调剂稽查尤为不易，必须精明强干、熟悉铜务之员方克胜任。

臣等查有云南府知府张惟寅，年四十五岁，由直隶进士历任云南驿盐道，降补知府，经前督臣硕色、臣爱必达奏补临安府知府，复经臣爱必达奏请调补云南府知府。乾隆十九年内，承追参革粮储道徐本仙应完汤丹厂欠银二万五百七十八两零，一年限内全完，经部议叙，准以应升之缺即用，奉旨"依议。钦此。"钦遵在案。该员操守廉洁，才猷干练，历任临安、云南两府，懋著循声。乾隆十九年大计，曾经附荐，实系有为有守，滇省郡守中第一贤员。叠经委查大、碌等厂，实心经理。现在委护粮储道篆，宽严得宜，办理裕如。仰恳皇上天恩，俯准将云南粮储道员缺即以议叙即升之云南府知府张惟寅升补，不特粮务、水利均有裨益，而于铜政更为驾轻就熟，人缺相宜，臣等亦收臂指之助矣。如蒙俞允，所遗云南府知府员缺，听候内部请旨简用。

臣等为道缺紧要起见，不揣冒昧，会折恭恳圣恩，伏祈皇上训示。

再查张惟寅任内有安插禄丰县遣犯王仲吕在配脱逃一案，业经咨参，听候部覆，此外并无别项参罚停升事件。合并陈明。谨奏。

朱批：着照所请行。

（《宫中档乾隆朝奏折》第十三辑，第 275～276 页）

1109　署云南巡抚降三级留任郭一裕《奏陈滇省铜厂情形折》
乾隆二十年十二月十六日

署云南巡抚降三级留任臣郭一裕谨奏：为敬陈滇省铜厂情形，仰祈睿鉴事。

窃照滇省铜、盐二政，攸关国计民生。臣抵任数月，悉心体察，其盐务事宜，自厘定章程以来，凡堕煎、堕销、堕运诸弊，彻底肃清，现在额课全完，旧欠清楚。惟铜务一项，每岁采办京外鼓铸铜斤千有余万，而一岁所获余息自二十余万至三十余万不等，以供本省公事之用，关系甚重。近年各厂开采日久，硐深矿薄，油米、炭斤价值倍昂。汤丹、大水、碌碌三厂，乾隆十九年，仰蒙皇上天恩，每铜百斤加价银四钱二分零，积困已苏，而细察情形，终不免于拮据。盖缘定例："上季发银，下季收铜"。从前开采之初，矿砂旺盛，交铜原无挂欠。迩年以来，各厂领一季之工本，而所交铜斤不能敷一季之额数，积少成多，遂成厂欠，每至奏销，即照分数查参，而参出之数，又应于现发工本内陆续扣还，偿旧办新，究未宽裕。然已蒙圣主特恩加增价值，厂民力已稍纾。此时惟在总理大员督率厂官，熟筹细察，如厂户之殷实而急公者，如何扣欠，如何鼓舞，使其源源赶办？疲玩而贫乏者，如何限制，如何接济，使其积累渐减？因时因事，随处调剂，详禀酌办，奏明请旨，总期国帑不致亏欠，铜斤不致缺少，方为妥协。兹总理铜务粮道徐铎告病，员缺现委云南府知府张惟寅护理。该员熟悉厂务，臣已会同督臣另折奏请升补在案。

所有现在铜厂情形，理合恭折奏闻，伏祈皇上睿鉴。谨奏。

朱批：览奏俱悉。

（《宫中档乾隆朝奏折》第十三辑，第286～287页）

1110 署云南巡抚降三级留任郭一裕《呈乾隆 二十年分滇省户口、仓谷数目折》

乾隆二十年十二月十六日

署云南巡抚降三级留任臣郭一裕谨奏：为钦奉上谕事。

案照乾隆六年正月十三日，准户部咨：乾隆五年十一月初二日，内阁抄出："奉上谕：每岁仲冬，该督抚将各府州县户口减增、仓谷存用一一详细具折奏闻。钦此。"又于乾隆十三年五月二十五日，准户部咨："民数册内，嗣后应令一体分晰男妇字样造报等因。"奉旨"依议。"钦遵，转行司道确查详核，慎重办理在案。

所有乾隆二十年分云南通省户口、仓谷数目，据布政使觉罗纳世通、护理粮储道云南府知府张惟寅会详，据云南等府转据昆明、嵩明等州县详报："除番界、苗疆向不入编审者无庸查造，又各厂商贩、贸易人等去来无定，亦无凭查造外，通省土著人民，原额三十七万二千九百二十二户，共计男妇大小人民一百九十九万四千一百九十八丁口，内大丁六十万八百一十二丁，小丁四十万五千八百四十二丁，大口五十九万三千四百九十八口，小口三十九万四千四十六口。今乾隆二十年分新增一千七百五十户，共增男妇一万六千五百二十八丁口，内大丁四千一十二丁，小丁四千九百七十一丁，大口三千四百一十五口，小口四千一百三十口。开除男妇大小人民一万零五十四丁口，内大丁三千三百六十二丁，小丁二千一百五十三丁；大口二千六百七十八口，小口一千七百六十一口。实在土著人民三十七万四千六百七十二户，共计男妇大小人民二百万七百七十二丁口，内大丁六十万一千四百六十二丁，小丁四十万八千六百六十丁，大口五十九万四千二百三十五口，小口三十九万六千四百一十五口。此乾隆二十年分云南通省民人男妇实数也。

通省旧管仓存谷、麦、荞、稗、青稞一百二十二万四千六百五十九石五斗七升零，今乾隆二十年分新收谷、麦、荞、青稞四万二千九百七十四石五斗四升零，除本年平粜动用谷、荞、青稞二万三千五百七十二石九斗二升零，实在存仓谷、麦、荞、稗、青稞一百二十四万四千六十一石一斗八升零，内谷一百一十七万九千二百五十六石四斗四升零，大麦三千七百一十四石二斗八升零，小麦一千七百八十八石六升零，稗四石四斗，青稞六千一百一十九石九斗四合零。此乾隆二十年分云南通省积贮实数也。"造具清册，详报前来。除送部外，臣谨缮黄册，恭呈御览。谨奏。

　　朱批：册留览。

（《宫中档乾隆朝奏折》第十三辑，第 287~289 页）

1111　署云南巡抚降三级留任郭一裕《奏报乾隆二十年四运京铜自泸开运日期折》
乾隆二十年十二月十六日

　　署云南巡抚降三级留任臣郭一裕谨奏：为钦奉上谕事。

　　乾隆十四年六月十八日，承准廷寄，内开："奉上谕：嗣后运铜事宜，务须加意慎重。其沿途经过各省督抚，朕已传谕，令其将委员守风、守冻及有无事故之处奏闻。至铜铅船只于云贵本省起运，何日出境，亦着该督抚随时折奏。钦此。"钦遵，转行遵照在案。

　　今据护粮储道印务云南府知府张惟寅详据委驻泸店转运京铜大关同知蔡理经报称："乾隆二十年四运京铜官候补知县徐兆骐、试用吏目孙泰学，于乾隆二十年八月十九日抵泸，九月初八日开秤起至十月二十三日止，兑交过铜一百一十一万斤，除陆路折耗铜五千五百五十斤外，实该正耗余铜一百一十万四千四百五十斤，又兑交带解乾隆十三年三运官赵圣佐等挂欠户部正耗余铜四百四斤四两三钱，俱经照数发足，该委员即于十月二十三日自泸扫帮前进。"等情，转详到臣。除咨明户、工二部及沿途经过各省督抚，转饬各该同知、通判并地方文武员弁一体督查防护，按站催趱，不许片刻停留，仍稽查有无盗卖情弊外，所有乾隆二十年四运京铜官自泸开运日期，理合恭折奏报，伏乞皇上睿鉴。谨奏。

　　朱批：览。

（《宫中档乾隆朝奏折》第十三辑，第 289~290 页）

1112　署云南巡抚降三级留任郭一裕《奏报滇省雨泽普遍并得雪情形折》
乾隆二十年十二月十六日

　　署云南巡抚降三级留任臣郭一裕谨奏：为恭报滇省雨泽普遍并得雪情形，仰祈睿鉴事。

窃照豆麦播种、发生之候，全赖三冬雨雪滋培。十一月初一至初四等日，云南、曲靖等十五府属得雨透足情形，经臣恭折奏闻在案。今据广西、永昌、永北、顺宁、镇沅各府纷纷具报，十一月内先后得有雨泽，俱已沾足。曲靖、广西、大理、鹤庆、昭通等府地气较他府寒冷，十一月初二、十一、十二、十八九等日俱得瑞雪，积有三四寸至六七寸不等。通省雨雪深透，土膏滋润，豆麦畅茂，来岁春花可望丰收。理合恭折奏报，仰慰圣怀，伏祈皇上睿鉴。谨奏。

朱批： *欣悦览之。*

（《宫中档乾隆朝奏折》第十三辑，第 290 页）

1113　署云贵总督爱必达《奏报昭通镇总兵官丁山病故及遴员署理折》
乾隆二十年十二月二十六日

署云贵总督臣爱必达谨奏：为奏闻事。

乾隆二十年十二月二十六日，据护云南昭通镇标中军游击印务、守备徐天宠禀称："昭通镇总兵官丁山，于本年十二月初九日陡患风痰病症，调治不愈，延至本月二十一日身故。"等情，禀报到臣。据此，除将该镇印务遴委臣标中军副将陈勋驰赴昭通，接印护理，并另于开印后缮疏题报外，所有总兵官丁山病故缘由，理合专折先行奏闻。

再照昭通为滇省新辟重镇，设驻夷薮，壤接川黔，地方甚属紧要。仰恳皇上天恩，迅简贤员补放，以重岩疆。合并陈明，伏祈皇上睿鉴。谨奏。

朱批： *有旨谕部。*

（《宫中档乾隆朝奏折》第十三辑，第 372 页）

1114　署云贵总督爱必达《奏报云南提督吕翰病故日期及遴员署理折》
乾隆二十年十二月二十八日

署云贵总督臣爱必达谨奏：为奏闻事。

乾隆二十年十二月二十八日，据署理云南提标中军参将印务游击魏峰禀称："提督吕瀚于本年十二月初旬感染风寒，延至二十二三两日，病势加重，医治不愈，于二十四日病故，理合报明。"等情到臣。据此，窃照提督控驭全省，云南为极边要地，所遗印务甚关紧要。臣于滇省各镇逐加拣选，惟查鹤丽镇总兵官谭五格，历任八年，老成持重，晓畅边情。除将提督印务刻即专差照委该镇兼程前往署理，鹤丽镇总兵印务檄委该镇中军游击赵九洲暂护，并另于开印后缮疏具题外，所有云南提督吕瀚病故日期及遴员署理缘由，理合专折奏报，仰恳皇上迅赐简补，以重封疆，伏祈皇上睿鉴。谨奏。

朱批：有旨谕部。

（《宫中档乾隆朝奏折》第十三辑，第389页）

1115　署云南巡抚降三级留任郭一裕《奏报乾隆二十年二加运京铜自泸开运日期折》
乾隆二十一年二月初二日

署云南巡抚降三级留任臣郭一裕谨奏：为钦奉上谕事。

乾隆十四年六月十八日，承准廷寄，内开："奉上谕：嗣后运铜事宜，务须加意慎重。其沿途经过各省督抚，朕已传谕，令其将委员守风、守冻及有无事故之处奏闻。至铜铅船只于云贵本省起运，何日出境，亦着该督抚随时折奏。钦此。"钦遵，转行遵照在案。

兹据护粮储道云南府知府张惟寅会同布政使觉罗纳世通，详据委驻泸店转运京铜大关同知蔡理经报称："乾隆二十年二加运官候补同知陈重光、元谋县典史赵荣世，于乾隆二十年十一月初八日抵泸，十一月二十八日开秤起至乾隆二十一年正月初四日止，兑交过铜九十四万五千七百二十斤，除陆路折耗铜四千七百二十八斤九两六钱外，实该正耗余铜九十四万九百九十一斤六两四钱，又带解乾隆十六年二加运官冷廷丰挂欠铜一千八百七十斤六两，俱经照数发足，该委员即于正月初四日自泸扫帮。"等情，转详到臣。除咨明户、工二部及沿途经过各省督抚，转饬各该同知、通判并地方文武员弁一体督察防护，按站催趱，不许片刻停留，仍稽查有无盗卖情弊外，所有乾隆二十年二加运京铜自泸开运日期，理合恭折奏报，伏乞皇上睿鉴。谨奏。

朱批：览。

（《宫中档乾隆朝奏折》第十三辑，第588～589页）

1116　署云南巡抚降三级留任郭一裕《敬筹滇省铅厂事宜折》
乾隆二十一年二月初二日

署云南巡抚降三级留任臣郭一裕谨奏：为敬筹滇省铅厂事宜，仰祈睿鉴事。

窃照滇省各局鼓铸，向用罗平州属卑浙、块泽二厂所产白铅。继因建水州属之普马山亦出铅矿，路近各局，遂将省城、临安二局改用普马厂铅，以省脚费。其广西、大理二局，先尽卑、块厂积年办存铅斤拨运，俟用完之日，概用普马厂铅。至卑、块二厂，开采年久，聚集多人，一旦封闭，失其资生之策，仍准照旧开采，每年发银五千两买铅二十五万斤，以备普马厂之不继等因，于乾隆十六年间，经升任抚臣爱必达奏准在案。

兹乾隆十六年以前办存之铅将次用完，乾隆十七年以后买补之铅现存百万。据该厂民具呈，情愿嗣后每百斤减价一钱八分，请将广、大二局仍照旧拨还运供等情，前任抚臣爱必达暨臣行司妥议。去后，兹据布政使觉罗纳世通复委罗平州知州王琨亲诣厂地，细加查勘，实缘该厂炉户皆系楚民，生齿蕃庶，父传子授，皆赖烧铅糊口。今铅矿旺盛，采办甚易，所请每百斤减价一钱八分，尚于工本无亏，将来不致贻误鼓铸。再查广、大二局，前议改用普马铅斤，较卑、块厂路近数站，每年共节省脚费银五百五十余两。今卑、块厂每百斤减价银一钱八分，运供广、大二局，每年更可节省银七百八十余两等情，覆详前来。

臣查前议改用普马厂铅，原为节省脚费起见。今卑、块厂既请减价，较之普马厂有省无浮，铅斤既可运销，炉民又资生计，似应变通办理。应请嗣后省、临二局则用普马厂铅斤，广、大二局仍用卑、块厂铅斤。所有卑、块厂乾隆二十一年收买之铅，已经发价，应自乾隆二十二年为始，即照减定价值，按年照数采办，毋庸另行收买，俟乾隆二十一年以前收买铅斤用完之日，即将现办减价之铅接运供铸，似于国计民生均有裨益。

理合缮折恭奏，伏祈皇上睿鉴，敕部议覆施行。谨奏。

朱批：该部议奏。

（《宫中档乾隆朝奏折》第十三辑，第589～590页）

1117　署云南巡抚降三级留任郭一裕《奏谢恩赏福字并恭报雨雪情形折》

乾隆二十一年二月初二日

署云南巡抚降三级留任臣郭一裕谨奏：为恭谢天恩事。

乾隆二十一年正月二十八日，臣标赍折把总回滇，恭捧皇上恩赏福字一幅暨奶饼、食物各种到臣。随出郊跪迎至署，望阙叩头谢恩祗领讫。

伏念臣庸碌菲材，仰蒙殊眷，二年之内，两任封疆。皇上之所以赐福于臣者，至深至厚。臣深惧一事不实，一念不诚，上负隆恩，下必福尽。仰瞻宸翰，跪领珍品，既深感激，弥怀兢惕。惟有敬体圣主怀柔至意，实心实力，加意抚绥，务期全省官民饮和食德，共享升平之福，仰酬高厚于万一。所有臣感戴微忱，理合恭折奏谢。

再查滇省地方上年十一月内雨雪沾足，经臣恭折奏报在案。兹于正月二十一、二十二等日，得有雷鸣雨泽，于豆麦大有裨益。南豆宜于水田，通省合计约有十分之三新豆已经入市。各属寒暖不一，二三月内俱可先后登场，现在长发畅茂，收成约在七分以上，若再得频降雨泽，可望丰收。合并陈明，伏祈皇上睿鉴。谨奏。

朱批：知道了。

（《宫中档乾隆朝奏折》第十三辑，第 591 页）

1118 署云贵总督爱必达、署云南巡抚郭一裕《奏报滇省查缉马朝柱等一十三犯未获折》

乾隆二十一年二月初二日

署云贵总督臣爱必达、署云南巡抚臣郭一裕谨奏：为遵旨奏覆事。

乾隆二十年二月二十一日，承准廷寄，内开："乾隆二十年正月二十六日，奉上谕：马朝柱一犯，屡经传谕各督抚实力查拿，至今未获。该犯纵极狡黠，究在六合之内，即或疾病自戕，亦必确有踪迹。朕始犹以为只此一犯，或终难就获，亦未可知。今面问开泰，乃称此案未获统计各犯尚有十余人，不止一马朝柱，则各省督抚未尝实心查缉之咎何辞？该督抚等虽屡经训饬，不过以行文饬属了事，因循推诿，并未实力督率该地方官设法严拿。此皆外省陋习，岂朕委任封疆之意耶？着再传谕各督抚，予限一年，令其实心率属严缉，无论首犯、余犯，勿任漏网，于今年年底各具折奏闻，再降谕旨。钦此。"钦遵，寄信到臣。

窃查逆犯马朝柱等，前于乾隆十七年事发之始，接准楚省密咨，臣爱必达会同前督臣硕色，节经飞饬滇属地方文武，分拨员弁，选带兵役，各于境内遍设堆卡，周历查拿。续准楚省将未获各犯开具年貌、籍贯，密咨前来。又经抄发各属，责令文武员弁、汉土兵役人等各照抄熟记，密行认缉，并悬立赏格，以期必获。又思滇省各厂砂丁、炉户以及炭山人等楚民居多，诚恐逆匪改装易貌，窜入其中，随饬管厂各员及有厂之地方官，令将在厂砂丁、炉户、炭山诸色人等，查明年貌、籍贯，各给腰牌，取具连名保结，造册申送道府，并谕该管道府不时巡察点验。嗣准调任湖广督臣开泰将向日认识逆匪马朝柱之楚役龚天祥、卢博仁咨送来滇，并据蕲州差役张魁、何宏带领认识逆匪之李七儿及江省英山县差役冷升、胡元恺等先后来滇踩缉。节经督饬文武，选派员弁兵役，协同江楚来差密赴迤东、迤西地方暨新旧大小各厂，周遍查缉，毋使漏网。上年二月内，承准廷寄，前督臣硕色、臣爱必达当即加增赏格，通行晓谕，以示鼓励；并谕地方文武，果能拿获报解，立即保荐优升，如不实心查缉，定行严参治罪。

臣郭一裕抵任后，又经会同臣爱必达檄谕频行，谆谆告诫，并另委弁员分诣两迤地方密加踩访，并侦察各地方官之勤惰。兹据各委员先后禀称：密查两迤地方，实无马朝柱等踪迹，各属堆卡俱极谨严，文武兵役均无疏懈，且闻道路传言，皆知拿获要犯便可邀领重赏，莫不以获犯邀赏为幸，群争物色，逆匪实无从潜匿。并据云南按察使沈嘉征等会禀，查据云南等府禀报："遵即督率委员，带领妥役，按照册开各犯面貌，各于所辖境内城市、乡村、寺观、庵院及山箐深林处所逐加密缉，并会同营员及管厂各官，率同江楚二省差役，在于两迤各厂遍行侦捕，并无首逆马朝柱及党匪熊得胜等踪迹在境。现在加谨侦缉，务期获解，不敢稍有疏懈，禀覆前来。"

伏思马朝柱等一十三犯，或倡谋不法，或附逆为匪，罪大恶极，普天共愤，若非按名捕获，明正典刑，无以快人心而申国宪。臣等身任封圻，受恩深重，虽竭力设法查拿，而游魂久窜，仍无一获，实惶悚无地。兹于本年正月十五日，接准湖广督臣硕色来咨，另遣差役二名，押同认识逆匪之徐模、胡秀玉二人前来滇黔查缉。臣等除再严督所属文武，毋分城市、山林及人迹罕至之处，遍加侦访，并俟楚省差役到境，优给盘费，添派妥役协同跟缉，务期必获另报外，兹届一年限满，理合会折遵旨奏覆，伏祈皇上睿鉴。谨奏。

朱批：知道了。

（《宫中档乾隆朝奏折》第十三辑，第 593～594 页）

1119　署云贵总督爱必达《奏报循例代缴朱批奏折》
乾隆二十一年二月初二日

署云贵总督臣爱必达谨奏：为循例代缴事。

乾隆二十一年正月二十二日，据护云南昭通镇总兵官印务副将陈勋禀称："窃照定例内开：提镇病故，任内有应缴朱批，如伊子孙随任者，于原任省分就近督抚提镇代为恭缴等语。兹查已故昭通镇总兵官丁山，任内有未缴朱批三件，据丁山之子丁国泰呈请代缴前来，理合禀请代缴。"等情到臣。相应代为恭缴，伏祈皇上睿鉴。谨奏。

朱批：览。

（《宫中档乾隆朝奏折》第十三辑，第 595 页）

1120　署云贵总督爱必达《奏报并无逃走之家奴折》

乾隆二十一年二月初二日

署云贵总督臣爱必达谨奏：为奏闻事。

案准刑部咨开，奉旨："犯人妻子赏给功臣大臣子孙为奴，原令其管约使用，若升往外任及驻防省会地方，自应将赏给之人随带前去，未便留京，听其闲住。着晓谕八旗，凡此等赏给之奴，令本人留心管束，毋得任意远离，倘纵滋事，朕必严加治罪。钦此。"又奉上谕："嗣后此等赏给为奴人内有无脱逃之处，值年旗每年年终汇齐奏闻一次。其赏给各省将军大臣，着即令伊等每年年终自行奏闻一次。钦此。"钦遵在案。

窃照臣于乾隆十二年四月、十二月及乾隆十九年四月内，三次共蒙恩赏为奴周璜、魏纯、史文高、史扎柱、湛应方等五名。臣俱随带任所使用，加谨管束，不使远离。乾隆二十年分，并无逃走之人。理合遵旨奏闻，伏祈皇上睿鉴。谨奏。

朱批：览。

（《宫中档乾隆朝奏折》第十三辑，第 595～596 页）

1121　署云贵总督爱必达、署云南巡抚郭一裕《奏报动用钱粮及工程报销已未完各案折》

乾隆二十一年二月初二日

署云贵总督臣爱必达、署云南巡抚臣郭一裕谨奏：为遵旨汇折奏闻事。

案准部咨，钦奉上谕："外省动用钱粮暨工程报销，应驳应准，俱有定例，务令克期速结。仍着于岁底，将未完各项汇折奏闻。钦此。"钦遵在案。乾隆二十年八月，经臣爱必达查明，从前造册咨部未完各案内动用钱粮项下共三十案，已办结二十七案，未办结三案；工程报销项下共四十案，已办结三十八案，未办结二案，分晰奏闻在案。

兹乾隆二十年岁底，未完各案应行汇奏之期，臣等逐加查核，原奏动用钱粮项下未完三案，今已办结二案；工程报销项下未完二案，今已办结一案，共未完二案。又自造册咨部以后，续有奉部行查各案，动用钱粮项下未完四案，工程报销项下未完四案，前后通共未完十案。臣等现在勒限，飞催上紧赶办，分别题咨完结，不敢稍任懈弛。理合另缮清单恭呈御览，伏祈皇上睿鉴。谨奏。

朱批：知道了。

（《宫中档乾隆朝奏折》第十三辑，第 596～597 页）

1122　署云贵总督爱必达、署云南巡抚郭一裕《奏报景东府掌印同知缺出，奏请以腾越州知州陈秋元升补，其遗缺请以昆明县知县额鲁礼升署折》

乾隆二十一年二月初二日

署云贵总督臣爱必达、署云南巡抚臣郭一裕谨奏：为要缺亟需干员，恭恳圣恩俯准升署事。

窃照景东府掌印同知弓椿，钦奉上谕补授贵州贵阳府知府。所遗员缺，系疲、繁、难三项相兼，汉夷杂处，事务纷纭，并无附郭首县，必得精明勤干、熟悉风土之员始克胜任。臣等谨于现任同知内详加拣选，非到任未久，即现任夷疆，并无合例堪以调补之员。因与藩臬两司公同商酌，查有腾越州知州陈秋元，安徽拔贡，由昆明县升补今职，乾隆十九年经前督臣硕色暨臣爱必达于大计案内附荐，嗣经保举知府，送部引见，奉旨："陈秋元着回任。钦此。"该员端方练达，办事安详，久任滇疆，循声素著，并无参罚事件，以之升补景东府掌印同知，地方可收得人之效。

其所遗腾越州员缺，地处极边，环绕野夷，控制缅莽，为西南一带出入要隘，必须抚驭有方，始克内外宁谧，亦应本省拣选调补。现任知州内，人地均未相宜。查有昆明县知县额鲁礼，满洲举人，由平彝县调补今职，于乾隆十九年大计附荐在案，任内并无参罚。该员干练精勤，实心任事，于夷疆要缺实堪胜任。查陈秋元、额鲁礼均历俸未满五年，但员缺紧要，人地相需，例得专折奏请。仰恳皇上天恩，俯准以陈秋元升署景东府掌印同知，额鲁礼升署腾越州知州，仍照例接算前后俸次，扣足五年之限，另请实授，则该员等自必倍加奋勉，于边方要缺大有裨益。

再查陈秋元甫于乾隆二十年保举知府，引见未满三年，今请升署同知，毋庸送部引见。额鲁礼由知县升署知州，如蒙俞允，俟部覆到日，再行给咨引见。理合缮折恭奏，伏祈皇上睿鉴。谨奏。

朱批：该部议奏。

（《宫中档乾隆朝奏折》第十三辑，第597~598页）

1123　署云贵总督爱必达《奏报循例借帑于东川府蔓海地方开渠引水折》

乾隆二十一年二月初十日

署云贵总督臣爱必达谨奏：为循例借帑开渠引水，以利民生事。

窃照力田为足食之本，图水利尤农工之先务。乾隆二年四月内，钦奉上谕："云南跬步皆山，不通舟楫，田号雷鸣，民无积蓄，一遇荒歉，米价腾贵。凡系水利，有关民食者，皆当及时兴修，不时疏浚，总期有备无患，须要因地制宜，事可谋成，断不应惜费。如难奏效，亦不必强作。钦此。"钦遵在案。

节年以来，历任督抚诸臣遵行董劝，次第修举。其有工费浩繁、民力不能措办之安宁、禄丰等州县筑坝开渠，均系动借公款兴修，分年解缴还库，节经题明在案。臣以庸材，备员滇省，仰体我皇上念切民依、务农重粟至意，每于所属守令因公接见之时，即以地方水利事宜详加咨询。查得东川府城北，有洼地一区，名曰蔓海，东西广二十余里，南北袤五六里八九里不等，素乏水源，不通河道，夏秋雨多，则一望汪洋，冬春水涸，则为沼泽，可开垦成田，以利民食。乾隆八年，经前督臣鄂尔泰檄饬东川知府召示垦民，自城东乜泥寨下，于蔓海内新开左中右三河，疏浚下游，导水西流，由鱼洞汇矣里河，入金沙江，中建闸坝，以时蓄泄，海中涸出地亩，陆续垦辟，已成膏腴，节经题报升科。其荒芜未垦者，仍复不少。且该处河尾虽通，源头无水，每岁春夏之交，全倚甘霖时降，始得栽插无误。设值雨泽稀少，恒苦溉不敷。臣随谕东川府知府义宁，将该地有无山泉可引、龙洞可疏之处，或劝谕士民自行办理，或借给公项，指示兴修，令其悉心勘查。去后，兹据该府义宁详报："查得府城西南有以濯一河，源出西南百余里外待补地方，会各山溪流，直下马鞍山傍矣里河，过纳雄山峡，入金沙江，水源颇大，四时不竭。若于马鞍山下建筑石闸、石堤，另开一渠，由五竜募村至小龙潭，过鲁机村，绕城北向东，经石嘴、以舍等村，抵乜泥寨门首，计长二十余里，引以濯河之水下注蔓海，则左中右三河水常充足，不为虚设，匪特已垦成熟田亩可以永资利济，即荒芜未垦旷土亦可垦辟无遗，其于国计民生裨益实非浅鲜。按照各段工程宽深尺寸，分别土石夹杂、难易情形，逐细估计，共实需银一千五百两。边徼民夷不能自为经理，援照安宁、禄丰等州县借帑开修之例，吁请暂借库项，及时兴修。所借库项，即于乾隆丁丑年全数完缴。"等情，由布政使觉罗纳世通等核议，会详前来。

臣复查无异，除批准于司库铜息项下动借银一千五百两，饬令赶紧开修，以资灌溉。所借银两依限催缴还款外，臣谨会同署理云南巡抚臣郭一裕合词恭折奏闻，伏祈皇上睿鉴。谨奏。

朱批：着照所请行。

（《宫中档乾隆朝奏折》第十三辑，第659～660页）

1124　署云南巡抚降三级留任郭一裕《奏陈滇省吏治贤否折》
乾隆二十一年二月初九日

署云南巡抚降三级留任臣郭一裕谨奏：为敬陈滇省吏治贤否，仰祈睿鉴事。

窃臣荷蒙圣恩，署理云南巡抚，抵任以来，刻以察吏安民为念，所有司道暨同城之云南府知府考语，于上年十月内曾经恭折奏明在案。仰蒙圣明，于迤东道施廷翰考语之上，钦奉朱批："此人恐未，余俱所评是。钦此。"臣跪读之下，仰见皇上知人至哲，无微不照。

臣查施廷翰才具原属中平，但为人朴实，尚能奋勉。今蒙皇上训示，容臣再行试看，随时奏闻。至其余现任知府暨蒙化、景东两府掌印同知、监并提举各员，谨就臣管窥所及，加具考语，另缮清单，恭呈御览。

再臣前次奉到朱批奏折十二件，谨另行实封，附同恭缴，伏祈皇上睿鉴。谨奏。

朱批：折留览。

（《宫中档乾隆朝奏折》第十三辑，第663页）

1125　署云贵总督爱必达、署云南巡抚郭一裕
《奏报据实陈明楚雄府知府刘度宽才不胜任折》
乾隆二十一年二月初十日

署云贵总督臣爱必达、署云南巡抚臣郭一裕谨奏：为郡守才不胜任，据实奏明，仰祈睿鉴事。

窃照知府一官，有表率之责，必其心思才力贯注于一府之内，而后地方可望就理，属员知所观感。况滇省地处边疆，汉夷杂处，州县既不能尽属全才，抚绥教养全在知府为之转移，责任更重。今查有楚雄府知府刘度宽者，为人尚属谨饬，但到任几及一载，办理郡务甚为竭蹶。臣等因其初任知府，庶政或未谙，悉随事训饬，并于该员谒见之时，谆谆教导。该员虽深自奋勉，无如限于才识，未见整饬。查楚雄一府，管辖五州县四井，多半冲繁。刘度宽才难胜任，未便因循贻误。但年力富强，尚堪驱策。可否送部引见，以府佐贰补用。理合会折恭奏，伏祈皇上训示。谨奏。

朱批：该部议奏。

（《宫中档乾隆朝奏折》第十三辑，第670页）

1126　署云贵总督爱必达《奏报开化镇总兵田英、中军游击王家彦、
永北镇中军游击吴秀通同作弊，私用公帑，请旨革审折》
乾隆二十一年二月二十日

署云贵总督臣爱必达谨奏：为参奏事。

　　窃照总兵为方镇大员，必须整躬率属，抚恤兵丁，方足以称专阃之寄。而中军游击专管兵马钱粮，更宜实力奉公，出纳惟谨，方为无忝厥职。讵有开化镇总兵官田英，前于永北镇任内，将中军衙门存贮公项钱粮任意取用，该中军游击王吴秀惟命是从，并不禀阻。计田英在永北镇任内共亏空银一千八百余两，及田英奉旨调任开化，所遗永北镇印务，经臣檄委署寻沾营参将李志健前往护理，田英计图掩饰任内亏空，先行密嘱开化镇中军游击王家彦两次差弁送交田英银一千两。田英到任后，又取用银三百五十两，均为弥补永北任内亏空。该中军王家彦冀博田英喜悦，一味逢迎。现在永北任内尚亏空接济兵丁米价银二百二十两，应解藩库杂项银一百五十二两零，截存修理衙署银八十两，共计亏空银四百五十二两零，未据补项。又查田英于永北镇任内因搬接家眷及一切私差，共用过盘费银七百余两，均于众兵名下摊扣。迨调任开化，田英违例随带永北马步兵丁六十六名，并不给发盘缠，众兵嗟怨，经臣访闻密查。去后，今据护永北镇印务、署参将李志健暨原护开化镇印务、参将方琰各禀报前来。

　　臣查田英身为总兵，私用公帑，罔恤兵艰，已属有乖职守。及闻调任之信，辄先那取新任钱粮，掩补旧任亏空，更为巧诈。开化为边隘重镇，似此污鄙劣员，安望其表率属僚，整饬营伍？永北镇中军游击王吴秀，开化镇中军游击王家彦，通同作弊，徇私玩公，均难宽假。除一面缮疏题参，请旨将田英、王吴秀、王家彦一并革职，以便审追。所遗开化镇总兵官印务，并即照委临元镇总兵官李如柏就近驰往署理，饬查有无别款不清钱粮另报外，所有开化一镇，地控交夷，最为紧要。仰恳皇上天恩，迅简贤员补授，以重岩疆。

　　为此缮折恭奏，伏祈皇上睿鉴。谨奏。

　　朱批：有旨谕部。

（《宫中档乾隆朝奏折》第十三辑，第 731～732 页）

1127　署云贵总督爱必达《奏报滇省拿获抄传不法妖书阿明、罗小幺二犯，解黔收审缘由折》

乾隆二十一年二月二十日

署云贵总督臣爱必达谨奏：为奏闻事。

　　窃照黔省平远州属狆苗杨阿生等抄传不法妖书，煽诱勾结一案，前据土目头人获犯解州，据供：妖书得自南笼府属狆苗光、不止家住居之罗朝富，并于阿生等家搜获妖书、废印，缉获伙犯卢阿陇、何阿便等。并据阿生供称：伊父杨阿明搬在云南昭通府平山地方居住等语，经大定府四十七等先后禀报前来。

　　臣随会同贵州抚臣定长，飞饬大定、南笼两府文武，暨委粮驿道沈迁督同查拿光不止父子及罗朝富，并会同署云南抚臣郭一裕遴委文武驰赴昭通平山，严拿杨阿明务获，解黔究审，业将查办情形具折奏报在案。嗣经贵州抚臣定长就近驰赴平远，亲讯现犯，督拿余犯，并于南笼、平远适中之镇宁州、安南县地方往来督缉。节据南笼文武陆续拿获光不止，即贺抱丹、罗阿肘、潘不多、王阿见、陶阿耳、阿绕、王博代等，搜有妖书、符张等物。现据获有到过罗朝富家之王阿阴，即老卜荫，据供，罗朝富住居定番州属地方，又常在永丰州山箐内种靛等语。现经委员押犯，分头查拿，务期必获，以净根株。

所有杨阿明一犯，前据委员在于昭通平山地方查无其人，续准贵州抚臣定长密咨，复讯杨阿生之弟杨阿羊，据供，伊父杨阿明向在东川米粮坝住过，如今现在四川会理州属披砂地方等语。臣复会同署云南抚臣郭一裕飞饬东川府文武，会同委员，在于米粮坝地方再行严缉。去后，兹据东川府知府义宁、署参将陆近泽暨委员同知刘㙫、署守备孙仪凤等禀称：遵于米粮坝附近村寨遍查无获，恐其潜匿江外夷寨，会差兵役前往踩缉，于二月十三日，在于川省会理州属披砂地方，会同川省兵役，已将杨阿明及伊婿罗小么拿获，禀报前来。除即饬将已获之杨阿明、罗小么速即解交贵州按察司收审，并饬移会四川文武严查披砂地方有无抄传妖书、妖符及附和匪党另报。其黔省拿获各犯供情不一，现在勒拿罗朝富，务获确讯，另与贵州抚臣定长会折具奏外，所有滇省拿获杨阿明、罗小么二犯，解黔收审缘由，理合恭折奏闻，仰祈皇上睿鉴。谨奏。

朱批：览。

（《宫中档乾隆朝奏折》第十三辑，第732~733页）

1128　署云贵总督爱必达《奏报遵例代缴朱批奏折》
乾隆二十一年三月二十四日

署云贵总督臣爱必达谨奏：为遵例代缴事。

窃照定例内开：提镇病故，任内有应缴朱批，如伊子孙随任者，于原任省分就近督抚提镇代为恭缴等语。兹准署云南提督印务、鹤丽镇总兵官谭五格咨称："前任提督吕瀚，于乾隆二十年十月初九日，专差千总魏嵘赍进奏折三封。今于乾隆二十一年二月二十六日，据该千总赍捧朱批原折回滇。查提督吕瀚已经病故，所有赍回朱批原折，应请代缴。并据吕瀚之子吕文灿将伊父吕瀚任内另有未缴朱批三件，自行固封。呈请代缴前来，应请一并代缴。"等因到臣。理合遵例代缴，伏祈皇上睿鉴。谨奏。

朱批：览。

（《宫中档乾隆朝奏折》第十四辑，第59页）

1129　署云贵总督爱必达《奏报起程赴黔查阅营伍日期折》
乾隆二十一年三月二十四日

署云贵总督臣爱必达谨奏：为奏报起程赴黔查阅营伍日期，仰祈睿鉴事。

乾隆二十一年三月二十三日，准兵部咨开："乾隆二十一年，轮应查阅湖北、湖南、云南、贵州等省，将应派大臣职名开列进呈。奉旨：'着交该督就近查阅。钦此。'"移咨到臣。臣即钦遵移行遵照外，窃查滇黔地处夷疆，营伍攸关边备。臣历任贵州、云南巡抚，虽于夷情、武备留意讲求，而地方未能周历。兹蒙圣恩署理总督，适届查阅营伍之年，钦奉谕旨，着臣就近查阅。所有两省险易情形及官兵技艺、甲械、军装，可以遍历巡查，了然心目。臣即轻骑减从，于本年四月初三日自滇起程，先赴黔省查阅，俟黔省事竣，即将滇省标镇协营挨次亲历查阅。除将起程日期恭疏题报外，理合缮折奏闻，伏祈皇上睿鉴。谨奏。

朱批：已用卿为山东巡抚矣。

（《宫中档乾隆朝奏折》第十四辑，第 59～60 页）

1130　署云贵总督爱必达《奏报滇黔两省春花雨水情形折》
乾隆二十一年三月二十四日

署云贵总督臣爱必达谨奏：为恭报滇黔两省春花雨水情形，仰祈睿鉴事。

窃照滇黔两省上年冬序雨雪沾濡情形，经臣于十二月内恭折奏报在案。入春以后晴雨得宜，二三月间，甘霖时降。查据各属禀报，南豆渐次登场，荞麦十分畅茂，高下田亩趁此土膏方动，雨泽调匀，皆得借水翻犁，其气候和暖之处，现在纷纷播种早稻，汉土民夷莫不欢欣乐业。所有滇黔两省春花雨水情形，理合恭折具奏，仰慰圣怀，伏祈皇上睿鉴。谨奏。

朱批：欣慰览之。

（《宫中档乾隆朝奏折》第十四辑，第 60～61 页）

1131　署云贵总督爱必达《奏报办理滇省买补营马价钱折》
乾隆二十一年三月二十四日

署云贵总督臣爱必达谨奏：为奏明事。

窃照滇省买补营马价值，除东川一营向照川例每匹给银八两外，其余各营每匹定价银二十一两八钱。雍正六年，经前督臣鄂尔泰奏请，归入公件银一两八钱，每匹实领银二十两，所有扣归公件银两，每年收入耗羡册内造册具奏。其奏销马政朋银案内，仍照定价，每匹支销银二十一两八钱，造册具题。此历年办理之章程也。

前于遵旨议奏事案内，行令将营驿马匹酌量定价。经臣议请，各营马匹，除前减银一两八钱归入公件外，应再减银一两八钱，驿马亦照营马定价，以归画一。接准部覆，除东川一营仍照川例八两报销外，其余营驿马价，每匹酌减银三两八钱，统以一十八两报销等因，转行遵照在案。

惟查滇省各营马价，从前虽减归公件银一两八钱，而奏销马政朋银册内仍照原价支销造报。兹既经部议，每匹统以一十八两定价，自应遵照，据实造销，以免互异。且滇省年征公件、耗羡等银，照前定章程办理，已属有余，无需拨添，似应将原减营马价银一两八钱毋庸拨入公件，即同现经核减之二两，计每匹共减银三两八钱，一并归入朋扣余剩银内，报部拨饷，马政册内概以每匹一十八两据实造销，庶银款各有攸分，而奏报亦归实在。兹据云南布政使觉罗纳世通详请核实前来，除批令查照造报外，所有办理缘由，理合会同署理云南巡抚臣郭一裕恭折奏明，伏祈皇上睿鉴。谨奏。

朱批：知道了。

（《宫中档乾隆朝奏折》第十四辑，第 61 ~ 62 页）

1132　署云南巡抚郭一裕《奏报乾隆二十一年头运京铜自泸开运日期折》
乾隆二十一年三月二十五日

署云南巡抚臣郭一裕谨奏：为钦奉上谕事。

乾隆十四年六月十八日，承准廷寄，内开："奉上谕：嗣后运铜事宜，务须加意慎重。其沿途经过各省督抚，朕已传谕，令其将委员守风、守冻及有无事故之处奏闻。至铜铅船只于云贵本省起运，何日出境，亦着该督抚随时折奏。钦此。"钦遵，转行遵照在案。

兹据粮储道张惟寅会同布政使觉罗纳世通详据委驻泸店转运京铜大关同知蔡理经报称："乾隆二十一年头运官澄江府通判钟培先、镇南州吏目胡偀，于乾隆二十年十二月十九日抵泸，于乾隆二十一年正月初八日开秤起至二月十七日止，兑交过铜一百一十一万斤，除陆路折耗铜五千五百五十斤外，实该正耗余铜一百一十万四千四百五十斤，照数发足，该委员即于二月十七日自泸扫帮。"等情，转详到臣。除咨明户、工二部及沿途经过各省督抚，转饬各该同知、通判并地方文武员弁一体督察防护，按站催趱，不许片刻停留，仍稽查有无盗卖情弊外，所有乾隆二十一年头运京铜自泸扫帮日期，理合恭折奏报，伏乞皇上睿鉴。谨奏。

朱批：览。

1133　署云南巡抚郭一裕《奏报乾隆二十年分滇省甄别过六年俸满教职情形折》

乾隆二十一年三月二十五日

署云南巡抚臣郭一裕谨奏：为遵旨汇折奏闻事。

案准廷寄，钦奉上谕："甄别六年俸满教职一案，可传谕各省督抚，令其于陆续照例题咨外，每年岁底将此一年内该省甄别过六年俸满教职，共保举堪膺民社者几员，留任送部引见者几员，勒令休致者几员，汇折奏闻，以备查核。钦此。"又准部咨，俸满教职，统于岁底学臣试竣回省之日，公同验看，分别题咨办理等因，遵照在案。

兹乾隆二十年分滇省六年俸满教职共十三员，臣谨会同督臣爱必达、学臣葛峻起，验其现在年力，核其平日居官，内堪膺民社者二员，堪以留任者五员，勒令休致者六员。除分别题咨外，理合汇折奏闻，并另缮清单，恭呈御览，伏祈皇上睿鉴。谨奏。

朱批：览。

1134　署云贵总督爱必达、署云南巡抚郭一裕《奏报边地情形今昔悬殊，请将分防中甸州判改为同知，并将维西、中甸由鹤庆府改隶丽江府管辖折》

乾隆二十一年三月二十五日

署云贵总督臣爱必达、署云南巡抚臣郭一裕谨奏：为边地情形今昔悬殊，必资大员弹压，并请改正疆域，以便钤辖事。

窃照滇省西北极边要地，曰中甸，曰维西。雍正二年，番夷纳土内附，经前督臣高其倬题请于中甸地方设立抚番清饷同知一员。接准部覆，尚未遴员调补。雍正五年，前督臣鄂尔泰以中甸天气寒冷，不宜种植，维西地暖，可种稻麦，请将鹤庆府通判移驻维西，并于鹤庆所属之剑川州添设州判一员分防中甸，毋庸设立同知等因，经部覆准在案。

从前设官分职，原属因地制宜。但查中甸自内附以来，迄今三十余载，地土渐辟，生齿日繁，各寨番夷现有六千余户，复有红、黄两教喇嘛二千余人，境内又有银矿，内地民人赴彼开采贸易者络绎不绝，地辟民聚，迥与昔日情形不同。且中甸、维西均通西藏，而中甸通藏之路较近而平，商贩进藏，多由该处查验，出入尤为紧要。边疆地重，州判职卑，凡一切征收钱粮、审理词讼、相验命盗等事，稍涉疑难，不能专主，必赴府州请示，往返千里，殊多未便。更因幅员辽阔，夷寨众多，向设土守备、千把分地稽查，统听州判管辖，而微员究难约束，亦属有名无实。因时度地，必须改设同知一员，方足以资弹压。

查楚雄府地居腹里，同知与知府同城，并无专司，应请改为中甸同知，将州判一缺裁汰。其俸工、书役，该同知旧有额编，中甸现有州判衙署，均可毋庸添设。一转移间，于地方大有裨益。再查中甸、维西地界均与丽江接壤，向来原系丽江府所辖，是以备陈中甸善后事宜案内，请将行销茶引就近令丽江府稽查抽课，现今遵循办理。当日因将鹤庆府通判移驻维西，复将中甸州判隶于剑川州，遂均属之鹤庆府。今自鹤庆以至中甸、维西，必由丽江取道，不特窎隔，难以遥制，而疆域亦复未清。应请将维西通判及现议设立之中甸同知俱改隶丽江府，则地界联络，呼应更为便捷。再查中甸、维西均系极边要缺，应照旧在外拣选调补。其中甸同知应给关防，另行拟定字样，题请铸给，以昭信守。

事关设官改隶，臣等公同筹酌，复据布政使觉罗纳世通、按察使沈嘉征具禀，意见相同。理合恭折具奏，伏祈皇上睿鉴，敕部议覆施行。谨奏。

朱批：该部议奏。

（《宫中档乾隆朝奏折》第十四辑，第 79~80 页）

1135 署云贵总督爱必达、署云南巡抚郭一裕
《奏报铜厂亟宜调剂，敬筹增本裕息缘由折》
乾隆二十一年四月二十日

署云贵总督臣爱必达、署云南巡抚臣郭一裕谨奏：为铜厂亟宜调剂，敬筹增本裕息缘由，仰祈睿鉴事。

窃查滇省各铜厂每年办铜八九百万至一千万斤，以供京外鼓铸，获铜息银二十五六万至三十余万两，以资一切公用，关系甚重，为滇省第一要务。两迤地方虽开厂数十处，出产俱属零星。惟东川府之汤丹及大、碌二厂办铜较多，尤为紧要。前因硐深矿薄，油米价昂，每百斤给工本银五两一钱五分零，力难采办。于乾隆十九年，经臣爱必达会同前督臣硕色题请，

每百斤加给工本银八钱四分零,以足原定六两之数。仰蒙皇上天恩,准加一半,银四钱二分零,厂民感激奋勉,竭力攻采,即较上年多办铜斤,加增余息。只因礝硐愈采愈深,物价亦愈用愈贵,其二十年秋冬以后,又渐不如前。臣等委令新任粮储道张惟寅前往汤丹、大、碌等厂详切查勘,兹据禀称:"查汤丹、大水、碌碌等厂矿砂尚多,惟开采年久,礝硐较前深至一二十里,背负甚艰,粮米每京石价至三两七八钱,油每百斤价至九两有零,炭每千斤价至七八两不等,炉民办铜工本较往年几至加倍。又黔省之铜川、匀录及川省之乐山等厂,均与滇省毗连,每铜百斤官给价银七两、八两、十两不等,与汤丹、大碌铜价多寡悬殊。攻采之砂丁人等多散往彼处觅利,炉民更为竭蹶,若不亟为调剂,酌加工本,恐致有误。应请每百斤再加银四钱二分零,仍符原定六两之数。"等情前来。

臣等伏思,厂地情形靡定,固在因时制宜。而国家经费有常,亦应量入为出。今汤丹、大、碌等厂物力艰难,工费短少,诚宜亟为接济,以资采办。所请每百斤加足工本银六两,较之川、黔二省铜价,均属大有节省,万难再减。若不就本地通融筹办,复请于铜本银内加增,虽可多办铜斤,未免有费公帑,似非调剂之善法。查乾隆十七年遵旨速议具奏事案内,经臣爱必达奏准,在于东川府添设钱局撂炉五十座,每年铸出钱文,即搭放汤丹、大、碌等厂工本,除归还铸本外,获息银四万三千余两,以备急需。现在钱价平减,民实称便。兹按各厂常例办获铜数计算,每百斤加银四钱二分零,年共需银三万余两。应请于例给铜本内酌借铸本银两,即于东川局原撂炉内设法加卯,照原奏鼓铸钱数再行加铸一半,一体搭放工本,责成东川府知府加意节省办理。所需铜斤,饬令汤丹、大、碌等厂炉民于常例之外自行加办,余铜照厂价收买供铸。所需铅斤,仍照现在鼓铸事例,于者海厂就近买运。既不增添炉座,一切杂费亦多减省。核计铸出钱文,归还铸本之外,每年约可获息银三万七八千两,以之加给炉民工本,尚有盈余,一并归于铜息项下造报,备充公用。以本厂办铜加铸之余银为本厂添补工本之不足,既无靡费公帑,而炉民获此接济,自必办铜加多,于鼓铸铜息均有裨益。臣等饬令试办,实属可行。除将加卯鼓铸事宜另行详议具题外,所有筹办铜厂缘由,理合会折具奏,伏祈皇上训示。谨奏。

朱批:该部议奏。

(《宫中档乾隆朝奏折》第十四辑,第229~231页)

1136 云南巡抚郭一裕《奏报通省豆麦收成情形并得雨日期折》
乾隆二十一年四月二十五日

云南巡抚臣郭一裕谨奏:为恭报通省豆麦收成情形并得雨日期,仰祈睿鉴事。

窃照滇省地方播种大小二麦,与各省相同。而南豆一项,汉夷民人即作饭食,所种更广，通省合计约有十分之三，较他省为多。本年入春以来，仰蒙皇上福庇，频得膏雨，豆田近水，甚为畅茂。兹豆已刈获，颗粒饱绽，收成多在八分以上。二麦亦渐次登场，收成可得七分。据各州县陆续申报到臣。

臣出郊履亩查视，差员四处察看，并据文武员弁因公赴省，面加细询，各属情形俱各相同。容臣俟通省豆麦具报齐全，另行汇核收成分数，分晰具奏外，合先奏闻。至稻田之近水而气候早者，历来于四月内栽插；其高原平衍之地，于五月内栽插。目下秧苗正需雨泽，兹于四月二十一、二十二等日省城连得阵雨；二十三、二十四等日，昼夜大雨，入土十分深透。现在浓云密布，霖霖频施。附近省城之州县已据报到，俱各沾足。其余各属，臣现在飞饬确查。甘雨应时，凡高低稻田以及一切杂粮，均可次第播种矣。合并陈明，伏祈皇上睿鉴。谨奏。

朱批：知道了。

（《宫中档乾隆朝奏折》第十四辑，第267页）

1137　云南巡抚郭一裕《奏谢奉旨实授云南巡抚折》
乾隆二十一年四月二十五日

云南巡抚臣郭一裕谨奏：为恭谢天恩事。

窃臣接准部咨，钦奉上谕："爱必达着调补山东巡抚，郭一裕着实授云南巡抚，硕色着实授湖广总督。其云贵总督员缺，着恒文补授，明德着补授山西巡抚，武忱着调补甘肃布政使，刘藻着补授西安布政使。钦此。"

伏念臣庸材陋质，仰蒙圣恩，二年之内两署封疆，任重力微，毫无报效。矧滇省为边疆要地，臣莅任以来，举凡整饬官吏，教养民夷，慎重边防，调剂厂务，虽殚力料理，而识见究属短浅，措置每多未周。跪捧恩纶，弥怀兢惕。惟有倍加奋勉，愈矢血诚，以图仰酬高厚于万一。所有臣感激微忱，除恭疏具题外，理合缮折奏谢，伏祈皇上睿鉴。谨奏。

朱批：览。

（《宫中档乾隆朝奏折》第十四辑，第267~268页）

1138　署云贵总督爱必达《奏报滇黔二省雨水情形折》
乾隆二十一年五月初八日

署云贵总督臣爱必达谨奏：为恭报滇黔二省雨水情形，仰慰圣怀事。

窃臣于乾隆二十一年四月初三日自滇起程，赴黔省查阅营伍，所过滇省之云南、曲靖二府属州县并黔省之南笼、安顺、贵阳、大定四府属州县地方，雨水及时，南豆、荞、麦俱极畅茂，现在陆续收割。至稻田之气候早者，向于四月内栽插，迟者于五月内栽插。臣于四月十八九日起，经过各州县，无日不遇甘雨，农民踊跃欢欣，纷纷栽莳。兹又据滇省之云南府禀报，省城自四月二十一至二十五日，连获大雨，入土深透，附近省城之州县亦据报沾足。并据曲靖府具报，所属州县连日俱得大雨，高低田亩均可次第栽插各等情前来。所有臣亲历各地方并据报得雨情形，理合恭折具奏，仰慰圣怀，伏祈皇上睿鉴。谨奏。

朱批：欣慰览之。

（《宫中档乾隆朝奏折》第十四辑，第357～358页）

1139　云南巡抚郭一裕《奏报暂署云贵总督印务折》
乾隆二十一年五月十三日

云南巡抚臣郭一裕谨奏：为奏闻事。

窃照署云贵督臣爱必达奉旨调补山东巡抚，缘爱必达现在黔省查阅营伍，接准部咨，即于五月初八日自贵州威宁地方起程，前赴山东新任，将总督印信委员赍送到臣。臣于五月初十日接印，暂署一切。应行事宜，臣惟有敬谨小心，勉力办理，俟新任督臣恒文到滇移交。除恭疏具题外，理合恭折奏闻，伏祈皇上睿鉴。谨奏。

朱批：览。

（《宫中档乾隆朝奏折》第十四辑，第403～404页）

1140　云南巡抚郭一裕《奏报处理康普已革女土弁禾志明、头人王芬赴怒地索取旧欠折》
乾隆二十一年五月十三日

云南巡抚臣郭一裕谨奏：为奏闻事。

窃照鹤庆府属之维西等处，向隶川省版图，自改归滇省管辖之后，将鹤庆府通判移驻维西，设立土千把八员，分管阿墩子、奔子栏。其喇康叶等各寨地方夷民原种田地，仍照川省定额科征贡赋条粮银一千九十三两零，税秋杂粮折征米一百五十石零。

续据怒夷愿贡土产黄蜡、麂皮等物变价银一十二两零，按年照数征收，造册奏报有案。前于乾隆十八年，据维西通判详据康普女土千总禾志明并丽江府烟川保长和为贵首报："怒江东西两岸猡子、猓猓，皆系刀耕火种，迁徙靡定。改归之时，原未报增条粮，历来循照夷俗，年收山租黄连、黄蜡等物，前赴外域狨犸地方放债取利，准折人口，抵给土弁、保长额规，或互相递卖。"等情，由司道议详，将头人王芬等分别枷责，康普土千总名缺永远裁革，怒江两岸各村寨，责令维西通判、丽江府约束稽查，毋许再犯。带回狨夷男妇，慎选妥役伴送回籍，一切衣食路费，均于禾志明等名下追给，交给各亲属承领，通报立案。经前督臣硕色批饬查照办理，具折奏明，奉有俞旨，钦遵在案。

前据署维西通判、丽江府知府樊好仁禀称："维属康普女千总禾志明通同头人王芬等赴怒地私收陋规、准折狨夷人口，已蒙责革，出示严禁。今禾志明商同头人王芬等仍赴怒地私收旧债、黄连各物，送给喇嘛，以为口粮、衣单。已亲至康叶适中之地，将私收原物照数追给夷民领回，头人王芬等严加重惩。并称康叶各村向系木土府地方，先拨四川巴塘管束，后归云南鹤庆管辖。女土弁并不秉公查报，将猓猓隐寄户下，妄希私派侵渔，仅报贡赋正银九十九两零，其怒江两岸夷民亦隐作部民，捏报贡物折征银一十二两零。今以从前所报田地与现在查出田粮合计不足十分之一，俟逐村履勘亲丈，酌定原报新增贡赋、粮条租石，另议详报归公。"等情。经前署督臣爱必达、臣郭一裕批司道严查，确议详报，并饬署通判樊好仁听候议详饬办，毋得违例擅行勘丈，滋扰夷疆，致干察参。去后，兹据布政使觉罗纳世通等查明，已革女土千总禾志明，年逾七十，并未亲往。头人王芬等系索取旧欠，并非违禁复收陋规，亦无放债准折人口，已经追取原物给主，将头人王芬等重惩，毋庸再议。康叶各村额纳钱粮及怒子贡物，仍请照旧征解，毋庸查丈，以免惊扰等情前来。

臣查土弁、头人私收陋规、准折人口，久经禁革。今王芬等仍赴猡地索取旧欠，殊属玩违。既经该署通判严加重惩，追取原物，给主承领，应如该司等所详，毋庸再议。又署通判樊好仁禀请将康叶各村及猡子田地履勘亲丈，酌定贡赋粮条租石，详报归公之处。查维西等处地方额征贡赋、杂粮，原因人户、牲畜而定，并未计亩征输，难分顷亩开造，前于备陈中甸善后事宜案内业经题明在案。康叶各村钱粮，自改归滇省之后，即照川省定额征收，历年已久，原非土弁查报之数为据。至猡子，久居化外，向不输纳钱粮。前因感激皇仁，岁贡土产，实出输诚向化之忱，与内地任土作贡者迥不相同。滇省夷地例不丈量。而猡子、傈僳尤属蠢悍番夷，今于历久相安之后，复请履亩勘丈，加增粮赋，殊非仰体皇上绥靖边疆、加惠远夷之至意。自应晓示夷民，各安耕凿，仍照旧额征解，毋庸查丈，俾免惊扰。除批饬司道转行查照办理，并饬维西通判将已革女土弁禾志明、头人王芬等严加约束，不时稽查，毋许再赴猡地需索滋事，致干参处外，所有办理缘由，理合恭折奏闻，伏祈皇上睿鉴。

再臣现署督篆，毋庸会衔。合并陈明。谨奏。

朱批：知道了。

（《宫中档乾隆朝奏折》第十四辑，第 404～406 页）

1141　云南巡抚郭一裕《奏报乾隆二十一年二运京铜自泸开运日期折》

乾隆二十一年五月十三日

云南巡抚臣郭一裕谨奏：为钦奉上谕事。

乾隆十四年六月十八日，承准廷寄，内开："奉上谕：嗣后运铜事宜，务须加意慎重。其沿途经过各省督抚，朕已传谕，令其将委员守风、守冻及有无事故之处奏闻。至铜铅船只于云贵本省起运，何日出境，亦着该督抚随时折奏。钦此。"钦遵，转行遵照在案。

兹据管理铜务粮储道张惟寅会同布政使觉罗纳世通详据委驻泸店转运京铜大关同知蔡理经报称："乾隆二十一年二运官、南安州知州程家栋，嵩明州吏目杨晟，于乾隆二十一年二月十一日抵泸，于二十二日开秤起至四月初七日止，兑交过铜一百一十一万斤，除陆路折耗铜五千五百五十斤外，实该正耗余铜一百一十万四千四百五十斤，照数发足，该委员即于四月初七日自泸扫帮。"等情，转详到臣。除咨明户、工二部及沿途经过各省督抚，转饬各该同知、通判并地方文武员弁一体督察防护，按站催趱，不许片刻停留，仍稽查有无盗卖情弊外，所有乾隆二十一年二运京铜自泸扫帮日期，理合恭折奏报，伏乞皇上睿鉴。谨奏。

朱批：览。

（《宫中档乾隆朝奏折》第十四辑，第 406～407 页）

1142　云南巡抚郭一裕《奏报推升山东登州府知府云南师宗州知州罗绪患病不能依限赴部引见折》

乾隆二十一年五月十三日

云南巡抚臣郭一裕谨奏：为奏闻事。

窃照云南师宗州知州罗绪推升山东登州府知府，臣接准部咨，当即委员署理，催令交代清楚，送部引见。去后，兹该员到省领咨，臣验其精神，似有病容。据禀：近日偶染瘴气，不能依限赴部，请假调理等语。臣查登州为海疆要地，罗绪既经患病，恐未能即愈，员缺未便久悬。除饬司委验，取结具题外，相应奏闻，伏祈皇上敕部另行补授，以重地方。谨奏。

朱批：已有旨了。

（《宫中档乾隆朝奏折》第十四辑，第 407 页）

1143　云南巡抚郭一裕《奏报昭通府知府缺出，请以武定府知府郑廷建调补折》

乾隆二十一年五月十三日

云南巡抚臣郭一裕谨奏：为要郡亟需干员，仰恳圣恩俯准调补，以收得人实效事。

窃照昭通府知府漆启铣，于特参救火不力案内，经臣会疏题参。所遗员缺，系新设夷疆最要地方，例应在外拣选调补。

臣前与署督臣爱必达暨藩臬二司公同商酌，查有武定府知府郑廷建，浙江监生，由保举历任户部主事、员外郎中，奉旨记名，以道府用，于乾隆十九年九月补授今职。该员持躬端正，办事精细，当经委令署理昭通府印务。数月以来，臣留心体察，诸事俱实心整顿，堪以胜任。但历俸未满三年，理合遵例专折奏请。仰恳皇上天恩，俯准以郑廷建调补昭通府知府，庶于夷疆要地有裨。如蒙俞允，所遗武定府员缺，听候部选。

再查郑廷建系对品调补，毋庸送部引见，其任内亦无参罚案件。臣现署督篆，毋庸会衔。合并陈明，伏祈皇上睿鉴施行。谨奏。

朱批：着照所请行，该部知道。

（《宫中档乾隆朝奏折》第十四辑，第 408 页）

1144　云南巡抚郭一裕《奏谢奉旨加兵部侍郎衔折》

乾隆二十一年五月十三日

云南巡抚臣郭一裕谨奏：为恭谢天恩事。

窃臣接准部咨，钦奉上谕："云贵总督恒文着加兵部尚书衔。山西巡抚明德、云南巡抚郭一裕俱着加兵部侍郎衔。钦此。"

伏念臣以庸愚，仰蒙皇上天恩，实授云南巡抚，力微任重，实切惶悚。复膺宠命，加臣兵部侍郎职衔，荷封疆之重寄，既揣分以难安，叨枢要之崇阶，尤省躬而滋愧。臣之受恩，迥逾于常格，臣之图报，倍切于寸心。惟有誓殚血诚，勉竭驽钝，仰酬高厚于万一耳。除恭疏具题外，所有臣感激微忱，理合恭折奏谢，伏祈皇上睿鉴。谨奏。

朱批：览。

（《宫中档乾隆朝奏折》第十四辑，第408～409页）

1145　云南巡抚郭一裕《奏报续得雨情形折》
乾隆二十一年五月十三日

云南巡抚臣郭一裕谨奏：为奏闻事。

窃照滇省豆麦成熟，经臣于四月二十五日奏明在案。兹收获已齐，通省合计实有八分收成，业经另疏具题，并另缮清单恭呈御览。至臣前奏四月二十二三四等日得雨之后，附近省城之州县俱已沾足，而四月二十八至五月初七、初八、十三等日，雨泽频降，更为滂沛。通省远近各属陆续报到，高下田地俱各十分透足。正当分秧栽插，连得甘雨，低下之处插莳已齐，高阜地亩俱可及时布种。合再奏闻，伏祈皇上睿鉴。谨奏。

朱批：欣慰览之。

（《宫中档乾隆朝奏折》第十四辑，第409页）

1146　云南巡抚郭一裕《奏报乾隆二十年分滇省公件、耗羡等项收支、动存、管收、除在各款银两数目折》
乾隆二十一年五月二十七日

云南巡抚臣郭一裕谨奏：为呈明事。

窃照乾隆十三年五月初五日，准户部咨开："各省动用耗羡银两，令将一年收支、动存各数并从前民欠征完、借支归款，同现存各项银两，查明有无亏空那移之处，于本年岁底为始，缮折奏闻。仍备造四柱清册，送部查核汇奏等因。奉旨：依议。钦此。"钦遵。又于乾隆十四年四月十八日，准户部咨开："议覆广西抚臣舒辂奏称，耗羡收支、动存各数，岁底不能汇齐，请照正项钱粮之例，于次年五月内核奏。经部酌议，请将各省奏报耗羡银两，均于次年随地丁钱粮一同核奏等因。奉旨：依议。钦此。"钦遵在案。今行据布政使觉罗纳世通将乾隆二十年分公件、耗羡等项分晰造册，详报前来。

臣查滇省公件、耗羡等项，乾隆二十年分，旧管乾隆十九年报销汇奏实在库银四十万八千五百七十二两八钱零；一额征乾隆二十年分公件、耗羡，除鹤庆、剑川二府州被水缓免外，实征公件、耗羡、溢额、马价等项，共银一十一万二千二百九十一两二钱零；新收乾隆二十年分公件、耗羡、溢额、马价、铜息，缓征归公铜价，借放养廉、公事、奏销、饭食、心红、裁减养廉、杂费、节年核减等项，共银二十七万一千六百九十七两一钱零；管收共银六十八万二百六十九两九钱四分零，开除乾隆二十年分司道、提镇、笔帖式、府厅州县佐杂等官养廉，存留应办地方公事，酌定各款公事，酌留应支办公、无定公事、养廉、节年备放、酌留修理省会城垣等项，通共银二十四万一千八百八十五两一钱七分零，实存库银四十三万八千三百八十四两七钱七分零。所有乾隆二十年分收支、动存、管收、除在各款银两数目，除将清册送部查核汇奏外，谨缮黄册，恭呈御览。谨奏。

朱批：览。

（《宫中档乾隆朝奏折》第十四辑，第 500～501 页）

1147　云南巡抚郭一裕《奏报乾隆二十年分额征民、屯地丁钱粮通完无欠缘由折》

乾隆二十一年五月二十七日

云南巡抚臣郭一裕谨奏：为钦奉上谕事。

案照乾隆十七年二月二十八日，承准廷寄，内开："奉上谕：嗣后各省每年完欠钱粮，俱着随奏销时分晰查明，据实折奏。不必仍循岁底奏闻之例，可于各该督抚奏事之便，传谕知之。钦此。"臣即钦遵，行令司道将乾隆二十年分各属完欠确数查明，分晰详报。去后，兹据布政使觉罗纳世通、粮储道张惟寅会详称："滇省各府厅州县乾隆二十年分额征民、屯条丁、米折六款等银二十万一千九十二两五钱零，又带征鹤庆、剑川二府州乾隆十六年地震并十七年被水缓征条丁银七十二两五钱零，二共银二十万一千一百六十五两零，内征存各府厅州县坐放官役、俸工等银五万二千五百九十五两三钱零，征解布政司库银一十四万八千五百六十九两七钱零；又额征民、屯税秋六款，麦、米、谷、荞、杂粮并条编改米折，共米二十一万三千二百八十四石五斗零内，征收折色米三万三千七百四石二斗零，各折不等，该折征银三万三千二百八十两八钱零，实征本色米一十七万九千五百八十石三斗零；又带征鹤庆、剑川二府州乾隆十六年地震并十七年被水缓征税秋米及条编改米，共一百一十石六斗零，内征收折色米一百九石七斗零，该折征银一百九两七钱零，实征本色米八斗三升零，二共米一十七万九千五百八十一石一斗零，俱已照数征收通完。"详报到臣，并汇册呈请奏销前来。业经臣核明，另疏题销，将清册送部，并分晰另缮黄折，恭呈御览外，所有乾隆二十年分额征民、屯地丁钱粮通完无欠缘由，理合缮折恭奏，伏乞皇上睿鉴。谨奏。

朱批：知道了。

（《宫中档乾隆朝奏折》第十四辑，第 502～503 页）

1148　云南巡抚郭一裕《奏报恩安县缺出，请以河西县知县沈生遴调补，其遗缺请以委用知县萧思濬署理折》

乾隆二十一年六月十二日

云南巡抚臣郭一裕谨奏：为要缺需人，请旨调补事。

窃照恩安县知县倪存谟参革员缺，例应在外调补。臣接准部文，当经行司拣选。去后，兹据布政使觉罗纳世通、按察使沈嘉征详称："滇省各县内，非现居要缺，即人地未宜，一时难得合例之员。查有河西县知县沈生遴，浙江监生，投效河工，历任江南邳州州判，大计卓异，升授云南陆凉州知州。因泰州州判任内失察私盐，降调引见，奉旨：'沈生遴仍发往云南，以知县补用。钦此。'题补河西县知县，于乾隆十九年闰四月十一日，准补到任。该员才具明晰，办事勇往，堪以调补恩安县知县。但历俸未满三年，应请遵例专折奏闻请旨。其所遗河西县缺，例应以试用人员补授。查有委用知县萧思濬，为人勤慎，请以署理，俟一年期满，另请实授。再查沈生遴系对品调补，萧思濬系委用知县，均毋庸送部引见。沈生遴前于署建水州任内，因州民刘联生被搕身死一案，奉文罚俸一年，此外并无参罚案件。"等情，具详前来。

臣查沈生遴才具明晰，办事努力；萧思濬为人谨饬。仰恳皇上天恩，俯准以沈生遴调补恩安县知县，以萧思濬署理河西县知县，人地俱为相宜。理合缮折恭奏，伏乞皇上睿鉴施行。谨奏。

朱批：该部议奏。

（《宫中档乾隆朝奏折》第十四辑，第 608 页）

1149　云贵总督恒文《奏报到滇接印日期折》

乾隆二十一年六月十九日

云贵总督臣恒文跪奏：为恭谢天恩事。

窃臣荷蒙圣恩补授云贵总督，于本年四月初九日入觐天颜，叠蒙召见，屡赐克食，恩荣优渥，训诲周详。臣于四月十二日陛辞，十三日束装起程，兹于六月十八日抵臣驻扎之云南省城，准署总督印务抚臣郭一裕委员赍送云贵总督关防并王命、旗牌、上谕、书籍等项到臣。随虔设香案，望阙叩头祇领，即于是日到任视事。除恭疏题报外，伏念臣一介庸愚，才识浅陋，叨承恩遇，忝列封疆，自湖北而调山西，时凛冰渊之惧。由巡抚而擢总督，更邀眷顾之隆。地属边疆，任兼文武，民苗杂处，既嫌隙之易生，矿厂繁多，亦奸良之难辨。举凡抚绥弹压，稽查防杜，必计虑克周，斯地方无扰。任愈专而责愈重，愧绵力之勿胜；恩弥厚而报弥难，觉微才之益绌。臣惟有殚竭愚诚，实心实力，无一毫瞻顾因循，以期仰答高厚鸿慈于万一。所有感激私衷，理合恭折奏谢天恩，伏乞皇上睿鉴。谨奏。

朱批：览。

（《宫中档乾隆朝奏折》第十四辑，第668页）

1150　云贵总督恒文《奏报赴任沿途目击地方情形折》
乾隆二十一年六月十九日

云贵总督臣恒文跪奏：为奏闻事。

窃臣于本年四月十二日陛辞之后，即自京赴任，经历直隶、河南、湖北、湖南、贵州以至云南六省地方。查臣自四月十三日起程，至二十三日，历直隶之保定、正定、顺德、广平等府属，沿途见二麦畅茂，渐次成熟，访询农民，金称收成约有八九分。复于四月二十一二等日，得有透雨，秋禾亦皆长发。四月二十三至五月初四日，历河南之彰德、卫辉、许州、南阳等府州属，见二麦大半成熟，间有已经收割者，访询农民，收成有七八九十分不等。四月二十一二以及五月初三等日，雨泽沾濡，秋禾一望青葱，未种者俱陆续布种。五月初五日，至湖北之襄阳府，历荆州，于五月十二日出境，二麦成熟，收成约有七八九分不等，稷粱、谷子等项长发茂盛，水田稻秧栽插过半，于五月初七日得有透雨，未种者俱可栽种。五月十三日入湖南境，历澧州、常德、辰州、沅州等府州属，该省种麦甚少，零星刈获，亦有七八分收成；稻田种毕，早晚稻禾长发，一二尺不等，又于五月十五六等日，得雨深透，田水充满。此臣经历各省目击之情形也。

自五月二十七日入贵州境，至六月十八日抵云南省城，沿途不时遇雨。查得贵州自四月下旬至五月初旬，雨水充足，二麦、杂粮收成在八分以上，水田早禾已经插种，晚禾尚未种完。兹于六月初二以至初六等日，甘霖叠沛，秋苗勃发，未种之晚稻，臣亲见农民，无论男妇大小，俱下田莳插，一律完竣，现在乘时长发。云南四五月间雨水亦足，夏收在八分以上，稻田已栽过十之七八。今自六月初旬以来，雨水连绵，初十及十三四等日，尤为深透，已种之秋禾青葱茂密，长发一二尺不等，未种者亦莳插齐全。两省秋收俱可预期丰稔。现在粮价中平，民苗安堵。

所有臣沿途目击地方情形，理合恭折奏闻，伏乞皇上睿鉴。谨奏。

朱批：欣慰览之。

（《宫中档乾隆朝奏折》第十四辑，第 669～670 页）

1151　云贵总督恒文、云南巡抚郭一裕《再奏请以云南县知县谢圣纶升补维西通判员缺折》

乾隆二十一年七月初六日

云贵总督臣恒文、云南巡抚臣郭一裕谨奏：为边疆要缺亟需干员，仰恳圣恩俯准升署事。

窃照鹤庆府维西通判员缺，地处滇省西北极边，甚属紧要。前经臣郭一裕会同前署督臣爱必达题请，以云南县谢圣纶升补。查该员于乾隆十三年补授贵州天柱县，十七年调补云南云南县，前后计算，历俸已在五年以上。接准部覆，谢圣纶于云南县任内历俸未满五年，未邀议准。惟是维西界连川藏，管辖番夷，非干员不克胜任。谢圣纶老成历练，熟谙夷情。臣恒文前在贵州藩司任内，亦深知其堪膺繁剧。虽本任年例稍有未符，而其人其地实在相需。理合会同恭折奏请，仰恳皇上天恩，俯准以谢圣纶升署维西通判，仍俟扣足云南县五年俸满之限，再请实授，庶要缺得人，实于边疆有益。如蒙俞允，俟部覆至日，送部引见。

再查该员任内并无参罚案件。合并陈明。谨奏。

朱批：该部议奏。

（《宫中档乾隆朝奏折》第十四辑，第 821 页）

1152　云南巡抚郭一裕《奏报滇省田禾情形折》

乾隆二十一年七月初六日

云南巡抚臣郭一裕谨奏：为奏闻事。

窃照滇省山多田少，水旱稻谷之外，多种杂粮。而夷人喜食荞麦，所种更广。本年四五两月，雨水充足，高下田地俱经布种齐全，栽插普遍。六月内，仰蒙皇上福庇，或数日一雨，或连日密雨，通省十分透足，田禾发生畅茂。现在早稻扬花吐穗，晚稻抽秆含苞。元江、普洱、广南、开化等府，天时暄暖，气候较早，农民间有收食新米者，夏荞亦渐次可以收获。汉夷庆幸，地方宁谧。就目前情形，已兆大有景象。此后再得风雨调顺，可望丰收。理合恭折奏闻，伏祈皇上睿鉴。

再臣历次奉到朱批奏折二十一件，谨另行实封，附同恭缴。谨奏。

朱批： *欣慰览之。*

（《宫中档乾隆朝奏折》第十四辑，第821~822页）

1153　云南巡抚郭一裕《奏报滇省征收乾隆二十年分盐课银两数目折》
乾隆二十一年七月初六日

云南巡抚臣郭一裕谨奏：为钦奉上谕事。

案照乾隆十七年二月二十八日，承准廷寄，内开："奉旨：嗣后各省每年完欠钱粮，俱着随奏销时分晰查明，核实折奏。钦此。"钦遵在案。

窃查滇省地丁之外，尚有盐课一项，亦系按年奏销，同属国帑，历年俱系循照地丁之例，一体具折奏闻。兹据布政使觉罗纳世通会同驿盐道刘谦详称："乾隆二十年分应征盐课银二十六万一千六百四十三两六钱零；又催完乾隆二十年薪本、役食，动支乾隆十八、十九两年盐课银六万两，二共催完银三十二万一千六百四十三两六钱零。各井各属自乾隆八年起至乾隆十九年盈余借发薪本银四万二千三百八十四两三钱零内，已经拨补各井减缺课薪并移解共银三万五百九十二两一钱零，尚未拨补移解银一万一千七百九十二两一钱零；又应征乾隆二十年分盈余银一十三万三千六百六十二两八钱零，内除支销养廉、公费、役食、脚价并移解共银六万六千六百八十二两八钱零，尚该银六万六千九百八十两零，业经催收全完，拨补各井减缺课薪银三万四千五百四十八两八钱零，仍应拨补移解银三万二千四百三十九两一钱零，已分别于奏销册内开造登明。"等情，详报到臣。臣查核无异，除具疏题报外，理合循照地丁之例，恭折奏闻，伏乞皇上睿鉴。谨奏。

朱批： *览。*

（《宫中档乾隆朝奏折》第十四辑，第822~823页）

1154　云贵总督恒文《奏报云贵雨旸时若、地方宁谧折》
乾隆二十一年七月十九日

云贵总督臣恒文跪奏：为奏闻事。

窃臣于本年六月十八日抵任，当将经过沿途目击雨水田禾情形，并查明云贵二省自四月以至六月初旬雨泽普沾、田禾畅茂各缘由，恭折具奏在案。兹查云南自六月中旬以来，或数日一雨，或连朝密雨，远近高下靡不普遍沾足，早禾俱已吐穗，晚禾亦各含苞。省南之开化、元江等府气候较早，已有收食新米者，其余荞、麦、杂粮俱一律茂盛。又据贵州各属陆续申报，六月下旬及七月初旬节次得有透雨，秋田情形与云南约略相等。从此雨旸时若，两省秋禾可卜丰稔。民苗安业，地方宁谧，理合恭折奏闻。

再七月十六日，据贵州威宁镇总兵甘国宝报丁母忧，除一面遴委大定协副将郭琳前往署理，并另疏题报，请旨简用外，合并奏闻，伏乞皇上睿鉴。谨奏。

朱批：知道了。

（《宫中档乾隆朝奏折》第十五辑，第 15 页）

1155 云贵总督恒文《奏报遵旨保举堪胜总兵之员折》
乾隆二十一年七月十九日

云贵总督臣恒文跪奏：为钦奉上谕事。

乾隆二十一年七月初一日，准兵部咨："本年五月十一日，奉上谕：总兵为方镇大员，有表率营伍之责。从前曾经降旨，令直省督、提于副将内保举堪胜总兵之员。嗣又令将各省副将历俸五年以上者酌量送部引见，以备简用。而该督、提等所举多迁就塞责，出众之员甚少。今现在记名人员已将次用完，着该督提再于现任副将内堪胜总兵之任者，不必拘定年限，详慎遴择，各保数员，陆续送部引见，候朕酌量简用。钦此。"钦遵知照到臣。

窃臣由山西巡抚蒙恩补授云贵总督，于本年六月十八日到任，视事方新，云贵两省副将，有甫经见过者，亦有尚未见面者。现在悉心查察，并次第调考，以验其才具、弓马，一时尚无深知灼见之人，未敢冒昧保送。容臣考验明确，果有出众之员，另行保荐送部引见。

再臣在山西任内所属有副将二员，内杀虎协副将和成，系正黄旗满洲，由参领补放，于乾隆十八年十二月内到任。该员才猷明干，任事勇往，堪胜总兵之任。臣不敢以已离山西，抑而不举。仰请敕下该部，调取来京引见，恭候钦定。臣谨恭折具奏，伏乞皇上睿鉴施行。谨奏。

朱批：该部知道。

（《宫中档乾隆朝奏折》第十五辑，第 15～16 页）

1156　云贵总督恒文、云南巡抚郭一裕《奏报会泽县知县缺出，请以楚雄县知县吴步青调补，其遗缺请以试用知县高纶署理折》

乾隆二十一年八月初六日

云贵总督臣恒文、云南巡抚臣郭一裕谨奏：为要缺需员，恭恳圣恩调补事。

窃照会泽县知县执谦病故，员缺系新辟夷疆，例应在外拣选调补。臣等与布按二司公同商酌，查有楚雄县知县吴步青，浙江拔贡，考补教习，期满引见，奉旨以知县用，发往云南，于乾隆十七年十一月题署今职，十八年二月，奉文准署，十九年八月奉旨实授。该员老成安静，办事详慎，与夷疆要缺相宜，任内并无参罚案件，但实授历俸尚未满三年。臣等谨循人地相须专折奏闻之例，会同奏恳圣恩，准将吴步青调补会泽县知县，实于地方有益。如蒙俞允，所遗楚雄县员缺，例得以试用人员题署。查有发滇委用知县高纶，为人谨饬，心地明白，堪以署理楚雄县知县。仍照例试看，另请实授。

再查吴步青系对品调补，高纶系委用知县，均毋庸送部引见。合并陈明。谨奏。

朱批：该部议奏。

（《宫中档乾隆朝奏折》第十五辑，第 140 页）

1157　云贵总督恒文、云南巡抚郭一裕《奏报新设中甸同知滇省乏员调补，恳恩敕部拣选折》

乾隆二十一年八月初六日

云贵总督臣恒文、云南巡抚臣郭一裕谨奏：为新设员缺紧要，仰恳圣恩拣发事。

窃照滇省中甸地方界连川藏，为西北极边要区，向设州判一员管辖喇嘛、番夷，约束土备、千把，事繁责重。因微员难资弹压，经臣郭一裕会同前署督臣爱必达奏请改设同知，并请在外拣选调补，奉旨俞允，钦遵在案。臣等与布按二司公同商酌，通省同知内，或现居要任，或人地不甚相宜，一时竟无可调之员。理合遵例，会同恭折奏请，仰恳皇上敕部拣选，引见补放，以重地方。谨奏。

朱批：有旨谕部。

（《宫中档乾隆朝奏折》第十五辑，第 141 页）

1158 云南巡抚郭一裕《奏报遵例入闱监临日期折》

乾隆二十一年八月初六日

云南巡抚臣郭一裕谨奏：为奏闻事。

窃照本年丙子科乡试正副主考官戈涛、杨方立，于七月二十八日已抵云南省城，现住公所，关防维谨。贡院内外已经修理完竣，尚属严密。场内号舍各处，恐有埋藏文字等弊，臣会同督臣恒文督率兵役搜查，并无弊窦。臣谨于初六日入闱监临，一切循照往例，敬慎办理。其地方事务，有督臣恒文在外照料。除恭疏具题外，理合奏闻，伏祈皇上睿鉴。

再臣前次奉到朱批奏折三件，谨另行实封，附同恭缴。谨奏。

朱批： 览。

（《宫中档乾隆朝奏折》第十五辑，第 141～142 页）

1159 云贵总督恒文《奏报滇省文闱三场事竣并无弊窦折》

乾隆二十一年八月十五日

云贵总督臣恒文跪奏：为奏闻事。

窃照科场弊窦，首严怀挟。屡奉皇上谆切训谕，饬令各省严加搜检。今岁八月乡试，虽监临之责属在抚臣，而臣近处同城，理应公同稽察。当于场期半月之前遍行出示晓谕，诸生各安义命，毋得怀挟作弊，致干严谴。八月初四日，臣复会同抚臣郭一裕亲至贡院，督率文武各官，于号舍、房屋、墙垣、基地等处逐一搜查，以杜豫为埋藏情弊。三场点名时，臣俱协同抚臣派出督抚两标员弁，带领精干兵丁，同搜检人役严加搜检，士子俱各守法，并无怀挟作弊之人。细加体察，缘滇省士风尚称朴实，又见示谕谆切，搜检严密，各知谨凛，不敢作奸犯科。今三场事竣，所有臣协同搜查并无弊窦缘由，理合恭折奏闻。

再滇省自七月以至八月，雨泽时降，田水充盈，早禾渐次成熟，晚禾陆续吐穗，丰收可卜。其黔省七月中旬以后亦不时得雨，秋田茂盛，粮价俱平，地方宁谧。合并奏闻，伏乞皇上睿鉴。谨奏。

朱批： 知道了。

（《宫中档乾隆朝奏折》第十五辑，第 176～177 页）

1160　云贵总督恒文《奏报拟于抚臣出闱之后起程查阅滇省营伍折》
乾隆二十一年八月十五日

云贵总督臣恒文跪奏：为奏明事。

窃查乾隆二十一年，轮应查阅云南、贵州营伍。先于本年二月内，经兵部循例奏请，奉旨："着交该督就近查阅。钦此。"前署督臣爱必达题明，先赴黔省查阅，次阅滇省。迨黔省各营未及查遍，即奉旨调补山东巡抚，钦遵赴任，其滇省未经查阅。

臣蒙恩命补授云贵总督，于本年六月十八日到任，所有滇省营伍，应先遵旨查阅。现届科场，抚臣郭一裕已入闱监临。臣拟俟八月下旬，抚臣出闱之后，自省起程，先赴迤西之楚姚、永北、鹤丽、大理、永顺等各提镇标营，考验官兵弓马、技勇，查阅军装、甲械等项，分别优劣，用昭劝惩，务期悉心整饬，以仰副我皇上慎重武备之至意。除起程日期届期缮疏题报外，理合恭折奏明。

再新任云南提臣王朝辅于八月初四日已抵驻扎之大理府接印任事。合并奏闻，伏乞皇上睿鉴。谨奏。

朱批：览。

（《宫中档乾隆朝奏折》第十五辑，第177～178页）

1161　云贵总督恒文《奏请拣发候补游击来滇以资补用折》
乾隆二十一年八月十五日

云贵总督臣恒文跪奏：为请发候补游击，以资补用事。

窃照滇省地处极边，营伍紧要，必将领得人，始克收整顿之益。臣查通省标营游击，应在外题补者，共有二十三缺，先因补用乏人，于上年十一月内奉旨拣发素尔泰等六员来滇，以游击委用，于本年三四月间陆续到滇。今已题补五员，现在止余一员。其本省都司内俱系历俸甚浅，并无合例应升游击之人，亦无豫保应擎人员，一遇游击缺出，竟至无员可以选补，若待临期奏请简用，要缺未免久悬。相应仰恳圣恩，于记名应用游击人员内再行拣发六员来滇委用，庶可随时拣补，于营伍甚有裨益。臣谨恭折具奏，伏乞皇上睿鉴施行。谨奏。

朱批：有旨谕部。

（《宫中档乾隆朝奏折》第十五辑，第178页）

1162 云南巡抚郭一裕《奏报本年滇省丙子科乡试三场并无怀挟弊窦暨出闱日期折》

乾隆二十一年八月二十一日

云南巡抚臣郭一裕谨奏:为奏闻事。

窃照本年丙子科乡试,臣遵例监临,所有入闱日期,业经恭折奏闻在案。伏查科场大典,首严怀挟。臣先期出示,谆切晓谕,三场点名之际,督臣恒文亦至贡院,会同派出督抚两标员弁,率同搜检,兵役严加搜检,并无怀挟之人。士子点入龙门,即派官押归号舍,封锁号门,俱各安静守法。兹三场已毕,臣遵例将闱中事务檄饬提调、监视二道督率办理,并委臣标中军驻宿贡院门外稽查弹压,臣即于二十一日出闱。所有三场并无怀挟弊窦暨出闱日期,理合奏闻。

再查滇省各属地方雨泽已足,田禾正当结实之候,月内天气晴和,可望丰收。荞麦陆续登场,十分丰稔。粮价平减,地方宁谧。合并奏闻,伏祈皇上睿鉴。谨奏。

朱批:览。

（《宫中档乾隆朝奏折》第十五辑,第196页）

1163 云南巡抚郭一裕《奏报乾隆二十一年头加运京铜自泸开运日期折》

乾隆二十一年八月二十一日

云南巡抚臣郭一裕谨奏:为钦奉上谕事。

乾隆十四年六月十八日,承准廷寄,内开:"奉上谕:嗣后运铜事宜,务须加意慎重。其沿途经过各省督抚,朕已传谕,令其将委员守风、守冻及有无事故之处奏闻。至铜铅船只于云贵本省起运,何日出境,亦着该督抚随时折奏。钦此。"钦遵,转行遵照在案。

兹据云南管理铜务粮储道张惟寅,会同布政使觉罗纳世通,详据委驻泸店转运京铜大关同知蔡理经报称:"乾隆二十一年头加运官永昌府同知王士楷、新兴州吏目刘肃诏,于乾隆二十一年五月二十六日开秤起至乾隆二十一年七月初十日止,兑交过铜九十四万五千七百二十斤,除陆路折耗铜四千七百二十八斤九两六钱外,实该正耗余铜九十四万九百九十一斤六两四钱,又带解乾隆十三年二加运官莫大本挂欠铜六千二百五十七斤九两二钱,俱经照数发足,该委员即于七月初十日自泸扫帮。"等情,转详到臣。除咨明户、工二部及沿途经过各省督抚，转饬各该同知、通判并地方文武员弁一体督察防护，按站催趱，不许片刻停留，仍严密稽查有无盗卖情弊外，所有乾隆二十一年头加运京铜自泸开运日期，理合恭折奏报，伏乞皇上睿鉴。谨奏。

朱批：览。

（《宫中档乾隆朝奏折》第十五辑，第196~197页）

1164　云贵总督恒文、云南巡抚郭一裕
《奏报遵旨议奏加卯鼓铸添补工本折》
乾隆二十一年八月二十六日

云贵总督臣恒文、云南巡抚臣郭一裕跪奏：为遵旨覆奏事。

窃照京外鼓铸，全资滇省铜斤。而每岁供支京外之数，多至千有余万，内所获息银亦岁收二三十万两，留备地方公务之用，关系匪轻。臣恒文抵任以来，即加意体察，各属一应小厂出铜多寡不一，惟东川府之汤丹、大碌二厂，每岁办铜，或七百余万，或八九百万不等，足抵全省十分之八，较各厂尤为紧要。近年以来，硐深砿薄，采办维艰。于乾隆十九年，荷蒙皇上恩旨，每铜百斤加给工本银四钱二分有零，厂民感激奋勉，现在竭力采办，而所获铜斤究不及往年之多，所领工本亦不免疲户之欠。详查其故，实缘硐深费繁、物价昂贵所致。前署督臣爱必达、臣郭一裕以每铜百斤再加工本银四钱二分零，计年需银三万余两，并请于东川钱局设法加卯，再加铸一半，每年约可获息银三万七千余两，以本厂办铜加铸之余银，为本厂添补工本之不足，既无靡费公帑，而炉民获此接济，自必办铜加多等因具奏。经户部议以本厂余息为本厂添补工本之用，固属随时酌办，以公济公之道。惟查乾隆十七年，该抚奏准东川府添设炉五十座，加铸钱二十二万四千余串，搭放铜铅工本、脚价，今若再加铸一半，每年共钱四十四万余串，恐钱多价贱，万一壅滞，转于商民无裨。令臣恒文会同臣郭一裕再行确勘，将加卯鼓铸有无未便之处妥议具奏等因。奉旨"依议。钦此。"

臣等伏查，汤丹、大碌等厂山势甚厚，砿砂尚多，若因工本未敷，不行设法接济炉户，砂丁皆无产业之民，彼见无利可图，势必弃而他适，有误铜斤，殊多未便。但国家经费有常，又未便屡请以正项加增。前署督臣爱必达等所奏以本厂加铸之余息为本厂添补之工本，诚如部议，随时酌办，以公济公之法。至钱文既多，切恐壅滞难行，亦势所应有之事。惟查东川钱局五十炉，原铸钱二十二万四千余串，今奏请照原定之数只加铸一半，该钱十一万余串，连前实共钱三十三万余串，尚非甚多。而铸出钱文内，有支放匠役、工食、物料及黑白铅各厂脚价等项，均属分晰布散。况东川一带地方，银铜铅

锡各厂共计二十余处，一应炉户、砂丁及佣工贸易之人，聚集者不下数十万众，凡买卖货物，均属零星交易，多用钱文，是以旧时钱价颇贵，自十七年添炉五十座以来，钱价渐次平减。今得再加铸钱一十一万余串，俾民间行使宽裕，是钱愈多而与地方更为有益。且查各厂往来，皆四川、贵州、湖广、江西之人，彼赚有钱文，例准零星携带出境，邻省地方更得借以流通。所有加铸钱文，实无壅滞未便之处。臣等查勘既确，理合据实会奏，伏乞皇上天恩，俯照前署督臣爱必达等所奏，将汤丹、大、碌等厂办铜加铸之余银，即为该厂添补工本之不足，庶厂民益加鼓舞，办铜益多矣。谨奏。

朱批：该部议奏。

（《宫中档乾隆朝奏折》第十五辑，第 253～254 页）

1165　云贵总督恒文、云南巡抚郭一裕《奏报遵旨议奏滇省米改条银之处量为加增、条银改米之处量为酌减折》
乾隆二十一年八月二十六日

云贵总督臣恒文、云南巡抚臣郭一裕跪奏：为遵旨议奏事。

窃查滇省额征米石搭放兵粮，节经前任各抚臣以兵多米少之处拨运维艰，兵少米多之区红朽堪虞，题请将兵多米少之南宁等处，每条编银一两改征米一石，备供兵食；将无兵及兵少之阿迷等处，每米一石折征银一两，以抵改米条银充饷，历准部覆，遵行在案。因近年以来生齿日繁，粮价渐长，银米势不相敌。经调任抚臣爱必达查明米价，除米改条银之云州等五府州县及条银改米之罗平等十府厅州县，米价牵算，俱在一两以内，改征银米均无盈缩，毋庸增减外，奏请将米改条银之云龙、元谋二州县，每石增银一钱，共征银一两一钱；阿迷、宁州、通海、蒙自、路南五州县，每石增银二钱，共征银一两二钱。以上七州县，共应增银一千六百三十两零。其条银改米之南宁、寻甸、宝宁、镇雄等四州县，每银一两减米一斗，征米九斗；广西、鹤庆二府，每银一两减米二斗，征米八斗；会泽、大关二处，照额银各减三斗，征米七斗。以上八府厅州县，共应减米一千六百石零，以所增银数，照每米一石作银一两之例抵算，应抵除银一千六百两零外，长余银二十九两零，一并征解司库充饷等情。经部议，以银增米减，在米石减少之区固属乐从，在条银增多之地未免拮据。况减征米一千六百余石，将来兵米不敷，势必更议采买，本地既属昂贵，远籴更糜脚价，各处所增条银是否足以弥补？且年岁有丰歉，米价即有低昂，势必另行增减，多所纷更。应令该督抚通盘计算，熟筹妥议，具题到日再议等因。于乾隆二十年七月十六日，奉旨："此案着俟硕色回滇时，会同该抚妥议具奏。钦此。"咨行在案。

臣恒文于乾隆二十一年六月十八日到任，检查案卷，前督臣硕色已奉旨实授湖广总督，则此案自应臣恒文与臣郭一裕会同妥议。随行据布政司会同粮储道议详前来，臣等复加确核，从前云龙等处米改条银，南宁等处条银改米，原照定例，每米一石合银一两折算征收，近年粮价较贵，改米地方未免偏累。爱必达请将米改条银之处量为加增，条银改米之处量为酌减，欲期彼此均平，意非不善。惟是云龙等七州县自改折以来，照额征收，相习已久，今于每银一两酌增一二钱不等，民力未免拮据。至南宁等府厅州县议请减征米石，必须将各属岁征数目通盘计算，除议减之外，尚足供支兵粮，方可办理。今查广西、宝宁、鹤庆百余石，共止额征连改米九千三百余石，除将应征米石尽数搭放兵粮外，其不敷之数，每年俱系于邻邑拨运，加价采买，今若将改征一项再行酌减，于兵粮更多不敷。诚如部议，势必更议采买，本地既属昂贵，远地又糜脚价，即有各属议增条银，未足弥补，事属难行。其南宁、寻甸、会泽、镇雄等四州县，岁需兵米共一万九千二百余石，额征连改米共二万二千八百余石，虽量为减征，尚足支放。但广西等四处，既难议减，未便于南宁等四处独议减征。况米粮价值高下随时，而粮赋数目应归一定，今若因粮价稍昂，将折征之数遽行更改，将来倘再有低昂，诚如部议，必须另行增减，多所纷更。应将爱必达所请增银减米之处，均毋庸议。所有应征银米，仍遵旧制，照额征收，庶定例不致更张，而办理亦有所遵守。臣等谨恭折具奏，伏乞皇上睿鉴。谨奏。

朱批：知道了。

（《宫中档乾隆朝奏折》第十五辑，第 255～257 页）

1166　云贵总督恒文《奏报起程查阅滇省营伍日期折》
乾隆二十一年八月二十六日

云贵总督臣恒文跪奏：为奏闻事。

窃臣遵旨查阅营伍，拟于八月下旬先往滇省迤西一带查阅，业经奏明在案。兹抚臣郭一裕监临事竣，于八月二十一日出闱，臣即于二十六日自省起程前往，理合恭折奏闻。

再贵州安笼镇臣杨铎于本年八月十四日病故，臣于二十三日据报，即委清江协副将杨朝栋前往署理，并恭疏题报外，合并奏闻。

再滇省入秋以来雨泽频施，秋田茂盛，早禾渐次收割，晚禾俱已秀实，民夷乐业，地方安堵。黔省情形大概相同。臣谨一并奏明，仰慰圣怀，伏乞皇上睿鉴。谨奏。

朱批：知道了。

（《宫中档乾隆朝奏折》第十五辑，第 257 页）

1167 云南巡抚郭一裕《奏报滇省丙子科乡试揭晓日期折》

乾隆二十一年九月初一日

云南巡抚臣郭一裕谨奏：为奏闻事。

窃照本年丙子科乡试，臣办理三场事竣，遵例于八月二十一日出闱，业经奏闻在案。兹九月初一日揭晓，中式举人五十九名，副榜十名。臣体察舆论，佥称今科取士得人。五华书院内士子共中十八名，皆平日能文之士。第一名之俞汝夔，亦系在书院肄业者。榜下，人情帖服，并无异议。主考戈涛、杨方立约于望间起程进京。所有揭晓日期，除恭疏题报，并敬缮题名录进呈御览外，理合奏闻，伏祈皇上睿鉴。

再督臣恒文于八月二十六日前往迤西一带阅视营伍，合并奏闻。

至臣前次奉到朱批奏折十四件，谨另行实封，附同恭缴。谨奏。

朱批：览。

（《宫中档乾隆朝奏折》第十五辑，第 283 页）

1168 云贵总督恒文、云南巡抚郭一裕《奏报铜厂需人，请留谙练之员以资整顿折》

乾隆二十一年闰九月十一日

云贵总督臣恒文、云南巡抚臣郭一裕谨奏：为铜厂需人，请留谙练之员以资整顿事。

窃照滇省汤丹、大水、碌碌三厂，每岁出铜七八百万斤，以供京外鼓铸，关系甚重。年来硐深矿薄，采办维艰，全在管厂之员调剂得宜，则铜斤不致拖延，工本少免堕欠。汤丹一厂，向日素称难办。自乾隆十七年委云南府同知周祚锦管理以来，该员实心经理，诸事渐有头绪，颇著成效。惟大水、碌碌二厂，炉户日疲，油米更贵，较之汤丹调剂尤难。历年委员甚难得人，以致厂欠积累甚多。如徐忠亮、段宏深各员，皆先后题参在案。臣郭一裕于上年抵任后，留心体察，正拟将周祚锦改调大水、碌碌，前往清理，该员旋即丁忧。所有节次委员，于该厂情形既未熟悉，调剂亦未合宜，若不早为遴选经理，诚恐积累更深，难望起色。

臣等于通省丞倅中求其熟悉厂务者，实一时不得其人。查周祚锦系贵州人，捐纳同知，拣发来滇，补授云南府同知，委办汤丹厂务，实与大、碌厂礃硐相连，其情形素所深悉，遇有委办事件，深合机宜，厂民悦服。该员于乾隆二十年九月二十六日闻讣丁忧，汤丹厂务交代已清，例应回籍守制。伏查定例，内开："丁忧人员停止在任守制，必其地、其任、其事、其时必不可少，是人而无能相代者，乃准保题。"等因，遵行在案。是丁忧人员，如果人地相需，尚有保题在任之例。今管理厂务，不过专司收放铜银、稽查调剂，并无现缺，亦无地方之责，与在任守制者不同，且滇省现在难得谙练厂务之人，而大、碌厂又亟须整顿。仰恳皇上天恩，俯念铜务紧要，恩准将周祚锦留滇，容臣等照例给咨，该员回籍治丧事毕，即回滇省，委管大水、碌碌厂，责令悉心调剂，务期厂旺铜丰。将来果收实效，俟该员服阙后，另行请旨补用，则该员感激圣恩，自必倍加奋勉，仰图报效，而臣等亦收臂指之助。

臣等因厂务需人起见，并据司道具禀，意见相同，不揣冒昧，会折恭奏，伏乞皇上睿鉴。

至现委接管汤丹厂员广西府五嶰通判李龙骠，明白心细，不辞劳苦，一载以来，臣等留心体察，一切谨守周祚锦旧有成规，悉心调剂，似能胜任。合并陈明。谨奏。

朱批：不必破此例。

（《宫中档乾隆朝奏折》第十五辑，第 513～514 页）

1169　云南巡抚郭一裕《奏报滇省秋成分数折》
乾隆二十一年闰九月十一日

云南巡抚臣郭一裕谨奏：为奏闻事。

窃照滇省地方自夏徂秋，雨水充足，禾苗畅茂，荞麦倍收，经臣节次奏闻在案。八月以后，天气晴暖，稻谷结实饱满，一切杂粮俱各丰稔。兹届收获之候，据各属陆续禀报，十分收成者有广西等府并各州县五十余处，九分收成者，有鹤庆等府并各州县二十余处，八分收成者有鲁甸、姚州、宁洱、恩安等属四处。现在各属米价平减，地方宁谧，汉彝民人靡不欢呼庆幸，歌咏皇仁。俟收获齐全，另行确核通省分数题奏外，所有丰稔情形，合先缮折奏报，仰慰圣怀。

再臣前次奉到朱批奏折八件，谨另行实封，附同恭缴。谨奏。

朱批：欣慰览之。

（《宫中档乾隆朝奏折》第十五辑，第 514 页）

1170　云南巡抚郭一裕《奏报乾隆二十一年三运京铜自泸开运日期折》
乾隆二十一年闰九月十一日

云南巡抚臣郭一裕谨奏：为钦奉上谕事。

乾隆十四年六月十八日，承准廷寄，内开："奉上谕：嗣后运铜事宜，务须加意慎重。其沿途经过各省督抚，朕已传谕，令其将委员守风、守冻及有无事故之处奏闻。至铜铅船只于云贵本省起运，何日出境，亦着该督抚随时折奏。钦此。"钦遵，转行遵照在案。

兹据管理铜务、粮储道张惟寅会同布政使觉罗纳世通，详据委驻泸店转运京铜大关同知蔡理经报称："乾隆二十一年三运官云南府同知徐观光、鹤庆府知事卢沅，于乾隆二十一年七月二十一日抵泸，于八月初七日开秤起至九月十七日止，兑交过铜一百一十一万斤，除陆路折耗铜五千五百五十斤外，实该正耗余铜一百一十万四千四百五十斤，照数发足，该委员即于九月十九日自泸扫帮。"等情，转详到臣。除咨明户、工二部及沿途经过各省督抚，转饬各该同知、通判并地方文武员弁一体督察防护，按站催趱，不许片刻停留，仍严密稽查有无盗卖情弊外，所有乾隆二十一年三运京铜自泸扫帮日期，理合恭折奏报，伏乞皇上睿鉴。谨奏。

朱批：览。

（《宫中档乾隆朝奏折》第十五辑，第 515 页）

1171　云贵总督恒文《奏报滇黔二省秋收丰稔情形折》
乾隆二十一年闰九月十九日

云贵总督臣恒文跪奏：为恭报滇黔二省秋收丰稔情形事。

窃查滇黔二省夏秋以来雨水应时，田禾畅茂，经臣节次奏报在案。兹届收获之期，臣适查阅迤西营伍，经历云南、楚雄、姚安、大理、永北、鹤庆、蒙化、永昌等府属，沿途目击稻禾成熟，穗粒饱满，山地杂粮亦俱繁硕，民夷人等纷纷刈获。臣亲加询问，均称有十分九分，为数年来仅见之丰收。又据通省各属折报秋收分数，均系十分九分不等，通省合计，收成在九分以上。又据贵州布政使吴士端折报，十分收成者有永宁州等二十处，九分收成者有贵阳府等四十处，八分收成者有长寨厅等十处，七分收成者唯遵义县等二处，通省合计，亦有九分以上收成，均属丰稔。二省粮价现在日逐平减，民人、夷人靡不鼓腹含哺，各安生业。理合恭折奏闻，仰慰圣怀，伏乞皇上睿鉴。谨奏。

朱批：欣悦览之。

（《宫中档乾隆朝奏折》第十五辑，第 572～573 页）

1172　云贵总督恒文、云南巡抚郭一裕《奏报广南府知府缺出，请以开化府知府王筠调补折》

乾隆二十一年闰九月十九日

云贵总督臣恒文、云南巡抚臣郭一裕跪奏：为边地必须熟谙之员，奏请调补，以重地方事。

窃照云南广南府知府蒋衡推升江西粮道，所遗员缺，接准部咨，行令拣选题补等因。查广南府系极边烟瘴之区，外连交趾，内接粤西，夷情凶悍，必得老成干练、熟悉风土之员方克胜任。臣等于通省知府内详加拣选，一时并无人地相宜、合例勘调之员。惟查有开化府知府汪筠，年四十二岁，浙江监生，由永北府知府调补今职，于乾隆十九年正月到任。该员年富才优，历任边郡，抚驭得宜，夷民绥服，以之调补广南府知府，实属人地相宜。虽前经调补开化，今复请调广南，且在任未满三年，与例均有未符。但广南系极边瘴乡，与粤西之百色连界，烟瘴尤甚，必须服习水土之人，始足以资治理。开化与广南接壤，汪筠在开二载有余，水土已经服习，委系其人其地实在相需。相应恭折奏恳皇上天恩，将广南府知府一缺，俯准以开化府知府汪筠调补，庶边郡得人，而臣等获收指臂之效。如蒙俞允，所遗开化府亦系极边拣选之缺，容臣等另行遴员请补。

再查汪筠于现署广西府任内，因所属弥勒州差解遣犯王布分中途脱逃，兼辖职名咨参，未奉部覆，此外并无承追、督催、有干降革展参之案。合并声明，伏乞皇上睿鉴施行。谨奏。

朱批：该部议奏。

（《宫中档乾隆朝奏折》第十五辑，第 573 ~ 574 页）

1173　云贵总督恒文《奏报阅过迤西营伍，分别优劣劝惩折》

乾隆二十一年闰九月十九日

云贵总督臣恒文跪奏：为奏明查阅营伍优劣，仰祈睿鉴事。

窃臣遵旨查阅营伍，先赴滇省迤西一带，将楚姚、永北、鹤丽、永顺四镇、云南提督各标营官兵弓马、技艺、军火、甲械等项逐一详加较阅，内提标与永北、永顺二镇标俱娴熟整齐，鹤丽、楚姚二镇标次之；各标营千把、兵丁优者嘉赏之，弓马平常、技艺生疏者，分别责革示惩。

至若将备内，有景蒙营参将得绥、楚姚镇左营游击陈铣、鹤丽镇左营守备吴怀瑜、大理城守营守备刘一鹏四员，或怠惰偷安，废弛营伍；或弓马生疏，人材软弱；或骑射不堪，操防疏懈；或衰迈昏庸，骑射维艰，俱已另疏题参，请旨革职在案。所有臣阅过迤西营伍，分别优劣劝惩情由，理合恭折奏闻，伏乞皇上睿鉴。谨奏。

朱批： 览奏俱悉。

（《宫中档乾隆朝奏折》第十五辑，第 574～575 页）

1174　云贵总督恒文《奏报阅过迤西营伍，暂行回署日期折》

乾隆二十一年闰九月十九日

云贵总督臣恒文跪奏：为恭奏微臣回署日期事。

窃臣遵旨查阅营伍，于本年八月二十六日起程，先赴滇省之迤西一带查阅，业经奏明在案。臣即由楚姚、永北、鹤丽、剑川、大理、蒙化、永顺各标镇营，将官兵甲械、军火等项逐一详加考验，今已事竣，于本年闰九月十五日回至臣署。其迤东营伍，应即前往查阅。因十月内系本年武闱乡试，臣例应与抚臣考试诸生弓马、技勇，事关大典，臣拟考过武闱，即束装前往迤东查阅，合并陈明。所有臣暂行回署日期，理合恭折奏闻，伏乞皇上睿鉴。谨奏。

朱批： 览。

（《宫中档乾隆朝奏折》第十五辑，第 575 页）

1175　云贵总督恒文、云南巡抚郭一裕《奏报滇省武闱
并棚缘由并开考日期折》

乾隆二十一年十月初二日

云贵总督臣恒文、云南巡抚臣郭一裕谨奏：为奏闻事。

窃照滇省历科武闱，外场向例于十月初七日开考，分为三棚，督抚在中棚，司道在左右两棚，分府较阅，司道考过合式之生，仍送督抚复验。本年丙子科武乡试，臣等会商，以事关抡才大典，理应督抚亲自校阅，始昭慎重，毋庸司道分棚。

再臣恒文在湖北时，因外场恐遇阴雨，历科俱奏明十月初一日考验。今并为一棚，较之从前分棚既需时日，而天时阴晴不定，诚恐临期忙促，亦经公同酌定，于十月初二日开考，庶得从容阅视，不致草率贻误。所有武闱并棚缘由、开考日期，理合会同恭折

奏闻，伏祈皇上睿鉴。谨奏。

　　朱批： 知道了。

（《宫中档乾隆朝奏折》第十五辑，第662页）

1176　云贵总督恒文《奏报遵旨保举堪胜总兵之员折》
乾隆二十一年十月初二日

　　云贵总督臣恒文跪奏：为钦奉上谕事。

　　窃臣前准部咨，钦奉上谕："着各省督、提于现任副将内堪胜总兵之任者，不必拘定年限，详慎遴选，各保数员，陆续送部引见，候朕酌量简用。钦此。"臣因到任方新，云贵两省副将内尚无深知灼见之人，未敢冒昧保送，当将平素所知之山西杀虎协副将和成保举。其云贵副将，声明俟考验明确，果有出众之才，另行保举等因具奏，荷蒙圣鉴在案。

　　兹臣将云贵副将次第考验，悉心察核。查云南副将四员，贵州副将九员，共一十三员，内贵州定广协副将约尼、黔西协副将喜宁、大定协副将郭琳，业经贵州抚臣定长于署提督任内保举，现在给咨赴省。其余两省副将，除循分供职及甫经到任者不敢滥举外，查有臣标中军副将陈勋，年五十六岁，系山西阳曲县人，由行伍出身，出兵五次，历升贵州平远协副将，于乾隆二十年四月内，经前任督臣硕色题请调补云南督标中军副将。该员练达老成，熟谙营务，历经委署曲寻、昭通各镇印务，办理俱属妥协，洵属堪胜总兵之员，相应据实保举。除一面给咨送部引见外，臣谨恭折具奏，伏乞皇上睿鉴。谨奏。

　　朱批： 知道了。

（《宫中档乾隆朝奏折》第十五辑，第663～664页）

1177　云贵总督恒文、云南巡抚郭一裕《奏报审拟
家藏不法邪言案犯情形折》
乾隆二十一年十月初二日

　　云贵总督臣恒文、云南巡抚臣郭一裕谨奏：为奏闻事。

　　乾隆二十一年九月二十二日，据云南布政使觉罗纳世通、按察使沈嘉征、驿盐道刘谦禀称："据署楚雄府黑井提举郭醖禀称，据黑井刑房书办陈天章面禀，井民施尔信家有不法邪言等情，当即差拿到案，起获红纸字帖一张，除亲行究审，务得确供外，理合连

原词密禀。"等情，转禀到臣。臣郭一裕当即饬委粮储道张惟寅星赴黑井，严查此单来历，跟究捏造首从各犯，提拿到省，听候亲勘。

臣恒文正在迤西一带阅视营伍，先据迤西道陈树蓍禀同前由，随委该道驰赴查究。去后，嗣据粮储道张惟寅、迤西道陈树蓍禀称："遵即驰赴该地，率同署楚雄府郭韫层层跟究。此单系施尔信得之王现麟，王现麟得之李氏，李氏得之曾爱珍，曾爱珍得之段仲先，段仲先得之李义思，李义思系于伊父、文生员李启圣旧《诗经》内翻出，李启圣供系幼年得之伊姊夫王晋国家，王晋国供系伊故叔王公玉生前开张歇店得之过客所遗。当即亲赴各家，细加搜查，并无另有妖言以及悖逆情形，连犯带至省城。"

臣恒文阅兵回省，会同臣郭一裕，率同司道逐一严审。缘李启圣之姊嫁与王晋国为妻，王晋国之故叔王公玉无子，即依晋国居住。康熙五十五年间，公玉在小屯地方开张歇店，有安寓过客给与此单，诳称劝世文，嘱令供奉。公玉带回家内，置于神桌之上。李启圣于十三四岁时至王晋国家接姊归宁，将单携回，夹入书内，不复记忆。本年五月，启圣之子李义思取出伊父旧存白文《诗经》，带赴学堂，翻出此帖，为同学段仲先见而取去，交与邻人曾爱珍，爱珍转传与李氏，李氏因不识字，持赴王现麟家，令其代念。现麟外出，李氏与其母言明，将单安放桌上。旋有木匠施尔信至现麟家做工，顺便带回，为黑盐井刑书陈天章看见，报知署府郭韫，于施尔信家起获原单禀报。经臣等分委粮储道张惟寅、迤西道陈树蓍亲赴该地，率同地方官逐层究明，连犯带省，严加究讯，备得前情。反复穷诘，王晋国坚供，实系伊叔王公玉生前开张歇店时，不识姓名过客给与。臣等细验，王晋国系愚鲁乡农，目不识丁，且察核原单，纸墨俱旧，所言又系张鹏翮在生时事，其为远年之物，似非狡饰。严究各犯，亦无敛钱聚众情事。

除王公玉久经病故，并无子孙，无凭根追不议外，查律载：私有妖书，隐藏不送官者，杖一百，徒三年。今李启圣身为生员，不知守法，乃于此等妄诞不经字迹取回，收藏至数十年之久，以致幼子携至书馆，转相传播，照律杖徒，不足蔽辜，应请加等，杖一百，流二千里，到配折责四十板。王晋国虽目不识丁，但从前曾见伊叔供奉此单，不行举首，李义思、段仲先、曾爱珍、李氏、施尔信辗转授受，均属不合，应各照不应重律，杖八十，折责三十板。李义思、段仲先年未及岁，曾爱珍年逾八十，李氏系年老妇人，照律收赎。王现麟并未见单，免其置议。除另录供单并将起获原帖恭呈御览外，理合会折恭奏，伏祈皇上训示，奉到谕旨，臣等即行咨部完结。谨奏。

朱批：知道了。

1178 云贵总督恒文《奏报起程查阅迤东营伍日期折》

乾隆二十一年十月十六日

云贵总督臣恒文跪奏：为奏闻事。

窃臣遵旨查阅营伍，先赴迤西，将提镇各标营考验完竣，于本年闰九月十五日回至臣署。其迤东营伍，因十月内系本年武闱乡试，例应臣与抚臣考试诸生弓马技勇，俟事竣再行前往，业经奏明在案。今武闱外场考试已竣，臣即于乾隆二十一年十月十六日自省起程，前往迤东之元江、普洱、临元、开化、广罗、曲寻、奇兵、东川、昭通各镇协营，考验官兵弓马技艺，简阅军火、甲械等项，统俟事竣，分别优劣，另行具奏外。所有起程日期，臣谨恭折奏闻。

再查滇省今秋雨水充足，大田收割之后，二麦俱已种齐。兹于十月初七八等日，省城先雨后雪，土膏滋润，麦苗出土青葱，可卜来岁丰稔之兆。米粮价值日益平减，内外民夷俱各宁谧。理合一并奏闻，伏乞皇上睿鉴。谨奏。

朱批：览奏俱悉。

（《宫中档乾隆朝奏折》第十五辑，第 753~754 页）

1179 云贵总督恒文《奏报查阅过省城营伍情形折》

乾隆二十一年十月十六日

云贵总督臣恒文跪奏：为奏闻事。

窃臣遵旨查阅营伍，于本年闰九月十五日从迤西一带查竣回省。查省城驻扎督、抚两标及云南城守，共计八营，兵额繁多，而督标为两省领袖，营伍尤应整饬。臣莅任之初，即严饬各将领实心训练。兹旋省之后，距武闱尚有半月，正可详细查阅。臣先将八营官兵会集合操，以观其步伍阵势，复按营分日考验各官兵马步、弓箭以及枪炮、藤牌各项技艺，并将军装、甲械、马匹逐一点视，尚属娴熟整齐，将备亦俱黾勉。其千把、兵丁，优者奖赏之，间有弓力软弱、枪炮施放不准者，分别惩治，务使人人奋励，以仰副我皇上修明武备之至意。所有臣查阅过省城营伍情形，理合恭折奏闻，伏乞皇上睿鉴。谨奏。

朱批：知道了。

（《宫中档乾隆朝奏折》第十五辑，第 754 页）

1180 云南巡抚郭一裕《奏报遵旨办理截留铜斤解赴江浙二省鼓铸折》
乾隆二十一年十月二十一日

云南巡抚臣郭一裕谨奏：为钦奉上谕事。

乾隆二十一年十月十九日，臣接准兵部火票递到户部咨文，内开：闰九月二十六日，奉上谕："朕明春巡幸江浙，所有供宿顿次皆出自帑项，丝毫不以累民。第扈从官兵以及外省接驾人等辐辏云集，经过地方钱米价值恐一时或致腾踊。着将运京铜铅两省各截留十万斤添炉鼓铸，减价发卖，并将该二省应运本年漕粮，各截留五万石，减价平粜，以裕民间食用，该部即遵谕行。钦此。"仰见我皇上加惠黎元，无微不至。

臣查滇省办解京铜，每岁正加六运，俱由川江而至仪征。仪征为江浙上游，相距甚近，自应即于铜船过仪之日，截留拨运，甚为捷便。今滇省乾隆二十一年二运京铜，约于本年十月内抵仪，头加运京铜约于本年十二月内抵仪。然长江风信靡常，沿途迟速未可预料，且委运之员即须管解北上，不能在仪久稽，事关紧要，必须另行委员分交管解，庶江浙群黎均得早沐皇仁。臣即于本月二十一日，遴委盐井渡巡检王安、罗平州吏目张振亨，在于司库铜息项下各给路费一百两，饬令二员无分雨夜，星速驰驿前往仪征，不拘何运铜斤到仪，即于应解户部铜斤内截留二十万斤，令巡检王安、吏目张振亨分头解赴江浙二省。所需水脚杂费以及耗余铜斤，仍饬该运官于运京应支数内照例扣交各委员，会同地方官雇募船只办解，事竣回滇，另册报销。除咨明户、工二部，江浙二省，并檄饬各运委员遵照外，理合恭折奏明，伏祈皇上睿鉴。

再查滇省地方秋收已毕，豆麦播种齐全，十月初八九、十七、二十一等日，各属均得雨雪，于豆麦甚为有益，粮价日渐平减。督臣恒文已于十月十六日前往迤东一带阅视营伍，合并陈明。谨奏。

朱批：好，知道了。

（《宫中档乾隆朝奏折》第十五辑，第806~807页）

1181 云贵总督恒文《奏报遵旨密陈按察使沈嘉征可胜臬司之任折》
乾隆二十一年十一月初二日

云贵总督臣恒文跪奏：为遵旨查明，密行覆奏事。

窃臣于本年四月内陛辞之日，面奉谕旨："云南按察使沈嘉征人已年老，恐不胜臬司之任。尔到任后，详细察看，据实奏闻。钦此。"臣于六月内到滇，数月以来，留心察看。该司沈嘉征年虽六十六岁，精力尚健，才具练达，办事详慎，记性甚好。询以地方一切政务，对答井井。所办刑名案件，臣询之抚臣郭一裕，亦甚称妥协。臣看其精神识力，不但能胜臬司，即藩司亦可胜任。理合据实覆奏，伏乞皇上睿鉴。谨奏。

朱批：知道了。

（《宫中档乾隆朝奏折》第十五辑，第886页）

1182　云贵总督恒文《奏报普洱镇所属通关哨、等角等汛营制宜归实在，奏明更正折》

乾隆二十一年十一月初二日

云贵总督臣恒文跪奏：为营制宜归实在，奏明更正事。

窃臣到任之后，查核滇省营制，见有前任普洱镇臣冯哲，以普镇所属通关哨一汛现设弁兵与原题不符，详请更正造报等情，经前署督臣爱必达批司议详前来。

臣检查全案，缘雍正十年，普思逆夷不法，平定之后，于雍正十三年，经前任督臣尹继善于边地垂久等事案内议称，普镇中营通关哨一汛，界在把边、阿墨两江之中，系元江、普洱咽喉，应拨中营守备一员，把总一员，外委一员，带兵二百名驻扎；又把边渡口亦关紧要，应于通关哨兵内拨出外委把总一员，带兵五十名驻扎，游巡江岸；等角一汛，接壤元界之里仙江，系夷猓出没之地，应拨外委一员，带兵五十名驻防。题准部覆，饬遵。

迨奉文之后，前任普洱镇臣杨国华未照原题办理。通关哨仅移驻把总、外委各一员，兵一百名，于内拨出外委一员，兵十六名驻防把边江，其守备一员，兵一百名，仍留普城差操；又等角汛应拨之外委、兵丁，亦未遵照拨往，止募彼地土目一名，乡兵六名，在彼防守稽查，而送部季册仍照原议派拨官兵数目造报。迨乾隆五年，接任镇臣崔善元查明该汛现设弁兵与报部册籍不符，据实禀报。前任督臣庆复批司，会镇查议，以通关哨与元江、普洱等处营汛联络，该地驻扎把总一员，外委一员，带兵一百名，并分汛江隘，足资防范。等角一汛，地处荒僻，孤悬窵远，现在已非扼要之区，且炎瘴最炽，内地兵丁难以驻守，今招募熟习水土之土目一名，率领乡兵六名，给以名粮七分，防守稽查并无违误，行之已有成效，毋庸仍照原题添驻等情，详经前督臣庆复批准更改。但未经奏咨，以致历年以来，弁兵久经减驻，而报部仍循旧册，两相歧误。此前任镇臣冯哲所以有更正造报之请也。

比因臣甫经到任，该汛情形果否无须添驻官兵，不能确知，一面檄司，移会该镇再加详查，仍俟臣查阅营伍之便亲勘确实，以便定议。去后，兹臣往普洱阅兵，亲至通关，面同新任镇臣李如柏详细勘议。查通关一汛，原请移驻守备，安兵二百名者，因逆夷初定，野性难驯，为控制扼要起见。今自大惩之后，夷方久已安静，非昔日初定情形可比。而该汛外接元江营属之他郎、阿墨等汛，内连普洱大营，汛塘联络，呼吸相通，现有把总一员，外委一员，带兵一百名驻扎，并巡守江岸，实已足资防范。其等角一汛，地处荒僻瘴乡，从前夷猓众多，诚不无出没滋事。今则人烟稀少，夷情淳朴，亦与从前形势不同。现募土目一名，乡兵六名，给与名粮七分，在彼防守二十余年来，安静无事，均毋庸拘泥原题，再行添驻官兵。所有减驻之守备一员，外委一员，兵丁一百五十名，仍存普城，以资差操之实用，更为有益。第事关题案，合将臣亲勘办理缘由据实奏明。嗣后应饬令该镇，将该汛弁兵查照现在实驻数目造报达部，以昭画一。

至前任普洱镇臣杨国华不遵照原题办理，擅行更改，及前任云贵督臣庆复据详批准，未经题奏更正，以致相沿造报，均有不合。但杨国华、庆复均已身故，应免置议。合并声明，伏乞皇上睿鉴施行。谨奏。

朱批：该部议奏。

（《宫中档乾隆朝奏折》第十五辑，第 886~888 页）

1183　云贵总督恒文《奏报查阅迤东营伍，目击沿途情形折》
乾隆二十一年十一月初二日

云贵总督臣恒文跪奏：为奏闻事。

窃照今岁滇省秋成丰稔，大田收割之后，二麦均已播种出土，节经臣奏报在案。兹臣于十月十六日自省起程，查阅迤东营伍，由云南、临安、元江以至普洱等府属，沿途经过乡村，比户俱有盖藏，在地麦苗一望青葱，已生长三四五六寸不等，民夷安业，实有熙熙皞皞之象。十月二十二三等日，元江、普洱一带密雨沾濡，土膏滋润，于麦田、菜蔬更为有益。所有臣沿途目击地方情形，理合恭折奏闻，伏乞皇上睿鉴。谨奏。

朱批：欣慰览之。

（《宫中档乾隆朝奏折》第十五辑，第 888 页）

1184　云南巡抚郭一裕《奏报滇省雨水、粮价情形折》
乾隆二十一年十一月初二日

云南巡抚臣郭一裕谨奏：为奏闻事。

窃照滇省秋禾丰稔情形，经臣于闰九月内恭折奏报在案。兹据布政使觉罗纳世通汇齐通省收成分数，具详前来。臣复加确核，总计实有九分以上，除另疏题报外，谨缮清单，附折恭呈御览。

至高下田地播种齐全，频得甘霖，土膏滋润，豆麦涵濡。十月二十一、二等日，连朝密雨，继之以雪，天气较常年寒冷，时令甚正。据各属禀报情形大概相同，来岁屡丰可望。现在米价平减，汉夷乐业，理合恭折具奏，仰慰圣怀。

再学臣葛峻起已于十月二十六日起身进京，印信循例交臣带理。合并奏闻，伏祈皇上睿鉴。

奉到朱批奏折二件，谨另行实封，附同恭缴。谨奏。

朱批： 欣慰览之。

（《宫中档乾隆朝奏折》第十五辑，第 895 页）

1185　云南巡抚郭一裕《奏报乾隆二十一年四运京铜自泸扫帮日期折》

乾隆二十一年二月初二日

云南巡抚臣郭一裕谨奏：为钦奉上谕事。

乾隆十四年六月十八日，承准廷寄，内开："奉上谕：嗣后运铜事宜，务须加意慎重，其沿途经过各省督抚，朕已传谕，令其将委员守风、守冻及有无事故之处奏闻。至铜铅船只于云贵本省起运，何日出境，亦着该督抚随时折奏。钦此。"钦遵，转行遵照在案。

兹据管理铜务粮储道张惟寅会同布政使觉罗纳世通，详据委驻泸店转运京铜大关同知蔡理经报称："乾隆二十一年四运官广通县知县林京、试用吏目王廷飏，于乾隆二十一年九月初四日抵泸，于二十六日开秤起，至闰九月二十七日止，兑交过铜一百一十一万斤，除陆路折耗铜五千五百五十斤外，实该正耗余铜一百一十万四千四百五十斤，照数发足，该委员即于闰九月二十九日自泸扫帮。"等情，转详到臣。除咨明户、工二部及沿途经过各省督抚，转饬各该同知、通判并地方文武员弁一体督察防护，按站催趱，不许片刻停留，仍严密稽查有无盗卖情弊外，所有乾隆二十一年四运京铜自泸扫帮日期，理合恭折奏报，伏乞皇上睿鉴。谨奏。

朱批： 览。

（《宫中档乾隆朝奏折》第十五辑，第 895～896 页）

1186　云贵总督恒文、云南巡抚郭一裕 《奏报办理新开大碌子厂情形折》

乾隆二十一年十一月十六日

云贵总督臣恒文、云南巡抚臣郭一裕谨奏：为奏闻新开子厂情形，仰祈睿鉴事。

窃照滇省采办铜斤以供京外鼓铸，每年共需铜千余万。现在新旧虽有三十余厂，惟汤丹、大碌二处每岁出铜至七八百万斤，年来矿深炭远，油米昂贵，采办渐艰。臣等先后抵任以来，悉心筹画，于管理铜务粮道张惟寅查厂之时，谕令开导炉民遍觅新礁，另开子厂，以补汤丹、大碌之不继。嗣据该道禀据大碌厂民，于大铜山地方踩获新开礁硐，矿砂甚旺，赔分颇高。随委该道亲往查勘，试办有效。查大碌厂民积累最深，正需调剂。今既获有大铜山新开礁硐，自应即作大碌子厂，所有收交课余捐耗铜斤及工本价值各项，均附大碌厂报销。

再查滇省山势丰厚，现饬汤丹、大碌厂民广加寻觅，如有旺盛之旷，一例开作子厂，以为储盈补绌之计。臣等伏查，京外鼓铸最重，而厂地衰旺靡常，必须先事图维，庶克有备无患。且汤丹、大碌二厂荷蒙皇上天恩，准于加铸钱文余息内，每铜百斤加给工本银四钱二分，炉民欢呼感激，踊跃开采，自必日有起色。倘新开子厂日就旺盛，则铜斤渐裕，厂力愈纾，余息更多，积欠日减，于国计民生均有裨益矣。合将大碌新开大铜子厂现在办理缘由会折恭奏，伏祈皇上睿鉴。

再查滇省十月内通省连获雨雪，经臣等节次奏闻在案。今于十一月初十、十二三等日，省城复得瑞雪，平地积有三四五寸不等，十五日夜，雨雪纷霏，入土更为深透。附近各属禀报相同，洵为来岁丰年之兆。合并奏闻。谨奏。

朱批：览奏俱悉。

（《宫中档乾隆朝奏折》第十六辑，第 101～102 页）

1187　云贵总督恒文《奏报滇黔两省应时瑞雪折》

乾隆二十一年十二月十一日

云贵总督臣恒文跪奏：为恭报应时瑞雪事。

窃照滇黔两省今岁秋成均属丰稔，大田收割之后，二麦俱播种齐全。臣因巡阅滇省迤东营伍，于十月二十二三等日，在元江、普洱一带遇雨，目击沿途土膏滋润，麦苗生长，于十一月初二日恭折奏报在案。嗣由临安、开化、广西、曲靖、东川、昭通、云南等府属回至省城，于十一月初九、初十、十一、十二、十三以至十六、十七等日，各处得雪自寸余以至六七八寸不等，麦苗更觉青葱可观。其迤西各处亦据报得有雨雪。

又据贵州上下两游之贵阳等府属纷纷报到，十一月初二、初三、初四、初五至初九、初十、十一、十二、十三、十四以及十七、十八等日，得雪自一二寸以至七八寸不等，远近普遍，麦苗滋长。似此瑞雪普沾，实来岁履丰之兆。现在两省地方粮价俱平，民夷乐业，理合恭折奏报，仰慰圣怀，伏乞皇上睿鉴。谨奏。

朱批：欣慰览之。

（《宫中档乾隆朝奏折》第十六辑，第 302～303 页）

1188　云贵总督恒文《奏报阅过迤东营伍回署日期折》
乾隆二十一年十二月十一日

云贵总督臣恒文跪奏：为奏闻事。

窃臣于乾隆二十一年十月十六日自省起程，前往迤东一带查阅营伍，业经奏明在案。臣即由新嶍、元江、普洱、临元、开化、广罗、曲寻、奇兵、东川、昭通各镇、协、营，将官兵弓马、技艺、军火、甲械等项逐一详细考验。今已事竣，于十二月初十日回至臣署。理合恭折奏闻。

再贵州营伍，虽经前署臣爱必达遵旨查阅，尚有古州、镇远等处标营未及查竣，即经离任，且爱必达查过之区，臣并未亲历，优劣亦难确知。臣拟于明岁开印后即往贵州，将通省各标、镇、协、营官兵详加校阅，分别优劣，用昭劝惩。除起程日期届期另疏题报外，合并奏明，伏乞皇上睿鉴。谨奏。

朱批：知道了。

（《宫中档乾隆朝奏折》第十六辑，第 303 页）

1189　云贵总督恒文《奏报查明迤东营伍优劣情形折》
乾隆二十一年十二月十一日

云贵总督臣恒文跪奏：为查明查阅迤东营伍优劣，仰祈睿鉴事。

窃臣遵旨查阅营伍，先赴滇省迤西各标、营查明优劣，分别劝惩，当经奏明在案。兹复往迤东一带，将临元、普洱、开化、曲寻、昭通五镇属并督标、奇兵营官兵逐一详细较阅，内临元、曲寻、昭通三镇标并奇兵一营最为整饬，开化、普洱二镇标次之，各标营千把、兵丁材技优娴者面加奖赏，生疏软弱者责革示惩。至将备内，有新嶍营参将白钟骧、守备王谋义，玩视火器，废弛营伍；普洱镇标中营守备赵国瑨，年力衰迈，骑射维艰，俱经分别题参在案。所有臣阅过迤东营伍优劣情形，理合恭折奏闻，伏乞皇上睿鉴。谨奏。

朱批：览奏俱悉。

（《宫中档乾隆朝奏折》第十六辑，第 304 页）

1190　云南巡抚郭一裕《奏报乾隆二十一年分滇省民数、谷数折》
乾隆二十一年十二月二十日

云南巡抚臣郭一裕谨奏：为钦奉上谕事。

案照乾隆六年正月十三日，准户部咨，乾隆五年十一月初二日，内阁抄出，奉上谕："每岁仲冬，该督抚将各府州县户口减增、仓谷存用一一详细具折奏闻。钦此。"又于乾隆十三年五月二十五日，准户部咨："民数册内，嗣后应令一体分晰男妇字样造报等因。奉旨：依议。"钦遵，转行司道确查详核，慎重办理在案。

所有乾隆二十一年分云南通省户口、仓谷数目，据布政使觉罗纳世通、粮储道张惟寅会详，据云南等府转据昆明、嵩明等州县详报："除番界、苗疆向不入编审者，无庸查造，又各厂商贩、贸易人等去来无定，亦无凭查造外，通省土著人民，原额三十七万四千六百七十二户，共计男妇大小人民二百万七百七十二丁口，内大丁六十万一千四百六十二丁，小丁四十万八千六百六十丁，大口五十九万四千二百三十五口，小口三十九万六千四百一十五口。今乾隆二十一年分，新增一千七百七十户，共增男妇一万七千二百八十一丁口，内大丁四千二百九十丁，小丁五千一百九十八丁，大口三千六百六十二口，小口四千一百三十一口。开除男妇一万七百四丁口，内大丁三千六百三十丁，小丁二千二百八十八丁，大口二千八百四十五口，小口一千九百四十一口，实在土著人民三十七万六千四百四十二户，共计男妇大小人民二百万七千三百四十九丁口，内大丁六十万二千一百二十二丁，小丁四十一万一千五百七十丁，大口五十九万五千五百五十二口，小口三十九万八千六百五口。此乾隆二十一年分云南通省民人男妇实数也。

通省旧管仓存谷、麦、荞、稗、青稞一百二十四万四千六十一石一斗八升零，内有白井社仓存谷，于详请咨达事案内出借谷八百五石五斗，催还米四百二石七斗五升存仓外，实存米、谷、麦、荞、稗、青稞一百二十四万三千六百五十八石四斗三升零。今乾隆二十一年分新收米、谷、麦、荞、青稞五万一千八百八十一石三斗六升零，开除本年平粜动用谷、荞、青稞六万七千四百一十二石一斗九升零，实在存仓米、谷、麦、荞、稗、青稞一百二十二万八千一百二十七石六斗零，内米四百四十三石二升零，谷一百一

— 1093 —

十六万一百六十六石九斗九升零，大麦四千八十五石七斗一升零，小麦二千一十四石一斗五升零，荞五万四千八百九十三石四斗九升零，稗四石四斗，青稞六千五百一十九石八斗三升零。此乾隆二十一年分云南通省积贮实数也。"造具清册，详报前来。除送部外，臣谨缮黄册，恭呈御览。谨奏。

朱批：册留览。

（《宫中档乾隆朝奏折》第十六辑，第384～385页）

1191　云贵总督恒文《奏报普洱镇总兵李如柏老病请休，恳恩准其休致折》
乾隆二十一年十二月二十四日

云贵总督臣恒文跪奏：为镇臣老病请休，奏闻请旨事。

乾隆二十一年十二月二十一日，据云南普洱镇总兵李如柏呈称："本职年六十四岁，昔年两次驻防口外，得染寒湿之症，年来虽不时举发，而精力强壮，旋治旋愈。自本年春夏以来，举发渐重，交冬愈甚，筋力衰颓，左耳重听，两足痿痹，步履维艰，自觉精神恍惚，事多遗忘。总缘景逼桑榆，调治难期痊愈。伏念总兵膺方镇重寄，普洱为极边要区，岂衰老病躯可能胜任？伏祈俯赐，题请休致回籍调理。"等情到臣。

窃查镇臣李如柏，臣前在普洱阅兵时，见其精神步履大非昔日之比。即据该镇以年衰患病，难以供职为言，臣因该镇历任方镇，办事老成，嘱令加意调治，务期痊可，倘病势日增，再行据实呈报在案。兹据该镇以景逼桑榆，调治难痊等情，呈请休致。臣复加查察，委系老病属实，并无规避捏饰情弊。除照例取具验看印甘各结，开印后另疏具题外，合先据情具奏，伏祈圣恩准于予休致，俾得回籍调理。

至所遗普洱镇一缺，系极边重地，未便仍令病躯卧理。臣已委员前往接署，并乞皇上速赐简补，以重岩疆。谨奏。

朱批：有旨谕部。

（《宫中档乾隆朝奏折》第十六辑，第438页）

1192　云贵总督恒文《奏报滇黔两省得雪情形折》
乾隆二十一年十二月二十四日

云贵总督臣恒文跪奏：为奏闻事。

窃照云贵二省十一月内得雪普遍、麦苗生发情形，节经臣奏报在案。十二月以来，云南雨雪稀少，而土膏尚皆滋润。此时已交春令，滇南地气和暖，百物俱已发生，在地麦苗益觉青葱长发。贵州自十一月得雪之后，又据各属纷纷报到，十二月初二、初三、初四、初六、十五、十六等日，得雪一二三寸不等，更为沾渥，麦苗滋长。两省地方，粮价照常平减，民夷安业。理合恭折奏闻，伏乞皇上睿鉴。谨奏。

朱批： 欣慰览之。

（《宫中档乾隆朝奏折》第十六辑，第439页）

1193　云南巡抚刘藻《奏报乾隆二十七年分邻省委员办铜数目暨出境日期折》

乾隆二十八年正月初五日

云南巡抚臣刘藻谨跪奏：为遵旨汇折奏闻事。

案查，承准廷寄："乾隆二十七年正月十二日，奉上谕：嗣后凡遇邻省采办铜铅经过，饬各州县一体实力稽查，如有偷盗沉溺情弊，随时具折专奏。若查明并无事故者，只令于岁底，将某省办运铜铅若干并入境出境日期汇齐折奏，各该督抚，其留心饬查妥办，毋得视为具文。钦此。"钦遵，转行遵照在案。

兹据云南管理铜务粮储道罗源浩，会同布政使永泰详称："遵查，乾隆二十七年分，邻省赴滇采办铜斤，有广东委员、增城县主簿王思贤，领运大兴等厂正耗铜一十六万八千斤，于二十七年十月十二日，在宝宁县属剥隘地方全数运完出境；又浙江委员、严州府同知张嗣炳，领运金钗厂正耗铜二十四万八千斤，于十七年十一月初三日，在剥隘运竣出境；又广西委员、宜山县知县何熊，领运大铜等厂正耗铜四十五万一千二百六十斤，于二十七年十一月二十日，在剥隘全运出境，由宝宁县知县方天葆查明，俱无偷盗等弊。"先后具报前来。除分案详咨外，理合详请汇奏。

至现在发运尚未出境之江西委员骆朝宗、贵州委员赫尔喜并带运粤铜之滇员胡筠等三起铜斤，请入次年汇报等情到臣。臣复查无异，除分别咨部，及沿途经过各省转饬州县一体实力稽查外，所有乾隆二十七年分邻省委员办铜数目暨出境日期，理合会同云贵督臣吴达善，恭折汇奏，伏祈皇上睿鉴。

再查滇铅只供本省鼓铸，并无外省采买。合并陈明。谨奏。

朱批： 览。

（《宫中档乾隆朝奏折》第十六辑，第525~526页）

1194 云南巡抚刘藻《奏报甄别六年俸满抚标千总情形折》

乾隆二十八年正月初六日

云南巡抚臣刘藻谨跪奏：为奏闻事。

窃臣前准兵部咨，嗣后绿营千总历俸六年后，仿照文职教官之例，令该督、抚、提详加考验，如人材弓马去得，年力精壮，熟谙营伍，堪膺保送者，给咨送部，带领引见。曾经出兵者，发回原任，拣选题补。未经出兵者，发回原任，挨次铨选。其年力未衰，弓马尚可者，仍留原任。庸劣衰迈者，勒令告休。于年底将保送并留任、勒休共几员之处分晰汇奏。各项千总内，向系俸满离任者，俱一体办理等因，移行遵照在案。

查臣标左右两营千总四员内，惟右营左哨千总褚云龙，前经豫行保举，送部引见，奉旨"褚云龙准注册。钦此。"其余三员俱历俸未满六年，应俟届期查办。理合遵例具奏，伏祈皇上睿鉴。谨奏。

朱批：知道了。

1195 云贵总督吴达善《奏报遵旨拣选普洱镇总兵雷霖调补昭通镇总兵，遗缺以刘德成补授折》

乾隆二十八年正月初九日

云贵总督臣吴达善跪奏：为遵旨拣选调补事。

乾隆二十七年十二月二十五日，准兵部咨："乾隆二十七年十二月初四日，内阁抄出，初二日，奉上谕：浙江提督员缺，着武进升调补。所遗甘肃提督员缺，着王澄补授。其云南昭通镇总兵员缺，着吴达善于通省总兵内拣选一员调补。所遗员缺，着刘德成补授。钦此。"等因，移咨到臣。

臣查昭通镇所辖各营汛，均系新辟夷疆，紧接川黔两省，必须熟悉边情之员抚驭弹压，方有裨益。臣于通省各总兵内详加拣选，除现任要缺及新任，与此缺不甚相宜之员，未便轻拟调补，谨选得普洱镇总兵雷霖，晓畅营伍，训练有方，老成持重，办事镇静，在滇三载，熟悉夷情，请以调补昭通镇总兵；其所遗普洱镇总兵缺，遵旨以刘德成补授，俱属人地相宜。所有遵旨拣选调补缘由，理合恭折具奏，伏祈皇上睿鉴，训示施行。谨奏。

朱批：该部知道。

1196　云贵总督吴达善《奏报遵旨办理云南曲寻镇总兵李时升、贵州镇远镇总兵诺伦进京陛见折》

乾隆二十八年正月初九日

云贵总督臣吴达善跪奏：为钦奉上谕事。

乾隆二十七年十二月二十五日，承准廷寄："乾隆二十七年十二月初二日，奉上谕：云南曲寻镇总兵李时升、贵州镇远镇总兵诺伦，俱于本年六七月间具折，奏请陛见。朕以该员等前岁甫经陛见，是以批示不必来。今相隔又几二年有余，着传谕吴达善，将李时升、诺伦二员，酌量明年可以进京时，即令来京陛见。并传谕该总兵等知之。钦此。"遵旨寄信到臣。随钦遵传谕该二镇外，臣查曲寻、镇远两镇俱非边缺，现在地方甚为宁谧，臣逐加酌量，应令于开印后即赴京陛见。除遴委云南元江营参将李经世护理曲寻镇印务，委贵州提标中军参将魏峰护理镇远镇印务，并令李时升、诺伦，俟委员到日，即交代起程。所有遵旨酌量缘由，理合恭折奏覆，伏祈皇上睿鉴。谨奏。

朱批：览。

（《宫中档乾隆朝奏折》第十六辑，第544页）

1197　云贵总督吴达善《奏覆提督额尔格图办事才力尚能周到折》

乾隆二十八年正月初九日

云贵总督臣吴达善跪奏：为遵旨据实奏覆事。

乾隆二十八年正月初七日，承准廷寄："乾隆二十七年十二月十三日，奉上谕：提督额尔格图，已有旨令其来京陛见。伊现在年逾七十，近日办理一切营务，精神、才力是否尚能周到？着传谕吴达善，令其即行据实奏闻。钦此。"遵旨寄信到臣。

伏查云南提臣额尔格图，办理一切营务，臣自乾隆二十六年到任以来，留心细查：训练勤密，考核严明，才识亦甚老练，迄今并无差池。即如上年拿解鬼酋宫里雁，及近日剿退木梳贼夷各要务，经臣往复札商，悉能筹画合宜，是才力尚能贯注。其近来精神，臣抵滇后，虽未经接见，然询之往来文武各员，佥称颇为健旺，并未衰惫，每遇操演，官兵出入，俱系乘骑。惟目力从前曾被雪照，眼光不能及远。上年十一月底，偶感风寒，卧病数日，今已痊愈，元气未能充足。至其办事才力，现虽年逾七旬，似尚能周到。今蒙谕旨垂询，臣谨据实恭折奏覆，伏祈皇上睿鉴。

谨奏。

朱批：览。

（《宫中档乾隆朝奏折》第十六辑，第545页）

1198　吴达善、刘藻、额尔格图《奏报耿马土司剿退抢掳不法之贼夷折》
乾隆二十八年正月初九日

臣吴达善、臣刘藻、臣额尔格图跪奏：为恭报耿马土司追剿抢掳不法之贼夷事。

乾隆二十七年十二月初三日，据云南永顺镇总兵田允中、永昌府知府杨重谷禀称："十一月二十五日，据孟定土司罕大兴申报：'木梳野夷二百有余，于十二日下午，混入贸易人内，渡过滚弄江，到猛板、猛约一带。十四日，又到一起，约有二千余人，住扎沿江一带。卑职差目到滚弄江备细讨问，原来领兵头目，一名罕黑，一名普拉布，声言要到耿马催取屡年贡项。卑职查耿马曾有土例，每年进缅国、阿瓦些须之资，自木梳闯夺之后，未知曾否照例。今野夷借此统领人马逼迫借路，卑职地窄民少，欲撑持堵御，又无多余土练，是以具文飞报。'等语。本职田允中等查，木贼来耿滋扰，逼近内地，凡沿边一带要隘，防范宜严。随于永属姚关等处添兵，分布弹压，并派拨附近土练星赴耿马协剿。"等情，具禀前来。

臣查孟定系耿马门户，该土司罕大兴明知贼夷混入贸易人内过江，乃借称土练无多，并不抵御，又不通知耿马预为防堵，任其率众前进，其中必有别情。且确系何项匪夷？今借路往耿，是何情形？接阅禀报，俱未明晰。当经臣委抚标中军参将华封驰赴永昌府查探确情，并令永顺、普洱等镇、道、府，凡通夷要隘，均须酌量添兵，慎固防守，毋稍疏忽，并令迤西道，于附近耿马之各土司多派土练，迅速赴耿协同堵剿，切勿稍缓，致肆猖獗，星飞分饬。去后，适臣刘藻于十二月初九日回任，复会同商酌，缅宁之分水、象鼻等汛，系通夷要隘，该处汛广兵单，额兵不敷分防。随于提标拨兵五百名，委游击胡光带领赴缅，以备防范调遣之用，并令永顺镇田允中往来游巡各在案。

兹据永昌、顺宁文武各员并参将华封陆续探报："领兵贼目罕黑，系木邦官罕蟒底之堂弟，罕黑降顺木梳，情愿带木梳兵暨木邦猓夷，共有二千余人，向耿马索贡，借饱抢掳之欲。此乃起衅之由。其孟定土司罕大兴，本系木邦之婿，与罕黑至亲，是以孟定地方未遭劫掠。罕黑等将罕大兴，已于十一月二十日带往耿马，沿路掳掠人畜，并未伤残夷民。其舍目人等悉各逃散，土司家属亦先经躲避。其房屋被烧大半，贼众抢劫后，仍陆续退回孟定。"又据耿马土司罕国楷申报："逆酋连年滋扰土司边界，今竟乘空抢劫。卑职在孟定连募乃厂得信，随即起程，并传知募乃之石牛子厂砂丁，及调集土练，令舍目罕朝玑等统领，前往追剿。于十二月初八日，追至滚弄江边会战，斩督兵酋首普拉布等，杀死贼夷一百余人，余俱渡江逃窜。孟定土司于贼营中擒获，现在看守。被掳男妇亦收回大半。止阵亡砂丁一名，带伤八名。又贼夷先分一股，有五六百名，潜赴茂隆厂抢劫，被葫芦酋长打败。朝玑等不时侦探，又陡遇途次，大杀一阵，十二日踩看，木梳尸首不止百余，其统兵贼目贺歹、借些二人首级已获。复抢贼枪二十余门、鸟机炮一个，罕黑脱逃，余皆溃散，土练等亦有阵亡带伤，查清另报。"各等情，转报前来。

臣等查贼夷虽被耿马杀败，然斩其酋首普拉布等，复杀匪贼二百有余，难保不图报复。又经饬令该镇、道、府等飞谕该土司严密防备，并令迤西道费元龙查明被难夷民，加意抚恤外，至耿马地方，紧连内地，边关要隘，防范更宜慎密，所拨提镇两标防兵不便骤撤，需用口粮等项，循照开化防兵之例办理，应仍令永顺镇居中调度，督率严防，以固边疆。仍约束各兵毋许出口滋事，并饬普洱等镇、府一体慎加防范。

再查耿马地方，虽据该土司申称，贼酋每年滋扰土司边界，但现今领兵之罕黑乃孟定土司之至亲，而该土司罕大兴系受袭土职，竟随往耿马肆行掳掠，复于贼营中拿获，是否逼胁顺从，抑系勾结侵扰，必须究明治罪，庶可以靖边衅。至各贼众，是否俱系木梳之人，抑内有乌合野夷，均须审明，方可酌量行文缅国。臣等业饬将罕大兴提解顺宁府，即转押来省审讯，俟审明，另行会奏，请旨遵办外，所有剿退贼夷缘由，理合恭折会奏，伏祈皇上睿鉴。

再事关边情，不便延缓，是以填用火牌，专差驰奏。合并陈明。谨奏。

朱批： 知道了。余有旨谕。

（《宫中档乾隆朝奏折》第十六辑，第 546～548 页）

1199　云贵总督吴达善《奏报春雨应时、豆麦秀发情形折》
乾隆二十八年二月初四日

云贵总督臣吴达善跪奏：为春雨应时、豆麦秀发情形事。

窃照滇黔二省上年十一月内连获瑞雪，豆麦涵濡，大为有益，经臣恭折奏闻在案。嗣据滇省迤、迤西、云南各府属陆续具报，十二月初一、初三四及十七、二十四五等日，复得雪雨，地亩沾润，豆麦敷荣，并于本年正月初八九、初十及十一二、十三四、十五、十八等日，连得大雨滂沱，通省普遍均沾，入土深透，南豆已经结角，二麦极为葱茂，间有吐穗者，获此膏雨叠沛，俱可升浆足粒。其沟洫之水在在克满，灌溉有资，大田亦可及时播种。

又查黔省上下两游地方，据贵阳各府属具报，十二月内雪雨频施，本年正月初九、

十四五、二十二等日，亦得大雨，普遍沾足，高下田畴处处深透。缘节候较迟，于滇省豆麦尚未颖实，然滋长青葱畅茂，将来丰收可必。此皆仰赖皇上洪福，以故边隅地方膏雨应时，春熟可期顺成。现在云贵两省时届青黄不接，而粮价照常平减，民情欣悦，地方宁谧。理合一并恭折奏闻，伏祈皇上睿鉴。谨奏。

朱批：欣慰览之。

（《宫中档乾隆朝奏折》第十六辑，第744～745页）

1200　云贵总督吴达善《奏报甄别过滇省乾隆二十七年分俸满千总情形折》

乾隆二十八年二月初四日

云贵总督臣吴达善跪奏：为恭折分晰汇奏事。

窃照定例：绿营千总历俸六年后，仿照文职教官之例，令该督、抚、提详加考验。如人材弓马去得，年力精壮，熟谙营伍，堪膺保送者，给咨送部引见。其年力未衰、弓马尚可者，仍留原任。庸劣衰迈者，勒令告休。于年底，将保送并留任、勒休共几员之处分晰汇奏等因，遵照在案。

臣查乾隆二十七年分云南省各标、镇、协、营千总，除因事斥革之永顺镇右营千总王训、永北镇左营千总胡进忠二员，因病告休之鹤丽镇左营千总赵升一员外，其六年俸满保送引见千总三员，又俸满咨部换札留任千总三员，预保后六年俸满留任候掣千总七员。所有甄别过云南省乾隆二十七年分年满千总姓名、俸满月日，另缮清单谨呈御览，伏祈皇上睿鉴。

再贵州省年满千总，另行分晰具奏。合并陈明。谨奏。

朱批：览。

（《宫中档乾隆朝奏折》第十六辑，第745～746页）

1201　云贵总督吴达善《奏陈滇属各官贤否折》

乾隆二十八年二月初四日

云贵总督臣吴达善跪奏：为恭陈滇属各官贤否事。

窃臣荷蒙皇上天恩，畀以滇黔封疆重寄，刻惟稽察属员，澄清吏治，冀仰副我皇上委任隆恩、察吏安民之至意。凡属员之才具操守、政事年力，靡不时加查察。复于因公接见时，询以地方事宜，觇其材识优劣。今查滇省各厅、州、县中，除平庸颓隳、难期振作者，臣与抚臣刘藻随时会核题参，不敢稍有姑容。现俱勤慎，循分供职，难得出众之员。

再东川、武定、大理、丽江、永北、元江六府尚未到任，均系暂委署理，未敢胪列渎奏。所有各司道暨各府之贤否，谨据实另开清单，恭呈御览。其黔省各官贤否，臣另行核实奏闻，伏祈皇上睿鉴。谨奏。

朱批：折留览。

（《宫中档乾隆朝奏折》第十六辑，第 746～747 页）

1202　云贵总督吴达善、云南巡抚刘藻《奏报遵旨拿解参革海州知州邬承显之子邬德麟情形折》

乾隆二十八年二月初四日

云贵总督臣吴达善、云南巡抚臣刘藻跪奏：为奏闻事。

乾隆二十八年正月初一日，准户部咨："内阁抄出，乾隆二十七年十月十五日，奉上谕：参革海州知州邬承显之子邬德麟等久未归旗一案，经该旗参奏，降旨令陈弘谋明白回奏。今据覆奏，邬承显任内有应追赃项未完，着落伊子等缴还，是以未即回旗。再邬德麟已入含山县籍，家口仍留福建旧任，邬图麟等并请改入河南孟县民籍等语。似此逗留规避，实乃汉军弊习，不可不亟为整顿。伊等在外官罢职，如有未完之项，自应勒限速完，实系无力追缴，即当归旗，按律治罪，何得任其迁延在外，借设措告贷之名，任意游荡抽丰，驯致滋生事端，何所不有？况该旗已经咨催，饰词延玩，此在民人犹不可为训，何况身为旗人者乎？即以情愿改归民籍而言，现在著有定例，并未稍为禁阻。第伊等或呈请于并无追项之前，或声明于完欠回旗之后，皆属可行。若借此巧为趋避，悬帑项而废官方，此风断不可长！嗣后外省参革汉军人员有应完款项者，着于定限内催追，为数过多，酌量展限完纳，倘逾限不完，即将该员等解旗治罪。此案陈弘谋既未准其改籍，并将邬德麟等押解回旗，该旗可即遵旨办理。将来有似此者，均照此例行。钦此。"等因，随经臣等钦遵移行，遵照在案。

旋于本年正月初六日，据贵州永宁州知州郎昌龄禀称："乾隆二十七年七月二十二日，有邬玉麟携侄邬鸣霄赴署，询其来踪，据云早经改归含山县民籍，今往滇省琅井提举高其人衙门告贷，因侄病，不能起身等语。职留邬鸣霄在署调养，九月十七日，邬玉麟起身赴滇，其侄尚在永署等候。兹钦奉上谕，始知邬图麟等改籍之呈并未批准，邬玉麟系邬图麟之弟，事同一辙，应禀请饬行琅井提举，将邬玉麟押解来黔，一并解京。"等

— 1101 —

情。并准贵州抚臣乔光烈咨会，邬鸣霄现经差拿，俟邬玉麟解到，一同起解等因。

臣等即差弁前赴琅井，迅将邬玉麟拿解，一面行令藩臬两司永泰等。查据琅井提举高其人申称："查参革海州知州邬承显之子邬玉麟，系有戚谊，职前在江南河工任内，知其已呈请改入江南上元县民籍，今于乾隆二十七年十月十四日，到署告贷，旋即染疾未痊，是以留养在署。兹蒙差提，始知邬图麟等不准改归民籍，则邬玉麟系邬图麟之弟，应一体归旗，随交差押解等情。并讯取邬玉麟供词，详报前来。"除叙供咨明部、旗，并将邬玉麟押解赴黔，同邬鸣霄一并解部，转交正红旗汉军都统衙门查办暨咨明两江总督臣外，所有拿解邬玉麟缘由，理合恭折奏闻，伏祈皇上睿鉴。谨奏。

朱批：览。

（《宫中档乾隆朝奏折》第十六辑，第 747~748 页）

1203　吴达善、刘藻、额尔格图《奏报滇省拿获捏造邪帖之犯，请旨遵办折》

乾隆二十八年二月初四日

臣吴达善、臣刘藻、臣额尔格图谨跪奏：为拿获捏造邪帖之犯，请旨遵办事。

乾隆二十八年正月初四日，臣吴达善、臣刘藻接臣额尔格图札开："乾隆二十七年十二月二十九日，据署中军参将岱明阿、署大理城守营都司孙仪凤面禀，有分防弥渡汛把总唐文俊，星夜来榆，禀有湖广人傅超常到汛投书。与把总随拆阅，书内言词狂悖，当将投书并同行人拿获，将原书呈阅等情。臣额尔格图随饬将投书人解交大理府审究，并知会到臣吴达善、臣刘藻处。臣等查阅原书，系王辅出名，言在石牛厂归顺鬼酋宫里雁，授为领路先行官，聚集兵马，又有十八罗汉及教水法师周二共十九名，正月十五日准杀永昌府等语，甚为狂悖，谨将原书恭呈御览。臣等彼时会查，王辅如果实有其事，断不肯直书己名，投告汛弁，其中显有奸徒假捏，计图诬陷情事。当即飞饬该府查讯，跟拿要犯，并密访弥渡厅属有无王辅其人及十八罗汉教水法师周二等名目。去后，旋据护大理府事路南州知州马元烈禀报，研讯带书之傅超常，供系路过云南县属沫滂铺坡上，遇见不识姓名之本地人，托其带投。随会营密饬云南县知县书德、防汛千总杨锦瑾，访获正犯杨锦，即杨君仲，讯系因奸挟隙，捏造诬陷等情。当饬提齐应审各犯证，解省发审。"去后，兹据云南按察使张逢尧、布政使永泰、粮储道罗源浩、驿盐道廖瑛，率同云南府知府龚士模会审，招解前来。

臣吴达善、刘藻会提各犯证，逐加研鞫，缘杨锦籍隶宾川，乾隆二十七年六月内，在弥渡厅属阿求河地方成衣生理，与尹开甲对门居住。八月十九日，开甲之妻邹氏向其讨线，被杨锦调戏成奸，并教氏与夫吵闹逼休。浼黄老五说合谋娶，黄老五不允，杨锦因与开甲门户相对，不便通奸，遂至同村相好之杨先家寄饭，日与邹氏宣淫。尹开甲知妻犯奸，力不能制，街邻王明等旁观不平，欲逐杨锦，而杨先之房主乐丕光亦因杨先容留匪类，欲令搬移。杨锦见事败露，先为走避，继许杨先银两，谋拐邹氏。邹氏亦愿同逃，因给与杨锦铜手镯、银手圈，约于十二月二十一日夜，在尾松树地方会齐。杨锦届期往彼守候，邹氏爽约不至，杨先告以必系本夫街邻防守严紧，不得脱身，应另设策拐逃而散。讵杨锦谋拐不遂，怀挟王明等驱逐之嫌，设计图害。因知王明有胞兄王辅，向在募乃厂之石牛子厂生理，并闻二十七年，有石牛子厂拿获鬼酋宫里雁，解省审拟，请旨正法之事，即捏写王辅名目在厂归顺，宫里雁授伊职官，聚集兵马杀永昌府，狂悖不经之词，封作书信，于十二月二十六日，在途央恳过路素不认识之傅超常带投弥渡汛防衙门。该把总唐文俊拆阅书信，当将傅超常并同行人拿获，同原书裹报。今臣吴达善、臣刘藻会鞫前情，供吐如绘，并当堂令杨锦默写原书，查验笔迹，均属相符，且有傅超常质认确凿，其为捏造正犯，毫无疑义。

查例载：妄布邪言，书写张贴，煽惑人心，为首者斩立决；又和诱知情之人，为首者照例发遣，为从减等满徒；又军民相奸者，奸夫奸妇各枷号一个月，杖一百各等语。杨锦因奸拐邹氏不遂，挟嫌图害平民，辄捏邪言，骇人听闻，不法已极。杨锦，即杨君仲，除因奸谋拐邹氏未成，轻罪不议外，合依妄布邪言，书写张贴，煽惑人心为首例，拟斩立决，先行刺字。杨先虽不知捏造书词情由，但始则容留通奸，继复图得银两，伙拐邹氏，致起衅端，未便因拐逃未成，稍为宽贷。杨先，即杨景东，除容止通奸，罪止枷责不议外，仍请依和诱为从减等满徒例，杖一百，徒三年，至配所折责四十板。邹氏犯奸，欲逃未遂，合依军民相奸例，枷号一个月，杖一百，杖罪的决，枷号收赎，仍给本夫，听其去留。傅超常不查来历，冒昧带书，合依不应重律，杖八十，折责三十板。尹开甲赋性愚懦，知妻犯奸，力不能制，讯非纵容，请与无干之王辅及王明等概行省释。邹氏所给杨锦铜手镯、银手圈，追变入官。除另缮各犯供单谨呈御览外，相应合词恭折具奏，伏祈皇上睿鉴，敕部核覆施行。谨奏。

朱批：三法司核拟查奏。

（《宫中档乾隆朝奏折》第十六辑，第 748～750 页）

1204 云南巡抚刘藻《奏报乾隆二十七年三运第一起京铜自泸开运日期折》

乾隆二十八年二月初四日

云南巡抚臣刘藻谨跪奏：为钦奉上谕事。

乾隆十四年六月十八日，承准廷寄，内开："奉上谕：嗣后运铜事宜，务须加意慎重，其沿途经过各省督抚，朕已传谕，令其将委员守风、守冻及有无事故之处奏闻。至铜铅船只于云贵本省起运，何日出境，亦着该督抚随时折奏。钦此。"钦遵，转行遵照在案。

兹据云南管理铜务粮储道罗源浩会同布政使永泰详称："据委驻泸店转运京铜署大关同知孙于磐报称，乾隆二十七年三运第一起委官试用知县李鹄，于乾隆二十七年十月二十九日抵泸，十一月十六日开秤起，至十二月初八日止，兑交过铜七十四万斤，内除陆路折耗铜三千七百斤外，实该正耗余铜七十三万六千三百斤，又带解陈家栋等挂欠铜八万九千七百三十九斤一两零，照数发给，该员即于十二月初八日自泸扫帮。"等情，转详到臣。除分咨户、工、兵部及沿途经过各省督抚，转饬各该同知、通判并地方文武员弁一体督察防护，按站催趱，不许片刻停留，仍严密稽查有无盗卖情弊外，所有乾隆二十七年三运第一起京铜自泸开运日期，理合恭折奏报。

再查委办壬午年三运第二起京铜之楚雄县知县张斯泉，行抵泸州，未及领铜，于十二月十八日病故。此时遴员接运已在加运之后，且计其扫帮，正值川江水涨，未便冒险前行。臣现饬司道飞查张斯泉经手水脚等银有无不清，据实具报，一面另行委员于乾隆二十八年头运京铜之前赴泸领兑，依限运京交收。除缮疏具题及咨部查照外，合并陈明，伏祈皇上睿鉴。谨奏。

朱批：览。

（《宫中档乾隆朝奏折》第十六辑，第 768～769 页）

1205　云南巡抚刘藻《奏报甄别过滇省俸满教职情形折》
乾隆二十八年二月初四日

云南巡抚臣刘藻谨跪奏：为遵旨汇折奏闻事。

案查承准廷寄："乾隆二十年三月十七日，奉上谕：甄别六年俸满教职一案，可传谕各省督抚，令其于陆续题咨外，每年岁底，将此一年内该省甄别过六年俸满教职，共保举堪膺民社者几员，留任送部引见者几员，勒令休致者几员，汇折奏闻。钦此。"又准部咨："乾隆二十二年六月十八日，奉上谕：甄别教职，云南等省着改为八年举行一次，俾得宽其程限。其六年保题县令仍着照旧例行。钦此。"钦遵在案。

兹乾隆二十七年分滇省六年俸满教职，有鹤庆府教授徐吉士、广南府教授邵一诚、阿迷州学正王式和等三员。臣与督臣带理学臣吴达善逐加查看，俱系循分供职，无可保题，应俟历俸八年再行办理。至现今历俸已满八年者共十八员，内除元江府教授张维灿、楚雄县教谕马駊、宜良县教谕王锡蝦、呈贡县教谕艾子良、石屏州学正杨正春、广西府训导周开元等六员已先经告休，陆续咨部外，其余十二员内，昭通府教授饶有亮、路南州学正郭廷选、沾益州学正龙廷楣、蒙自县教谕杨重禄等四员，均堪留任，照例给咨送部引见。其镇沅府教授李先益、师宗州学正王鉴、太和县教谕许缜、永北府训导刘靖、云龙州训导孙馨、昆阳州训导王恬、太和县训导史简、平彝县训导许明廷等八员，俱年力衰迈，勒令休致。除分别咨部外，臣谨会同云贵督臣吴达善汇折奏闻，伏祈皇上睿鉴。谨奏。

朱批：知道了。

（《宫中档乾隆朝奏折》第十六辑，第770页）

1206　云南巡抚刘藻《奏报滇省得雨情形及豆麦茂盛折》
乾隆二十八年二月初四日

云南巡抚臣刘藻谨跪奏。

窃照滇省上年冬月得雪日期并豆麦情形，经臣于回任后缮折恭奏在案。兹省城暨迤东、迤西各府厅州县，于本年正月初八、九、十及十一二三四、十五、十八等日，大雨频施，普遍均沾，入土深透，现据处处禀报，大概相同，实为从来新春之所未有。目下南豆早者已经入市，迟者亦皆结角，二麦青葱勃发，高一尺及二三尺不等，早麦现俱出穗，得此膏雨滋培，结粒愈加饱满。其河渠之水在在充盈，足资灌溉，节候较早之区更可乘时播种，丰登之象豫兆闾阎，民夷安乐。理合恭折奏闻，伏祈皇上睿鉴。谨奏。

朱批：欣悦览之。

（《宫中档乾隆朝奏折》第十六辑，第771页）

1207　云南巡抚刘藻《奏陈遵旨办理命案务在直叙确情折》
乾隆二十八年二月初十日

云南巡抚臣刘藻谨跪奏：为钦奉上谕事。

乾隆二十八年二月初五日，承准廷寄，内开："乾隆二十七年十二月初七日，奉上谕：朕阅刑部本内，有福建杨守道戳死胞兄、江西黄想致死小功服叔二案，原俱按律定以斩决，而于案内所叙情节支离之处，并不置议。推求其故，部臣第谓罪无出入，无庸逐节研究，即令指出驳诘。而承审官又谓抑令改易初供，是以日久相沿，竟成故套。而幕客、吏胥遂遇事动为缘饰，虽经朕屡行训饬，终至迷而不悟也。伦常所关綦重，犯尊法在必行。惟其中实有救父救母，万不得已之真情，以及无心邂逅，确乎可据者，原应据实声叙，以凭核拟。若杨守道之伤死胞兄，虽其兄原有回言，不受其母斥责之文，而于该犯夺刀以下，则称其兄扑打赶近，身未穿衣，以致戳伤云云。果尔，则将归咎死者之赤身自赴刀刃，未及衷甲，自卫可乎？至黄想之父，已自携杖殴人，并无身遭困厄情状，乃称该犯执杖下节，头向里落，其叔为垂杖击伤致毙，明是欲为该犯解说，直视伊叔为甘蹈杖械之人，成何情理？殊不思附会假借之言，日滋则伪者，固可貌真，而真者安知不近于伪？设遇实有情在可原之犯，法司必以人云亦云，目之是庸。有司之虚语宽仁，实致酿成刻核耳！朕慎重刑章，虽寻常案牍，务在得情，不肯稍存成见。倘于伦常所系，不为一一体勘，使幕胥故智习见公行，而督抚亦即据以题达，下自牧令，上至督、抚、法司，积案因循，牢不可破，又何以惩干名犯分之徒？且俾一线可矜者，不致同归混淆哉。嗣后，各省办理命案，务在直叙确情，如仍蹈袭此种恶道，转相仿效，以为长技，朕惟于督抚等是问。可于各督抚奏事之便，传谕知之。钦此。"寄信到臣。承准此。

伏思人命至重，以卑犯尊，尤为伦纪所关，不容稍有缘饰。臣每值鞫审此等案件，如遇有供词未确、情节支离者，必虚衷推勘，驳诘更正，务期归于切实。兹蒙圣主洞鉴幕胥积习，指示严明。臣惟有更加详慎，力除缘饰之风，以仰副我皇上明刑弼教之至意。除一面札会督臣，并饬臬司通行各属一体钦遵办理外，所有臣承准廷寄，遵奉缘由，理合恭折奏覆，伏祈睿鉴。谨奏。

朱批：览。

（《宫中档乾隆朝奏折》第十六辑，第 813～814 页）

1208　云南巡抚刘藻《奏谢圣恩允准貤封臣曾祖折》
乾隆二十八年二月初十日

云南巡抚臣刘藻谨跪奏：为恭谢天恩事。

窃臣标折差旋滇，据禀称：乾隆二十七年十一月二十九日，云南驻京提塘于内阁领出臣曾祖父母、祖父母、父母诰封三轴，随于十二月初二日，专差赍送臣山东本籍，业经恭迎至家，敬谨收藏供奉讫。

伏念臣曾祖刘捷，未登仕版，经臣具折奏请貤封，荷蒙圣恩允准，辉煌凤诰，宠逮九原，璀璨龙章，荣连四世，门闾焕彩，俎豆流光，实人生所罕逢，于臣身为逾分。臣惟有矢勤矢慎，无怠无欺，殚竭庸愚，捐糜顶踵，以图仰报皇上高厚殊恩于万一。臣敬设香案，望阙叩头，恭谢天恩。谨奏。

朱批：览。

（《宫中档乾隆朝奏折》第十六辑，第 814 页）

1209 云贵总督吴达善、云南巡抚刘藻《奏报审明孟定土司罕大兴并无通同夷匪情弊，按律定拟折》

乾隆二十八年三月初三日

云贵总督臣吴达善、云南巡抚臣刘藻跪奏：为遵旨严审定拟具奏事。

窃照木梳夷匪往抢耿马，当被耿马剿败。孟定土司罕大兴既不抵御，临时又不通知耿马，且为罕黑带往，现于贼营内拿获，业饬提解来省审讯缘由，当经臣等会折恭奏。于二月二十五日，钦奉朱批："知道了，余有旨谕。钦此。"承准廷寄，奉旨："着传谕该督等，务令严加审讯。钦此。"臣等钦遵，随提犯，率同布、按二司、粮、盐、迤西各道复加严讯，与司道等所审无异。

除供词另录清单恭呈御览外，臣等审得：孟定土司罕大兴，于乾隆二十二年袭替土职，本系木邦夷籍。罕大兴之父罕鉴猛在日，即为聘娶木邦夷官罕亨之女为妻，罕亨物故，伊子罕蟒底接管后，虽系姻亲，不相往来。其木邦、木梳同属缅甸统辖。自木梳甕籍牙篡夺缅甸之后，木邦不服，彼此仇杀多年。乾隆二十七年，罕蟒底兵败潜逃，伊堂弟罕黑即背兄降顺木梳，而木梳头目来至木邦搜缉罕蟒底，兼有催取耿马贡物之语。罕黑遂勾同该头目普拉布往耿抢掳，并纠合借些野夷，各带夷众，约共二千余，于十一月十二、十四等日，先后渡江，突入孟定边界，声称催取耿马贡项，向罕大兴借路。罕大兴既不竭力堵御，复不知会耿马，并任所属土练、头人闻风避匿，一筹莫展，致被普拉布率众围拿。又恐其堵截归路，吩咐拴带，于二十日，押同到耿。见耿马衙署、民房已经烧抢，二十七日，贼夷仍回孟定，因挟不准借路之嫌，复将罕大兴父子一并押带过江，勒银取赎。适土司罕国楷在孟连，闻信回耿，传知石牛子厂砂丁，并调集土练，派舍目罕朝玑等统领追剿。于十二月初八日，会合滚弄江口，斩获酋首普拉布等首级五名，杀死贼夷一百余人，余俱同罕黑溃散。罕大兴正在贼营，喊救时，有砂丁刘辉若等听闻，将伊父子救释，交付罕朝玑带回。于十二日，罕朝玑等又遇被葫芦酋长攻败奔回之贼夷，复斩其一百余人，余俱过江逃遁。节据永顺镇、迤西道暨永、顺二府禀报到臣。因罕大兴随从贼酋烧抢，明有通同勾引情弊，随经飞提解审前来。

兹臣等公同严加审讯，罕大兴能说汉语，极口供无通同木梳滋扰情事。反复究诘，坚称："虽与罕黑至亲，素未见面，普拉布更不认识。实因贼众突然而至，地窄人少，力不能支，其不通知耿马，亦因事在急迫，心慌意乱所致。贼目普拉布虑土司截其归路，所以带往耿马。继挟不借路之嫌，又将土司父子拴带过江，勒银取赎，并无勾结之事。"严诘至再，矢口不移。核之砂丁刘辉若等救出罕大兴之供，亦属吻合。其为力弱被勒，似无遁情。

查律载：缘边关塞，境外奸细入境，经过去处，守把之人知而故纵者，与犯人同罪，至死减等等语。孟定土司罕大兴身任土职，明知外夷连年仇杀，边界未宁，平时漫不加练防守，临事又复怯懦无能，且不知会邻封协力严御，致令贼夷擅入抢掳，虽据坚供并无通同情弊，其明知故纵，罪无可逭。查夷目普拉布等所犯，法应骈首。今孟定土司罕大兴，应请旨革职，依缘边关塞外奸细入境，守把之人知而故纵者，与犯人同罪，至死减一等律，应仗一百，流三千里。系土司，照迁徙远省之例，并家口迁往江宁省城安插。所遗土职，饬令永顺镇道府，督同邻封土司及孟定族舍目把，于伊亲支内，择其驯谨能事者，公举一人袭替，以协舆情，以杜边衅。耿马土司罕国楷，从前因往外域办解象只，有送缅甸缎马礼物，此乃酬酢常情，现已停止多年，应毋庸议。在事土弁、目练、砂丁人等并救回被掳暨被难各夷民，前经奏明，令迤西道分别奖赏，抚恤得所，亦毋庸再议。至借称索贡，焚劫耿马，皆系木梳头目普拉布所为。今普拉布业经授首，而罕黑已逃遁无踪，谕令各土司侦探下落。其内地各边隘，仍饬文武各员加谨巡防，并令耿马土司罕国楷于木邦交界江口派拨目练、砂丁，常川把守防范，毋致疏虞在案。

所有审讯罕大兴缘由，理合会同云南提臣额尔格图合词恭折具奏，伏祈皇上睿鉴，训示施行。谨奏。

朱批：如所议行。

（《宫中档乾隆朝奏折》第十七辑，第 113～115 页）

1210 云贵总督吴达善、云南巡抚刘藻《奏请拣发同知、知州、知县等员来滇以备差委折》

乾隆二十八年三月初三日

云贵总督臣吴达善、云南巡抚臣刘藻谨跪奏：为奏请拣发人员，以备差委事。

窃照云、贵、川、广等省，如有需员之处，例得奏请拣发。而滇省距京最远，凡有缺出，部选之员，势难刻期到任，必须委员署理。其本省拣调遗缺，亦应以试用之员题署。又每年解运京铜正加四次，分为八起，共需丞倅牧令八员，往返在两年之外，而汤丹、大碌等铜厂亦须委员专管，差遣甚多，从前拣发各员，或已经委署得缺，或领运京铜未回，现在不敷委用。兹据云南布政使永泰、按察使张逄尧会详前来。

臣等覆查无异，相应恭折会奏，仰恳圣恩，俯准于候补、候选人员内拣发同知二员、知州四员、知县六员，俾速行来滇，以备委用，遇有缺出，酌量题补。至通判及佐杂各员，尚足以供差遣，毋庸拣发。合并奏明，伏祈皇上睿鉴。谨奏。

朱批：有旨谕部。

（《宫中档乾隆朝奏折》第十七辑，第 115～116 页）

1211　云贵总督吴达善《遵旨保举堪膺专阃之寄人员折》
乾隆二十八年三月初三日

云贵总督臣吴达善跪奏：为钦奉上谕事。

乾隆二十八年二月十一日，准兵部咨："乾隆二十八年正月初九日，内阁抄出，初八日，奉上谕：从前各省督、提等保举堪胜总兵人员，业已陆续酌量简用。其现任副、参以下各官，或尚有才具出众、可膺专阃之寄者，着各省总督、提督及兼管提督之巡抚等，各就所知，据实保奏，送部引见。钦此。"相应行文钦遵等因。准此。

查滇黔两省现任副、参以下各官，臣随时留心查看，有云南元江营参将李经世，职练才优，熟谙营伍，操防勤慎，历委署理总兵印务，督率有方；云南抚标中军参将华封，才识明敏，训练弁兵严肃整齐，气度开展；贵州抚标右营游击朱仑，材品兼优，弓马娴熟，臣上年在黔半载，见其办理营伍事宜，绰有条理，气概亦卓荦；又臣前在甘肃巡抚时，知抚标中军参将四十六，汉仗雄伟，才识练达，整理一切事务妥协安详。以上四员，均属才具出众，堪膺专阃之寄，理合据实遵旨保举，伏候钦定。除四十六，咨明陕甘督臣杨应琚给咨送部引见外，谨将元江营参将李经世、云南抚标中军参将华封、贵州抚标右营游击朱仑，即给咨送部，带领引见。

再臣正在给咨间，接准湖广督臣爱必达来咨，华封亦经保举，今臣给咨送部。合并陈明，伏祈皇上睿鉴。谨奏。

朱批：该部知道。

（《宫中档乾隆朝奏折》第十七辑，第 116～117 页）

1212　云贵总督吴达善《奏报撤回协防耿马提标官兵缘由折》
乾隆二十八年三月初三日

云贵总督臣吴达善跪奏：为恭报边境敉宁，撤回协防官兵事。

乾隆二十八年二月十三日，接据永顺镇总兵田允中禀称："上年十二月内，因木梳野夷抢掳耿马地方，职属缅宁一营系通耿要隘，蒙拨提标兵五百名分布防范。嗣木贼虽被耿马杀败，尚留木邦，恐来报复，防兵不便骤撤，业蒙奏明，令职居中调度，督率严防，以固边疆在案。兹据差探回称，木邦地方并无木梳之人，现在毫无动静等语。且时届仲春，炎瘴渐发，木贼既全数逃回，其沿江一带隘口又有耿马土目罕朝玑、厂民周德惠等督率各土练、砂丁，防御严密，内地沿边各汛隘亦皆防守慎固，前拨提标兵五百名应行撤回。"等情前来。

臣查夷匪既已远遁，边境业经宁静，除饬该镇即将提标之兵撤令回营差操，仍须于边疆各要口督率备弁加谨巡防，并饬耿马土司多派土练、砂丁把守江口，随时侦探，毋稍疏忽外，所有撤回提标兵丁缘由，臣谨缮折具奏，伏乞皇上睿鉴。谨奏。

朱批： 览。

（《宫中档乾隆朝奏折》第十七辑，第 117~118 页）

1213　云贵巡抚刘藻《奏报起身查勘城工日期折》

乾隆二十八年三月初三日

云贵巡抚臣刘藻跪奏：为奏明查勘城工事。

窃照滇省昆阳、宜良、河阳、江川、路南、广通等六州县城垣，原估工料等银自一千两以上至二万余两不等，工完之日，臣应亲勘题销。兹查昆阳、宜良、河阳、江川四处城工已据陆续报竣，其路南、广通二处虽未报到，而核计修砌工程，均在八九分以上，不日即可完工。臣于本年三月初七日，轻骑减从，自省城起身，挨次查勘，往返约需二十余日，所有一切应办案件，仍可沿途料理，不致贻误。除俟旋署之日，将查勘城垣情形另行奏报外，所有臣起身勘城日期，理合恭折奏闻，伏乞皇上睿鉴。谨奏。

朱批： 览。

（《宫中档乾隆朝奏折》第十七辑，第 125~126 页）

1214　云贵总督吴达善《奏报原办案件拘泥不当，奉旨申饬，遵旨即行办理折》

乾隆二十八年三月二十四日

云贵总督臣吴达善跪奏：为钦奉上谕事。

乾隆二十八年三月十六日，承准廷寄，内开："乾隆二十八年二月二十八日，奉上谕：刑部议驳吴达善定拟越狱拒捕军犯贺文龙改为绞决一案，所办甚属明允。贺文龙始以伙窃诬良，拟军，辄行贿，越狱脱逃，屡经肆窃，至闻拿拒捕，胆敢刃伤官役，其为怙，终不法，岂寻常案犯可比？仅仅迁就例文完结，实不足以昭炯戒。吴达善原拟未免尚有姑息之意，着传旨申饬。钦此。"遵旨寄信前来，承准此。臣跪读之下，惭愧悚惶。

窃查贺文龙始因伙窃诬良，拟军，复于越狱脱逃后，辄敢为匪行凶。臣不能揆情定拟，实属愚昧拘泥，诚如圣训，不足以昭炯戒。当即密饬云南按察司张逢尧，转饬富民县知县陈暎进，将该犯贺文龙绑赴市曹，于十七日绞决讫。

所有臣接准廷寄及办理缘由，理合恭折奏覆，伏祈皇上睿鉴。谨奏。

朱批：览。

（《宫中档乾隆朝奏折》第十七辑，第258～259页）

1215　云贵总督吴达善《奏请拣发游击人员来滇以备差委折》

乾隆二十八年三月二十四日

云贵总督臣吴达善跪奏：为请旨拣发游击人员，以备差委事。

窃照滇省武职各缺，边地居多，凡有升调事故及赴京引见，必须遴员委署。但就近，或亦要缺，既难兼顾，而汛地辽阔，又虞鞭长莫及。臣于乾隆二十六年，奏请拣发游击五员，俱已题补得缺，如遇有缺出，委署乏员。相应仰恳圣恩敕部，拣发游击六员来滇，以供差委，庶遇有员缺，即可遴委署理，酌量题补，而要缺不致久悬，于岩疆重地亦大有裨益。理合恭折具奏请旨，伏祈皇上睿鉴。谨奏。

朱批：有旨谕部。

（《宫中档乾隆朝奏折》第十七辑，第259页）

1216　云贵总督吴达善《奏报遵旨会办将邬玉麟等犯解京治罪并咨明正红旗汉军都统折》

乾隆二十八年三月二十四日

云贵总督臣吴达善跪奏：为恭折奏覆事。

乾隆二十八年三月十七日，接贵州抚臣乔光烈札开，三月十三日，承准廷寄，内开："乾隆二十八年二月二十八日，奉上谕：乔光烈所奏永宁州知州查出邬玉麟等分解治罪一折，已有旨将该州郎昌龄交部议叙。其邬玉麟既经乔光烈移知吴达善，现在就获，应与邬鸣霄即行一并解京治罪。着传谕该督抚等彼此知会，务委妥员，沿途留心防范，倘致乘间脱逃，咎有所归。勿以寻常金解故套塞责也。钦此。"遵旨寄信前来，应即知会，一体遵照办理等因。准此。

查邬玉麟一犯，臣于本年正月初六日，接据永宁州知州郎昌龄禀报，并准贵州抚臣乔光烈知会到臣。当即差弁前赴琅井提举高其人衙门，于正月十一日拿解来省，饬司讯供，详请咨牌，即于二十三日押解赴黔，咨明抚臣乔光烈，应将该犯速同邬鸣霄一并差解回旗查办，并分咨部、旗暨沿途各省督抚转饬，加谨一体拨护，经臣于二月初四日，会同云南抚臣刘藻恭折奏明。嗣准抚臣乔光烈咨覆，邬玉麟、邬鸣霄二犯，已于二月十八日委员留心防范，递解前进在案。今钦奉谕旨，复准抚臣乔光烈知会，当即遴委干练把总晏朝佐兼程赶赴前途，防范管辖，速趱解京讫。臣又咨明正红旗汉军都统，俟委员解到邬玉麟等，即解刑部治罪外，所有钦遵谕旨会办缘由，理合恭折奏覆，伏祈皇上睿鉴。谨奏。

朱批：览。

（《宫中档乾隆朝奏折》第十七辑，第 260 ~ 261 页）

1217　云贵总督吴达善、云南巡抚刘藻《奏报乾隆二十七年分动用钱粮及工程报销各案全完折》

乾隆二十八年三月二十八日

云贵总督臣吴达善、云南巡抚臣刘藻谨跪奏：为遵旨汇折奏闻事。

案准部咨，钦奉上谕："外省动用钱粮及工程报销，应驳应准俱有定例，务令克期速结。仍着于每岁底，将未完各案汇折奏闻。钦此。"

遵查，乾隆二十六年分滇省动用钱粮项下，并无未完。惟工程报销项下，有未完部驳元江等二十六府厅州县建盖社仓饬造妥册一案，经臣等会同具奏，并勒限催办，旋已咨部完结在案。今查二十七年续准部查之案，亦俱依限办结。除分咨户、工二部查核外，所有乾隆二十七年分动用钱粮及工程报销各案并无未完缘由，理合会折奏闻，伏祈皇上睿鉴。谨奏。

朱批：览。

（《宫中档乾隆朝奏折》第十七辑，第 300 页）

1218 云南巡抚刘藻《奏报查勘完城工目击沿途情形折》
乾隆二十八年三月二十八日

云南巡抚臣刘藻谨跪奏。

臣于三月初七日，往云南、澄江、楚雄三府属地方查勘城工，于二十四日回署。所过沿途村庄，南豆现经收获，早麦间有登场者，田间之麦菁葱茂盛，穗俱长大饱满，弥望无际。途间又遇大雨数次，沟渠盈溢，秧苗出水高六七寸、七八寸不等。询问民夷，俱称今春雨水沾足，南豆收成胜于往年，将来麦收可足十分。老幼男妇无不欢忭喜庆，共乐升平。谨缮折具奏，仰慰圣怀，伏祈睿鉴。臣谨奏。

朱批：欣慰览之。

（《宫中档乾隆朝奏折》第十七辑，第333页）

1219 云南巡抚刘藻《奏报查勘城工情形并回署日期折》
乾隆二十八年三月二十八日

云南巡抚臣刘藻谨跪奏：为奏报勘城情形并回署日期，仰祈圣鉴事。

窃臣于本年三月初七日自省起身，查勘昆阳、宜良、河阳、江川、路南、广通等六州县城垣，业经恭折奏明在案。兹臣于初八日，先抵宜良县，率同云南府知府龚士模，按照报部估册，将周围城身里外高宽各工段逐一躬亲丈量，均属合式。复拆开砖块，详加验视，砖与灰凝一律坚实，其城楼、垛座、垛口、海墁等项做法亦与原估相符，并无偷减工料、冒销银两情弊。勘毕之后，由路南州至河阳、江川、昆阳等处，督同该府州县，照前逐加勘丈，修砌各工亦俱如式完固。十八日，至迤西之广通县，工程尚止八分，不能于本年四月初六日六个月限内完竣。询据承修官及匠作人等，佥称实因今春雨水较多，入地深透，难以施工，是以稽迟等情。当经严饬该署县杨文光，趁此天气晴明，上紧赶修，并令楚雄府知府朱履忠就近督催，务使一律修砌坚固，造册申请勘报，如再迟延，定行查参。臣即于二十四日旋署。除将已竣之宜良等五处城工分案题销外，所有勘过城工情形并回署日期，理合缮折奏闻，伏祈皇上睿鉴。谨奏。

朱批：览奏俱悉。

（《宫中档乾隆朝奏折》第十七辑，第334页）

1220 云南巡抚刘藻《奏报乾隆二十七年加运第一起及加运第二起京铜自泸开运日期折》

乾隆二十八年三月二十八日

云南巡抚臣刘藻谨跪奏：为钦奉上谕事。

乾隆十四年六月十八日，承准廷寄，内开："奉上谕：嗣后运铜事宜，务须加意慎重。其沿途经过各省督抚，朕已传谕，令其将委员守风守冻及有无事故之处奏闻。至铜铅船只，于云贵本省起运，何日出境，亦着该督抚随时奏闻。钦此。"钦遵，转行遵照在案。

兹据云南管理铜务粮储道罗源浩会同布政使永泰详称："据委驻泸店转运京铜、护大关同知汪任报称，乾隆二十七年加运第一起委官镇雄州知州宋允清，于乾隆二十七年十二月二十五日抵泸，二十八年正月十六日开秤起，至二月初五日止，兑交过铜九十四万五千七百二十斤，内除陆路折耗铜四千七百二十八斤九两零外，实该正耗余铜九十四万九百九十一斤六两零，照数发给，该员即于二月十三日自泸扫帮。又据详报，乾隆二十七年加运第二起委官阿迷州知州石观，于乾隆二十八年正月二十六日抵泸，二月初十日开秤起，至二月二十九日止，兑交过铜九十四万五千七百二十斤，内除陆路折耗铜四千七百二十八斤九两零外，实该正耗余铜九十四万九百九十一斤六两零，照数发给，该员即于二月二十九日自泸扫帮。"各等情，转详到臣。除分咨户、工、兵部及沿途经过各省督抚，转饬各该同知、通判并地方文武员弁一体督察防护，按站催趱，不许片刻停留，仍严密稽查有无盗卖情弊外，所有乾隆二十七年加运第一起及加运第二起京铜自泸开运日期，理合恭折具奏，伏祈皇上睿鉴。谨奏。

朱批：览。

（《宫中档乾隆朝奏折》第十七辑，第335页）

1221 云贵总督吴达善《奏报拟起身巡阅滇省迤西营伍折》

乾隆二十八年四月初一日

云贵总督臣吴达善跪奏：为恭报巡阅营伍事。

窃照滇省迤东各镇标营伍，臣于乾隆二十六年十月暨上年五月内自黔回滇，俱已周历简阅，节经臣恭奏在案。其迤西各镇、营将备，臣上年冬间察核军政，虽逐加考验，但营伍兵技、阵式、军械等项有无纯熟整齐，马匹、公项是否膘壮足额，均须亲行查阅，方得确实。臣酌俟会同抚臣刘藻于四月初六日秋审毕后，即轻骑减从，前赴楚姚、大理、永顺、永北、剑川、鹤丽等提镇各标营，逐一查阅，并体察地方民情，俟查竣，分别优劣，详晰奏闻。所有臣巡阅迤西各营伍缘由，谨具折奏明，伏祈皇上睿鉴。谨奏。

朱批：知道了。

（《宫中档乾隆朝奏折》第十七辑，第343～344页）

1222 云贵总督吴达善《奏报滇黔二省豆麦成熟、秧苗畅发情形折》
乾隆二十八年四月初一日

云贵总督臣吴达善跪奏：为恭报豆麦成熟、秧苗畅发情形事。

窃照滇黔两省正月内春雨频降，豆麦茂盛，粮价平减，经臣于二月初四日恭折奏闻。嗣是风日温和，雨泽应时。滇属二月初十、十一暨二十四五六等日，各属连次得雨，高低田地咸皆透足。三月初二三四及十三、十四五六等日，复得透雨，蚕豆现已登场，二麦早者次第收获，迟者亦皆结实渐熟。据近省州县报到春收分数，俱有十分九分，远处尚未报齐。通属杂粮秧苗亦极发荣滋长。元江府气候最暖，栽插将竣，余皆翻犁，农事正兴。查滇省半多山田，全赖雨水充盈。今岁春雨沾足，夏收既获丰稔，而秧田更得及时耕种。

至黔省两游各厅州县地方，较滇省节气略迟。现据布政使亢保禀称，入春以来，雨水调匀，春花茂盛。目下正届农民撒秧之候，尤资雨水翻犁。三月初九至初十日，连得膏雨，高低田亩俱属普遍深沾，于秧田固甚有赖，而春花更获滋润。两省粮价均平，民夷现尽力耕作。此皆仰赖皇上洪福广被，是以边境共庆丰乐，疆隅宁谧也。理合恭折具奏，伏祈皇上睿鉴。谨奏。

朱批：览。

（《宫中档乾隆朝奏折》第十七辑，第344页）

1223 云贵总督吴达善《奏报据情代请貤封折》
乾隆二十八年四月初一日

云贵总督臣吴达善跪奏：为遵旨汇奏事。

案准兵部咨开："乾隆二十七年五月初五日，内阁奉上谕：今日顾济美奏请貤封，并社图肯等为游击任景代请虮封二折，均着照所请，准其虮封。第念内外臣工得遇覃恩，据情奏恳，非格于定例者，其事率宜允行。惟是京员三品之上例得自请，余俱由吏、兵二部查核汇奏。而外官文自藩臬、武自副参以下，一一皆以专折具奏，待朕降旨，陈牍纷繁，殊于政体未协。自后除督、抚、提、镇等仍循旧例，自行折奏请旨外，其藩、臬、副、参以下各员，着详报督、抚、提、镇核明，与例相符，汇齐具奏，仍饬交吏、兵二部核覆准行。则大员俱候朕裁，众职亦均归画一。将此通着为例。钦此。"移咨到臣，随钦遵转行。去后，兹据贵州毕赤营游击覃梓楚、都匀协左营游击彭廷栋、右营游击姜必昌等各详称："梓楚等俱于游击任内，恭遇乾隆二十六年圣母皇太后七旬万寿，钦奉恩诏，例应请封二代，其曾祖父母未能一例邀恩封赠，梓楚等报本心殷，情实难已，愿将本身、妻室封典虮赠曾祖父母，俾得并沐恩荣，以遂乌私。顶戴无既，理合遵例，详请汇奏。"等情前来。

臣查定例，三品以上官员有情愿虮封者，请旨定夺。今游击覃梓楚等三员各呈请，愿将本身、妻室应得封典虮赠曾祖父母，臣复加查核，俱与例相符。除取各员履历册结另咨送部外，臣谨据情恭折汇奏，伏祈皇上睿鉴，敕部核覆施行。谨奏。

朱批：该部议奏。

（《宫中档乾隆朝奏折》第十七辑，第 345～346 页）

1224　云贵总督吴达善《奏报遵旨酌量永北镇总兵穆秉常应于秋间进京陛见折》

乾隆二十八年四月初一日

云贵总督臣吴达善跪奏：为恭折奏明事。

据云南永北镇总兵穆秉常禀称："乾隆二十七年九月内缮折，恭请进京陛见，今于本年二月二十日，差弁回永，奉到朱批：问之总督，于可来时来。钦此。"恭录朱批到臣。

臣查永北镇管辖地方均极宁谧，本可令该镇进京陛见，但目下正需办理兵马奏销，又值补行滇省千总军政之时，该镇俱有查核之责。臣遵旨酌量，应俟办理事竣，于秋间，即令其起程，赴京陛见。除知会该镇查照外，理合恭折具奏，伏祈皇上睿鉴。谨奏。

朱批：览。

（《宫中档乾隆朝奏折》第十七辑，第 346 页）

1225　云贵总督吴达善《奏报委署提督印务折》
乾隆二十八年四月初一日

云贵总督臣吴达善跪奏：为恭报委署提督印务事。

乾隆二十八年正月十八日，准云南提臣额尔格图咨称，承准兵部咨："本年军政，本部奏各省提、镇履历一折。乾隆二十七年十二月十三日，奉旨：知道了。额尔格图着来京陛见，余着照旧供职。钦此。"相应咨会等因到臣。准此。

臣思提督节制全省，责任綦重，虽暂行署理，亦须人地相宜。臣查就近大理府之鹤丽、永北两镇，均系到任未久。惟普洱镇现调昭通镇总兵雷霖，老成持重，明白边情，而昭通地方近极安静。适新补普洱镇总兵刘德成已经回滇，臣即令其星速赴任。兹该镇雷霖业于三月十五日交印卸事，臣酌委前赴大理，接署提督印务，以便提臣额尔格图起程，赴京陛见。所有臣酌委署理云南提督印务缘由，理合恭折具奏，伏祈皇上睿鉴。谨奏。

朱批：知道了。

（《宫中档乾隆朝奏折》第十七辑，第347页）

1226　云贵总督吴达善《奏报滇省夏收丰稔暨沿途雨水栽插情形折》
乾隆二十八年四月二十七日

云贵总督臣吴达善跪奏：为恭报滇省夏收丰稔暨沿途雨水栽插情形事。

窃臣于四月十三日自省起程，巡阅迤西营伍，俟阅毕后，另行分晰具奏外。至经由昆明、安宁、禄丰、广通、楚雄、姚州、镇南、云南、赵州、大理、蒙化、永平等府州县，于二十六日抵永昌府，内大理府节气较寒，二麦收割过半，其余各州县豆麦悉已收毕，户有盖藏，遍处欢愉。臣所至村寨，逐一询问夏收分数，内昆明、安宁、禄丰、镇南、云南等州县，高下均实有十分；广通、赵州、太和、蒙化等府州县，低下实有十分，高阜实有九分；永平、保山二县，低下实有十分，高阜实有八分；姚州、楚雄二州县，低下实有九分，高阜实有八分。四月十三、十四、十五等日，连得透雨，十七、二十及二十六等日，复廉纤微雨，一路田畴，雨水无不充足，泉源亦皆流通。早稻俱已栽竣，青葱遍野，日益滋长。晚稻现在插莳，五月望前均可栽毕，秋荞杂粮亦各荣发。至一路米价，虽时值青黄不接，并无昂贵之处。兹据云南布政使永泰将通省春季粮价呈报前来，合并缮折，恭呈御览。

臣巡历所到，目击雨旸时若，栽插较往年为早，汉土民夷处处恬然和乐，俯仰有资，边境敉宁。臣惟有宣布皇仁，俾汉夷苍黎群知仰赖圣主洪福广被，丰亨有象，怀保万方之至意。所有臣目睹沿途夏收丰稔暨雨水应时栽插各情形，理合恭折奏报，伏祈皇上睿鉴。谨奏。

朱批：欣悦览之。

（《宫中档乾隆朝奏折》第十七辑，第 560 ~ 561 页）

1227 云贵总督吴达善《奏报提臣额尔格图交印起程赴京并两目模糊各缘由折》
乾隆二十八年四月二十七日

云贵总督臣吴达善跪奏：为奏明事。

窃臣于本年正月初七日，钦奉上谕："提督额尔格图，已有旨令其来京陛见。伊现在年逾七十，今日办理一切营务，精神、才力是否尚能周到？着传谕吴达善，令其即行据实奏闻。钦此。"当即钦遵，将臣到滇后尚未与提臣额尔格图接见，询之往来文武各员，佥称精神颇为健旺，并未衰惫，惟目力曾被雪照，眼光不能及远，上年十一月底偶感风寒，病痊后元气未能充足，其办事才力尚能周到缘由，经臣据实奏覆。于本年二月二十五日，钦奉朱批："览。钦此。"在案。

今臣查阅迤西营伍，于四月十三日自省起程，十七日行至楚雄府地方，适提臣额尔格图于四月初九日，交印赴京陛见，途次相遇，见其精神颇健，议论营务亦俱明白，与臣前询各属所禀无异。阅其目力，虽无蒙翳，但相隔尺余即不能明视。询其缘由，据云眼本近视，继被雪照受伤，目力本不能及远，迨上年冬底病愈后，眼力更觉模糊。臣观其两目，光已耗散，视履不明，以致行走亦需人扶掖。年逾七旬，看来未能复旧。所有提臣交印起程赴京并两目模糊各缘由，合再奏明，伏祈皇上睿鉴。谨奏。

朱批：览。

（《宫中档乾隆朝奏折》第十七辑，第 561 ~ 562 页）

1228 云南巡抚刘藻《奏报滇省豆麦收成分数折》
乾隆二十八年五月初四日

云南巡抚臣刘藻谨跪奏：为奏闻事。

窃照本年入春以来雨水调匀，豆麦茂盛，经臣节次具奏在案。兹通省各府厅州县豆麦收成分数，已据陆续报齐，十分、九分、八分不等，高低牵算，共计九分以上。除饬行藩司造册详题外，谨缮清折，恭呈御览。

再滇省自三月之杪以至四月中旬，大雨频施，足资灌溉。目下麦收已毕，各处水田及时栽插，山地亦渐次翻犁，布种杂粮。民夷欢庆，地方宁谧。合并奏闻，伏祈皇上睿鉴。谨奏。

朱批：欣悦览之。

（《宫中档乾隆朝奏折》第十七辑，第 640～641 页）

1229　云南巡抚刘藻《奏报提臣自省起身日期暨视履情形折》
乾隆二十八年五月初四日

云南巡抚臣刘藻谨跪奏：为奏闻事。

窃照云南提督额尔格图奉旨赴京陛见，于本年四月二十四日行抵省城，二十八日自省起程进京。臣见其两目昏花，步履艰难，当经面询，据云："目力因去冬病愈之后，更不如前。今自过楚雄府以来，数日内复患腹泻之症，以致行动维艰，尚须沿途调治。"等语。所有提臣自省起身日期暨视履情形，理合缮折奏闻，伏祈皇上睿鉴。谨奏。

朱批：览。

（《宫中档乾隆朝奏折》第十七辑，第 641 页）

1230　云南巡抚刘藻《奏明筹办高铜以资外省采买折》
乾隆二十八年五月初四日

云南巡抚臣刘藻谨跪奏：为奏明筹办高铜，以资外省采买事。

窃照江苏省局乏铜供铸，经抚臣庄有恭缮折具奏，委员赍价赴滇，于汤丹、金钗二厂内暂行购买各二十万斤等因。奉朱批："览奏俱悉。钦此。"钦遵移咨到臣，当即转行遵照。去后，兹据管理铜务粮储道罗源浩会同布政使永泰详称："江苏购买滇铜四十万斤内，一半金钗铜，现有积存，足敷拨运。惟汤丹之铜，每年运供京局，恒虞不继，是以先准江省咨商，曾经议详移覆，俟别厂积有余铜，再行咨会赴买。今复请买汤丹厂铜二十万斤，若照数拨给，诚恐有误京铜。他如大铜、大兴等厂，早已分拨两广、浙江、江西、湖北、贵州诸省及本省鼓铸之需，亦属左支右绌。其余小厂，非为数零星，即出铜低丑，均难动给江苏。而该省待铸孔殷，必得高铜配济，又当代为筹画。

查临安府属个旧厂锡矿内夹有铜矿，因质杂难分，煎铜耗费，向来堆贮厂内，办理惟艰。兹令运赴省城，选匠试煎，揭成蟹壳，验其成分，不在汤丹之下。第人工、炭火所费浩繁，须照汤丹厂价一例收买，俾炉民不致亏本，乃能踊跃乐煎。应请即以江苏省采买汤丹铜价内，照依该厂给价收买之例，饬令个旧厂员督匠煎炼壳铜，一并兑交江省委员运回济铸，如有不敷，再于办就义都等厂板铜内改煎壳铜补足。并请嗣后各省采买之铜，俱照此次筹办，庶汤丹可以专供京运，而外省需用亦不致无铜可拨。"等情，解样详请核示前来。

臣查个旧厂煎出壳铜，成分之高，与汤丹实无二致。应如所请，令将堆贮矿砂加工煎炼，即照汤丹事例给价收买，拨给江省委员，同金钗厂铜一并运回配铸。嗣后如有邻省买铜，照此一体筹办，洵于京外铸务有裨。除饬令加意煎办，以资拨运，并咨明户部暨江苏巡抚查照外，所有筹办高铜以资外省采买缘由，理合会同云贵督臣吴达善恭折奏明，伏祈皇上睿鉴。谨奏。

朱批：览奏俱悉。

（《宫中档乾隆朝奏折》第十七辑，第 642～643 页）

1231 云贵总督吴达善《奏明更正鹤丽镇营制，以归实在折》
乾隆二十八年五月二十四日

云贵总督臣吴达善跪奏：为奏明更正营制，以归实在事。

窃查滇省鹤丽镇三营分防金沙江一带石鼓等汛，初因接壤蒙番，外通西藏，关系紧要，是以安设兵一千七十五名，分布防范。嗣经前任鹤丽镇总兵南天祥以中甸、阿墩以外悉归版图，于雍正五年设立维西一协，添置汛卡，星罗棋布，联络声援，是石鼓等汛之外复有藩篱，各该汛已成内地。且各汛地方不产稻谷，所需兵米又须远赴鹤庆府仓关支，程途窎远，挽运维艰，兼之存城镇标兵数止有五百二十七名，转致不敷差操，是以于雍正八年内，陆续将石鼓汛原设兵三百六十名内，撤回兵二百六十名，现驻兵一百名；阿喜汛原设兵二百名内，撤回兵一百名，现驻兵一百名；金江汛原设兵五十名内，撤回兵二十名，现驻兵三十名；桥头汛原设兵五十名内，撤回兵十名，现驻兵四十名；巨甸汛原设兵八十五名内，撤回兵三十五名，现驻兵五十名；塔城汛原设兵八十名内，撤回兵四十五名，现驻兵三十五名；鸣音吾汛原设兵一百名内，撤回兵四十名，现驻兵六十名；打古汛原设兵一百名内，撤回兵六十名，现驻兵四十名；俸可汛原设兵五十名内，撤回兵二十五名，现驻兵二十五名。

以上共撤调回城兵五百九十五名，以敷合操差使，实止分驻兵四百八十名，留汛防范弹压。原属因地制宜，通融办理，但未详请奏咨，以致历年以来，汛兵久经减驻，而报部仍循旧册，两相歧互。旋据前任镇臣谭五格详请更正造报，并称阿喜汛每年系三营守备轮防，又派千把一员协防，今该汛兵既撤回一半，仅存一百名，且查守备有办理兵马钱粮之责，应请将守备撤回，存城办理营务。自后按年轮委，或千总，或把总一员专防。又石鼓汛向系三营轮委，千总一员巡防，外委一员协防，今兵已撤回过半，亦止存留一百名，所有原设外委亦应调回，按年于千把中酌委一员，以资专防。其余金江、桥头、巨甸、塔城、鸣音吾、打古、俸可等汛，仍请照旧于千、把、外委内，委令各一员驻扎专防等情，经前督臣爱必达批据布政司，议详前来。

臣因该汛情形尚未查阅周悉，不敢率请更易。兹臣巡阅鹤丽镇营伍，面同镇臣左秀详查，石鼓等汛安设重兵，原因从前沿江一带接壤蒙番，外通西藏起见。兹维西既安设副将，石鼓等汛已为内地，并原设分驻兵内，经南天详减撤多年，现存兵四百八十名，久已安静无事，尽敷防范，且该镇、标必须抽回兵五百九十五名，庶敷差使合操之用。至阿喜汛兵，既撤回一半，仅存一百名，原驻之守备亦应撤回，办理营务，每年于千把内轮委一员，专令防范。其石鼓汛原设千总及外委各一员，今外委既经调回，应仍旧按年于三营千把内，轮委一员前往专防。所有金江、桥头、巨甸、塔城、鸣音吾、打鼓、俸可等汛，仍照旧于千把外委内委令各一员，分驻巡防。如此，则弁兵俱收实用。合将臣勘明缘由，据实具奏。嗣后应饬该镇将石鼓等汛官兵查照现在实驻数目，造报达部，以昭画一。伏祈皇上睿鉴训示。谨奏。

朱批：该部知道。

（《宫中档乾隆朝奏折》第十七辑，第 800～802 页）

1232 云贵总督吴达善《奏报滇黔两省夏雨沾足禾苗长茂情形折》

乾隆二十八年五月二十四日

云贵总督臣吴达善跪奏：为恭报滇黔两省夏雨沾足禾苗长茂情形事。

窃臣巡历云南、楚雄、姚安、大理、蒙化、永昌等府属，目击豆麦丰收，得雨沾足，早稻俱已栽竣，晚谷正当插莳各情形，业经臣于四月二十七日，在永昌府恭折奏明在案。嗣由永昌府前赴剑川、鹤庆、永北等府州简阅营伍事竣，于五月二十二日回署。往来各州县地方，四月内节次得雨已透，五月初一、初四、初五、初七、初九、十三、十五、二十一二等日，复连得雨泽。值此及时雨足之年，不惟高下田畴栽插俱得早竣，即常年未栽之雷鸣梯田以及山头岭角，栽种普遍，禾苗杂粮畅发芃彧，弥望如云，实有百谷丰登之兆。及回署后，查阅迤东各府州县陆续报到得雨栽插情形，与迤西各府属相等。

又查黔省两游各属禀报，入夏以后雨泽频降，四月下旬栽插者已有十之五六，因节气较滇省稍迟，五月望后均可栽毕。各属民苗现皆尽力耕耘，安居乐业，边疆甚属宁谧。理合恭折奏报，伏祈皇上睿鉴。谨奏。

朱批：欣慰览之。

（《宫中档乾隆朝奏折》第十七辑，第 802~803 页）

1233　云贵总督吴达善《奏报考验迤西各标营官兵情形及回署日期折》
乾隆二十八年五月二十四日

云贵总督臣吴达善跪奏：为考验迤西各标营官兵情形，恭折具奏事。

窃臣于本年四月十三日，自云南省城起程，巡阅迤西各营伍，经臣一面奏闻，一面即赴楚姚、大理、永顺、剑川、鹤庆、永北等镇简阅。各标营兵丁俱颇强壮，并无老弱充数。观其弓马，内有熟练出色者，即当场奖赏。间有一二生疏者，即行责革，以示惩劝。此外均尚去得。至弓力，惟鹤丽镇兵丁最为强硬。其各镇营操演，阵式、步伐止齐，悉进退合度，施放枪炮及进步连环亦各如式。兵械、军装俱齐全无缺，马匹亦皆膘壮，各标营公项银两均无亏缺。至备弁骑射内，有署楚姚镇左营守备事务、候推守备保怀远，年力虽未衰迈，弓马甚属平常。提标左营把总陈启正、永北镇标右营把总顾思洪，年既就衰，弓马亦平，臣现俱咨部斥革。此外，将备等员均属可观。臣于各标营阅毕后，严饬各镇臣暨将备等官，务必按期训练，使技艺咸臻纯熟，有一兵获收一兵之用，不致有名无实，更须殚力整饬营伍，加意讲究兵械，期仰副皇上修明武备、慎重边防至意。所有臣考验迤西各标营官兵，及于五月二十二日回署日期，理合恭折具奏，伏祈皇上睿鉴。谨奏。

朱批：览奏俱悉。

（《宫中档乾隆朝奏折》第十七辑，第 803~804 页）

1234　云贵总督吴达善、云南巡抚刘藻《奏报腾越州知州缺出，请以署嵩明州知州额鲁礼调署，遗缺请归部选折》

乾隆二十八年五月二十四日

云贵总督臣吴达善、云南巡抚臣刘藻跪奏：为州牧要缺需员，恭恳圣恩调署，以裨边地事。

窃照腾越州知州翁甲，接准部文，签升长芦青州分司运同。所遗员缺地处极边，环绕野夷，控制缅甸西南一带出入要隘，必需精明强干、抚驭有方之员，始克内外宁谧，例应本省拣选调辅。臣等与藩、臬两司于通省知州内详加拣选，非边情未谙，即现任夷疆，并无合例可调之员。查有署嵩明州知州额鲁礼，年五十一岁，镶白旗满洲人，由举人记名知县，拣发云南差遣委用，先经题署平彝县知县，乾隆十九年三月二十四日奉旨实授，是年大计卓异，附荐调补昆明县知县，旋题请升署腾越州知州，于乾隆二十二年五月十七日引见，奉旨"额鲁礼着照该署督等所请，准其升署腾越州知州。钦此。"乾隆二十二年十月二十四日到任，二十三年八月十四日闻讣，丁忧回旗，服满仍发云南补用，题署嵩明州知州，乾隆二十七年三月十二日奉文，准署到任。该员干练精勤，办事实心，任内并无参罚事件，以之调署腾越州知州，实属人地相宜。但前任未满五年，尚未实授，与例稍有未符。谨遵人地相需之例，专折奏请，仰恳皇上天恩，俯准以额鲁礼调署腾越州知州，俾得驾轻就熟，实于边防要缺有益。俟照例接算俸次，扣满五年，另请实授。其所遗嵩明州知州，系部选之缺，应请归部铨选。

再查额鲁礼，前由昆明县请升署腾越州知州，已经引见。今仍请调署腾越州，衔缺相当，毋庸送部引见。合并陈明。臣等合词恭折奏请，伏祈皇上睿鉴，训示施行。谨奏。

朱批：该部议奏。

（《宫中档乾隆朝奏折》第十七辑，第 804~805 页）

1235　云贵总督吴达善、云南巡抚刘藻《奏报大关同知缺出，请以赵州知州李肖先升署，其遗缺应归部选折》

乾隆二十八年五月二十八日

云贵总督臣吴达善、云南巡抚臣刘藻谨跪奏：为要缺丞需干员，恭恳圣恩俯准升署事。

窃照昭通府大关同知刘埩升任广西桂林府知府，所遗员缺，前经臣等奏请，以路南州知州马元烈升署。接准部咨，行令马元烈赴京引见，恭候钦定。尚未给咨，而马元烈已钦奉上谕，补授贵州大定府知府，现在领凭赴任。是大关一缺仍须另行拣调。

查该处地属夷疆，界连川省，且承运京铜，不容迟误，必得明干有为之员方堪胜任。而滇省同知共十一缺，题调之缺已居其五，其余六员之内，实无合例可调之人。臣等与藩臬两司公同商酌，查有赵州知州李肖先，年五十七岁，河南进士，乾隆七年由贵州龙里县知县大计卓异，题升威宁州知州，引见，奉旨准其卓异，升补威宁州知州，历任湖北兴国州知州，二十二年，拣选引见，奉旨着发往云南差遣委用，二十三年题补赵州知州，八月初三日到任，二十五年大计卓异，引见，二十七年十月十二日，奉旨："李肖先准其卓异，加一级，仍注册回任候升。钦此。"钦遵在案。查该员老成谙练，质朴无华，允为实心任事之员，任内并无参罚事件，虽历俸扣至二十八年八月始满五年，与例稍有未符，而人地实在相需，例得专折奏请。仰恳皇上天恩，俯准以李肖先升署大关同知，仍扣足年限，另请实授，庶夷疆要地可收得人之益。如蒙俞允，所遗赵州知州，系冲、繁二项之缺，现乏拣发人员，应归部选。

再李肖先以知州请升同知，例应引见。但该员大计卓异，甫经引见回滇，毋庸再行给咨送部。合并陈明。臣等为要缺亟需干员起见，理合会同缮折恭奏，伏祈皇上睿鉴训示。谨奏。

朱批：该部议奏。

（《宫中档乾隆朝奏折》第十八辑，第2～3页）

1236 云贵总督吴达善、云南巡抚刘藻《奏报拿获巴里坤逃犯杨天禄即行正法折》

乾隆二十八年五月二十八日

云贵总督臣吴达善、云南巡抚臣刘藻谨跪奏：为奏明拿获巴里坤逃犯事。

窃照滇省大姚县杨天禄，系伙窃周相梅家拒捕案内拟军改发巴里坤为奴之犯，乾隆二十七年三月十八日递至昆明县，十九日，差役王世杰、宋文英押解，二十日，由板桥汛拨兵王之玉、王之仁接递前进。讵杨天禄假称出恭，爬入茨蓬，扭落肘锁脱逃，饬缉无获，经臣刘藻将疏脱之兵役及金差不慎之文武各职名会疏题参。接准部咨，将解役王世杰严行收禁，俟拿获杨天禄，讯明有无受贿，另行定议。解役宋文英、营兵王之玉、王之仁，照例杖徒。遣犯杨天禄饬缉务获，钦遵谕旨办理等因。奉旨："依议。钦此。"移咨遵照通缉，并严督昆明县上紧缉拿。

嗣据该县访闻，杨天禄逃入四川，随选差捕役王义等领赍通关，入川躧缉。二十八年四月二十日，行至川省盐源县，呈请添差，在必直六地方将杨天禄拿获，就近解赴大姚县收禁通报，臣等饬提该犯至省。兹据该县魏成汉讯明原解兵役并无受贿，杨天禄逃后亦无行凶为匪及知情容留之人，由云南府知府龚士模转详按察使张逢尧，审解前来。当即亲提该犯杨天禄到案，讯据供称："小的二十岁，因在大姚县原籍伙窃周相梅家财物被获，把事主打了一拳，问成军罪，改发巴里坤。上年三月十九日，由昆明县汛拨兵役递解，二十日，在路上肚泻，天晚不能趱行，解役王世杰开放脚镣催走。初更时候到松园箐，起意脱逃，假装肚饿，营兵王之玉、王之仁就去找火买饭，只剩解役王世杰、宋文英两人，小的又说要出恭，爬进茨蓬，乘空逃脱，扭开肘锁，顺着山路昼伏夜行，到四川盐源县必直六山僻处，搭了一间草房，做些木器卖钱度活，脸上刺的字，用膏药贴住，没人晓得，不想就被差役认获了。"等供。随验该犯面上，俱刺有清汉字。

臣等查乾隆二十六年，钦奉上谕："凡有发遣巴里坤等处逃犯，经原籍及路过省分盘获者，一经移讯明确，即由各省督抚自行奏闻，于拿获处所正法示众。钦此。"钦遵在案。今杨天禄系行窃拒捕，拟军，改发巴里坤为奴，其罪实属去死一间。乃甫至中途，敢于破械脱逃，情殊可恶，既已拿获，若羁禁囹圄，或致瘐毙，转得倖逃显戮，未足示惩。臣等即钦遵谕旨，于本年五月二十八日，将杨天禄提出，验明正身，绑赴市曹处斩讫。至解役王世杰，讯无受贿情事，应仍照原拟减杨天禄原遣罪二等，杖九十，徒二年半，至配所折责三十五板。宋文英、王之玉、王之仁等，先已照拟发配充徒。拿获杨天禄之捕役王义等，已从优给赏，应毋庸议。四川盐源县已经添差协拿，所属必直六地方并无塘汛，乡保亦无由觉察，均请免议。其原参金差不慎之昆明县知县魏成汉、城守营外委千总刘兆先降革之案，逃犯已于一年限内拿获，应请开覆。所有拿获巴里坤逃犯杨天禄即行正法缘由，理合会同恭折奏闻，伏祈皇上圣鉴。谨奏。

朱批：该部知道。

（《宫中档乾隆朝奏折》第十八辑，第4~5页）

1237 云南巡抚刘藻《奏报滇省乾隆二十七年
分额征民、屯地丁钱粮通完无欠折》

乾隆二十八年五月二十八日

云南巡抚臣刘藻谨跪奏：为钦奉上谕事。

案照乾隆十七年二月二十八日，承准廷寄，内开："奉上谕：嗣后各省每年完欠钱粮，俱着随奏销时分晰查明，核实折奏，不必仍循岁底奏闻之例。可于各该督抚奏事之便，传谕知之。钦此。"臣即钦遵，行令司道，将乾隆二十七年分各属欠确数查明，分晰详报。去后，兹据布政使永泰、粮储道罗源浩会详称："滇省各府厅州县乾隆二十七年分额征民、屯条丁、米折六款等银二十万一千八百八十二两零，内征存各府厅州县坐放官役、俸工等银五万二千八百三十四两零，征解布政司库银一十四万九千四十七两零；又额征民、屯税秋六款等麦、米、荞并条编改米，共二十一万八千二百一十七石零，内征收本色麦三千五百一十三石零，本色米一十五万八千五百四十四石零，折色米、荞五万六千一百五十九石零，各折不等，该折征银四万九千一百八十五两零，俱经照数征收通完。"详报到臣，并汇册呈请奏销前来。除核明另疏题销分晰，敬缮黄册，随本恭呈御览，并将清册送部外，所有乾隆二十七年分额征民、屯地丁钱粮通完无欠缘由，理合缮折恭奏，伏祈皇上睿鉴。谨奏。

朱批：览。

（《宫中档乾隆朝奏折》第十八辑，第18页）

1238 云南巡抚刘藻《奏报滇省乾隆二十七年分公件、耗羡等
项收支、动存、管收、除在各款银两数目折》

乾隆二十八年五月二十八日

云南巡抚臣刘藻谨跪奏：为呈明事。

窃照乾隆十三年五月初五日，准户部咨开："各省动用耗羡银两，令将一年收支、动存各数并从前民欠征完、借支归款，同现存各项银两，查明有无亏空那移之处，于本年岁底为始，缮折奏闻。仍备造四柱清册，送部查核汇奏等因。奉旨：依议。钦此。"钦遵。又于乾隆十四年四月十八日，准户部咨开："议覆广西抚臣舒辂奏称，耗羡收支、动存各数，岁底不能汇齐，请照正项钱粮之例，于次年五月内核奏。经部酌议，请将各省奏报耗羡银两，均于次年随地丁钱粮一同核奏等因。奉旨：依议。钦此。"钦遵在案。今

行据布政使永泰将乾隆二十七年分公件、耗羡等项分晰造册，详报前来。

臣查滇省乾隆二十七年分额征公件、耗羡，除永平县建造城垣、开除田亩无征公件、火耗外，实征公件、耗羡、溢额等项，连闰共银一十一万一千五百两八钱二分零；旧管乾隆二十六年报销汇奏，实在存库银六十八万六千八百三十八两九钱六分零；新收乾隆二十七年分公件、耗羡、溢额、铜息、归公铜价、粤盐余息、借放养廉、公食等项，共银二十八万七千二百三十六两八钱七分零。旧管、新收共银九十七万四千七十五两八钱三分零，开除乾隆二十七年分司、道、提、镇笔帖式、府、厅、州、县、佐杂等官养廉、存留、应办地方公事等项，通共银二十四万一千二两七钱七分零，实在存库银七十三万三千七百七十三两六分零，并无亏空那移。所有乾隆二十七年分收支、动存、管收，除在各款银两数目、除将清册送部查核汇奏外，谨缮黄册，恭呈御览。臣谨奏。

朱批：览。

（《宫中档乾隆朝奏折》第十八辑，第 19～20 页）

1239 云南巡抚刘藻《奏报通省雨水沾足暨栽插全完折》
乾隆二十八年五月二十八日

云南巡抚臣刘藻谨跪奏：

窃照本年自春入夏，甘雨频施，农田攸赖，经臣节次具折恭奏在案。兹查两迤地方，四月内雨泽已属优渥，复于五月内，叠沛甘霖，十分透足，不特原隰田畴插莳早竣，即山头地角、年来未得栽种者亦无不普遍布种。现据各府厅州县禀报，俱已栽插齐全，各处禾苗青葱畅发，丰稔可期，民夷欢乐。所有通省雨水沾足暨栽插全完缘由，理合缮折奏闻，伏祈皇上圣鉴。谨奏。

朱批：欣慰览之。

（《宫中档乾隆朝奏折》第十八辑，第 20 页）

1240 云贵总督吴达善《奏报云南提臣额尔格图在黔病故折》
乾隆二十八年六月初二日

云贵总督臣吴达善跪奏：为恭报云南提臣在黔病故，仰祈圣恩简补事。

窃照提臣额尔格图奉旨，令其进京陛见。臣随酌委调任昭通镇总兵雷霖前赴大理接署提篆，暨臣于四月十七日在楚雄府地方途次相遇，见额尔格图精神颇健，惟视履不明，行走需人扶掖，节经臣恭折奏明在案。兹于六月初一日，接贵州抚臣乔光烈来札，提臣额尔格图于五月二十一日行抵贵阳省城，因途次感受暑热，肚腹泄泻不止，暂留省寓延医调治。奈病势沉重，于五月二十七日身故，已遵例由驿奏报等因，知会到臣。臣查提督管辖全省，责任关重，今额尔格图既在贵州省城病故，所遗提督员缺，应恭请皇上简补，俾速赴任，实于边疆有益。理合恭折奏明，伏祈皇上睿鉴。谨奏。

朱批：已有旨了。

（《宫中档乾隆朝奏折》第十八辑，第34～35页）

1241 云贵总督吴达善《奏陈查明滇黔两省煎办硝磺情形折》
乾隆二十八年六月十六日

云贵总督臣吴达善跪奏：为查明滇黔两省煎办硝磺情形，恭折奏覆事。

窃照接准部咨："议覆湖南巡抚陈弘谋具奏湘乡、安化二县煤中夹有硫磺，官为收买。除湖南各营赴领，并湖北赴买，每岁需磺五千余斤外，现积存磺八万四千余斤，应咨令邻省委员赍价赴买，每百斤定价四两四钱。再火药兼需硝斤，各省多系委员向硝户零星收买，不能一时足数，终不免有偷漏之弊。令地方官动支官项收买贮局，酌定官价，咨会邻省赍价赴买，不须委员守候，零星收买，民无私硝可售。倘出产数多之年，亦可听各省需硝营分多买备储，以资取用。应如所奏行。但各省产硝地方远近不同，而所产之硝亦多寡不一，是否能照湖南矿厂办理之处，并请交与各该督抚，酌量本处地方情形，悉心妥议具奏等因。奉旨：依议。钦此。"钦遵，移咨到臣。随行据云南布政使永泰、贵州布政使亢保，各就地方情形，议请各标营需用硝磺，应循旧例办理，无庸更改，详报前来。

臣等查滇省各标、镇、协、营需用火药，系按营分之大小定预备之数目，酌备三年五年之用，每年所用操演火药，即于此内动支，仍照动支之数，按年制造存库，出陈易新。此于雍正九年，经前督臣鄂尔泰遵照部文酌定，咨准部覆在案。至各营每年应制火药，俱动用营中公费银两。其所用硝磺，系各营差弁于附近地方踩查出产硝磺之处，先期详报，行令地方官查明无碍，民间田园庐墓批行文武会同督煎应需之数，按日通报查核，严饬目兵不得越数多煎，并饬地方官不时亲往查察，倘有偷漏营私等弊，立拿详究。煎竣，即严行封禁，使奸徒不得私挖偷卖。如附近镇营硝磺不能兼产，或赴别营购用，或以硝易磺。此历来采办硝磺之章程也。

至黔省各标、镇、协、营、卫制造火药，每年需用磺斤，历于修文县属白岩里之平山矿厂熬造，每百斤原议工本银五两四钱四分，动支司库正项，给发修文县承领煎熬，运贵阳省局，备供通省各营、卫请领应用。业经前抚臣周人骥奏明，办磺五万斤，俟将次用完，再奏明动项办理，其工本银两，仍于季饷银内扣还，按年造册，报部查核。其所需硝斤，向听各标营自行采熬。迨乾隆十六年，经前藩司温福以硝斤系军火攸关，恐营员不能亲身其事，地方官又以事隶营员，不免瞻徇膜视，恐有奸徒乘机影射偷漏等弊，奏请将此项硝斤责令地方官承办，运局供支。嗣遵部驳，复经查明黔省各营、卫每年需用硝共九万五千二百九十余斤，请先办三年，以供各营、卫之用，俟将次用完，另请照数开采。所需工本银两，每百斤自三两七八九钱至四两五分五厘不等，均于司库正项银内动支给发。各地方官承领熬造，运局备供，熬足，即行封闭，出结报查。各营、卫请领时，于季饷、屯米变价银内照数扣缴。至于匠硝，亦令在于官局承买，照原议工本缴价归款，均造册报销。其古州地方，每年约产硝三千余斤，经前督臣硕色奏准，以为古州镇标朗洞下江等处岁需之用，系营员移价古州同知衙门，尽数收买，其余不敷，再于都匀局内领用，咨部核销，历年遵办各在案。

是滇黔两省硝磺向系官为承办，并不购自邻省。滇省硝磺，从前定价每斤三分，较之湖南每百斤四两四钱，尚属减少。黔省磺价，每百斤需工本银五两四钱四分，较湖南虽多银一两四分，但每年各营、卫所需磺斤不过一万二千四百四十七斤零，为数无多，各营、卫于请领季饷时，随便赴省领回，以所省脚价计算，不相上下。其该二省出产硝磺原非充裕，踩查采办，止免匮乏之虞，并无存积之数。且硝磺例禁森严，边方尤需加谨防范一切硝磺，各厂严行封闭，毋使偷漏，倘有奸徒私煎偷贩等弊，照例分别治罪，失察各官严行参处，立法均属周协。臣等悉心酌核，应请各仍照向定章程办理，无须赴湖南远买磺斤，致糜脚价。至硝斤，亦毋庸照湖南矿厂办理，庶为因地制宜。所有酌议缘由，理合会同云南抚臣刘藻、贵州抚臣乔光烈合词恭折奏覆，伏祈皇上睿鉴。谨奏。

朱批：知道了。

（《宫中档乾隆朝奏折》第十八辑，第 178～180 页）

1242　云南巡抚刘藻《奏报局钱续有余存，请循旧例搭放工本折》
乾隆二十八年六月十七日

云南巡抚臣刘藻谨跪奏：为局钱续有余存，请循旧例搭放工本事。

窃照滇省广西局每年额铸钱文，除放兵饷及本局支销之外，岁有余剩，原应易银归款。继因大铜厂出铜旺盛，炉民所领工本必须远赴县城易钱，殊为未便。前于乾隆二十三年，经臣查明，该局自十六年起至二十二年止，共积存钱一十一万九百六十二串零，恭折奏明，援照大碌等厂之例搭放大铜厂工本，照每钱一千二百文作银一两归还铸本。钦奉朱批："着照所请行，该部知道。钦此。"嗣以大碌子厂大兴厂产铜较旺，沙丁云集，一切交易均利于用钱，厂民携钱入市易换，往返尤觉艰难。复于二十五年，奏请一例办理，并将该局二十三、四两年存钱二万四千四百余串，一并搭放。恭奉朱批："如所议行。钦此。"钦遵照办各在案。

今查大铜、大兴两厂需钱甚多，虽有省、临二局加卯余钱拨给，尚在不敷支放。而广西局自乾隆二十五年起，截至二十七年止，续共存钱三万六千五百六十三串零，听其积贮在库，未免铸本久悬。相应循例奏请，仰恳圣恩俯准，将前项余钱照例添搭大铜、大兴两厂工本，其应扣钱价，统于动放厂本银内扣解司库，仍于鼓铸铜厂册内分别报销，既可接济铜厂，又得早归铸本，洵于厂局两有裨益。兹据布政使永泰、粮储道罗源浩会详前来，臣谨会同云贵督臣吴达善缮折恭奏，伏祈皇上睿鉴训示遵行。谨奏。

朱批：知道了。

（《宫中档乾隆朝奏折》第十八辑，第200～201页）

1243　云贵总督吴达善《奏陈遇有悖逆案件，自应据实奏闻，候旨办理折》
乾隆二十八年六月二十五日

云贵总督臣吴达善跪奏：为恭折奏覆事。

乾隆二十八年六月初九日，承准廷寄："乾隆二十八年四月二十一日，奉上谕：据陈弘谋奏，拿获逆犯刘三元原籍弟兄等咨解本省查审一折，已明降谕旨，加恩免其缘坐。刘三元书写逆词，敢行狂悖，自属法无可贷。但其致犯之由，托称梦呓，语句不伦，疯癫似非尽由伪饰，且其弟兄刘先升等分居既久，远在湖南家中，并无悖逆字迹，实属安分务农之人，是以特为宽宥。恐各省督抚等因有此旨，将来一遇此等案件，即捏造疯癫，希图开脱，俾实在悖逆重犯虽致败露，不过罪止一身，而应行缘坐之人俱得幸逃法网，则非所以彰国宪而正人心矣。若核其形迹，果无干涉，与此案情节相似者，原可据实奏闻，候朕酌夺。朕办理庶狱，权衡轻重，悉准诸情理之至当。该督抚等不得预存成见，迁就了事。可将此传谕各督抚知之。钦此。"遵旨寄信前来。

除钦遵札饬云南按察司一体遵照外，臣敬读谕旨，仰见皇上仁育义正，宽严惟期平允。地方遇有悖逆案件，自应据实奏闻，候旨办理，方足以伸国法而正人心，何敢稍存迁就之见，有负圣训谆详？至意所有臣钦遵谕旨缘由，理合会同云南抚臣刘藻合词恭折奏覆，伏祈皇上睿鉴。谨奏。

朱批：览。

（《宫中档乾隆朝奏折》第十八辑，第285～286页）

1244　云贵总督吴达善《奏报甘霖频沛、年谷可期顺成折》
乾隆二十八年六月二十五日

云贵总督臣吴达善跪奏：为恭报甘霖频沛，年谷可期顺成事。

窃照滇黔两省五月分雨水沾足，插莳普遍，田禾畅发情形，经臣恭折奏闻在案。迨自六月初旬至今，云南省城暨附近各属密雨时沾，土脉透润。臣于十三日，同抚臣刘藻率属出郊劝农，循行阡陌，目睹禾苗茂长，自八九寸至一尺四五寸不等，豆蔬敷荣，山田杂艺亦皆畅发，四望茏葱，农情欢洽，通省情形大概相同。

又查贵州省上下两游，据各属禀报，雨水不缺、田禾长茂情形与滇省无异。惟附近省城，据布政使亢保禀称，自五月底及六月初得雨之后，晴霁浃旬，民望稍殷，虽于十四、十五两日获雨，数阵即止，未得深透等语。经臣批令，率属虔诚祈祷，冀沛甘霖。去后，随于六月二十四日，复据该司并贵筑县禀报，十八日半夜获雨，至十九日未刻，大雨连绵，现未止息，颇为沾足，农田有益。此皆仰赖圣德普被，年谷可冀顺成。现在民情欣跃，地方宁谧，理合一并恭折奏闻，伏祈皇上睿鉴。谨奏。

朱批：欣慰览之。

（《宫中档乾隆朝奏折》第十八辑，第286～287页）

1245　云贵总督吴达善、云南巡抚刘藻《奏请增局鼓铸、筹办余息、调剂铜厂工费折》
乾隆二十八年六月二十五日

云贵总督臣吴达善、云南巡抚臣刘藻跪奏：为恭请增局加铸，以资调剂铜厂事。

窃照滇省办铜各厂，除汤丹、大碌两大厂每年办铜七八百万斤外，其次即赖大兴、大铜等子厂，多或办铜三四百万，少亦办铜百数十万至二百余万斤不等，兼之铜质甚高，堪以添供京外鼓铸及各省采买之需。但查该二厂硐碉，地势低洼，形如釜底，一遇雨水，即遭淹涝。每岁之中，必俟深秋以后雨水渐稀，合厂众民公凑赀本，约需万有余金，购料雇夫，修窝安闸，日夜拉泄，积水经八九十日至百有余日之久方能登底采矿。一至五六月间，大雨时行，硐碉复淹，即不得采。是一岁之中仅能办铜半年。原恃办得铜价之羡余弥补原凑之赀本，厂民方肯乐从。无如历采数载，硐碉日深，修费更多。自上年冬间采矿起，至本年水淹停工止，计该厂办铜一百三十余万斤，所获铜价羡余，非特不敷原赀，抑且亏本五千余两。厂民因无利可图，群思别散，不愿凑本再采。臣等备悉情形，若不设法调剂，听其各散，当兹需铜浩繁之日，竟弃两厂于不采，每年少得铜一二百万斤，即多掣肘，所得余息亦少。再四筹酌，惟有岁给官本银八千两，交两厂委员按时备料兴工，其不足之费，仍招募殷实厂民公同凑办，俟采矿获铜之日，除官银免其扣缴外，厂民止扣还各出己资，于原本固属无亏，尚可稍得余利。庶思散之厂众仍可照旧采铜，不致废弃，惟此官给工本，既不令其还项，未便动支正帑，在铜厂固不得不及时调剂，而经费亦不可不另筹弥补。

臣吴达善于本年五月间巡阅迤西营伍，查顺宁府之宁台、水泄、芦塘等厂，先经题定，每年承办额铜一十八万斤。近来矿砂正旺，办铜加多，只因矿质恶劣，铜色低潮，上年共运积大理局四十万斤。该局以折耗过多，难以配铸，不敢多收，致该厂存积铜遂有二十余万斤，无处发运，几成无用。嗣准湖北咨滇采买需铜，随与司道等酌筹，将该厂之铜加耗煎净验看，甚堪适用。随经咨部，奏明准加耗铜，以供湖北采买在案。今宁台等厂又有积铜三十万余斤，加以每年应办额铜十八万斤，日渐加多。与其存贮壅积，莫若就近再于顺宁府城添设一局，搭炉八座，照加耗煎净之例，按卯鼓铸，所需铅锡，亦易拨运供用。计每年需正耗铜一十九万一千三百四十七斤零，再照各局加卯事例，令该厂民每年遵照厂价，另办铜九万三千一百九十五斤零，即于新设八炉内每旬每炉加铸半卯，其铸本即于铜本内借支，铸出正卯、加卯钱文，均以一千二百文作银一两，核计归还铸本，支销经费外，每年约获余息银八千八百余两，以之弥补大兴、大铜等厂每年动支官银八千两拉水之数，尚可有余。此不费正项帑本，即以厂铜鼓铸之余息添补办铜工费之不足，采办铜斤既多，而每年所获铜息亦得饶裕，兼钱文即可就近搭放各营官兵俸饷及边郡公用，殊为两便。倘大兴、大铜、宁台等厂数年后所出铜斤或有盈缩，再随时酌量情形办理。如蒙圣恩俞允，除开局设炉、加卯鼓铸及需用铜、铅、锡、价脚各事宜，另行分晰，会议具题。兹据布政使永泰、粮储道罗源浩会详前来，臣等谨将增局筹办余息调剂铜厂工费缘由恭折具奏，伏祈皇上睿鉴，训示遵行。谨奏。

朱批：该部议奏。

（《宫中档乾隆朝奏折》第十八辑，第287～289页）

1246　云贵总督吴达善、云南巡抚刘藻《奏报迤东道塞钦才不胜任，恭请送部引见，伏祈圣鉴降用折》

乾隆二十八年七月初三日

云贵总督臣吴达善、云南巡抚臣刘藻跪奏：为道员才不胜任，恭请送部引见，仰祈圣鉴降用事。

窃照云南迤东一道，统辖十三府，幅员辽阔，夷民杂处，在在均须查察，必得精明干练之员，方于地方有益。

今查该道塞钦，初则颇知奋勉，办事亦尚妥协。自今岁春间染患痰迷以后，前后顿殊。如民间栽插之迟早，雨水之盈亏，最关民生休戚。乃该道必俟臣等饬查，始据申覆。又该道兼管水利，凡各属河路之通塞，堤堰之残固，有关水势之容泄。近令查勘昆明等处六河岁修工程，该道于缓急情形并不明白，听其讲论地方事务，亦多格碍。分巡监司大员，有统辖各郡、督率经理之责，似此庸闇之员，何敢稍为姑容，贻误地方？但查其任内现无劣迹，年力亦尚强盛。可否仰恳圣恩，准令赴部引见，候旨降用之处，臣等未敢擅便，理合恭折据实会奏，伏祈皇上睿鉴训示。谨奏。

朱批：是，着送部请旨。

（《宫中档乾隆朝奏折》第十八辑，第369～370页）

1247 云贵总督吴达善、云南巡抚刘藻《奏报缅宁通判缺出，请以宜良县知县富森升署，其遗缺以试用知县陈廷献署理折》

乾隆二十八年七月初三日

云贵总督臣吴达善、云南巡抚臣刘藻谨跪奏：为要缺需人，恭恳圣恩俯准升署事。

窃照顺宁府缅宁通判李龙镖，玩视民命，草率具详，经臣刘藻会疏题参革职。所遗员缺，例应在外拣调。查该处路通蟒缅，夷猓错居，抚驭稽查甚为紧要，必须才明识练、熟悉风土之员方足以资治理。滇省通判内，非本系要缺，即人地不宜，欲求合例可调之人，实难其选。

臣等与藩臬两司公同商酌，查有宜良县知县富森，年三十七岁，由正白旗满洲举人选授今职，于乾隆二十四年七月初九日到任。该员年力壮盛，心地明白，办事勤慎，熟悉夷情，与缅宁通判一缺人地相宜。惟历俸未满五年，臣等谨循例专折奏请，仰恳皇上天恩，俯准以宜良县知县富森升署缅宁通判，仍俟扣满年限，另请实授，庶边疆要地得收治理之益。如蒙俞允，其所遗宜良县缺，应以试用人员署理。查有发滇试用知县陈廷献，年四十四岁，浙江举人，教习期满，乾隆二十二年引见，发往云南差遣委用，题署保山县知县；二十四年闰六月，经部覆准，是年八月丁父艰回籍，服满，二十七年五月仍赴滇委用。该员老成谙练，政事精详，现署保山县事，并无贻误，堪以署理宜良县知县。照例试看期满，再请实授。

又富森以知县升署通判，例应送部引见。陈廷献系试用知县，衔缺相当，毋庸送部引见。该员等任内俱无参罚案件。理合会同缮折恭奏，伏祈皇上睿鉴训示。谨奏。

朱批： 该部议奏。

（《宫中档乾隆朝奏折》第十八辑，第 370 ~ 371 页）

1248　云贵总督吴达善《奏谢遵旨署理云南巡抚折》

乾隆二十八年七月初三日

云贵总督臣吴达善跪奏：为恭谢天恩事。

乾隆二十八年六月二十九日，承准廷寄："钦奉上谕：乔光烈前降旨调补湖南巡抚，此时当已赴楚新任。贵州巡抚崔应阶，今已补授山东巡抚，其员缺，着图尔炳阿补授。图尔炳阿现在乌什，到任尚需时日，刘藻即着前往贵州署理巡抚事务。其云南抚篆，着吴达善就近兼署，俟图尔炳阿到任后，刘藻再回云南之任。钦此。"臣跪奉恩命，感惕交深，随恭设香案，望阙叩头谢恩讫。

伏念臣庸陋凡才，仰蒙皇上隆恩，畀以滇黔重寄，力微任钜，臣职未酬于万一。乃复荷恩纶，令臣兼署云南抚篆，闻命之下，感激难名。惟有不敢瞬息偷安，实心实力，黾勉办理，冀副圣恩委任至意。兹抚臣刘藻于七月初三日起程赴黔，即于是日，将抚篆委员赍交到臣。除敬谨接受，并恭疏题报外，所有臣感激微忱，理合恭折叩谢天恩，伏祈皇上睿鉴。谨奏。

朱批： 览。

（《宫中档乾隆朝奏折》第十八辑，第 371 ~ 372 页）

1249　云南巡抚刘藻《奏谢遵旨署理贵州巡抚折》

乾隆二十八年七月初三日

云南巡抚臣刘藻谨跪奏：为叩谢天恩事。

乾隆二十八年六月二十九日，承准廷寄："钦奉上谕：乔光烈前降旨调补湖南巡抚，此时当已赴楚新任。贵州巡抚崔应阶，今已补授山东巡抚，其员缺，着图尔炳阿补授。图尔炳阿现在乌什，到任尚需时日，刘藻即着前往贵州署理巡抚事务。其云南抚篆，着吴达善就近兼署，俟图尔炳阿到任后，刘藻再回云南之任。钦此。"臣闻命之下，感激悚惶，敬设香案，望阙叩头谢恩讫。

伏念臣一介庸愚，叨蒙我皇上高厚隆恩，畀以封疆重寄，自莅滇省，已阅六年，毫无寸效，正切冰兢。兹复仰荷恩纶，俾署黔抚。黔省地处苗疆，毗连川广，臣以菲材，惧难胜任，惟有黾勉策励，以期报效于涓埃。臣现在赶办盐课奏销，于七月初三日拜题，随将云南巡抚关防委员送交云贵总督臣吴达善兼署，臣即于是日起程前往贵州。除恭疏题报外，谨缮折叩谢天恩，伏祈圣鉴。臣谨奏。

朱批： 览。

（《宫中档乾隆朝奏折》第十八辑，第380～381页）

1250　云南巡抚刘藻《奏报征收乾隆二十七年分盐课数目折》
乾隆二十八年七月初三日

云南巡抚臣刘藻谨跪奏：为钦奉上谕事。

案照乾隆十七年二月二十八日，承准廷寄，内开："奉旨：嗣后各省每年完欠钱粮，俱着随奏销时分晰查明，核实折奏。钦此。"钦遵在案。

查滇省地丁之外，尚有盐课一项，亦系按年奏销，历年俱系循照地丁之例，一体具折奏闻。兹据布政使永泰、会同驿盐道廖瑛详称："乾隆二十七年分，连闰，应征盐课银二十八万二千五百五十七两九钱零，内除安宁州参劾知州卞怀诏堕煎新洪二井二十七年分额盐九万四千二百一斤，亏缺盈余，应抵复隆井减煎缺课数内银八百五十六两一钱零，已经题参，应于彼案审追完结外，实应征各井盐课，连闰，共银二十八万一千七百一两八钱零。又催完乾隆二十七年薪本、役食、动支乾隆二十五、二十六两年分盐课银六万两，二共银三十四万一千七百一两八钱零。又应征各井乾隆二十七年分连闰盐务盈余银一十四万三千九百三十一两五钱零，内除卞怀诏堕煎新洪二井二十七年分额盐九万四千二百一斤，亏缺盈余银八百五十六两一钱零，应于参案审追完结外，实应征各井乾隆二十七年分盐务盈余银一十四万三千七十五两四钱零，内除支销养廉、公费、役食、脚价、廪饩、坊匾等银八万一千一百一十二两零外，尚该银六万二千六十三两三钱零，内抵补过各井减缺课薪银五万五千五百三十一两零，移解布政司库，裁缺养廉并备公银六千五百三十二两二钱零，已于奏销册内分别开造登明。"等情。详报到臣。臣查核无异，除具疏题报外，理合循照地丁之例，恭折奏闻，伏祈皇上睿鉴。谨奏。

朱批： 览。

（《宫中档乾隆朝奏折》第十八辑，第381～382页）

1251 云南巡抚署贵州巡抚刘藻《奏报自滇起程赴黔日期并目击沿途情形折》

乾隆二十八年七月十三日

云南巡抚署贵州巡抚臣刘藻谨跪奏：

窃照滇省自五月以来雨水透足，栽插普遍齐全，经臣缮折恭奏在案。嗣交六月，云南省城暨附近各州县大雨时沛。臣与督臣吴达善分路出郊劝农，往回查看，稻禾长茂，弥望青葱，豆蔬荞稗无不发荣滋长。据通省各属陆续禀报相同。迨臣奉命赴黔署理抚篆，于七月初三日自滇起程，经由昆明、嵩明、寻甸、马龙、沾益、南宁、平彝等州县地方，目睹田苗及山田杂粮，俱极为茂盛。初六日入黔省之普安州境，历安南、朗岱、永宁、镇宁、普定、安平、清镇等各厅州县，至十二日抵贵州省城，途间常遇雨泽。黔省气候较滇为早，现在早稻已俱出穗，新米有上市者。十二日夜间，大雨滂霈，十三日，仍淋漓不止。臣差本标员弁四出查勘，佥称此雨十分优渥，只宜晴明等语。臣又面询州县各官，俱与臣所查无异。现在粮价平减，民苗安业，地方宁静，理合恭折奏闻，伏祈皇上睿鉴。谨奏。

朱批：欣慰览之。

（《宫中档乾隆朝奏折》第十八辑，第471页）

1252 云贵总督吴达善《奏报滇省秋成十分丰收折》

乾隆二十八年八月初八日

云贵总督臣吴达善跪奏：为恭报滇省秋成十分丰收事。

窃照云南地方本年田禾，当插莳之时，渥雨频沾，自夏徂秋，膏泽时沛，即向年难于栽种之雷鸣梯田及山头岭角之地，无不遍播，禾粮长发，均极茂畅，经臣节次缮折奏闻在案。

兹届秋成，早稻现已黄熟，业经开镰收割，晚稻、杂粮秀实饱满。适逢天气晴霁，得以晒飏，大约八月底九月初，亦可陆续刈获登场矣。并据云南布政使永泰禀报，滇省二十三府属地方乾隆二十八年秋禾收成分数，以高低田亩牵算，通省约均有十分丰收。臣核查各属折报分数，与该司所禀无异。现在市卖粮价渐减，民情和乐，地方极为安静。其各属秋收细数，统俟该司汇册详报到日，容臣核明具题。

至黔省各属农田，自六月望后连得大雨透沾，禾苗勃发。近接署贵州抚臣刘藻来札，云七月下旬复得大雨数次，稻谷俱结穗成粒，早者渐次收获，查与各属禀报情形亦属相符。看来通省秋成分数，亦在九分以上。此皆仰赖圣主福佑，所以滇黔两省本年田禾咸获丰登，民苗恬熙，实有盈宁之庆。理合恭折奏闻，伏祈皇上睿鉴。谨奏。

朱批：欣慰览之。

（《宫中档乾隆朝奏折》第十八辑，第647~648页）

1253 云南巡抚署贵州巡抚刘藻《奏陈属员贤否折》
乾隆二十八年八月十七日

云南巡抚署贵州巡抚臣刘藻谨跪奏：为敬陈属员贤否，仰祈圣鉴事。

窃臣智识庸愚，才力短浅，叨蒙我皇上特达之知，畀以边疆重寄，夙夜冰兢，惭无报称。惟有矢公矢慎，整饬官方，扬清激浊，以冀稍酬高厚隆恩于万一。臣于滇省属员优劣，留心访察，会同督臣黜陟兼行。除不称职守之员，已随时会疏纠参，不敢少存姑息。其堪膺荐拔者，亦经遵旨保举，陆续邀恩擢用外，所有现任司道、郡守，臣谨就平时耳目所及，体访所悉者，出具切实考语，缮写清折，恭呈御览。

至贵州通省官员，臣甫经到任，州县各官所见未及其半，容臣随事察核，分别办理。而道府大员已经接见者，问以政事，听其议论，观其举止，亦可得其梗概。谨就臣管见所及，一并缮折附呈，伏祈皇上睿鉴。臣谨奏。

朱批：折留览。

（《宫中档乾隆朝奏折》第十八辑，第720~721页）

1254 云贵总督吴达善《奏请将永北府知事移驻
府属金江地方，以裨要地折》
乾隆二十八年九月初六日

云贵总督臣吴达善跪奏：为恭请移驻知事，以裨要地事。

窃照设官分职，必须因地制宜，斯官无闲旷，而要地亦得有弹压。

臣查云南永北府界连川省，幅员辽阔，府治之金江地方距城一百五十里，实为南北往来之孔道，兼系渡口要津，民俗刁悍，奸回错处，每多滋事。而江外之片角、答且以及九营地方，离郡更远，该府鞭长莫及，设遇紧要事务以及递解重犯，均不便，乏员稽查。臣于本年五月间巡查永北镇营汛，经由其地，该处止拨有永北镇标把总一员驻防巡查，但民事非其所管，不足以资约束，必须移员驻扎金江，就近管理，始于地方有益。因查该府设有经历一员，专司监狱、捕盗等项。其知事一员，原因府城并未设县，止有经历，恐差遣不敷，于乾隆四年添设，以备驱使，本无专司。该府差务简少，经历已敷办理，且有总兵同城巡防，亦系严谨。该知事洵属闲员，请即以之移驻金江渡口，稽查约束。

至该处并附近各村命盗重案，仍归该府审结外，其户婚、田土、斗殴等细务，应即令就近审理，详府完结。如遇永北、宾川府州递解人犯，俱令解至金江，接替转解，并奸回匪徒，协同汛弁查察。如此，则要地既得专员治理，而闲员亦不致虚糜廪禄。该府遇有应办差使，仍可就近差委，且分任佐理，更得臂指之助，一转移间，于地方官民均有裨益。

随经行据布政使永泰，会同按察使张逢尧、护迤西道顺宁府知府刘埥议详前来，与臣意见相同，为此具折奏请。倘蒙圣恩俞允，查该知事俸工、养廉等项，仍令照额支领，无庸议增，所有衙署，将旧署变价另置，亦无需动项。惟移驻知事，有分管地方之责，非在城可比。该知事衙门额设衙役仅止四名，不敷差遣。应请于永北府额设库子四名内裁拨二名，以供该知事役使，工食银两亦于该府衙门拨出，令知事支给，归于役食项下报销。其改驻知事地处紧要，必须熟悉风土、才识干练之员方能胜任。嗣后遇有缺出，应请归本省拣选调补。

至现任知事宣世涛，年壮才优，人地相宜，堪以移补。除应铸给印信，并派辖村寨，俟移驻部覆至日，饬司拟定字样，并酌派地方造册，另行送部。

臣为地方起见，不揣冒昧，恭折具奏，是否有当，伏祈皇上睿鉴训示。谨奏。

朱批：该部议奏。

（《宫中档乾隆朝奏折》第十九辑，第15～16页）

1255　云贵总督兼署云南巡抚事吴达善《奏陈遵旨查明滇属商税并无留充公项应留应革缘由折》

乾隆二十八年九月初六日

云贵总督兼署云南巡抚事臣吴达善跪奏：为遵旨查奏事。

窃照接准部咨："议覆江督尹继善清理各关陋规一折，行令将关税陋规曾否尽行革除，及有无留关充用归公款项，并从前已奏未奏之处，逐一据实核查，各就关口情形，分别应留应革，酌核具奏等因。"当经抚臣刘藻暨臣行司，确查各府厅州县有无陋规，据实具报。去后，兹据布政使永泰查明，详覆前来。

臣查滇省地处边徼，并无富商大贾，亦未设有关口，止有云南、曲靖、元江、大理、永昌、楚雄六府及开化府马白同知、镇雄州等处往来商货，向系知府、厅、州经收，每年征收税银，悉遵部定则例，抽收题报，查无另立名色、额外巧取之陋规。其所设书役人等工伙、杂费等项，系按税口之多寡，事务之繁简，除裁革续报归公外，酌定云南府岁给银二千四百六十六两四钱三分零，曲靖府岁给银一千五百九十九两零，元江府因商税拨归普洱府思茅同知抽收，该府每年实支银七十九两二钱，大理府岁给银六百九十九两四钱零，永昌府岁给银六百五十三两五钱零，楚雄府岁给银四百九两四钱零。以上书巡工食、杂费，俱于雍正七年题定，即在商税项下报销。其开化府马白同知经管税口，岁给银五百四两，系于乾隆十三年酌定耗羡章程案内报销。镇雄州抽收盐税支销书巡工食等银五百一两，系于乾隆二十年经部议定，在于所抽盐税银内支销。此系节次题明有案。

惟查临安、姚安、广南、思茅同知、罗平等府厅州，亦各设有税口，长派书役巡查，俱经造册报部，乃支给工食、倾销折耗等项，从前未经具题，只于历年季报簿内临安府于商税项下开销，岁支银五百七十两一钱七分。姚安府岁支银一百六十一两二分零，广南府岁支银九十五两一钱，普洱府思茅同知岁支银一百二十八两六钱，罗平州岁支银一百二十一两九钱八分零。虽从前未经题明，但该府厅州既常设书役、巡丁驻口稽查，其饭食、纸张等费在所必需，若革除，不准支销，则办公掣肘，势必别生弊端。况开销商税相沿年久，并未累商，亦非陋规，似应仍准支销，据实造报奏销。此外，云南等府属各州县以及提举并分防丞倅等处落地土税，业于乾隆二年遵旨裁革。现皆恪守章程，并不敢重复征收，止在原设街场抽收牲畜价税，及老额门摊、酒窖、杉板等课，照价每两抽收三分，按季出结报核，照额起解，如有溢于定额，即作税余报解，并无额外巧取陋规，无凭分别留革款项。

至各属原设街场，每月不过数日，凡值街期，系在书役内轮流差收，朝往暮归，无庸常川设役巡查。是以历不支销工伙等项，并无捏饰，应令照旧办理。臣仍严督司道勤加查察，如有私行设立名色、额外需索、多收情弊，即行严参究追，以肃功令。

所有查明滇属商税并无留充公项应留应革缘由，理合据实恭折具奏，伏祈皇上睿鉴。谨奏。

朱批：该部知道。

（《宫中档乾隆朝奏折》第十九辑，第 16～18 页）

1256 云贵总督兼署云南巡抚事吴达善《奏报遵旨查明滇省发遣新疆人犯并无逃脱折》

乾隆二十八年九月初六日

云贵总督兼署云南巡抚事臣吴达善跪奏：为遵旨查明汇奏事。

乾隆二十八年八月初十日，臣承准廷寄，内开："乾隆二十八年七月初五日，奉上谕：近年以来，发遣新疆等处人犯有在途脱逃者，拿获之日，将本犯立置重典。缘此等罪人皆系作奸为匪、不可容留内地之犯，其情性本属凶狡，又惮于出口远行，不遵王法，乘间潜逃。金差递解之地方官理应加意严紧，慎重派委，方不误事。其因金差不慎，致有脱逃之员，向来未经定有处分，易致怠忽从事。现据托庸、吴达善题报，发遣巴里坤、乌鲁木齐等处逃犯之失察各员已交该部另议办理。并着传谕各督抚，嗣后各省将一年内发遣新疆人犯，查明有无脱逃及已未拿获之处，于年终汇折具奏。钦此。"遵旨寄信到臣。

除钦遵移行外，伏查滇省发遣新疆人犯，自乾隆二十四年正二月内解过三犯，窃盗王贵山免死减等，盗犯擦业、阿厦、点妈、罗半、巴奴、妈方、苴巴、李长、了得、方皮等共十名，俱发巴里坤，给兵为奴。内惟李长一名，准甘抚臣咨称，在山丹县病故。又乾隆二十五年二月内，解过出交匪犯矣如，即陆章，王博夭，即韦草，矣叨，即陆意包，矣茂，即陆布内，光郁，即黄二辅，光胜，即黄二意，矣招，即王光林等七名，俱发巴里坤给兵为奴。乾隆二十六年内，未有发遣新疆之犯。乾隆二十七年三、六两月内，解过拒捕窃盗杨天禄免死减等，绞犯陈绘、斩犯王阿双等三名，内杨天禄一犯在途脱逃，于二十八年四月二十日拿获，经臣等审明，钦遵谕旨，即于五月二十八日，将该犯杨天禄正法，讫并经臣等具折奏明在案，其余二犯俱发乌鲁木齐，给兵为奴。以上发遣新疆实在到配人犯共一十八名，并未脱逃。理合遵旨查明，恭折汇奏，伏祈皇上睿鉴。

再乾隆二十八年发遣新疆各犯，臣与抚臣刘藻于起解之时，即慎选勤干弁员，派委督率兵役严谨防范，并行文沿途督抚，通饬经过文武、地方官，照例委员逐程接替递解，自不致于逸脱。请俟年底查明，另行具奏。合并陈明。谨奏。

朱批：知道了。

（《宫中档乾隆朝奏折》第十九辑，第 18～19 页）

1257　云贵总督兼署云南巡抚事吴达善《奏报乾隆二十七年三运第二起京铜自泸开运日期折》

乾隆二十八年九月初六日

云贵总督兼署云南巡抚事臣吴达善跪奏：为钦奉上谕事。

乾隆十四年六月十八日，承准廷寄，内开："奉上谕：嗣后运铜事宜，务须加意慎重。其沿途经过各省督抚，朕已传谕，令其将委员守风守冻及有无事故之处奏闻。至铜铅船只于云贵本省起运，何日出境，亦着该督抚随时折奏。钦此。"钦遵转行，遵照在案。

兹据云南管理铜务粮储道罗源浩会同布政使永泰详称查，乾隆二十七年三运第二起京铜，前委楚雄县知县张斯泉承运，因在泸病故，未及领铜，蒙前抚臣刘藻以彼时即遴员接运，计其扫帮，正值川江水涨，未便冒险前行，饬令另行委员，应于乾隆二十八年头运京铜之前领运，依限解部交收，并经奏明行知，当经详委镇南州知州张大森赴泸接运。今据委驻泸店转运京铜护大关同知汪任报称，乾隆二十七年三运第二起委官、镇南州知州张大森，于乾隆二十八年七月初八日抵泸，七月二十五日开秤起，至八月十六日，兑交过铜七十四万斤，内除陆路折耗铜三千七百斤外，实该正耗余铜七十三万六千三百斤，照数发给，该员即于八月十六日自泸扫帮等情，转详到臣。除分咨户、工、兵部及沿途经过各省督抚，转饬各该同知、通判并地方文武员弁一体督察防护，按站催趱，不许片刻停留，仍严密稽查有无盗卖情弊外，所有乾隆二十七年三运第二起京铜自泸开运日期，理合恭折奏报，伏乞皇上睿鉴。谨奏。

朱批： 览。

（《宫中档乾隆朝奏折》第十九辑，第 19~20 页）

1258 云贵总督吴达善《奏报景东府掌印同知缺出，请以弥勒州知州李履谦升补折》
乾隆二十八年九月十五日

云贵总督臣吴达善跪奏：为要缺需员，恭恳圣恩升补，以裨地方事。

窃照景东府掌印同知谢颖元，因淹禁匿报，稽戮凶犯，经臣恭疏题参革职。所遗员缺，系繁、疲、难三项相兼，例应在外拣调。查该处民俗刁悍，且并无附郭州县，抚驭稽查，必须熟悉风土、精明强干之员，方足以资治理。滇省同知十一缺内，除在外题调五缺外，其余实无合例可调之员。臣与藩臬两司公同商酌，查有弥勒州知州李履谦，年三十八岁，山西阳曲县监生，递捐州同，并捐免保举，由广西太平土州州同推升今职，于乾隆二十六年十一月二十二日到任，上年委署师宗州，任内接缉该州越狱脱逃盗犯马老二等全获，经部议，叙准其不论俸次，照应升品级升用在案。臣查该员才情干练，办事认真，以之升补景东府掌印同知，实属人地相宜。虽历俸未满五年，与升补之例未符，但该员系议叙，准其不论俸次升用，而景东府同知一缺，现无合例可调之员。谨恭折奏恳皇上天恩，俯准将李履谦升补，自必益加奋勉，而于要地大有裨益。如蒙俞允，李履谦系知州升补同知，俟部覆至日，送部引见。其所遗弥勒州知州，系升补所遗之缺，例得试用人员署理，亦应俟李履谦引见，准升同知，部文到日，再行拣选题补。

再查李履谦前于署广西太平府通判任内，因遣犯严密在配脱逃，罚俸三个月；又署左州任内，因流犯官盛、张明禄在配同逃，罚俸三个月；又云南弥勒州任内，承缉周绍濂母冢被掘，盗犯无获，罚俸一年。各案罚俸银两俱经解缴司库，此外别无参罚事件。合并陈明，伏祈皇上睿鉴施行。谨奏。

朱批： 该部议奏。

（《宫中档乾隆朝奏折》第十九辑，第126页）

1259 云南按察使张逢尧《奏请均安插之遣犯折》
乾隆二十八年十月初一日

云南按察使臣张逢尧谨奏：为请均安插之遣犯，以靖地方事。

窃照各省解滇遣犯，向由抚臣衙门查照在配人犯多寡，酌量分发安插。自乾隆二十三年，于行查事案内，将曲靖府之宣威州，东川府之会泽县，昭通府之大关同知、鲁甸通判、镇雄、恩安、永善三州县，镇沅府并所属之威远同知、恩乐县，普洱府之思茅同知、宁洱县，顺宁府并所属之缅宁通判，丽江府并所属之中甸同知、维西通判，广南府之宝宁县，开化府之文山县，永昌府之腾越、保山二州县，暨永北府，以上二十二处，均以夷疆咨送刑部，律例馆编为定例之后，凡遇遣犯，概停分发。现在通融酌发者，惟云南等六十一府厅州县。以致宣威等二十二处在配人犯现止一百五十五名，内如大关等处各止一二名不等。云南等府六十一处，在配人犯共一千二百一十八名，内如寻甸等处，多至三十余名不等，向俱安置在城，交与乡保收管。此等遣犯，皆非善类，在停发者，每遇事故，有减无增。其现发者日益众多，有增无减。以有限之城市收无限之匪徒，丑类成群，戾气相聚，久而弥甚，为害堪虞。臣目睹纷纷解配情形，有不得不亟为调剂，期于尽善者。

伏查滇省夷疆久沐圣化，休养有年，已与内地无异；且夷人各聚居山寨，遣犯则收管城内，城乡隔别，查察紧严。是遣犯到配，原不能与夷人杂处，即就现发之云南等府六十一处而论，均为夷猓环居，亦不尽系民地。夫边方慎守固，宜防患未然，而因时变通，尤在随宜调度。就臣管见，除镇沅府之威远同知，普洱府之思茅同知，顺宁府之缅宁通判，丽江府之中甸同知、维西通判，开化府之文山县，永昌府之腾越州，俱界联外域；又昭通府之大关同知、鲁甸通判、镇雄、恩安、永善三州县，俱全系夷疆。以上十二处，仍停其分发外，其宣威等十府州县，请与现分发之云南等府六十一处，共计七十一属，嗣后仍复旧制，查照在配人犯多寡，酌量均拨安置，并于分防之州同、州判、县丞等官，凡设有城堡者，较州县酌发之数，一体减半拨发。如此设法疏导，地广人稀，若辈谋生既易，在官约束不难，庶不致丛集贻患，而边省永臻宁谧矣。

臣为慎重地方起见，不揣冒昧渎陈，是否有当，伏乞皇上圣鉴，训示遵行。谨奏。

朱批：告之督抚，就其议奏。非不可待之事，应札商刘藻。

（《宫中档乾隆朝奏折》第十九辑，第216～217页）

1260　云南按察使张逢尧《奏请除知府亲辖承审之余限，以肃治理折》

乾隆二十八年十月初一日

云南按察使臣张逢尧谨奏：为请除知府亲辖承审之余限，以肃治理事。

窃惟办案务在速结，承审难容借延。定例：命案扣限六个月，盗案扣限十个月，杂案扣限四个月，由县府而至司院分限审解，宽然有余。臣仰荷天恩，畀以提刑重任，抵滇以来，凡于地方事件逐一留心体察。查有元江、镇沅、鹤庆、丽江、顺宁、永北、蒙化、景东八府，各有亲辖地方，审案与直隶州不由道审转者无异；凡自审命盗解司案件，向与所属州县审案一例扣限，实属延混。盖州县案件由府、司审转，自应照例，声扣全限。至该府亲辖案件，俱系自审解司，较之州县由府解司者已少知府审转一层，即应减去一层分限，而历来仍以全限声扣，借此延展，殊非急公任事之道。臣请嗣后，除元江、镇沅、鹤庆、丽江、顺宁五府所属厅州县审转案件仍照旧扣限外，其元江、镇沅、鹤庆、丽江、顺宁及永北、蒙化、景东八府亲辖地方承审案件，概照州县应得分限审解，所有向得知府余限永行删除，不得混行扣展，以杜借延之弊。仍于招内声明，听部查核，如有逾违，照例参处，庶例限既昭画一，而案件得以速结矣。

臣因清厘审案起见，他省有似此者可否一体更定，非臣所敢轻议。谨缮折具奏，伏乞皇上圣鉴，敕议施行。谨奏。

朱批：该部议奏。

（《宫中档乾隆朝奏折》第十九辑，第217～218页）

1261　云贵总督兼署云南巡抚事吴达善《奏陈厂铜渐臻旺盛，酌筹加铸卯钱，以备岁添铜价折》

乾隆二十八年十月初七日

云贵总督兼署云南巡抚事臣吴达善跪奏：为厂铜渐臻旺盛，酌筹加铸卯钱，以备岁添铜价事。

窃照滇省汤丹、碌碌等厂，山势丰隆，气脉深厚，厂旺铜高，京外各局鼓铸岁需铜一千一二百万，取给于该厂者居多。嗣因开采年久，礓洞渐深，炭山日远，工本费多，厂民所领工价不敷所用，办铜渐缩。上年七月内，臣同抚臣刘藻会酌，每百斤须再加银四钱，就该二厂每年办铜六七百万计算，约需加价银二万六七千两，仍循节年增价之例，以加卯铸息支给，不动正帑。当查东川新局及省、临二局加铸，岁获息银内，约可余存银一万七八千两，加添铜价外，尚不敷银八九千两。查有从前之截至乾隆二十七年，约存积余银四万两，逐渐添补，可供数年支销，此后再为随时设法办理。恭折会奏，仰蒙特恩允准，钦遵在案。该厂民闻风感戴，开采踊跃。

今据该厂员申报，自乾隆二十七年十月十四日奉文加给铜价起，至本年八月止，尚未满一年，业已办铜加多。合计汤丹、碌碌、大水、大丰等厂，共办获正铜、卯铜七百二十余万斤，计至岁底，共可办铜千万斤。除将加卯年息加增铜价外，尚应动支积年旧存余息银二万余两。仅存积余银一万有余，办铜既多，所添铜价亦多，将来铜斤年年如此丰旺，所有积存余息不敷添价之需，自应预为设法筹备，以免临时掣肘。臣与布政使永泰、粮储道罗源浩公同酌议，应于东川新、旧二局之原设七十炉内，本年冬季三个月，每旬加铸半卯，每炉共加铸九半卯，即令汤丹厂炉户照加卯事例办铜十七万余斤，以供应用。仍于铜本内借支铸本，铸出钱文，照例以一千二百文作银一两扣解道库，除解司归还借款及支销经费外，计一季可获息银一万一千九百四十余两，以备来年余息不敷加价之需。现今汤丹厂官及东川府即于本年十月按旬查照办理，将来每年冬季应否如是加铸，届期随宜查明办理。统于事竣，按照东川现行加卯成规，造册咨部查核。如此，庶加价息银得以先事有备，无需动用正帑，兼得办铜岁岁加多，办铜既多，不惟足资京外各局鼓铸，而所获余息更为充裕，于公帑亦大有裨益。

所有臣遵照原奏，随时设法办理缘由，理合恭折具奏，伏乞皇上睿鉴训示。谨奏。

朱批：如所议行。

（《宫中档乾隆朝奏折》第十九辑，第 247~249 页）

1262　云贵总督吴达善《奏报滇黔两省秋收分数折》
乾隆二十八年十月初七日

云贵总督臣吴达善跪奏：为滇黔两省秋收已竣，奏报实在分数事。

窃照滇省本年夏雨及时，农功早竣，水泽充盈，高原、平壤栽种倍广，稻谷、杂粮无不加倍丰稔，收成约有十分，经臣于八月初八日，一面恭折奏闻，一面檄行布政使永泰确查各属实在收成分数。兹据详称：九月以来天气和暖，间得微雨，日暄雨润，禾稻、杂粮更加饱满结实，现俱登场，通省高下收成实有十分等语。

臣查滇省半多山田，喜雨畏旱。今夏霖雨频施，既无望雨之区，亦无积潦之地，即此山头地角所种稻谷、荞豆、杂粮，亦在在畅茂，常年或高田丰收而低田稍歉者，或低田丰登而高田略减者，未有如今岁之高下田禾普律丰收，均获十分也。

至黔省秋禾，前于夏间，下游之贵阳、安顺等府属，六月中旬得雨未透，民望正殷。随于十八九等日，即沛甘霖，并未愆期，当经臣具折奏报。今上下两游，据各属申报，已渐次收获，高下分数有八、九、十分不等，阖省牵算，实有九分有余，虽不能如滇省之无论高低一律丰收，亦可称乐岁。此皆由我皇上圣德遐孚，上契天心，屡赐丰年，边方汉夷均得含哺鼓腹，共乐尧天。臣蒙圣恩简任滇黔，际此年谷顺成，实不胜欢忭庆幸之至。除云南收成分数现在另行具题，其黔省应由署抚臣刘藻分晰题报。

再滇省春禾豆麦，于大田收获后得雨应时，据各属陆续禀报，已翻犁播种。臣出郊查勘，附近省城一带，春禾出土已有二三寸。合并陈明。理合恭折具奏，伏祈皇上睿鉴。谨奏。

朱批： 欣慰览之。

1263　云贵总督兼署云南巡抚事吴达善《奏报乾隆二十八年头运第一起及头运第二起京铜自泸开运日期折》
乾隆二十八年十月二十六日

云贵总督兼署云南巡抚事臣吴达善跪奏：为钦奉上谕事。

乾隆十四年六月十八日，承准廷寄，内开："奉上谕：嗣后运铜事宜，务须加意慎重。其沿途经过各省督抚，朕已传谕，令其将委员守风守冻及有无事故之处奏闻。至铜铅船只于云贵本省起运，何日出境，亦着该督抚随时折奏。钦此。"钦遵，转行遵照在案。

兹据云南管理铜务粮储道罗源浩会同布政使永泰详称，据委驻泸店转运京铜署大关同知李肖先报称："乾隆二十八年头运第一起委官寻甸州知州舒瑞龙，于乾隆二十八年七月二十三日抵泸，八月十一日开秤起，至八月二十九日止，兑交过铜七十四万斤，内除陆路折耗铜三千七百斤外，实核正耗余铜七十三万六千三百斤，照数发给。该员因河水涨泛，船只难开，于九月初四日自泸扫帮。又据详报，乾隆二十八年头运第二起委官邓川州知州宋永福，于乾隆二十八年七月二十三日抵泸，九月初四日开秤起至九月二十二日止，兑交过铜七十四万斤，内除陆路折耗铜三千七百斤外，实核正耗余铜七十三万六千三百斤，照数发给，该员即于九月二十二日自泸扫帮。"各等情。转详到臣。除分咨户、工、兵部及沿途经过各省督抚，转饬各该同知、通判并地方文武员弁一体督察防护，按站催趱，不许片刻停留，仍严密稽查有无盗卖情弊外，所有乾隆二十八年头运第一起及头运第二起京铜自泸开运日期，理合恭折具奏，伏乞皇上睿鉴。谨奏。

朱批： 览。

（《宫中档乾隆朝奏折》第十九辑，第425页）

1264　云贵总督吴达善《奏报遵旨甄别滇省年满千总折》
乾隆二十八年十月二十六日

云贵总督臣吴达善跪奏：为遵旨甄别滇省年满千总，恭折奏闻事。

乾隆二十八年四月十九日，臣接准兵部咨："奉上谕：直省各项年满千总及例前尚在需次各员，着即一并悉心，秉公分晰甄别等因。钦此。"臣即钦遵，移行滇黔两省各提镇协营一体遵照，并即悉心分别调考，秉公甄别。除黔省应行去留各弁容臣另折具奏外，至滇省迤西之楚姚、大理、永顺、剑川、鹤丽、永北等镇营，臣于本年四月内亲历考验，分别去留，业经恭折具奏。又时当军政，参劾年老、平庸等千总四员，已经具题外，余俱陆续调考，先视其年力，复考其弓马，详加甄别。查臣标有例前年满离任千总、候补守备李棠一员，离任候推守备陈其璋等十一员，内有保怀远一员，委署楚姚镇左营守备，臣于四月内亲历考验，弓马平常，当经咨部斥革。又姚帝俞一员，委署开化镇左营守备，材技、弓马均属平常，亦经咨部勒休。其余九员，均年力富强，弓马可观，应仍留标推补。此外，抚提镇各标并无需次候补候推人员。

又查滇省督抚两标暨一提九镇各标、协、营，共千总一百十一员，内军政卓异王应泰等五员，现在送部引见。又预保留任候掣守备之千总江纪等十四员，内杨瑄已经掣补守备外，余俱年强技娴，均堪留任。又六年俸满保送引见，奉旨回任候补守备陈言志等四员。又奉旨发回原任候推守备杨正华等二员。又六年俸满咨部留任千总方沛等八员，臣复加考验，年力俱强，弓马可观，并无年届六十以外应行递降之员。又现今六年俸满千总马奇俊、王尚义、曾攀梅三员内，马奇俊、王尚义二员均堪保送，已经给咨，赴部引见；曾攀梅年力精壮，弓马去得，现在考验，咨部留任。又新拔千总马文羡等九员。又考验弓马平常、年力就衰，斥革千总叶桂选登二员勒休，千总张廷梁等七员告病，请休千总罗伟等二员，共十一员外，其余未经六年俸满千总之袁世安等五十五员，逐一调考，年俱强盛，弓马可观，现无年衰技疏、人材阘茸之员，均堪留任。臣仍随时考察，秉公去留，断不敢稍有姑容，冀仰副我皇上慎重武弁、整饬营伍之至意。所有革休等员，另开清单，敬呈圣览。理合恭折具奏，伏祈皇上睿鉴。

再抚标千总亦经一并甄别。合并陈明。谨奏。

朱批：该部知道。

（《宫中档乾隆朝奏折》第十九辑，第 426～427 页）

1265　云贵总督兼署云南巡抚事吴达善《奏报甄别滇省俸满首领、佐杂等官情形折》

乾隆二十八年十一月初九日

云贵总督兼署云南巡抚事臣吴达善跪奏：为遵旨奏闻事。

窃照首领、佐杂等官，历俸已满六年，例应甄别去留。又承准廷寄，乾隆二十七年七月十二日，奉上谕："嗣后凡佐贰杂职等官，已满六年者，照例咨部外，仍着专折具奏。其未满六年，实不可姑容者，着随时咨革。钦此。"钦遵在案。

臣查滇省乾隆二十八年分已满六年之首领、佐杂等官，共十五员，内除年力就衰之永善县县丞金堡，已经咨部勒休，又怠玩废弛之云南县典史汪文楙，亦经咨革外，其余按察司司狱王鸣皋等十三员，据云南布政使永泰等节次调送看验，臣逐加悉心甄别，均堪留任，业经臣咨部汇题。至历俸虽未满六年，而玩误不职、陆续咨参者，有署沾益州吏目孙荃、嵋峨县典史宋佩、浪穹县典史盛树荣等三员。此外之首领佐杂等官，臣仍不时查察，如有平庸阘茸及颓废，难以振作者，随时咨参，断不敢俟有六年甄别之例，稍为姑容，以致恋栈，贻误地方。谨将甄别去留各员另缮清单，恭呈御览。理合具折奏闻，伏祈皇上睿鉴。

再乾隆二十七年分，尚有六年俸满之按察司经历王元赞、镇南州吏目胡侯二员，委运京铜，今仍未回滇，应俟回滇之日验看，甄别办理。合并陈明。谨奏。

朱批：知道了。

（《宫中档乾隆朝奏折》第十九辑，第 529～530 页）

1266　云贵总督兼署云南巡抚事吴达善《奏报甄别滇省俸满教职人员情形折》

乾隆二十八年十一月初九日

云贵总督兼署云南巡抚事臣吴达善跪奏：为遵旨汇折奏闻事。

案查，承准廷寄："乾隆二十年三月十七日，奉上谕：甄别六年俸满教职一案，可传谕各省督抚，令其于陆续题咨外，每年岁底，将此一年内该省甄别过六年俸满教职，共保举堪膺民社者几员，留任送部引见者几员，勒令休致者几员，汇折奏闻。钦此。"又准部咨："乾隆二十二年六月十八日，奉上谕：甄别教职，云贵等省俱着改为八年举行一次，俾得宽其程限。其六年保题县令，仍着照旧例行。钦此。"钦遵在案。

兹乾隆二十八年分滇省教职，除抚臣刘藻暨臣任内参革、勒休并告休共二十一员外，所有六年俸满教职，有武定府教授葛萃、新兴州学正张圣睿、恩乐县教谕王装、浪穹县教谕郭文禧、元谋县教谕仇以敬等五员。臣与云南学臣周曰赞逐加验看，俱系循分供职，无可保题，应俟历俸八年，再行甄别办理。至现今历俸已满八年者共六员，内姚州学正李联登、临安府训导李人文、永昌府训导王敬天等三员，均堪留任，已照例给咨，送部引见。其永北府教授赵润、元江府训导分驻普洱府训迪刘轼、寻甸州训导张廷揆等三员，已据告休，陆续咨部。臣谨汇折奏闻，伏祈皇上睿鉴。谨奏。

朱批：知道了。

（《宫中档乾隆朝奏折》第十九辑，第532~533页）

1267　云南巡抚署贵州巡抚刘藻《奏谢奉旨加太子少保折》
乾隆二十八年十一月初九日

云南巡抚署贵州巡抚臣刘藻谨跪奏：为恭谢天恩事。

窃臣于乾隆二十八年十一月十四日，接阅塘报，钦奉上谕："自来内外大臣中，有奉职克勤、敭历资深者，皆晋秩宫衔，以示优眷。大学士梁诗正，着晋加太子太傅。协办大学士、尚书公兆惠，协办大学士、尚书刘纶，兵部尚书公阿里衮，刑部尚书舒赫德、秦蕙田，工部尚书阿桂，俱加太子太保。吏部尚书陈弘谋，晋加太子太保。河道总督高晋，晋加太子太傅。漕运总督杨锡绂，晋加太子太保。浙闽总督杨廷璋、湖广总督李侍尧、两广总督苏昌、四川总督阿尔泰，俱加太子太保。江苏巡抚庄有恭、云南巡抚刘藻，俱加太子少保。钦此。"臣敬设香案，望阙叩头，恭谢天恩。

伏念臣椎鲁凡材，庸愚陋质，沐生成之大德，荷特达之深知，珥笔清华，含香禁近，猥以乌鸟微爱，许终事于林泉，何期犬马余生，遽滥叨夫节钺。滇中积岁，窃禄怀惭。黔土初来，备员滋惧。乃蒙我皇上特颁旷典，载沛殊恩，晋宫保之崇阶，承纶言之优奖，溯自古实属非常之遇，在臣身尤为过分之荣。闻命自天，措躬无地，拜龙光之下逮，宠至弥惊；顾驽钝以何堪，感深陨涕。臣惟有益殚精力，毕竭愚诚，不敢怠惰以偷安，不敢因循而钓誉，矢公忠以尽职，置嫌怨于罔闻，以图上报高厚隆恩于万一。

所有微臣感激私衷，理合恭折叩谢天恩，伏祈圣鉴。臣谨奏。

朱批：览。

（《宫中档乾隆朝奏折》第十九辑，第 614～615 页）

1268　云贵总督吴达善《奏报署理云南提督印务昭通镇总兵雷霖病故折》
乾隆二十八年十一月十七日

云贵总督臣吴达善跪奏：为奏闻事。

窃照署理云南提督印务昭通镇总兵雷霖，于本年九月内得染水肿之疾，每日办事，行动如常。迨至十月下旬，渐次沉重，医药罔效，今十一月十七日，据提标中军参将赵弘榜呈报，该署提督于十一月十三日病故等情到臣。除提督印务关系紧要，臣即于附近大理府各镇内酌量堪以接署之永顺镇田允中暂委署理外，所有署提臣雷霖病故缘由，理合遵例，由驿恭折具奏，并咨兵部，俟递到报匣，代为赍进。其昭通镇系新辟夷疆要缺，仰恳圣恩简员补授，以重边方，伏祈皇上睿鉴。

再新任云南提臣达启，闻于十一月初旬已入黔境。合并陈明。谨奏。

朱批：有旨谕部。

（《宫中档乾隆朝奏折》第十九辑，第 624 页）

1269　云贵总督吴达善《奏报酌量于开春时再令云南临元镇总兵佟国英进京陛见折》
乾隆二十八年十一月十九日

云贵总督臣吴达善跪奏：为遵旨奏明事。

乾隆二十八年十一月十六日，据云南临元镇总兵佟国英详称："本职抵任三年已满，前经奏请陛见。兹于本年十一月十二日，钦奉朱批：问之总督，于可来时来。钦此。"相应录奉朱批，详请酌核前来。

臣查临元地方均各宁谧，本可即令起程赴京。惟该镇所辖五营，逼近鲁魁，苗蛮错杂，现届岁底，正须督率各营将备巡防之候。臣详加酌量，应于来春开印时，委员署理，令其进京陛见。除行知该镇外，所有钦遵朱批酌核缘由，理合恭折具奏，伏祈皇上睿鉴。谨奏。

朱批： 览。

（《宫中档乾隆朝奏折》第十九辑，第632页）

1270 云贵总督兼署云南巡抚事吴达善《奏请拣发通判、知州、知县来滇以备差委折》

乾隆二十八年十一月十九日

云贵总督兼署云南巡抚事臣吴达善跪奏：为循例奏请拣发人员，以资差委事。

窃照云贵川广等省，如有需员之处，例应奏请拣发。而滇省距京辽远，遇有缺出，部选之员一时未能到任，必须委员久署。又每年解运京铜四次，应委丞倅、牧令八员，往返约需两年以外，而汤丹、大碌等铜厂亦须委员专管，是以需员颇多。前次拣发人员，除陆续题补得缺外，余俱委署及委运京铜未回，现在不敷差委。兹据云南布政使永泰具详前来，臣复查无异，理合恭折奏恳皇上天恩，请于候补候选人员内拣发通判二员、知州六员、知县六员，俾速来滇，以备差委，遇有缺出，容另酌量题补，伏祈皇上睿鉴。谨奏。

朱批： 有旨谕部。

（《宫中档乾隆朝奏折》第十九辑，第633页）

1271 云贵总督吴达善《奏报滇黔两省豆麦兴发情形折》

乾隆二十八年十一月十九日

云贵总督臣吴达善跪奏：为恭报豆麦兴发情形事。

窃照滇黔各属今岁秋成丰稔，豆麦陆续播种情形，经臣于十月内恭折奏报在案。自交十一月，时获微雨，土膏滋润。曲靖府属之平彝县、东川府属之会泽县申报，得雪一二寸，通属豆麦早种者出土五六寸，迟者出土三四寸不等，俱各青葱滋长。又据贵州贵阳等府属各禀称，播种二麦、燕麦，早者出土一二寸，迟者渐次发生，十一月初旬，附近省城地方得雨普沾。滇黔两省粮价均平，民苗和乐。理合恭折具奏，伏祈皇上睿鉴。谨奏。

朱批：欣慰览之。

（《宫中档乾隆朝奏折》第十九辑，第 633～634 页）

1272　云贵总督兼署云南巡抚事吴达善《奏报乾隆二十八年分滇省户口、仓谷数目折》

乾隆二十八年十一月二十七日

云贵总督兼署云南巡抚事臣吴达善跪奏：为钦奉上谕事。

案照乾隆六年正月十三日，准户部咨："乾隆五年十一月初二日，内阁抄出，奉上谕：每岁仲冬，该督抚将各府州县户口减增、仓谷存用一一详细具折奏闻。钦此。"又于乾隆十三年五月二十五日，准户部咨："民数册内，嗣后应令一体分晰男妇字样造报等因。奉旨：依议。钦此。"转行司道确查详核，慎重办理在案。

所有乾隆二十八年分云南通省户口、仓谷数目，据布政使永泰、粮储道罗源浩会详据云南等府转据昆明、安宁等州县详报："除番界、苗疆向不入编审者毋庸查造，又各厂商贩贸易人等去来无定，亦无凭查造外，通省土著人民，原额三十九万九千五百六十七户，共计男妇大小人丁二百八万八千七百四十六丁口，内大丁六十一万七千六百四十五丁，小丁四十四万四千四百四十丁，大口六十万六千六百五十七口，小口四十二万四口。今乾隆二十八年分新增土著人民三千二户，共增男妇二万二千三百三丁口，内大丁五千九百一十四丁，小丁六千二百八十三丁，大口四千九百六十三口，小口五千一百四十三口，开除男妇一万一千六百三十二丁口，内大丁四千五十一丁，小丁二千一百六十一丁，大口三千四百六十八口，小口一千九百五十二口，实在土著人民四十万二千五百六十九户，共计男妇大小人民二百九万九千四百一十七丁口，内大丁六十一万九千五百八丁，小丁四十四万八千五百六十二丁，大口六十万八千一百五十二口，小口四十二万三千一百九十五口。此乾隆二十八年分云南通省民人男妇实数。

通省旧管仓存米、谷、麦、荞、青稞一百四十八万七百四十石八斗一升零，今乾隆二十八年分新收谷、荞、青稞三万六千七百五十三石四斗六升零，开除谷、荞五万七千九百三十三石八斗八升零，实在存仓米、谷、麦、荞、青稞一百四十五万九千五百六十石三斗九升零。此乾隆二十八年分云南通省积贮实数。"造具清册，详报前来。除送部外，臣谨缮黄册恭呈御览。理合恭折具奏，伏祈皇上睿鉴。谨奏。

朱批：册留览。

（《宫中档乾隆朝奏折》第十九辑，第714~716页）

1273 云贵总督吴达善《奏报滇黔两省瑞雪情形折》
乾隆二十八年十二月十一日

云贵总督臣吴达善跪奏：为恭报滇黔两省瑞雪情形事。

窃照云南省城于十一月二十九日得有瑞雪，城市积厚三寸，郊外积厚四五寸。臣即于是日，前赴江川等州县查勘地震情形，经由昆明、呈贡、晋宁、新兴等处，沿途二麦青葱，蚕豆均已扬花，即被震之江川、通海、宁州、河西、建水五州县，豆麦亦极长茂。嗣于十二月初七日回署，陆续据云南、曲靖、临安、澄江、广西、广南、昭通、东川、楚雄、姚安、武定、大理等厅州县具报，十一月二十一、二十七八九等日，各处获雪二三寸暨四五寸不等，其蒙化府据报，高阜积雪二尺余，平野积雪尺余，最为优渥。时当冬令，土脉得此涵濡，二麦日益茂盛。此皆我皇上湛恩广被，是以瑞雪应时，汉土民夷共庆丰亨有象。

又查黔省各府厅州县地方，据陆续禀报，亦于十一月初十、十一、十二、十三四五等日得有瑞雪，自一二寸至二三寸不等。贵阳府省城亦于二十八九等日得有大雪，高阜积有五六寸，平原积厚三四寸。两省米粮市价均属平减，民苗恬熙，地方宁谧。所有滇黔各属雨雪情形，理合恭折具奏，伏祈皇上睿鉴。谨奏。

朱批：欣慰览之。

（《宫中档乾隆朝奏折》第二十辑，第10页）

1274 云贵总督兼署云南巡抚事吴达善《奏报滇省江川、通海、宁州、河西、建水等五州县地震并循例赈恤折》
乾隆二十八年十二月十一日

云贵总督兼署云南巡抚事臣吴达善跪奏：为奏闻事。

窃照乾隆二十八年十一月二十七日子时，云南省城地微震动，顷刻即止。当即委员查勘，四乡均无震坍房屋，并行布政司饬查各州县有无震动。去后，旋于十一月二十九日，据澄江府属之江川县并毗连江川县临安府属之通海县、宁州等三州县各禀报："十一月二十六日亥刻，连次地震，城内及各乡村寨震倒房屋，伤毙人口甚多。城垣仍属完固，惟垛口颇有倒坏，衙署、仓监、祠宇等项亦有坍塌。现在分头确查、赈恤。"等情。又据接壤通海县之河西、建水二州县禀报："该州县地方亦于十一月二十六日亥刻地震，摇倒各乡村居民房屋，并伤毙人口多寡不等，现在逐一查赈。"各等情，先后禀报到臣。

臣即于二十九日，减从星驰江川等州县查勘，并令布政司酌拨库项，一面委令云南府知府龚士模携带，一面就近委新兴、阿迷、蒙自、嶍峨等州县，会同临安、澄江二府暨各该地方官分头确查、赈恤。臣挨次亲往督率稽查，兹据各委员协同各该地方官查明，江川县城内关厢及左卫等处，共计七十二村，四千五百四十五户，震倒瓦房一千八百八十八间，草房六千五百十九间，压毙男妇大口一千一百二名口，小口二百四十四名口，压伤大小男妇九十二名口。查照乾隆二十六年新兴、江川等处地震赈恤事例，瓦房每间赈银五钱，草房三钱；压毙大口，每口赈银一两五钱，小口五钱；压伤，不论大小，每口赈银五钱，共赈银四千七百二十两七钱。现存被灾各户，照例每大口赈谷一石，小口五斗，计大口一万八百七十名口，小口五千一百十九名口，共赈谷一万三千四百二十九石五斗。又查明通海县城内关厢及杨家厂等十三村，被灾一千二百三十二户，震倒瓦房二千四百八十间，草房一百四十三间，压毙男妇大口三百六十九名口，小口二百四十九名口，压伤大小口三十一名口；现存被灾各户，计大口二千七百九十名，小口一千四百五十二名口，照江川县一体赈恤，共赈银一千九百七十六两四钱，共赈谷三千五百十六石。又查明宁州城内及瓦厂等二十二村，被灾九百七十三户，震倒瓦房三百九间，草房一千一百九十九间，压毙男妇大口五百八名口，小口九十九名口，压伤大小口四十名口；现存被灾各户，计大口一千九百八十六名口，小口二百五十九名口，照例共赈银一千三百四十五两七钱，共赈谷二千一百十五石五斗。又查明河西县海东等二十八村，被灾七百九十二户，震倒瓦房七百三十间，草房一百八十四间，压毙男妇大口四百二十八名口，小口一百二十七名口，压伤大小口二十八名口，现存被灾各户，计大口七百九十四名口，小口九十七名口，照例共赈银一千一百三十九两七钱，共赈谷八百四十二石五斗。又查明建水州中营等七营寨，被灾四十六户，震倒瓦房四十五间，草房十间，压毙男妇大口二十一名口，小口一名，压伤大小人口八名口；现存被灾各户，计大口七十六名口，小口二十九名口，照例共赈银六十一两五钱，共赈谷九十石五斗。以上江川、通海、宁州、河西、建水等五州县，共赈银九千二百四十四两，共赈谷一万九千九百九十四石，俱经臣详加查勘，指示办灾各员，挨村逐户，亲行散给，并无假手胥役侵扣混冒，亦无遗漏，使穷民均各得所，以仰副皇上惠爱边黎至意。其银，照例于铜息项下动支；谷石，将备贮之常平仓溢额及捐监谷石动支，不敷之数，动用常平正额，并折银散给，均于铜息项下动银，俟秋收后买补还仓，分晰造册，容另题销。

除震倒城垛、城楼、衙署、仓监、祠宇等项，饬令布政司亲勘确估，另行题请动项兴修外，所有江川等五州县地震赈恤缘由，理合恭折具奏，伏祈皇上睿鉴，敕部查照施行。

再查压毙驻防通海汛把总赵先，臣另行优恤。又附近州县、新兴州等数处地觉微震，并无妨碍。合并陈明。谨奏。

朱批：有旨谕部。

（《宫中档乾隆朝奏折》第二十辑，第11~13页）

1275 云贵总督兼署云南巡抚事吴达善《奏报乾隆二十八年二运一起及二运二起京铜自泸开运日期折》

乾隆二十八年十二月十一日

云贵总督兼署云南巡抚事臣吴达善跪奏：为钦奉上谕事。

乾隆十四年六月十八日，承准廷寄，内开："奉上谕：嗣后运铜事宜，务须加意慎重。其沿途经过各省督抚，朕已传谕，令其将委员守风、守冻及有无事故之处奏闻。至铜铅船只于云贵本省起运，何日出境，亦着该督抚随时折奏。钦此。"钦遵，转行遵照在案。

兹据云南管理铜务粮储道罗源浩会同布政使永泰详称："据委驻泸店转运京铜大关同知李肖先报称，乾隆二十八年二运第一起委官元谋县知县郝守训，于乾隆二十八年九月二十八日抵泸，十月十二日开秤起，至十月二十八日止，兑交过铜七十四万斤，内除陆路折耗铜三千七百斤外，实该正耗余铜七十三万六千三百斤，照数发给，该员即于十月二十八日自泸扫帮。又据详报，乾隆二十八年二运第二起委官富民县知县陈英进，于乾隆二十八年九月二十八日抵泸，十月二十六日开秤起，至十一月十五日止，兑交过铜七十四万斤，内除陆路折耗铜三千七百斤外，实该正耗余铜七十三万六千三百斤，照数发给，该员即于十一月十五日自泸扫帮。"各等情，转详到臣。除分咨户、工、兵部及沿途经过各省督抚，转饬各该同知、通判并地方文武员弁一体督察防护，按站催趱，不许片刻停留，仍严密稽查有无盗卖情弊外，所有乾隆二十八年二运第一起及二运第二起京铜自泸开运日期，理合恭折具奏，伏祈皇上睿鉴。谨奏。

朱批：览。

（《宫中档乾隆朝奏折》第二十辑，第14~15页）

1276　云贵总督兼署云南巡抚事吴达善《奏报办理滇省大计缘由折》
乾隆二十八年十二月二十日

云贵总督兼署云南巡抚事臣吴达善跪奏：为奏明事。

窃照乾隆二十八年，云南省举行大计，定例：应抚臣会同臣考核，分别举劾具题。臣蒙皇上天恩拔置云贵总督，复荷恩命兼署抚篆，通省属员优劣，臣随时查察，内有踰闲越检者，当即参劾；其庸懦难以造就者，前与抚臣刘藻亦时为面议。兹当三年计典，臣不敢拘例展限，以致黜陟久延。今同藩臬两司加意慎重，悉心察核，期举错得宜，冀速副皇上澄叙官方至意。除应举应劾各官分别缮疏具题外，所有办理缘由，理合恭折具奏，伏祈皇上睿鉴。谨奏。

朱批：知道了。

（《宫中档乾隆朝奏折》第二十辑，第 122 页）

1277　云贵总督兼署云南巡抚事吴达善《奏陈勘过滇省城垣缘由折》
乾隆二十八年十二月二十日

云贵总督兼署云南巡抚事臣吴达善跪奏：为钦奉上谕事。

乾隆二十八年九月二十一日，承准廷寄，内开：乾隆二十八年七月二十九日，奉上谕："城垣为地方保障之资，自应一例完固，以资捍卫。着各省督抚饬令该管道府，将所属城垣细加查勘，如稍有坍卸，即随时修补，按例保固，仍于每年岁底，将通省城垣是否完固之处，照奏报民谷之例，缮折汇奏一次。于各督抚奏事之便，传谕知之。钦此。"遵旨寄信到臣。随即钦遵，饬司并委该管道府，各将所属城垣详加查勘。去后，兹据各道府勘明，由布政使永泰汇覆前来。

臣查云南通省城垣，原建土城二十九座，内新修土城五座，改建砖城四座；又原建石城十四座，内新修二座；又原建砖城四十八坐，内新修十八座，共计新城二十九座，旧城六十二座，通共九十一座。内惟昆明县城垣系属省会，从前于耗羡章程案内奏定，每年额定修费银三百两，凡有坍卸，已归岁修案内估办。其开化府属之文山县西门城垣，逼临江滨，被水冲刷，搜松城脚，以致城墙、圈洞、城楼等项颇有坍塌之处，除已自行修理外，尚未修竣者，估需银三百二十余两，该府县据报，于来岁春和自行修理，俟兴修完竣之日，委员验勘，照例取结保固。又江川、通海、宁州三处，本年十一月二十六日猝被地震，臣亲往查勘，城身俱属完固，惟城楼垛口间有震卸之处，现饬藩司勘估。除此四州县城垣外，其余通省土、石砖城八十七座，悉属完好。臣仍饬令该管各道府不时留心查勘，遇有雨水淋卸，随即督修完整，取结保固。倘有升迁事故，照例入于交代，令后官详加验勘，如有坍塌未修，责令前官修竣，接收结报，倘敢扶同徇混，察出，将前后官及该管之道府一并参处，分别赔修。如此，则通省城垣可保一例完固，不致靡费帑项矣。

理合将勘过城垣缘由遵旨汇折奏闻，伏祈皇上睿鉴。谨奏。

朱批：知道了。

（《宫中档乾隆朝奏折》第二十辑，第 123 ~ 124 页）

1278　云贵总督吴达善《奏请陛见折》
乾隆二十八年十二月二十日

云贵总督臣吴达善跪奏：为恭请陛见事。

窃臣仰荷皇上隆恩，由甘肃巡抚调补河南巡抚，于乾隆二十六年正月内陛辞赴任，五月内，复蒙天恩，畀以滇黔重寄，随具折恭请入觐，未邀恩准。计自到滇以来，将及三载，依恋之诚日萦方寸。今滇黔两省时和年丰，民苗和乐，地方亦甚安静。葵藿尚解倾阳，犬马宁不恋主？兹提臣达启业于十二月初十日由省赴任，臣俟抚臣刘藻回任时，将督抚各印务一并移交接管，臣即日起程，赴京陛见。理合恭折预期奏明，仰恳皇上天恩，俯赐允准，俾得叩觐天颜，跪聆圣训，庶遵循有自，而依恋下忱亦获稍展万一矣。谨奏。

朱批：见不必来。

（《宫中档乾隆朝奏折》第二十辑，第 125 ~ 126 页）

1279　云贵总督吴达善《奏报汛兵得贿纵盗，请旨即行
正法枭示，并查参失察之武职各官折》
乾隆二十八年十二月二十日

云贵总督臣吴达善跪奏：为汛兵得贿纵盗，请旨即行正法枭示，并查参失察之武职各官事。

窃照云南土富州四亭住民李春秀家，于乾隆二十八年三月初五日夜被盗，十余人明火撞门，入室搜劫银钱、金银首饰、䌷缎、布匹、衣物而逸，报经广南府，檄委宝宁县知县方天葆会营查勘被劫情形，选差缉获盗犯矣罗等四名，讯取原赃，录供通报。当查被劫赃数，计值七百余两，首伙各盗共有十七名，止据报获四名。随严行批饬勒缉逸盗，

务获一并究拟，并将文武疏防各职名经臣分疏题参在案。嗣据宝宁县陆续弋获盗首王老大并伙盗梁帝蕃等十一名，究出汛兵王天禄有受贿通盗情由，详报到臣。

伏思设兵守汛，专为靖盗安民。今守汛之兵乃转受贿纵盗，玩法已极，而同汛之兵亦断无竟不知情，急应严审速办。因署广南府知府王显绪委令会勘滇粤地界公出，回署需时，饬司提犯解省，委云南、曲靖二府会审。今据该府龚士模、陈大吕等审明定拟，由按察使张逢尧招解前来。臣即逐一亲加严讯，因盗首王老大素知李春秀家道丰裕，向伊借贷不遂，起意行劫，商之伙盗老汪、老林，分头纠伙十七人，于乾隆二十八年三月初五日夜，会合攀枝花箐，矣罗、矣包情怯遁归，上盗实止十五人。是夜三更时分，齐抵事主门首，适汛兵李德裕赴营操演，萧汉滨患病离汛，王天禄亦私自回家，群盗撞门入室，搜劫财物，俵分而散。次日，汛兵王天禄盘获首伙二盗王老大、老林，共分给银二十一两，钱四千文，俱纵令脱逃。据各犯供认前情不讳。严诘至再，王天禄坚供，同汛之李德裕确系赴营操演，萧汉滨患病离汛，并不知情。该犯系事后分赃，并未同行上盗。质讯各盗，供亦相符。除分别首从律拟，另疏具题外，查定例：捕役得贿故纵，斩绞重犯脱逃者，一律全科。今革兵王天禄分守汛地，有缉盗之责，与捕役无二。首盗王老大及纠党助势搜赃之伙盗老林，俱应拟斩决之犯，王天禄于被盗之次日即行盘获，辄敢分赃纵逃。王天禄一犯，应依例，拟斩立决，请旨即行正法，并枭首示众，庶足以警汛弁而正军心。恭候谕旨到日，臣即转饬办理，一面摘叙罪由，通行出示晓谕，俾沿边汛兵触目警心，咸知凛遵国法。

至于专兼统武职各官，平时漫不留心防务，任听兵丁私离汛守，及其受贿纵盗，亦毫无觉。查似此玩忽废弛，非寻常失察可比。除将专汛之广南营千总姚朝纲咨部斥革外，所有失察汛兵得贿纵盗之兼辖官广南营参将同泰、统辖官开化镇总兵吴应铨等各职名，理合恭折参奏，伏祈皇上睿鉴，敕部严加议处。

再此案盗犯十七名，已获首伙十四名，尚有伙盗三名未获，臣现在勒限严缉务获，另行究结。合并陈明。谨奏。

朱批：该部核拟速奏。

（《宫中档乾隆朝奏折》第二十辑，第126～128页）

1280　云贵总督吴达善《遵旨汇奏二十八年分邻省委员办运铜锡数目暨出境日期折》

乾隆二十八年十二月二十日

云贵总督兼署云南巡抚事臣吴达善跪奏：为遵旨汇折奏闻事。

案查承准廷寄："乾隆二十七年正月十二日，奉上谕：嗣后凡遇邻省采办铜铅经过，饬各州县一体实力稽查，如有偷盗沉溺情弊，随时具折专奏。若查明并无事故者，只令于岁底，将某省办运铜铅若干，并入境、出境日期，汇齐折奏。各该督抚其留心饬查妥办，毋得视为具文。钦此。"钦遵，转行遵照在案。

兹据云南管理铜务粮储道罗源浩，会同布政使永泰详称："遵查乾隆二十八年，邻省赴滇采办铜斤，有贵州委员、都匀府都江通判赫而喜，领运大铜等厂正耗铜四十八万八千四百斤，于二十八年二月十八日，在平彝县地方全数运竣出境。又江西委员、新城县同安司巡检骆朝宗，领运金钗等厂正耗余铜四十六万二千一百二十斤，于二十八年六月二十日，在宝宁县剥隘地方全数运竣出境。又滇省委员、晋宁州吏目胡筠，领运粤东省二十八年大兴等厂正耗余铜一十六万八千斤，易换粤盐，于二十八年八月十五日在宝宁县剥隘地方扫数运竣出境。又川省委员、布政司照磨王咏桃，领运个旧厂正耗锡五万七千二百四十斤，于二十八年二月初五日，在平彝县东路地方全数运竣出境。由平彝县杨潮观、宝宁县方天葆查明，沿途俱无盗卖、逗遛等弊，先后具报前来。除分案详咨各省督抚并咨部外，理合详情汇奏。至贵州委员陶万达，湖北委员张光墀，江苏委员曹力学、张腾，浙江委员李继学，广西委员倪宪，江西委员张纶耀，福建委员郎昭、郭愈厚，湖北委员漆浩美，四川委员传世倬等各起铜锡，现在发运，尚未出境，请于次年汇报。"等情到臣。臣复查无异，除分别先后咨部及沿途经过各省督抚转饬州县一体实力稽查外，所有二十八年分邻省委员办运铜锡数目暨出境日期，理合恭折汇奏，伏祈皇上睿鉴。

再查滇铅只供本省鼓铸，并无外省采买。合并陈明。谨奏。

朱批：览。

（《宫中档乾隆朝奏折》第二十辑，第 128～129 页）

1281　云贵总督吴达善《奏报遵旨拣选临元镇总兵佟国英调补云南昭通镇总兵，其遗缺即以阿穆呼郎补授折》

乾隆二十九年正月初九日

云贵总督臣吴达善跪奏：为遵旨拣选调补事。

窃臣前奏云南昭通镇总兵员缺，请旨拣补一折，乾隆二十八年十二月二十九日，恭奉朱批："有旨谕部。钦此。"并奉到乾隆二十八年十二月初九日内阁奉上谕："云南昭通镇总兵员缺紧要，着该督吴达善于通省总兵内拣选一员奏请调补，所遗员缺，着阿穆呼朗补授。其广州城守营副将，着薛隆绍补授。钦此。"

臣查昭通镇一缺，地处夷疆，界连川黔，必须明白边情之员，方能抚驭有术，弹压妥协。臣于通省总兵内，遵旨慎加拣选，除曲寻镇李时升已升陕西固原提督外，其余七镇，非现任边疆要缺，或人地不甚相宜。谨选得临元镇总兵佟国英，熟悉营伍，训练有方，醇谨老成，在滇四载，晓畅夷情，请以调补昭通镇总兵，实有裨益。所遗临元镇缺，系近云南省城，应请即以阿穆呼朗补授，于人地均属相宜。所有遵旨拣选调补缘由，理合恭折具奏，伏祈皇上睿鉴，训示施行。

再佟国英业经臣遵旨酌量，令于开印后赴京陛见，具奏在案。合并陈明。谨奏。

朱批：该部知道。

（《宫中档乾隆朝奏折》第二十辑，第275～276页）

1282 云贵总督吴达善《奏报要犯咨提未到，循例奏请展限折》
乾隆二十九年正月二十日

云贵总督臣吴达善跪奏：为要犯咨提未到，循例奏请展限事。

窃照景东府同知谢颖元承审民人杨锦与李氏通奸，谋死亲夫陈世爵一案，缘谢颖元之婿董均混证杨锦杀人之日同在盐店削签，以致谢颖元迟疑不决，将凶犯淹禁年余，匿不详报，业经臣将谢颖元题参，并讯明杨锦委系因奸杀死陈世爵正凶，亦经按拟具题各在案。又即行据臬司提讯谢颖元，供称："董均系江南常州府阳湖县人，于乾隆二十七年四月已经回籍，先曾捐纳县丞，借居伊戚、原任江西臬司丁廷让宅内，近闻进京，援例加捐，自去后，并无音信，不知实在下落。"等语，详请咨提前来。

臣即于上年九月内，咨会江苏抚臣暨顺天府，速饬将董均查拘，解滇质审，并咨明刑部。旋准部咨，亦行文苏抚、顺天府查拿务获，解滇审拟在案，迄今尚未解到。兹据按察使张逢尧等会详，此案委令云南、曲靖二府屡次会讯，谢颖元坚供实，由董均管理盐店，信用杨锦。据云，陈世爵被杀之日，杨锦在店劈削竹签，一时昏昧，听信董均之言，因此迟疑不决，致稽通报等语。但系一面之词，且董均因何与杨锦力为辩白，其中有无别故，必须董均到案质审明确，方可以成信谳。今于乾隆二十八年十二月二十日，蒙准部咨，奉旨："这所参谢颖元，着革职。其淹禁匿报稽戮凶犯情由及案内有名人等，该督一并严审究拟具奏，该部知道。钦此。"钦遵，咨行到司，应即以准到部文之日，限一月题结。惟查谢颖元因听信董均之言，匿不具详，以致凶犯久稽显戮，是董均为此案要犯。今该犯是否在籍，或系在京，咨提未到，质讯无凭，实难依限完结。兹据云南府知府龚士模、曲靖府知府陈大吕会请展限前来，相应详请，预为奏明等情到臣。

臣查案奉上谕："督抚参官如新限内必不能完结，即着将实在情由预行折奏。钦此。"钦遵在案。今要犯董均先经咨提，尚未拿解到滇，无凭确审。应请俟董均一解来滇，即速起限审题。除再咨催苏抚、顺天府外，所有应行展限缘由，理合预行恭折具奏，伏祈皇上睿鉴。谨奏。

朱批：已有旨了。

（《宫中档乾隆朝奏折》第二十辑，第 367 ~ 369 页）

1283 云贵总督吴达善《奏报滇黔两省雨雪均沾、豆麦倍长情形折》
乾隆二十九年正月二十日

云贵总督臣吴达善跪奏：为恭报雨雪均沾、豆麦倍长情形事。

窃照滇黔二省冬雪应时，二麦茂盛，经臣于上年十二月内恭折具奏在案。嗣于正月初四日，云南省城得雨廉织，十一、十二等日，雨雪连朝，入土四五寸不等，四乡普遍。并据云南、临安、曲靖、东川、澄江、广西、昭通、楚雄、姚安、大理各府州县陆续禀报，上年十二月十五、十六、二十八九暨今岁正月初三四、十一二等日，或雨或雪，四野沾渥。距省稍远各属未据报到。当此豆麦正在发长之时，得此雨雪，土膏益加滋润，于春禾深为有益。臣出郊前赴附近省城一带查勘，蚕豆有已结角者，有扬花者，二麦青葱盈野，丰稔可期。至元江府，天气最暖，雨水充足，秧苗出水已有二三寸；江川、通海、河西、宁州、建水五州县，上年冬间震塌房屋，现各修搭宁居。

又据贵州布政使钱度折报，上下两游各属，十二月初九、初十、二十九等日，得雪一二寸至三四寸不等。又据贵筑、镇宁、永宁、普定、安平、郎岱、永丰、瓮安、湄潭、镇远、清平等厅州县各申报，正月初三、初八等日得雨普被，豆麦向荣。两省粮价均无昂贵，地方宁静。除滇属粮价另折恭呈御览外，理合将滇黔二省雨雪情形恭折具奏，伏祈皇上睿鉴。谨奏。

朱批：欣悦览之。

（《宫中档乾隆朝奏折》第二十辑，第 369 ~ 370 页）

1284 云贵总督吴达善《奏报遵旨保举堪胜知府人员折》
乾隆二十九年正月二十七日

云贵总督臣吴达善跪奏：为钦奉上谕事。

乾隆二十九年正月二十三日，接准部咨："内阁奉上谕：前令各省保举堪胜知府人员，朕量其人材，较优者业已次第擢用，所余无几。着传谕各省督抚，于所属同知、通判、州县内慎选保奏，以备简用。其有前次曾经保送记名而未经擢用者，虽当引见时，其人未必遽见出色。但人之才具不齐，或非可一览而尽，在该督抚等试看有年，自必知之甚悉，此内如有真知灼见，信其可胜知府之任者，不妨仍列荐剡，以副奖拔人材之意。该部即遵谕行。钦此。"移咨到臣。仰见我皇上博询旁求、储才任使至意。臣钦遵谕旨，矢公矢慎，悉心选举。

查有宣威州知州孙和相，年五十七岁，山东青州府举人，由河南郑州知州丁忧服满，乾隆二十二年七月发滇委用，题补今职，现经题请调补黑盐井提举，尚未奉准部覆。该员才识明练，精勤诚实，委署云龙州，办理优裕。又有腾越州知州额鲁礼，年五十二岁，镶白旗满洲举人，乾隆十五年十二月发滇委用，补授平彝县，调补昆明县，升署腾越州，闻讣丁忧，服满仍发原省补用，由署嵩明州知州题署今职。该员识裕才优，谙练开展，委署景东府掌印同知，任事实心。又有贵州镇远府清江通判朱鼎涟，年五十岁，山西霍州进士，乾隆十七年八月选授施秉县，旋由桐梓县，于乾隆二十五年大计卓异，奏升清江通判，乾隆二十七年五月引见，奉旨："朱鼎涟准其卓异，加一级，升署清江通判。钦此。"该员才具明练，办事安详，仕黔十载有余，循声懋著。以上三员，均堪胜知府之任。臣试看于平日，复详慎于临时，谨据实保举，遵旨给咨送部引见，理合恭折具奏，伏祈皇上睿鉴。

再有普洱府同知汪仪，于乾隆二十六年，曾经前督臣爱必达、抚臣刘藻会同保举，未经擢用，上年大计，经臣卓荐。又云南府同知海梁，亦经臣于上年大计附荐各在案。此二员才猷、器识均堪胜知府之任，现经署贵州抚臣刘藻会臣另折保举。合并陈明。谨奏。

朱批：该部知道。

（《宫中档乾隆朝奏折》第二十辑，第 424～425 页）

1285　云贵总督吴达善《奏报查明被劾云南抚标中军参将朱仑在滇并无隐寄赀财折》

乾隆二十九年正月二十七日

云贵总督臣吴达善跪奏：为奏覆事。

窃臣前奉谕旨查封云南抚标中军参将朱仑任所赀财，当即率同司道密赴朱仑署内，查封衣物等件，并讯取各供。复查朱仑到滇，彼时尚未及一月，且供有皮衣十二件，当在贵州恩裕当内，或在贵州游击任所尚有寄顿，随即密札署抚臣刘藻访查，均经臣恭折奏明在案。臣又恐云南别有寄顿，饬令云南府及昆明县密行访查。旋据覆称，遍加密访，朱仑除此衣物之外，并无别项隐匿。

兹准署贵州抚臣刘藻札覆，接臣密札，即传贵阳府暨中军参将前赴当铺，查明朱仑原有皮衣十二件，因上年进京，冬间赴滇过黔，缺少盘费，先后当找，分作五票，共当本银三百五十两，其票现存，开单呈送，并密札藩臬两司转饬地方官密加访查。据称，逐加细访，朱仑除当物之外，委无别项隐寄，取具文武各官印结，札送到臣。查与朱仑所供无异。所有查明朱仑并无隐寄缘由，理合恭折奏覆，伏祈皇上睿鉴。谨奏。

　　朱批：览。

（《宫中档乾隆朝奏折》第二十辑，第 425 ~ 426 页）

1286　云贵总督吴达善《奏报甄别过滇省乾隆二十八年分年满千总各员情形折》

乾隆二十九年正月二十七日

　　云贵总督臣吴达善跪奏：为恭折具奏事。

　　窃照绿营千总历俸六年，令该督、抚、提详加考验，如人材、弓马去得，年力精壮，熟谙营伍，堪膺保送者，给咨送部引见；其年力未衰，弓马尚可者，仍留原任；庸劣衰迈者，勒令告休，于年底将保送并留任、勒休共几员之处，分晰汇奏等因。又乾隆二十八年四月十九日，接准部咨，奉上谕："千总俸满，下次毋庸更待六年，即改为三年，并令直省各项年满千总及例前尚在需次各员，着即一体悉心秉公分晰甄别。钦此。"臣随钦遵，于上年十月甄别案内，将例前年满离任千总、候补守备李棠一员，离任千总、候推守备陈其璋等十一员逐加考验，内有弓马平常之保怀远、姚帝俞二员，均经咨部革休。又乾隆二十八年分，六年俸满、保送千总之永顺镇中营右哨千总王尚义、临元镇中营左哨千总马奇俊、东川营左军千总杨坤三员，又六年俸满、咨部留任千总曾攀梅一员，又预保俸满留任候掣守备之临元镇右营左哨千总卢怀亮、昭通镇左营右哨千总温廷秀、永顺镇中营左哨千总祝遴元三员，及弓马平常、年力就衰斥革千总叶桂选等二员，勒休千总张廷梁等七员，告休千总罗伟等二员，共十一员，业经缮折汇奏。恭奉朱批"该部知道。钦此"。自十月以后，六年俸满保送，有曲寻镇右营左哨千总李兆甲一员。又六年俸满之昭通镇前营左哨千总马仁、鹤丽镇中营右哨千总陈定国二员。因该二员于上年军政卓异案内给咨送部引见，毋庸再行保送。其预保后六年俸满留任候掣，有臣标后营左哨千总余得龙、提标左营右哨千总潘鸿臣二员，并无六年俸满、咨部留任之千总。又因事斥革之广南营右哨千总姚朝纲一员，勒休六年俸满又满三年之提标前营右哨千总马朝凤、寻沾营右哨千总李华二员。所有前后甄别过云南省乾隆二十八年分年满千总各员，谨遵例恭折奏闻，伏祈皇上睿鉴。

　　再贵州省年满千总，另行分晰具奏，合并陈明。谨奏。

　　朱批：知道了。

（《宫中档乾隆朝奏折》第二十辑，第 426 ~ 427 页）

1287 云贵总督吴达善《奏报遵旨严查各衙门劣幕折》

乾隆二十九年正月二十七日

云贵总督臣吴达善跪奏：为恭折奏覆事。

乾隆二十九年正月初七日，臣承准廷寄，内开："钦奉上谕：前以各省衙门有劣幕盘踞把持，依倚作奸之事，已降旨通行晓谕，令各该督抚实力整顿。今按察使周景柱来京陛见，询据奏称，幕友中或有在就馆地方另娶家室，出入官署，勾通作弊者；有布散党与，招致本地亲串狼狈为奸，非其党恶，百计排挤出境者；有彼此馈送往来，以上司衙门延留多日为荣，借声援以图影射者。种种恶习，不可不严行惩创。着各省督抚等严饬所属，加意体察，遇有此等劣幕，即实力查办，毋得稍事姑息，贻患地方。嗣后若有故智不悛，潜行盘踞滋弊者，经朕访闻，或言官纠劾，则惟该督抚等是问。可于奏事之便，再行传谕知之。钦此。"遵旨寄信到臣。臣即行钦遵，札行云贵藩臬司道，通行各属一体遵照在案。

臣查幕友盘踞把持，依倚作奸，及在就馆地方另娶家室，出入官署，招致亲串狼狈滋弊，党同伐异，借势影射，种种恶习，实为法所难宥。滇黔两省地处边远，幕友虽不似内地之多，然防微杜渐，须实力查察，以清弊源。臣前奉谕旨，当即通饬遵照，并严加体察。今复蒙上谕，臣令两司将各丞倅、州、县所延幕友，责令各府就近查察结报；各府幕友，责令该管道员查察结报，庶不致徇隐掩饰。

至各司道幕友，臣严行稽查，并臣衙门幕友，关防更加严密。臣仍访察各属，如有前项劣幕，犯必重惩，断不敢稍事姑息，贻害地方，有负圣谕谆谆至意。理合恭折奏覆，伏祈皇上睿鉴。谨奏。

朱批：览。

(《宫中档乾隆朝奏折》第二十辑，第 427～428 页)

1288 云贵总督吴达善《奏报遵议另选得昆明县知县 魏成汉升补景东府掌印同知折》

乾隆二十九年二月初一日

云贵总督臣吴达善跪奏：为要缺需员，恭恳圣恩升署同知，以裨地方事。

窃照云南景东府掌印同知谢颖元参革员缺，前经臣请以弥勒州知州李履谦升补。接准部覆："李履谦于乾隆二十八年十月分，由云南弥勒州知州推升广东盐运司运同，现在具题，照例开缺，行文给咨该员，赴部引见。今奏请升补景东府掌印同知之处，应无庸议。其景东府掌印同知员缺，仍令选员具题。"等因。

臣查景东府同知，系繁、疲、难三项相兼要缺，事务纷纭，民俗刁悍，且无附郭州县，例应本省拣选，调补题升，必得勤慎明练之员，方克胜任。

查滇省同知共十一缺，调补之缺已居其五，其余六缺之内，并无合例可调之员。臣与藩臬两司公同商酌，查有昆明县知县魏成汉，年五十四岁，广东长乐县人，由拔贡，于乾隆二年二月内拣选引见，以知县试用，签掣湖北，委署房县、宜昌府通判印务。乾隆四年，题调湖南，委署衡阳县，题署安乡县。乾隆六年，因衡阳县任内盗案，部议革职，奉旨引见，仍发湖南以知县试用，途次闻讣丁母忧，乾隆八年服满，仍赴湖南。乾隆十年，题署临湘县。十一年调署善化县，十三年实授，十五年调补苗疆通道县。十七年，因善化县任内迟误公文，部议降一级调用，奉旨引见，仍以知县用，所降之级带于新任，旋发直隶，题署新城县。二十一年，在任闻讣丁父忧，降级之案，因承办大差开覆，二十三年服满赴补。二十四年五月，拣发云南差遣委用，题补今职，委令先行署理，于二十六年六月初八日，奉文准补到任，乾隆二十八年大计附荐在案。该员才情稳妥，任事实心，昆明附省首邑办理得宜，在滇四载有余，明白风土，请以升署景东府同知，实属人地相宜。虽其任内有递发巴里坤遣犯杨天禄中途脱逃，金差不慎，部议降一级，限一年督缉。因该犯杨天禄在限外拿获，仍照新例降二级调用，奉旨："带所降之级留任。"其降二级留任之案，已据捐覆，给有执照，申缴咨部。但现任历俸未满五年，与升署之例稍有未符。应照人地相需之例，专折奏请。仰恳皇上天恩，俯准以魏成汉升署景东府掌印同知，仍扣足五年，另请实授，庶要缺可收得人之效。如蒙俞允，魏成汉系知县升署同知，应俟部覆至日，给咨送部引见。其所遗昆明县知县，系四项俱全要缺，亦应本省拣调。俟魏成汉准升部文到日，再行拣选请调。并据布政使永泰、按察使张逢尧会详前来。除另开魏成汉参罚各案清单恭呈御览外，理合恭折具奏，伏祈皇上睿鉴，训示施行。谨奏。

朱批：该部议奏。

（《宫中档乾隆朝奏折》第二十辑，第 453~455 页）

1289 云贵总督吴达善《奏报遵旨严管疯人折》

乾隆二十九年二月初一日

云贵总督臣吴达善跪奏：为钦奉上谕事。

窃臣承准廷寄，内开："乾隆二十八年十月十二日，奉上谕：陈弘谋请锁锢疯人一折，所奏亦有所见。向来此等疯人病发，原定有严加约束之例，但行之日久，地方官不能实力奉行，以致旋锁旋释，甚至任其播弄笔墨，滋生事端。而匪人中实系丧心病狂者，亦转借词疯病，冀为觊法，于风俗人心甚有关系。着于各督抚奏事之便，将原折抄寄阅看。令其即饬所属，遇有此等疯病之人，应预为严行看守防范，毋得稍有懈弛。钦此。"遵旨寄信前来，并抄原奏到臣。当即钦遵，札会云贵抚臣，并行藩臬两司，通饬各属遵照外，臣仍严饬各地方官剀切晓谕汉夷居民，遇有染患疯疾之人，务令该亲属随时报官，有力之家，听其自行锁锢；力弱之家，官为择地锁锢，严加看守，不许任其出外滋事，播弄笔墨。若有疯病之人，该亲属隐匿不报，又不锁锢，经邻保举首到官，先治亲属隐匿之罪。如此，则实有疯病之人得免滋事株连，而狂吠之徒更不得假托疯词，倖逃法网矣。臣惟有仰遵圣谕，实力奉行，期副我皇上端风正俗之至意。所有奉到谕旨遵办缘由，理合恭折奏覆，伏祈皇上睿鉴。谨奏。

朱批：览。

（《宫中档乾隆朝奏折》第二十辑，第 455～456 页）

1290 云贵总督兼署云南巡抚事吴达善《奏报乾隆二十八年分滇省发遣新疆人犯情形折》

乾隆二十九年二月初一日

云贵总督兼署云南巡抚事臣吴达善跪奏：为遵旨查明汇奏事。

窃臣承准廷寄，内开："乾隆二十八年七月初五日，奉上谕：近年以来发遣新疆等处人犯，有在途脱逃者，拿获之日，将本犯立置重典。着传谕各督抚，嗣后将一年内发遣新疆人犯，查明有无脱逃、已未拿获之处，于年终汇折具奏。钦此。"遵旨寄信到臣。臣随钦遵查明，自乾隆二十四年起，至二十七年底，将滇省发遣新疆实在到配人犯共一十八名，并未脱逃情由，具折汇奏在案。

今查乾隆二十八年二月内，滇省解过赃疏纵监犯之禁卒刘绍奇、杨国华，七月内解过越逃军犯段永盛、窝犯董珍、疏纵监犯之禁卒王尚吉，以上遣犯八名，已准甘抚咨覆，内惟王尚吉一名，行至甘省之隆德县地方病故，其余七名，俱已转发乌鲁木齐查收。又十月内解过在配脱逃军犯贾甫，十二月内解过在配行窃军犯吴大发、董阿鹤，以上遣犯三名，因滇省距甘遥远，尚未准有甘抚回咨。但于起解之时，臣即慎选干练弁员，督率兵役，严加防范，业据按察使张逢尧详报，俱已出境，并即知会沿途督抚，转饬经过地方文武各官一体照例委员逐程接替，护解前进。所有乾隆二十八年分滇省发遣新疆人犯十一名，除在途病故一名外，实在解甘发配人犯十名。谨将甘省收到及护解出境缘由，理合遵旨查明，恭折汇奏，伏祈皇上睿鉴。谨奏。

朱批：览。

（《宫中档乾隆朝奏折》第二十辑，第 456～457 页）

1291 云贵总督兼署云南巡抚事吴达善《奏报乾隆二十八年分滇省动用钱粮及工程报销各案全完折》

乾隆二十九年二月十八日

云贵总督兼署云南巡抚事臣吴达善跪奏：为遵旨奏闻事。

案准部咨："钦奉上谕：外省动用钱粮及工程报销，应驳应准，俱有定例，务令克期速结。仍着于每岁底，将未完各案汇折奏闻。钦此。"遵查乾隆二十八年分滇省动用钱粮项下，并无未完。惟昆阳州报销城垣工程一案，经抚臣刘藻造册具题，嗣准部覆，行令另造妥册题销等因。臣随檄饬布政使永泰，遵照部查各款，分晰造册详题，听部核销在案。所有乾隆二十八年分滇省动用钱粮及工程报销各案并无未完缘由，理合恭折奏闻，伏祈皇上睿鉴。谨奏。

朱批：览。

（宫中档乾隆朝奏折》第二十辑，第 588～589 页）

1292 云贵总督兼署云南巡抚事吴达善《奏报乾隆二十八年三运第一起、第二起京铜自泸开运日期折》

乾隆二十九年二月十八日

云贵总督兼署云南巡抚事臣吴达善跪奏：为钦奉上谕事。

乾隆十四年六月十八日，承准廷寄，内开："奉上谕：嗣后运铜事宜，务须加意慎重。其沿途经过各省督抚，朕已传谕，令其将委员守风、守冻及有无事故之处奏闻。至铜铅船只于云贵本省起运，何日出境，亦着该督抚随时折奏。钦此。"钦遵，转行遵照在案。

兹据云南管理铜务粮储道罗源浩会同布政使永泰详称："据委驻泸店转运京铜大关同知李肖先报称，乾隆二十八年三运第一起委官、晋宁州知州冯杰英，于乾隆二十八年十一月二十八日抵泸，十二月初六日开秤起，至十二月二十六日兑交过铜七十四万斤，内除陆路折耗铜三千七百斤外，实该正耗余铜七十三万六千三百斤，照数发给，该员即于十二月二十六日自泸扫帮等情。又据详报，乾隆二十八年三运第二起委官、大理府同知王锡绺，于乾隆二十八年十一月二十五日抵泸，于十二月二十二日开秤起，至乾隆二十九年正月十二日兑交过铜七十四万斤，内除东寻陆路折耗铜三千七百斤外，实该正耗余铜七十三万六千三百斤，照数发给，该员即于正月十二日自泸扫帮。"各等情。转详到臣。除分咨户、工、兵部及沿途经过各省督抚转饬各该同知、通判并地方文武员弁一体督察防护，按站催趱，不许片刻停留，仍严密稽查有无盗卖情弊外，所有乾隆二十八年三运第一起、第二起京铜自泸开运日期，理合恭折奏报，伏祈皇上睿鉴。谨奏。

　　朱批：览。

（《宫中档乾隆朝奏折》第二十辑，第589~590页）

1293　云贵总督吴达善《奏报黑盐井提举员缺滇省无合例之员调补，仰恳圣恩敕部拣选补授折》

乾隆二十九年二月十八日

　　云贵总督臣吴达善跪奏：为恭恳圣恩拣补提举，以裨盐政事。

　　窃照云南黑盐井提举员缺，前经臣题请，以宣威州知州孙和相调补。接准部覆："孙和相任内有杨天禄家被盗，二参限满，现在议以降一级，仍留原任，限一年缉拿。例有展参降调之案，与调补之例不符，所请调补黑盐井提举之处，毋庸议。其黑盐井提举员缺，仍令遴员具题。"等因。

　　臣查黑盐井提举，系繁、疲、难三项相兼要缺，所辖灶户素称刁悍，必得才情明敏，调剂得宜，兼谙盐务之员方克胜任。滇省提举三缺，白井提举李晖甫经到任，琅井提举高其人历俸未满三年，前已声明，均与调补之例未符。又于各属知州内，臣与司道公同拣选，非年例未符，即人地不甚相宜，实无可以题补之员。所有黑盐井提举员缺，仰恳皇上天恩，敕部拣选补授，庶于盐务有益。并据布政使永泰、按察使张逢尧、护驿盐道龚士模会详前来。理合恭折具奏，伏祈皇上睿鉴施行。谨奏。

　　朱批：有旨谕部。

（《宫中档乾隆朝奏折》第二十辑，第591~592页）

1294　云贵总督吴达善《奏报贼夷窥扰边界，拨练防堵敉宁折》

乾隆二十九年二月十九日

　　云贵总督臣吴达善跪奏：为恭报贼夷窥扰边界，拨练防堵敉宁事。

— 1167 —

窃照滇省顺宁府境外耿马土司地方，前年冬间，木梳野夷率众焚劫，被土司罕国楷集练追剿，余俱逃窜，业于乾隆二十八年正月初九日，经臣会折奏明在案。臣仍屡饬永顺镇顺宁、永昌二府，严令各土司，于边界多拨土练，益加堵守，以防报复。又查木梳由木邦至耿马等境，须越滚弄江，是滚弄江之堵御更为紧要。复饬派孟定、耿马、镇康等土司并茂隆厂课长，各派土练、砂丁分防各渡口，所有渡船悉令撤毁，以绝偷渡，并饬该镇府，令土司差练随时侦探贼人下落驰报。

　　嗣据该镇府等陆续禀报，木邦本系缅甸所属，今缅甸为木梳篡据，而木邦寨首罕蟒底不肯投顺，因此木梳寻衅。木邦连年不靖，其耿马各土司与木邦地界毗连，木梳屡遣人在江边窥探，因江防严紧，不敢侵犯。又木贼于上年冬底及本年正月间，在遮放、芒市土司附近地方，声言欲来找木邦头人，希图抢掠。缘各土司处处伏人，侦探得信，迅速禀经永顺镇田允中，飞调临近潞江等土练协防，亦不敢侵扰。今木邦寨首罕蟒底闻已病故，而其各土目仍抗顺不一，以故仇杀未息。

　　又据该镇府等禀，据耿马土司探报，木梳领兵酋首蟒纪觉与木邦打仗，被伤身死，现今贼众渐亦退散。臣思贼匪虽在外域地方仇衅相寻，并未扰及土司地面，然土境接壤外域，恐贼匪聚散无常，土界仍须防范。复饬永顺镇府等，严饬各汛弁兵慎防于内，令各土司派练慎防于外，以固边围。此顺宁、永昌二府边防粗宁之情形也。

　　又上年十二月初九日，据普洱府知府汪坦、思茅同知汪仪禀据车里土司刀绍文等禀称："思茅属土司沿边以外，原系野夷出没之区。今有莽酋因乾隆二十七年冬间向十二版纳土目需索未遂，忽于二十八年十一月间，率领三百余人，来猛遮、猛笼土境，向各猛土弁需索，并无猖獗情形。"等语。臣思野性犬羊，现在虽无猖獗情事，但未便任其逗留土境需索。随令即饬车里土司，星拨各猛土练前往协堵，并令附近之倚邦、易武等土弁，各派勇练预备调用，并严令守口目练昼夜游巡，使无隙可乘，以便相机堵剿。批示去后，旋又据普洱府禀，据六困土弁刀镇禀称："十二月初四日，与莽酋打仗，被猛遮土练杀死莽子数十。土职等所带土练亦杀死莽子数十，土练伤毙五名，莽贼已退住猛笼。"等语。时普洱镇总兵刘德成巡查营汛事竣回普，即赴思茅就近督办。臣覆札令多拨土练，以夷制夷，而内地边界要口，拨兵严防，如有窜入，即行剿拿。

　　又查车里地窄人稀，该土司刀绍文人本庸怯，而各猛土练又素性懦弱，力难退贼。据禀："莽匪纠合野夷渐多，约有二千四五百人，陆续来至土界。"因查元江府距思茅甚近，其该府土练又系强勇，从前思茅边外有警，均调用该处土练，莽匪素所畏惧。适普洱镇府亦请酌调，臣即行令临元镇元江府，即饬土司星挑勇练六百名，分作三起前往协剿，沿途派弁约束，以免滋扰。正在拨练间，于正月十四日，据普洱镇刘德成禀据车里土司禀报："十二月二十九日，莽贼来打土弁打舟隘地方，土职即遵照总兵屡次檄示，暗解贼人协从之党与，并率练打死莽子三十一个，其酋首召罕彪亦遭枪身死，余贼尚盘踞土界未散。"等语。该镇又指示土司等机宜，令即布置剿逐。今于二月十七日，据普洱镇府各禀称："莽匪闻土司要隘处处防守严密，元江土练头拨二百名亦到九龙江边。贼人以元江土练来数必多，遂尔胆怯，于正月二十六日尽数溃散。"又据车里土司探报："莽匪行至外域累笼地界，因外域猛勇地方之头目名召猛冈者，向与莽子有仇，且闻莽子在土司打舟隘地方为土练所败伤毙，领兵得力大头目暨莽众多人遂率练潜伏深箐，莽匪经过，召猛冈乘其不防，截杀甚多，莽匪尽弃所带物件而逃，已离土司地界甚远，不敢复来窥伺。"等情。今元江土练止到二百名，镇府现已遣回，余亦中途阻归，所调本处土练亦酌留量减分防。所有边氛已消，合速禀报。

又据思茅同知汪仪禀据车里土司刀绍文、六困土弁刀镇查报：莽匪窜入土境，突赴猛笼，并未四散蔓延，其猛笼夷民悉各躲匿深山密箐，亦无伤残。惟贼匪经过道旁之草房，被其残毁。又上年十二月初四、二十九等日，两次打仗阵亡、带伤共有五十三人。现令该土司等亲往确查被毁草房，伤残夷民抚恤等情，各转报前来。除随饬普洱府汪坦查明被难夷民，加意抚恤，免致流离外，臣思莽匪既屡次溃败，自必远窜，但贼性狡诈，难保不来报复，凡善后之筹计，尤宜先事整备。现饬该镇府，督令土司，分别土界险要隘口，建挖壕垒，设险保固，以绝窥伺，永期宁谧。至调拨元江土练应发口粮、赏号并抚恤等项，所需无多，臣饬布政司于恩赏公用银两内给发讫。

所有永顺、普洱等镇府堵剿贼夷，边境宁靖各缘由，理合会同云南提臣达启恭折具奏，伏祈皇上睿鉴。

再堵剿贼夷，关系边情，不便延缓，是以填用火牌，专差驰奏。合并陈明。谨奏。

朱批：知道了。

（《宫中档乾隆朝奏折》第二十辑，第 594~596 页）

1295　云贵总督吴达善《奏请将耿马、孟连、猛猛等处土司就近改隶，以免迟误边防折》

乾隆二十九年二月十九日

云贵总督臣吴达善跪奏：为土司应就近改隶，以免迟误边防事。

窃照滇属土司地处极边，界连外域，原为内地藩篱，应就近控驭，庶呼应得灵，无鞭长莫及之虞。前据升任迤西道费元龙详称："直隶耿马土司向归迤西道管辖，凡遇一切事件，径报司道，并报永昌府。惟查耿马至永昌府，应由镇康、湾甸两土司地方始入内地，计程六百三十里。其与顺宁府之云州、缅宁俱系接壤，若由云州篾笆桥至内地，止四百五十里，是耿马至顺宁府，较永昌实为近便。又孟连、猛猛二土司向亦永昌府管辖，但查孟连、猛猛前赴永昌，必由顺宁及所属之缅宁、云州一路，其相隔永昌更远，此外别无道路可通，猝遇要务，每虞往返耽延。均应改归顺宁府管理，庶不至于隔越。"等语。

臣查耿马土司边务，向俱径报司道并附近之永顺镇，而孟连、猛猛统归永昌府管辖，相沿俱久，恐有更张未便之处，当批司道确查核议。嗣据布政使永泰等会详："永昌本属古郡，即顺宁府未设流官以前，亦属永昌府所辖，后虽改设顺宁府，而孟连等土司之隶于永郡者未议改隶，仍系永昌府遥为节制。今酌量情形，实应就近酌改为便。"并据永顺镇总兵田允中等禀报相同。

臣查猛猛地方既与顺宁府属之缅宁毗连，猛猛以外方系孟连，乃置切近之府于膜不相关，必踰顺郡十站而达，于永郡实为鞭长莫及，应统归顺宁府管辖。其耿马土司，凡地方公务向虽径报司道，但相隔路遥，偶值急切要务，若就近无文员与永顺镇会同料理，亦非共相控制之义。即如前年耿马境内被木梳滋扰，而永顺镇须赴顺宁会商办理，得以堵御迅速，方合机宜。应请嗣后耿马土司一切寻常事件，仍循旧例，由道移司，并报明顺宁府备案。至遇有紧要边情，飞报永顺镇、迤西道暨顺宁府会商，速办详报，以免转折迟误。所有耿马每年应纳差发并猛猛应纳差发地亩各银两，遵照旧例解司。其耿马每年应解秋粮、米银二钱二分零，孟连土司每年应解差发银四十八两，并募乃厂课银三百两，向俱附于永昌府额征项下，应请开除，归于顺宁府征解。如此就近改隶，庶声势联络，而于边防亦有裨益。理合恭折具奏，伏祈皇上睿鉴训示。谨奏。

朱批：军机大臣速议具奏。

（《宫中档乾隆朝奏折》第二十辑，第 597~598 页）

1296　云贵总督吴达善《奏请将顺云一营、剑川一营酌改营制折》
乾隆二十九年二月十九日

云贵总督臣吴达善跪奏：为酌改营制以收实用，以重边防事。

窃查永顺镇属顺云一营，驻扎顺宁府。该府西面一带，外为耿马之门户，内为永顺之藩篱，控制诸猛，驾驭野夷，实为边方扼要之区。虽设有都司营制，安兵四百七十七名分防设守，汛广兵单，且频年以来，木梳野夷滋扰边外所属之云州、缅宁地方，处处通夷，凡要路隘口均须添兵防范，远播军威，以杜窥伺。都司职在偏裨，兵数较少，未免弹压稍轻，不足以壮声势。

臣查剑川一营从前原设副将，自乾隆十二年，经前提臣潘绍周奏请，将剑川协更为剑川营，以维西营更为维西协，彼此互调，经部覆准在案。查剑川营逼近鹤丽镇，呼吸可通，又距提臣驻扎之大理府止百十余里，声援联络，营汛栉比，论其形势，实为简僻之区。臣与司道公同商酌，应请将剑川营原设之参将一员、守备一员改移顺云营，其顺云营之都司改移剑川营。至剑川营原设千总二员、把总四员、外委千把六员、马步战守兵七百六十四名，而顺云营原设千总一员、把总二员、外委千把三员、马步战守兵四百七十七名，除照旧存留外，止须于剑川营内改移千总一员、把总二员、外委千把三员、马步战守兵二百八十七名，其余兵弁仍留剑川营，以符两营体制。改移之参将、都司各归各镇管辖。惟剑川各兵土著已久，若令远离乡井，势多不便。应请令将备、千把先移驻顺云营，其应移之兵丁，此时不必动移，俟剑川营各兵遇事开除，无庸另补。即移明顺云营于土著兵丁子弟、民人内陆续挑顶，一除一补，数易充足，兼省各兵搬移之费。至参将衙署，原有都司衙门可驻，无庸另建。其备弁、兵丁应添衙署、营房，需用工料，价值所费无多。

查顺宁府现准设局鼓铸，前议将正加卯余息为大兴等厂拉水之用，此应添营房，可即于此项余息内动用，无庸开销正项。除兵饷及分防各事宜另行酌定，造册报部查核，如此因地制宜，庶两营之官弁、兵丁皆收实用，而边防益加严密矣。是否有当，伏祈皇上睿鉴训示。谨奏。

朱批： 该部速议具奏。

（《宫中档乾隆朝奏折》第二十辑，第598~599页）

1297　云南巡抚署贵州巡抚刘藻《奏报交印起程回云南本任日期折》
乾隆二十九年二月二十七日

云南巡抚署贵州巡抚臣刘藻谨跪奏：为恭报微臣交印起程日期，仰祈圣鉴事。

窃臣于乾隆二十八年六月二十九日，钦奉谕旨，署理贵州巡抚印务，遵即由滇起程，于七月十二日到黔署事，当经恭折叩谢天恩，并缮疏题报在案。兹新任贵州抚臣图尔炳阿已抵黔省，臣谨将钦颁关防、王命旗牌、圣谕、上谕、书籍、火牌及一切文卷等项，于二十九年二月二十五日，委员赍交抚臣图尔炳阿接受。臣随于二十七日自贵阳起程，回云南本任。除另疏具题外，所有臣交印起程日期，理合缮折奏闻。

再查黔省前任抚臣题明修建城垣八处，内龙里、修文、清镇、麻哈、平越等五州县城工，俱经臣亲往验收，分案题销。惟思州府城现在赶修未竣，其桐梓、胜秉两处虽报工竣，查勘不及，已面交新抚臣接办。合并奏明，伏乞睿鉴。臣谨奏。

朱批：览。

（《宫中档乾隆朝奏折》第二十辑，第 686~687 页）

1298　云贵总督吴达善《奏报滇黔两省雨泽春禾情形折》
乾隆二十九年三月初六日

云贵总督臣吴达善跪奏：为恭报雨泽春禾情形事。

窃照滇黔二省冬春雨雪豆麦情形，经臣于正月二十日恭折奏闻在案。嗣交二月，云南省城微雨时降，于初七、初八暨三月初五等日，均得有雨泽，入土二三寸。据两迤各州县禀报，二月初五至初九，二十三四五及三月初一二等日，甘霖普被，入土三四五寸不等，各属蚕豆、菜子早已上市，二麦亦渐结实，现据陆续册报，春禾均有八九十分不等，将来收获可期丰稔。秧针亦皆出水，目下早田将次耕犁。

并据贵州各属申报，交春以来，或数日一雨，或雨中带雪，普遍均沾，通省二麦、春荞均长发茂盛，可卜丰收。至两省米价，俱各均平，民夷和乐，地方亦极宁谧。理合缮折恭奏，伏祈皇上睿鉴。谨奏。

朱批：欣慰览之。

（《宫中档乾隆朝奏折》第二十辑，第 743 页）

1299　云贵总督吴达善《奏报移交抚印日期折》
乾隆二十九年三月初六日

云贵总督臣吴达善跪奏：为恭报移交抚印日期事。

窃臣于乾隆二十八年六月二十九日，钦奉谕旨兼署云南巡抚印务。于七月初三日，准抚臣刘藻委员赍送关防等项到臣，随望阙叩头谢恩只领。当将接印署理日期恭疏题报，并具奏在案。今抚臣刘藻于本年三月初六日回任，臣即于是日，谨将云南巡抚关防、圣谕、上谕、书籍、火牌等项，委员赍交抚臣接受讫。除恭疏题报外，所有交送抚篆日期，理合恭折具奏，伏祈皇上睿鉴。谨奏。

朱批： 览。

1300　云贵总督吴达善《奏报遵旨严查匿名揭帖折》
乾隆二十九年三月初六日

云贵总督臣吴达善跪奏：为钦奉上谕事。

乾隆二十九年二月初六日，承准廷寄，内开："奉上谕：陈弘谋奏地方办理匿名揭帖一折，所见殊切事理。向来督抚遇有匿名告官之案，立将该犯严审抵法，其所告事款，不即深究，原属惩儆刁顽之意。但其中或系地方官实有干犯劣迹，若因此一概置之不问，将不肖之员转得恃揭告为护符，是所谓知其一不知其二，非大中至正之道。着将原折俟各督抚奏事之便抄寄阅看。嗣后遇有此等案件，先将该犯尽法惩儆外，再将所告款内有无虚实，另行严查按究，庶宵小既不得逞其奸，而庸劣有司亦得知所警惧矣。钦此。"遵旨寄信前来，并抄原奏到臣。除札行云贵藩臬两司一体钦遵外，臣查民人匿名告官，实为奸恶之尤，理应严究治罪，以儆刁风。但所控之款有虚有实，若竟置不问，而劣员转得恃以无恐。臣惟钦遵谕旨，遇有此等事件，先将该犯尽法惩儆。其所控之事，仍按款严查虚实，分别办理，以期仰副皇上端民风、澄吏治之至意。所有奉到上谕遵行缘由，理合恭折奏覆，伏祈皇上睿鉴。谨奏。

朱批： 览。

1301　云贵总督吴达善、云南巡抚刘藻《奏报江川等
五州县地震，遵旨办理加赈蠲租情形折》
乾隆二十九年三月初十日

云贵总督臣吴达善、云南巡抚臣刘藻谨跪奏：为钦奉上谕事。

窃臣吴达善于乾隆二十九年二月十七日，准户部咨："乾隆二十九年正月二十二日，奉上谕：据吴达善奏云南江川、通海、宁州、河西、建水等五州县，去岁十一月内均有地震之处，现已照例分勘抚恤等语。江川等州县此次地震，压损房屋较多，民

力未免拮据，着将应行赈恤之项加倍散给。所有五州县应纳条公银两及江川、河西二县拨运兵米等项，并加恩概予蠲免。该督抚等务董率属员实力奉行，务俾灾黎均沾实惠，毋令胥吏侵蚀中饱，副朕轸恤边氓至意。该部遵谕速行。钦此。"于本月二十五日，抄出到部，相应行文钦遵办理等因。臣吴达善遵即行司，将钦奉上谕敬谨刊刷，颁发各该州县遍行张挂晓谕，一面饬委护迤东道、曲靖府知府陈大吕，署新兴州知州屠可堂，署阿迷州知州王灏，蒙自县知县欧阳飞，署嶍峨县知县孙燥，赍带库项前往该处，协同澄江府知府曹理、临安府知府双鼎暨各该地方官妥协办理。去后，兹臣刘藻回任，据该委员及各该州县遵照办竣，由布政使永泰、署按察使事粮储道罗源浩等核明，会详前来。

查乾隆二十八年十一月二十六日地震被灾户口，江川县原赈银四千七百二十两七钱，谷一万三千四百二十九石五斗，内原赈一半谷六千七百一十四石七斗五升，其不敷一半谷六千七百一十四石七斗五升，每石折银五钱，共折银三千三百五十七两三钱七分五厘；通海县原赈银一千九百七十六两四钱，谷三千五百一十六石内，除该县灾户，有殷实之家情愿退缴银谷者，计一百零三户，共退缴银一百三十六两九钱，共退缴谷二百九十三石五斗外，实共原赈银一千八百三十九两五钱，实共原赈谷三千二百二十二石五斗；宁州原赈银一千三百四十五两七钱，谷二千一百一十五石五斗；河西县原赈银一千一百三十九两七钱，谷八百四十二石五斗；建水州原赈银六十一两五钱，谷九十石五斗。今照数加赈，共该银九千一百七两一钱，并将五州县应赈谷一万九千七百零五斗，照例每石以五钱折银计算，共该谷折银九千八百五十两二钱五分，通共银一万八千九百五十七两三钱五分，均于司库铜息内动支，经该护道督率印委各官，按户按口亲行散给，并无遗滥，亦无假手胥役、乡保需索扣克情弊，灾民咸沾实惠。其五州县被灾之民，应纳乾隆二十八年分条丁、公件及拨运兵米等项，除并无田地钱粮之户应毋庸议外，计通海县纳粮灾户该税秋折抵条编银九十八两二钱四分零，条丁银一百一两四钱四分零，公件银四十一两一钱三分零；宁州纳粮灾户该税秋折抵条编银六十八两六钱九分零，条丁银八十两三钱二分零，公件银二十九两二钱二分零；建水州纳粮灾户该条丁银三两九钱四分零，公件银一两七钱五分零；江川县纳粮灾户该条丁银九百七十二两三钱一分零，公件银四百五十八两九钱八分零，税秋拨运折共兵米一千一百七石四斗三升零；河西县纳粮灾户该条丁银一百四两二钱五分零，公件银四十五两一钱八分零，税秋拨运折共兵米九十二石五斗六升零。以上五州县共税秋折抵条编、条丁等银一千四百二十九两一钱九分零，公件银五百七十六两二钱八分零。江川、河西二县税秋拨运折抵条编，共米一千一百九十九石九斗九升零，钦遵恩旨，概予蠲免。如有已经完纳者，即令抵作二十九年应完之数，分晰示谕，不致侵隐。

至各州县灾民震倒房间，前经赈恤，已俱陆续修盖。今复加倍赈给，又蒙特恩蠲免钱粮，民力愈纾，均各得所，感戴皇上格外施仁，莫不欢欣鼓舞，焚香顶祝，颂声载道。

臣等复查无异，除饬令将被灾户口、加赈银谷及蠲免钱粮细数分别造册，详请题销外，所有钦遵谕旨加赈蠲租、灾民感激情由，合先恭折会奏，伏祈睿鉴。谨奏。

朱批：知道了。

（《宫中档乾隆朝奏折》第二十辑，第771~773页）

1302　云南巡抚刘藻《奏报回任接印日期折》
乾隆二十九年三月初十日

云南巡抚臣刘藻谨跪奏：为恭报微臣回任接印日期，仰祈圣鉴事。

窃臣于去年秋月，钦奉上谕，署理贵州巡抚印务，遵于七月十二日到任署事。今新任抚臣图尔炳阿于乾隆二十九年二月二十五日到任，臣交代清楚，即于二十七日自黔起程，业经恭疏题报，并缮折具奏在案。兹于本年三月初六日，抵云南省城，准兼署巡抚印务、督臣吴达善将钦颁巡抚关防、王命、旗牌、圣谕、圣训、书籍及存用火牌暨书吏、文卷等项，委员赍送到臣。臣敬设香案，望阙叩头谢恩接受讫。除另疏题报外，所有微臣回滇接印任事日期，理合恭折奏闻，伏乞皇上睿鉴。臣谨奏。

朱批：览。

（《宫中档乾隆朝奏折》第二十辑，第780~781页）

1303　云南巡抚刘藻《奏报回任沿途地方情形折》
乾隆二十九年三月初十日

云南巡抚臣刘藻谨跪奏：

窃臣于本年二月二十七日自贵州起程回任，经由贵筑、清镇、安平、普定、镇宁、永宁、郎岱、安南、普安各厅州县地方，一路春苗靡不长发青葱，询问农民，佥称雨水及时，优渥普遍，春收可期丰稔。迨入云南所辖之平彝、南宁、沾益、马龙、寻甸、嵩明、昆明等州县，气候较早，南豆俱扬花结角，早豆已有入市售卖者，二麦亦俱出穗，菜子杂粮发荣畅茂，稻秧出水二三寸不等。三月初四、初五两日，途间即遇雨泽，初六日抵任及初七、初八、初九等日，复频沛甘霖，虽入土未甚深透，而滋润涵濡，于豆麦甚为有益。其余通省各府厅州县，面询司道及来省文武官员，据称雨水调匀，早豆早麦大半收获。现在粮价中平，汉夷乐业，边境敉宁。所有沿途情形，理合恭折奏闻，伏祈皇上睿鉴。谨奏。

朱批：欣慰览之。

（《宫中档乾隆朝奏折》第二十辑，第 781~782 页）

1304　云南巡抚刘藻《奏报将杀父烧尸之苗人凌迟处死折》
乾隆二十九年三月十三日

云南巡抚臣刘藻谨跪奏：为恭折奏闻事。

窃照曲靖府罗平州属宁革村苗人以勒，自幼出卖为仆，因伊家主胡国珍时行殴署，怀恨在心，于乾隆二十九年二月十一日，商同伊之胞兄以锁，宰鸡沽酒，将亲父抱颠灌醉。时至二更，拉往胡国珍门首，以锁用右手按住抱颠两手，左手揪头，以勒即将带去顺刀在抱颠咽喉，用力连抹二刀致毙。当鸣保邻图赖，胡姓，旋复畏惧见官，烧尸，私和匿报。前据该州访闻通禀，经署巡抚、督臣吴达善批饬，署臬司罗源浩飞委曲靖府知府陈大吕驰往罗平，率同该州汪懋均确查具禀。去后，兹据该府州复讯明确，抱颠实系伊子以勒、以锁同谋杀死。以罗平僻处万山，恐致疏虞，已将该犯等押赴郡城羁候，于三月初八日禀请核示到臣。

查乾隆二十六年四月，钦奉上谕："蔑伦孽恶之人奏闻正法，原属办理之正。特恐候旨治罪，时日未免有稽，其中或因病瘐死，或畏罪自戕，转致倖逃显戮，又于宪典未协。嗣后，各州县设遇有此事，禀明督抚，一经查实，在省城者，即请出王命，在外属者，即委员赍令箭前往，将该犯立行按法，凌迟处死，一面具折奏闻。钦此。"钦遵在案。今据禀前情，臣查以勒、以锁杀父烧尸，实为恶逆之尤，急宜早正典刑。随即差委本标千总褚云龙，赍持令箭飞赴曲靖，并密札罗平州知州汪懋均，会同武员，即于三月初九日，监提该犯以勒、以锁，验明各正身，绑赴市曹凌迟处死讫。仍出示晓谕，州属愚苗俾知儆畏。除案内牵连之保邻人等，饬令另行讯结外，所有办理缘由，理合会同督臣吴达善恭折奏闻，伏祈皇上睿鉴。谨奏。

朱批：览。

（《宫中档乾隆朝奏折》第二十辑，第 797~798 页）

1305　云贵总督吴达善《奏报遵旨将通奸谋死亲夫案犯正法折》
乾隆二十九年三月二十六日

云贵总督臣吴达善跪奏：为奏覆事。

乾隆二十九年三月二十四日，承准廷寄："奉上谕：吴达善奏该省承审民人杨锦与李氏通奸谋死亲夫陈世爵一案，内有应行质讯之董均一犯尚未到案，无凭确查，恳请展限一折。此等案件关系民命，正犯已经拿获，自应速行审题。其案内干连之犯原可另案完结，何必复请展限？今该督既称董均或在原籍，或进京，援例不知实在下落等语。现已传谕步军统领各衙门就近查拿，并将原折抄寄庄有恭，令其在江苏地方密行躧访，解交滇省质审。可传谕吴达善，将此案速行审结，毋致稽延。一并传谕庄有恭知之。钦此。"遵旨寄信前来。承准此。

臣遵查杨锦与李氏通奸谋死亲夫陈世爵一案，经臣审明，杨锦确系因奸，与李氏同谋杀死本夫正犯，当即审拟，于乾隆二十八年九月初五日具题。嗣准刑部题覆，奉旨："李氏着即凌迟处死，杨锦着即处斩，余依议。钦此。"等因。于本年正月二十七日接到部文，当即行司，已将该犯等正法讫。

至参革景东府同知谢颖元，因听伊婿董均言陈世爵被杀之日，杨锦在盐店劈削竹签，以致谢颖元迟疑不决，将凶犯淹禁稽戮，应提董均与谢颖元质讯。臣于上年九月间咨提，去后，经江苏抚臣庄有恭讯明董均家属，供称捐纳县丞，已发往四川试用。行文四川督臣阿尔泰，委员于本年二月初六日押解董均到滇，亦经臣审明，将董均拟徒，于三月初二日具题在案。臣不敢稍有稽延，理合恭折奏覆，伏祈皇上睿鉴。谨奏。

朱批：览。

（《宫中档乾隆朝奏折》第二十一辑，第27~28页）

1306　云贵总督吴达善、云南巡抚刘藻《奏报茂隆银厂课长三年期满，循例奏明更换折》

乾隆二十九年三月二十六日

云贵总督臣吴达善、云南巡抚臣刘藻跪奏：为课长三年期满，循例奏明更换事。

窃照滇省茂隆银厂远在番地，凡稽查厂众、抽收课银，必须诚实干练之人，始克经理无误。更兼近年以来木梳不靖，滋扰木邦，该厂与木邦只一江之隔，防范江口更关紧要。所有管理厂务，经前督臣硕色等酌定章程，金点课长一人及协办一人，定期三年更换，俟三年限满，将课长撤回，即以协办之人顶充课长，另选殷实干练之人协办，按期接管，奏奉朱批允行，钦遵在案。

查自乾隆二十六年起，至二十八年底，原金课长熊既成并协办之邱腾鹤，承办已满三年，例应更换，当经行司查办。去后，兹据布政使永泰等呈报，行据永昌府详称："课长熊既成年满撤回，应以邱腾鹤顶充。但伊才具平庸，难充课长，亦应撤回归农，另行拣充。今选有陶虞臣，堪充课长，刘世衍堪以协办，转呈验看。"前来。

臣等会验得陶虞臣系云南府昆明县人，为人诚实，明白厂务，堪以顶充课长；刘世衍系云南富民县人，为人谨慎，堪以随同协办，仍以三年为期更换。臣等不时稽察，如有网利营私、乖张滋事等弊，立即撤回惩治，另行选充。合将更换课长缘由会折奏闻，伏祈皇上睿鉴。谨奏。

朱批：知道了。

（《宫中档乾隆朝奏折》第二十一辑，第28~29页）

1307　云贵总督吴达善《奏报滇黔两省春雨应时折》

乾隆二十九年三月二十六日

云贵总督臣吴达善跪奏：为恭报春雨应时事。

窃查滇黔两省交春后雨泽频降，豆麦丰稔，粮价均平，经臣于三月初六日恭折具奏在案。旋据两迤各属报称，三月初一至初九暨十七、十九等日，先后得雨，入土三四寸及五六寸不等，豆麦饱绽结实，早者已经收获，晚者亦次第成熟。今云南省城于三月二十三日，雷电交作，甘霖大沛，历三时方止，二十四五两日，复得雨滂沱。臣逐次差弁分勘四乡，入土六七寸至尺余不等，高低田亩甚为透足，秧苗杂粮均滋长畅发。近省各属据报得雨，入土情形亦属相同。元江府气候最暖，现已栽插十之七八。

又查黔省两游地方，据各府厅州县申报，二月下旬及三月初旬频得膏雨，该省节气较滇省稍迟，二麦茂盛，春荞出土滋长。两省粮价咸各均平，民苗恬熙，地方俱极宁谧。理合恭折奏闻，伏祈皇上睿鉴。谨奏。

朱批：欣慰览之。

（《宫中档乾隆朝奏折》第二十一辑，第29~30页）

1308　云贵总督吴达善、云南巡抚刘藻《奏陈遵旨会议滇省各处安置遣犯应增应减情形折》

乾隆二十九年三月二十七日

云贵总督臣吴达善、云南巡抚臣刘藻谨跪奏：为遵旨议奏事。

据升任云南按察使张逢尧抄送该司奏折一件，内开："各省解滇遣犯，向由抚臣衙门查照在配人犯多寡，酌量分发安插。自乾隆二十三年，于行查事案内，将曲靖府之宣威州，东川府之会泽县，昭通府之大关同知、鲁甸通判、镇雄、永善、恩安三州县，镇沅府并所属之威远同知、恩乐县，普洱府之思茅同知、宁洱县，顺宁府并所属之缅宁通判，丽江府并所属之中甸同知、维西通判，广南府之宝宁县，开化府之文山县，永昌府之腾越、保山二州县，暨永北府，以上二十二处，均以夷疆咨送刑部，律例馆编为定例之后，凡遇遣犯，概停分发，现在通融酌发者，惟云南等六十一府厅州县，以致宣威等二十二处在配人犯现止一百五十五名，内如大关等处，各止一二名不等。云南等府六十一处，在配人犯共一千二百一十八名，内如寻甸等处，多至三十余名不等。在停发者，每遇事故，有减无增。其现发者日益众多，有增无减，丑类成群，相聚为害，不得不亟为调剂。就臣管见，除威远、思茅、缅宁、中甸、维西、文山、腾越七厅州县，俱界连外域；又大关、鲁甸、镇雄、恩安、永善五厅州县，俱全系夷疆，以上十二处，仍停其分发外，其宣威等十府州县，请与现分发之云南等府六十一处，嗣后仍复旧制，查照在配人犯之多寡，酌量均拨安置，并于分防之州同、州判、县丞等官，凡设有城堡者，较州县酌发之数，一体减半拨发。"等情。于乾隆二十九年正月初四日，钦奉朱批："告之督抚，听其议奏。非不可待之事，应札商刘藻。钦此。"钦遵，呈请核奏前来。

臣等查滇省各属在在夷猓环居，性多犷悍。而安插军流等犯悉非善良，群聚一方，恐其滋事，是以前于乾隆二十三年行查事案内，通饬两迤各府厅州县，就地方实在情形分别定议咨部，将丽江、永北二府，大关、鲁甸、威远、思茅、缅宁、中甸、维西七厅，宣威、镇雄、腾越三州，会泽、永善、恩安、恩乐、宁洱、宝宁、文山、保山八县，彝良、威信二州同、州判，共二十二处，均照苗疆之例，通融派拨。其余云南各府属之昆明等六十一处，酌视地方大小，人数多寡，均匀安置在案。旋因昆明等六十一属安插各犯已属宽然，随将丽江等二十二处停其酌发，亦在案。是解滇遣犯应停应发之处，原属因地制宜，随时酌办。今该司以云南等府属六十一处人犯日增，恐为地方之害，于停发之二十二处内，请将宣威等十处一体均拨，似未允协也。查该司所请均发十处内，如丽江、永北二府，俱地处极边，与怒子、喇嘛川藏交界；宣威、会泽二州县壤接川黔，生熟猓夷杂处；恩乐、宁洱二县，均系新辟夷疆，且与孟连土司及老挝、南掌、蟒缅各外域相联；宝宁县系极边要地，界接交阯；保山县僻处西陲，与潞江等土司暨野人外域界连；尚有该司漏叙之彝良州同、威信州判二处，亦属新辟夷疆，虽年来圣化涵濡，猓夷恭顺，而地居边要，究未便与腹内各属一并安插匪徒。应将该司所请之处毋庸议。

至奏称分防之州同、州判、县丞等官，凡设有城堡者，较州县酌发之数减半拨发等语。查分防佐杂等官既有城堡，原可酌量分拨。应如所请，凡佐杂分防，系腹内之地者，即照州县应发之数减半酌发安置。又查现在安插遣犯之云南等府六十一属中，人数虽不为少，而臣等平日严饬该管官役时刻留心稽查，尚属易于防范，倘日久增添，再为通融分拨，自不致匪类成群，贻患地方。再该司原奏内所计宣威等十处，误将镇沅、顺宁二府列入，遗漏彝良、威信二处，致与原案不符，兹已改正酌议。合并陈明。臣等谨遵旨会议奏覆，伏祈皇上睿鉴训示。谨奏。

朱批： 如所议行。

（《宫中档乾隆朝奏折》第二十一辑，第 43~45 页）

1309　云南巡抚刘藻《奏报乾隆二十八年加运第一起及加运第二起京铜自泸开运日期折》

乾隆二十九年三月二十七日

云南巡抚臣刘藻谨跪奏：为钦奉上谕事。

乾隆十四年六月十八日，承准廷寄，内开："奉上谕：嗣后运铜事宜，务须加意慎重。其沿途经过各省督抚，朕已传谕，令其将委员守风、守冻及有无事故之处奏闻。至铜铅船只于云贵本省起运，何日出境，亦着该督抚随时折奏。钦此。"钦遵，转行遵照在案。

兹据云南管理铜务粮储道罗源浩会同布政使永泰详称，据委驻泸店转运京铜大关同知李肖先报称："乾隆二十八年加运第一起委官、平彝县知县杨潮观，于乾隆二十八年十二月十二日抵泸，二十九年正月初九日开秤起，至二十八日止，兑交过铜九十四万五千七百二十斤，内除陆路折耗铜四千七百二十八斤九两零外，实该正耗余铜九十四万九百九十一斤六两零，照数发给，该员即于正月二十八日自泸扫帮。又据详报，乾隆二十八年加运第二起委官、嶍峨县知县顾铨，于乾隆二十八年十二月十九日抵泸，二十九年二月初二日开秤起，至二十一日止，兑交过铜九十四万五千七百二十斤，内除陆路折耗铜四千七百二十八斤九两零外，实该正耗余铜九十四万九百九十一斤六两零，照数发给，该员即于二月二十一日自泸扫帮。"各等情。转详前来。除分咨户、工、兵部及沿途经过各省督抚转饬各该同知、通判并地方文武员弁一体督察防护，按站催趱，不许片刻停留，仍严密稽查有无盗卖情弊外，所有乾隆二十八年加运第一起及加运第二起京铜自泸开运日期，理合恭折具奏，伏祈皇上睿鉴。臣谨奏。

朱批： 览。

（《宫中档乾隆朝奏折》第二十一辑，第 51~52 页）

1310　云南巡抚刘藻《奏报滇省两迤得雨情形折》

乾隆二十九年三月二十七日

云南巡抚臣刘藻谨跪奏。

窃臣自黔赴滇，所有沿途雨水、豆麦情形暨云南省城得雨日期，业于回任后缮折具奏在案。旋据两迤各府厅州县陆续禀报，于三月上旬中旬之内，频沛甘霖，入土三四寸至五六寸不等，于豆麦大为有裨。兹省城地方于二十三日亥刻，雷电交作，大雨滂沛，至二十四日寅时方止；又自二十四日戌刻大雨起，至二十五日子时止。臣差标弁先后赴乡查勘，入土有六七寸至尺余不等，甚为沾足。复行查近省各属，亦大概相同。山田播种杂粮正当及时，早豆早麦已经收获，晚者亦渐次登场。民夷欢庆，边境宁谧。理合恭折奏闻，伏祈皇上睿鉴。谨奏。

朱批：欣慰览之。

（《宫中档乾隆朝奏折》第二十一辑，第52～53页）

1311　云贵总督吴达善、云南巡抚刘藻《奏报诬拿外夷逼认希功之厂徒，请旨正法折》
乾隆二十九年四月初一日

云贵总督臣吴达善、云南巡抚臣刘藻跪奏：为奏报诬拿外夷逼认希功之厂徒，请旨正法事。

据永昌府知府杨重谷详称，乾隆二十八年十二月二十日，据防滚弄江厂民周德惠禀称："蒙谕防江，不敢一刻疏懈。十一月二十五日，探得木匪沿江骚扰，忽聚忽散，意欲渡江。又闻木贼为首武艺如雷轰耳。适有武举罗承德到来，于是礼请协同目练李树泰领练渡江救急，于二十六日过去，沿山绕岭，由冷坡、哮塘、黑桃阱一路得胜，直追至猛簸，罗武举挺身直入，活擒木梳头目一名沙朝捧，细问情由，据称'祖籍猛麻夷人，投顺木梳，放为朝捧，赐挡枪佛衣一件，命为镇守沿江一带将军。二十七年八月内，小的改妆，曾过江打探虚实。后来木梳抢茂隆、耿马、孟定，小的已先回猛簸去了。目今元帅薄萨巷要兵分两股抢孟定等处，耿马土司原是先投我们的，今又馈献缎二匹，马一匹，金银各项'等情，并将沙朝捧随身腰刀二把、佛衣佛帕，仍请罗武举押解永昌。为此具禀等情，是否实情，未便遽信，相应详情核夺。"前来。

臣吴达善查，防江原为固藩篱，而外域何得深入，致惹边衅？屡经严饬查禁。且据永顺镇田允中，前护迤西道、顺宁府知府刘靖不时禀报，木梳以木邦不肯投顺，因来寻衅，连年不靖。木梳虽遣人在江边窥探，缘江防严紧，不敢侵犯。今据周德惠禀称木匪沿江骚扰，擅差罗承德等赴木邦擒拿夷人，与镇道所禀互异，其中不无别情。当即饬令迤西道李希贤，将沙正湖、罗承德及周德惠一并押解到省，发司道确审。随据详委云南府知府龚士模、曲靖府知府陈大吕会讯，悉系凭空捏造，由署按察使罗源浩会同布政使永泰、迤西道李希贤复加审讯无异，议拟招解前来。臣刘藻适已回任，即会同臣吴达善提犯审讯。缘周德惠向充孟连土司石牛子厂厂长，与贵州武举罗承德在厂相识。乾隆二十七年十二月内，木梳野夷焚劫耿马土司及茂隆厂地，该土司罕国楷彼时在募乃厂委办孟连土司被宫里雁党从焚杀事务，闻木贼抢掳耿马之信，即在厂派令土练，并传周德惠带领砂丁协同追剿，贼夷溃败逃散。恐木贼或来报复，其滚弄江对岸即系木邦地方，为贼匪出没之所，经臣等令永顺镇府檄饬各土司多拨土练，同砂丁分布各渡口防守，以杜窥伺，并饬严禁，毋许一人出外滋事在案。讵周德惠贪功心切，因见冬间贼夷远退，无功可冒，起意妄拿外夷头目，假装叛贼，冒功希赏。先访闻木邦猛簸寨有小头目沙正湖，为人懦弱，并访明路径，设意妄拿希功。适有罗承德，向在厂认识，于上年十一月内赴江边行医。周德惠知其勇敢，礼貌相待，于十一月二十六日，浼罗承德过江擒拿。罗承德亦愿贪功，应允周德惠。随令李树泰带领砂丁刘顺等六名，随同罗承德过江，于十一月二十九日早到猛簸寨，将沙正湖绑拿，十二月初一日过滚弄江。周德惠始问沙正湖投顺木梳，不认，于初二日，将沙正湖吊拷，教令诬认投顺木梳，赐给衣帕，命为将军，欲分兵两路抢孟定等处，并挟耿马土司不犒劳及不助防江口粮之嫌，捏以馈献缎、马、金银等物，冀泄私忿。沙正湖畏其非刑，照依诬认。周德惠随捏具禀词，并令罗承德押沙正湖解交永昌府，复将衣帕等物私给罗承德携带，途间，嘱到内地装点木梳模样，妄希邀功，经该府杨重谷据禀详报。因事涉可疑，饬提到省审讯。今臣等详加会鞫，据各供词与司道府所讯无异。

查周德惠希功，妄拿外域平人，拷逼诬陷，法无可贷。罗承德听其指使，助恶妄为，亦难宽纵。查例载：捕役人等奉差缉贼，其人本系良民，捏称踪迹可疑，素行不轨，妄行拿获，私行拷打，逼勒认盗，照诬良为盗例治罪，又将良民诬指为盗，捉拿拷打。除实犯死罪外，其余不分首从，俱发边远充军。又查诬良私拷，实犯死罪，总类列在斩决之条。周德惠除诬捏耿马土司馈送木梳礼物轻罪不议外，其诬拿沙正湖，拷认反贼，应如该司道所拟，照诬拿良民、捏称不轨、拷逼认盗，实犯死罪例，拟斩立决，先行刺字。罗承德武举业已咨部斥革。其起意诬拿，虽系听从周德惠指使，并非造谋，亦未拷逼，较周德惠情罪有差。但拿获沙正湖过江，既见周德惠吊拷教供，又明知诬良，竟敢扶同押解，罪亦难逭。若仅照为从减等拟遣，不足蔽辜。罗承德应照周德惠之罪量减，拟绞监候，秋后处决，以为滋扰外夷者戒。在逃练目李树泰及砂丁刘顺等，访缉获日另结。沙正湖本系木邦务农夷民，并未侵犯土境，应释回安业。栽赃之花衣、刀帕，俱行销毁。是否允协，理合会折具奏，并另缮周德惠等供单，恭呈御览，伏祈皇上睿鉴训示。谨奏。

朱批：三法司核拟速奏。

1312　云南巡抚刘藻《奏报盐井薪市不敷，请量行加增苏灶困，以免亏堕折》

乾隆二十九年四月初二日

云南巡抚臣刘藻谨跪奏：为盐井薪本不敷，请量行加增苏灶困，以免亏堕事。

窃照滇省黑白二井产于深山溪壑之中，原赖卤水洋溢，柴薪充裕，庶可煎办无误。乃该二井开煎年久，卤水盈缩靡常，兼之柴山砍伐甚远，价值昂贵，前据黑井提举详称："黑井年煎盐斤，除新沙等井每年煎办盐斤并收买余盐，所领薪本每百斤自一两一钱至一两三钱不等，较正盐稍多，尚可煎办外，惟大、东、复三井每年煎办正额盐六百五万二千八百一十二斤，每百斤原给薪本银一两，实不敷购办。总缘树远山遥，夷民樵采入市，一日需两日之工，故价值较昔亦贵三分之一，仰恳加添薪本等情。"又据白井提举详称："白井年煎正额、沙卤、公费盐斤，除公费等项盐斤每百斤薪本一两三钱，较之正额薪银已属稍裕，煎办不致拮据，惟正额、沙卤盐六百二十八万九千六百一十六斤，每百斤定给薪本银一两，因从前近井山柴茂盛，砍伐亦易，价值平减，所领薪本足供煎办，不致堕欠。今采取柴薪远赴百里之外，近亦六七十里，一两薪价不能煎百斤之盐，灶困已深，请再行酌加薪本。"等情。

当查黑井之大、东、复三区，白井之正额、沙卤二项虽于乾隆十八年厘定章程，因薪本不敷，曾经量为加给。但灶户每煎井秤盐一百斤，仅得薪本银一两，较之新沙及公费各项余盐原已减少一钱至三钱不等，且自十八年以来，历今十载，柴山渐远，价值愈昂，所费既已增多，煎办自更艰苦，经盐道亲赴该二井查勘，煎办拮据情形并非假饰。至白井之卤淡、薪艰，更甚于黑井，自应急为调剂，以免亏堕。况盐额攸关课食，目下生齿日繁，需盐倍殷，一经减少，不惟民食有缺，抑且办获息银亦必日短。思维至再，惟有于额领薪本一两之外量行分别加添，使灶力稍纾，不致亏累。至添价之费，查道库收存盐务积余银两，于厘定章程咨部册内声明，留存拨补各井不敷薪脚等项之用。似应即于此内，将黑井之大、东、复三井应煎额盐六百五万二千八百一十二斤，每百斤量添薪本银一钱，共该加银六千五十二两八钱一分二厘；白井灶困甚于黑井，所煎正额、沙卤盐六百二十八万九千六百一十六斤，每百斤应添给薪本银一钱五分，共该银九千四百三十四两四钱二分四厘，二共该加添银一万五千四百八十七两二钱三分六厘，按年归入积余项下造报等因，经臣于乾隆二十七年会疏具题。嗣准部咨，以黑白二井薪本前于乾隆十八年厘定章程，在当日酌给数目，虽有多寡之殊要，均属按照各该井煎办情形酌中定额，原无此盈彼绌。况滇省各井薪本原有多寡不同，今若以数目较少之处遽行请增，则将来各井俱恃有积余银两，借称减少薪本，希图额外增加，尤为未便。应将该抚等所请之处均毋庸议，仍饬令各灶户照旧煎办等因议覆。奉旨："依议。钦此。"钦遵，转行遵照在案。

　　兹据护云南驿盐道印务、云南府知府龚士模会同布政使永泰详称："自奉文之后，该二井提举仍以薪本不敷，屡请加增，护道等以既经题明，不准添给，何得复行渎请，批饬至再？兹又据署黑井提举高其人、署白井提举唐宸衡先后具详，俱称近井柴薪采伐已尽，远乡购办，脚价增多，而且余盐日渐加添，薪本仍依旧数，灶户拮据异常，将来难免亏堕。身居井地，深悉情形，固未便以久定章程屡求增益，亦不敢以目睹艰窘缄默废弛。应请仍照前案，量加薪本，庶使灶困稍苏等情。复查滇省各井原定薪本，每百斤自一两一钱至一两三钱及一两七钱不等。惟黑井之大、东、复三处，白井之正额、沙卤二项，原定每百斤薪本银一两，在当日厘定章程案内，原系酌中定额，本无轻重之殊。而各井同属年深，何致后先顿异？只缘黑、白二井自乾隆十八年厘定章程以后，除原额煎盐六七百万斤外，每井递年收买余盐六十余万斤，两井合计，每年多办盐一百二十余万斤，产盐甲于通省。且额盐百斤，黑井有秤头盐二十八斤，白井有秤头盐二十斤不等，其余各井，虽于原额无亏，并无余盐可买。又该二井从前附近各山树木成林，因连年砍伐，栽植不能济急，现均取给于百里之外，运价较前倍蓰。其余各井产卤无多，需柴尚少，是黑白二井情形迥与他井不同。详加体察，原定每百斤薪本银一两，实有不敷，若不亟为调剂，穷灶何能赔累？设有亏堕，民食攸关，仰祈仍如前请。黑井地方尚有河道可通，运柴稍易，将大、东、复三井所煎额盐六百五万二千八百一十二斤，每百斤于额给薪本银一两外，加增银一钱，共加增银六千五十二两八钱一分二厘；白井并无河道，运柴较难，将正额、沙卤二项额盐六百二十八万九千六百一十六斤，每百斤于额给薪本银一两外，加增银一钱五分，共加增银九千四百三十四两四钱二分四厘，二共该加增银一万五千四百八十七两二钱三分六厘。查黑、白二井额盐之外，续办收买及白井提举管辖之安丰井增煎各余盐，每年可得余息银一万六千九百五十二两三钱，请加之数，即以此项余盐息银按季动拨，尚可存余息银一千四百六十五两六分四厘，仍归积余项下造报，似属酌盈剂虚，于盐法大有裨益。"等情。详请核示前来。

　　臣查黑、白二井年来卤淡薪艰，灶民拮据异常，若不量加薪本，堕误堪虞。合无仰恳皇上天恩，俯准将黑井之大、东、复三井应煎额盐，每百斤添给薪本银一钱；白井所煎正额、沙卤盐，每百斤添给银一钱五分，以二井年额煎盐计算，共该加增银一万五千四百八十七两二钱三分零，即于该二井续办收买及白井所管之安丰井增煎各余盐息银内动支，尚有余银。以二井额外之有余，补二井灶户之不足，于国家正项无亏，于民食大为有裨。理合会同云贵督臣吴达善恭折奏请，伏乞皇上睿鉴，训示遵行。谨奏。

　　朱批：该部速议具奏。

1313　云南巡抚刘藻《奏谢朱批嘉勉臣子折》
乾隆二十九年四月十六日

云南巡抚臣刘藻谨跪奏：为叩谢天恩事。

窃臣以臣候补同知臣刘木分发山西，于二月内具折谢恩。钦奉朱批："汝子颇可造就。当善为教导，俾令成器。钦此。"臣叩首敬读。

伏念臣子刘木材质鲁钝，读书不能通彻，遂于前岁为之捐职，俾图报效。而年少无知，贻误堪虞，当经臣屡次札谕，令于一切政务事事讲求，时时奋勉，无怠无欺，以冀仰答圣主简用之恩。今臣恭绎朱批念小子之有可造知圣世之无弃材，欲其慎守官方，敢不勤加教导，自兹以往？惟有奉恩纶如宪典，凛宝训为箴铭，庶几稍有成就，上副我皇上期望之盛心。所有臣奉到朱批缘由，谨缮折望阙叩头，恭谢天恩，伏祈睿鉴。臣谨奏。

朱批：览。

（《宫中档乾隆朝奏折》第二十一辑，第 233 页）

1314　云贵总督吴达善《奏报奉旨指饬审理周宗一殴伤郭凌云身死一案实失明罚敕法之意，遵旨办理折》
乾隆二十九年四月二十九日

云贵总督臣吴达善跪奏：为恭折奏覆事。

窃臣于乾隆二十九年四月二十三日，行至贵州永宁州地方，接到廷寄："钦奉上谕：刑部核覆云南省周宗一殴伤郭凌云身死一本，该部亦按例议准。初不过以为斗殴常件，朕核之案犯情由，则该省原拟实未得其款要。郭凌云以搭连装钱，并非重茵细软可比，且在面铺同食，而周宗一已压坐身下，何得佯为不知？是其存心图窃已属显著。今乃不揆情理，徒以该犯被骂不甘，因拾石掷伤殒命，遂援寻常斗殴问拟绞候。将来汇入秋审时，必更以其起衅缘由较他犯有间，因而改列可矜。是直使窃贼因认赃而毙人者转得量从末减，此风尚可长乎？外省有司问拟命案故习往往如此，甚失明罚敕法本意。现今该部按情指驳，将此详谕吴达善、刘藻知之。钦此。"遵旨寄信等因。承准此。臣跪读之下，不啻震声启聩，悚惕靡宁。

伏查周宗一同郭凌云在铺食面，而郭凌云装钱搭连被周宗一压坐身下，诚如圣谕，并非重茵细软可比，断无不知之理。周宗一并不问明交还，是其图窃之意显然。乃反以被骂不甘，拾石掷伤郭凌云殒命，似此认赃毙命，非寻常斗殴可比。乃据狡供问拟，实失明罚敕法之意。今蒙圣明洞鉴，指示详明，愚昧顿开。臣在途次，即札致云南抚臣刘藻提犯，委员详加研鞫，按情定拟外，所有奉到圣谕遵办缘由，理合恭折奏覆，伏祈皇上睿鉴。谨奏。

朱批： 览。外省此等姑息之风亦不可枚举，应亟力整顿。

（《宫中档乾隆朝奏折》第二十一辑，第 335 页）

1315 云贵总督吴达善《奏请酌给威远厅猛戛等处头人土职，以严约束，以卫边境折》

乾隆二十九年四月二十九日

云贵总督臣吴达善跪奏：为恭请酌给土职，以严约束，以卫边境事。

窃照云南镇沅府属之威远地方，原系土州，雍正二年改土归流，设立同知，分防其地。兹据镇沅府知府李承邺详称："镇沅地方曾于雍正五年，逆蛮跳梁，复勾结威远猓贼猖狂不法。时有从前土州族裔刀国相、刀国柱竭力化诲，安抚夷民，并有头人刀顺、罕世臣、段寿生随同官兵追杀猓贼，各著勤劳，经临元镇等分委刀国相为土千总，又以刀国柱之子刀烈及头人刀顺、罕世臣、段寿生四名为土把总，令各督练防边，众情悦服，实为有备无患。嗣刀国相身故，其子刀焜因自揣懦弱，难任土千总之责，遂行辞退。其刀烈、刀顺、罕世臣、段寿生四名，旋经前督臣尹继善查明，均给土把总委牌在案。今刀烈、刀顺、罕世臣、段寿生等陆续身故，因无人顶充，未经详补，从此威远有土练而无土职管束。惟设有总头人刀希锦、乡约刀成秀二人，经催钱粮，至于率练提防，非其职分，虽夷民均爱戴头人，而土练未能悉听其驱使。窃思威远所辖猛戛等处，距该同知驻扎之地相隔七站，接连外夷，中隔一江，江长路歧，夷性难驯，防闲宜密，兼水土恶劣，烟瘴异常，额设防兵之外全资土练巡查，而土练又需土弁弹压，方得其益。即如近年木梳莽匪滋扰边界，该头人刀希锦不时探报，多方防守，不扰不惊；又乡约刀成秀协力同心，毫无懈怠。卑府身膺边疆，目睹地方情形，今昔相同。在昔设有土千把五名管辖其地，今无一人钤束，似非慎重边疆之计。兹详加酌量，不必如从前设立土千把五名之多，应请设土千把各一名，并请即将头人刀希锦给以土千总职衔，乡约刀成秀给以土把总职衔，俾管理猛戛等处，约束土练，仍听文武官员管辖，庶遇有役使土练之处，呼应得灵，实于边疆有益。"等情，通详到臣。当经批司酌核议详，兹据云南布政使永泰等会同议详前来。

臣查边境设立土弁，平时原可资其督练防守，以为内地藩篱，设遇有驱遣，亦惟土弁呼应夷猓最灵。今查威远系改土归流，所辖猛戛等处猓夷杂处，地方窎远，兼又江长路歧，对江即属野夷，种类不一，酌核形势，似不设立土弁，则土练统属乏人，众心涣散，难期有呼必应。况沿边野夷路径均系相通，如木梳莽匪近年侵扰土境，其威远边界俱须侦探严防，庶无窜入之虞。

伏查从前该处共设土千把五员防守其地，固属过多。今臣酌量情形，似应如该府李承邺所请，设给土千总职衔一员，土把总职衔一员，令其稽查钤束土练，并催办钱粮以及听候差遣等事。其头人刀希锦、乡约刀成秀二人，既据该府查明最为地方出力，又为夷众悦服，亦应如所请，即将刀希锦给以土千总职衔，刀成秀给以土把总职衔，责令管理猛戛等地方，钤束土练，设有边警，呼应亦灵。该土职仍听文武官员管辖。嗣后，该土千把遇有事故，如其子孙果能效力，为夷众悦服，即以之顶补；如系平庸，另行拣选充补，毋庸题请承袭，且只给土千把职衔，亦无须请领部札，只应遴选可补之人，造册咨部，臣即给给委牌，实于边方有益。如蒙圣恩俞允，臣饬取刀希锦、刀成秀履历清册，另行送部查核。臣为慎重边防，而土职不敢仍前擅委。理合会同云南抚臣刘藻、提臣达启恭折会奏，伏祈皇上睿鉴训示。谨奏。

朱批：军机大臣会同该部议奏。

（《宫中档乾隆朝奏折》第二十一辑，第 337～339 页）

1316　云贵总督吴达善《奏报查阅营伍沿途雨水及时并栽插情形折》
乾隆二十九年四月二十九日

云贵总督臣吴达善跪奏：为沿途雨水及时并栽插情形事。

窃臣钦奉上谕查阅滇黔各标镇协营，于乾隆二十九年四月初十日自云南府起程，业将起程日期恭疏题报在案。臣即赴贵州考验各营伍，除阅毕黔省各营，分别等次，另行具奏外，所有臣经由之云南、曲靖二府属，雨泽频沾，豆麦正当刈获，高下收成均有十分、九分不等，秧田将次栽插。近接抚臣刘藻来札，省城地方，四月十二、十五、十六及十八、十九、二十等日屡得透雨。又据布政司禀报，甘雨连降，高低田亩水皆十分沾足。是滇省秧水甚充，此时正好栽插。

臣于四月二十八日抵贵州省城，路经黔省之南笼、安顺、贵阳等府属，节气较滇省稍迟，现在二麦次第成熟，秧苗早者出土四五寸，迟者二三寸，雨泽或间日一下，或夜雨昼晴，高低田亩积水充盈，五月初旬即可陆续耕作。此臣经历所至，目击夏禾丰稔，雨水盈畴。滇黔两省粮价询各均平，处处民苗欣庆，地方宁谧。理合恭折具奏，伏祈皇上睿鉴。谨奏。

朱批：览奏俱悉。

（《宫中档乾隆朝奏折》第二十一辑，第 339 页）

1317 云贵总督吴达善《奏奉谕旨，嗣后凡遇悖义蔑伦、决不待时重犯即行正法折》

乾隆二十九年四月二十九日

云贵总督臣吴达善跪奏：为恭折奏覆事。

乾隆二十九年四月十五日，臣抵云南平彝县，接到廷寄："钦奉上谕：苏昌题报逆犯杨秀园决过日期，并称十二月二十九日系停刑日期，应将违例决囚之海丰县知县刘绍汜职名送部处分，并声明应否免议，听候部覆一本，已批三法司知道，不必交部议处矣。向来刑名案件，如遇庆贺斋戒等日，例得暂行停止，原指寻常案犯而言，若叛逆重犯，情罪重大、决不待时者，自应于定拟奉旨之日，即行明正典刑，以昭炯戒。岂得拘牵时日，致稽显戮？此辈狡黠性成，安知不因缓死须臾，致有乘机兔脱及畏罪自戕情事，于办理重案殊未允协。且如庆贺斋戒，按例遵行，一切政务俱可照常办理，处决重囚有何关碍，而必拘泥停止耶？着将此传谕苏昌及各督抚知之。钦此。"遵旨寄信等因。承准此，当即札知云贵抚臣暨臬司一体钦遵外，伏思情罪重大案犯，为人民所共愤，王法所难容，一奉部文，自应速置典刑，以彰国宪。若同寻常人犯，拘泥于停刑日期，俾得缓死须臾，设致乘机兔脱，或畏罪自戕，何足以昭炯戒而儆人心？是以滇省凡遇悖义蔑伦、决不待时之犯，臣奉到部文，当饬即行正法，并不稍稽显戮。今蒙圣训详明，嗣后遇有立决重犯，益当恪遵办理。理合恭折奏覆，伏祈皇上睿鉴。谨奏。

朱批：览。

（《宫中档乾隆朝奏折》第二十一辑，第 340 页）

1318 云贵总督吴达善、云南巡抚刘藻《奏报镇沅府知府缺出，请以云南府同知海檖升补折》

乾隆二十九年四月二十九日

云贵总督臣吴达善、云南巡抚臣刘藻跪奏：为要缺知府需员，恭恳圣恩升补，以重夷疆事。

窃照镇沅府知府李承邺，接准部咨："已签升湖北督粮道，所遗镇沅府缺，应本省拣选调补。"查定例："各省例应题调之缺及烟瘴地方，仍准升调兼行，酌量具题。其余一切应行调补之缺，应照例改调。若该省实无可以调补之员，而属员内果有才守兼优、政绩卓越者，于疏内将无可调补、必须题升之处声明，送部引见。"等语。

查镇沅府系新辟夷疆，犷苗蠢顽，必须才能干练之员抚绥得宜，方克胜任。臣等公同藩臬两司，于通省知府内逐加遴选，非本任亦属要缺，即人地未甚相宜，实无可以调补之员。惟查有云南府同知海梁，年三十五岁，正蓝旗满洲监生，捐笔帖式，递捐同知，乾隆二十四年发滇，题署云南府同知，于二十六年正月初六日试署期满，奉旨实授。乾隆二十八年，经臣吴达善于大计案内附荐，又经臣刘藻会同臣吴达善保举堪胜知府各在案。查该员才猷干练，奋勉有为，到滇四载有余，熟悉夷情，历经委署府州县各缺，俱无贻误。现管汤丹厂务，调剂得宜，办铜加多。任内参罚，止有前署姚州任内因应袭土州同高配忝年幼，高禹泽抚孤一案造册迟延，罚俸一年，已将纪录抵消，此外并无参罚事件。请以升补镇沅府知府，实属人地相宜。惟捐纳试俸，因实授未满三年，尚未销去试俸字样，与升补之例稍有未符。应照人地相需之例，专折仰恳皇上天恩，俯准以海梁升补镇沅府知府，仍扣足三年，另请销去试俸字样，庶要缺得人，于边疆实有裨益。所遗云南府同知员缺，例应归部铨选。但查滇省现有奉发以同知委用之员，应俟海梁蒙恩升补之日，容臣等另行拣选具题。并据云南布政使永泰等会同详请前来，理合恭折会奏，伏祈皇上睿鉴训示。

再查海梁系同知请升知府，如蒙俞允，应送部引见。现于保举堪胜知府案内，已令交代铜厂事务，请咨赴部引见。可否升补镇沅府知府之处，恭候钦定。合并陈明。谨奏。

朱批：该部议奏。

（《宫中档乾隆朝奏折》第二十一辑，第341～342页）

1319　云南巡抚刘藻《奏报亲往新兴州验收城工折》
乾隆二十九年五月十三日

云南巡抚臣刘藻谨跪奏：为验收城工事。

窃照滇省新兴州于乾隆二十六年地震，摇倒城垛、衙署等项，估需工料银二千八百十五两八钱五分零内，除架木、废铁变价银八两四钱三分抵款外，实用银二千八百七两四钱二分零。前岁春月，臣查勘昆阳等处城工时顺道亲验，尚未完工。嗣据告竣。值臣在贵州署篆，经署抚臣吴达善委布政使永泰验收，取具册结，声明具题。臣回滇后，接准部咨，内开："该抚验收之时工程尚未完竣，而工竣以后又未亲往验收，与例不符，应仍令照例亲往验收，具题到日再行办理等因。奉旨：依议。钦此。"移咨到臣。

臣遵于五月初八日，轻骑减从，自省起程，于初九日至新兴州，督同澄江府知府曹珵、署知州屠可堂，将周围城身、垛座、垛口各工段丈尺，以及炮台、城楼等处，逐一躬亲丈量、拆验，与做法均属相符；其文庙、衙署等工亦俱修理合式，一律坚固，所用工料并无浮冒。勘毕，臣即于十一日卯刻旋署。除饬藩司具详，另疏题销外，理合恭折奏闻。

再督臣吴达善自四月初十日赴黔省查阅营伍，臣应驻省弹压，因新兴相距甚近，往返仅三日有余，是以前往。合并陈明，伏祈皇上睿鉴。谨奏。

朱批：览奏俱悉。

（《宫中档乾隆朝奏折》第二十一辑，第 464~465 页）

1320　云贵总督吴达善、云南巡抚刘藻《奏请酌改顺宁府、保山县、开化府同知、太和县缺折》

乾隆二十九年五月十七日

云贵总督臣吴达善、云南巡抚臣刘藻谨跪奏：为酌改要缺，以裨边疆事。

窃照滇省顺宁一府地处极边，内作永昌之藩篱，外为耿马之门户，诸猛环居，汉夷错杂，而所属云州及缅宁通判地方亦处处系通夷要隘，知府责任綦重。比岁以来，木梳滋扰边外，全赖该府相机饬谕土司拨练防御。近复设炉八座，鼓铸钱文，调剂稽查更为繁剧。是以驻扎该府之顺云营，经臣吴达善会折，奏请将剑川营参将改驻顺宁府城，以资弹压，原设之都司改驻剑川。接准部覆，奉旨："依议速行。钦此。"钦遵在案。是顺宁实为边要之区，文武初无二致，若该府知府仍归部选，设系初任之员，于边境夷情骤难熟悉，贻误堪虞。

又永昌府附郭之保山县，与野人阿瓦、木邦、缅甸外域联界，幅员辽阔，俗悍民刁，兼之路通茂隆等厂，而近年刑名词讼案件日以滋多，较邻近原定极边调缺之腾越州更为难治，洵非初任人员所能胜任。

臣等与司道公同商酌，应请将顺宁府暨保山县一体改为极边要缺，嗣后遇有缺出，于通省守令各官内择其才情干练、熟悉风土之员，酌量题请调补，似于吏治、边防均有裨益。

此外尚有向属拣调之缺应行酌改者，查系开化府同知、太和县知县二缺。开化府同知驻扎府城，兼有附郭之文山县专司治理，该丞并无专办事件，与分防要地者不同。至太和县，系大理府附郭，虽政务并不为简，而地居腹里，风俗日淳，经征钱粮历无逋欠，尚称易治，且该府知府久归部选，未便两相歧异。应请将开化府同知改为简字一项之缺，太和县知县改为冲、繁二项相兼之缺，均归吏部铨选。似此一为转移，庶几调缺、选缺各归实济，可收人地相宜之效。

兹据云南布政使永泰会同按察使良卿、粮储道罗源浩、驿盐道孙廷槐、护迤东道陈大吕、迤西道李希贤具详前来。臣等为边缺紧要起见，理合恭折会奏，是否有当，伏祈皇上睿鉴，训示遵行。谨奏。

朱批：该部议奏。

（《宫中档乾隆朝奏折》第二十一辑，第 496~498 页）

1321　云南巡抚刘藻《奏奉谕旨，嗣后凡遇悖义蔑伦、决不待时重犯即行正法折》

乾隆二十九年五月十七日

云南巡抚臣刘藻谨跪奏：为恭折奏覆事。

窃臣接准督臣吴达善札开：承准廷寄："钦奉上谕：苏昌题报逆犯杨秀园决过日期，并称十二月二十九日系停刑日期，应将违例决囚之海丰县知县刘绍汜职名送部处分，并声明应否免议，听候部覆一本，已批三法司知道，不必交部议处矣。向来刑名案件，如遇庆贺斋戒等日，例得暂行停止，原指寻常案犯而言。若叛逆重犯，情罪重大、决不待时者，自应于定拟奉旨之日，即行明正典刑，以昭炯戒，岂得拘牵时日，致稽显戮？此辈狡黠性成，安知不因缓死须臾致有乘机兔脱及畏罪自戕情事，于办理重案殊未允协。且如庆贺斋戒，按例遵行，一切政务俱可照常办理，处决重囚有何关碍，而必拘泥停止耶？着将此传谕苏昌及各督抚知之。钦此。"遵旨寄信等因，知会到臣。除札行臬司一体钦遵外，臣查逆恶重囚，与寻常案犯情罪迥别，若拘泥停刑，俾缓须臾之死，或致兔脱、自戕，何以彰国法而正人心？臣向于此等重犯，接准部文，即转行处决。嗣后遇有情罪重大、决不待时之犯，益当凛遵谕旨办理，断不稍有拘牵，致稽显戮。理合恭折奏覆，伏祈皇上睿鉴。谨奏。

朱批：览。

（《宫中档乾隆朝奏折》第二十一辑，第 505～506 页）

1322　云南巡抚刘藻《奏报滇省乾隆二十八年分额征民、屯地丁钱粮通完无欠折》

乾隆二十九年五月十七日

云南巡抚臣刘藻谨跪奏：为钦奉上谕事。

案照乾隆十七年二月二十八日，承准廷寄，内开："奉上谕：嗣后各省每年完欠钱粮，俱着随奏销时分晰查明，据实折奏，不必仍循岁底奏闻之例。可于各该督抚奏事之便，传谕知之。钦此。"臣即钦遵，行令司道，将乾隆二十八年分各属完欠确数查明，分晰详报。去后，兹据布政使永泰、粮储道罗源浩会详称："滇省各府厅州县乾隆二十八年分额征民、屯条丁、米折六款等银二十万四百六两零，内征存各府厅州县坐放官役、俸工等银五万二千四百七十二两零，征解布政司库银一十四万七千九百三十三两零；又额征民、屯税秋六款麦、米、谷、荞、杂粮并条编改米，共二十一万六千一百一十一石零，内征收本色麦三千五百一十三石零，本色米一十五万七千九百七十石零，折色米荞五万四千六百二十七石零，各折不等，该折征银五万三千三百五十六两零，俱经照数征收通完。"详报到臣，并汇册呈请奏销前来。除核明，另疏题销分晰，另缮黄册随本恭呈御览，并将清册送部外，所有乾隆二十八年分额征民、屯地丁钱粮通完无欠缘由，理合缮折恭奏，伏乞皇上睿鉴。谨奏。

朱批：览。

（《宫中档乾隆朝奏折》第二十一辑，第506~507页）

1323 云南巡抚刘藻《奏报滇省乾隆二十八年分公件、耗羡等项收支、动存、管收、除在各款银两数目折》

乾隆二十九年五月十七日

云南巡抚臣刘藻谨跪奏：为呈明事。

窃照乾隆十三年五月初五日，准户部咨开："各省动用耗羡银两，令将一年收支、动存各数并从前民欠征完、借支归款，同现存各项银两，查明有无亏空、那移之处，于本年岁底为始，缮折奏闻。仍备造四柱清册，送部查核汇奏等因。奉旨：'依议。钦此。'"钦遵。又于乾隆十四年四月十八日，准户部咨开："议覆广西抚臣舒辂奏称'耗羡收支、动存各数，岁底不能汇齐，请照正项钱粮之例，于次年五月内核奏'，经部酌议，请将各省奏报耗羡银两，均于次年随地丁钱粮一同核奏等因。奉旨：'依议。钦此。'"钦遵在案。今行据布政使永泰将乾隆二十八年分公件、耗羡等项分晰造册，详报前来。

臣查滇省乾隆二十八年分额征公件、耗羡，除建水、宁州、通海、河西、江川五州县地震被灾蠲免公件并缓征耗羡，及云龙州地改田无征火耗外，实征公件、耗羡、溢额、商税、牙帖等项，共银一十一万七百三十二两七钱七分零。旧管乾隆二十七年分报销汇奏，实存库银七十三万三千七十三两六分零。新收乾隆二十八年分公件、耗羡、溢额、铜息、归公铜价、粤盐余息、借放、裁减养廉、公事等项，共银二十八万六千七百四十一两七钱一分零，旧管、新收共银一百一万九千八百一十四两七钱七分零。开除乾隆二十八年分司道、提镇、笔帖式、府、厅、州、县、佐杂等官养廉、存留、应办地方公事等项，通共银二十三万七千五百三十两八钱八分零，实存库银七十八万二千二百八十三两八钱八分零，并无亏空那移。所有乾隆二十八年分收支、动存、管收、除在各款银两数目，除将清册送部查核汇奏外，谨缮黄册，恭呈御览。臣谨奏。

朱批：该部知道。

（《宫中档乾隆朝奏折》第二十一辑，第507~508页）

1324　云南巡抚刘藻《恭报雨水栽插情形折》

乾隆二十九年五月十七日

云南巡抚臣刘藻谨跪奏：为恭报雨水栽插情形事。

窃照滇省山多地高，栽插之时全资雨泽。本年四月之内暨五月初间，仰赖皇上福庇，或连朝密雨，或隔日大雨，现在低田早稻已栽插齐全，高阜之地高梁、荞、稗等项，亦俱乘雨翻犁布种。节据通省各府厅州县禀报，大概相同。省城地方，四月中旬以及五月初六、初八、初九、十三四五等日，雨泽频沾，栽插过半，现在连日阴雨，绵绵不止，旬日之间，即可栽插完竣。臣赴新兴州验收城工，查勘该州气候较早，秧苗已高二三尺，弥望青葱，将届出穗。经过之晋宁、呈贡二州县，早者将次栽完，迟者已有十之七八。民夷安乐，边境敉宁。理合恭折奏闻，伏祈睿鉴。臣谨奏。

朱批：欣慰览之。

（《宫中档乾隆朝奏折》第二十一辑，第508页）

1325　云南巡抚刘藻《奏陈义都、大美等小厂改办高铜渐多，请一例给价，节靡费以资采买折》

乾隆二十九年六月初六日

云南巡抚臣刘藻谨跪奏：为小厂改办高铜渐多，请一例给价，节靡费以资采买事。

据云南管理铜务粮储道罗源浩会同布政使永泰详称："滇省青龙等小厂，共二十余处，向来产铜甚少，系每铜一百斤，除抽课外，厂民实止得银四两，更有不足四两者。自乾隆二十五年，详蒙奏准，统照汤丹旧例，每百斤给银五两一钱五分零收买。之后，各厂炉户、沙丁无不感戴皇恩，努力攻采，多办铜斤。内嶍峨县属之义都厂，从前办铜不过数千斤，加价后，增至十余万及二十余万不等。二十八年，因江苏需买汤丹厂铜二十万斤，难以照拨，议请将所收外省铜价，每百斤十一两之内，照汤丹新加六两四钱之例，酌给义都等各小厂，于办就板铜内改煎纯净高铜，以供拨用，亦经详请具奏，恭奉朱批'览奏，俱悉。钦此。'钦遵，转行遵办在案。计自改煎以来，炉民倍加踊跃，二十八年秋冬至二十九年春季，共办板铜六十余万斤，除咨部改煎，拨给浙江采买净铜十万五千余斤，湖北采买净铜二十七万一千余斤外，尚存铜二十余万斤。又新开罗次县属之冷水沟大美子厂，亦于上年秋冬、本年春季，共办板铜二十六万余斤，除咨部改煎，凑拨江苏采买净铜四万斤，福建采买净铜十五万斤外，尚存铜五六万斤。是义都、大美二厂办铜之多数倍于前，良由加价改煎所致，已有成效。而各省岁需，近奉咨商加办暨内部行令赴滇采买者为数甚多，向恃大兴一厂，足敷拨运。迄年来每值夏秋即被水淹，只能办铜百万内外，不敷动拨，全赖各小厂多办高铜，以资外省采买。查义都、大美两厂初办板铜，每百斤例止给银五两一钱五分零，原不能煎炼纯净。迨运至省城，复行改揭壳铜，难免重煎折耗。及驮脚、炭火、人工之费，若不照每百斤给银六两四钱，炉民难于煎办。但煎炼之后，又揭蟹壳，既费帑金，且多周折。惟查大铜、大兴二厂向来拨卖外省高铜，即在本厂煎净，虽厂地不产羊毛、松炭，难揭蟹壳，而多练数次，俾饼薄色红，即与煎净壳铜无异，每收买百斤实给价银六两，兑交外省供铸。现在义都、大美所办板铜，似可仿照办理。今酌中定议，请自乾隆二十九年五月为始，饬令义都、大美二厂官晓谕炉民，于初办板铜时，即照大铜、大兴之式多煎数次，务期饼薄色红，一律纯净，概以六两一百斤给价收买，稍有不净，即不准收。以大兴厂少办之铜价，收买义都、大美两厂改办之高铜，一转移间，庶遇外省采办，毋庸重支买价，多费改煎工火，事例归于画一，且每百斤较之重煎壳铜，可节省银四钱，于公项不致糜费。理合将义都、大美两厂解到炼净板铜，同大铜厂高铜一并呈请较验，核示遵办。"等情前来。

臣查义都、大美两厂，均因奏准加价改煎，炉民乐于攻采，是以办出铜斤数倍于开采之初。而年来大兴厂出铜日少，各省采买日多，正资接济。惟厂中办就板铜，每百斤止给银五两一钱五分零，势必不能炼净，必须运省改煎，揭成蟹壳，不得不照汤丹新例，给银六两四钱，殊为糜费周折。今议自本年五月为始，即照大铜等厂煎供外省之例，各于厂地，就办出铜斤，责令炉民加工多炼，务期一律纯净，概以六两一百斤收买拨用，既免运煎耗费之繁，而于公项尚有节省。臣现将义都、大美二厂解到净铜，与大铜厂高铜较验成色，并无高下之殊，洵于采办铜斤、支销公费两有裨益。除饬令该道等转行遵办，嗣后如有似此多办铜斤之小厂，亦即仿照办理，并咨部外，所有筹办缘由，理合会同云贵督臣吴达善恭折奏明，伏祈皇上睿鉴。谨奏。

朱批：该部知道。

（《宫中档乾隆朝奏折》第二十一辑，第 676~678 页）

1326 云贵总督吴达善《奏陈遵旨防检参革官犯免致疏虞折》
乾隆二十九年六月初九日

云贵总督臣吴达善跪奏：为奏覆事。

乾隆二十九年五月二十四日，臣于贵州施秉县途次，接到廷寄："钦奉上谕：辅德奏参革安义县知县郭孙锦在监病故一折，虽该犯或系适当自毙，未必尽出畏罪戕身，然以滥毙无辜裁赃捏详之官犯，谳案未定，典守者不知防范，竟令自毙，虽经看验结报，又焉知不与近日山东参革寿光知县萧应柱闻参自缢同一鬼蜮伎俩，此风断不可长！夫有司不能奉法，自干吏议，其在情款重大者固当束身归罪，自伏厥辜。其事本非重谴，原可不至于死，甚至审属子虚，并可立予昭雪，何至一挂弹章，辄图乘隙自尽？盖由督抚等平时姑息疏玩，于此等劣员，每谓一经参劾，上司已无瞻徇，而监守不严，审拟不速，往往酿成懈弛，使罪大者不得明正典刑，罪小者不得昭雪，而地方无识之徒未必不转为犯官负屈，或且重疑执法之苛，是非封疆大吏以宽纵之习招严刻之尤乎？此于官常刑法大有关系。着传谕各督抚，嗣后务应悉心饬属防检，毋得甘蹈疏虞，致自取戾。可于各省奏事之便传谕知之。钦此。"遵旨寄信前来。承准此。臣跪读之下，仰见我皇上明罚敕法，期无疏纵至意。

伏思参劾劣员，情款有大小，而罪名亦有重轻，全在审讯明确，按情定拟，以正其罪。若参劾之后防检不严，或审拟不速，致乘隙自戕，在罪重者固不足以彰国法而励官方，罪小者亦不得与之昭雪。诚如圣明洞照，地方无识之徒未必不转为犯官负屈，且疑执法之苛也。兹蒙睿训谆详，臣惟敬谨遵循，凡有参劾之案，悉心严令防范，速为审拟，务免疏虞，获昭刑宪。所有臣钦遵缘由，理合恭折奏覆，伏祈皇上睿鉴。谨奏。

朱批： 览。

（《宫中档乾隆朝奏折》第二十一辑，第 699~700 页）

1327 云贵总督吴达善《奏报鹤丽镇中军游击吴大士丁忧日期折》
乾隆二十九年六月初十日

云贵总督臣吴达善跪奏：为奏闻事。

乾隆二十九年六月初十日，臣查阅营伍，行至贵州大定府属之威宁州途次，接据云南鹤丽镇中军游击吴大士禀称：本镇总兵左秀亲生之母吴氏，迎养在署，因老病医药罔效，于本年五月二十四日身故，理合飞报等情到臣。当即饬委云南提标中军参将赵弘榜星速前往接印护理外，所有鹤丽镇总兵左秀丁忧日期，理合恭折循例由驿驰奏，仰恳圣恩简补该镇员缺，以重边防，伏祈皇上睿鉴。谨奏。

朱批： 有旨谕部。

（《宫中档乾隆朝奏折》第二十一辑，第 700~701 页）

1328 云南巡抚刘藻《奏报滇省雨水沾足、栽插齐全折》
乾隆二十九年六月十三日

云南巡抚臣刘藻谨跪奏：

窃照滇省雨水栽插情形，经臣于五月十七日缮折具奏在案。旋据两迤各府厅州县禀报，五月之内甘雨频沾，陆续插莳。其气候较早之元江、景东等处，所种稻谷已有含苞结粒及新米上市者。至省城地方，于五月二十三四五六暨六月初五、初六、初七并初八、初九、初十等日，雨泽频施，低下之区早经栽毕，高阜之处亦俱乘雨耕犁。续于十一日未时起，大雨盆倾，连宵达旦，至十二日巳刻方止。臣出城查看，田中俱有积水。复差标弁分查各乡，佥称此雨最为深透，不特早禾倍加菁葱茂盛，即高田亦无不栽插完竣，丰稔可必。民夷欢庆，边境枚宁。所有雨水沾足、栽插齐全缘由，理合专折奏闻，上慰圣怀，伏祈皇上睿鉴。臣谨奏。

朱批：欣慰览之。

（《宫中档乾隆朝奏折》第二十一辑，第 763 页）

1329　云贵总督吴达善《奏请将驻寻甸奇兵营裁改折》
乾隆二十九年六月二十七日

云贵总督臣吴达善跪奏：为恭请裁改冗设之官兵，以节糜饷事。

窃臣查阅黔省营伍事竣回滇，顺道考验云南之昭通、东川、奇兵各标营官兵，因查奇兵一营，于雍正九年为东、蒙荡定等事案内，以曲靖府属之寻甸州为东川、乌蒙扼要之区，经前督臣鄂尔泰题请另设一营，以备策应，分拨云南督标兵八百名，拨抚标兵二百名，共马步兵一千名，移驻寻甸，设参将一员、守备一员、千总二员、把总四员，仍归督标统辖，名为"奇兵营"；其原防寻甸之兵三百一十名，移驻罗平州等因，经部议准。嗣于雍正十三年，为敬陈边地垂久等事案内，奉文裁马战兵八十名、步战兵八十名，添设守兵一百六十名；又于乾隆七年，为遵旨密议具奏事案内，奉文裁减兵三十名各在案。今臣查该营形势，东接曲寻镇界五十里，南联临元镇界一百一十里，西达武定营界二百里，北至东川营界七十五里，西南至云南省城，相隔止二百一十五里，四面环卫，俱属内地。在当时，因乌蒙初靖，设立该营，原备声援而资策应。今乌蒙改设昭通镇，驻扎重兵，设汛分塘，星罗棋布，防范业经周密，已无借该营为之策应。数十年来，苗猓久沾圣化，复极恭顺。以今视昔，情形迥别。若以此重兵冗设于四围有备之内地，甚属糜费。

臣详核形势，又查其分防，仅止三汛，设立各塘，连四城门，只有二十二塘，距城五十里至九十里而止，地非辽阔，呼应易灵。应请将奇兵营参将裁改都司，仍归臣标统辖，并酌减兵五百名，存留兵四百七十名，较之原设兵三百一十名，数尚宽裕，尽敷分布防守。其裁汰之兵陆续减撤，遇有缺出，无庸募补。原设之守备一员、千总二员、把总四员、外委千把六员，应照都司营制，酌存千总一员、把总二员、外委千总一员、把总二员，此外之守备一员、千总一员、把总二员、外委千把三员，悉行裁汰。所裁将备各员，仍留滇省，酌量题咨补用。至都司缺出，应仍拣选题补。该营系分驻独营，应照例仍给关防，候部覆到日，另拟字样，咨部铸给，以昭信守。各都司、千总衙署，本有参将等员衙门可驻，无庸另议。空余衙署，饬查变价充公。其裁减官兵俸饷银两，每年可节省银九千一百余两，粮米一千七百余石，存留司道仓库，拨充兵饷、月米之需。所有存城分防、应拨兵数，如蒙圣恩俯允，容臣另行造册送部。

臣为虚縻粮饷、因地酌裁起见，是否有当，理合会同云南抚臣刘藻、提臣达启恭折具奏，伏祈皇上睿鉴训示。谨奏。

朱批： 该部议奏。

（《宫中档乾隆朝奏折》第二十二辑，第35~37页）

1330　云贵总督吴达善《奏报滇省田禾雨水情形折》
乾隆二十九年六月二十七日

云贵总督臣吴达善跪奏：为恭报滇省田禾雨水情形事。

窃臣于四月初十日自省起程，遍阅黔省营伍，经由南笼、安顺、贵阳、都匀、上江、古州、清江、台拱、镇远、思州、铜仁、平越、大定等府厅所属地方，各处雨水充足，栽插甚广，菁葱遍野，民苗和乐情形，业经臣于六月初九日在贵州大定府属之毕节县恭折奏闻在案。嗣臣由大定府循行滇属之昭通、东川、曲靖、云南等府属，查阅官兵，于六月十九日回署。沿途田水盈畴，高下插莳齐全，禾苗芃彧，秋荞、杂粮发荣滋长，粮价亦各均平。查据两迤各属陆续具报，入夏以来雨泽频降，田禾兴发，与臣所见昭通等府属田禾雨水情形大概相同。今于六月二十五六两日，省城连得大雨，甚为优渥，于秋禾、杂粮更有裨益。兹臣回署赶办审题案件事竣，即于七月初一日起程查阅迤西、迤东各营伍。除起程日期另行题报外，所有滇省雨水田禾情形，理合恭折具奏，伏祈皇上睿鉴。谨奏。

朱批： 知道了。

（《宫中档乾隆朝奏折》第二十二辑，第37页）

1331　云南巡抚刘藻《奏报滇省乾隆二十八年
征收过盐课等银两数目折》
乾隆二十九年七月十三日

云南巡抚臣刘藻跪奏：为钦奉上谕事。

案照乾隆十七年二月二十八日，承准廷寄，内开："奉旨：嗣后各省每年完欠钱粮，俱着随奏销时分晰查明核实折奏。钦此。"钦遵在案。

查滇省地丁之外尚有盐课一项，亦系按年奏销，历年俱系循照地丁之例一体具折奏闻。兹据布政使永泰会同驿盐道孙廷槐详称："乾隆二十八年分应征盐课银二十六万一千六百四十三两六钱零，又催完乾隆二十八年薪本役食，动支乾隆二十六、二十七两年分盐课银六万两，二共催完银三十二万一千六百四十三两六钱零。又应征各井乾隆二十八年分盐务盈余银一十三万三千六百六十四两六钱零，内除支销养廉公费役食、脚价、廪饩等银七万七千九百九十六两八钱零，尚该银五万五千六百六十七两七钱零，催收抵补过各井减缺课薪银五万二千一百六十一两零，移解过布政司库银三千五百六两七钱零，于奏销册内分别开造登明。"等情。详报到臣。臣查核无异，除具疏题报外，理合恭折奏闻，伏乞皇上睿鉴。谨奏。

朱批：知道了。

（《宫中档乾隆朝奏折》第二十二辑，第203页）

1332　云贵总督吴达善《奏覆滇省武职边俸酌定报满年限折》
乾隆二十九年七月十七日

云贵总督臣吴达善跪奏：为滇省武职边俸酌定报满年限，恭折奏覆事。

窃照黔省古州等处武职，向例定以三年报满即升。臣于乾隆二十七年查阅该省营伍，见各新疆已隶版图三十余年，苗民共遵王化，即烟瘴之区，人户稠密，亦与腹地无殊。若仍拘泥前例，伊等转视一官为传舍，办理事务苟且塞责，转瞬三年，可以坐待俸升，实于地方营伍两无裨益，请将各边缺之参、游等官三年边奉之条删除。嗣后无论新旧苗疆，大小武职，边俸均计其历俸五年，甄别报满。前经臣恭折具奏，兹接部文议准，并令将云南三年、五年边缺一并确查今昔情形，可否令其一体五年报满之处，具奏到日再议等因。奉旨："依议。钦此。"钦遵，当经行司确查。去后，兹据云南布政使永泰分别议详前来。

臣查云南之普洱、昭通、广南、元江、镇雄等处，从前因烟瘴未消，夷性犷悍；永顺镇右营守备驻扎缅宁，系改土归流新辟夷疆；维西地方冬则雪深数尺，夏则偶有烟瘴；中甸接壤外域，系属极边，是以武职等官均定以三年为满，如三年之内所辖地方宁谧，保题升用。又东川营，乃夷多汉少之区，五年俸满，果能称职，保题升用。经历任督臣鄂尔泰等节次题准各在案。今臣于各缺内逐加确核，如普洱镇、元江营驻扎地方，烟瘴未减，易于沾染；永顺镇之右营守备驻扎缅宁，孤悬夷疆，僻处一隅。以上各镇营之参、游、守各缺，应仍照旧例，均定为三年报满。再东川营参、守各缺，俸次本定为五年，又滇省千总各缺并无边俸报满，均无庸置议外，至于昭通、维西、广南、镇雄等镇、协、营，虽系夷疆边缺，但苗猓向化已久，俱各相安，且人烟渐密，瘴气已消，以今视昔，情形迥异，未便仍定以三年，致使升转过优。其该镇、协、营之副、参、游、都、守，共十五缺，统应改为五年报满，俟各员年满，即考验其人材、弓马、行走、训练，慎加甄别，或照例保题，或调内地，倘有偷安怠惰，参处以儆，庶边缺各员不敢以官为传舍，而营伍益得整饬矣。

所有确查酌改滇省武职边俸缘由，谨会司云南巡抚臣刘藻、提督臣达启恭折奏覆，是否有当，伏祈皇上睿鉴训示。谨奏。

朱批： 该部议奏。

（《宫中档乾隆朝奏折》第二十二辑，第223~224页）

1333　云南总督吴达善《奏报查阅营伍沿路雨泽田禾情形事》
乾隆二十九年七月十七日

云南总督臣吴达善跪奏：为恭报沿路雨泽田禾情形事。

窃臣于七月初一日自云南省城起程，查阅滇省两迤营伍，经臣恭疏具题并奏明在案。兹由云南府属经行楚雄、姚安、大理、永北、鹤庆等府各州县地方，沿途田水充裕，交秋以来，或昼晴夜雨，或早晚得雨一阵，旋即开霁。田禾经此雨润日暄，更加勃发，早栽者已吐穗扬花，迟种者菁葱茂盛，秋荞将次秀实，杂粮亦皆滋长。睹此情形，秋收实可期丰稔。粮价处处均平，民夷恬熙和洽。是皆仰赖圣主洪福广被，斯边疆雨旸时若，乐岁可庆，地方宁谧。臣不胜欣幸之至，理合恭折奏闻，伏祈皇上睿鉴。谨奏。

朱批： 欣慰览之。

（《宫中档乾隆朝奏折》第二十二辑，第224页）

1334　新授云贵总督云南巡抚刘藻《奏谢奉旨暂署云南巡抚印务折》
乾隆二十九年七月十九日

新授云贵总督云南巡抚臣刘藻谨跪奏：为叩谢天恩事。

乾隆二十九年七月十七日，承准军机处廷寄："钦奉上谕：云南巡抚印务，刘藻原系同城，即着暂行兼摄。钦此。"遵旨寄信到臣。臣随敬设香案，望阙叩头谢恩讫。

伏念臣质性庸愚，抚滇数载，未见寸长。乃荷我皇上高厚隆恩，畀以滇黔重寄，抚躬悚惕，胜任为难。兹复以新调云南抚臣常钧赴任尚需时日，命臣暂行摄篆，跪诵纶音，倍深惶惧。臣惟有殚竭驽骀，益矢勤慎，无怠无欺，以冀少报天恩于万一。所有微臣感激下忱，理合恭折奏谢，伏祈圣鉴。臣谨奏。

朱批： 览。

（《宫中档乾隆朝奏折》第二十二辑，第 250～251 页）

1335　新授云贵总督云南巡抚刘藻《奏报奉旨补授云贵总督谢恩折》
乾隆二十九年七月十九日

新授云贵总督云南巡抚臣刘藻谨跪奏：为叩谢天恩事。

窃臣于乾隆二十九年七月十七日，准吏部咨："钦奉上谕：杨廷璋现在交部严加议处，着解任来京候旨，苏昌着调补闽浙总督，两广总督员缺着李侍尧调补。李侍尧未到任之前，着明山暂行署理。吴达善着调补湖广总督，其云贵总督员缺，着刘藻补授。钦此。"

伏念臣一介庸愚，至微极陋，仰蒙我皇上生成殊遇，特达深知，畀任提封，晋阶宫保，讵有涓埃之效，曾无分寸之酬，顾影增惭，扪心滋惧。兹复荷隆恩补授云贵总督，闻命自天，措躬无地。窃惟两省重寄，统驭实难，万里苗疆，抚绥非易，必宽严并济，乃裕摅文奋武之猷，且教养兼施，斯称察吏安民之职。臣自揣分量，诚碌碌而无能，叨沐宠荣，徒兢兢以自矢。惟有训练营伍，辑睦兵民，整饬官僚，驯扰夷猓，不存偏私之见，不博长厚之名，处处实力实心，事事必勤必慎，以图上报高厚洪恩于万一。所有微臣感戴蚁忱，谨缮折叩谢天恩，伏祈睿鉴。臣谨奏。

朱批： 览卿奏谢矣。

（《宫中档乾隆朝奏折》第二十二辑，第 251～252 页）

1336　云贵总督调补湖广总督吴达善《奏谢奉旨调补湖广总督折》
乾隆二十九年七月二十三日

云贵总督调补湖广总督臣吴达善跪奏：为恭折叩谢天恩事。

窃臣查阅滇省营伍，于乾隆二十九年七月二十三日，行至鹤丽镇属维西协地方，接准部文，钦奉上谕："杨廷璋现在交部严加议处，着解任来京候旨。苏昌着调补闽浙总督，两广总督员缺，着李侍尧调补。李侍尧未到任之前，着明山暂行署理。吴达善着调补湖广总督，其云贵总督员缺，着刘藻补授。钦此。"臣即于公次恭设香案，望阙叩头谢恩讫。

伏念臣质本庸愚，毫无见识，荷蒙皇上教育生成，不次拔擢，简畀云贵总督，叨沐逾格殊恩，莫能报效涓埃，三载于兹，时形竭蹶，仰赖皇上训诲矜全，俾得敬谨遵办，惭惕靡宁。乃复荷高厚天恩，调补湖广总督，闻命之下，感怀交深。臣抵任后，惟有实心实力，不敢偷安，不敢虚傲，整饬吏治，严肃营伍，绥靖苗疆，以冀仰报隆恩于万一。所有臣感激微忱，理合恭折具奏叩谢天恩，伏祈皇上睿鉴。谨奏。

朱批：览。

（《宫中档乾隆朝奏折》第二十二辑，第273～274页）

1337　云贵总督调补湖广总督吴达善《奏请陛见折》
乾隆二十九年七月二十三日

云贵总督调补湖广总督臣吴达善跪奏：为恭请陛见，跪聆圣训事。

窃臣于七月二十三日，在维西途次接准部文，钦奉上谕调补湖广总督。钦此。同日又承准廷寄，奉上谕："苏昌已调闽浙总督，着即速赴新任。其两广总督印务，着明山暂行兼署。李侍尧已调两广总督，着来京陛见后再赴新任。其湖广总督印务，着常钧暂行兼署，俟吴达善到任后，兼管湖北巡抚常钧再赴云南新任。现在云南巡抚印务，刘藻原系同城，即着暂行兼摄。王检亦着来京陛见后再赴湖北巡抚之任。将此传谕各该督抚知之。钦此。"遵旨寄信前来。承准此。

臣现由维西、永昌、大理等府查阅迤西营伍，顺道回省，即将印信交送督臣刘藻接收，另行恭疏题报外，伏念两湖地方襟江带湖，苗民刁悍，臣以庸材，蒙恩简调，力微任重，不胜悚惶。惟有吁恳皇上天恩，准臣赴阙叩觐天颜，跪聆圣训，庶抵任后一切得有遵循，勉供职守；且湖广总督衙门驻扎湖北，距京不远，往返止需月余。而现在湖广总督印务，奉旨着常钧暂行兼署，其云南巡抚印务，着刘藻暂行兼摄，臣折差回时，计臣正入楚境，奉到朱批恩准进京，臣即星赴阙庭，恭聆训诲，不惟遵循有自，而犬马依恋微忱亦得稍伸万一。为此恭折奏恳，伏祈皇上睿鉴，恩准所请，臣不胜待命激切之至。谨奏。

朱批：且不必来。

（《宫中档乾隆朝奏折》第二十二辑，第274～275页）

1338 云贵总督兼摄云南巡抚刘藻《奏报遵旨仍会同新抚臣督办铜务折》

乾隆二十九年八月十六日

云贵总督兼摄云南巡抚臣刘藻谨跪奏：为恭折覆奏事。

窃臣承准廷寄：钦奉上谕："滇省铜厂事务向系巡抚专管，刘藻经理有年，一切留心董率。今虽升任总督，而常钧现在甫经调任，所有厂务，仍着刘藻会同该抚悉心督办。钦此。"遵旨寄信到臣。当即钦遵，札会湖北新调云南抚臣常钧，并行布政司、管理铜务粮储道一体遵照在案。

臣查滇省采办铜斤岁供京外鼓铸，数至一千余万，关系綦重。年来荷蒙圣主洞悉厂地拮据情形，屡经加价，厂民感激，办铜加倍于前。臣虽随时随事会商督臣，指示该管道员悉心调剂，究恐措施鲜当。兹仰承恩旨，滇省厂务仍着臣会同督办，跪诵之下，感悚交深。臣惟有毕竭愚忱，凡铜厂一切事宜，俟抚臣常钧到日，会同尽心商酌，督率办理，断不敢因非督臣专管，稍有懈忽，致负皇上委任隆恩。所有遵办缘由，合先恭折奏覆，伏乞睿鉴。臣谨奏。

朱批：览。

（《宫中档乾隆朝奏折》第二十二辑，第432页）

1339 云贵总督兼摄云南巡抚刘藻《奏报拿获疑似江南句容县匪犯王佐假官案内伪造敕书犯人李东升折》

乾隆二十九年八月十六日

云贵总督兼摄云南巡抚臣刘藻谨跪奏：为奏闻事。

窃臣接准湖广督臣李侍尧咨，以江南句容县匪犯王佐假官案内伪造敕书犯人李东升，即李崑玉，准江南咨转，饬在于樊城地方严密查拿，并无其人。惟有前往滇省弥勒州之江西新城县人吴腾升，姓名、年貌微有相似，咨滇查讯，解楚收审等因到臣。当经行司，密饬广西府知府嵇璜亲往弥勒州署，将吴腾升拿获，于乾隆二十九年七月二十三日押解至省，据臬司良卿会同藩司永泰审解前来。

臣亲提到案，详加研讯，虽据吴腾升坚供并无改名李东升、李崑玉及认识王佐情事，但既在樊城算命，又曾随欧阳精一进京，与李东升行迹相近，恐因滇省无人质证，匿情不吐，亦未可定。事关重案，未便只凭一面之词遽信为实，自应质讯明确，方可定案。随将吴腾升并起获书籍、行李，差委千总张希良，于本年八月初三日押解湖广督臣衙门收审，即由湖北转解江南，质讯实情，核对笔迹，以辨真伪。谨将吴腾升口供另单录呈御览。理合恭折奏明，伏祈皇上睿鉴。臣谨奏。

朱批：知道了。

（《宫中档乾隆朝奏折》第二十二辑，第433页）

1340　云贵总督兼摄云南巡抚刘藻《奏报滇省雨水田禾情形折》
乾隆二十九年八月十六日

云贵总督兼摄云南巡抚臣刘藻谨跪奏。

窃照滇省入夏以来雨水沾足，田禾栽插齐全情形，经臣于六月内缮折具奏在案。自七月以至八月，仰蒙皇上福庇，或间日小雨，或隔数日大雨一次，雨后旋即开霁，高田既已优渥，而低田亦易于宣泄，所种稻谷、杂粮靡不及时长发。目下早稻俱含包结实，晚稻亦吐穗扬花。其气候较早之区，新米业经上市，省城亦间有售卖者。据两迤各属陆续申报，并面询来省文武员弁，远近大概相同。臣出城巡历，郊原查看，今岁秋收实可必其异常丰稔。现在民夷欢乐，边境敉宁。理合恭折奏闻，伏祈睿鉴。臣谨奏。

朱批：欣慰览之。

（《宫中档乾隆朝奏折》第二十二辑，第434页）

1341　云贵总督兼摄云南巡抚刘藻《奏报拟于新任抚臣常钧
　　　　到任交印后即起身查阅营伍折》
乾隆二十九年八月二十二日

云贵总督兼摄云南巡抚臣刘藻谨跪奏：为奏明事。

窃照调任督臣吴达善奉旨查阅云贵营伍，除贵州标、镇、协、营先经考验，其云南三标九镇三协十三营内，昭通、曲寻二镇并东川、奇兵、寻沾、镇雄等营，业于赴黔往回考验，其提标及楚姚、永北、鹤丽、永顺、维西、剑川、大理城守各镇、协、营，亦俱查阅完竣。八月望后至省城，与臣会同考验督抚两标暨城守营，各官兵马、步、箭俱娴熟强劲，操演阵势以及藤牌技艺、分合进退亦极整齐，枪炮、进步、连环、打把均各熟练有准。据督臣吴达善称，惟提标、昭通二处营伍与此相同，较之别营实为最优。其余未经查阅者，系临元、开化、普洱、广罗、元江、武定等镇、协、营。臣接印后，应即行前往。

缘云南抚篆系臣兼摄，省城弹压需人，未便远出。俟新任抚臣常钧到任交印后，臣即星驰前往阅看。除俟届期另行具奏外，合先恭折奏明，伏祈圣鉴。臣谨奏。

朱批：览。

（《宫中档乾隆朝奏折》第二十二辑，第482~483页）

1342　云贵总督兼摄云南巡抚刘藻《奏报他郎通判缺出，请以署大理府弥渡通判唐宸衡调补，其遗缺以委用通判周世杰署理折》

乾隆二十九年八月二十二日

云贵总督兼摄云南巡抚臣刘藻谨跪奏：为要缺需员，恭恳圣恩俯准调署事。

窃照元江府分防他郎通判余庆长告病员缺，例应本省拣选调补。查他郎烟瘴甚盛，汉夷错居，弹压拊循颇为不易，必得明干之员方能胜任。臣与藩臬两司悉心遴选，有署大理府弥渡通判唐宸衡，年五十三岁，江苏监生，捐纳通判，拣发云南，题署今职。该员才猷干练，政事精勤，在滇六载，历经委署知府、提举印务，现管汤丹铜厂，俱能胜任，且风土夷情最为熟悉，任内并无参罚案件。查定例：同知、通判升调，不必照州县计以历俸年限。惟是该员在弥渡通判之任尚未实授，于例稍有未符。谨遵人地相需之例，恭折奏请，仰恳皇上天恩，俯准以唐宸衡调署他郎通判，俟接连前俸，扣满，另请实授，洵于烟瘴夷疆有益。如蒙俞允，其所遗弥渡通判员缺，例得以试用人员请署。查有发滇委用通判周世荣，年四十七岁，浙江监生，加捐通判到滇，奏署弥渡通判，丁忧服满赴补，仍发云南委用。该员心地明白，办公奋勉，以之署理弥渡通判，实属人地相宜。俟一年限满，再请实授。

至唐宸衡系对品调署，周世荣系以通判委用之员，均毋庸送部引见。又周世荣前因承运乾隆十九年京铜回滇逾限，部议罚俸三个月，银两久经完解报拨，此外并无参罚案件。为此缮折恭奏，伏祈睿鉴训示。再查云南抚篆现系臣兼摄，无庸会衔。合并陈明。谨奏。

朱批：该部议奏。

（《宫中档乾隆朝奏折》第二十二辑，第483~484页）

1343　云贵总督兼摄云南巡抚刘藻《奏报接印任事及兼摄抚篆日期折》

乾隆二十九年八月二十二日

云贵总督兼摄云南巡抚臣刘藻谨跪奏：为恭谢天恩事。

窃臣钦奉恩旨补授云贵总督，旋复承准廷寄：奉到上谕，令臣暂行兼摄云南巡抚印务，当经臣恭折奏谢在案。今督臣吴达善查阅迤西营伍，于八月十六日回省，十九日移交钦颁云贵总督银关防一颗暨上谕、书籍一切案件。臣敬设香案，望阙叩头谢恩接受讫。

伏念臣质性庸愚，才识浅陋，以草木之秋细，叨覆载以生成，万里严疆，抚绥寡效，七年窃禄，治理多愆，何期圣眷优隆？俾统辖夫文武，恩纶稠叠，遽总制乎滇黔。臣以何人，膺斯钜任？幅员辽阔，惭无督率之能；营伍殷繁，惧乏稽核之术。局高踏厚，感深而莫可措词；临渊履冰，责重而难于图报。臣惟有益殚精力，永矢丹诚，励匪躬匪懈之操，贞忘家忘私之志，与二省抚、提诸臣共秉虚公，交相劝勉，肃清吏治，整饬戎行，以冀仰答殊恩于万一。所有微臣接印任事及兼摄抚篆日期，除恭疏题报外，谨缮折叩谢天恩，伏祈睿鉴。臣谨奏。

朱批：览。

（《宫中档乾隆朝奏折》第二十二辑，第484～485页）

1344 云贵总督刘藻《奏报镇沅府知府缺出，恳恩俯准调补折》

乾隆二十九年九月初三日

云贵总督臣刘藻谨跪奏：为边郡要缺需员，恭恳圣恩俯准调补事。

窃照镇沅府知府李承邺签升湖北督粮道，所遗员缺，例应拣选调补。查该郡地属夷疆，兼有烟瘴，颇为难治，非老成干练、熟悉夷情风土之员不能胜任。前经调任督臣吴达善与臣查无合例堪调之人，当即会折具奏，请以云南府同知海梁升补。接准部咨，海梁系捐纳同知，试俸未满三年，遽请升补镇沅府知府，与例不符，仍令另选合例人员具题等因。臣复公同藩臬二司于通省知府内逐加拣选，非现居边缺，即人地不宜，又或到任不久，欲求合例而又能胜此任者，实无其人。

惟查有云南府知府龚士模，年五十岁，四川进士，拣发贵州，题补玉屏县知县，历署普安、贵筑等州县，乾隆十八年保举堪胜知府，旋经丁忧，服阕引见，奉旨补授河南许州直隶州知州。嗣因署普安州任内失察邪教，议处革职，引见，奉旨："仍发河南，以直隶州知州用，革职之案带于新任。钦此。"随经题补河南陕州知州，二十四年五月初六日到任，又保举堪胜知府，二十六年引见，奉旨补授云南府知府，是年九月十三日到任。查该员有猷有为，才堪肆应，察核署吏不涉瞻徇，于苗疆事宜尤为熟悉。到任，连闰计算，已满三年，任内革职之案业经扣满年限，咨部汇题，准其开复。其革职不支俸银，以及节任罚俸银两，俱经完解报部，此外别无参罚案件。以之调补镇沅府知府，洵属人地相宜。虽定例现任繁缺之员不得另请更调，而镇沅一府系烟瘴夷疆，且居边要，与内地寻常繁缺迥不相同。臣目击情形，谨遵人地相需之例，恭折奏请，仰恳皇上天恩，俯准以龚士模调补镇沅府知府，庶边疆要郡可收得人之效。如蒙俞允，其所遗云南府知府员缺，应遵定例归部请旨简用。至龚士模，系对品调补，毋庸送部引见。兹据布政使永泰、按察使良卿会详前来。除另开龚士模各案罚俸清单恭呈御览外，理合缮折恭奏，伏祈睿鉴训示遵行。

再云南抚篆系臣兼摄，无庸会衔。合并陈明。谨奏。

朱批：该部议奏。

（《宫中档乾隆朝奏折》第二十二辑，第 561～563 页）

1345　云贵总督刘藻《奏谢奉旨加兵部尚书衔折》
乾隆二十九年九月初三日

云贵总督臣刘藻谨跪奏：为叩谢天恩事。

窃臣于乾隆二十九年九月初一日，接准部咨："为请旨事，奉旨：刘藻着加兵部尚书衔。钦此。"臣随敬设香案，望阙叩头，恭谢天恩。

伏念臣固陋庸愚，迂疏钝拙，荷蒙我皇上多方造就，逾格生成，厕参侍从之班，荐历封疆之任。惟抚绥之寡效，惧奉职之多愆，叨膺总制崇阶，已为梦寐所弗敢望，忝窃中枢极品，更属材质所不克。堪拜恩命，而彷徨莫知所措，聆纶音而悚惕，无以自容。臣何人，斯仰邀圣主知遇殊恩遽至于此？所有感激下忱，章牍既不能宣，名言亦不能罄也。臣惟有益凛初志，毕殚愚诚，不敢以事繁而偷安，不敢以位高而养重，务期勉尽职守，以上报洪恩于万一。为此缮折叩谢天恩，伏祈圣鉴。臣谨奏。

朱批：览。

（《宫中档乾隆朝奏折》第二十二辑，第 563 页）

1346　云贵总督刘藻《奏请加铸卯钱，早归官本折》
乾隆二十九年九月十七日

云贵总督臣刘藻谨跪奏：为请加铸卯钱，早归官本事。

窃照滇省办铜，汤丹、大碌之外，全赖大兴、大铜两厂铜旺质高，堪以添供京运及本省鼓铸、外省采买之需,最关紧要。惟因该二厂地势低洼,每值夏秋即遭水淹。而国家经费有常,未便轻于动项,向系厂民公凑资本,备料雇夫,修窝安闸,拉泄积水,以备采铜,约需万有余金。原恃办得铜价之羡余弥补原凑之资本,小民方肯乐从。无如采办数年,礁洞日深,需费更多,所获不敷原本,厂民不愿采煎。经前督臣吴达善与臣筹酌调剂,于上年七月内会折,奏请岁给官本银八千两,交两厂委员按时备料兴工,其不足之费,仍招募殷实厂民凑办。此项官给工本,不便动支正帑,议将顺宁府之宁台、水泄、芦塘等厂积存低铜并岁办额铜,照湖北采买煎净之例,每百斤加耗十七斤八两,就近于府城添设一局,揸炉八座,按卯鼓铸;再于八炉内按旬加铸半卯,铸出钱文,核计归还铸本、支销经费外,每年约获余息银八千数百两,以之弥补大兴、大铜等厂每年动支官本银八千两,尚可有余。嗣准部覆,内开:准其在于顺宁府城设炉八座,按卯鼓铸;又每旬加铸半卯,铸出钱文易回银两,将大兴、大铜二厂所借工本,即于顺宁鼓铸余息内扣归原本,造入铜厂奏销册内报部查核等因。奉旨:"依议。钦此。"钦遵,咨滇转行遵办在案。

臣查大兴、大铜两厂岁给官本银两,必须随时接济。自上年九月兴工起,业于工本内先行支给。而顺宁钱局,至本年三月内方经开炉鼓铸,计其半年余息不过四千有零,不能归还上年所借八千之项。兹届九月,又值兴工拉水之期,需银甚急,不得不按数借支。而顺局息银骤难足数,若年复一年,必致奏销牵混,款项不清。臣与司道酌议,查顺局止有八炉,除正铸外,又有加铸半卯,不能再办余息,以资添补。惟查大理局现贮宁台等厂低铜二十余万斤,配以高铜,足供该局五六年之用,本非急需,应请暂借此项存铜,即于大理局各炉内,查照现在顺局加卯鼓铸事例,代铸一年,以为添补余息之计。查大理局十五炉,加铸一年,除归本及支销公费外,约获余息银七千余两,以之归并顺局余息项下,为两厂还本之用。似此一为转移,余息既能多添,而预借官本得以早为清款,诚为两便。

至加卯一年,应用宁台等厂煎净正铜十三万七千六百九十九斤零,加煎折耗铜三万七千四十一斤零,行令该厂官照厂价陆续发给厂民,于乾隆三十、三十一两年内多办加卯铜十七万四千七百四十一斤零,归还大理局借用存铜原款,于章程并无更易,事属可行。

兹据云南管理铜务粮储道罗源浩会同布政使永泰具详前来,除饬令一面行知大理局,于本年十月内预动存贮宁台厂铜,每炉按旬加铸,赶办余息,速归官本,事竣造册报销,并行知宁台厂官请领铜本,转饬炉户分年多办加卯铜斤还款暨咨部外,臣为官本急需清款起见,理合恭折具奏,伏祈皇上睿鉴训示。

再云南抚篆系臣兼摄,无庸会衔合并陈明。谨奏。

朱批: 如所议行。

1347　云贵总督刘藻《奏奉谕旨，嗣后差员承办案件应慎选干练明妥之人前往折》

乾隆二十九年九月十七日

云贵总督臣刘藻谨跪奏：为恭折奏覆事。

窃臣承准廷寄："钦奉上谕：刑部议覆云贵总督吴达善题参永昌府武进士曹国誉借差需索一案，在该犯自当治以应得之罪。但曹国誉以本籍土著，并非营员可任差遣之人，而该府率据自呈情愿投效，即令往催厂课，不独误用滋累，于体制亦属未协。嗣后凡各省附近夷人地方，即有应行遣员承办之事，亦当就所属员弁内慎选干练明妥者，以重其事，不得率意滥行差委，致滋事端。着于各督抚奏事之便传谕知之。钦此。"遵旨寄信到臣。当即钦遵，札移臣署抚衙门及贵州巡抚，并札行云贵藩臬二司一体遵照在案。

臣查边远夷疆，凡有应行差委承办之事，自宜慎重遴选员弁前往，方为得体，且无滋扰之虞。若委任本籍土著，实属非宜。仰荷圣明洞鉴，训示谆详。臣惟有严饬两省文武各官，遇有必须差员承办案件，即就所属员弁内慎选干练明妥之人前往，断不许其率意滥差，致生事端。所有遵办缘由，合先恭折奏覆，伏祈皇上睿鉴。谨奏。

朱批：知道了。

（《宫中档乾隆朝奏折》第二十二辑，第634~635页）

1348　云贵总督刘藻《奏报差弁冒昧赴热河行宫呈折，伏乞敕部议处折》

乾隆二十九年九月十七日

云贵总督臣刘藻谨跪奏：为据实检举事。

窃臣于本年七月初旬差弁赍折进京，令在京探听，恭候圣驾进哨回銮之日，出口进折，恭请皇上圣躬万安。乃该弁到京，即于八月初旬，冒昧驰赴热河行宫，将折呈进。今于九月十三日，捧赍朱批来滇。臣讶其过速，询问情由，始知该弁错误至此。臣彷徨悚息，寝食不宁。除将该弁责革外，为此据实陈明，伏祈敕部将臣议处。臣不胜恐惧战慄之至。谨奏。

朱批：此有何罪？知道了。

（《宫中档乾隆朝奏折》第二十二辑，第635页）

1349 云贵总督兼摄云南巡抚刘藻《奏报顺宁府、保山县改为要缺，遴员调补折》

乾隆二十九年九月十七日

云贵总督兼摄云南巡抚臣刘藻谨跪奏：为酌改要缺，以裨边疆事。

窃臣与前督臣吴达善以顺宁府地处极边，汉夷错杂，初任之员于边境夷情骤难熟悉；保山县与外域联界，俗悍民刁，较邻近极边调缺之腾越州更为难治，会折奏请将顺宁府、保山县一体改为极边要缺，在外拣调。开化府同知驻扎府城，并无专办事件，与分防要地者不同；太和县地居腹里，风俗日淳，经征钱粮历无逋欠，尚称易治，请将开化府同知改为简字一项之缺，太和县改为冲、繁二项相兼之缺，均归部选。接准部覆，内开："应如该督等所请。顺宁府、保山县二缺准其改为极边要缺注册，嗣后缺出，令于通省守令内拣选调补。开化府同知，准其改为专简之缺；太和县，准其改为冲、繁二项相兼之缺注册。嗣后缺出，均归部选。至现任顺宁府知府、保山县知县，是否能胜新改极边要缺之任，应行令该督等查核，具题到日再议等因。奉旨：'依议。钦此。'"移咨到臣。当即钦遵，转行遵照，并公同藩、臬二司查核。

现任顺宁府知府刘埔，政事勤慎，老成持重，在任五年，于防边事务调度合宜。该府现在安设钱局，亦能尽心经理，堪胜新改极边要缺之任，应请毋庸另行拣调。至现任保山县知县宋若霖，办理案件虽尚无贻误，究系初任之员，难膺边要之寄。保山一缺，应于通省县令内拣选调补。随经逐一审择，实无合例可调之人。惟查有署宜良县知县陈廷献，年四十五岁，浙江举人，教习期满引见，奉旨发往云南差遣委用，乾隆二十三年到滇，旋经题署保山县知县，二十四年闰六月二十五日到任，是年八月初九日闻丁父艰回籍，服阕赴补，二十七年五月仍来滇省，委署保山县印务，嗣经奏署宜良县知县，奉部覆准。查该员才具明练，办事周详，两次署理保山，俱能展布裕如，以之调补保山县知县，实为驾轻熟就。虽历因委署要缺，未到宜良之任，与题调之例稍有未符，而人地实在相需，例得专折奏请。仰恳圣恩，俯准以刘埔坐补顺宁府知府，陈廷献调署保山县知县，于新改边疆守令要缺两有裨益。其陈廷献，仍照例接连前俸，扣满年限，另请实授。所遗宜良县，系部选繁字一项之缺，即以保山县知县宋若霖补授，亦能胜任。如蒙俞允，刘埔系现任知府，陈廷献、宋若霖系对品更调，均无庸送部引见。

又宋若霖任内现无参罚事件。刘埔虽前于直隶遵化州有承审迟延，议处降革留任二案，但年限已满，业经咨请开复，现候部覆，其降革俸银以及节任参罚扣俸银两俱经完解报部，此外别无参罚案件。陈廷献前署罗平州、保山县任内，亦有参罚三案，所罚俸银已俱解缴造报，余无别项参罚。兹据云南布政使永泰、按察使良卿会详前来。除将刘埔、陈廷献参罚事件另录清单恭呈御览外，理合缮折具奏，伏祈皇上睿鉴，敕部议覆遵行。

再云南抚篆系臣兼摄，毋庸会衔。合并陈明。谨奏。

朱批：该部议奏。

（《宫中档乾隆朝奏折》第二十二辑，第 636～637 页）

1350 云贵总督兼摄云南巡抚刘藻《奏报滇省秋收分数折》
乾隆二十九年十月十三日

云贵总督兼摄云南巡抚臣刘藻谨跪奏：为恭报秋收分数事。

窃照滇省秋成丰稔情形，经臣于八月内具折恭奏在案。兹据布政使永泰详据各府厅州县陆续具报，共计八十二处，内低下、高阜稻谷、杂粮俱有十分者广西等七府及威远厅等二十四处，高低牵算九分半者蒙化府及邱北厅等十四处，高低俱有九分者顺宁府及中甸厅等三十五处，通省总计九分有余。除照例具题外，谨缮清折恭呈御览。再查自九月迄今频降雨泽，皆旋即晴霁，农民收获已经完竣，播种麦豆，早者已出土一二寸。汉夷欢庆，边境敉宁。合并陈明，伏祈皇上睿鉴。臣谨奏。

朱批：欣慰览之。

（《宫中档乾隆朝奏折》第二十二辑，第 828～829 页）

1351 云贵总督兼摄云南巡抚刘藻《奏报乾隆二十九年头运第一起、第二起京铜自泸开运日期折》
乾隆二十九年十月十三日

云贵总督兼摄云南巡抚臣刘藻谨跪奏：为钦奉上谕事。

乾隆十四年六月十八日，承准廷寄，内开："奉上谕：嗣后运铜事宜，务须加意慎重。其沿途经过各省督抚，朕已传谕，令其将委员守风、守冻及有无事故之处奏闻。至铜铅船只于云贵本省起运，何日出境，亦着该督抚随时折奏。钦此。"钦遵，转行遵照在案。

兹据云南管理铜务粮储道罗源浩会同布政使永泰详称："据委驻泸店转运京铜大关同知李肖先报称，乾隆二十九年头运第一起委官、南安州知州孙乔年，于乾隆二十九年七月二十四日抵泸，于八月初九日开秤起，至八月二十八日，兑交过铜七十四万斤，内除陆路折耗铜三千七百斤外，实该正耗余铜七十三万六千三百斤，照数发给，该员即于八月二十八日自泸扫帮等情。又据详报，乾隆二十九年头运第二起委官、候补同知何器，于乾隆二十九年七月二十五日抵泸，于八月二十八日开秤起，至九月十五日，兑交过铜七十四万斤，内除陆路折耗铜三千七百斤外，实该正耗余铜七十三万六千三百斤，照数发给，该员即于九月十六日自泸扫帮。"各等情。转详到臣。除分咨户、工、兵部及沿途经过各省督抚转饬各该同知、通判并地方文武员弁一体督察防护，按站催趱，不许片刻停留，仍严密稽查有无盗卖情弊外，所有乾隆二十九年头运第一起、第二起京铜自泸开运日期，理合恭折奏报，伏祈皇上睿鉴。谨奏。

朱批：览。

(《宫中档乾隆朝奏折》第二十二辑，第829~830页)

1352 云贵总督刘藻《奏报铜厂刑名渐繁，请归厂员审解，以免拖延折》

乾隆二十九年十月十三日

云贵总督臣刘藻谨跪奏：为铜厂刑名渐繁，请归厂员审解，以免拖延事。

窃照滇省汤丹、大碌两铜厂坐落东川府属会泽县境内，僻处万山之中，距城自一百七八十里至二百里不等，其炭山以及各子厂更有在三百里以外者，向遇命盗等案，由该厂头人、客长具报厂员，移行该县。迨该县前往勘验，为日已久，人命则尸伤发变，窃盗则赃证游移，甚或凶盗乘机潜遁，缉拿审究殊费时日。幸从前案尚不繁，并无贻误。比岁以来，产铜日旺，厂众益增，五方杂处，两厂皆不下二三万人，争端易起，案件渐多，虽有丞倅二员分驻厂中，而刑名非其所管，呼应不灵。若仍令照旧移县查办，延误堪虞，且案内干连证佐，半系领本办铜之课长、炉民赴县候审，必致停煎误课，兼亦不免拖累。臣目睹情形，与司道详加筹酌，东川一郡壤接川黔，地方本属辽阔，向无府佐，而澄江府地居腹里，原设通判与知府同城，并无承办要件，实属闲员。似应将澄江府通判裁汰，改设东川府分防汤丹通判一员，办理两厂刑名。

查汤、大两厂原与通省小厂不同，是以前经奏明，委用干练丞倅督办铜斤，则厂地刑名力能兼顾。嗣后遇有汤丹通判缺出，请归本省拣选调补，凡两厂命盗重案，即令就近勘验通详，依限招解，仍由东川府审转。其余酗酒、斗殴、赌博等事，但系厂中者，俱令该通判经理。如此一为转移，既于审案、办铜两有裨益，并与从前奏案相符，而闲员亦不致虚糜廉俸。随经行据云南布政使永泰，会同按察使良卿、管铜粮储道罗源浩、迤东道甘广议详前来，与臣意见相同，理合恭折奏请。如蒙圣恩俞允，查现任澄江府通判、委运京铜之钟培先，仅堪循分供职，难胜新改厂地要缺之任，俟部覆至日，令其赴京另补。所有汤丹通判，容臣另行拣选，并饬司拟定，铸给印信字样，以凭题请颁给关防。

至汤丹厂员原有栖息公所，应将澄江府通判旧署估变价银，量为增修。其通判俸廉仍令照支，额设书吏、皂快各役，俱拨归听用，该书役原给工食亦仍照额支给，均无需另动帑项。惟该通判既经管理刑名，如遇重犯，必须收禁图圄。应请估建监狱一座，设立提牢吏一名，月给工食银三两；禁卒二名，月给工食银四两；更夫二名，月给工食银二两，年共需银一百八两。并建监工费，请于厂地搭运节省等项银内动支，造册报销。再汤丹厂并无城垣、土堡，未便久稽重犯，应俟审定之日，仍发禁会泽县监，以昭慎重。又云南抚篆系臣兼摄，无庸会衔。合并陈明。是否有当，伏祈皇上睿鉴训示遵行。谨奏。

朱批：该部议奏。

（《宫中档乾隆朝奏折》第二十二辑，第 830～832 页）

1353　云贵总督刘藻《奏参贪劣淫荡之永顺镇总兵折》
乾隆二十九年十月二十四日

云贵总督臣刘藻谨跪奏：为特参贪劣淫荡之总兵，以肃法纪事。

窃照总兵乃专阃大员，必须持廉秉公，正己率属，方为无忝厥职。未有居心贪鄙、行止卑污如云南永顺镇总兵官田允中之甚者。查该镇年力壮盛，小有才具，于营伍尚称谙练，一切防边事宜亦俱无贻误。迨本年八月间，调任督臣吴达善自迤西阅兵回省，与臣面言，风闻该镇田允中有不守官箴之事，一时查无确据，嘱臣留意。经臣密加访察，永顺所辖地方共有土司二十四处，惟耿马土司罕国楷家道饶裕，田允中闻该土司之妻印娘淫乱，欲借端勒索，谕令将印娘黜废。罕国楷平日为妻所制，难以轻弃，而又迫于总兵威命，遂备银一千两，浼已革武生杨根远赍至镇署，交管门家人王英转送田允中收受，始寝其事。有过付杨根远及家人王英可审。又该镇前任正法总兵官哈峻德，身后遗妾二人，田允中闻哈峻德次妾金氏颇有姿色，于其家口回籍时，将金氏潜行留住，每至更深，辄用肩舆接至署中奸宿，兵民共知，丑声四布。又该镇见将弁子弟及兵丁中少年有貌者，即唤入署跟随，甚至滥给马粮。现有该标中营守备邱国俊之子宠冠一时，欺压弁兵，三营不服，多有怨声。又总兵不许坐轿，钦奉谕旨申斥，备极严切。乃田允中每赴府、县署，皆系坐轿，街市共见，亦干功令。似此贪污败检之劣员，臣访查既确，何敢稍事姑容？相应列款参奏，请旨将永顺镇总兵官田允中革职，以便与案内有名犯证一并严审究拟，以惩贪劣。

至中营守备邱国俊纵子妄行，恬不为耻，则其人之逢迎献媚，不顾行止，已可概见，应请解任质审。臣谨会同云南提督臣达启合词具奏，伏祈皇上睿鉴施行。臣以事关总兵贪劣，若缮本照常邮递，恐致稽延。特填用火牌，专差驰奏，仰恳圣恩简用贤员，（**夹批**：有旨谕部。）令迅速来永，庶与边疆有裨。

再云南抚篆系臣兼摄，毋庸列衔。合并陈明。臣谨奏。

朱批：田允中着革职拿问，交该督复审，速拟具奏。该部知道。

（《宫中档乾隆朝奏折》第二十三辑，第48~49页）

1354　云贵总督刘藻《奏请定岁操之例，永行遵办折》
乾隆二十九年十一月十二日

云贵总督臣刘藻谨跪奏：为请定岁操之例，永行遵办事。

窃维兵可百年不用，不可一日不备，不可一日不备即不可一日不练。此虽庸腐之常谈，实为不易之至论。臣以菲材，叨荷我皇上高厚殊恩，畀以总督重寄，夙夜冰兢，每以不克胜任为惧。计云贵二省督、抚、提五标十三镇十二协三十七营，多系苗疆，营伍事宜俱关紧要。臣抵任以来，于各营官兵弓马技艺、钱粮数目、马匹器械，已逐处严密查核，使不致有名无实。复调副、参、游、守、千、把、外委等员轮流考验，务期军旅整饬，骑射优娴，仰副圣主策励戎行至意。

第查云南省城督、抚两标及城守共八营，虽中军副、参、游击等官俱按日操演，无时或怠，即督臣于考官验粮之日，亦不时考校各将弁兵丁骑射技艺，分别优劣，酌定赏罚，以示鼓励。但合八营大操，向来止三年一次，照例举行，此外竟不再举，间有行者，亦属偶然。臣上年署理黔抚，曾于十二月内，合三营官兵大操一次，询系从前历年如此。顾以总督驻扎之地，八营马步兵丁共五千七百余名之多，竟未定有岁操，何以肃营伍而作士气？臣愚见，窃谓副参等官，于该营马、步、箭及枪炮、阵势，仍令查照常例，按日操演，不等少有疏懈。其每岁届九月十月之交，收获将毕，督臣宜会同抚臣，将八营官兵大操一次，岁以为常。若遇三年通省巡阅之期，则此八营已在考核之内，无庸再行大操。如此，则八营将弁知每岁常操之外，又有大操，必人人自顾考成，勤加训练，即兵丁等惟恐相形见绌，亦必共思奋勉，以图上进，于边地营伍不无裨益。

臣言是否有当，伏祈圣鉴训示，俾自明岁以后，永远遵行。臣谨奏。

朱批：如议行。

（《宫中档乾隆朝奏折》第二十三辑，第179~180页）

1355 云贵总督兼摄云南巡抚刘藻《奏报甄别过滇省乾隆二十九年分俸满教职人员折》

乾隆二十九年十一月十二日

云贵总督兼摄云南巡抚臣刘藻谨跪奏：为甄别教职事。

案查乾隆二十年，承准廷寄："钦奉上谕：甄别六年俸满教职一案，可传谕各省督抚，令其于陆续题咨外，每年岁底，将此一年内该省甄别过六年俸满教职，共保举堪膺民社者几员，留任送部引见者几员，勒令休致者几员，汇折奏闻。钦此。"又于乾隆二十九年四月，准吏部咨开：俸满教职，不论教授、学正、教谕、训导等官，有堪膺民社者保题，老病旷职者休致，仍照定例举行。至堪以留任之员，奉特降谕旨："毋庸概送引见。嗣后教职遇六年俸满，毋论远近省分，将应行留任人员，令该督、抚、学政详加察验，核其年力才具，堪以策励者，列为勤职；仅堪司铎者，列为循分供职，填注考语，先行咨部注册，俟六年再满，在勤职中，或有益加向上之员，供职中不乏年老就衰之辈，应再加别择，以示激劝。"等因。遵照在案。

兹查乾隆二十九年分，滇省六年俸满教职共十二员，内除宜良县训导签升阿迷州学正胡国琳、富民县训导马云程二员年力衰迈，业经咨部勒休外，其余十员，臣暨云南学臣周曰赞详加验看，难膺民社之寄，未便保题，俱应准其留任。内鹤庆府教授徐吉士、永昌府教授王士玒、新兴州学正张圣睿、禄劝州学正廖文豪、定远县教谕杨士鹏、恩乐县教谕王装、宁州训导陈尧官等七员，核其年岁、学业，均堪策励，应列为勤职。其武定府教授葛萃、浪穹县教谕郭文禧、元谋县训导仇以敬等三员，仅堪司铎，应列为循分供职。除填注考语咨部，并俟别过教职缘由，理合汇折奏闻，伏祈皇上睿鉴。谨奏。

朱批：知道了。

（《宫中档乾隆朝奏折》第二十三辑，第 180～181 页）

1356 云贵总督兼摄云南巡抚刘藻《奏报乾隆二十九年分滇省民数、谷数折》

乾隆二十九年十一月十二日

云贵总督兼摄云南巡抚臣刘藻谨跪奏：为钦奉上谕事。

案照乾隆六年正月十三日，准户部咨：乾隆五年十一月初二日，内阁抄出："奉上谕：每岁仲冬，该督抚将各府州县户口、减增仓谷存用一一详细具折奏闻。钦此。"又于乾隆十三年五月二十五日，准户部咨：民数册内，嗣后应令一体分晰男妇字样造报等因。奉旨："依议。钦此。"转行司道确查详核，慎重办理在案。

所有乾隆二十九年分云南通省户口、仓谷数目，据布政使永泰、粮储道罗源浩会详，据云南等府转据昆明、安宁等州县详报："除番界、苗疆向不入编审者毋庸查造，又各厂商贩贸易人等去来无定，亦无凭查造外，通省土著人民，原额四十万二千五百六十九户，共计男妇大小人丁二百九万九千四百一十七丁口，内大丁六十一万九千五百八丁，小丁四十四万八千五百六十二丁，大口六十万八千一百五十二口，小口四十二万三千一百九十五口。今乾隆二十九年分新增土著人民三千三百六十三户，共增男妇二万四千八百八十一丁口，内大丁六千七百一十七丁，小丁七千六十五丁，大口五千六百五十六口，小口五千四百四十三口，开除男妇一万三千七百八十八丁口，内大丁四千九百一十八丁，小丁二千四百九十六丁，大口四千一百七十七口，小口二千一百九十七口，实在土著人民四十万五千九百三十二户，共计男妇大小人民二百一十一万五百一十丁口，内大丁六十二万一千三百七丁，小丁四十五万三千一百三十一丁，大口六十万九千六百三十一口，小口四十二万六千四百四十一口。此乾隆二十九年分云南通省民人男妇实数。

通省旧管仓存折共米、谷、麦、荞、青稞一百四十五万九千五百六十石三斗九升零，今乾隆二十九年分新收折共谷、荞、青稞七万三千六百五十石四斗二升零，开除折共谷、荞六万六千三百一十四石九斗一升零，实在存仓折共米、谷、麦、荞、青稞一百四十六万六千八百九十五石八斗九升零。此乾隆二十九年分云南通省积贮实数。"造具清册，详报前来。除送部外，臣谨缮黄册恭呈御览。理合恭折具奏，伏祈皇上睿鉴。谨奏。

朱批：册留览。

（《宫中档乾隆朝奏折》第二十三辑，第181~183页）

1357　云贵总督刘藻《奏报局钱存积渐多，请循例加搭兵饷以归帑市折》
乾隆二十九年十一月十二日

云贵总督臣刘藻谨跪奏：为局钱存积渐多，请循例加搭兵饷以归帑本事。

案照云南省局，自乾隆二十三年至二十五年年底，共存钱一十六万一百九十串零，内经前督臣吴达善会同臣具折，奏请自乾隆二十七年春季为始，加搭二成兵饷钱五万六千九百三十七串零，以银五钱五对半搭放，尚存钱一十万三千二百五十二串零；又乾隆二十六年分额铸钱一十一万二千二百一十七串零，除搭放该年兵、驿各饷等项外，约余钱一万七千六百余串，二共存钱一十二万八百余串。内除应酌留钱五万串以备乾隆二十七年兵、驿各饷之用外，余钱七万八百余串，续经臣等会折奏请，于乾隆二十七年春季为始，仍循加钱二成之例，一并搭放云南督抚两标暨城守、武定、奇兵三营兵饷，均奉朱批俞允，钦遵办理在案。

今据云南布政使永泰详称："前蒙两次奏明，存钱一十二万七千七百余串，自乾隆二十七年春季至二十九年年底，共应搭放二成兵饷钱一十一万三千余串外，约止存钱一万四千余串，照以二成加搭之例，不敷来年搭放兵饷之用。查省局自乾隆二十七年起至二十九年年底鼓铸钱文，除一切支放外，约又积存钱五万五千余串，连前存剩钱一万四千余串，通共约存钱六万九千余串。所有此项余钱，请仍循前例，加钱二成搭放兵饷。"等情。

臣查鼓铸钱文，原期利用。今省局既有存钱六万九千余串之多，应如该司所议，请于乾隆三十年春季起，照例以银五钱五搭放云南督抚两标暨城守、武定、奇兵等营兵饷，庶钱文不致停滞，而铸本亦早得归款。臣谨循例缮折恭奏，伏祈皇上睿鉴训示。

再云南抚篆系臣兼摄，无庸会衔。合并陈明。谨奏。

朱批： 知道了。

（《宫中档乾隆朝奏折》第二十三辑，第 183～184 页）

1358　云贵总督刘藻《奏报滇黔两省春收有兆、边境敉宁折》
乾隆二十九年十一月十二日

云贵总督臣刘藻谨跪奏：

窃照滇黔两省秋收丰稔及雨水情形，前经臣缮折具奏在案。滇省自交冬令，日间暄暖，入夜浓霜厚露，每隔数日即降雨泽。东川府属会泽县，已于十月十一、十三等日得雪寸余，此时雨雪，与豆麦最为相宜。目下南豆已长七八寸及八九寸，大小麦亦出土四五寸不等，青葱畅茂，蚕豆已经开花。据两迤府厅州县禀报，大概相同。

至黔省两游各属，节气稍迟。据布政使钱度禀称，秋收以后雨旸适均，田土滋润，所种菜子、豌豆俱长有三四寸至五六寸，大麦出土二三寸，小麦、燕麦亦有一二寸不等，日渐长发。两省春收有兆，现在民夷乐业，边境敉宁。理合恭折奏闻，伏祈皇上睿鉴。谨奏。

朱批： 欣慰览之。

（《宫中档乾隆朝奏折》第二十三辑，第 184 页）

1359　云贵总督兼摄云南巡抚刘藻《奏报甄别滇省
市年已满六年之佐杂人员折》

乾隆二十九年十一月十二日

云贵总督兼摄云南巡抚臣刘藻谨跪奏：为甄别佐杂事。

窃照首领、佐杂等官历俸已满六年者，例应甄别去留。上年，承准廷寄："钦奉上谕：嗣后凡佐贰、杂职等官，已满六年者照例咨部外，仍着专折具奏。其未满六年、实不可姑容者，着随时咨革。钦此。"钦遵在案。

臣查滇省乾隆二十九年分已满六年之佐杂等官，共十员，内除欺诈不职之恩安县典史蔡荣先，经咨参革职外，其余镇南州吏目胡佽、师宗州邱北州同宋登仓、南宁县典史王昆标、新平县典史许纯、宾川州赤石崖巡检董钧石、楚雄府司狱苏涟、定远县典史陆经邦、楚雄县典史潘九龄、顺宁府缅宁巡检孙肇绩等九员，经臣饬司，行调来省陆续验看，逐一悉心甄核，宋登仓已于大计案内卓异，其余八员俱年力强壮，勤慎奉公，均堪留任，现在咨部汇题。至历俸虽未满六年而怠玩不职、业已咨参者，有沾益州吏目张嘉言、宜良县典史王用沾二员。此外之首领、佐杂等官，臣当不时稽察，如有不守官箴及平庸颓靡之员，仍随时参劾，断不敢因有六年甄别之例，稍事姑容，致滋贻误。所有臣甄别过佐杂缘由，理合恭折奏闻，伏祈皇上睿鉴。

再查镇南州吏目胡佽，原系俸满在先，因运铜甫回，是以归入本年甄别办理。合并陈明。谨奏。

朱批：知道了。

（《宫中档乾隆朝奏折》第二十三辑，第185页）

1360　云贵总督兼摄云南巡抚刘藻《奏报乾隆二十九年二运第一
起及二运第二起京铜自泸开运日期折》

乾隆二十九年十二月初七日

云贵总督兼摄云南巡抚臣刘藻谨跪奏：为钦奉上谕事。

乾隆十四年六月十八日，承准廷寄，内开："奉上谕：嗣后运铜事宜，务须加意慎重。其沿途经过各省督抚，朕已传谕，令其将委员守风、守冻及有无事故之处奏闻。至铜铅船只于云贵本省起运，何日出境，亦着该督抚随时折奏。钦此。"钦遵，转行遵照在案。

兹据云南管理铜务粮储道罗源浩会同布政使永泰详称："据委驻泸店转运京铜大关同知李肖先报称，乾隆二十九年二运第一起委官、拣发候补知县欧阳照，于乾隆二十九年九月初五日抵泸，二十一日开秤起，至十月十一日止，兑交过铜七十四万斤，内除陆路折耗铜三千七百斤外，实该正耗余铜七十三万六千三百斤，又带解林广等正耗余铜四万八千六百五十斤九两零，俱照数发给，该员即于十月十二日自泸扫帮。又据报称，乾隆二十九年二运第二起委官、拣发候补知县杨兴邦，于乾隆二十九年九月十三日抵泸，十月十二日开秤起，至十一月初二日止，兑交过铜七十四万斤，内除陆路折耗铜三千七百斤外，实核正耗余铜七十三万六千三百斤，照数发给，该员即于十一月初二日自泸扫帮。"各等情，转详到臣。除分咨户、工、兵部及沿途经过各省督、抚转饬各该同知、通判并地方文武员弁一体督察防护，按站催趱，不许片刻停留，仍严密稽查有无盗卖情弊外，所有乾隆二十九年二运第一起及二运第二起京铜自泸开运日期，理合恭折具奏，伏祈皇上睿鉴。谨奏。

朱批： 览。

（《宫中档乾隆朝奏折》第二十三辑，第 421 ~ 422 页）

1361　云贵总督兼摄云南巡抚刘藻《奏报通省城垣情形折》
乾隆二十九年十二月初七日

云贵总督兼摄云南巡抚臣刘藻谨跪奏：为汇报通省城垣事。

窃臣于上年，承准廷寄："钦奉上谕：城垣为地方保障之资，自应一例完固，以资捍卫。着各省督抚饬令该管道府，将所属城垣细加查勘，如稍有坍卸，即随时修补，按例保固。仍于每年岁底，将通省城垣是否完固之处，缮折汇奏一次。钦此。"钦遵，饬司移行查办在案。兹催据各道府将乾隆二十九年分所属城垣逐一勘明，由布政使永泰汇详前来。

臣查云南通省城垣共九十一座，原建土城二十九座，内新修土城五座，改建砖城四座；又原建石城十四座，内新修二座；又原建砖城四十八座，内新修十八座，共计新城二十九座，旧城六十二座。内惟昆明县城垣系属省会，从前于耗羡章程案内奏定，每年额支修费银三百两。自乾隆二十一年修理，至今已越八载，从前有未修之处，复经风飘雨淋，城垛、城楼等项多有坍损，已据藩司勘估，共需工料银一千二百九十五两二钱三分零，取具册结，另疏具题，动用节年存贮岁修银两购料兴修。又开化府属之文山县西门城墙，逼近江滨，二十八年被水冲刷，搜松城脚、城墙、捲洞、城楼等处，据该府县报明，于今春自行修理，经兼署抚臣吴达善于上年年底汇奏在案。本年春间，续据具报，南北两门城垣亦有被雨淋塌之处，并修筑西门江滨挡水坝，均自愿一并修建。现在除已修外，尚有未竣之工，俟全完日，委员查验，取结保固。至江川、通海、宁州三州县，于二十八年十一月内地震，城身俱属完固，其城楼、垛口间有震卸者，当经勘估，同应修衙署、祠宇等工，题请于司库铜息银内动给修补，亦已陆续兴修完固，现取册结，另行验收报销。以上通省城垣，除昆明、文山二县外，其余土、石、砖城八十九座，悉属完好。臣仍严饬该管道府不时留心查勘，稍有坍卸，随即定限督修完整，取结保固。倘有升迁事故，造入交代，令后官详加验看，如有坍塌，令前官修竣，接收结报，倘敢扶同徇混，一经查出，将新旧各官及该管道府一并参处，分别赔修，务期城垣一例完固，断不容稍事因循，任其坍颓，致糜帑项。

所有查明滇省城垣情形，理合汇折奏闻，伏祈皇上睿鉴。谨奏。

朱批：知道了。

（《宫中档乾隆朝奏折》第二十三辑，第 422～423 页）

1362　云贵总督兼摄云南巡抚刘藻《奏报乾隆二十九年分滇省遣发新疆人犯折》
乾隆二十九年十二月初七日

云贵总督兼摄云南巡抚臣刘藻谨跪奏：为查明发遣新疆人犯事。

案照承准廷寄：钦奉上谕："近年以来发遣新疆等处人犯，在途脱逃者，拿获之日，将本犯立置重典。着传谕各督抚，嗣后，将一年内发遣新疆人犯，查明有无脱逃、已未拿获之处，于年终汇折具奏。钦此。"钦遵办理在案。

兹查滇省乾隆二十九年分，有易门县安插军犯陶五，纠伙行窃县民刘世伯家银钱衣物，审依军犯在配复犯窃之例，改发伊犁等处，给种地兵丁为奴。接准部覆，经臣于三月内金给咨牌，饬司慎选干练员弁督率兵役，小心防范，递解出境，并知会沿途督抚转饬经过地方文武各官，一体照例委员逐程接替，护解前进。业于九月内，准有陕甘督臣回咨，将该犯转发伊犁查收。所有发遣过新疆人犯陶五一名，并无脱逃缘由，理合恭折具奏，伏祈皇上睿鉴。

再此外尚有在配行窃之永北府军犯王朋俚、师宗州军犯王冬狗二名，甫准部覆，尚未起解；大姚县军犯蒋阿松一名，未准部覆，均应入乙酉年汇奏。合并陈明。谨奏。

朱批：知道了。

（《宫中档乾隆朝奏折》第二十三辑，第 424 页）

1363　云贵总督刘藻《奏报永昌府缺出，请以丽江府知府朱绍文调补，其遗缺请归部选折》
乾隆二十九年十二月初七日

云贵总督臣刘藻谨跪奏：为极边要郡亟需干员，恭恳圣恩俯准调补事。

窃照云南永昌府知府杨重谷染患怔忡病症，难以供职，经臣委验取结，题请解任回旗调理在案。所遗员缺，例应本省拣选调补。

查永昌一郡地处极边，界连外域，俗悍民刁，而年来木梳野夷滋扰境外，全赖知府会同该镇，督率土司相机防范，必得才识明练、熟悉夷情风土之员方能胜任。臣与藩臬两司公同商酌，通省知府内，非现居要缺，即人地不宜，欲求合例而又堪胜此任者，实难其选。惟查有丽江府知府朱绍文，年六十二岁，系镶白旗汉军，由监生捐纳州同，在南河效力，实授丹阳县县丞，题署宿迁县知县，因金差不慎，降调引见，奉旨仍以知县用，题署江阴县知县，历任高淳县、元和县知县。乾隆十五年，高淳县任内补行十三年大计，卓异注册，十八年部覆，钱粮三载通完，准其即升；十九年，推升云南永北府同知，因亲老，奏准改补近地，补授山西平阳府同知，后以坐补原缺，仍铨补永北府同知，二十五年十月初五日到任，委署曲靖府，并代办云南府事务。题升今职于二十八年十一月初九日到任，查该员老成练达，诸事镇静，在滇四载有余，边境夷情最为熟悉，现委署理永昌府印务，已见其展布裕如。虽该府升任丽江，历俸未满三年，与调补之例稍有不符。而人地实在相需，例得专折奏请。仰恳皇上天恩，俯准以朱绍文调补永昌府知府，庶于极边要地大有裨益。如蒙俞允，所遗丽江府知府，亦系应行拣调之缺。现在滇省知府并无可调之员，应照例归部，请旨简补。

再查朱绍文系对品调补，且引见未满三年，无庸送部引见。至该员虽前于江苏元和县、山西平阳府同知及滇省署曲靖、云南二府各任内均有参罚，但罚俸银两俱经完解。惟元和县任内住俸一案，系在升任卸事之后，应扣银若干，无案可稽，业经咨部，示覆遵办。此外别无参罚案件。除另缮清单敬呈御览外，理合恭折具奏，伏祈睿鉴，训示遵行。

又云南抚篆系臣兼摄，毋庸列衔。合并陈明。谨奏。

朱批：该部知道。

（《宫中档乾隆朝奏折》第二十三辑，第 425～426 页）

1364 云贵总督刘藻《奏报金差进折错误，蒙恩宽宥谢恩折》
乾隆二十九年十二月初七日

云贵总督臣刘藻谨跪奏：为叩谢天恩事。

窃臣以八月内差弁进折错误，据实检举。今奉到朱批："此有何罪？知道了。钦此。"

伏念銮舆巡幸木兰，凡臣子恭请圣安奏折，当于九月内出口迎进。不谓差弁冒昧，预于热河行宫进呈，金差失当，皆臣之咎，照例议处，实为分所应得。乃蒙我皇上浩荡洪恩，特加宽宥。跪请温旨，感激惶悚，匪可名言！臣惟有事事警省提撕，时时箴规奋勉，以图报效于万一。为此缮折叩谢天恩，伏祈睿鉴。臣谨奏。

朱批： 览。

（《宫中档乾隆朝奏折》第二十三辑，第 426 页）

1365　云贵总督刘藻《奏陈拨练防江事宜折》
乾隆二十九年十二月十六日

云贵总督臣刘藻谨跪奏：为敬陈拨练防江事宜，仰祈圣鉴事。

窃照云南永昌、顺宁二府，均地处极边，界连外域，年来木梳野匪与缅甸所属之木邦不时构衅，而木邦又与耿马各土司地界毗连。如木梳由木邦至耿马等境，须渡滚弄江，是沿江一带口隘，实为中外扼要之区。乾隆二十七年以后，每交冬令，瘴气渐消，木贼屡遣人在江边窥探，因前督臣吴达善与臣先期会饬永顺镇府拨练严防，是以未敢侵犯。虽此等荒僻野夷原不足置议，且现亦无出入踪迹，边围极为宁谧。第木梳犬羊成性，防范稍迟，难保其不复萌故智，滋扰土境。其沿江要隘应如何拨练巡防，若不永定章程，未免漫无遵守。经臣于本年九月内，饬行该镇府预为防范，并令将沿江一带险要情形详查具禀。去后，旋据确查禀覆，随批行布政使永泰，会同按察使良卿、粮储道罗源浩、迤西道李希贤议详前来。

臣复与该司道等悉心筹酌，查滚弄江边水陆口隘，有镇康所属之喳里上渡、耿马相近之滚弄中渡、茂隆邻近之南外下渡、孟定所属之南捧河口及紧接外夷之芒市所属三台山、遮放所属之蛮坎箐、猛卯所属之底麻河等七处，最为紧要，应行设卡常川防守，所需土练，即在分隶各土司地方就近派拨。于喳里上渡选拨镇康壮练五十名，滚弄中渡拨耿马壮练一百五十名，南外下渡拨茂隆厂壮丁五十名，南捧河口拨孟定壮练三十名，三台山拨芒市壮练五十名，蛮坎箐拨遮放壮练六十名，底麻河拨猛卯壮练六十名，共分布练丁四百五十名，并每处令各该土司、厂委另选明白干练一人，立为头目，督率练丁巡防侦探。又每月分，委顺宁府属之猛猛土巡检就近巡查滚弄江上中下等渡及南捧河口共四处，委永昌府属之南甸安抚土司就近巡查三台山、蛮坎箐、底麻河三处，察其勤惰，加以赏罚，并于各隘建造炮台及哨楼卡房，以壮声威，以资栖止，庶各练丁踊跃从事，巡防严密，野夷自必闻风遁迹，各土司可期常享秾宁之福。惟是练丁远戍江边，口粮在所必需，而地非产米，挽运维艰，似宜量为折给。除南外下渡一处系茂隆厂沙丁防守，应听该厂委办理，毋庸议给口粮外，其余土练，应每名日给口粮、盐菜银四分，头目倍之，每名日给银八分；又猛猛、南甸二土司按月赴卡巡查，往返需时，亦应每次给银五两，以资盘费。统计目练四百零六名，以每年九月十五日秋末拨防起，至次年三月十五日瘴盛撤回止，每日需口粮等银十六两四钱八分，月需银四百九十四两四钱，计六个月共需银二千九百六十六两四钱；又巡查二土司，月共盘费银十两，半年共六十两，二共该银三千零二十六两四钱。此外，加以犒赏并目前建造台卡及将来岁修等用，截长补短，连口粮、盘费各项，通计每岁约需银四千余两。但此等防边银两，因未便动支正帑，是以从前永顺境外及普洱等处防御野夷所需口粮等银，均于本省公费内节省，零星凑拨，暨地方官自行垫办，甚为竭蹶。

查防江乃岁以为常，必需另为筹画。臣与司道公议，惟有仰恳天恩，俯准于云南省局量为加铸。查该局二十五炉，请于每年春季，每炉每卯加铸半卯，共加铸九半卯，铸出本息钱文，除归还铸本、支销经费外，约获息钱五千二百余串，以一串二百文易银一两计算，可易银四千三百余两，照数移解司库，令永、顺二府各照所辖卡汛、防练数目、应需银两，赴司支领发给，按年据实造册，咨部请销，倘有多余，以备普洱等处不时之需。如此办理，以加铸所获之余息，为防江一切之取资，年可支给，无虑不敷，洵属以公济公，不须动支正项，实大有裨于边防。是否有当，理合会同云南提督臣达启合词恭折奏请，伏祈皇上睿鉴，训示遵行。

再云南抚篆系臣兼摄，无庸列衔。合并陈明。臣谨奏。

朱批：如所议行。

（《宫中档乾隆朝奏折》第二十三辑，第493~495页）

1366 云贵总督刘藻《奏报二十九年分邻省委员办运铜锡数目暨出境日期折》

乾隆二十九年十二月十六日

云贵总督兼摄云南巡抚臣刘藻谨跪奏：为遵旨汇折奏闻事。

案查承准廷寄："乾隆二十七年，钦奉上谕：嗣后凡遇邻省采办铜铅经过，饬各州县一体实力稽查，如有偷盗、沉溺情弊，随时具折专奏。若查明并无事故者，只令于岁底，将某省办运铜铅若干并入境出境日期汇齐折奏。各该督抚其留心饬查妥办，毋得视为具文。钦此。"钦遵，转行遵照在案。

兹据云南管理铜务粮储道罗源浩会同布政使永泰详称："遵查乾隆二十九年邻省赴滇采办铜斤、板锡，有贵州委员、署普安州知州陶万达，领运大兴等厂正耗铜二十四万四千二百斤，于二十九年正月内具报，上年十二月十六日，在平彝县地方全数运竣出境；又四川委员、庆符县典史傅世倬采买滇锡五万七千二百四十斤，于二十九年正月二十九日，在宣威州地方全数运竣出境；又广西委员、柳城县知县倪宪领运大铜等厂正耗余铜四十八万八千九百二十九斤十五两零，于二十九年二月初十日，在宝宁县剥隘地方全数运竣出境；又湖北委员、鹤峰州州判张光壆领运省店、宁台厂正耗余铜一十五万六千斤，于二十九年三月初八日，在宝宁县剥隘地方全数运竣出境；又江西委员、布政司理问张纶耀领运金钗等厂正耗余铜三十九万九千一百二十斤，于二十九年三月十五日，在宝宁县剥隘地方全数运竣出境；又浙江委员、嘉兴县主簿李继学领运大兴等厂正耗余铜四十四万一百二十五斤，于二十九年五月初十日，在宝宁县剥隘地方全数运竣出境；又四川委员、署大竹县典史宋廷范采买滇锡五万七千二百四十斤，于二十九年十月初十日，在宣威州地方全数运竣出境；又陕西委员、按察司经历陆映芝领运泸州店收存大兴等厂铜三十五万三千五百斤，于二十九年十一月初七日，由泸州领运，扫帮开船前进。以上八起，由署平彝县周世棨、署宣威州蒋曰杞等、宝宁县方天葆、委管泸州店大关同知李肖先查明，沿途俱无盗卖、逗留等弊。"先后具报前来。除分案详咨各省督抚并咨部外，详请汇奏。

再查贵州委员陶万达一运，因具报稍迟，是以入本年汇详。至湖北委员漆浩美，江苏委员曹力学、张腾，闽省委员郎昭、郭愈厚，湖北委员孟毓楷，广西委员姜国城，广东委员唐仕谨，贵州委员陈泉，江西委员陈钺，滇省办运粤东铜盐委员王赓旦等各起铜斤，现在发运，尚未出境，应于次年汇报等情到臣。

臣覆查无异，除分别先后咨部及沿途经过各省督抚，转饬州县一体实力稽查外，所有二十九年分邻省委员办运铜锡数目暨出境日期，理合恭折汇奏，伏祈皇上睿鉴。

又滇铅只供本省鼓铸，并无外省采买。合并陈明。谨奏。

朱批：览。

（《宫中档乾隆朝奏折》第二十三辑，第 496~497 页）

1367　云贵总督刘藻《奏报滇省抚标本年并无六年俸满千总折》

乾隆二十九年十二月十六日

云贵总督兼摄云南巡抚臣刘藻谨跪奏：为奏闻事。

窃臣前准部咨："绿营千总历俸六年后，应该督、抚、提详加考验，分别保送去留，于年底，将保送并留任、勒休共几员之处，分析汇奏。各项千总内，向系俸满离任者，俱一体办理。"等因。遵照在案。

臣查乾隆二十九年分，云南抚标现任千总四员，内左营左哨千总方沛，于上年三月内历俸已满六年，当经咨部换给札付，仍留原任。至该营右哨千总劳可尊，甫于本年九月内调拨咨部，尚未领札。又右营左哨千总褚云龙，前经预保引见，奉旨准注册，继于上年三月内六年俸满，咨部留任，换给新札候掣。其该营右哨千总郑文魁，于上年十二月内俸满。查该千总年力就衰，弓马平常，业经咨部勒休，所遗之缺，以把总赵君锡拔补，于本年十月始领部札。以上各员，均应俟届满年限，另行考核。

所有抚标本年分并无六年俸满千总缘由，理合缮折具奏，伏祈皇上睿鉴。谨奏。

朱批：该部知道。

（《宫中档乾隆朝奏折》第二十三辑，第 497～498 页）

1368 云贵总督刘藻《奏报新任抚臣常钧抵滇暨交送巡抚关防日期折》

乾隆二十九年十二月十六日

云贵总督臣刘藻谨跪奏：为恭报微臣送交巡抚关防日期事。

窃照云南巡抚印务，钦奉上谕，着臣暂行兼摄。当即钦遵，缮折叩谢天恩，并将兼摄日期，于疏内声明题报在案。今新任抚臣常钧已入滇境，不日抵省。臣谨将钦颁云南巡抚关防、王命、旗牌、上谕、圣训、律例、文卷等项，于乾隆二十九年十二月十六日，差委云南府知府龚士模、抚标中军参将锦山赍送抚臣常钧接收。除恭疏题报外，所有微臣送交巡抚关防日期，理合缮折奏闻。

再查前任督臣吴达善奉旨巡阅滇黔营伍，尚有滇省迤东之临元、开化、普洱三镇，广罗一协，武定、新嶍、元江、广南四营未及巡阅，即调任赴楚。其时因抚印系臣兼摄，会城弹压需人，当经恭折奏请，于新抚臣到滇后驰往赶办。内惟武定一营距省最近，业于十二月初七日，先往考验，即于初十日辰时回署。其余各镇协营，现在缮疏题明，俟抚臣常钧抵省，将一切事宜面商酌办，臣定于乾隆三十年正月初三日起程，前往考验官兵弓马、技艺并盘查军装、甲械、马匹、钱粮等项。容臣于事竣之日，同武定一营，分别优劣，另行具奏。合并陈明，伏祈皇上睿鉴。谨奏。

朱批：知道了。

（《宫中档乾隆朝奏折》第二十三辑，第 498～499 页）

1369 云贵总督兼摄云南巡抚刘藻《奏呈滇省乾隆二十九年十二月分、外府十一月分粮价单》

乾隆二十九年十二月十六日

云贵总督兼摄云南巡抚臣刘藻谨跪奏：

今将云南省城十二月分、外府十一月分米粮时价缮具清折，恭呈御览。

云南省城价贵：查与十一月分，米价稍减，麦、荞、豆价稍增。白米每仓石价银二两五钱六分，红米每仓石价银二两一钱七分，小麦每仓石价银三两八钱五分，荞每仓石价银一两五钱一分，豆每仓石价银一两九钱一分至一两九钱八分。

云南府属价贵：查与十月分，米价相同，麦、荞、豆价稍增。白米每仓石价银一两一钱四分至二两七钱二分，红米每仓石价银一两一钱二分至二两三钱七分，小麦每仓石价银一两至三两三钱六分，荞每仓石价银五钱六分至一两五钱七分，豆每仓石价银九钱一分至一两九钱六分。

曲靖府属价中：查与十月分，米价稍减，麦、荞、豆价相同。白米每仓石价银一两五分至一两九钱，红米每仓石价银九钱八分至一两七钱，小麦每仓石价银九钱至一两五钱三分，荞每仓石价银四钱二分至七钱六分，豆每仓石价银六钱一分至一两四钱五分。

临安府属价贵：查与十月分，米、麦、荞、豆价俱稍增。白米每仓石价银一两一钱四分至二两一钱五分，红米每仓石价银一两五分至二两，小麦每仓石价银八钱三分至一两五钱二分，荞每仓石价银三钱至七钱四分，豆每仓石价银四钱五分至一两五钱六分。

澄江府属价中：查与十月分，米价稍减，麦、荞、豆价相同。白米每仓石价银一两二钱至一两七钱五分，红米每仓石价银一两一钱三分至一两六钱三分，小麦每仓石价银一两一钱至一两七钱，荞每仓石价银六钱至一两一钱，豆每仓石价银五钱一分至一两八分。

广西府属价中：查与十月分，米、荞稍减，麦、豆相同。白米每仓石价银一两七分至一两五钱三分，红米每仓石价银一两五分至一两三钱五分，小麦每仓石价银七钱三分至一两一钱七分，荞每仓石价银三钱五分至七钱二分，豆每仓石价银八钱三分至一两三钱二分。

广南府属价平：查与十月分，米价稍减，麦、荞、豆价相同。白米每仓石价银一两一钱九分，红米每仓石价银一两八分，小麦每仓石价银四钱一分，荞每仓石价银三钱八分，豆每仓石价银四钱四分。

元江府属价平：查与十月分，米、麦、荞、豆价俱相同。白米每仓石价银一两一钱二分至一两二钱五分，红米每仓石价银九钱至一两一钱五分，小麦每仓石价银一两一钱三分，荞每仓石价银四钱至五钱三分，豆每仓石价银一两八分。

开化府属价平：查与十月分，米、麦、荞、豆价俱相同。白米每仓石价银一两一钱，红米每仓石价银一两，小麦每仓石价银一两三钱五分，荞每仓石价银五钱，豆每仓石价银一两五分。

普洱府属价平：查与十月分，米、荞、豆价稍减，麦价稍增。白米每仓石价银一两一钱至一两二钱三分，红米每仓石价银一两一钱至一两二钱，小麦每仓石价银一两五钱七分，荞每仓石价银四钱二分至五钱，豆每仓石价银一两二钱五分。

武定府属价平：查与十月分，米、麦、荞、豆价俱相同。白米每仓石价银一两一钱二分至一两二钱六分，红米每仓石价银一两一钱至一两一钱四分，小麦每仓石价银一两六分至一两一钱六分，荞每仓石价银四钱八分至七钱，豆每仓石价银八钱七分至一两五分。

镇沅府属价中：查与十月分，米、麦、荞、豆价俱相同。白米每仓石价银一两一钱三分至一两五钱六分，红米每仓石价银一两一钱三分至一两五钱三分，小麦每仓石价银一两一钱八分至一两三钱六分，荞每仓石价银四钱一分至六钱，豆每仓石价银一两一钱至一两四钱七分。

东川府属价中：查与十月分，米、麦、荞、豆价俱相同。白米每仓石价银二两三钱一分，红米每仓石价银二两二钱，小麦每仓石价银一两四钱七分，荞每仓石价银九钱，豆每仓石价银一两六千七分。

昭通府属价中：查与十月分，米、麦、荞价稍减，豆价稍增。白米每仓石价银一两二钱至二两七钱，红米每仓石价银二两至二两四钱二分，小麦每仓石价银七钱五分至一两五钱，荞每仓石价银六钱五分至八钱，豆每仓石价银九钱五分至二两二钱五分。

大理府属价中：查与十月分，米、麦、豆价相同，荞价稍减。白米每仓石价银一两五分至一两八钱，红米每仓石价银九钱五分至一两七钱，小麦每仓石价银四钱七分至一两三钱，荞每仓石价银四钱二分至六钱六分，豆每仓石价银三钱七分至一两。

鹤庆府属价中：查与十月分，米价稍减，麦、豆稍增，荞价相同。白米每仓石价银一两三分至一两四钱八分，红米每仓石价银一两二钱至一两四钱六分，小麦每仓石价银九钱至一两一钱，荞每仓石价银九钱六分，豆每仓石价银六钱五分至一两四分。

丽江府属价中：查与十月分，米、麦、荞、豆价俱相同。白米每仓石价银一两三钱八分至一两四钱五分，红米每仓石价银一两三钱二分至二两一钱，小麦每仓石价银五钱八分至七钱五分，荞每仓石价银三钱二分至六钱五分，豆每仓石价银五钱八分。

永昌府属价平：查与十月分，米、麦、荞、豆价俱相同。白米每仓石价银一两五分至一两一钱四分，红米每仓石价银九钱一分至一两三分，小麦每仓石价银五钱五分至一两一钱二分，荞每仓石价银二钱八分至五钱，豆每仓石价银五钱五分至一两一钱二分。

顺宁府属价平：查与十月分，米、麦、豆价相同，荞价稍增。白米每仓石价银九钱五分至一两九分，红米每仓石价银九钱五分至一两，小麦每仓石价银一两至一两一钱，荞每仓石价银三钱六分至三钱七分，豆每仓石价银一两至一两九分。

蒙化府属价平：查与十月分，米、麦、荞、豆价俱相同。白米每仓石价银一两，红米每仓石价银九钱六分，小麦每仓石价银六钱三分，荞每仓石价银四钱，豆每仓石价银三钱八分。

永北府属价平：查与十月分，米价稍减，麦价稍增，荞、豆相同。白米每仓石价银一两一钱七分，红米每仓石价银一两二分，小麦每仓石价银六钱，荞每仓石价银四钱五分，豆每仓石价银六钱。

楚雄府属价中：查与十月分，米、麦、荞、豆价俱相同。白米每仓石价银一两七分至一两四钱，红米每仓石价银一两七分至一两三钱，小麦每仓石价银九钱三分至一两二钱五分，荞每仓石价银五钱二分至八钱一分，豆每仓石价银六钱至一两二钱二分。

姚安府属价中：查与十月分，米价稍减，麦、荞、豆价相同。白米每仓石价银九钱二分至一两三钱，红米每仓石价银七钱二分至一两二钱五分，小麦每仓石价银七钱至一两，荞每仓石价银三钱四分至六钱，豆每仓石价银三钱五分至八钱。

景东府属价平：查与十月分，米、麦、豆价俱属相同。白米每仓石价银一两二钱五分，红米每仓石价银一两一钱八分，小麦每仓石价银一两四钱一分，豆每仓石价银一两一两五分。

朱批：览。

再奴才查得奉属地方自入冬以来雨雪稀少，今于十一月二十一、二十二等日得降大雪，积厚五寸有余，四野广被，旗民无不欢庆。所有得雪情形合并奏闻。

朱批：欣慰览之。

（《宫中档乾隆朝奏折》第二十三辑，第 499～504 页）

1370　云贵总督刘藻《奏报押解贪劣重犯永顺镇总兵田允中途中毙命，自请交部严加议处折》

乾隆二十九年十二月十七日

云贵总督臣刘藻谨跪奏：为奏明事。

窃照云南永顺镇总兵官田允中贪劣淫荡，经臣访确，列款参奏。于本年十一月二十九日，奉朱批："田允中着革职拿问，交该督严审，速拟具奏。该部知道。钦此。"钦遵。臣以案关重大，而永昌距省一千四百余里，锁拿押解均须慎密。随传臣标右营游击巴克唐阿，委令兼程赴永，面示以防闲之法。复商之藩臬两司，密饬署永昌府知府朱绍文，俟委员一到，同赴镇署，将田允中先行拿解，细加搜检，毋许携带器具及家人跟随伺候，并添委署永昌府同知吴楷、署保山县知县张坰、镇标都司王显贵协同巴克唐阿，昼夜小心护解来省，一面将该劾镇任所赀财查封，并咨直隶原籍查封家产，其案内有名犯证分别拘提，另行解省质审。去后，兹于十二月二十六日，据巴克唐阿等禀称："职等会同员弁兵役，于初六日自永昌押解田允中至关坡，只言发热，屡要水吃，未敢与水。所歇站头俱在一屋，日夜严防。初七日，至沙木和，又要水吃，亦不敢与。不意初八日寅时，口吐黄水不止，即于未刻身故。"等情。臣闻之深为惊骇！其是否在署闻拿，服何毒物？抑或途间疏懈所致，恐相隔遥远，委员办理未协，必亲往验究，方得实情。

臣一面札会新任抚臣常钧速行来省，并令调任布政使永泰暂缓赴黔，以资弹压。臣即日率同按察使良卿星往沙木和，验讯田允中尸身中何药物，究明何人于何时所给，从重治罪。将押解之文武各官请暂行解任，分别严参，并就近催提原案一干犯证押至省城，按款审拟具奏。惟是田允中系贪劣重犯，今于中途毙命，不得明正典刑，防范不严，皆臣之咎。理合先行恭折奏明，请旨将臣交部严加议处。臣不胜战栗恐惧之至。谨奏。

朱批：此非卿意料所及也。莫惧，俟审明，随折请交部。不过公错而已。

（《宫中档乾隆朝奏折》第二十三辑，第515～516页）

1371 云贵总督刘藻《奏报自迤西驰往迤东阅兵日期折》
乾隆二十九年十二月二十八日

云贵总督臣刘藻谨跪奏：为奏闻事。

窃照乾隆二十九年，值查阅滇黔营伍之期，除调任督臣吴达善已经查阅外，尚有云南迤东之临元、开化、普洱、广罗、新嶍、元江等镇协营，经臣奏明，俟新抚臣常钧抵省后，即于来年正月初三日起程，前往考验。旋因田允中途间毙命，亲往迤西验讯，于十二月二十五日，将田允中致毙情由验讯明确，臣已另折恭奏。其原参各款内有名犯证，虽已催齐解省，而续经按察使良卿究出应质之人现赴永昌提解，必得正月望后方可到省。是臣即行回省，亦不能赶办。随于十二月二十八日，自楚雄驰赴普洱、临元一路查阅营伍，约计正月二十四五间可以回省，即将原参之案审拟题奏。所有臣自迤西驰往迤东阅兵日期，理合恭折奏闻，伏祈皇上睿鉴。

再抚臣常钧已于十二月二十日入境，接印任事，二十四日到省。合并陈明。谨奏。

朱批：知道了。

（《宫中档乾隆朝奏折》第二十三辑，第589～590页）

1372 云贵总督刘藻《奏报审明劝镇田允中畏罪吞金致
毙情由及参奏拿解疏玩之文武各员职名折》
乾隆二十九年十二月二十八日

云贵总督臣刘藻谨跪奏：为审明劝镇致毙情由，据实参奏事。

　　窃照云南永顺镇总兵田允中贪劣淫荡，经臣列款参奏。于乾隆二十九年十一月二十九日，钦奉朱批："将田允中革职拿问。"当即钦遵，遴委臣标右营游击巴克唐阿星驰前往，会同署永昌府知府朱绍文严密锁拿，又添委署永昌府同知、试用知县吴楷，署保山县事、宁州知州张垧，镇标左营都司王显贵，小心护解田允中来省审究。旋据各委员禀称："于十二月初六日，自永昌押解田允中，至关坡，只言发热，初七日到沙木和，初八日口吐黄水毙命。"等情，臣即一面率同按察使良卿亲往验讯，一面缮折奏闻，请将臣交部严加议处在案。

　　臣于十二月十六日自省起程，因押解疏玩之文武各员及应讯人犯陆续提到，必须在途取供，屡有停留。而沙木和远在千里之外，检验又不便稽迟。商之臬司，委员将田允中尸身迎解前进，以期迅速。兹臣于二十五日行抵楚雄府属之镇南州，已据押到。臣率同臬司及迤西道并知府、州县各官，带领谙练刑仵亲赴尸场，将田允中身尸如法检验，并用银针探入咽喉等处，良久取出，并无受毒形状，其周身亦无别故。臣与臬司复细加验视无异，即饬令将尸暂行收殓，交署镇南州知州程之章加封，派役看守，随将差委拿解之文武官员及尸属人等公同逐加研讯，据各将田允中闻信畏罪吞金各情由供吐如绘。

　　除另缮供折敬呈御览外，该臣审得参革云南永顺镇总兵田允中途间毙命一案，缘田允中贪黩性成，秽声昭著，经臣访查，列款纠参，钦奉谕旨革职拿问，遴委臣标右营游击巴克唐阿等慎密锁拿，小心解省。讵巴克唐阿于十二月初五日抵永，即赴永昌府署。乃进城之时，为守城兵丁王先探知，报经千总杨宁，转回田允中。田允中闻报，辄即惊惶。因本年春间曾经缉拿汉奸周德惠、杨根远二犯，解省讯供，田允中以曾受土司银两等物，惧伊等供吐败露，已有密嘱伊戚徐三代为承认之事，至此，复密恳徐三代认得受赃款，徐三不敢应承，田允中惟拍胸自恨。旋又闻游击巴克唐阿、知府朱绍文将都司王显贵邀去，经王显贵差人禀知田允中，愈觉慌张，将平日手指上所带金戒箍取下三个，吞入腹中，嘱令伊侄田六料理后事，托办家务，并告以曾吞金戒箍，不能复活。正在商嘱，而知府朱绍文同署知县张垧、游击巴克唐阿、都司王显贵均至镇署，摘印上锁，并将田允中身上搜检明白。时已昏暮，押往府署过夜。初六日早晨，署同知吴楷考试文童事竣，出考棚至府，即协同张垧、巴克唐阿、王显贵等押解起程。田允中一路精神恍惚，不进饭食，时索水饮。迨行至沙木和，于初八日，口吐黄水不止，即于是日未刻毙命。臣率同按察使良卿等验讯明确，各供前情不讳。

　　查《洗冤录》所载，并无吞金身死作何形状明文。但以银针如法探验，不见青黑形色，而细验身尸，亦并无别故，核之伊侄田六及各犯所供情形，其为闻信畏罪吞金身死，委无疑义。

　　查游击巴克唐阿，委拿此等重犯，并不遵照慎密锁拿，乃于进城之际，为城门兵丁知觉禀报，又于未经锁拿田允中之先，即传护解之都司王显贵，以致王显贵禀知该镇，虽不明言何事，而王显贵混行具禀，俾田允中闻信惊惶，畏罪吞金身死，不得明正刑章，均属不职。应请旨将巴克唐阿、王显贵一并革职。至署知县张垌，系原委拿解之员，不能迅往拿解，致田允中预先吞金，殊属疏玩；署知府朱绍文不行督催密速妥办，亦有不合。相应附参，听候部议。署同知吴楷，于初六日早晨始自考棚至府，随同巴克唐阿等由府起解。是该员到府之时，田允中早已吞金，无从防范，应请免议。杨宁系该镇辕门千总，遇有兵丁报事，即为通禀，乃其职分当为，亦毋庸议。据云南按察使良卿等会详前来。除将田允中贪劣淫荡各款内已到犯证发交臬司押回省城，先行审拟，其续有供出之人，现赴永昌提讯，俟到齐之日，臣一并审拟，分别题奏。其田允中任内生息当铺有无亏缺那移，亦经臣委员盘查，并传管当都司于三寿等查讯，请归原参案内核办外，所有验讯田允中畏罪吞金致毙情由及拿解疏玩之文武各员职名，理合会同云南巡抚臣常钧、云南提督臣达启恭折参奏，伏祈皇上睿鉴，敕部议覆施行。

再查田允中，恐受赃败露，胆怯心虚，平日但凡有面生之人骑马入城者，必令门兵侦探密报。该委员巴克唐阿原不应骑马直入，以致田允中预知有差至府，乘隙吞金。虽由该委员之疏玩，实系臣差委不慎。惟有仰恳圣恩将臣重处，以为不能先事预筹者戒。臣谨奏。

朱批：该部议奏。

（《宫中档乾隆朝奏折》第二十三辑，第 590~592 页）

1373　云南巡抚常钧《奏陈厘正督抚会衔奏事之例，以崇实政折》
乾隆三十年正月初三日

云南巡抚臣常钧谨奏：为请厘正督抚会衔奏事之例，以崇实政事。

窃照地方重务，有应总督主政者，会同巡抚具奏；其应巡抚主政者，亦会同总督联衔，原令彼此商酌，悉心妥办，期于政务有益之意，立法本属至善。为督抚者，理应和衷共济，以副例意。但行之既久，难免名存实废，皆因事有缓急，势难一律。在督抚同城之处，虽属急务，亦可朝夕相商，并无参差。惟总督兼管两省，其不同城之巡抚，大概相悬数百里以至千余里不等，遇有缓办事件，亦可拟稿札送商定，会衔具奏。若系紧办事件，札商往返，恐需时日，未便缓待，不暇计及彼此意见有无参差。而主政衙门拟稿缮折，径自联衔入告，一面录稿知会会衔衙门存案，在会衔之人，即意见不符，亦无从参酌更定。此所谓名存实废也。

臣蒙皇上天恩委任巡抚，已历六省，又经兼署督篆，内中多有不同城之处，每遇会衔奏事，相沿积习，大概类同，竟不能更正此弊，从实遵行。伏读圣谕屡经训饬臣工诸事务崇实政，不得虚应故套。而以此联衔上陈之要务，尚有未能悉协者，此臣所夙夜扪心、怵惕不宁者也。臣虽现在与督臣同城，诸事可以商办，无庸再参末议。惟是从前因循积习之处，自问实有疚心，不敢不直陈圣主之前，以期清厘陋习。

伏查督抚会奏事件，原有折首并列，双衔联名具奏，以及折后声明会衔之别。又查在京部院，九卿会议事件，有意见不符者，许各抒所见，两议具奏。此皆现行成例。合无仰恳圣恩，饬部定议，嗣后不同城督抚会奏事件，如主政衙门拟稿札商，意见相同者，即前列双衔会奏；或有事关紧急，不及相商，在主政衙门循例会衔者，则于折后声叙会同某某衔名，不得前列双衔，以示区别。其中，有主政衙门已经缮折具奏后，录送稿内与会衔之督抚或有意见未符者，请准照部院、九卿之例，将参差之处另折具奏，伏候圣明采择。至双衔具奏之案，既经商酌，意见相同，倘有过失，即应与主稿衙门一体处分，不得更从末减。其循例会衔之案，仍照旧例处分。似此稍为区别，于成例并无更张，而督抚必须从实商办，即偶有不及缓待之事，亦不便冒列双衔，或有两议具奏事件，一经睿照，得失判然，似亦戒虚崇实之一端也。臣管窥及此，是否可采，伏祈皇上圣训。谨奏。

朱批：该部议奏。

（《宫中档乾隆朝奏折》第二十三辑，第 621～623 页）

1374　云南巡抚常钧《奏报滇黔瑞雪应时、民情欢庆折》
乾隆三十年正月初三日

云南巡抚臣常钧谨奏：为恭报瑞雪应时、民情欢庆，仰慰圣怀事。

窃照臣于十二月初九、初十及十三四等日，在贵州途次连遇瑞雪缤纷，积厚数寸。查贵州地方向不种麦，民间见雪，虽亦欣喜，尚非亟需。至二十日行抵云南平彝县，即见麦苗、菜豆遍野青葱。询问农民，咸称入冬以来雨泽稀少，幸于初九十及十三四等日，连得雨雪，融化入土，地脉滋润，麦豆畅发，开春定获丰收等语。沿途察看民情，俱极为欢庆。臣抵省之后，又查阅各属禀报雨雪日期，大概相同，实属均沾普被。现今麦苗已有长至七八寸，菜豆等类间有开花者，春熟可期，民夷宁贴。所有瑞雪应时情形，拟合恭折奏闻，伏祈皇上睿鉴。谨奏。

朱批：知道了。

（《宫中档乾隆朝奏折》第二十三辑，第 623 页）

1375　云南巡抚常钧《奏报到省办事日期折》
乾隆三十年正月初三日

云南巡抚臣常钧谨奏：为奏闻事。

窃照臣于乾隆二十九年十二月二十日，行抵云南省平彝县，准督臣刘藻将云南巡抚印信委员赍送前来。臣即于平彝接印任事，望阙叩头，恭谢天恩，业经具疏题报在案。随又接准督臣来札，因参革永顺镇田允中于途间自尽，率同臬司良卿星往沙木和地方验讯等语。臣即并站趱行，于十二月二十四日已抵云南省城，将应办事件现在逐一查办。容俟办有端绪，陆续奏报外，所有微臣到省办事日期，理合恭折奏闻，伏祈皇上圣鉴。谨奏。

朱批：览。

（《宫中档乾隆朝奏折》第二十三辑，第 624 页）

1376 云贵总督刘藻《奏报查阅过迤东一带各营官兵技艺情形折》
乾隆三十年正月二十七日

云贵总督臣刘藻谨跪奏：为奏闻事。

窃臣于乾隆二十九年十二月二十八日，自迤西验讯参案毕，即转至迤东各营较阅官兵技艺各缘由，当经缮折恭奏在案。

伏思边疆武备，最关紧要，必须留心整顿，训练克勤，庶几技艺优娴，期成劲旅，非徒饰观瞻已也。臣经过嵩峨、扬武坝、元江、他郎、通关、普洱、临元、蒙自、开化、广罗、弥勒、路南等镇、协、营、汛，操演阵式后，即令将备、弁兵射马步箭，验其弓力之大小，射箭之生熟；按队施放枪炮，看其有无准头，优者奖赏，劣者责惩，以昭激劝。

查普洱、临元、开化三镇及元江等处，将备、弁兵马步箭暨所放枪炮尚多可观，演阵亦俱合式，内普洱镇官兵远居瘴地，而弓力较前加劲，枪炮更觉整齐，颇为出色。至备弁内，有临元镇中营守备郑兴鋐，马步箭生疏，年力就衰；右营左哨二司把总胡灿，步箭不稳，又不到把；普洱镇左营右哨头司把总田美，弓马生疏，年亦渐衰；新嵩营右哨头司外委把总刘伟、左哨外委千总李洪，马步箭俱平常，难期长进。以上五员，现在核参。其余各弁内，间有技艺稍生，或曾经出师著绩，或熟悉边情营伍，均严饬暂留，勒限学习，如调考时仍无长进，即行参革。其马步兵丁内技勇可观者注册，以待拔补；如弓马不合式，枪炮不齐，立即革除。各镇协营并无以老弱充数者。又臣先经考验之武定一营官兵，阵势、马步箭、枪炮亦俱整齐。再盘验各镇协营军火、器械、旗帜、马匹等项，均属齐全，存营公项银两并无亏缺那移。

臣巡阅所经，再三饬谕将领大员，督率弁兵勤加操习，清理粮饷，以副我皇上整饬营伍之至意。随于本年正月二十四日回署，除另疏题报外，所有查阅过迤东一带各营官兵技艺情形，理合恭折奏闻，伏祈睿鉴。谨奏。

朱批：知道了。

（《宫中档乾隆朝奏折》第二十三辑，第768~769页）

1377　云贵总督刘藻《奏报滇黔两省得雨情形折》
乾隆三十年正月二十七日

云贵总督臣刘藻谨跪奏。

窃照滇黔两省雨雪豆麦情形，经臣于上年十一月内恭折具奏在案。嗣据滇省云南、曲靖、临安、澄江、广西、广南、开化、东川、昭通、蒙化等府属申报，十二月初旬及望前，雨雪兼施，春花滋茂。而昆明省会，于新正初五之夜，先雨后雪，至初六日止，积有二三寸不等，附近亦有同时得雪之区。至黔省上下两游各府厅州县地方，自十二月以至正月，得雪尤为普遍，二麦、燕麦、蚕豆、油菜无不及时长发，两省春收可期丰稔。

臣于十二月十六日自省起程赴迤西审案，转至迤东阅兵，沿途查看，二麦俱弥望青葱，南豆正在扬花结实，早者久已上市。正月初五日，住宿元江府属之三板桥，夜间大沛甘霖，至次早方止，极为优渥。其余各属亦土膏滋润。民气和乐，边境安宁。理合缮折奏闻，伏祈皇上睿鉴。谨奏。

朱批：欣慰览之。

（《宫中档乾隆朝奏折》第二十三辑，第769~770页）

1378　云贵总督刘藻《奏报审明劾镇劣迹，分别定拟折》
乾隆三十年正月二十七日

云贵总督臣刘藻谨跪奏：为审明劾镇劣迹，分别定拟，恭折奏闻事。

窃臣纠参云南永顺镇总兵官田允中贪劣淫荡一折，于乾隆二十九年十一月二十九日，奉朱批："田允中着革职拿问，交该督严审，速拟具奏。该部知道。钦此。"钦遵。臣即密委臣标右营游击巴克唐阿前往永昌，会同文员锁拿田允中，并拘各犯证赴省审讯。讵田允中于十二月初五日，一闻委员入城，即在署吞金，初八日，解至沙木和毙命。经臣率同臬司驰赴迤西验讯明确，缮折具奏，一面委员盘查田允中任内经手钱粮。去后旋据护永顺镇广罗协副将王振元、署腾越州事宜良县知县陈廷献禀报，查明经手钱粮俱无亏缺，惟生息项内，有田允中所当玉器、皮衣等物，查无当票，事属可疑等情。当将经管当铺之署游击于三寿、把总左汝翼檄发该司等，同参案内犯证，一并严审，兹据云南按察使良卿会同布政使钱度审解前来。

臣覆加亲讯，如原参田允中索诈耿马土司罕国楷银两一款，审缘田允中素知罕国楷家道饶裕，起意吓索，于乾隆二十八年二月内，忽称该土司之妻俸氏即印娘淫乱，札饬该土司胞兄罕国梁转传札谕，逼令休弃。罕国楷见田允中无端寻衅，心生畏惧。四月内，田允中巡边至顺宁，即发银二百两，令素识之武生杨根远带交罕国楷，饬换金子。罕国楷知田允中勒索之意，遂于五月初，备银三百两，缅锦四匹，马一匹，并缴还换金原银二百两，外备金二十两，令杨根远同土目苏涝至永昌呈送。田允中俱经收受，复嫌送金数少，令杨根远寄信，再换数十两。九月内，罕国楷又备金银、什物并金子、马匹等物，遣土舍罕朝佩至顺宁公馆投送。田允中因系众人瞩目，仅收马一匹，西瓜一担，余皆不受。至十一月内，罕国楷又备金二十两，金镶竹烟袋一根，银面盆一个，缅锦二匹，西瓜十个，同杨根远至一碗水塘呈送。田允中收受，又收续送马三匹，总计值银八百三十六两，始将札饬休妻之事寝息。又是年九月，田允中闻土目罕朝玑有白骡一匹发谕索要，是时罕朝玑身充土目，正在防江，畏其威势，将白骡一匹，又添备海骝马一匹，金碗一个，银碗一个，厂饼银七十二两，缅锦二匹，夷倭缎一匹，托杨根远送至顺宁。田允中亦俱收受，总计值银二百三十六两。通共计赃银一千七十二两。

又原参田允中与金氏通奸一款，审缘田允中于乾隆二十五年到任时，前任总兵官哈峻德犯罪在狱，田允中因是同乡，诸事周济，将金氏之子小八儿认为继子。金氏往来镇署，与田允中熟识。是年冬间，哈峻德正法，金氏母子留住永昌。田允中月给钱米养赡，并买婢女金梅给金氏使用。田允中每用小轿接金氏进衙奸宿，或借查夜名色，亲至氏家宣淫，并与哈峻德仆妇陈氏通奸，丑声四布。

又原参田允中见将弁子弟少年有貌者，即唤入署跟随，滥给马粮一款。审缘中营守备邱国俊之子邱瑞，随父在任。乾隆二十七年，田允中见邱瑞伶俐，即令充为伴当，在内书房伺候上宿，夜间跟随出外，于是年九月赏给守粮，二十八年四月赏吃战粮，十月旋拔马粮。田允中诸事宠用，邱瑞恃宠骄纵，欺压弁兵，致三营中食粮年久不得拨补马粮者咸为不服，多有怨声。邱国俊任听伊子留宿内署，不行约束，实属卑污。

又原参田允中违例坐轿一款，审缘田允中出入府县衙署，或巡边打围，自雇轿夫，违例坐轿，人人共见。

以上各款，众证供明，毫无疑义。至续经查出田允中私借生息当内银钱，讯据管当之于三寿、左汝翼，亦各供通融转借属实。

查田允中纵欲败度，借端勒索土司土目财物，数至千两以上，法难轻贷。田允中除借用生息当内银钱，罪虽拟斩，止于准徒；奸官员妾婢及违例坐轿罪，止满杖；宠用邱瑞，滥给名粮银，未入己，各轻罪不议外，合依监临官吏，挟势求索所部内财物，强者准枉法论，枉法赃八十两绞律，应拟绞监候。虽准字之议例得减等，但系专阃大员，贪婪狼籍，应不准其宽减。业经畏罪自尽，应毋庸议。仍追夺诰敕，将封贮财产及存当衣物变抵公私赃数，如有余赀，暂存司库，听候部议办理。

耿马土司罕国楷、土目罕朝玑馈送金银财物，由于田允中吓索，并非营求干谒，应与差送礼物之土目苏涝，照勒索取财与财人及过钱人不坐例，均免置议。罕朝玑仍归原案，迁徙省城。杨根远代送金银，虽未从中染指，但为田允中节次关说，令罕国楷送金，亦有不合。应与携取财物进署之徐三、赍送当物抵借之田六，各照不应重律，杖八十，折责三十板。杨根远已于擅入夷地案内定罪充徒，应俟杖惩后，仍发原配。摆站王英、吕八，审系无干，概予免议。金氏、陈氏各与田允中通奸，合依军民与官员、军民之妾婢相奸者，奸夫奸妇各杖一百例，应各杖一百，折责四十板，照例之决。邱瑞滥食名粮，恃宠欺压弁兵，请照不应重律，杖八十，折责三十板，已经革伍，毋庸再议，仍照追领过粮饷还官。守备邱国俊，身为职官，行止卑污，有玷官箴，应请革职。罕国楷等所送金银、什物，系参发之赃，照例入官。

至署永顺镇中军游击、右营都司于三寿，一切钱粮是其专责，既知田允中私借生息官项银至一百两钱至八十一千之多，并不举发，又将当票那改月日，捏饰欺蒙；左营左哨二司把总左汝翼，经管当铺银钱，私自借给该镇，各据供认确凿，未便因已有玉器、皮衣当物可抵，稍为宽纵。均合依监临主守，将官钱粮转借与人，计赃，以监守自盗，论监守盗赃四十两斩，杂犯徒五年律，应拟斩，系杂犯，准徒五年，免刺。现在委员摘取于三寿印信、左汝翼钤记，接署并即羁禁。相应附参，请旨将于三寿、左汝翼革职，听候部议到日治罪。

除备录供招，会同云南巡抚臣常钧、云南提督臣达启另疏具题，恭候谕旨敕部议覆遵行外，所有臣审明劾镇劣迹，问拟缘由，理合缮折奏闻，伏祈皇上睿鉴。谨奏。

朱批：该部议奏。

（宫中档乾隆朝奏折》第二十三辑，第770～773页）

1379　云南巡抚常钧《奏报乾隆二十九年三运第一起、第二起京铜自泸开运日期折》

乾隆三十年二月十六日

云南巡抚臣常钧谨奏：为钦奉上谕事。

乾隆十四年六月十八日，承准廷寄，内开："奉上谕：嗣后运铜事宜，务须加意慎重。其沿途经过各省督抚，朕已传谕，令其将委员守风、守冻及有无事故之处奏闻。至铜铅船只于云贵本省起运，何日出境，亦着该督抚随时折奏。钦此。"钦遵在案。

兹据云南管理铜务粮储道罗源浩会同布政使永泰详称："据委驻泸店转运京铜大关同知李肖先报称，乾隆二十九年三运第一起委官澄江府通判钟培先，于乾隆二十九年十一月初四日抵泸，于初八日开秤起，至十一月二十七日，兑交过铜七十四万斤，内除陆路折耗铜三千七百斤外，实该正耗余铜七十三万六千三百斤，照数发给，该员即于十一月二十七日自泸扫帮。"等情。又据详报："乾隆二十九年三运第二起委官署嵩峨县知县孙燥，于乾隆二十九年十一月初八日抵泸，于二十七日开秤起，至十二月十五日，兑交过铜七十四万斤，内除陆路折耗铜三千七百斤外，实该正耗余铜七十三万六千三百斤，照数发给，该员即于十二月十五日自泸扫帮。"各等情，转详到臣。除分咨户、工、兵部及沿途经过各省督抚，转饬各该同知、通判并地方文武员弁一体督察防护，按站催趱，不许片刻停留，仍严密稽查有无盗卖情弊外，所有乾隆二十九年三运第一起、第二起京铜自泸开运日期，理合恭折奏报，伏祈皇上睿鉴。谨奏。

朱批：知道了。

（《宫中档乾隆朝奏折》第二十四辑，第2～3页）

1380　云南巡抚常钧《奏报盘察司道库项无亏折》
乾隆三十年二月十六日

云南巡抚臣常钧谨奏：为盘察司道库项无亏，恭折奏闻事。

窃照督抚莅任，例应盘察司道库贮钱粮有无那移亏缺。

臣于上年十二月二十日任事后，即饬布政司并粮储、驿盐二道，各将库贮一切正杂款项实存银数造册呈送察盘。去后，兹据该司道各册报前来。臣查册造款项均属相符，随于二月十五日，会同总督臣刘藻，亲赴司道各库，按款查验，抽封弹兑，查得布政司库共存正杂各款银三百八十六万六千八百四十九两零，又二十九年分各厂课金一百二十三两零，粮储道库共存粮务及铜务银九万四千五百五十九两零，驿盐道库共存各井课款、积余粤盐等银一十九万九千八百二十两零，俱系实款实存，并无那移亏缺。所有臣盘察司道库贮无亏缘由，拟合会同督臣刘藻恭折具奏，伏祈皇上睿鉴。谨奏。

朱批：览。

（《宫中档乾隆朝奏折》第二十四辑，第4页）

1381　云南巡抚常钧《奏报滇省乾隆二十九年分并无未完案件折》
乾隆三十年二月十六日

云南巡抚臣常钧谨奏：为遵旨奏闻事。

案准部咨：奉上谕："外省动用钱粮及工程报销，应驳应准，俱有定例，务令克期速结。仍着于每岁底，将未完各案汇折奏闻。钦此。"钦遵在案。

今据云南布政使钱度会同粮储道罗源浩、驿盐道孙廷槐详称："滇省乾隆二十九年分奉部查案件，俱经依限办结，所有动用钱粮及工程报销各案，并无未完。"等情，详报到臣。臣覆查无异，除咨户、工二部外，所有滇省乾隆二十九年分并无未完案件缘由，理合恭折奏闻，伏祈皇上睿鉴。谨奏。

朱批：览。

（《宫中档乾隆朝奏折》第二十四辑，第6页）

1382　云南巡抚常钧《奏报滇省地方情形折》
乾隆三十年二月十六日

云南巡抚臣常钧谨奏：为恭报地方情形，仰祈圣鉴事。

窃照滇省上年十二月分雨雪沾透情形，经臣于正月初三日具奏在案。嗣于正月初五六日，省城地方先雨后雪，入土五寸，随即晴霁，春风和暖，豆麦发荣畅茂。并据迤东、迤西各府厅州县禀报，或雨或雪，虽分寸不等，大概均沾。目下南豆开花结实，麦子次第吐穗，惟自正月初六日以后至今，未得雨泽，高坂地亩不无需雨之处。询之农民，据称滇省春天向来多风少雨，本年豆麦赖有冬间雨雪，根深土润，尚无妨碍，但于旬日内外再得时雨，则春收更为丰稔等语。查市集米粮不少，价值亦不昂贵，民情甚属安帖。除将查明正月分粮价另开清单恭呈御览外，所有查明地方情形，理合恭折奏闻，伏祈皇上睿鉴。谨奏。

朱批：知道了。

（《宫中档乾隆朝奏折》第二十四辑，第6~7页）

1383　云贵总督刘藻、云南巡抚常钧《奏报厂铜
日旺，再筹加铸以备添价折》
乾隆三十年二月十六日

云贵总督臣刘藻、云南巡抚臣常钧谨奏：为厂铜日旺，再筹加铸以备添价事。

窃照滇省汤丹、大碌等厂，前于乾隆二十七年，钦奉圣恩赏加铜价之后，厂民开采

踊跃，每年办铜加多。嗣于二十八年，因积存余息银两不敷添价之用，续经奏明，于东川新、旧两局原设七十炉内，冬季三个月，每旬加铸半卯，共加铸九半卯，计一季度可获余息银一万一千九百余两，以备汤丹等厂加给铜价之需，并声明将来应否如是加铸，届期随宜查办。钦奉朱批俞允遵行。至二十九年分，又经咨部，循照上年成例，于冬季加铸半卯备用在案。

查汤丹、大碌等厂日见丰旺，上年共办获铜八百二十余万斤，约共给过余息银六万七千余两。东川新局，全年息银三万七百余两，并冬季加卯余息一万一千九百余两，二共止获息银四万二千余两，计算应给六万七千余两之数，尚不敷银二万五千余两，赖有从前积存余息银二万九千两之内酌动补足。但现今积存余息无多，将来办铜日丰，加价之需自应先事筹备，庶不致临期周章。

臣等与司道悉心筹议，应于乾隆三十年，将东川新、旧原设七十炉，自春季二月为始，按旬各加铸半卯，四季并加，共三十六半卯，即令汤丹、大碌两厂炉户照加卯事例，每季多办铜八万六千七百余斤，以供应用。于铜本内借支铸本，铸出钱文，照例以钱一千二百文作银一两扣解司库，除支销经费各项外，计一季获息银一万一千九百四十余两，四季共可获息银四万七千七百余两，合计东川新局原有全年息银三万七百余两，共获余息七万八千余两，以之添给铜价，实属有盈无绌，将来积有盈余，亦可别充公用，似于公帑有裨。除饬汤丹、大碌厂官及东川府遵照，即于本年二月内按旬办理外，合将臣等查照原奏钦奉朱批事理，随时设法筹办之处，恭折具奏。

再铜厂盈绌难定，将来日臻丰旺，如应每年四季并加，临期奏明办理。是否有当，伏乞皇上圣鉴训示。谨奏。

朱批：如所议行。

（《宫中档乾隆朝奏折》第二十四辑，第7～8页）

1384 云贵总督刘藻、云南巡抚常钧《奏报滇省乾隆二十九年盗窃各案已获未获数折》

乾隆三十年二月十六日

云贵总督臣刘藻、云南巡抚臣常钧谨奏：为循例奏闻事。

窃照案准部咨："嗣后各省督抚，于年终，将某县新旧盗案几件，能获几案，逐县开列清单，恭呈御览。有能实心缉捕，拿获新旧多盗要犯及拿获邻境盗犯者，责成该督抚确查核实，加具切实考语，将文武员名声明请旨，可否送部引见，恭候钦定。其有强劫频闻，又不严缉捕获，亦即据实列入指参，请旨议处，以昭炯戒。再地方官承缉窃案，其记功记过之最多者，亦于年底开具清单，恭候御览等因具奏。奉旨：'依议。钦此。'"钦遵在案。又准部咨："各省承缉盗案旧案，应以乾隆二十九年岁底汇题案缉，并现在专案开参；承缉疏防等案，将已未获名数查造核奏。其已经汇题完结者无庸备造，以省繁冗。至承缉窃案，如积匪猾贼、三犯窃盗并窃赃数逾百两以上各案，例应拟绞拟遣之犯，虽经题咨完结，其缉捕之勤惰，自应以外结窃案一体统核，统于每年正月为始，至年终止，将某州县一年内报缉若干，案获贼若干名，未获若干名，承缉文武官某，协缉文武官某，无论曾否记功记过，逐一声叙，无庸填注犯案事由，以归简易。至报缉无多之州县，既经以被窃报案，即应一体列入，以示劝惩。"等因。通行遵照亦在案。

兹据按察使良卿将滇省乾隆二十九年分已未获新旧盗抢各案暨已未获窃案造册，详报前来。臣等覆加察核，滇省乾隆二十九年分新报盗抢共四案，内全获一案，获破一案，共已获盗犯十一名。其未获二案，虽未满疏防例限，但俱系宾川州署知州周作哲任内失事，该署州怠惰因循，盗劫频闻，不能实力缉拿，又复讳强为窃，业经臣等会同专案，题参在案，本案内无庸再行指参。又有未获旧案盗抢二案，内获破一案，获贼十七名，未获一案。又有往年已破之案内，有伙犯余党未获，现在缉拿者，共计五案，俱未获贼。查系节年旧案，且分隶五州县，其承接缉之员，现已入于二十九年汇缉案内，分别办理。又查乾隆二十九年分，各属共报失窃七十案，内全获二十五案，获破九案，共已获贼犯八十六名，未获三十六案，其中有窃赃满贯，例有承缉处分者，俱已分别开参。

查此未获案内，惟昆明、昆阳、富民、路南、罗次、保山、罗平、马龙、弥勒、和曲等十州县，各有二三四案不等，其余俱一属止有一案。缘系鼠窃无多，未经分记功过，无庸开列职名。臣等俱已严行檄饬，将盗、抢、窃各案选差勤干兵役，勒限上紧缉拿，务期全获。各员弁倘有怠惰因循，不实力严缉者，即行分别参处，务俾匪窃潜踪，强劫屏迹，以仰副我皇上靖盗安民之至意。除分晰强窃、新旧、已未获各数，并分注承接各职名，另开清单恭呈御览外，所有查明二十九年盗窃各案已获未获总数，理合会同恭折奏闻，伏祈皇上圣鉴。

再查已获各案，亦俱系循分缉捕，并非拿获新旧多盗要犯，无庸加考声请。合并陈明。谨奏。

朱批：该部知道。

（《宫中档乾隆朝奏折》第二十四辑，第 8～10 页）

1385　云贵总督刘藻、云南巡抚常钧《奏请拣发同知、知州、知县等员来滇以备差委折》

乾隆三十年二月十六日

云贵总督臣刘藻、云南巡抚臣常钧谨奏：为恭请拣发人员，以备差委事。

窃照滇省距京最远，凡有缺出，部选之员势难刻期速到，其间需员委署。又本省每年解运京铜，分为八起，需差委丞倅牧令八员。而此八员，计程往返约在两年之外，常年合算，总有十六员在途。再大碌等铜厂又须委员专管，一应差遣，实属繁多。

伏查从前拣发各员，除陆续题奏得缺外，虽尚有未得实缺之员，但俱经委署，或差委运铜未回，现在无闲员听候委用。理合会同具折，恳请圣恩饬部，于候补候选人员内拣发同知二员、知州四员、知县六员来滇，以备差委，遇有缺出，容臣等酌量题补。为此具折恭奏，伏祈皇上睿鉴施行。谨奏。

朱批： 有旨谕部。

（《宫中档乾隆朝奏折》第二十四辑，第 10～11 页）

1386　云贵总督刘藻《奏请官员回避折》

乾隆三十年二月二十五日

云贵总督臣刘藻谨跪奏：为请旨回避事。

窃照发滇委用知州穆通阿，系正黄旗满洲，由笔帖式补授户部主事，保举直隶州知州，奉旨记名，拣选引见，发往云南差遣委用，乾隆二十九年五月到滇，委署晋宁州知州。该员系云南抚臣常钧妻侄，其应否回避之处，据布政使钱度等详请核示前来。

臣查定例：外官有关系刑名、钱谷考核纠参者，外姻亲属，母之父及兄弟，妻之父及兄弟，己之女婿、嫡甥，分属至亲，令官小者回避。妻之姊妹夫为上司、属官，亦令官小者回避。又得缺人员，应行回避者，总督统辖省分，例得对调。今穆通阿与抚臣常钧系姑夫妻侄，虽例无回避明文，但既属至亲，考核攸关，自应回避。穆通阿可否照已经得缺人员之例，令前赴贵州省听候委用，遇缺题补。相应会同云南抚臣常钧恭折具奏，伏祈皇上睿鉴，训示遵行。谨奏。

朱批： 如所请行。

（《宫中档乾隆朝奏折》第二十四辑，第 70～71 页）

1387　云贵总督刘藻《奏陈滇黔两省建竖御制平
定准噶尔碑文遵谕办理折》

乾隆三十年二月二十五日

云贵总督臣刘藻谨跪奏：为恭折奏覆事，

窃臣接准廷寄："钦奉上谕：苏尔德奏，平定准噶尔碑文，各省学宫地势不一，不必拘定尺寸，并遴委通晓清文旗员摹写刊刻一折，各省、府、州、县、卫学宫自不能一律高敞，若必照部颁碑式竖立，转难位置适宜。至外省士子，本不谙习国书，碑内亦可毋庸令其镌刻。嗣后各学立碑，视该处采石难易及学宫地势，听其酌量，随宜建竖。其清文竟不必刻入，兼可省传写错伪之弊。着于各督抚奏事之便，一并传谕知之。钦此。"遵旨寄信到臣。当即钦遵，札会云南、贵州抚臣并行两省藩司，通饬各属一体遵照在案。

臣查御制平定准噶尔碑文，云贵二省俱于前岁仿照部颁式样，敬谨摹刻，竖立学宫。将来遇有立碑，惟有钦遵谕旨，令地方官视采石之难易及学宫地势，酌量随宜建竖，并节省清文，以免传写错伪。所有遵办缘由，理合恭折奏覆，伏祈睿鉴。谨奏。

朱批：览。

（《宫中档乾隆朝奏折》第二十四辑，第71页）

1388　云贵总督刘藻《奏报劾镇田允中途间毙命，蒙恩免交部议处谢恩折》
乾隆三十年二月二十五日

云贵总督臣刘藻谨跪奏：

窃臣具奏劾镇田允中途间毙命，请将臣交部严加议处一折，兹恭奉朱批："此非卿意料所及也。莫惧。俟审明，随折请交部。不过公错而已。钦此。"臣查田允中在署畏罪吞金致毙，已经验讯明确，恭折奏闻。实系臣不能先事预筹，致有疏虞，加以重处，分所应得。乃蒙我皇上逾格隆恩，曲为体恤，谕令俟审明，随折请交部。跪诵温纶，感出意外。臣以何人，叨斯异数？谨望阙叩头恭谢天恩。所有臣感激下忱，理合缮折奏谢。臣谨奏。

朱批：览。

（《宫中档乾隆朝奏折》第二十四辑，第72页）

1389　云贵总督刘藻《奏报甄别过滇省乾隆二十九年分年满千总各员折》
乾隆三十年二月二十五日

云贵总督臣刘藻谨跪奏：为甄别年满千总事。

窃照绿营千总历俸六年，令该督、抚、提详加考验，如人材、弓马去得，年力精壮，熟谙营伍，堪膺保送者，给咨送部引见。其年力未衰，弓马尚可者，仍留原任。庸劣衰迈者，勒令休致。于年底，将保送并留任、勒休共几员之处，分析汇奏等因。又乾隆二十八年四月十九日，接准部咨：奉上谕："千总俸满，下次毋庸更待六年，即改为三年，并令直省各项年满千总及例前尚在需次各员，着即一体悉心秉公分析甄别。钦此。"钦遵办理在案。

兹查乾隆二十九年分云南省各标、镇、协、营千总，除尚未俸满、因事斥革之臣标右营左哨千总谢赐麒，因病勒休之腾越协右哨千总李时春、武定营左哨千总胡士尊，因弓马平常勒休之曲寻镇中营右哨千总王德政四员，俱经随时咨部外，其六年俸满保送者，有鹤丽镇右营右哨千总马子健、景蒙营左哨千总闫应祥二员；又六年俸满咨部留任，又满三年，仍准留任候准者，有新嶍营右哨千总李天福一员；又六年俸满咨部留任者，有昭通镇右营右哨千总高起需、开化镇左营左哨千总韦廷芳、臣标前营右哨千总姚帝锡、奇兵营左哨千总方显四员。又预保俸满留任、候掣守备者，有楚姚镇中营右哨千总杨洪、东川营右军千总刘士恒、大理城守营左哨千总杨锦瑾三员。又军政卓异后俸满者，有寻沾营左哨千总张矢彩一员。六年俸满勒休者，有普洱镇左营左哨千总田时发一员。所有甄别过云南省乾隆二十九年分年满千总各员，理合汇折奏闻，伏祈皇上睿鉴。

再贵州省年满千总，容臣另行分析具奏。合并陈明。谨奏。

朱批：该部知道。

（《宫中档乾隆朝奏折》第二十四辑，第72~73页）

1390 云贵总督刘藻《奏请拣发游击人员来滇以备差委折》
乾隆三十年二月二十五日

云贵总督臣刘藻谨跪奏：为请旨拣发游击人员，以备差委事。

窃照云南武职各缺，边地居多，弹压操防，均关紧要。凡有升调事故及赴京引见，必须遴员委署，以专责成。自前任督臣吴达善于乾隆二十八年奏请拣发游击之后，迄今，将次用完，遇有缺出，委署乏人。相应仰恳圣恩，敕部拣发游击六员来滇，以供差委，庶出有员缺，即可委署，并酌量题补，于边疆营汛大有裨益。理合恭折具奏请旨，伏祈皇上睿鉴。谨奏。

朱批：有旨谕部。

（《宫中档乾隆朝奏折》第二十四辑，第73~74页）

1391　云贵总督刘藻、云南巡抚常钧《奏报普洱府知府缺出，请以蒙化府掌印同知达成阿升补，其遗缺以昆明县知县魏成汉补授折》

乾隆三十年二月二十八日

云贵总督臣刘藻、云南巡抚臣常钧谨跪奏：为请补要缺之守丞，以裨地方事。

窃照云南普洱府知府汪坦告病遗缺，前以广西府知府嵇瑛题请调补，经部覆准。旋因该员有继母何氏在原籍江苏病故，例应丁忧，现已准咨，转行遵照在案。所遗普洱府知府员缺，例应本省拣选调补。查普洱地属夷疆，界连外域，兼有烟瘴，必须年壮才优、熟悉夷情风土之员方克胜任。臣等与藩臬两司公同遴选，通省现任知府内，非现属调缺，即人地不宜，实无可以调补之员。惟查有蒙化府掌印同知达成阿，年四十四岁，系正白旗满洲，由官学生补内阁中书，乾隆十八年引见，奉旨记名，以通判用，选授河南汝宁府通判，回避，另补云南府通判，二十年九月十一日到任，历经委署云南府同知及知县印务，并管理汤丹铜厂，题升今职，给咨引见，奉旨准其升补，乾隆二十七年八月二十四日到任。查该员才识明敏，办公勤慎，在滇年久，风土夷情最为熟悉。前于本任、署任，虽各有参罚事件，俱经捐复抵销，此外并无参罚案件。请以升补普洱府知府，实属人地相宜。如蒙俞允，其所遗蒙化府掌印同知，亦系兼三要缺，应照例在外拣调。该处事务繁剧，民刁俗悍，非老成谙练之员，难收治理之益。滇省同知共十三缺，拣调之缺已居其六，其余俱无合例堪调之人。查有昆明县知县魏成汉，年五十五岁，系广东长乐县拔贡，于乾隆二年拣选引见，以知县试用，签掣湖北，四年题调湖南，委署衡阳县知县，题署安乡县知县。六年，因衡阳县任内盗案，部议革职，奉旨引见，仍发湖南，以知县试用，十年题署临湘县知县，十一年调署善化县知县，十五年调补苗疆通道县知县，十七年因善化县任内迟误公文，部议降一级调用，奉旨引见，仍以知县用，所降之级带于新任，旋发直隶，题补新城县知县，降级之案，因承办大差开复。二十三年丁艰，服满赴补。二十四年五月，拣发云南差遣委用，题补今职。二十六年六月初八日，接准部文，准补到任，委令兼署呈贡县印务。二十八年大计附荐，部议，以本省历俸未满三年，与卓异之例不符。查该员为人诚实，办事老练，虽前在直隶及云南各任内均有参罚之案，业经捐复抵销，其降罚俸银亦俱经完解，此外别无参罚事件。以之升补蒙化府掌印同知，洵堪胜任。惟该员历俸未满五年，与升补之例稍有未符，而人地实在相需，例得专折奏请。仰恳皇上天恩，俯准以魏成汉升署蒙化府掌印同知，仍照久任之例，前后两任接算，扣满五年，另请实授，庶要缺可收得人之效。

再达成阿系同知升补知府，魏成汉系知县升署同知，均应送部引见。又久于其任案内，五年准升，系专指守令，而言同知、通判，并未定有年限。今达成阿请升知府，应照例毋庸计俸。兹据云南布政使钱度、按察使良卿会详前来，除将达成阿、魏成汉参罚事件另录清单，恭呈御览外，理合缮折会奏，伏祈睿鉴，敕部议覆施行。谨奏。

朱批：该部议奏。

（《宫中档乾隆朝奏折》第二十四辑，第 98~99 页）

1392 云南巡抚常钧《奏报拟起程查验兴修因地震损坏城工折》
乾隆三十年闰二月十九日

云南巡抚臣常钧谨奏：为奏明前往验收工程事。

窃照滇省江川、通海、宁州三州县，前于地震案内倒塌城垛、城楼、衙署、监仓、祠宇等项，经布政使永泰亲往勘估，前抚臣刘藻题请动项兴修，奉部覆准，转饬遵照办理在案。嗣据江川县申报，于乾隆二十九年五月二十七日兴工，十一月二十一日工竣；又据通海县申报，于乾隆二十九年四月二十日兴工，九月初一日工竣；又据宁州申报，于乾隆二十九年九月初一日兴工，乾隆三十年二月十五日工竣，各造具册结，由司核明，详请验收工程前来。

臣拟于月内轻骑减从，亲往三州县，将所做工程逐一验勘，是否合式，并所开工料有无浮冒。除俟验明确实，另行恭折奏报外，所有臣据报完工及亲往验收缘由，理合先行奏明，伏祈皇上睿鉴。谨奏。

朱批：览。

（《宫中档乾隆朝奏折》第二十四辑，第 208~209 页）

1393 云南巡抚常钧《奏报甘雨应时、农民欢庆情形折》
乾隆三十年闰二月十九日

云南巡抚臣常钧谨奏：为恭报甘雨应时、农民欢庆情形，仰慰圣怀事。

窃照滇省地方，正二月间雨泽稀少，高坂田地稍觉望雨情形，经臣于二月十六日具奏在案。嗣于二月二十三四暨二十七八九等日，临安、广南、广西、大理、元江、普洱等府属俱陆续得雨，至闰月初二日，省城地方密雨沾濡，连宵达旦，初三日午时方止。随查得云南、曲靖、楚雄、东川等各府属，均于初二三四五等日得雨，据各属禀报，入土三四寸以至尺余不等，实属普遍。麦豆正当结实之时，得此甘霖，鼓粒饱满，丰收可定。其种植早禾之处，亦俱乘此雨泽栽插秧苗。农民欢庆，尽力南亩。彝情宁贴，地方安静。所有得雨情形，理合恭折奏报，伏祈皇上睿鉴。谨奏。

朱批： 知道了。

（《宫中档乾隆朝奏折》第二十四辑，第209~210页）

1394　云贵总督刘藻《奏呈云贵二省总兵、副将各员考语折》
乾隆三十年三月初七日

云贵总督臣刘藻谨跪奏：为奏闻事。

窃臣才识浅陋，钝拙无能，叨蒙我皇上高厚殊恩，畀以总督重任，夙夜冰兢，惭无报称。自臣到任以来，凡营伍，应行查考武员，应行举劾，俱已次第办理，不敢稍涉因循。所有二省副将以下等官，业经檄调考验，观其弓马之优劣，察其才具之短长，悉心甄稽，颇得梗概。至各镇总兵官，有素所深知者，有留心察访者，其年力如何，办事如何，亦俱参诸闻见，悉其大端。除到任未久之员尚须试看外，谨将云、贵二省总兵、副将各官填注考语，缮写清折，恭呈御览，伏祈圣鉴。臣谨奏。

朱批： 册留览。

（《宫中档乾隆朝奏折》第二十四辑，第320~321页）

1395　云贵总督刘藻《奏请陛见折》
乾隆三十年三月初七日

云贵总督臣刘藻谨跪奏：为恭请陛见，跪聆圣训事。

窃臣质性庸愚，学识谫陋，抚滇数载，未效涓埃。乃蒙我皇上高厚殊恩，畀以总督重任，受事以来，已八阅月，临渊履冰，无刻或释。

伏念云贵二省处处夷疆，凡吏治民生、边防武备，无一不关紧要。臣以钝拙措置，何能悉协？惟有吁恳皇上天恩，准臣赴阙叩觐天颜，跪请圣训，庶一切有所遵循，得以勉供职守，且臣于乾隆二十七年秋月进京之后，已届三年，瞻仰阙廷，时切依恋。为此恭折陈奏，伏乞圣恩俯鉴微诚，准臣所请，俾遂犬马之私，曷胜荣幸！臣奉到朱批，当

— 1245 —

赶办兵马奏销，一经办竣，即星驰赴都。臣谨奏。

朱批：云南路远，何必以来京为请？以卿之素履，应毋庸屡训也。

（《宫中档乾隆朝奏折》第二十四辑，第321页）

1396　云南巡抚常钧《奏报滇省地方情形折》
乾隆三十年三月十九日

云南巡抚臣常钧谨奏：为奏报地方情形，仰祈圣鉴事。

窃照滇省幅员辽阔，各府所属寒暄，气候彼此悬殊，农田种植、收成迟早各别，惟近省数府地俱和暖，收成较早。臣因前往江川等州县验收工程，经由云南、澄江、临安三府属地方，沿途察看情形，大概南豆业已登场，二麦亦次第刈获。村庄男妇抱总携稺，相顾欣然。询以收成分数，约略总在八九分以上。至有泉流灌溉之水田，已陆续插种，秧苗青葱可观。其山坡旱地、只可种植荞麦、杂粮之处，随时翻犁播种。臣旋署后，检查各属禀报，其地方和暖之处，大率与臣所见相同。惟永北、丽江等府僻近，雪山地气殊寒，麦秋之期较晚。现在各府市集粮价当已有稍减之处，将来麦豆全收，稻田种毕，量当更为平贱也。除将查明闰二月分粮价另开清单恭呈御览外，所有臣目睹民情欣庆、地方宁谧情形，理合恭折具奏，伏祈皇上圣鉴。谨奏。

朱批：览奏欣慰。

（《宫中档乾隆朝奏折》第二十四辑，第410～411页）

1397　云南巡抚常钧《奏报乾隆二十九年加运第一起、
第二起京铜自泸开运日期折》
乾隆三十年三月十九日

云南巡抚臣常钧谨奏：为钦奉上谕事。

乾隆十四年六月十八日，承准廷寄，内开："奉上谕：嗣后运铜事宜，务须加意慎重。其沿途经过各省督抚，朕已传谕，令其将委员守风、守冻及有无事故之处奏闻。至铜铅船只于云贵本省起运，何日出境，亦着该督抚随时折奏。钦此。"钦遵在案。

兹据云南管理铜务粮储道罗源浩会同布政使钱度详称："据委驻泸店转运京铜大关同知李肖先报称，乾隆二十九年加运第一起委官、保山县知县宋若霖，于乾隆三十年正月十三日抵泸，于二十八日开秤起，至二月十六日，兑交过铜九十四万五千七百二十斤，内除陆路折耗铜四千七百二十八斤九两六钱外，实该正耗余铜九十四万九百九十一斤六两四钱，照数发给，该员即于二月二十日自泸扫帮等情。又据详报，乾隆二十九年加运第二起委官、试用知州王灏，于乾隆三十年正月十六日抵泸，于二月十七日开秤起，至二月二十九日，兑交过铜九十四万五千七百二十斤，内除陆路折耗铜四千七百二十八斤九两六钱外，实该正耗余铜九十四万九百九十一斤六两四钱，照数发给，该员即于闰二月初四日自泸扫帮。"各等情，转详到臣。除分咨户、工、兵部及沿途经过各省督抚转饬各该同知、通判并地方文武员弁一体督察防护，按站催趱，不许片刻停留，仍严密稽查有无盗卖情弊外，所有乾隆二十九年加运第一起、第二起京铜自泸开运日期，理合恭折奏报，伏祈皇上睿鉴。谨奏。

朱批：览。

（《宫中档乾隆朝奏折》第二十四辑，第 411～412 页）

1398　云南巡抚常钧《奏陈滇抚关防与现行事例不符，请更定折》
乾隆三十年三月十九日

云南巡抚臣常钧谨奏：为请旨饬议事。

窃照臣接准部咨，议覆山东巡抚臣崔应阶条奏督抚题本简省官衔案内，议得各省督抚衔中有沿袭旧称，而与现行事宜不相符合者，应交该督抚酌量删减等因，移咨到臣。

臣随查得云南巡抚原衔内，有"兼建昌毕节等处及兼督川贵兵饷"字样，与现行事例不符，应从删减，咨部在案。臣又逐细检查，不但衔内有此不符之处，即钦颁云南巡抚关防以及坐名敕书内，俱载有"兼建昌毕节等处并兼督川贵兵饷"字样。伏查建昌系四川所属，毕节系贵州所属，并非滇省地方，亦无关隘分防应须云抚管辖；至川贵兵饷，亦向不由云抚督办，似属沿袭旧文，理应更正，以符体制，以昭职守。但事关酌更印信、敕书，拟合奏明，请旨饬部议覆施行。

再查臣接交云抚银关防一颗，印文渐次模糊。应请俟议定后循例具题，另请铸给。合并陈明。为此恭折具奏，伏乞皇上圣鉴。谨奏。

朱批：该部议奏。

（《宫中档乾隆朝奏折》第二十四辑，第 412～413 页）

1399 云南巡抚常钧《奏报查验兴修地震损坏
之城工工程如式情形折》
乾隆三十年三月十九日

云南巡抚臣常钧谨奏：为验收工程如式，恭折奏闻事。

窃照滇省江川、通海、宁州三州县动项修理城垣、楼垛、衙署、祠宇等项，具报完工。臣亲往查验收工缘由，经臣于闰二月十六日具奏在案。嗣于闰二月二十一日，臣即轻骑减从，顺道先往江川，次通海，次宁州，率同各该管知府临安府王文治、澄江府曹瑝，将该州县所修城楼、垛口、墩台及衙署、祠宇等项，按照估销二册逐一查核，其倾欹坍塌处所，俱已一律修砌完整，抽段丈量、折算，有盈无绌，所用料物亦俱坚好，间有灰掁未足之处，逐一指令，添补齐全，实属工程如式。查江川县册开工料银二千九百七十三两一钱零，通海县册开工料银二千四十八两八钱零，宁州册开工料银六百八十七两九钱零，俱系实用实销，并无浮冒。除循例具题，册结分送部科察核外，所有臣查验工程如式缘由，理合恭折奏闻，伏祈皇上睿鉴。谨奏。

朱批：知道了。

（《宫中档乾隆朝奏折》第二十四辑，第413~414页）

1400 云贵总督刘藻《奏报滇黔两省雨水情形折》
乾隆三十年四月十六日

云贵总督臣刘藻谨跪奏。

窃照滇黔两省入夏以来晴雨相间，云南气候本早，今年又遇闰月，四月中旬以后，将届插秧之时，兹于四月十三日寅时起，至辰时止，甘霖适沛；又自十四日亥时起，大雨滂沱，竟夜连绵，直至十五日辰刻方止。臣分差标弁赴乡查看，咸称此雨最为深透，入土自三四寸以至六七寸不等。迤东、迤西各州县亦先期陆续禀报，咸得透雨，低田已有栽插者，高田现俱播种杂粮。

至贵州省，据署布政使熊绎祖具禀，四月初旬以后，或连日小雨，或隔日大雨，普遍均沾，未垦稻田，皆可乘雨翻犁，高田亦各种植荞稗粟谷。民夷欢乐，边境枚宁。所有两省雨水情形，理合缮折恭奏。

再查滇省豆麦收成，高低牵算，共计九分有余。除听抚臣题报外，合并奏闻，伏祈皇上睿鉴。谨奏。

朱批： 欣慰览之。

（《宫中档乾隆朝奏折》第二十四辑，第 613 页）

1401　云贵总督刘藻《奏请留裁缺参将以裨边疆折》
乾隆三十年四月十六日

云贵总督臣刘藻谨跪奏：为请留裁缺参将，以裨边疆事。

窃照云南奇兵营参将施绥，系陕西定边县武进士，由侍卫，于乾隆二十五年奉旨发往云南，以游击委用，题补鹤丽镇标中营游击，二十八年预行保举，升补奇兵营参将。旋于二十九年，经前督臣吴达善具奏，将骑兵营参将改为都司，裁减弁兵，并声请所裁将备各员仍留滇省酌量题咨补用，经部覆准。惟裁缺之将备，不准仍留滇省，行令给咨赴部另补等因。除守备罗世美已染病休致外，其裁缺参将施绥，自应遵照，给咨赴部。维时因广罗协副将王振元委护永顺镇总兵印务，所遗副将之缺，一时不得其人，酌委施绥前往署理，交卸之后，又因臣标右营游击原系云南城守营参将柯明意兼署，该参将事务较繁，一人难以兼顾，而前次拣发人员久经用完，续行请发者尚未到滇，委署乏员，遂改委施绥署理，以免贻误，均经先后咨明兵部在案。

臣查云贵、川广、陕甘武职推升他省，有人地相宜未便即令升去者，例准督提保题，仍留本省。今参将施绥虽与现任推升他省者微有不同，第查该员年力壮盛，弓马优娴，在滇数年，熟悉边地情形，历经委署要缺副参印务，俱能措置得宜，若听其赴部另改内地，转致用违其材。且黔省有升任大定协右营都司马文明，亦系裁缺之员，现准留黔掣补，则施绥似同一例。相应恭折奏请，仰恳皇上天恩，俯准将施绥仍留滇省，遇有相当参将缺出，容臣题请补授，则驾轻就熟，于边疆营伍实大有裨益。臣谨会同云南巡抚臣常钧、提督臣达启合词缮折具奏，伏祈睿鉴，训示遵行。谨奏。

朱批： 着照所请行，该部知道。

（《宫中档乾隆朝奏折》第二十四辑，第 614~615 页）

1402　云南巡抚常钧《奏报滇省麦收丰稔、秋禾栽插情形折》
乾隆三十年四月二十六日

云南巡抚臣常钧谨奏：为恭报麦收丰稔、秋禾栽插情形，仰慰圣怀事。

— 1249 —

窃照滇省地方，豆麦收成早晚不一，至四月中旬，大概刈获方毕。臣饬确查分数开报，去后，兹据各府厅州县陆续呈报，由布政司核明，汇总前来。臣查各属，十分收成者十居其五，九分收成者十居其四，虽偶有数处系七八分收成者，不过高阜地亩，原属无多，其低下之处仍系九分、十分不等，通省合算，收成九分有余，实属丰稔。

又查四月初、中两旬，各属刈麦之后，正当犁地插禾，适值甘霖普降，迤东、迤西地方次第得雨，或两三次，或四五次，俱各入土深透，秧田积水，陆续栽插，已将普遍。其山坡田亩所植杂粮，俱长发畅茂。农民欣庆，夷情宁谧。其各属种麦较少之处，当此大田栽插时，不无需粮接济。臣已饬令，照例借放社谷，减粜常平。现今市集米粮不少，价值渐平。除将查明各府厅州县豆麦收成分数及三月分粮价，各另开清单恭呈御览外，所有地方丰豫情形，理合恭折具奏，伏祈皇上睿鉴。谨奏。

朱批：欣慰览之。

（《宫中档乾隆朝奏折》第二十四辑，第686~687页）

1403　云南总督刘藻、云南巡抚常钧《奏报迤西道缺出，请迅赐简放人员速赴新任折》

乾隆三十年四月二十六日

云贵总督臣刘藻、云南巡抚臣常钧谨奏：为请旨事。

窃照迤西道李希贤年力就衰，不能供职，具详呈请休致。经臣等委验属实，现在另疏具题，员缺暂行委署外，伏查迤西一道距省辽远，所辖各府俱系极边，夷多汉少，一切稽查关隘、督率土练防守机宜，俱应该道亲身料理，洵属要缺，未便旷悬。仰恳皇上天恩，迅赐简放人员速赴新任，实于地方有裨。理合会同恭折具奏，伏乞圣鉴施行。谨奏。

朱批：有旨谕部。

（《宫中档乾隆朝奏折》第二十四辑，第689页）

1404　云南巡抚常钧《奏报盘查司道库贮无亏折》

乾隆三十年五月初七日

云南巡抚臣常钧谨奏：为盘察司道库贮无亏，恭折奏闻事。

窃照司道库贮钱粮，例应于奏销之前，督抚亲临盘察。兹当乾隆二十九年分钱粮奏销之期，据该司道各将四柱清册备造前来。臣按款核明，分晰题咨外，随将实存库贮银款开列清单，于五月初六日，会同总督臣刘藻，亲赴司道各库，按款查验，抽封弹兑。查得布政司库实存正杂各款银四百八十一万四千八百六十六两零，粮储道库实存粮务及铜务各款银一十万一千三百四十二两零，俱系实款实贮，并无亏短那移。所有臣盘察司道库贮无亏缘由，谨会同总督臣刘藻恭折具奏，伏祈皇上睿鉴。谨奏。

朱批：览。

（《宫中档乾隆朝奏折》第二十四辑，第779页）

1405　云南巡抚常钧《奏报滇省乾隆二十九年分公件、耗羡等项收支、动存、管收、除在各款银两数目折》

乾隆三十年五月初七日

云南巡抚臣常钧谨奏：为呈明事。

窃照乾隆十三年五月初五日，准户部咨开："各省动用耗羡银两，令将一年收支动存各数并从前民欠征完、借支归款，同现存各项银两，查明有无亏空那移之处，于本年岁底为始，缮折奏闻。仍备造四柱清册，送部查核汇奏。"等因。奉旨："依议。钦此。"钦遵。又于乾隆十四年四月十八日，准户部咨开：议覆广西抚臣舒辂奏称：耗羡收支、动存各数，岁底不能汇齐，请照正项钱粮之例，于次年五月内核奏。经部酌议，请将各省奏报耗羡银两，均于次年，随地丁钱粮一同核奏等因。奉旨："依议。钦此。"钦遵在案。今行据布政使钱度将乾隆二十九年分公件、耗羡等项分晰造册，详报前来。

臣查滇省乾隆二十九年分额征公件、耗羡，除永昌府属耿马、猛猛、孟连三土司应征秋粮、地亩、差发银两改归顺宁府管辖，无征耗羡外，实征公件耗羡、溢额、商税、牙贴等项，共银一十一万一千五百四十四两二钱九分零。旧管乾隆二十八年分报销汇奏，实存库银七十八万二千二百八十三两八钱八分零。新征乾隆二十九年分公件、耗羡、溢额、铜息、归公铜价、粤盐余息、借放、裁减养廉、公事等项，共银二十八万七千七百九两九钱三分零。旧管新收共银一百六万九千九百九十三两八钱一分零，开除乾隆二十九年分司道提镇笔帖式、府厅州县佐杂等官养廉，存留应办地方公事等项，通共银二十四万一千一百三十六两四钱二分零，实存库银八十二万八千八百五十七两三钱九分零，并无亏空那移。所有乾隆二十九年分收支、动存、管收、除在各款银两数目，除将清册送部查核汇奏外，谨缮黄册，恭呈御览。谨奏。

朱批： 览。

（《宫中档乾隆朝奏折》第二十四辑，第779~780页）

1406　云南巡抚常钧《奏报滇省乾隆二十九年分额征民、屯地丁钱粮通完无欠缘由折》

乾隆三十年五月初七日

云南巡抚臣常钧谨奏：为钦奉上谕事。

案照乾隆十七年二月二十八日，承准大学士公傅恒、大学士来保字寄："乾隆十七年正月初十日，奉上谕：嗣后各省每年完欠钱粮，俱着随奏销时分晰查明，核实折奏，不必仍循岁底奏闻之例。可于各该督抚奏事之便，传谕知之。钦此。"钦遵在案。

兹当乾隆二十九年分钱粮奏销之期，经臣饬令司道，将各属完欠确数查明，分晰详报。去后，据布政使钱度、粮储道罗源浩会详称："滇省各府厅州县乾隆二十九年分额征民、屯条丁、米折六款等银二十万二千一十两零，内征存各府厅州县坐放官役俸工等银五万二千八百九十一两零，征解布政司库银一十四万九千一百一十九两零；又额征民、屯税秋六款麦米谷荞杂粮并条编改米，共二十一万八千五百八十五石零，内征收本色麦三千五百一十三石零，本色米一十五万八千五百一十四石零，折色米麦荞五万六千五百五十七石零，各折银不等，共该折征银四万九千五百六十七两零，俱经照数征收通完。"详报到臣，并汇册呈请奏销前来。除核明另疏题销分晰，缮造黄册，随本恭呈御览，并将清册送部外，所有乾隆二十九年分额征民、屯地丁钱粮通完无欠缘由，理合缮折恭奏，伏乞皇上睿鉴。谨奏。

朱批： 览。

（《宫中档乾隆朝奏折》第二十四辑，第780~781页）

1407　云贵总督刘藻、云南巡抚常钧《奏报拿获捏造制书图骗银钱之犯，审明定拟折》

乾隆三十年五月十八日

云贵总督臣刘藻、云南巡抚臣常钧谨跪奏：为拿获捏造制书图骗银钱之犯，审明定拟事。

窃臣等于本年四月十二日，准提督臣达启札开，据署云南大理城守营都司孙仪凤禀据邓川州汛防外委千总卢应宗禀称："风闻州属住民董正宇家贴有红示一张，伊弟、署山海关总兵事行董正宇文书一角，由渔户张德亮带交塘兵张文学等送到，情殊可疑。随会同该州查取红示，并究出文封字帖，拘获董正宇并代递文书之张德亮、张文学等，一并送州审讯，将来禀及红示等抄送核办。"等因，准此，臣等当查红示等件狂诞不经，是否董正宇捏造，抑尚有伙党，此外有无别项不法字迹，均须严行跟究。随飞委因公在省之东川府知府李豫、宜良县知县陈廷献，驰赴邓川州查办提审。去后，旋据该委员禀称："遵即赴邓，会同大理府、邓川州及该管营员亲往董正宇家，搜出贺启名帖，究获伙犯邓川州贡生李青、太和县民张维钰，此外遍查，并无不法字迹，亦无余党连犯，带至省城。行据云南按察使良卿，会同布政使钱度、粮储道罗源浩、驿盐道孙廷槐审解前来。"

臣刘藻会同臣常钧提犯严审，缘董正宇弟兄三人，正宇居长，第二董国佐，第三董正起。董正宇读书未成，耕种度日，董国佐向充大理城守营兵，董正起曾当永昌府厂役，均经革伍辞退，出门走厂，十余年来杳无音信。董正宇家贫负债，先于乾隆二十九年二月间，向素识之生员李青，托其借贷，李青未允。迨董正宇欲借无门，冀图诈为，假官哄借银两。于三十年正月内，捏写伊弟董国佐在外做官，寄回家信，送亲邻阅看，无人肯信。二月初间，复遇李青，浼伊转借，李青答以考毕再商。闰二月十五日，董正宇又捏写董国佐已做山海关总兵到任告示一张，十八日，偷用道士张灏经榜上所用木戳，钤盖示上，旋将木戳丢弃，又将伊弟董正起从前当巡役时带回旧存驿盐道废官封一个，改换字迹，装入红示，嘱托渔户张德亮、塘兵黄遇时、周联甲，辗转投送伊家。闰二月十九日，贴于该村文昌宫照壁。维时李青在大理府城应试，寓于张维钰家，闻人传说董国佐已做总兵，贴有红示，心知董正宇捏造，因董正宇曾托借银，遂图借官借骗分肥。素知太和县武举杨熙家道殷实，即往拜望，言及董国佐已经做官，杨熙未信。李青回寓，即就董正宇诈为假官之意，于闰二月二十七日，捏造京报，口授张维钰抄写，并自作贺启一纸、名帖一纸，偷写贡生王召吾名帖一纸，又令张维钰自写名帖一纸，封付张维钰，转交董正宇，令其传播取信，并称借银已有门路，嘱令进城，商借分肥。董正宇以虽有京报，并无谕旨，恐人起疑，随于三月初二日，捏写诏旨，哄骗族邻。二十五日，董正宇进城。时值李青患病，董正宇即同张维钰往拜杨熙，向借银两。杨熙外出不遇，旋被该署州李文楷等将董正宇访拿，起获伪造诏旨一道、京报一纸、红示一张、家信二封，余犯未经审出，先行录供通禀。而大理府知府张瞻洛接到州禀，转请提犯至郡审讯，节经臣等严行批饬，并令委员东川府知府李豫等迅将究出从犯李青、张维钰，同首犯董正宇等解至省城，由司招转。臣等提犯，严加究诘，据供所捏诏旨、京报实为借骗银钱起见，并无别有不法情事，似无遁情。

除贡生李青现经咨部斥革外，查董正宇捏撰诏旨，诈称其弟董国佐已为职官，希图借骗银两，应照诈为制书已施行，皆斩监候律，拟斩监候。但其所捏之词狂瞽不经，目无法纪，应请旨敕部，补入本年秋审情实，早正典刑，以昭炯戒。李青捏写京报，又造贺启，伙同商骗，并不知董正宇捏撰诏旨情事，应比照诈为衙门文书、诓骗财物例，问发边卫充军。但身列士林，妄行无忌，未便留于内地，应请改发辟展等处当差。张维钰听从李青，抄写京报，代为寄送，希冀骗银分用，即属为从，应于李青遣罪上减一等，杖一百，徒三年。塘兵黄遇时、周联甲，受嘱代递，希得谢礼，殊属不法，均应照不应重律，各杖八十，再加枷号一个月，满日，折责三十板，虽遇热审，不准折减，仍行革伍。渔户张德亮、汛兵张文学，不行查察，代为送递，亦有不合，均照不应重律，杖八十，折责三十板，热审减折发落。余属无干，概予省释。董国佐、董正起现在严缉，俟获日另结。除另缮各犯口供清折，并将起获捏造诏旨、京报、贺启共三纸谨呈御览外，其余红示、名帖、家信等件，污碎不堪，且查无不法字句，存俟部覆至日销毁。是否有当，相应会同云南提督臣达启合词恭折具奏，伏祈皇上睿鉴，敕议施行。

再查大理府知府张瞻洛，于此等要件，接禀之日，并不亲赴邓川跟究，乃安坐郡城，从容提审，直至委员赴州，始同往搜查，殊属昏聩胡涂；署邓川州事、同知李文楷，于地方匪徒肆行不法，亦不迅加究诘，速行禀报，亦属有乖职守；邓川州学正孙钟卫、训导马开第，于生员李青，不能训迪于平日，又不能觉察于临时，均属溺职，理合附折纠参，请旨将知府张瞻洛、署知州李文楷、学正孙钟卫、训导马开第一并革职，以示惩儆。云南学臣周曰赞，于此等劣生漫无访察，亦应请旨交部议处。至大理府邓川州印信，臣等现已委员摘取署理，以免贻误，并令查明张瞻洛、李文楷经管仓库钱粮有无不清，另行具报。其邓川汛防外委千总卢应宗，失察塘兵混递私书，亦属不职，现在咨革。臣等以此案首犯董正宇系请补入本年秋审情实，案关重大，未便稽延，特填用火牌一张，专差由驿驰奏。合并陈明。谨奏。

朱批：该部核拟速奏。

（《宫中档乾隆朝奏折》第二十五辑，第14～17页）

1408　云贵总督刘藻《奏报钦遵圣训办理寄信谕旨折》
乾隆三十年五月二十九日

云贵总督臣刘藻谨跪奏：为恭折奏覆事。

窃臣承准大学士公傅恒字寄："乾隆三十年闰一月二十六日，奉上谕：向来军机大臣所奉寄信、谕旨，该督抚等具折覆奏时，止称接准廷寄及军机处字寄，并不书写承旨衔名，于体制殊未允协。嗣后，凡各省督抚等接准军机大臣遵旨寄信传谕，有应具折覆奏者，俱着将寄信内所开承旨人名一一开写，不得但称廷寄及军机处字样。可于奏事之便，传谕各督抚，一体通传应行奏事之各该衙门遵照。钦此。"遵旨寄信到臣。除钦遵，通传滇、黔两省应行奏事各衙门一体遵照外，臣查督抚等向来奉到寄信谕旨，于奏覆折内，止称接准廷寄及军机处字寄，洵于体制未协。今后凡有传谕，当钦遵圣训，将寄信内承旨衔名，于奏覆时一一开写，以符体制。所有遵奉缘由，理合恭折具奏，伏祈皇上睿鉴。谨奏。

朱批：览。

1409 云贵总督刘藻、云南巡抚常钧《奏报永昌府知府缺出，请以曲靖府知府陈大吕调补，其遗缺照例归部请旨简用折》

乾隆三十年五月二十九日

云贵总督臣刘藻、云南巡抚臣常钧谨跪奏：为极边要郡需员，恭恳圣恩俯准调补事。

窃照云南永昌府知府朱绍文，于奉拿参镇田允中一案，因不行督催，密速妥办，接准部咨，照溺职例革职，所遗员缺，例应本省拣选调补。查永昌地处极边，界联外域，俗悍民刁，年来木梳野夷滋扰境外，全赖知府会同该镇，督率土司相机防范，必得才优识练、熟谙夷情风土之员方克胜任。臣等与藩臬两司于通省知府内悉心遴选，非现居要缺，即人地不宜，一时难得合例堪调之人。惟查有曲靖府知府陈大吕，年四十九岁，系奉天正蓝旗汉军举人，乾隆十四年，奉旨发往陕西差遣委用，十五年题署沔县知县，历调长武县长安县知县，二十三年奏升乾州直隶知州，引见，奉旨准其升署，二十六年保举堪胜知府，引见回任。乾隆二十七年，奉上谕，补授今职，于是年十二月二十四日到任。查该员明白干练，才具优长，且中有定见，于边疆要地最为相宜。虽该府到曲靖之任历俸未满三年，与调补之例稍有不符。而人地实在相需，例得专折奏请，仰恳皇上天恩，俯准以陈大吕调补永昌府知府，庶极边要地可收治理之益。如蒙俞允，所遗曲靖府知府，应照例归部，请旨简用。

再陈大吕系对品调补，毋庸送部引见。至该员，虽前于陕西沔县、长安县，署邠州、乾州及滇省曲靖府各任内均有参罚，但罚俸银两俱经完解咨部，系属已结之案。尚有曲靖府并署云南府任内军犯脱逃四案，或未准回咨，或甫经开参，应照例毋庸计入，此外别无参罚案件。除另缮清单敬呈御览外，理合会折恭奏，伏祈睿鉴，训示遵行。谨奏。

朱批：该部议奏。

1410 云贵总督刘藻、云南巡抚常钧《奏报顺宁府知府缺出，请以澄江府知府曹珵调补，其遗缺归部铨选折》

乾隆三十年五月二十九日

云贵总督臣刘藻、云南巡抚臣常均谨跪奏：为边郡要缺需员，恭恳圣恩俯准调补事。

窃照云南顺宁府知府刘靖年力就衰，经臣刘藻会疏，题请勒休在案。所遗员缺，例应在外拣调。查顺宁一府地处极边，界联外域，近复将耿马等土司拨归管辖，政务较繁，兼之设炉鼓铸，调剂稽查，均关紧要，必得老成练达熟悉夷情风土之员方能胜任。臣等与藩臬两司公同遴选，通省知府内，非现居要缺，即人地未宜。惟有澄江府知府曹珵，年五十三岁，系正黄旗汉军，由翻译举人，乾隆八年考补内阁中书，十三年升兵部主事，历升武选司郎中，补授佐领，乾隆二十七年选授今职，于是年十一月二十日到任。查该员为人谨饬，办事勤慎，熟悉夷疆。任内虽有河阳县军犯欧正也在配脱逃一案，不行查察，罚俸三个月，该银二十六两二钱零，已于上年三月十九日完解司库，造册详咨；又江川县军犯邹世复在配，商同罗吉佑脱逃，限满无获，业将该府统辖职名查参，未准部覆，应照例毋庸计入，此外别无参罚事件。该员到澄江之任，虽历俸未满三年，与题调之例稍有未符。而人地实在相须，例得专折奏请，仰恳皇上天恩，俯准以曹珵调补顺宁府知府，庶于边疆要缺有裨。如蒙俞允，曹珵系对品调补，毋庸送部引见。其所遗澄江府知府，系简缺，请归部铨选。合并陈明。为此会同缮折具奏，伏祈睿鉴，训示遵行。谨奏。

朱批：该部议奏。

（《宫中档乾隆朝奏折》第二十五辑，第 128～129 页）

1411 云南总督刘藻《奏陈冒昧荐举，据实检举，请旨交部议处折》

乾隆三十年十一月初一日

云贵总督臣刘藻谨跪奏：为检举事。

窃臣前在云南巡抚任内，因保举堪胜知府人员，曾经会同督臣爱必达，将师宗州知州龙廷栋等缮折举荐。该员荷蒙圣恩简拔，补授广州府知府。今臣阅邸抄，恭读上谕，知龙廷栋于护粮道时，竟有浮收折价之事，臣不胜骇异！所有从前冒昧举荐之处，理合据实检举，伏乞皇上天恩，将臣交部严加议处。臣曷胜惶悚之至。谨奏。

朱批：知道了，便干例议，亦不过星误而已，何罪之有？

（《宫中档乾隆朝奏折》第二十六辑，第 490 页）

1412　云贵总督刘藻《奏报会同抚臣较阅八营官兵情形折》
乾隆三十年十一月初一日

云贵总督臣刘藻谨跪奏：为岁操事。

窃臣于上年十一月内具折陈奏云南督抚两标及城守营官弁兵丁请定每年冬月大操一次，钦奉朱批："如议行。钦此。"钦遵，当经饬知各营在案。

今年十月，值武乡试之期，及出榜后，臣会同抚臣常钧，于十月二十四五六七等日，将省城八营官兵逐一详悉较阅，阵法极为整齐，将、备、员弁马步箭俱属合式，马步兵丁弓力强劲、枪炮有准。弁兵内弓马出色、枪炮精熟者，俱经当场奖赏，若人材弓马均系出众，即予记名，以备考拔。间有技艺生疏、不能如式者，弁员内如年力尚可造就，勒限学习。其年力渐衰、难期长进者，即咨部勒休。兵丁内亦分别学习、责革。臣仍不时轮抽考验，务期一律优娴。倘因阅过之后怠惰偷安，官即参处，兵即革退，断不敢稍事姑容。所有臣会同抚臣较阅八营官兵情形，理合恭折奏闻，伏乞圣鉴。臣谨奏。

朱批：知道了。

（《宫中档乾隆朝奏折》第二十六辑，第 491 页）

1413　云南巡抚常钧《奏报乾隆三十年头运第一起、
第二起京铜自泸开运日期折》
乾隆三十年十一月初十日

云南巡抚臣常钧谨奏：为钦奉上谕事。

乾隆十四年六月十八日，承准廷寄，内开："奉上谕：嗣后运铜事宜，务须加意慎重。其沿途经过各省督抚，朕已传谕，令其将委员守风守冻及有无事故之处奏闻。至铜铅船只，于云贵本省起运，何日出境，亦着该督抚随时折奏。钦此。"钦遵在案。

兹据云南管理铜务粮储道罗源浩会同布政使钱度详称："据委驻泸店转运京铜大关同知李肖先报称，乾隆三十年头运第一起委官、江川县知县刘携，于乾隆三十年七月初五日抵泸，于二十八日开秤起至八月十七日，兑交过铜七十四万斤，内除陆路折耗铜三千七百斤外，实该正耗馀铜七十三万六千三百斤，又带解魏化麟等正耗余铜一万四千四百五十九斤零，俱照数发给，该员即于八月十八日自泸扫帮。又据报称，乾隆三十年头运第二起委官、罗平州知州汪懋均，于乾隆三十年七月初六日抵泸，于八月二十日开秤起至九月初十日，兑交过铜七十四万斤，内除陆路折耗铜三千七百斤外，实该正耗余铜七十三万六千三百斤，又带解江之炜正耗余铜七千八百九十四斤零，俱照数发给，该员即于九月初十日自泸扫帮。"各等情，转详到臣。除分咨户、工、兵部及沿途经过各省督抚，转饬各该同知、通判并地方文武员弁一体督察防护，按站催趱，不许片刻停留，仍严密稽查有无盗卖情弊外，所有乾隆三十年头运第一起、第二起京铜自泸开运日期，理合恭折奏报，伏乞皇上睿鉴。谨奏。

　　朱批：览。

（《宫中档乾隆朝奏折》第二十六辑，第 553～554 页）

1414　云南巡抚常钧《奏报滇省地方情形折》
乾隆三十年十一月初十日

　　云南巡抚臣常钧谨奏：为恭报地方情形事。

　　窃照滇省秋收丰稔情形，经臣于十月初二日具奏在案。兹查收成之后，陆续播种豆麦，迤东、迤西气候早晚不齐，现今将次种毕，其早种之处业已出土青葱。复于十月初一、初七、十五等日，俱得有密雨，豆麦甚为有益。民彝乐业，地方宁谧。

　　伏查各属粮价，沿边之广南、元江、昭通、东川、鹤庆、顺宁等各府多已平减，惟省城及近省粮价未平。臣访察其故，皆因本年文武科场，不特应试士子云集省城，且多赶棚贸易人民辐辏，食口繁多，粜买所需，势难平贱。臣与司道悉心筹画，将省城及其余粮价未平之处本年应买补春间平粜谷石，酌拨附近监粮抵补，另具专折恭奏，并将查明各属粮价另开清单，恭呈御览外，所有地方情形，拟合恭折奏闻，伏祈皇上睿鉴。谨奏。

　　朱批：知道了。

（《宫中档乾隆朝奏折》第二十六辑，第 554～555 页）

1415　云南巡抚常钧《奏报甄别过滇省乾隆
三十年分俸满教职缘由折》
乾隆三十年十一月初十日

　　云南巡抚臣常钧谨奏：为遵旨汇奏甄别教职事。

案查乾隆二十年三月十七日，钦奉上谕："甄别六年俸满教职一案，传谕各省督抚，于每年岁底，将此一年内该省甄别过六年俸满教职，共保举堪膺民社者几员，留任送部引见者几员，勒令休致者几员，汇折奏闻。钦此。"钦遵。又案准部咨："嗣后教职六年俸满，毋论远近省分，将应行留任人员，令各督、抚、学政详加察验，核其年力、才具，堪以策励者列为勤职，仅堪司铎者列为循分供职，填注考语，先行咨部注册，俟六年再满，在勤职中或有益加向上之员，供职中不乏年老就衰之辈，应再加别择，以示激劝。"等因。遵照在案。

兹查乾隆三十年分滇省六年俸满教职共十员，陆续调省，臣同云贵总督臣刘藻、云南学臣周曰赞详加察验，内有昆阳周学正程楷一员，精力就衰，两耳重听，难司训迪，已咨部勒令休致，其余九员均堪留任。内广西府教授罗见龙、丽江府教授张时、河西县教谕乐安仁三员，核其年岁、精力，堪以策励，列为勤职；嶍峨县教谕胡崇文、禄丰县教谕王正、曲靖府训导束爌章、镇沅府教授沈致中、建水州学正李裕齐、姚州分驻白井训导李舒玉六员，仅堪司铎，列为循分供职。除填注考语，造册咨部外，所有臣甄别过俸满教职缘由，理合会同云贵督臣刘藻恭折具奏，伏祈皇上睿鉴。谨奏。

朱批：该部知道。

（《宫中档乾隆朝奏折》第二十六辑，第555~556页）

1416　云贵总督刘藻《奏谢赏给报匣折》
乾隆三十年十一月初十日

臣刘藻谨跪奏：

乾隆三十年十一月初九日，臣接准办理军机咨："为知会事：十月初五日，奉旨：着赏给刘藻报匣四个。钦此。"相应行知遵照等因。兹据臣标折差赍捧来滇，臣敬设香案，望阙叩头祇领讫。为此具奏，叩谢天恩。臣谨奏。

朱批：览。

（《宫中档乾隆朝奏折》第二十六辑，第557页）

1417　云贵总督刘藻《奏覆奉旨准滇省五华书院山长张甄陶为黔省贵山书院山长折》
乾隆三十年十一月初十日

云贵总督臣刘藻谨跪奏：为恭折奏覆事。

乾隆三十年十一月初五日，接准大学士公傅恒、大学士尹继善、刘统勋字寄："十月初六日，奉上谕：刘藻奏滇省五华书院山长张甄陶，自主讲席以来迄今五载，实能尽心训迪，着有成效，请令为黔省贵山书院山长，俟届满六年，抚臣就近考核，或照例奏请议叙，或送部引见示奖，临期再行酌办等语。所奏甚是，已如议行矣。省会设立书院，所以乐育人材，前经降旨，令督抚等慎选山长，如果教术可观，六年之后着有成效，奏请酌量议叙。原以山长为多士观摩，若徒视为具文，漫无考核，既无以为激劝之资，而日久因循，未免怠于训课。惟知恋栈优游，诸生或且习而生玩，恐于教学无裨。且在籍闲居之人，未尝无端谨积学可主讲席者，若实心延访，使之及瓜更代，自必鼓舞振兴，共相淬励，方不负设馆育才之意。乃自降旨以来，各省督抚并未见有遵旨具奏者。即如齐召南之在敷文书院，廖鸿章之在紫阳书院，岂止六年之久，何以从前未经办及？朕所知已有二人，恐各省似此者尚复不少。着各该督抚，将因何不行遵旨办理之处查明具奏。嗣后，均以六年为满，秉公考察，分别核办，庶于劝学程功均有实济。着传谕各督抚知之。钦此。"遵旨寄信前来等因到臣。臣跪读之下，仰见我皇上不弃迩言，作育人材之至意。当即钦遵，札会云南、贵州抚臣，并行知藩司一体遵照在案。

查张甄陶现在遵奉谕旨，令前往贵州任贵山书院之事，所有滇省五华书院山长一席，臣与抚臣及司道各官留心延访。据司道公禀，有因公革职之原任吏部郎中张汝润，系湖南进士，为人谨饬，学术深醇，堪为诸生表率，现已差人聘致，计来岁正月即可至滇。俟其书院任事届满六年，再行秉公考察，分别核办。所有臣奉到廷寄缘由，理合恭折奏覆，伏祈圣鉴。臣谨奏。

朱批：览。

（《宫中档乾隆朝奏折》第二十六辑，第 557~558 页）

1418　云贵总督刘藻、云南巡抚常钧《奏报酌筹拨抵仓谷以实储备，以裕民食折》

乾隆三十年十一月初十日

云贵总督臣刘藻、云南巡抚臣常钧谨奏：为酌筹拨抵仓谷以实储备，以裕民食事。

窃照案准部咨："各省常平仓贮既经定额，则收捐监谷自可毋庸额外增贮。除不敷定额省分仍以收捐补足外，其额外有余各省所收本色，应令另案存贮，遇有赈恤，即于此内拨用，或平粜谷石不能买补，即将此项拨抵所存，粜价造报酌拨等因。定例遵行以来，俱就本州县仓平粜不能买补之谷，即以本处监粮抵数，其余邻近州县虽有不敷，亦不通融办理。现今各属仓储此盈彼绌，多寡悬殊。"

伏查各省情形不同，如滇省，跬步皆山，不通舟楫，往往一府之内，所属各县粮价高下悬绝，大概通都大邑，人民辐辏，贸易往来，以及有铜铅矿厂、聚集多人之处，即遇年岁丰收，亦属米粮不敷，其价常贵；偏僻州县，人少田多，粮价常平。在价贵之处，青黄不接，必需减价多粜，以济民食，至秋成买补，粮价不能平贱，艰于采买。且城乡市集，不过肩挑背负，石斗之粮本属无多，一经官买，势必顿昂。即停止采买，以平市价，其所缺之谷指借监粮抵补，而三年五载，并无一名报捐。所以通都大邑，每多仓储告匮也。至偏僻州县，粮价本平，春间无需平粜，即偶有粜卖，亦为数无多，秋成易于买补。而小民惟利是趋，此等地方，报捐者必多，以致监粮充裕，陈陈相因，每有红朽之虞。此由于地势民情不能强而同者也。

臣等因现当秋成买补之时省城粮价未平，府、县二仓春粜之谷实难采买，其余各属亦有类此情形者。与司道悉心筹画，与其拘泥成例，必责令价贵之州县用贵价买补，其价贱之州县，有余之谷又坐待明春贱价出粜，一出一入，既无裨于民生，且有亏于帑项，似不若略为通融办理。如有实系价贵、不能买补之处，据实详报，查明附近州县内有监谷盈余，不须抵补本处常平额谷者，即以所余之谷拨运价贵之处，以抵应买缺数，其所存平粜价银照数解司，归还监谷原款。一转移间，不与民争买贵谷，而仓储亦不致匮乏，且俾偏僻州县充积余谷，无虞红朽，似属酌盈剂虚，一举两便。惟是拨此补彼，不无有需运脚。臣等又逐细察核，以贱处之谷价，即加以运费，较之贵处买补之价，尚属有减无浮，且监谷原价每石五钱，贵处粜价多有盈余。应即于此项盈余银内支销运费，按照滇省程站、夫马开销成例，节省办理，如再有余剩，即解司充公，不必另动司库款项以为运费，亦不准于窎远州县拨运，以致多费运脚，出乎盈余银两之外。其中，或有附近州县无监粮余谷可拨，或虽有监谷，而本处应补粜缺常平谷石，以及谷价本不甚贵、可以自行买补者，俱不准一概拨运。所有应拨各属及支销运费银两数目，统于事竣核明，据实造册题销。如蒙圣恩俞允，请自本年为始，照此办理。以后每年秋成之时，查明情形，如果相同，即一体遵办。

臣等因仓储、民食起见，合将筹办缘由恭折具奏，伏乞皇上圣鉴，训示遵行。谨奏。

朱批：甚妥，知道了。

（《宫中档乾隆朝奏折》第二十六辑，第 558～560 页）

1419　云贵总督刘藻、云南巡抚常钧《奏报缅匪滋扰，筹画办理攻剿折》

乾隆三十年十一月二十九日

云贵总督臣刘藻、云南巡抚臣常钧谨跪奏：为奏闻事。

窃照普洱府属之车里土司，境接外域，年来莽子乘衅为匪，常扰土境。本年夏秋间，有莽目播定鲊窜入猛腊抢掠，经普洱镇府饬令土目刀铣等率练攻剿，擒获该匪阿温、波半、札乃占，经臣等具奏，奉旨正法；并于折内声明，该匪丑类，野性难驯，恐其计图报复，严饬该镇府等转饬车里土司刀绍文，选拨勇练，慎防隘口在案。兹于十一月初十日，据普洱镇总兵官刘德成、署普洱府知府达成阿具禀，十一月初二日，据车里土司刀绍文禀报："莽匪率众数千，于十月二十五日，窜入猛捧，焚掠猛腊，且分路而进，势甚猖獗。"等语。臣等当即飞饬该镇府，调集各猛土练并力堵剿，并委迤东道甘广、镇沅府知府龚士模前往相机筹办，又委督标游击明浩前往会商攻剿之方。适提督臣达启阅兵至普，臣等飞札，嘱其暂驻普城，督率指示。提臣已派委土弁，带练一千名前往剿逐。

嗣于十一月二十五六等日，接准提臣来札暨镇府等各禀，莽匪已由猛腊阑入小孟仑、补角、补竜等处，肆其焚掠，前次派遣土练不能抵御等情。臣等又调附近普洱之元江、临安二府属土练各一千名，令其迅速往援。随又据报，该匪窜入易武土司地方，密迩思茅内地，提臣以思茅境内各隘宽广，思属防兵不敷分守，就近调拨元江营兵三百名往思协防。今于二十七日，又接提镇道府等各札禀，莽匪渐逼内地，各处土练望风披靡，不战自散，若非加以兵威，骤难捕灭。因思普洱镇兵止有千余，除分防各处要隘外，存城无几，不敷调拨，而别营又属窵远，臣等于是日先拨督抚两标及城守营兵共六百名，令参将何琼诏带领赴普，听候调遣；又调临元、曲寻、楚姚等镇协营兵两千余名，陆续进发，以资攻剿。其兵练口粮，除沿途供应外，即于宁洱县兵米内支给。至一切盐菜、赏号等项，于藩库盐余款内暂动银一万两，委署曲靖府知府陈元震解往普思备用。臣等复同司道商酌，于省城钱局添炉五座，加铸钱文，将所获余息银两，除归款外，余银添搭支用。其加铸事宜，臣常钧现在详悉酌议，一面办理，一面具奏。臣刘藻即于二十八日，兼程驰往普洱，督率官兵，会同提臣分路进剿。相应会同提臣达启合词恭折具奏，伏祈皇上睿鉴。

再此案关系军机，特用四百里传牌，由驿驰赍。合并陈明。谨奏。

朱批：另有谕旨。

（《宫中档乾隆朝奏折》第二十六辑，第740~742页）

1420　云南巡抚常钧《奏报乾隆三十年分滇省民数、谷数折》
乾隆三十年十二月初一日

云南巡抚臣常钧谨奏：为钦奉上谕事。

案照乾隆六年正月十三日，准户部咨："乾隆五年十一月初二日，内阁抄出，奉上谕：每岁仲冬，该督抚将各府州县户口减增、仓谷存用一一详细具折奏闻。钦此。"又于乾隆十三年五月二十五日，准户部咨："民数册内，嗣后应令一体分晰男妇字样造报等因。奉旨：依议。钦此。"转行司道确查详核，慎重办理在案。

所有乾隆三十年分云南通省户口、仓谷数目，据布政使钱度、粮储道罗源浩会详，据云南等府转据昆明、安宁等州县详报："除番界、苗疆向不入编审者毋庸查造，又各厂商贩贸易人等去来无定、亦无凭查造外，通省土著人民，原额四十万五千九百三十二户，共计男妇大小人丁二百一十一万五百一十丁口，内大丁六十二万一千三百七丁，小丁四十五万三千一百三十一丁，大口六十万九千六百三十一口，小口四十二万六千四百四十一口。今乾隆三十年分，新增土著人民三千五百四十六户，共增男妇二万九千四丁口，内大丁八千一百一十八丁，小丁七千九百四十三丁，大口六千六百五十四口，小口六千二百八十九口，开除男妇一万三千九百一十七丁口，内大丁四千七百七十一丁，小丁二千八百一十二丁，大口四千二十六口，小口二千三百八口，实在土著人民四十万九千四百七十八户，共计男妇大小人丁二百一十二万五千五百九十七丁口，内大丁六十二万四千六百五十四丁，小丁四十五万八千二百六十二丁，大口六十一万二千二百五十九口，小口四十三万四百二十二口。

又查通省旧管仓存，折共米、谷、麦、荞、青稞一百四十六万六千八百九十五石八斗九升零。今乾隆三十年分新收，折共谷、荞、青稞七万七千六十五石四斗七升零，开除折共谷、荞一十万三千五百六十石二斗八升零，实在存仓，折共米、谷、麦、荞、青稞一百四十四万四百一石八升零。"造具清册，详报前来。除送部外，臣谨缮黄册，恭呈御览。理合恭折具奏，伏祈皇上睿鉴。谨奏。

朱批：册留览。

（《宫中档乾隆朝奏折》第二十六辑，第 749～750 页）

1421　云南巡抚常钧《奏报边境需粮，酌筹办理折》
乾隆三十年十二月初一日

云南巡抚臣常钧谨奏：为边境需粮，酌筹办理，恭折奏闻事。

窃照普洱府所属边境猛拿、猛腊等处被莽匪焚掠，经臣会同督臣刘藻，飞委迤东道甘广、镇沅府龚士模、游击明浩前往，督率土练剿逐。嗣据禀报，贼势猖獗，土练不足济事。督臣刘藻即于十一月二十八日起程往普，亲自督办。十二月初一日，接到督臣刘藻于新兴州寄来臣札，并送会奏稿到臣，得悉已将情形联衔具奏在案。

臣查莽匪势虽猖獗，究系乌合彝猓，经督臣亲督重兵前往剿除，定能克期事竣。但现当调拨之时，一切口粮、盐菜以及沿途供应均需筹办。伏查十一月二十七日，督臣在省与臣札商，就近调拨省城督抚两标并城守营兵六百名，于二十八日起程后，又接到督臣来咨，知分调临元、楚姚、曲寻等镇协营兵三千名，又准提臣达启咨会，已调元江、他郎兵三百名，又分遣普洱镇标出守要隘兵八百名，共计四千七百名，此外尚有先后调拨土练，不下四五千名，均需口食。

查普洱府厅县仓共贮兵米七千石有零，原以备本镇兵食之需。今加添兵练数千，仅敷月余之用，即使凯旋迅速，无需多备，而本镇兵粮已缺，亦应早为筹画。臣与司道悉心计议，惟附近普洱之元江、新平等府县所贮米石尚属有余，可以就近拨运，以资接济。至需用银款，现据藩司查明往例，逐一酌核，议定章程通详，照例分晰题报外，所有臣筹办缘由，相应恭折奏闻，伏祈皇上圣鉴。谨奏。

朱批： 知道了。

（《宫中档乾隆朝奏折》第二十六辑，第 751~752 页）

1422　云南巡抚常钧《奏报抚标本年分并无六年俸满千总折》
乾隆三十年十二月初一日

云南巡抚臣常钧谨奏：为奏闻事。

窃查案准部咨："绿营千总历俸六年后，该督抚提详加考验，分别保送、去留，于年底将保送并留任、勒休共几员之处分晰汇奏。各项千总内，向系俸满离任者，俱一体办理。"等因。遵照在案。

查臣标乾隆三十年分现任千总四员，内左营左哨千总方沛，于乾隆二十八年三月内历俸已满六年，当经咨部换给札付，仍留原任，乾隆三十年十月内，业经预行保举；右哨千总劳可尊，于乾隆二十九年九月内调拨咨部，乾隆三十年三月内祗领部札；又右营左哨千总褚云龙，前经预保引见，奉旨准注册，于乾隆二十八年三月内六年俸满，咨部留任，换给新札候掣；右哨千总薛士俊，于乾隆三十年二月内拔补，八月内始领部札。以上各员，均应俟届满年限，另行考核。所有臣标本年分并无六年俸满千总缘由，理合缮折具奏，伏祈皇上睿鉴。谨奏。

朱批： 该部知道。

（《宫中档乾隆朝奏折》第二十六辑，第 752 页）

1423　云南巡抚常钧《奏报乾隆三十年二运第一起、第二起京铜自泸开运日期折》
乾隆三十年十二月初一日

云南巡抚臣常钧谨奏：为钦奉上谕事。

乾隆十四年六月十八日，承准廷寄，内开："奉上谕：嗣后运铜事宜，务须加意慎重。其沿途经过各省督抚，朕已传谕，令其将委员守风、守冻及有无事故之处奏闻。至铜铅船只于云贵本省起运，何日出境，亦着该督抚随时折奏。钦此。"钦遵，转行遵照在案。

兹据云南管理铜务粮储道罗源浩会同布政使钱度详称："据委驻泸州店转运京铜委用知县卜诒直报称，乾隆三十年二运第一起委官、河阳县知县邵应龙，于乾隆三十年九月初二日抵泸，十三日开秤起，至十月初七日止，兑交过铜七十四万斤，内除陆路折耗铜三千七百斤外，实该正耗余铜七十三万六千三百斤，照数发给，该员即于十月初七日自泸扫帮。又据报称，乾隆三十年二运第二起委官、弥勒州知州陈衍，于乾隆三十年九月初三日抵泸，十月初九日开秤起，至二十九日止，兑交过铜七十四万斤，内除陆路折耗铜三千七百斤外，实该正耗余铜七十三万六千三百斤，照数发给，该员即于十一月初一日自泸扫帮。"各等情。转详到臣。除分咨户、工、兵部及沿途经过各省督抚，转饬各该同知、通判并地方文武员弁一体督察防护，按站催趱，不许片刻停留，仍严密稽查有无盗卖情弊外，所有乾隆三十年二运第一起、第二起京铜自泸开运日期，理合恭折奏报，伏祈皇上睿鉴。谨奏。

朱批：览。

（《宫中档乾隆朝奏折》第二十六辑，第 753 页）

1424　云贵总督刘藻、云南巡抚常钧《奏陈酌筹边防经费以资公用折》

乾隆三十年十二月初一日

云贵总督臣刘藻、云南巡抚臣常钧谨奏：为酌筹边防经费，以资公用事。

窃照莽匪不法，窜入普思边境，屡屡滋扰，现经臣刘藻调兵亲往剿逐。除调拨兵练一切军需钱粮按照往例动款，另于情形案内具题外，查莽匪性情狡猾，种类繁多，加以边外野夷附和，即经剿洗，势难尽殄苗裔，则一切善后边防，以及临时调练堵御，在在需费。现在司库并无闲款存留，不得不先时筹画。臣刘藻于未经起程之前，同臣常钧，与司道悉心计议，惟有仿照从前奏明永顺防江，加卯鼓铸，以余息充用之例办理，庶得源源接济。

查永顺防江成例，于省局加铸九半卯，铸获之钱以一千二百文合银一两搭放兵饷，扣银归还铜铅锡工本外，余息充防江之用。今次普洱防边善后之用较永顺更繁，应请添炉五座五炉，加铸十整卯，每炉每卯可得本息钱一百七十余串，五炉通共约得本息钱三万一千一百余串，内除物料、工食钱五千七百余串外，实铸得钱二万五千四百余串，以一串二百文作银一两，共作银二万一千一百余两，内除铜铅锡工本银一万二千八百余两，每年实获余息银八千三百余两，以备普洱防边善后事宜之用。仍照从前加卯之例，于汤丹厂办铜八分，金钗厂办铜二分，其添设炉座并应添房间、器具，询据各炉头，因有工食给发，情愿自行添备，无需动用钱粮。至此项加铸工本，亦不必于正项内动支。查省城各官每年养廉约计有六万余两，即将添炉所铸钱文以银七钱三搭放，扣存之银归款，既可不动支帑项，又无须变易钱文，实属两便。如蒙圣恩俞允，应请以三十一年正月为始，仍俟恭奉朱批至日，再行咨部。

臣等因边防经费起见，恭折具奏，伏乞皇上圣鉴训示。谨奏。

朱批：知道了。

（《宫中档乾隆朝奏折》第二十六辑，第755~756页）

1425　云贵总督刘藻、云南巡抚常钧《奏报广南府知府缺出，请以普洱府思茅同知汪仪升补，其遗缺以腾越州知州额鲁礼升补折》

乾隆三十年十二月初九日

云贵总督臣刘藻、云南巡抚臣常钧谨跪奏：为极边要郡需员，恭恳圣恩升补，以裨地方事。

窃照广南府知府王显绪丁忧遗缺，例应在外拣补。查广南一府，外联交阯，内接粤西，系极边最要之缺，非才识明敏、驾驭有方、熟悉风土之员，不足以资治理。滇省知府内，非现任夷疆，即人地不宜，实无可调之员。臣等与藩臬两司公同商酌遴选，查有普洱府思茅同知汪仪，年五十四岁，系浙江杭州府钱塘县人，由监生捐知县，雍正十三年选授直隶饶阳县知县，乾隆二年丁艰，四年服阕赴补，六年拣发湖南，补授武陵县知县，旋因应付驿马案内参劾离任，十年，经原任湖南抚臣蒋溥奏请，仍发湖南，以知县用，十二年题补桃源县知县，十三年丁艰，十五年服阕赴补，奉旨发滇委用，十六年题补蒙自县知县，二十二年题升思茅同知，送部引见，奉旨允准，于二十四年八月十三日到任，二十七年历俸三年报满，又两次保举堪胜知府，俱奉旨："着回任。钦此。"二十八年大计卓异，送部引见，奉旨准其卓异、加一级，仍注册回任候升。钦此。

查该员才猷干练，在滇年久，熟悉夷疆，历经保举卓异，例得升用。可否仰邀皇上天恩，俯念边地夷疆，准以汪仪升补广南府知府，该员自必益加奋勉，于边郡大有裨益。如蒙恩允，其所遗思茅同知，亦系极边，兼有烟瘴，例得以本省人员升调。查有腾越州知州额鲁礼，年五十三岁，镶白旗满洲都统德光佐领下人，由举人记名，以知县用，十五年拣发云南，十六年题署平彝县知县，期满实授，二十年调补昆明县知县，二十一年题署腾越州知州，二十三年在任，闻讣回旗，二十五年服满，仍来滇补用，二十六年题署嵩明州知州，二十七年调署腾越州知州，保举堪胜知府，给咨送部引见，奉旨："额鲁礼着回任。钦此。"乾隆三十年闰二月十七日到任。查该员才具优长，老成练达，曾任瘴乡，且历俸已满五年，以之升补思茅同知，亦属合例。相应奏恳圣恩，俯准以该员升补，实属胜任裕如。如蒙俞允，其所遗之缺，容臣等另行拣选请补。

再查汪仪由同知请升知府，例应送部引见。但该员前因卓异，于二十九年十二月十一日引见，未满三年，毋庸再行送部。额鲁礼俟部覆至日，给咨送部引见。除将汪仪、额鲁礼参罚案件另缮清单恭呈御览外，理合会折恭奏，伏祈皇上睿鉴，训示遵行。谨奏。

朱批：着照所请行，该部知道。

（《宫中档乾隆朝奏折》第二十六辑，第 836~838 页）

1426　云贵总督刘藻、云南巡抚常钧《奏陈市匪窥伺土境，防守无虞折》
乾隆三十年十二月初九日

云贵总督臣刘藻、云南巡抚臣常钧谨跪奏：为木匪窥伺土境，防守无虞，据实奏闻事。

窃照滇省永昌、顺宁二府所属之耿马、孟定、孟连等土司地方，界连缅国，惟借滚弄江为天堑。年来土司懦弱失防，每有木匪偷渡滋扰之事，经臣刘藻查议，请将沿江要隘七处建造台卡，每年自九月起至次年三月瘴盛，止拨练防守，给以口粮等因，于乾隆二十九年十二月具奏。本年二月内，钦奉朱批："如所议行。钦此。"钦遵，转行遵照办理在案。

本年八月内，据永顺镇总兵官甘国宝、永昌府知府陈大吕禀据孟定土司罕大亮禀称："该土司遣差土目前往木邦，探闻得木梳、阿瓦打发莽已觉，带领二千多人，于八月初二日到木邦猛店地方驻扎，令木邦官与耿马索要旧规，若不与，就要过江来袭耿马。"等语。又据永顺镇总兵甘国宝报称："时届深秋，奉檄调集土舍、土练，已令星往滚弄江防守。"今孟定土司罕大亮又禀："木梳领兵莽已觉所带莽子有三千余人，还有在猛乃多人。本职诚恐贼匪在外猖獗，饬令各土司将沿江船筏悉行拆毁，并饬缅宁守备督率各汛隘弁兵严行防范。"等语。又据顺宁府知府曹珵禀据孟连应袭刀派先禀报："莽子窜入孟连地方并及圈空，有人七百、马七匹。"各等情前来。

臣等以该匪两路分进，是否虚实，其人众实有若干，未据确探；且该匪称索耿马旧规，窜入孟连，又因何事，均未查明。随飞檄永顺镇府会差练目侦探，据覆称："该练目查得窜入孟连之莽匪，实止数十余人，因该处蚌丙隘口土练人少，不能堵御，故被莽子窜入索粮，并无另有情弊。嗣经刀派先拨练拦阻，旋于八月十九、二十一等日退去，圈空亦无七百之数。又查得莽已觉即布普拉，同遮海，共带人二百驻扎木邦，并无二三千之数，猛乃也无一匪。此系土司并未确查，慌张禀报之实情。本职等因莽已觉即布普拉，驻扎木邦已久，随又遣人密探，该匪已于十月十二日拨营退去。恐其狡诈，复差茂隆厂委陶虞臣往查，据称，该匪因台卡巡防严密，且又患病，果已抬归。"等情。

臣等伏查，木贼莽已觉即布普拉，因台卡严密，无隙可乘，带贼退归属实。第夷性叵测，且耿马土司罕国楷现已病故，恐该匪有乘衅潜窥之事，是滚弄江之防范未便一刻稍疏。除分行永顺镇府严饬各土司，督率目练常川防守，并令该镇营备弁，带兵于土司交界往来巡查，毋稍懈弛外，至孟定土司罕大亮，查报虽有不实，但系该土司先行举觉，应与失于防范、旋即调练驱阻之刀派先，均毋庸议。再此次添练防守，所需口粮支用无多，应归防江案内一并造册报销。所有防守耿马无虞缘由，相应会同提臣达启合词具奏，伏祈皇上睿鉴。谨奏。

朱批：知道了，不可苟且了事。戒之。

（《宫中档乾隆朝奏折》第二十六辑，第 838～840 页）

1427 云贵总督刘藻、云南巡抚常钧《奏陈宁洱县缺改为烟瘴，请以广南府经历张轼升补折》
乾隆三十年十二月初九日

云贵总督臣刘藻、云南巡抚臣常钧谨跪奏：为要缺需员，恭恳圣恩俯准升补，以裨边疆事。

窃照宁洱县一缺，经臣刘藻奏请改为烟瘴。现任知县邵滋，质性迂拘，才非干练。接准部覆，饬令该员离任，另选合例人员调补等因。查宁洱县远在极边，时有莽匪、沙匪出没边外，兼之水土恶劣，瘴疠时行，必须久任边疆、熟悉夷情、能耐烟瘴之员方克胜任。臣等与藩臬两司于通省知县内悉心遴选，非现居要缺，即人地不甚相宜。惟查有烟瘴三年报满，掣回内地之广南府经历张轼，年四十三岁，系顺天府大兴县监生，捐纳县丞，乾隆二十年拣选，发滇委用，历经差委，俱无贻误。二十五年咨署武定府经历，二十六年调补广南府经历，烟瘴三年报满，掣回内地候升，并捐免保举在案。

查该员才情干练，熟悉夷情，且又能耐烟瘴，与边地最为相宜。但系应候部推之员，今在外请升，与例虽有未符，而人地实在相需，例得恭折专奏。伏祈皇上天恩，俯念边疆要地，准以张轼升补，于地方大有裨益。如蒙俞允，候部覆至日，给咨该员，送部引见，恭候钦定。再张轼任内并无参罚事件，合并陈明，伏祈皇上睿鉴，训示遵行。谨奏。

朱批：着照所请行，该部知道。

（《宫中档乾隆朝奏折》第二十六辑，第 839 ～ 840 页）

1428　云贵总督刘藻《奏督标左营游击素尔方阿办事多形竭蹶，准咨回旗折》

乾隆三十年十二月初九日

云贵总督臣刘藻谨跪奏：为请旨事。

窃查旗员奉旨发往外省以参游、都司等官补用者，除优则保举迁擢，劣则分别参劾外，其有于外任未能谙练，诸事生疏，而居官尚无劣迹者，自应据实奏明，将该员咨归本旗，令在原旧衙门行走，庶不致因循贻误。

兹臣查得臣标左营游击素尔方阿，系正黄旗人，承袭轻车都尉，由云麾使发往云南，以游击委用，乾隆二十七年来滇，二十八年补授督标左营游击。臣自去年九月到总督任，于本标员弁不时接见，询问营伍事宜，并留心访察各官操演之勤惰，才具之短长，见素尔方阿言语不中肯綮，办事多形竭蹶。一年以来，臣未尝不悉心指授，而总难谙练，殊觉生疏。该员年力富强，弓马亦好，若令久在外任，转恐用违其材。仰恳皇上天恩，准臣将素尔方阿咨送回旗，其应否仍令在原衙门行走效力之处，伏祈皇上睿鉴，训示遵行。臣谨奏。

朱批：给咨送部引见。

（《宫中档乾隆朝奏折》第二十六辑，第 840 ～ 841 页）

1429　云贵总督刘藻《奏报督标中军副将缺出，请以景蒙营参将孙尔桂升补，其遗缺以候补参将施绶补授折》

乾隆三十年十二月初九日

云贵总督臣刘藻谨跪奏：为要缺副将急需干员，恭恳圣恩俯准升补，以裨戎行事。

窃照臣标中军副将阿礼伯染患怔忡病症，难以供职，呈请解任调理，经臣另疏具题。所遗员缺，例应在外拣选调补。查臣标中军副将，系滇黔两省将弁之领袖，凡官弁、兵丁送考到省，俱经由该副将先行考试，造册呈送，且臣署一切吏役人等，俱资其约束稽查，责任实为繁剧，苟非干练熟手，难望整饬严肃。现任副将内，非本系要缺，即人地不宜，实无可以调补之员。惟查有景蒙营参将孙尔桂，年五十二岁，山西直隶代州人，由侍卫于乾隆十一年补授广东廉州营游击，推升今职，于二十五年八月初三日到任，经前督臣吴达善委护永北、昭通镇篆，均无贻误。二十八年预行保举，二十九年送部引见，奉旨："孙尔桂准注册。钦此。"本年三月十六日回营。该员质直无伪，识练才优，营伍事宜最为熟悉。今副将阿礼伯染病解退，一时不得妥人，臣当即檄委孙尔桂署理，旬日以来，一切营务，靡不实心办理。若以该员升补中军副将，臣自更收臂指之助。

查该员预行保举注册，原应听候部掣，今请升补中军副将，虽与定例稍有未符，但要缺急需干员，合无仰恳皇上天恩，俯准将孙尔桂升补，于全标营伍大有裨益。如蒙俞允，其所遗景蒙营参将员缺，查有候补参将施绥，年二十八岁，陕西定远县人，由侍卫发滇，以游击补用，乾隆二十五年，经前督臣爱必达题补鹤丽镇中军游击；二十八年预行保举，经前督臣吴达善请升奇兵营参将，送部引见，奉旨允准；二十九年，因奇兵营裁改都司，题请调补抚标中军参将。接准部咨，以奇兵营裁改在先，题补在后，与例不符，应令施绥赴部另补等因。经臣奏请将该员留滇，遇有相当参将缺出题补，奉朱批："着照所请行，该部知道。钦此。"查该员年力富强，办事实心，以之补授景蒙营参将，实属人地相宜。倘蒙恩允，该员等引见俱未满三年，应毋庸送部引见。

再查孙尔桂、施绥各任内，均无降罚事件。合并陈明。臣谨会同巡抚臣常钧、提督臣达启合词恭折具奏，伏祈皇上睿鉴，训示遵行。谨奏。

朱批：着照所请行，该部知道。

（《宫中档乾隆朝奏折》第二十六辑，第841~843页）

1430 云贵总督刘藻《奏陈到普日期及攻剿情形折》
乾隆三十年十二月初九日

云贵总督臣刘藻谨跪奏：为奏明微臣到普日期及攻剿情形事。

窃照莽匪不法，焚掠土司，内地土练逃散，普镇兵单，不能抵御，经臣会折具奏，拨省城标营兵六百名，又调曲寻、楚姚、广罗、新嶍、寻沾各镇协营兵二千余名赴普进剿。

臣于十一月二十八日自省起程，行至途次，因提臣达启前已调元江营兵三百名、临元镇兵五百名，而臣所调之内，计曲寻、楚姚、寻沾三镇营，程站较远，难以应急，遂将三处兵一千余名飞檄撤回归伍。且前调临安、元江之土练尚未到普，将来如不敷用，只须于两处土练再行添调。臣于十二月初六日黎明至普洱府，与提臣商议攻剿之策。时惟元江营兵三百名，于前数日到普，提臣分派前往要隘驻防。省兵及临元等镇营之兵俱尚未到，约计数日内外陆续到齐。普镇总兵刘德成及署普洱府知府达成阿、镇沅府知府龚士模，俱在普藤。臣随谕龚士模暂来府城，询贼动静，据禀称："贼众虽有数千，而勾引胁从厂棍、汉奸亦多杂入其内，实不尽系莽匪。（**夹批**：此更应筹法处置者。昨已有旨，断不可姑息。）其领兵大头目二人，一名素领散撰，一名素楞散党。素楞散党手下又有小头目三人，一名阿瓦铺，一名木卖乃，一名者烈补鲁，带象四只，驮枪炮兵器，现于橄榄坝、整控、小猛仑等处扎营十余座。初一日，贼至猛笼，将应袭土把总召扁猛、伊叔召听拿赴贼营，声言十二版纳原系莽土，欲来收服。"等语。又禀称："前月二十七八等日，土目叭先捧同召喃率练至橄榄坝，遇贼斗杀，枪毙贼十余名，杀贼数名，获有首级，受伤之练亦有十余名。"等语。又据该镇府等拿获贼营奸细一名，系猛腊獶夷，名阿教，解至府城。臣与提臣讯问口供，据称："莽匪过猛腊时，迫令投顺，随同莽匪到处放火抢掠，带有缅经，令扮作缅僧，探听内地声息，致被拿获。"等情。

除将阿教暂寄宁洱县监听候另办外，臣与提臣悉心计议，复细询知府龚士模，俟兵练到齐，应分为四路进剿，三路均由普藤分发，攻剿橄榄坝、易比、撒袋、整哈渡口各贼营；一路由奇木岭攻剿，使贼四面受敌，仍于沿路，或追或截，俱会抵猛腊，断贼归路，并堵截猛捧、挝沙后应。查该镇总兵刘德成，身膺边方专阃重寄，既不能先事豫防，又不迅速据实禀报，请兵剿逐，以致贼匪猖獗，责无可逭。但该镇为人干练，曾于金川出师，娴习军旅，且现在四路要隘之处素所熟悉。臣随委该总兵刘德成为军营总统，带领四路官兵、土练前进，令赎前愆，以图后效。（**夹批**：即观后效，亦不可恕前愆。若再苟且了事，必应正法。所办如何，速奏来。）约略自进兵以至事竣，不得出四十日，间若稍迟，则瘴盛，难以用兵矣。

所有商议分攻堵截情形，理合会同提臣达启合词恭折奏闻，伏祈皇上圣鉴。臣谨奏。

朱批：览。

（《宫中档乾隆朝奏折》第二十六辑，第843～844页）

1431 云贵总督刘藻《奏报滇黔两省地方雨雪、粮价情形折》
乾隆三十年十二月十九日

云贵总督臣刘藻谨跪奏：窃照滇黔二省秋收分数暨雨水情形，经臣于十月内具折奏报在案。

兹查两省气候虽有不齐，而大概相同。现今早晚豆麦均已布种齐全，早豆已经开花，早麦高一尺以上，正需雨泽长养。滇省十月之内雨多晴少，十一月初十等日，复据各府、州、县禀报节次得雨，于晚豆、晚麦更为有益。至黔省各府、州、县，均据报于十一月初间及二十、二十一等日得雪，积厚一二寸至三五寸不等，实为丰登之兆，民情莫不鼓舞欢欣。惟两处省会之地人民辐辏，商贾云集，今岁又值文武乡试之期，食口殷繁，八九月间雨水过多，米粮上市稀少，是以价值至今未能平减。云南一省，臣已同抚臣商议，将省城及粮价未平之各州、县，以附近监谷碾米拨抵出粜之数，兼备来春平粜之需。所有地方雨雪、粮价情形，理合恭折奏闻，伏祈皇上睿鉴。臣谨奏。

朱批：览奏俱悉。

（《宫中档乾隆朝奏折》第二十七辑，第 59～60 页）

1432 云贵总督刘藻《奏奉不得以游击以下人员护理总兵印务之旨，遵旨改正折》

乾隆三十年十二月十九日

云贵总督臣刘藻谨跪奏：为恭折奏覆事。

窃臣接准大学士公傅恒、大学士刘统勋字寄，内开："乾隆三十年九月二十三日，奉上谕：本日引见兴汉城守营都司胡虬龙，奏及曾署理兴汉镇总兵事务，询系何时之事，据称系杨应琚所委，甚为骇闻！总兵乃专阃大员，偶遇出缺，应以副将护理，如副将无人，或次及参将暂时承之，尚属可行。至都司，官阶悬绝，若遽令越次署理，其何能弹压兵丁，节制营伍耶？着传旨询问杨应琚，将从前因何令该都司暂署缘由，抑系胡虬龙捏省总兵缺出，曾否有似此越阶委署之事？嗣后遇有镇篆需人护理，不得用游击以下人员，以符体制。着于各该督、提奏事之便，传谕知之。钦此。"遵旨寄信到臣。

臣查滇省总兵九员，黔省总兵四员，向来遇有缺出，均系遴委副将、参将护理。设或副将、参将内一时不得其人，则以镇标中军游击于该镇兵马钱粮是所熟谙，臣择其历练老成者，与两省提臣会商酌委，亦间或有之，从无以都司越阶委署之事。兹蒙圣恩指示，凡遇总兵出缺，应以副将及参将护理，不得用游击以下人员，以符体制。臣敬即钦遵办理。除贵州各镇俱系本任外，所有云南护曲寻镇中军游击马成龙、护永北镇中军游击新柱，均另行改委，以广罗协副将王振元护曲寻镇，以候补参将施绥护永北镇。

所有臣现在遵旨改正缘由，理合恭折奏覆，伏祈皇上睿鉴，臣谨奏。

朱批：览。

（《宫中档乾隆朝奏折》第二十七辑，第 60～61 页）